普通高等教育"十二五"规划教材

有机化学

冯骏材 编
南京大学化学化工学院

科学出版社
北京

内 容 简 介

本书根据有机化合物的结构、有机反应和有机合成等核心内容,在官能团体系的基础上,按照官能团主要反应的机理对章节进行了适当的调整。

全书共 16 章。对各官能团化合物,强调各官能团的结构和在反应过程中过渡态及中间体的特征;注重从反应机理去理解反应结果的必然性,增编的"主要官能团之间的转换"更突出了知识的内在联系和系统性,有利于提高学生分析问题、解决问题的能力和举一反三的能力。

本书内容丰富,叙述简洁,便于理解和自学。

本书可以作为高等学校应用化学、生命科学、环境、材料、能源及相关专业有机化学课程的本科生教材,也可供相关各专业的师生参考。

图书在版编目(CIP)数据

有机化学/冯骏材编. —北京:科学出版社,2012
 普通高等教育"十二五"规划教材
 ISBN 978-7-03-033820-4

Ⅰ.①有… Ⅱ.①冯… Ⅲ.①有机化学-高等学校-教材 Ⅳ.①O62

中国版本图书馆 CIP 数据核字(2012)第 041205 号

责任编辑:丁 里 / 责任校对:林青梅
责任印制:张 伟 / 封面设计:迷底书装

科 学 出 版 社 出版
北京东黄城根北街 16 号
邮政编码:100717
http://www.sciencep.com

北京凌奇印刷有限责任公司 印刷
科学出版社发行 各地新华书店经销
*
2012 年 3 月第 一 版 开本:787×1092 1/16
2020 年 9 月第二次印刷 印张:23 1/2
字数:600 000

定价:79.00 元
(如有印装质量问题,我社负责调换)

前　言

本书是编者在多年有机化学课堂教学经验的基础上，经过不断总结、整理和修改编写而成的。有机化学教材的核心内容是各类化合物的结构、有机反应和有机合成，而有机反应和有机合成应该是一个问题的两个方面。因此，编者围绕核心内容，本着既要用适当少的篇幅，又要能有效地阐明有机化学的基本概念和理论、基本知识和方法的原则，在编写时对内容的选择、组织和编排作了适当的调整和尝试。在编写过程中充分注意到各官能团化合物的结构和各反应过程中过渡态及中间体的特征，并在此基础上对各类化合物的性质进行讨论，从反应机理本质的类同性对各类化合物的反应进行讨论和比较。编者希望学生通过学习本书，认识到有机化学是可以根据结构、基本原理和基本理论进行推理的，而不是靠记忆的学科。编写时既考虑到内容的系统性、完整性，又注意到文字的简洁和可读性。

本书的特点是：

(1) 全书突出官能团的结构特征，强调各类化合物性质对相应结构的依赖关系，启发读者从结构出发去推测性质，有利于增强读者举一反三的能力。

(2) 全书除静态立体化学、波谱基本原理和专章外，在官能团体系的基础上，按照官能团主要反应的机理将章节进行了适当的调整，但考虑到某些章节的内容又不宜过分集中，所以仅作了有限调整，然后在相同或相似的反应机理为主线的基础上对反应进行讨论，突出了知识的内在联系。

(3) 将卤代烃、醇和醚放在同一章中，它们虽属于不同官能团化合物，但它们的主要反应是饱和碳原子上的亲核取代反应。因此，从它们的内在联系入手，着重讨论了饱和碳原子的亲核取代反应及其机理和影响因素。

(4) 将卤代芳环和酚作为芳香族化合物与苯放在同一章中，讨论了芳环上的亲电取代和亲核取代反应，同时对卤素和酚羟基的定位效应进行讨论和比较。

(5) 考虑到芳香族胺和芳香族杂环化合物的结构和性质特征，仍然各独立设章。在杂环化合物这一章仅对含单杂原子的五元杂环和六元杂环及苯并五元杂环和苯并六元杂环进行了讨论。结合苯环上的亲电和亲核取代反应，对杂环上的亲电和亲核取代反应进行讨论和比较。

(6) 在对有机化合物主要官能团的性质已有了一定了解的基础上，另外增加了一章"主要官能团之间的转换"，以官能团的形成方式对各官能团的性质和相互联系进行复习和扩展，同时使读者对各类官能团化合物的制备有一定的了解。

(7) 对专章部分仅对基本知识作简单的介绍，使不同专业的读者能根据需要在深入学习时有初步的基础。

在本书编写过程中，编者注意到给读者留有一定的拓宽空间和自由度，读者可以根据需要，结合有关教材的相关章节和适当的习题资料，对有关知识点进行有效的扩展。

本书的编写出版首先要感谢科学出版社丁里、杨向萍等编辑的信任，以及在编写过程中的帮助、关心和指导。另外，在编写过程中还得到北京大学叶蕴华教授和裴伟伟教授的帮助和鼓励，借此机会向她们表示衷心的感谢。

感谢目前正在南京大学化学化工学院从事有机化学教学的王杰、吴琳、杨晓亮、强琚莉等老师,他们在本书编写过程中提出了不少宝贵意见,并给予了有益帮助。

本书的编写出版还要感谢南京大学化学化工学院和有机化学学科的历届领导以及年长于我的老师和共同进行有机化学教学的同事,感谢他们在我多年的教学中所给予的支持、帮助、指导和肯定。

限于编者的水平,编写过程中难免出现疏漏或不妥,恳请同行和广大读者不吝批评指正。

冯骏材
2011 年 10 月于南京大学

目 录

前言
第1章 绪论 ... 1
1.1 有机化合物和有机化学及其发展简史 ... 1
1.2 有机化合物的结构式 ... 3
1.2.1 凯库勒结构式 ... 3
1.2.2 路易斯结构式 ... 4
1.3 有机化合物中的化学键 ... 4
1.3.1 原子轨道 ... 4
1.3.2 价键理论 ... 5
1.3.3 杂化轨道理论 ... 6
1.3.4 分子轨道理论 ... 7
1.3.5 共价键的键角、键长、键能和键的极性 ... 9
1.4 有机化合物的分类和官能团 ... 10
1.4.1 按有机化合物分子的骨架特征分类 ... 10
1.4.2 按有机化合物不同官能团分类 ... 11
1.5 有机化合物的同分异构体 ... 12
1.5.1 构造异构体 ... 12
1.5.2 立体异构体 ... 13
1.6 有机化学反应 ... 14
1.6.1 自由基反应 ... 14
1.6.2 离子型反应 ... 14
1.6.3 协同反应 ... 15
1.6.4 有机反应机理 ... 15
1.7 有机化学反应中的酸碱理论 ... 15
1.7.1 酸碱质子理论 ... 15
1.7.2 酸碱电子理论 ... 16
1.8 有机化学的重要性 ... 17
1.8.1 有机化学与众多学科之间的紧密联系 ... 17
1.8.2 有机化学在国民经济建设中的作用 ... 17
第2章 烷烃和环烷烃 ... 19
2.1 烷烃 ... 19
2.1.1 烷烃的结构 ... 19
2.1.2 烷烃的同系列 ... 20
2.1.3 烷烃的同分异构 ... 22

2.1.4　烷烃的命名 ··· 23
　　2.1.5　烷烃的构象 ··· 26
　　2.1.6　烷烃的物理性质 ·· 29
　　2.1.7　烷烃的化学性质 ·· 31
　2.2　环烷烃 ··· 36
　　2.2.1　环烷烃的异构和命名 ··· 36
　　2.2.2　环烷烃的性质 ··· 37
　　2.2.3　环烷烃的张力与稳定性、构象 ·· 39
　　2.2.4　十氢化萘的构象 ·· 43

第3章　波谱分析基础 ··· 46
　3.1　核磁共振谱 ·· 46
　　3.1.1　核磁共振的基本原理 ··· 46
　　3.1.2　化学位移和屏蔽效应 ··· 48
　　3.1.3　分子结构对化学位移的影响 ·· 49
　　3.1.4　有机化合物中常见氢的化学位移 ·· 49
　　3.1.5　化学等价质子和化学不等价质子 ·· 50
　　3.1.6　核磁共振谱图中的积分曲线 ·· 51
　　3.1.7　自旋偶合和自旋裂分 ··· 51
　　3.1.8　活泼氢的共振吸收特征 ··· 53
　3.2　红外光谱 ··· 54
　　3.2.1　红外光谱的基本原理 ··· 54
　　3.2.2　红外光谱图和重要有机官能团的特征吸收 ··· 55
　3.3　质谱 ··· 57
　　3.3.1　质谱的基本原理 ·· 57
　　3.3.2　质谱图 ··· 58
　　3.3.3　同位素离子峰 ··· 59
　3.4　紫外光谱 ··· 59
　　3.4.1　紫外光谱的基本原理 ··· 59
　　3.4.2　紫外光谱图和特征吸收 ··· 60

第4章　对映异构 ··· 63
　4.1　旋光性 ··· 63
　　4.1.1　偏光 ··· 64
　　4.1.2　旋光性和比旋光度 ··· 64
　4.2　手性与对称性 ·· 65
　　4.2.1　手性分子 ·· 65
　　4.2.2　对称元素 ·· 65
　4.3　含一个手性碳原子化合物的对映异构 ·· 67
　4.4　对映异构体构型标记法 ··· 68
　　4.4.1　D/L标记法 ··· 68
　　4.4.2　R/S标记法 ·· 68

4.5 含两个手性碳原子化合物的对映异构 ··· 70
  4.5.1 含两个不相同手性碳原子化合物的对映异构 ····································· 70
  4.5.2 含两个相同手性碳原子化合物的对映异构 ·· 71
4.6 含假手性碳原子化合物 ··· 71
4.7 环状化合物的对映异构 ··· 72
4.8 对映异构与构象 ·· 72
4.9 无手性碳原子化合物的对映异构 ··· 73
  4.9.1 丙二烯型分子 ··· 73
  4.9.2 联苯型分子 ·· 74
  4.9.3 螺旋型分子 ·· 74
4.10 外消旋体的拆分 ··· 75
4.11 对映异构与生物活性 ··· 76

第 5 章 不饱和烃 ··· 80
5.1 烯烃 ··· 80
  5.1.1 烯烃的结构 ·· 80
  5.1.2 烯烃的同分异构和命名 ·· 82
  5.1.3 烯烃的物理性质 ··· 85
  5.1.4 烯烃的化学性质 ··· 86
5.2 二烯烃 ··· 99
  5.2.1 共轭二烯烃的命名和结构 ·· 100
  5.2.2 共轭二烯烃的反应 ··· 103
5.3 炔烃 ··· 106
  5.3.1 炔烃的结构 ·· 106
  5.3.2 炔烃的同分异构和命名 ·· 107
  5.3.3 炔烃的物理性质 ··· 108
  5.3.4 炔烃的化学性质 ··· 109
  5.3.5 共振结构理论简介和共振式 ··· 113

第 6 章 卤代烃 醇 醚 ··· 120
6.1 卤代烃 ··· 120
  6.1.1 卤代烃的结构、分类和命名 ·· 120
  6.1.2 卤代烃的物理性质及波谱特征 ··· 122
  6.1.3 卤代烃的化学性质 ··· 123
  6.1.4 卤代烯烃 ·· 132
6.2 醇 ··· 133
  6.2.1 醇的结构和命名 ··· 134
  6.2.2 醇的物理性质 ··· 136
  6.2.3 醇的化学性质 ··· 138
  6.2.4 硫醇 ··· 145
6.3 醚和环氧化合物 ·· 146
  6.3.1 醚的结构和命名 ··· 146

6.3.2　醚的物理性质 ………………………………………………………………… 148
　　6.3.3　醚的化学性质 ………………………………………………………………… 149
　　6.3.4　1,2-环氧化合物和冠醚 ……………………………………………………… 151

第7章　苯和芳香族化合物 ……………………………………………………………… 157
7.1　苯 …………………………………………………………………………………… 157
　　7.1.1　苯的结构和稳定性 …………………………………………………………… 157
　　7.1.2　芳香烃的异构和命名 ………………………………………………………… 159
　　7.1.3　苯及其同系物的物理性质 …………………………………………………… 161
　　7.1.4　苯及其同系物的化学性质 …………………………………………………… 162
　　7.1.5　苯环上亲电取代反应的定位规律 …………………………………………… 168
　　7.1.6　非苯型芳香烃和休克尔规则 ………………………………………………… 173
　　7.1.7　稠环芳烃 ……………………………………………………………………… 174
　　7.1.8　富勒烯 ………………………………………………………………………… 175
7.2　卤代芳烃 …………………………………………………………………………… 176
　　7.2.1　卤代芳烃的结构 ……………………………………………………………… 176
　　7.2.2　卤代芳烃的亲电取代反应 …………………………………………………… 176
　　7.2.3　卤代芳烃的亲核取代反应 …………………………………………………… 177
7.3　酚 …………………………………………………………………………………… 181
　　7.3.1　酚的结构和命名 ……………………………………………………………… 181
　　7.3.2　酚的性质 ……………………………………………………………………… 182

第8章　醛和酮 ……………………………………………………………………………… 190
8.1　醛、酮的结构和命名 ……………………………………………………………… 190
　　8.1.1　醛、酮中羰基的结构 ………………………………………………………… 190
　　8.1.2　醛、酮的命名 ………………………………………………………………… 191
8.2　醛、酮的物理性质 ………………………………………………………………… 193
8.3　醛、酮的化学性质 ………………………………………………………………… 194
　　8.3.1　羰基的亲核加成反应 ………………………………………………………… 194
　　8.3.2　羰基亲核加成反应的立体化学 ……………………………………………… 201
　　8.3.3　α-氢的反应 …………………………………………………………………… 204
　　8.3.4　氧化和还原反应 ……………………………………………………………… 208
　　8.3.5　维悌希反应 …………………………………………………………………… 211
　　8.3.6　α,β-不饱和醛、酮的共轭加成 ……………………………………………… 211
8.4　醌 …………………………………………………………………………………… 214
　　8.4.1　醌的结构 ……………………………………………………………………… 214
　　8.4.2　醌的化学性质 ………………………………………………………………… 215

第9章　羧酸和取代酸 ……………………………………………………………………… 219
9.1　羧酸的结构和命名 ………………………………………………………………… 219
　　9.1.1　羧酸的结构 …………………………………………………………………… 219
　　9.1.2　羧酸的命名 …………………………………………………………………… 220
9.2　羧酸的物理性质 …………………………………………………………………… 222

9.3 羧酸的化学性质 ·········· 223
9.3.1 羧酸的酸性 ·········· 224
9.3.2 羧酸衍生物的生成 ·········· 226
9.3.3 脱羧反应 ·········· 229
9.3.4 羧酸的还原 ·········· 230
9.3.5 α-氢的反应 ·········· 230
9.4 羟基酸 ·········· 231
9.4.1 醇酸的脱水反应 ·········· 232
9.4.2 α-醇酸和β-醇酸的分解反应 ·········· 233
9.5 羰基酸 ·········· 233
9.5.1 α-酮酸和β-酮酸的分解反应 ·········· 233
9.5.2 β-羰基酸酯 ·········· 234

第10章 羧酸衍生物 ·········· 242
10.1 羧酸衍生物的结构和命名 ·········· 242
10.1.1 羧酸衍生物的结构 ·········· 242
10.1.2 羧酸衍生物的命名 ·········· 243
10.2 羧酸衍生物的物理性质 ·········· 244
10.3 羧酸衍生物的化学性质 ·········· 245
10.4 油脂 ·········· 252
10.4.1 油脂的结构 ·········· 252
10.4.2 油脂的物理性质 ·········· 253
10.4.3 油脂的化学性质 ·········· 254
10.5 甘油磷脂 ·········· 255
10.6 尿素 ·········· 255

第11章 含氮有机化合物 ·········· 259
11.1 硝基化合物 ·········· 259
11.1.1 硝基化合物的结构 ·········· 259
11.1.2 芳香族硝基化合物的还原 ·········· 260
11.2 胺化合物 ·········· 261
11.2.1 胺的结构和命名 ·········· 262
11.2.2 胺的物理性质 ·········· 264
11.2.3 胺的化学性质 ·········· 265
11.2.4 季铵碱的霍夫曼消除 ·········· 273
11.2.5 芳香族胺芳环上的亲电取代反应 ·········· 273

第12章 主要官能团之间的转换 ·········· 277
12.1 转变成烷基的反应 ·········· 277
12.2 转变成碳碳双键的反应 ·········· 278
12.3 转变成碳碳叁键的反应 ·········· 279
12.4 转变成卤代烃的反应 ·········· 279
12.5 转变成醇的反应 ·········· 282

- 12.6 转变成酚的反应 ... 284
- 12.7 转变成醚的反应 ... 285
- 12.8 转变成醛的反应 ... 287
- 12.9 转变成酮的反应 ... 288
- 12.10 转变成羧酸的反应 ... 291
- 12.11 转变成胺的反应 ... 292
- 12.12 转变成酯的反应 ... 294
- 12.13 转变成酰胺的反应 ... 295
- 12.14 转变成腈的反应 ... 296
- 12.15 转变成酸酐的反应 ... 297
- 12.16 转变成多官能团的反应 ... 297

第13章 芳香族杂环化合物 ... 305
- 13.1 五元杂环和六元杂环的结构和命名 ... 305
  - 13.1.1 呋喃、吡咯和噻吩的结构 ... 305
  - 13.1.2 吡啶的结构 ... 306
  - 13.1.3 五元杂环和六元杂环的命名 ... 307
- 13.2 杂环化合物的物理性质 ... 307
- 13.3 杂环化合物的化学性质 ... 308
  - 13.3.1 呋喃、吡咯、噻吩环上的亲电取代反应 ... 308
  - 13.3.2 呋喃、吡咯、噻吩的加成反应 ... 309
  - 13.3.3 吡咯的某些特殊反应 ... 310
  - 13.3.4 吡啶的碱性与亲核性 ... 311
  - 13.3.5 吡啶环上的取代反应 ... 312
  - 13.3.6 吡啶的氧化和还原反应 ... 313
- 13.4 典型苯并五元杂环和苯并六元杂环及其性质 ... 313
  - 13.4.1 吲哚及其衍生物 ... 313
  - 13.4.2 喹啉和异喹啉 ... 314
- 13.5 嘧啶、嘌呤及其衍生物简介 ... 315

第14章 碳水化合物 ... 319
- 14.1 单糖的结构、构型和构象 ... 320
  - 14.1.1 单糖的结构 ... 320
  - 14.1.2 单糖的性质 ... 325
  - 14.1.3 重要单糖衍生物 ... 330
- 14.2 二糖 ... 331
  - 14.2.1 还原性二糖 ... 331
  - 14.2.2 非还原性二糖 ... 332
- 14.3 多糖 ... 333
  - 14.3.1 纤维素 ... 333
  - 14.3.2 淀粉 ... 334
  - 14.3.3 糖原 ... 335

14.3.4　环糊精 ·· 335
第15章　氨基酸、多肽、蛋白质和核酸 ·· 338
　15.1　氨基酸 ··· 338
　　15.1.1　氨基酸的结构、分类和命名 ·· 338
　　15.1.2　非蛋白质氨基酸 ·· 340
　　15.1.3　氨基酸的性质 ·· 341
　15.2　肽和蛋白质 ·· 344
　　15.2.1　肽的结构和命名 ·· 344
　　15.2.2　多肽结构的测定 ·· 345
　　15.2.3　蛋白质 ·· 347
　15.3　核酸 ··· 350
第16章　萜类和甾族化合物 ··· 355
　16.1　萜类化合物 ·· 355
　　16.1.1　萜类化合物的结构 ··· 355
　　16.1.2　典型萜类化合物举例 ·· 355
　16.2　甾族化合物 ·· 358
　　16.2.1　甾族化合物的结构 ··· 358
　　16.2.2　典型的甾族化合物 ··· 359
主要参考文献 ·· 364
主要参考习题书目 ··· 364

第1章 绪 论

主要内容

(1) 有机化合物和有机化学及其发展简史。
(2) 有机化合物的结构式:凯库勒结构式和路易斯结构式。
(3) 有机化合物中的化学键:价键理论,杂化轨道理论,sp^3、sp^2、sp 杂化轨道,分子轨道理论。
(4) 共价键的键角、键长、键能和键的极性。
(5) 有机化合物的分类和官能团。
(6) 有机化合物的同分异构、构造、构型和构象。
(7) 有机化学反应:自由基反应、离子反应和协同反应。
(8) 有机化学中的酸碱理论:酸碱质子理论和酸碱电子理论。
(9) 有机化学的重要性。

有机化学(organic chemistry)是研究有机化合物(organic compound)的组成、结构、性质和制备的一门既非常重要又相对比较年轻的学科。它不仅在化学领域中占有绝对重要的地位,而且与其他学科(如生物、环境、医学、药物、材料、地学等)之间形成新的相互渗透、相互交叉和相互融合的研究领域,甚至有的已经取得令人兴奋和鼓舞的成果。同时相关学科中出现的有机问题也给有机化学的未来发展提供了重要的研究资源。有机化学的基本原理、研究方法和实验手段已成为推动诸多相应学科发展的必备基础。

1.1 有机化合物和有机化学及其发展简史

长期以来人类为了自己的生存、繁衍和发展,开展了大量的社会活动、生产活动以及科学研究活动,这对有机化学的形成和发展起了积极的促进和推动作用。早期人们就懂得从植物中提取染料、药物、香料、糖,用谷物来酿酒制醋,用蚕丝制衣服,用植物纤维造纸等,这都是人类利用有机化合物为人们的生活和生产服务作出的贡献。在 18 世纪,由于人们从动物和植物中发现的化合物已越来越多,对它们的认识也逐渐积累了丰富的经验,特别对有机化合物的分离和纯化有了很大的进展后,初步能利用化合物的性质来认识从动、植物中得到的物质有许多共同的性质,而与当时从矿物中得到的化合物有明显的区别,因此,当时就把从动物和植物有机体中得到的物质称为有机化合物,简称有机物。为了区别于研究矿物质的无机化学,1806 年,瑞典化学家伯齐利厄斯(J. Berzelius)首先把研究有机化合物的化学称为有机化学。

直到 19 世纪初,当时已知的有机化合物还都来自于有生命的生物,没有人工合成的。享有盛名的伯齐利厄斯在当时也认为从动、植体中得到的化合物只能在生物体的细胞中受一种特殊的作用力才能被制造出来,是不能在实验室中被制造出来的。由此有机化合物被赋予了许多神秘的色彩,这就是在相当一段时间内阻碍了有机化学发展的"生命力"学说。尽管在1828 年德国化学家韦勒(F. Wöhler)在实验室里合成了尿素,但由于当时合成尿素的原料氰酸铵(NH_4CNO)还不能直接从无机物制得,所以"生命力"学说还没有从根本上被动摇。直到1845 年科尔比(H. Kolbe)合成了乙酸,1854 年贝特洛(M. Berthelot)合成了油脂,以及更多的有机化合物在实验室被成功合成,才彻底否定了阻碍有机合成发展的"生命力"学说,从而开始了有机合成的新时代,但生命过程中的化学始终是有机化学中重要的研究内容。现在,人们不但能在实验室合成出与天然存在的完全相同的有机化合物,还能合成出自然界并不存在但比天然有机物用途更广、品质更优良的新的有机化合物。因此,"有机化合物"和"有机化学"的含义已不是当时定义的概念了,但由于使用已久,一直保留到现在。

随着有机化合物的种类日益增多,分析技术不断发展,特别是在1830 年,德国化学家李比希(J. V. Liebg)在前人的研究基础上,成功地发展了测定有机化合物的定量方法,证明了几乎所有的有机化合物中都含碳,因此,在1848 年葛美林(L. Gmelin)把有机化合物定义为"碳化合物"。而有机化学就是研究碳化合物的化学(chemistry of carbon compound)。

19 世纪50 年代,化学家已普遍认识到有机化合物的性质不仅与分子的组成有关,还与分子内原子之间的连接顺序与方式有关,这为有机化学结构理论的建立打下了基础。1857 年,德国化学家凯库勒(F. A. Kekulé)和英国化学家库珀(A. S. Couper)先后分别提出了碳原子的四价理论,并明确提出碳原子之间可以相互连接成链状和环状结构。此后凯库勒还建立了苯的结构学说。19 世纪60 年代,法国化学家巴斯德(L. Pasteur)在伯齐利厄斯发现物质的旋光性的基础上分离出了不同旋光的酒石酸钠铵晶体。1874 年荷兰化学家范特霍夫(J. H. van't Hoff)和法国化学家勒贝尔(J. A. Le Bel)同时分别提出了碳的四面体构型学说,这为在环己烷的结构中提出椅式构象和船式构象奠定了理论基础,从此揭开了有机立体化学的新的一页。

进入20 世纪后,随着结构理论的建立、量子化学的引入、现代分离和分析技术的发展、计算机的广泛应用,有机化学和有机合成得到了全面的发展。例如,英国化学家路易斯(G. H. Lewis)结构理论、美国化学家鲍林(L. Pauling)创立的杂化轨道理论和共振论、德国化学家休克尔(E. Hückel)提出的休克尔分子轨道法、美国化学家伍德沃德(R. B. Woodward)和霍夫曼(R. Hoffmann)共同提出的分子轨道对称守恒原理等都对有机化学的发展作出了重要贡献。与此同时,研究有机化学的物理方法,如红外光谱、核磁共振谱、质谱、紫外光谱、X 射线衍射技术、色谱技术、晶体电子显微学等都有了很快的发展,这对有机化合物官能团的鉴定、分子空间结构的确定都起了很重要的作用。在此期间,有机合成也得到了突飞猛进的发展,不断地创造了自然界不存在的新物质。现在,化学家每年都要合成出100 万种以上的新化合物。牛胰岛素的成功合成及由克罗托(H. W. Kroto)、柯尔(R. F. Curl)和斯莫利(R. E. Smalley)发现的以C_{60} 和 C_{70} 为代表的全碳球状原子簇富勒烯(fullerene)是20 世纪自然科学史上的重大成果之一。有机化学正以其很强的实用性和创造性的科学魅力,极大地吸引着众多的化学家、生物学家、物理学家、材料学家的关注。

有机化学作为一门学科,它的形成和发展大大推动了社会生产力的发展,人类社会文明的进步和生活质量的提高。有机化学与生命科学之间有着特别的紧密联系,不仅最初的有机化合物是人类从具有生命的动植中发现的,而且生命科学中的化学问题已成为未来有机化学发展的重要研究资源和推动力。凡是历史长河流经的地方都有有机化学伴随人类活动的痕迹,人们现在还努力在其他星球寻找是否存在有机物,以判断是否有生命存在的可能性。

有机化合物在性质上与无机化合物具有明显不同的特点:由于碳与碳之间连接方式的多样性和连接时几乎没有碳原子数的限制,因此有机化合物的品种繁多;容易燃烧;绝大多数都难溶于水,而易溶于有机溶剂;具有比无机化合物低得多的熔点,一般都不超过 400 ℃;有机化合物的反应速率相对较小,反应慢,通常需要加热或加催化剂,而且副反应多。因此,有机化合物的研究必须由它的独立学科——有机化学来完成。

1.2 有机化合物的结构式

了解和掌握有机化合物的分子结构是学习有机化学的关键,是研究有机物分子行为,掌握有机化合物性质、反应、制备和生物活性的基础。碳原子的四价理论、碳原子的正四面体学说和不对称碳原子的概念都为正确书写有机化合物的结构式奠定了理论基础。

1.2.1 凯库勒结构式

当用凯库勒结构式表示有机化合物的结构时,则根据原子的化合价用短横"—"将各原子连接在一起,这样写出的化学式称为凯库勒结构式。例如

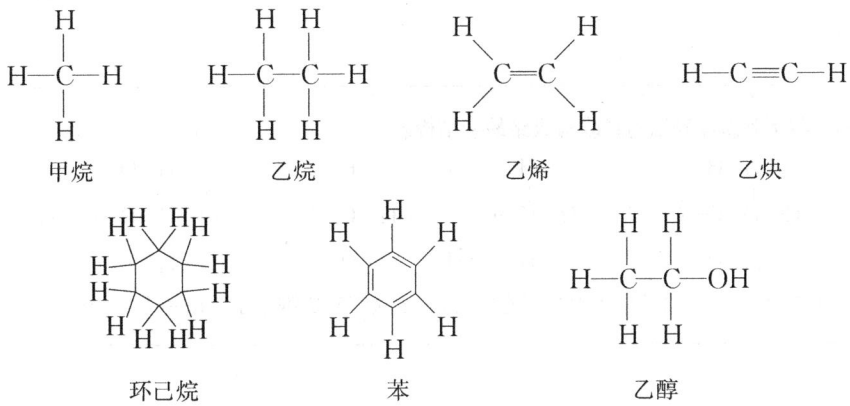

其中的短横表示成键的电子对,而非键电子略去不标出。

凯库勒结构式还可以写成相应的键线式及简化的紧缩式。例如

键线式: 丙烷 丁烷 乙醇 异戊醛

在键线式中各键之间的连接点及端点都代表有一个碳原子,如果不是碳原子,则必须标出相应的原子。

紧缩式: CH_4 $CH_3CH_2CH_3$ $CH_2=CH_2$ CH_3CH_2OH
　　　　甲烷　　　丙烷　　　　　乙烯　　　　　乙醇

凯库勒结构式只表示有机化合物分子中原子互相连接的顺序。

1.2.2 路易斯结构式

凯库勒结构式中各原子之间的成键电子用短横表示,而未成键的电子省去不写。但在路易斯结构式中,必须把成键的电子和原子最外层的未成键电子都用"·"表示出来。书写时,除氢原子外,其他中性原子的外层电子结构应满足稳定的八隅体结构,但每个主族元素的最外层电子不得多于 8 个。这种用"·"表示分子中各原子之间成键的结构式称为路易斯结构式。例如

$$
\begin{array}{ccc}
\text{H}\ \text{H} & \text{H}\ \text{H} & \text{H}\ \ \ :\!\ddot{\text{O}}\!: \\
\text{H}\!:\!\ddot{\text{C}}\!:\!\ddot{\text{C}}\!:\!\text{H} & \text{H}\!:\!\ddot{\text{C}}\!:\!\ddot{\text{C}}\!:\!\ddot{\text{O}}\!:\!\text{H} & \text{H}\!:\!\ddot{\text{C}}\!:\!\ddot{\text{C}}\!:\!\ddot{\text{O}}\!:\!\text{H} \\
\text{H}\ \text{H} & \text{H}\ \text{H} & \text{H} \\
\text{乙烷} & \text{乙醇} & \text{乙酸}
\end{array}
$$

路易斯结构式不仅反映了原子互相连接的顺序,还反映了键的饱和性。

在路易斯结构式中,当某个原子与其他原子成键时的共用电子的一半电子数加上该原子上的未参与成键的电子数不等于该原子的价电子数时,该原子就带有电荷。例如,质子化的水分子的路易斯结构式为

$$
\begin{array}{c}
\text{H} \\
\text{H}\!:\!\ddot{\text{O}}\!:^{+} \\
\text{H}
\end{array}
$$

参与成键的共用电子数的一半为 $\frac{1}{2}\times(2\times3)=3, 3+2=5$,而氧原子的价电子数为 6,所以带一个正电荷。

问题 1-1 将下列凯库勒结构式改写成路易斯结构式。

$$
\begin{array}{cccc}
\text{H}\ \text{H} & \text{H}\ \ \ \text{O} & \text{H}\ \ \ \text{O} & \text{H}\ \text{O} \\
|\ \ | & |\ \ \ \| & |\ \ \ \uparrow & |\ \ \| \\
\text{H}\!-\!\text{C}\!-\!\text{C}\!-\!\text{O}\!-\!\text{H} & \text{H}\!-\!\text{C}\!-\!\text{C} & \text{H}\!-\!\text{C}\!-\!\text{N} & \text{Cl}\!-\!\text{C}\!-\!\text{C}\!-\!\text{O}\!-\!\text{H} \\
|\ \ | & |\ \ \ \ \ \backslash & |\ \ \ \ \ \downarrow & |\ \ \ \\
\text{H}\ \text{H} & \text{H}\ \ \ \ \ \text{H} & \text{H}\ \ \ \ \ \text{O} & \text{H}\ \ \\
\end{array}
$$

(在凯库勒结构式中,两原子之间用"→"连接时,表示这一对成键电子是由一个原子提供的)

1.3 有机化合物中的化学键

1.3.1 原子轨道

在原子中,电子围绕原子核运动,由于电子的运动具有波粒二象性,即同时具有微粒性和波动性,因此电子的运动遵循量子力学的规律,不能同时测出某一个电子运动时的准确位置和能量,只能相对地描述出电子运动时在某一位置出现的概率。根据量子力学观点,电子的运动状态是空间坐标的函数,可以用波函数 $\phi(x,y,z)$ 描述。对于 1s 电子而言,其波函数 $\phi(x,y,z)$ 是电子与原子核之间的距离 r 的函数。

电子在原子核周围某一小体积内出现的概率可以用波函数 ϕ^2 表示,ϕ^2 越大说明电子在小体积内出现的概率越大,即电子在小体积内出现的概率与 ϕ^2 成正比例关系。对于 1s 电子而言,ϕ^2 的数值随着电子与原子核之间的距离 r 的增加而迅速减小,即电子在原子核周围出现的概率最大。如果用大量不同的点来代表电子出现的概率,则可以得到密度不同的、云雾似的电子图

案,称为电子云。对于1s电子的电子云,可以画出一个电子出现概率为总概率的90%~95%的界面图,这就是形象地表示原子轨道的示意图,1s电子的原子轨道就是对原子核呈球形对称的球,如图1-1所示。

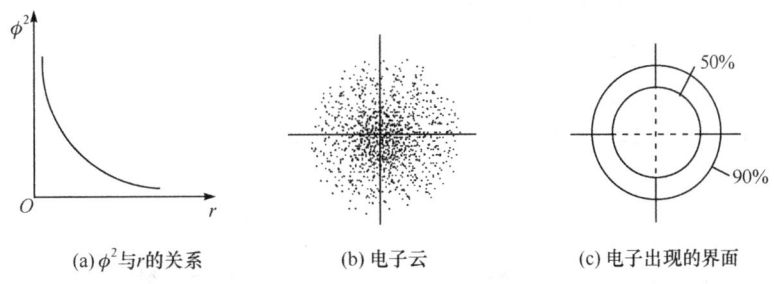

(a) ϕ^2 与 r 的关系　　(b) 电子云　　(c) 电子出现的界面

图1-1　1s电子的电子云和原子轨道示意图

2s电子的轨道与1s电子的轨道一样,也是球形对称的。其轨道比1s轨道大,能量比1s轨道的高。

p轨道的电子云主要集中在原子核的两边一定的区域内,电子云的界面呈哑铃状,沿着经过原子核的直线呈轴对称分布。2p轨道有三个能量相等的轨道,它们为 p_x、p_y、p_z,分别围绕 x、y、z 轴呈轴对称分布,且互相垂直。它们都有一个经原子核的节面,p_x 轨道的节面为 yz 轴所在平面,p_y 轨道的节面为 xz 轴所在平面,p_z 轨道的节面为 xy 轴所在平面(图1-2)。p轨道在节面两边的两半部分的位相不同,通常用符号"+"和"-"来表示不同位相。

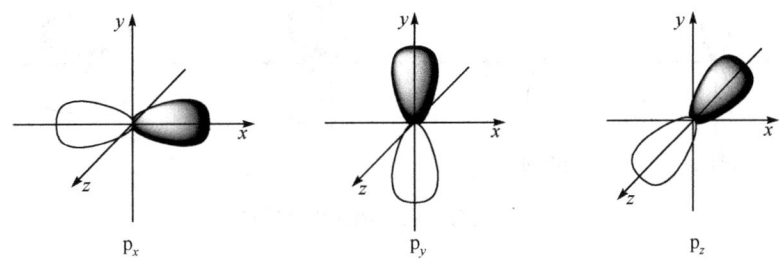

图1-2　2p轨道示意图

1.3.2　价键理论

价键理论是量子化学用来处理化学键的一种近似方法。价键理论认为:当成键的两个原子相互靠近时,成键原子的原子轨道相互重叠,形成共价键,原来仅围绕各自原子运动的、自旋相反的两个成键电子,这时在原子轨道重叠的区域内为两个成键的原子所共有,它们围绕成键的两个原子在一定的轨道上运动。以氢分子为例,当两个氢原子相互靠近时,两个自旋相反的1s电子的原子轨道可以相互重叠,生成氢分子(图1-3)。

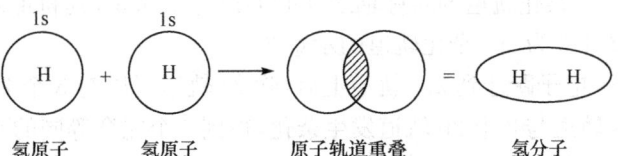

图1-3　s轨道与s轨道重叠成键示意图

在氢分子中,两个 1s 电子为两个氢原子共有,组成的键称为共价键,共价键的电子云围绕 H—H 键轴呈对称分布,这种共价键称为 σ 键。由两个原子各出一个电子构成共价键的方式也称为电子配对法。共价键具有一定的键长和键能。

将量子化学对氢分子共价键的讨论定性地推广到其他双原子分子或多原子分子中的共价键,也可以得到令人满意的结果。

一个原子的 s 轨道还可以与另一个原子的 p 轨道相互重叠,当 s 轨道沿着 p 轨道的对称轴重叠时,可以达到最大程度的重叠,这时生成的共价键的电子云围绕键轴呈对称分布,所以生成的共价键也是 σ 键(图 1-4)。

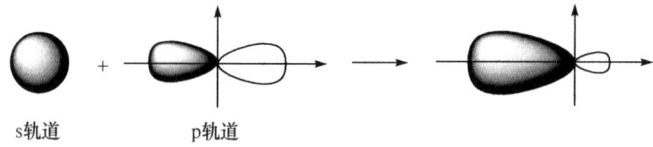

图 1-4　s 轨道与 p 轨道重叠成键示意图

当一个原子的 p 轨道与另一个原子的 p 轨道相互重叠时,会有两种不同情况。如果是沿轨道的对称轴相互重叠,则也是生成 σ 共价键。如果两个原子的 p 轨道的对称轴互相平行,则它们只能从轨道的侧面重叠,p 轨道从侧面达到最大重叠生成的共价键,其电子云分布在两原子键轴所在平面的上方和下方,这种共价键称为 π 键(图 1-5)。

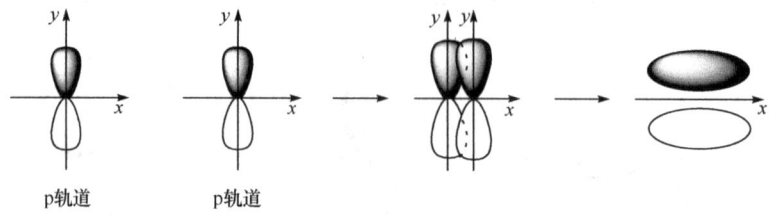

图 1-5　p 轨道与 p 轨道侧面重叠成键示意图

1.3.3　杂化轨道理论

甲烷分子式为 CH_4,碳原子的电子构型为 $1s^2 2s^2 2p_x^1 2p_y^1 2p_z^0$。甲烷分子中只有 2 个没有配对的电子,但碳原子表现为等同的 4 价,这是由于碳原子中的 1 个 2s 电子跃迁到 $2p_z$ 轨道上,外层电子构型为 $2s^1 2p_x^1 2p_y^1 2p_z^1$,成为 4 个没有配对的电子。由于 2s 轨道和 2p 轨道的能量相近,这 4 个原子轨道可以杂化,杂化后组成 4 个完全等同的、能量相等、方向性更强的杂化轨道,称为 sp^3 杂化轨道。每个 sp^3 杂化轨道具有 1/4 s 成分和 3/4 p 成分。由于 p 轨道有波函数不同的两瓣,因此在与 2s 轨道杂化后,波函数相同的一瓣增大,波函数不同的一瓣缩小,这样与其他原子轨道交叠成键的能力更强。杂化轨道之间需要保持最远的距离,所以杂化轨道都有一定的方向性,sp^3 杂化轨道的对称轴之间的夹角为 109.5°,其轨道对称轴分别指向正四面体的 4 个顶点。图 1-6 为 sp^3 杂化轨道的示意图。

碳原子的 1 个 2s 电子跃迁到 $2p_z$ 轨道上后,除 2s 轨道可以与 3 个 2p 轨道发生 sp^3 杂化外,还可以由 1 个 2s 轨道与 2 个 2p 轨道发生杂化,得到 3 个完全等同的 sp^2 杂化轨道;由 1 个 2s 轨道与 1 个 2p 轨道发生杂化,得到 2 个完全等同的 sp 杂化轨道。

在 sp^2 杂化中,它们的对称轴在同一平面上,彼此的夹角为 120°,分别指向正三角形的 3

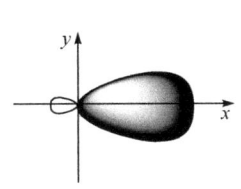 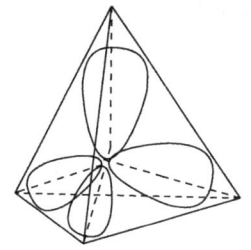

(a) sp³杂化轨道　　　　　(b) 4个sp³杂化轨道指向正四面体的4个顶点

图 1-6　sp³ 杂化轨道的示意图

个顶点。每个 sp² 杂化轨道具有 1/3 s 成分和 2/3 p 成分。剩下的 1 个没有参与杂化的 p 轨道垂直于 3 个 sp² 杂化轨道所在的平面。图 1-7 为 sp² 杂化轨道的示意图。

在 sp 杂化中,它们的对称轴在同一直线上,彼此的夹角为 180°。每个 sp 杂化轨道具有 1/2 s 成分和 1/2 p 成分。剩下的 2 个没有参与杂化的 p 轨道不仅互相垂直,且均垂直于 2 个 sp 杂化轨道的对称轴。图 1-8 为 sp 杂化轨道的示意图。

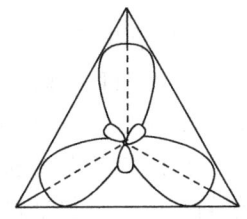 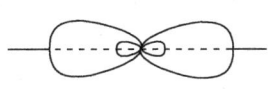

图 1-7　sp² 杂化轨道的示意图　　　　　图 1-8　sp 杂化轨道的示意图

价键理论是从两个原子相互作用形成的共价键来讨论化学键,因此形成共价键的一对共用电子是被定域在两个原子之间运动的。这实际上是有局限性的,特别是对于电子离域的共轭体系,很难用价键理论给出满意的解释。但由于仅讨论两个原子之间的共价键时十分简单、形象,容易被接受,所以被化学界使用至今。

1.3.4　分子轨道理论

通俗地说,分子轨道是指电子围绕多原子分子的原子核运动的状态,分子轨道用波函数 ψ 表示。波函数 ψ 是应用原子轨道的线性组合法(LCAO)得到的近似结果,组成分子轨道的原子轨道必须在能量上相近,对称性相同,并能最大程度地重叠,这样组成的分子轨道能量最低。按照分子轨道理论,组成分子轨道的原子轨道数目和组合成的分子轨道数目是相等的,各分子轨道也有不同的能级,具有一定的能量。电子在分子轨道上的排布遵循能量最低原理、泡利(Pauli)不相容原理和洪德(Hund)规则,即电子首先填补在能级最低的分子轨道上,且每个分子轨道上只能容纳两个自旋相反的电子,然后按分子轨道能级,依次将电子从低能级轨道向高能级轨道填补。对于氢分子而言,两个氢原子的 1s 轨道组合成两个分子轨道,其中一个分子轨道由两个原子轨道的波函数相加表示,其能量比原子轨道的能量低,称为成键轨道(bonding orbital);另外一个分子轨道由两个原子轨道的波函数相减表示,其能量比原子轨道的能量高,称为反键轨道(antibonding orbital)。在基态下,氢分子的两个电子占在成键轨道上,且它们自旋反平行,从而组成化学键,使体系的能量降低,形成稳定的分子;而反键轨道是空的,没有电子。图 1-9 为氢分子的分子轨道及基态时电子排布示意图。

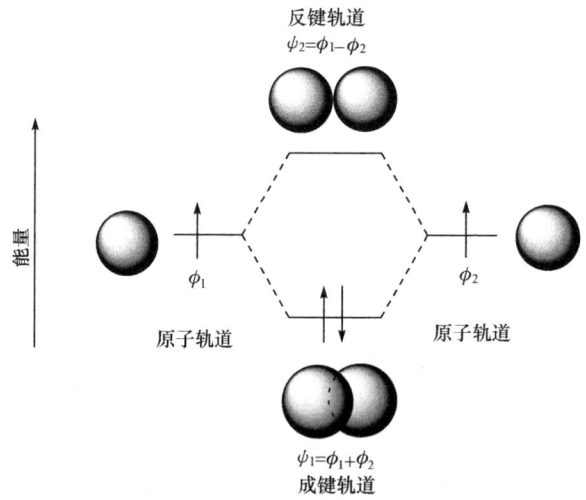

图 1-9　氢分子的分子轨道及基态时电子排布示意图

对于结构为 CH_2=CH_2 的乙烯分子,2 个碳原子都以 sp^2 杂化轨道相互重叠,生成 C—C σ 键,同时都以 sp^2 杂化轨道与 4 个氢原子的 1s 轨道重叠,生成 4 个 C—H σ 键。2 个碳原子和 4 个氢原子都在同一平面内。每个碳原子上还有一个电子没有参加杂化的,垂直于 sp^2 杂化轨道所在平面的 p_z 轨道,当 C—C σ 键旋转到一定位置时,这 2 个 p_z 轨道的对称轴处于平行状态,这时 2 个 p_z 原子轨道可以从侧面重叠,组合成 2 个分子轨道,一个是成键的 π 轨道,另一个是反键的 $π^*$ 轨道。在基态时,2 个原来在 p_z 轨道上的电子在成键轨道上组成电子对,生成的键称为 π 键(图 1-10)。

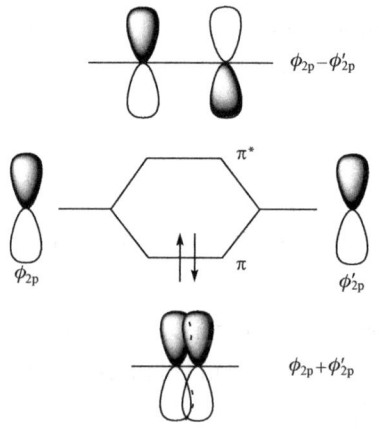

图 1-10　乙烯分子中的 π 键

用价键法描述乙烯分子中 C—C σ 键和 C—H σ 键状态比用分子轨道法简单、直接得多。

问题 1-2　分别写出 CH_2=CH_2 和 CH_3Cl 分子中各原子间是如何成键的。

1.3.5 共价键的键角、键长、键能和键的极性

在有机化合物中,最基本的化学键有离子键、共价键和配价键。例如,乙酸钠是由带正电荷的 Na^+ 和带负电荷的 CH_3COO^- 之间靠强烈的静电作用结合而成的,它们之间的化学键为离子键。两个原子各提供一个电子,当自旋相反时互相结合,配对成两原子之间的共用电子对,这样形成的化学键称为共价键。原子形成共价键的数目与该原子未成对的价电子数一致,这就是共价键的饱和性。有机分子中各原子之间的化学键主要是共价键。配价键是一种特殊的共价键,形成共价键中的一对电子由成键前的一个原子提供,提供电子对的原子称为给予体,接受电子对的原子称为接受体。

1. 键角

分子中某个二价或二价以上的原子与其他两个原子形成的两个化学键之间的夹角称为键角(bond angle)。键角给出的信息对讨论有机分子的空间构型十分重要。例如,甲烷分子的碳原子为 sp^3 杂化,两个碳氢键之间的夹角(∠HCH)为 109.5°,甲烷为正四面体构型,碳原子位于正四面体的中心,氢原子位于正面体的四个顶点上。因此,甲醇(CH_3OH)的∠COH 键角为 108.9°,接近 109.5°,由此可判断醇羟基(—OH)中的氧原子也为 sp^3 杂化。键角反映了共价键的方向性。

2. 键长

分子中形成共价键的两原子核之间的距离称为共价键的键长(bond length)。由于受化学环境的影响,相同的共价键的键长在不同化合物中略有差别。部分共价键的平均键长见表 1-1。

表 1-1 部分共价键的平均键长 (单位:pm)

共价键	键长	共价键	键长	共价键	键长
C—C	154	C—O	143	O—H	96
C=C	134	C=O	122	C—F	141
C≡C	120	C_{sp^3}—H	110	C—Cl	177
C—N	147	C_{sp^2}—H	107	C—Br	191
C=N	128	C_{sp}—H	105	C—I	213
C≡N	116	N—H	103		

3. 键能

共价键的键能(bond energy)是从共价键的生成或断裂的角度来衡量共价键强度的物理量。在标准状况(101.3 kPa 和 298.15 K)下,将 1 mol 理想气体分子 A—B 解离(均裂)为理想气态的 A 原子和 B 原子所需吸收的能量称为 A—B 的解离能(dissociation energy)。对于多原子分子,由于同类共价键的解离能也不同(如在 CH_4 中,四个 C—H 键的解离能是不相等的),因此键能只是同类共价键解离能的平均值。只有在双原子分子中,键的解离能才是键能。部分共价键的键能见表 1-2。

表 1-2　部分共价键的键能　　　　　　　　　　（单位：kJ·mol^{-1}）

共价键	键　能	共价键	键　能	共价键	键　能
C—C	347.3	C—H	414.2	C—F	485.3
C=C	610.9	O—H	464.4	C—Cl	338.9
C≡C	836.8	N—H	389.1	C—Br	284.5
C—N	305.4	F—H	568.2	C—I	217.6
C=N	615.0	Cl—H	431.8	F—F	154.8
C≡N	891.2	Br—H	366.1	Cl—Cl	242.7
C—O	359.8	I—H	298.2	Br—Br	192.5
C=O	736.4(醛)	O—O	196.6	I—I	150.6
	748.9(酮)	N—N	163.2		

4. 共价键的极性

由两个相同原子形成的双原子分子的共价键，其成键的电子云对称地分布在两原子之间，这种共价键称为非极性共价键；而由电负性不同的两个原子形成的共价键，其成键的电子云在两原子之间的分布是不对称的，较多地偏向电负性比较大的原子，这种共价键称为极性共价键。在极性共价键中，由于电子云的偏移，产生了正电荷中心和负电荷中心，两个电荷中心的符号相反、大小相等的电荷构成一个偶极。用正电荷或负电荷的电荷值 q 与正负电荷中心之间的距离 d 相乘，其乘积称为偶极矩（dipole moment），用 $\boldsymbol{\mu}$ 表示：

$$\boldsymbol{\mu} = qd$$

偶极矩的单位用 C·m（库仑·米）或 deb（Debye，德拜）表示，1 deb＝3.336×10^{-30} C·m。

偶极矩是一个矢量，有大小和方向，其方向用 ┼─► 表示。键的偶极矩的方向是从电负性较小的原子指向电负性较大的原子。共价键偶极矩的大小反映了共价键的极性大小。非极性共价键中由于正、负电荷中心重叠，因此偶极矩为零。在多原子分子中，分子的偶极矩是分子中各共价键偶极矩的矢量和。

1.4　有机化合物的分类和官能团

有机化合物的数目繁多，为了更有效地学习和研究它们，必须要对众多的有机化合物按照有机化合物分子的结构特征进行科学的分类。

目前，国内外有机化学家主要采用两种分类方法对有机化合物进行分类：一种是按照有机化合物分子的骨架特征，分为链状化合物（chain compound）和环状化合物（cyclic compound）；另一种是按照有机化合物分子中的特征官能团（functional group），将有机化合物分成几大类型的化合物。

1.4.1　按有机化合物分子的骨架特征分类

1. 链状化合物

链状化合物是指分子中碳原子与碳原子，或碳原子与其他原子相互连接成链状的化合物。例如

CH₃CH₂CH₂CHCH₃   CH₃CH=CHCH₂CH₃   CH₃CH₂OCH₂CH₃   CH₃CHCH₂COOH
         | |
        CH₃   OH

2-甲基戊烷   2-戊烯   乙醚   3-羟基丁酸

2. 环状化合物

环状化合物可分为碳环化合物(carbocyclic compound)和杂环化合物(heterocyclic compound)。碳环化合物是指分子中碳原子相互连接成环的化合物。例如

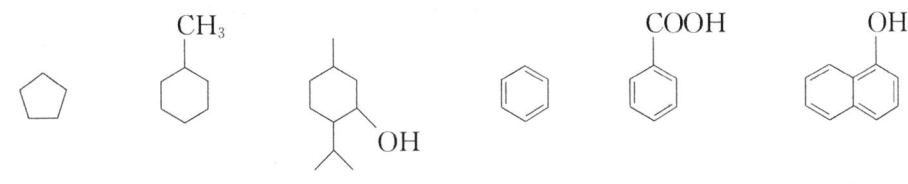

环戊烷   甲基环己烷   薄荷醇   苯   苯甲酸   α-萘酚

在碳环化合物中,当环上的一个或几个碳原子被其他杂原子取代的环状化合物称为杂环化合物。例如

四氢吡咯   吡啶   噻唑   嘧啶   嘌呤

1.4.2 按有机化合物不同官能团分类

在有机化合物的分子结构中,某些能代表和决定该类化合物特性的原子或原子团称为官能团。例如,乙醇(酒精)CH₃CH₂OH、苯酚 C₆H₅OH 的官能团为羟基(—OH);乙酸(醋酸)CH₃COOH、苯甲酸 C₆H₅COOH 的官能团为羧基(—COOH)等。掌握官能团的结构特征对识别有机化合物、命名有机化合物以及了解有机化合物的基本物理性质和化学性质都具有重要意义。目前国内外的有机化学教材大多采用以官能团分类的方式为主,同时吸纳了按骨架分类的某些优点来安排章节。有机化合物的一些主要官能团如表 1-3 所示。

表 1-3 有机化合物的一些主要官能团

化合物分类	官能团	官能团名称	化合物举例	化合物名称
烯烃	C=C	碳碳双键	H₂C=CH₂	乙烯
炔烃	—C≡C—	碳碳叁键	H—C≡C—H	乙炔
卤代烃	—X(F、Cl、Br、I)	卤素	CH₃CH₂Cl	氯乙烷
醇	—OH	醇羟基	CH₃CH₂OH	乙醇
酚	—OH	酚羟基	C₆H₅OH	苯酚
醚	C—O—C	醚键	C₂H₅OC₂H₅	乙醚
醛	—CHO	醛基	CH₃CHO	乙醛

续表

化合物分类	官能团	官能团名称	化合物举例	化合物名称
酮	C═O	酮羰基	CH_3COCH_3	丙酮
羧酸	—COOH	羧基	CH_3COOH	乙酸
酯	—COOR	酯基	$CH_3COOC_2H_5$	乙酸乙酯
酸酐	(—CO)$_2$O	酸酐基	$(CH_3CO)_2O$	乙酸酐
酰胺	—CONH$_2$(R$_2$)	酰胺基	$CH_3CONHC_6H_5$	乙酰苯胺
酰卤	—COX	酰卤基	CH_3COCl	乙酰氯
腈	—CN	氰基	CH_3CN	乙腈
硝基化合物	—NO$_2$	硝基	$C_6H_5NO_2$	硝基苯
胺	—NH$_2$(R$_2$)	氨基	$C_6H_5NH_2$	苯胺
硫醇	—SH	巯基	CH_3SH	乙硫醇
硫酚	—SH	巯基	C_6H_5SH	苯硫酚
磺酸	—SO$_3$H	磺酸基	$C_6H_5SO_3H$	苯磺酸

1.5 有机化合物的同分异构体

几乎所有的有机化合物中都含有碳原子,碳原子的电子结构决定了它可以与其他原子形成四个共价键,而碳原子与碳原子之间不仅能形成共价单键,还能以共价双键和共价叁键相连。碳原子与碳原子之间不仅能形成直链,而且可以有支链,还能形成环。在有机化合物中,分子式相同而结构不同的现象普遍存在,这种现象称为同分异构现象(isomerism)。分子式相同而结构不同的有机化合物称为同分异构体(isomer)。有机化合物中的同分异构体主要有构造异构体和立体异构体(steroisomers)两大类。

1.5.1 构造异构体

构造异构体主要包括碳架异构体、官能团位置异构体和官能团异构体。

碳架异构体是指分子中碳原子之间连接的次序不同而产生的异构体。例如

C_5H_{12}:　　$CH_3CH_2CH_2CH_2CH_3$　　　$CH_3CH_2\underset{\underset{CH_3}{|}}{C}HCH_3$　　　$CH_3\underset{\underset{CH_3}{|}}{\overset{\overset{CH_3}{|}}{C}}CH_3$

C_6H_{14}:　　$CH_3CH_2CH_2CH_2CH_2CH_3$　　　$CH_3CH_2CH_2\underset{\underset{CH_3}{|}}{C}HCH_3$　　　$CH_3CH_2\underset{\underset{CH_3}{|}}{C}HCH_2CH_3$

　　　　　$CH_3\underset{\underset{CH_3}{|}}{\overset{\overset{CH_3}{|}}{C}}CH_2CH_3$　　　$CH_3\underset{\underset{CH_3}{|}}{C}H\underset{\underset{CH_3}{|}}{C}HCH_3$

官能团位置异构体是指官能团在碳架（包括碳链和碳环）上位置不同而产生的异构体。例如

C_3H_8O：　　　　　　　　$CH_3CH_2CH_2OH$　　　　CH_3CHCH_3
　　　　　　　　　　　　　　　　　　　　　　　　　　|
　　　　　　　　　　　　　　　　　　　　　　　　　　OH

这是官能团羟基与碳架上的不同碳原子连接而产生的官能团位置异构体。

官能团异构体是指分子式相同但含不同种类官能团的不同类化合物的异构体。例如

C_2H_6O：　　　　　　　　CH_3CH_2OH　　　　　　CH_3OCH_3

这是醇和醚两类不同化合物的官能团异构体。

在含有较多原子的有机分子中，可能会同时包括碳架异构体、官能团位置异构体和官能团异构体。例如

$C_4H_{10}O$：　$CH_3CH_2CH_2CH_2OH$　　CH_3CHCH_2OH　　　CH_3CH_2CHOH
　　　　　　　　　　　　　　　　　　　　　　|　　　　　　　　　　|
　　　　　　　　　　　　　　　　　　　　　CH_3　　　　　　　　CH_3

　　　　$CH_3CH_2OCH_2CH_3$　　$CH_3CH_2CH_2OCH_3$　　CH_3CHOCH_3
　　　　　　　　　　　　　　　　　　　　　　　　　　　　　　　　　|
　　　　　　　　　　　　　　　　　　　　　　　　　　　　　　　　CH_3

1.5.2 立体异构体

立体异构体是指分子中原子或基团相互的连接次序相同，即它们的构造相同，却因原子或基团在空间的排列不同而产生的异构体。立体异构体主要包括构型异构体（configuration stereoisomer）和构象异构体（conformational stereoisomer）。

在构型异构体中，因碳碳双键或碳环上的碳碳单键不能自由旋转而产生的异构体称为几何异构体（geometric isomer）或顺反异构体（cis-trans isomer）。例如

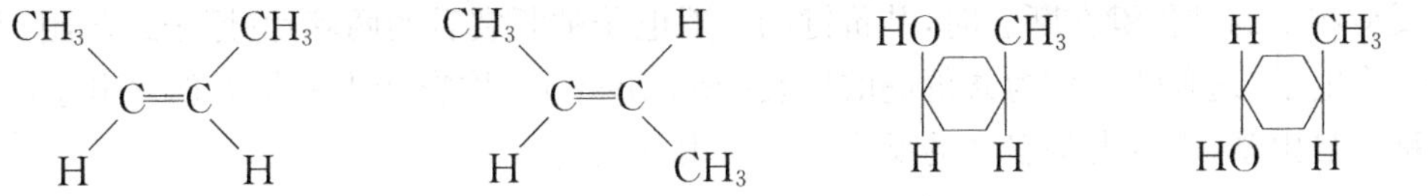

　　　顺-2-丁烯　　　　　　反-2-丁烯　　　　　顺-4-甲基环己醇　　　反-4-甲基环己醇

分子内缺乏某些对称元素，使分子与它的镜像和左右手一样，相似而不能重叠，这种构型异构体称为旋光异构体（optical isomer）。例如，1969 年上市的抗炎药布洛芬（ibuprofen），它有以下两个构型异构体，右边的结构有药效，而左边的结构却是无药效的，它们相似而不能重叠，是旋光异构体。

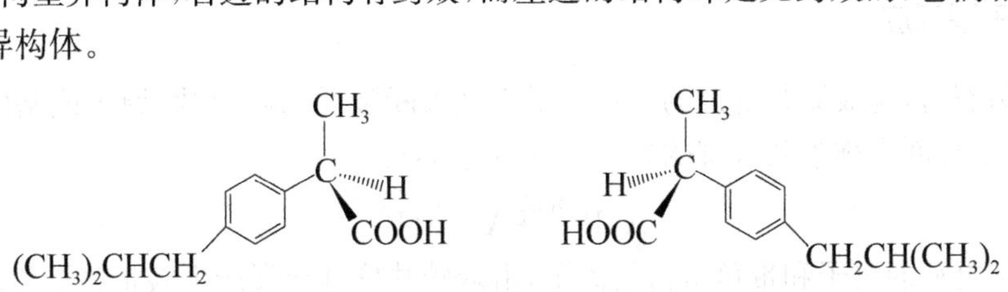

构象异构也是立体异构的一种，由于分子中碳碳 σ 键的旋转而引起原子在空间的排列不同，这样产生的异构体称为构象异构体。由于碳碳 σ 键的旋转并不影响 σ 共价键的电子云沿键轴的对称分布，所以 σ 键的旋转是自由的，是可以连续的，因此在理论上构象异构体可以是无穷的。图 1-11 是乙烷分子的最不稳定的重叠式构象和最稳定的交叉式构象。

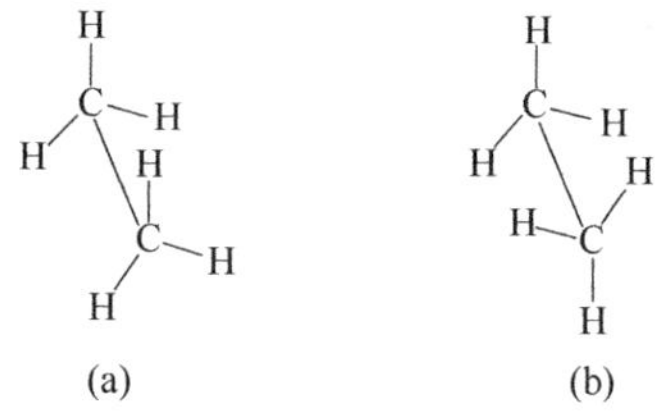

图 1-11　乙烷分子的重叠式构象(a)和交叉式构象(b)

随着分子组成复杂化，分子的构象和构型也趋于复杂，但对于具有某种构型的分子而言，它可以以一种相对较稳定的构象存在。

问题 1-3　写出分子式为 C_4H_8 的可能结构式，并指出它们互为什么异构体。

1.6　有机化学反应

有机化学反应是研究有机化合物在一定条件下，反应物(底物)分子中的某些共价键发生断裂，原子或原子团重新组合成新共价键，生成新分子的过程。因此，共价键的断裂方式及断裂后分子片段的结构和性质等都是有机反应研究过程中的重要问题。按照共价键的断裂和生成形式，通常把有机反应分为自由基反应(free radical reaction)、离子型反应(ionic reaction)和协同反应(concerted reaction)。

1.6.1　自由基反应

反应物中的共价键在断裂时，共价键的一对电子被断裂后的两碎片(原子或基团)所分享，各得一个电子，这种断裂称为共价键的均裂(homolysis)。均裂产生的带有孤立电子的原子或基团称为自由基，由自由基引发的反应称为自由基反应。

$$A:B \xrightarrow{均裂} A\cdot + \cdot B$$

在自由基反应中，自由基是反应的活性中间体，通常寿命很短，只能在瞬间存在。常见的自由基有卤素自由基、氧自由基和碳自由基，碳自由基具有平面结构。

1.6.2　离子型反应

共价键断裂时，构成原共价键的一对电子完全被断裂后的两碎片(原子或基团)中的某一碎片所独享，这种断裂称为共价键的异裂(heterolysis)。

$$A:B \xrightarrow{异裂} A^+ + :B^-$$

异裂产生带正电荷的离子和带负电荷的离子，由碳碳共价键异裂产生碳正离子和碳负离子，它们都可能是有机反应的活性中间体，仅能在瞬间或极短时间内存在于反应过程中。碳正离子具有平面结构，而碳负离子具有四面体结构。在有机化学的取代反应、加成反应、消除反应和重排等反应中，都可观察到由碳碳共价键异裂产生的活性中间体。由共价键异裂产生的正离子或负离子参与的有机反应称为离子型反应。

1.6.3 协同反应

除上述自由基反应和离子型反应外,还有一些有机反应在反应过程中不产生自由基和离子等反应中间体,也不受溶剂极性的影响和酸碱的催化。反应在光或热作用下进行,产物受光或热的影响而不同,反应中原有共价键的断裂和新共价键的形成是同时发生的,是协同一步完成的,反应通常经过环状过渡态。例如,第尔斯-阿尔德(Diels-Alder)反应,其中原 π 键的断裂和新 π 键及新 σ 键的生成就是经过六元环状过渡态协同一步完成的。

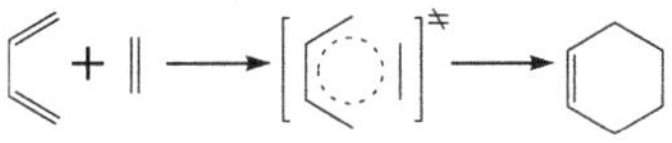

1.6.4 有机反应机理

有机化学的反应式只说明反应物和产物之间的关系,而有机反应机理是研究反应物如何转变成产物的全过程。反应机理是在总结了大量实验事实的基础上得出的理论解释,一个成功的反应机理不但要能解释已有的实验事实,而且要能成为设计新实验的依据,预计新的实验结果。当发现有新的实验事实与原有反应机理矛盾时,必须对原有反应机理进行修正或提出全新的反应机理。

反应机理通常是依据对反应产物的结构、立体化学特征和反应动力学数据的研究而推测出来的理论解释。

1.7　有机化学反应中的酸碱理论

在有机化学反应中,常伴随有酸碱反应,而有机化学中对酸碱概念的理解也更宽,广泛应用的是酸碱质子理论和酸碱电子理论。

1.7.1 酸碱质子理论

酸碱质子理论中最具代表性的是布朗斯台德(Brönsted)理论。按照布朗斯台德理论,酸是质子的给予体,碱是质子的接受体。当气体 HCl 溶于水,即发生酸碱反应,极性分子 HCl 给出 H^+,水分子接受 H^+,从而生成 H_3O^+ 和 Cl^-。

$$H-Cl + H-\ddot{O}-H \longrightarrow \left[\begin{array}{c} H-\ddot{O}-H \\ | \\ H \end{array} \right]^+ + Cl^-$$

　　　酸　　　碱　　　　　共轭酸　　　共轭碱

在这里,水分子 H_2O 作为碱接受 H^+,生成它的共轭酸 H_3O^+,HCl 作为酸失去 H^+,生成它的共轭碱 Cl^-。

当水分子 H_2O 与氨基负离子反应时,H_2O 作为酸成了 H^+ 的给予体:

$$H-\ddot{O}-H + {}^-\!\!:\!\!\ddot{N}-H \longrightarrow {}^-\!\!:\!\!\ddot{O}-H + H-\ddot{N}-H$$
$$||$$
$$HH$$

　　　酸　　　碱　　　　　共轭碱　　　共轭酸

对于酸,其给出质子的倾向越大,说明酸性越强,酸性强弱通常用酸在水中的解离常数 K_a 来测定。

$$HA + H_2O \rightleftharpoons A^- + H_3O^+$$

$$K_a = \frac{[A^-][H_3O^+]}{[HA]}$$

酸的强度用 pK_a 或 $-\lg K_a$ 表示，$pK_a = -\lg K_a$。强酸具有较小的 pK_a 值（较大的 K_a 值），而弱酸具有较大的 pK_a 值（较小的 K_a 值）。

对于碱，其接受质子的倾向越大，说明碱性越强，碱性强弱可以用碱的解离常数 K_b 来测定。

$$B^- + H_2O \rightleftharpoons BH + OH^-$$

$$K_b = \frac{[BH][OH^-]}{[B^-]}$$

碱的强度用 pK_b 或 $-\lg K_b$ 表示，$pK_b = -\lg K_b$。pK_b 越小，表示碱性越强。

如果水的解离常数用 K_w 表示，则 $K_a \cdot K_b = K_w = 1.0 \times 10^{-14}$，即 $pK_a + pK_b = 14$。

按照布朗斯台德理论，如 CH_3COOH、CH_3OH 等有机化合物都含有羟基（—OH），它们都可以由羟基提供质子（H^+），所以它们都可以被认为是酸，只是 CH_3COOH 的酸性比 CH_3OH 强。而 CH_3NH_2、CH_3OH 等有机化合物都能接受质子，质子与 N 或 O 原子上的未共用电子对形成共价键，生成相应的共轭酸，所以它们都可以被认为是碱，只是 CH_3NH_2 的碱性比 CH_3OH 强。在这里 CH_3OH 既可以看成提供质子的酸，又可以看成接受质子的碱；H_2O 也是如此，其酸碱性完全取决于它所处的环境。

1.7.2 酸碱电子理论

酸碱电子理论即通常所说的路易斯酸碱理论。路易斯酸碱理论认为接受电子对的是酸，提供电子对的是碱。因此，无机酸、有机酸中的 H^+ 能接受电子对，它们都可以认为是路易斯酸。

$$Cl-H + :\overset{..}{\underset{H}{O}}-H \rightleftharpoons H-\overset{..}{\underset{H}{O}}{}^+-H + Cl^-$$

路易斯酸　　路易斯碱　　　　水合氢离子

凡能提供质子的，如 H_2O、CH_3COOH、C_6H_5OH、CH_3CH_2OH 等都可认为是路易斯酸。

多种金属离子，如 Mg^{2+} 及ⅢA族元素的化合物（BF_3 和 $AlCl_3$）等都因为外层有未被电子填满的价电子层，可以接受电子，所以它们也都认为是路易斯酸。

$$\underset{Cl}{\overset{Cl}{Cl-Al}} + :N\underset{CH_3}{\overset{CH_3}{-CH_3}} \rightleftharpoons \underset{Cl}{\overset{Cl}{Cl-Al^-}}-\underset{CH_3}{\overset{CH_3}{N^+-CH_3}}$$

路易斯酸　　路易斯碱

许多金属化合物，特别是过渡金属化合物，如 $TiCl_4$、$FeCl_3$、$ZnCl_2$ 和 $SnCl_4$，都可认为是路易斯酸。

凡能提供未共用电子对的原子，如二价氧原子上有两对未共用电子，三价氮原子上有一对未共用电子，它们相应的化合物可以与路易斯酸形成共价键，因此，它们可以认为是路易斯碱。

例如，H_2O 作为路易斯碱，用氧原子上的未共用电子对与 H^+ 键合成水合氢离子。有机化合物如 CH_3OH、CH_3OCH_3、CH_3SCH_3、CH_3CHO、CH_3COCH_3、CH_3COOH、CH_3COOCH_3、$(CH_3)_3N$、CH_3CONH_2 等都可以认为是路易斯碱。这里必须指出的是，某些物质如水、醇和羧酸等，它们既可以提供能接受电子对的 H^+ 而作为路易斯酸，又可以提供氧原子或其他杂原子上的未共用电子对而作为路易斯碱。因此路易斯酸碱理论比布朗斯台德酸碱理论包含的范围更宽，不少有机反应都可以理解为路易斯酸和路易斯碱的反应。在反应式中常用弯箭头"⌒"表示电子的移动方向，弯箭头的指向是由富电子的原子指向缺电子的原子。

问题 1-4 有机酸碱理论中的质子理论与电子理论有什么区别？

1.8 有机化学的重要性

1.8.1 有机化学与众多学科之间的紧密联系

科学和技术的发展决定了有机化学学科已成为现代科学技术的重要基础学科。有机化学与其他学科，如生命科学、材料科学、环境科学、医学、食品科学等的联系越来越密切，已进入相互渗透、相互交叉、相互融合的新阶段。不同学科在从不同角度和不同层面去揭示物质结构的本质和物质运动客观规律的同时，既发展了有机化学学科，又促进了相关学科的进步，从而一些新兴的边缘学科，如生物有机化学、物理有机化学、量子有机化学、海洋有机化学、材料有机化学、环境有机化学、食品有机化学、星际有机化学等得到迅速发展，从整体上提高了自然科学的研究水平。这将为人类征服自然、改善生活环境、征服疾病对人类的困扰、延长人类寿命、提高生活质量和创建人类和谐社会等方面发挥重大作用。

有机化学与生命科学的发展有着特别的不解之缘。历史的长河充分说明有机化合物是生命赖以形成、进化和发展的物质基础，而生命科学又为有机化学的发展提供了丰富的研究内容，生物的多样性使有机化学的研究充满了活力，有机分子的生物功能也充分反映了两学科之间的同源和紧密联系。两学科广泛地相互渗透和融合极大地推动了两学科的发展。20 世纪，科学家利用有机化学的理论和研究方法，将有机化学与生物化学紧密结合，使探索生命过程奥秘的生命科学研究进入了一个崭新的时代。20 世纪 60 年代，我国科学家在世界上首次合成了具有生物活性的蛋白质——牛胰岛素，随后 80 年代又合成了酵母丙氨酸转移核糖核酸，这是在揭示生物体生命过程的化学本质上取得的重大成就。

20 世纪后半期，沃森(J. D. Watson)和克里克(F. H. C. Crick)根据 DNA 分子中各原子之间的键长、键角及对氢键配对的概念，提出了 DNA 双螺旋结构的分子模型，这极大地推动了分子生物学的发展。90 年代后期兴起的化学生物学更是一门用化学理论和研究方法，在分子水平上探索生命科学问题的学科。这些都充分反映了有机化学与其他学科之间的交叉和融合的力量。

1.8.2 有机化学在国民经济建设中的作用

有机化学的发展在推动其他学科进步的同时，对国民经济现代化建设方面也起了极为重要的推进作用。在人们生存的世界中，有机化合物无处不在，动植物本体除少量无机盐和水分外，主要就是由有机化合物构成的，而人们的衣食住行和社会活动更离不开有机化学。自"生命力"学说被彻底抛弃后,有机化学理论的发展、实验技术和分析手段的更新,使有机合成得到空前的快速发展。牛胰岛素、维生素 B_{12}、海葵毒素等结构相当复杂的分子都先后被化学家在实验室成功合成。现在已能合成出众多自然界并不存在且性能比天然有机化合物更优良的有机化合物,从而促进了农药、医药、食品、纺织、炸药、能源、燃料、合成材料等领域的发展,为农业、工业、国防和科学技术的现代化作出了贡献。有机合成的发展推动了有机合成工业的突飞猛进,煤焦油、石油、天然气、煤、海水等都先后成为有机合成工业的主要原料,从而为人类的生活提供了丰富多彩的生活资源,如塑料制品、染料、合成纤维、化妆品、涂料、洗涤剂、黏合剂、各种添加剂、杀虫剂、除草剂、生长激素、绝缘材料、高能燃料、特种功能材料等。有机化学品几乎渗透到人类生活的各个角落。有机化学作为一门基础学科,已成为涉及有机化合物的众多工业的理论基础。

进入 21 世纪后,社会可持续发展战略所涉及的人口、生态、环境和经济等方面的问题成为国际社会普遍关注的焦点,有机化学面临新的挑战和机遇。有机化学家不得不考虑为了创造一个友好的人类生存的生态环境,如何从低碳经济的高度研究原子经济性高的有机合成方法,探究对环境基本无污染的绿色合成工艺和技术。

小 结

1. 有机化学是研究碳化合物的化学。有机化学的发展是人类为了自己的生存、繁衍和发展而长期进行的社会活动、生产活动和科学研究的必然结果。有机化学与生命科学紧密相关。

2. 有机化合物的结构。

凯库勒结构式和路易斯结构式。

有机化合物都是含共价键的化合物。分子结构包括分子的构造、构型和构象。

有机化合物的同分异构分为构造异构和立体异构。构造异构主要包括碳架异构、官能团位置异构和官能团异构。立体异构主要包括构型异构(几何异构和旋光异构)和构象异构。

有机化合物中的官能团反映了该类化合物的主要性质。

3. 有机反应。

有机反应的类型分为自由基反应、离子型反应和协同反应。

4. 有机酸碱理论。

主要有布朗斯台德质子理论和路易斯电子理论。

5. 有机化学的重要性。

习 题

1. 什么是有机化合物?
2. 简述碳原子的 sp^3、sp^2 和 sp 杂化的含义和特征。
3. 什么是碳碳 σ 键、碳碳 π 键? 定性地比较它们的键能有什么不同。
4. 写出分子 CH_3CH_2Br、CH_3COCH_3、CH_3COOH、CH_3CN、CH_3CONH_2 的凯库勒结构式和路易斯结构式。
5. 什么是同分异构现象? 同分异构分为哪两类? 试分别举例说明。
6. 有机化合物有哪几种主要的分类方法?
7. 简述共价键的几种断裂方式,分别说明其特点。
8. 什么是路易斯酸和路易斯碱? 有什么特点?

第 2 章 烷烃和环烷烃

主要内容

(1) 烷烃的结构。
(2) 烷烃的同系列、构造异构和命名。
(3) 烷烃的物理性质。
(4) 烷烃的构象。
(5) 烷烃的化学性质:自由基卤化反应机理。
(6) 环烷烃的构造异构、顺反异构和命名。
(7) 环烷烃的构象、环己烷的椅式构象和船式构象。

分子中只含有碳和氢两种元素的有机化合物称为碳氢化合物,简称烃(hydrocarbon)。根据烃分子中的碳架,烃可以分为开链烃(chain hydrocarbon)和环烃(cyclic hydrocarbon)。根据烃分子中碳原子之间的连接方式不同,烃还可以分为饱和烃(saturated hydrocarbon)和不饱和烃(unsaturated hydrocarbon)。环烃又可分为脂环烃(alicyclic hydrocarbon)和芳香烃(aromatic hydrocarbon)。烃分子中的氢原子被其他原子或基团取代后,可以衍生出一系列不同的有机化合物,它们都可以看成烃的衍生物,是有机合成的重要原料或中间体。

2.1 烷 烃

2.1.1 烷烃的结构

在开链烃中,碳原子之间都以单键相连,其余的价都与氢原子相连,并为氢原子所饱和,因此这种烃称为饱和烃,也称为烷烃(alkane)。

最简单的烷烃是甲烷。甲烷分子中的碳原子与四个氢原子相连,C—H 键的键长为 110 pm,∠HCH 为 109.5°,四个氢原子正好位于以碳原子为中心的正四面体的四个顶点上。因此,可以认为甲烷中的碳原子是 sp^3 杂化的,它以四个 sp^3 杂化轨道分别与四个氢原子的 1s 轨道重叠,形成四个等同的 C—H σ 键。甲烷的正四面体结构和形成示意图分别如图 2-1 和图 2-2 所示。

在其他烷烃中,各原子之间也都以 σ 键相连,分别构成 C—C σ 键和 C—H σ 键。烷烃中的 C—C 键的平均键长为 154 pm,C—H 键的平均键长为 109 pm,键角接近 109.5°,所以烷烃中的碳原子都是 sp^3 杂化的。

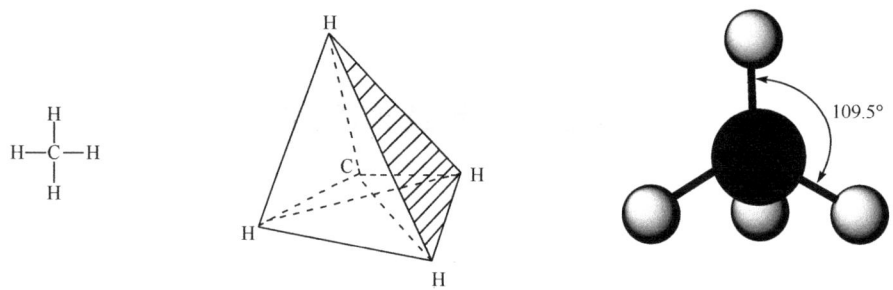

图 2-1　甲烷的正四面体结构示意图

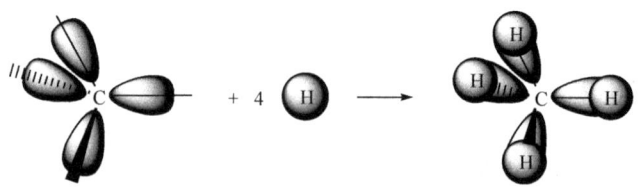

图 2-2　甲烷的形成示意图

乙烷（$CH_3—CH_3$）分子中，两个碳原子各以 1 个 sp^3 杂化轨道相互重叠，形成 C—C σ 键，其余的 sp^3 杂化轨道分别与氢原子的 1s 轨道重叠，形成 6 个 C—H σ 键。乙烷的形成示意图如图 2-3 所示。

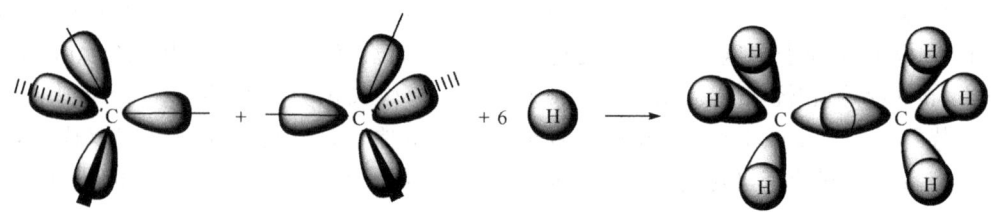

图 2-3　乙烷的形成示意图

由于烷烃分子中的 C—C 键都是由碳原子的 sp^3 杂化轨道相互交盖而成的 σ 键组成，∠CCC 接近 109.5°，所以直链烷烃的分子形状并不是直线形的，而是呈锯齿形排列。

因此，直链是指不带支链的碳链。

烷烃主要来源于天然资源石油和天然气。天然气的主要成分是相对分子质量小的低级烷烃混合物，通常含不低于 75% 的甲烷、约 15% 的乙烷和 5% 的丙烷，其余的为相对分子质量较大的烷烃。天然气是一种价格低廉、品质优良、热效率高且清洁的燃料。石油是一种成分相当复杂、富含各种烷烃的混合物，必须经过特殊的方法将其分离成几个不同部分，然后再分别利用。

2.1.2　烷烃的同系列

甲烷的分子式为 CH_4，乙烷、丙烷、丁烷和戊烷的分子式分别为 C_2H_6、C_3H_8、C_4H_{10} 和 C_5H_{12}。两个烷烃分子式之间差为 CH_2 或它的整数倍，相邻的后面一个烷烃的分子相当于在前面一个烷烃分子的 C—H 键之间插入一个 CH_2，甲烷则相当于在两个氢原子之间插入一个 CH_2，因此烷烃的分子式相当于 $n(CH_2)+2H$，而 $n=1,2,3,\cdots$，即烷烃的通式可表示为 C_nH_{2n+2}。烷烃这种具有同一通式、结构和性质相似的一系列化合物称为同系列(homologous series)。同系列中的各化合物之间互称为同系物(homolog)，CH_2 称为同系列的系差。同系物中，除第一个化合物外，它们的化学性质相似，物理性质则随碳原子数的增加而呈有规律的变化。

甲烷中的四个 C—H 键都相等，因此将 CH_2 插入任一个 C—H 键之间都一样，只得到一种乙烷。同样道理，乙烷中的六个 C—H 键也都相等，因此在 C—H 键之间插入 CH_2 也只得到一种丙烷。

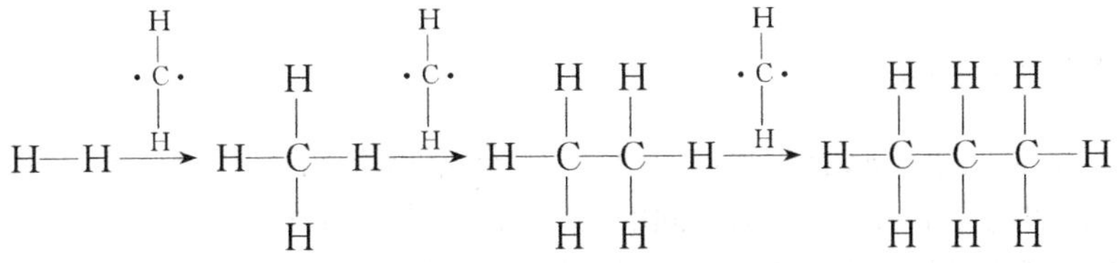

氢　　　　甲烷　　　　　乙烷　　　　　　丙烷

但在丙烷中，由于中间碳原子上的氢与两端碳原子上的氢不同，因此将 CH_2 插入中间碳原子上的 C—H 键之间和插入两端碳原子上的 C—H 键之间结果是不同的，会衍生出两个不同的都具有四个碳原子的烷烃，一个为丁烷，另一个为异丁烷。

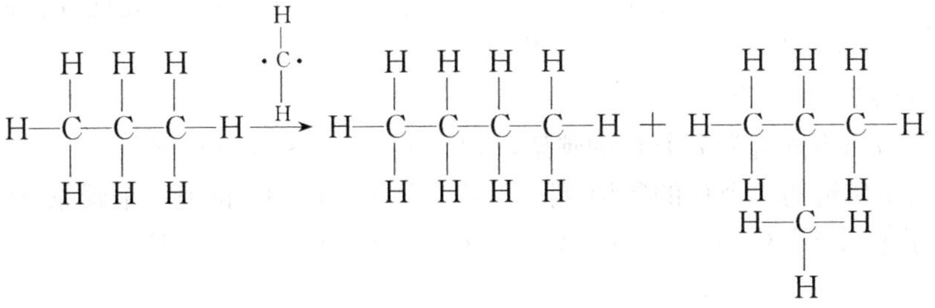

丙烷　　　　　　丁烷　　　　　　　异丁烷

依此类推，分析前一个烷烃中不同 C—H 键的情况，可以推导出多一个碳原子的烷烃异构体。丁烷和异丁烷中各有两个不同的 C—H 键，各可以衍生出两个戊烷，但它们之间都各有一个异戊烷，相同而重复，所以戊烷有三个异构体，即

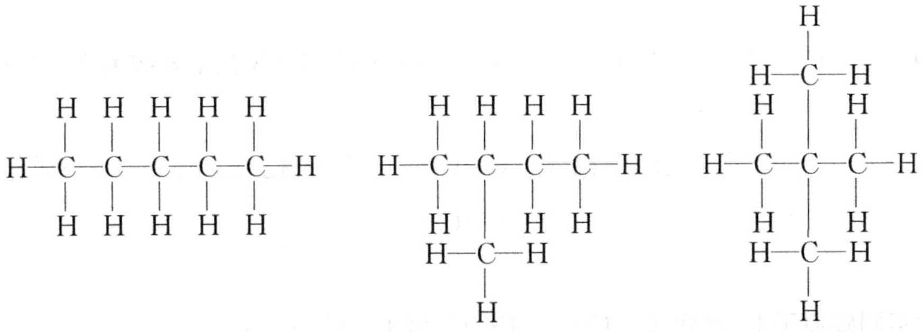

戊烷　　　　　　异戊烷　　　　　　新戊烷

从戊烷的三个异构体可以看出：其中碳原子与碳原子相互连接的环境并不完全一样，有的碳原子仅与另外一个碳原子相连，称为伯碳原子；有的碳原子与另外两个、三个或四个碳原子相连，它们分别称为仲碳原子、叔碳原子和季碳原子。伯、仲、叔碳原子上的氢原子分别称为伯

氢、仲氢和叔氢。例如,在异戊烷中,C_1、C_4、和 C_5 都只与一个碳原子相连,它们都是伯碳原子,它们所连的氢都是伯氢。C_3 与两个碳原子相连,它是仲碳原子,连接的氢为仲氢。C_2 与三个碳原子相连,它是叔碳原子,连接的氢为叔氢。

$$\begin{array}{c} H\quad H\quad H\quad H \\ | \quad | \quad | \quad | \\ H-C_1-C_2-C_3-C_4-H \\ | \quad | \quad | \quad | \\ H\quad \ \ \ \ \ H\quad H \\ \ \ \ \ \ | \\ \ \ \ \ H-C_5-H \\ \ \ \ \ \ | \\ \ \ \ \ \ H \end{array}$$

异戊烷

2.1.3 烷烃的同分异构

由前文可知,从四个碳原子开始,具有相同分子式的烷烃的结构就不止一种,丁烷有两种,戊烷有三种。这种分子式相同、结构不同的化合物称为同分异构体,这种现象称为同分异构现象。这是由于分子中碳原子与碳原子之间相互连接的次序不同而产生的,这种分子中碳原子与碳原子之间相互连接的次序和方式称为构造(constitution)。分子中原子之间凡由于构造不同而产生的异构体称为构造异构体。上述的两种丁烷之间或三种戊烷之间互为构造异构体。构造包含在结构之中,结构除包括构造外,还包括后面要逐步介绍的构型和构象等。

烷烃的构造异构是由于碳原子与碳原子之间连接的次序不同,因此这种构造异构又称为碳架异构。碳架异构的推导必须按一定的顺序进行。例如,推出分子式为 C_7H_{16} 的庚烷的构造异构体,可按以下步骤进行:

(1) 首先写出主碳链为 7 个 C 的碳架,即 C—C—C—C—C—C—C。

(2) 写出主碳链为 6 个 C 的碳架,即 C—C—C—C—C—C,再把一个碳原子作为支链连在不同的碳原子上,得到

$$\begin{array}{c} C-C-C-C-C-C \\ | \\ C \end{array} \ 和 \ \begin{array}{c} C-C-C-C-C-C \\ \ \ \ \ \ \ | \\ \ \ \ \ \ \ C \end{array}$$

(3) 写出主碳链为 5 个 C 的碳架 C—C—C—C—C:①先固定 1 个碳原子在 C_2 上,得到

$$\begin{array}{c} C-C-C-C-C \\ | \\ C \end{array}$$

;②把剩余的 1 个碳原子作为支链连在不同的碳原子上,得到

$$\begin{array}{c} C \\ | \\ C-C-C-C-C \\ | \\ C \end{array} , \begin{array}{c} C-C-C-C-C \\ | \ \ \ \ \ | \\ C \ \ \ \ \ C \end{array} \ 和 \ \begin{array}{c} C-C-C-C-C \\ | \ \ \ \ \ \ \ \ \ | \\ C \ \ \ \ \ \ \ \ \ C \end{array}$$

;③在主碳链为 5 个 C 的碳架上,重新把 1 个碳原子固定在 C_3 上,得到

$$\begin{array}{c} C-C-C-C-C \\ \ \ \ \ | \\ \ \ \ \ C \end{array}$$

,再把剩余的 1 个碳原子作为支链连在有关的不同碳原子上,得到

$$\begin{array}{c} \ \ \ \ \ C \\ \ \ \ \ \ | \\ C-C-C-C-C \\ \ \ \ \ | \\ \ \ \ \ C \end{array} \ 和 \ \begin{array}{c} C-C-C-C-C \\ \ \ \ \ \ \ \ | \\ \ \ \ \ \ \ \ C \\ \ \ \ \ \ \ \ | \\ \ \ \ \ \ \ \ C \end{array}$$

(4) 写出主碳链为 4 个 C 的碳架 C—C—C—C:①先将 2 个碳原子分别固定在 C_2 上,得

到 C—C(C)(C)—C—C；② 再把剩余的 1 个碳原子作为支链，连在有关的碳原子上，得到 C—C(C)—C(C)—C。

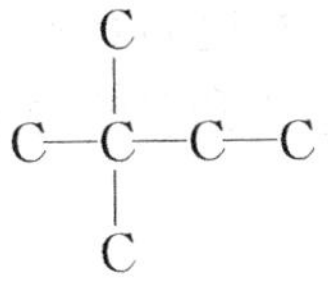

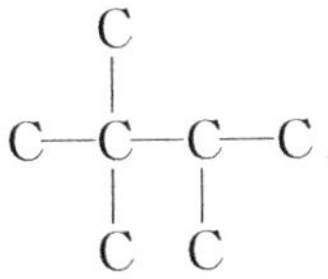

(5) 最后在各异构体上用氢原子将各碳原子饱和，得到以下 9 个构造异构体，即

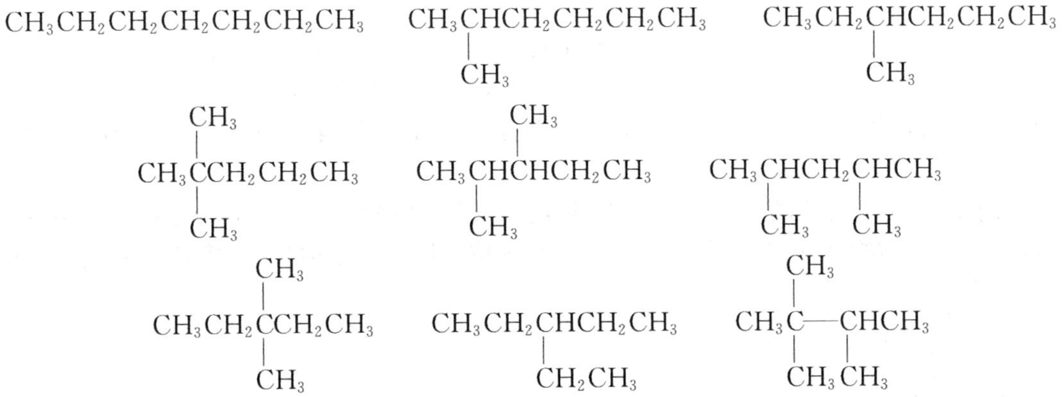

CH₃CH₂CH₂CH₂CH₂CH₂CH₃　　CH₃CHCH₂CH₂CH₂CH₃　　CH₃CH₂CHCH₂CH₂CH₃
　　　　　　　　　　　　　　　　　|　　　　　　　　　　　　　　　　　|
　　　　　　　　　　　　　　　　　CH₃　　　　　　　　　　　　　　　　CH₃

　　　CH₃　　　　　　　　　　　　CH₃　　　　　　　　　　　　　　　
CH₃C CH₂CH₂CH₃　　　　CH₃CHCHCH₂CH₃　　　　　CH₃CHCHCHCH₃
　　|　　　　　　　　　　　|　　　　　　　　　　　　|　　|
　　CH₃　　　　　　　　　　CH₃　　　　　　　　　　　CH₃　CH₃

　　　　　CH₃　　　　　　　　　　　　　　　　　　　　CH₃
　　　　　|　　　　　　　　　　　　　　　　　　　　　|
CH₃CH₂CHCH₃　　　　CH₃CH₂CHCH₂CH₃　　　　CH₃C—CHCH₃
　　　　　|　　　　　　　　　　|　　　　　　　　　　　|　|
　　　　　CH₃　　　　　　　　　CH₂CH₃　　　　　　　CH₃ CH₃

烷烃还可以简写成键线式，每个转折点表示为 CH₂，键线的端点表示为 CH₃。上述各异构体可简写为

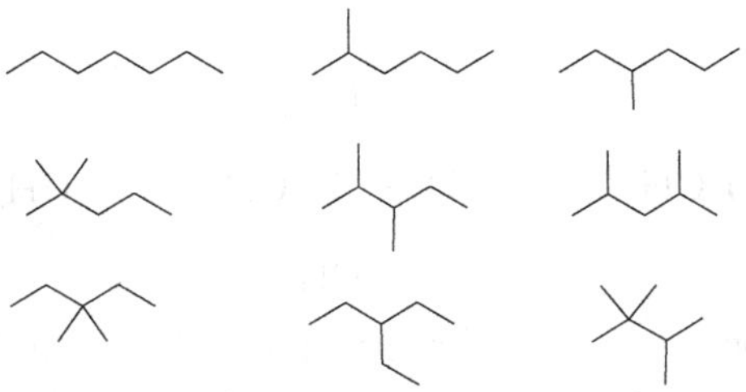

烷烃构造异构体的数目随分子中碳原子数的增加而迅速增加，如表 2-1 所示。

表 2-1 烷烃构造异构体的数目

碳原子数	构造异构体数	碳原子数	构造异构体数
1	1	7	9
2	1	8	18
3	1	9	35
4	2	10	75
5	3	15	4 347
6	5	20	366 319

2.1.4　烷烃的命名

在有机化学发展的初期，人们对仅有的少数有机化合物只根据它们的性质或来源命名，如把由池沼里植物腐烂产生的甲烷气体称为沼气。随着有机化学的发展,人们发现的有机化合物越来越多,对它们的认识也逐渐由性质深化到构造,从而逐渐产生了按构造来命名的普通命名法和系统命名法。

1. 普通命名法

对于含有 1～10 个碳原子数的直链烷烃,分别用天干名称甲、乙、丙、丁、戊、己、庚、辛、壬和癸等表示直链上的碳原子数,后面再加上"烷"字表示属于烷烃系列,即得到甲烷、乙烷、丙烷、丁烷等名称。对于含有 10 个碳原子数以上的直链烷烃,则用中文数字十一、十二、十三等表示直链上的碳原子数,称为十一烷、十二烷、十三烷等。例如

$$CH_3(CH_2)_4CH_3 \qquad CH_3(CH_2)_7CH_3 \qquad CH_3(CH_2)_{14}CH_3$$
己烷(hexane) 　　　　　壬烷(nonane) 　　　　　十六烷(hexadecane)

以上是不带支链的直链烷烃的命名,有时会在名称前面用"正"字表示其不带支链,但通常都会省略。

对于某些特殊支链的烷烃可用"异"某烷、"新"某烷命名。例如,在碳链的一端具有 $CH_3-CH(-CH_3)-$ 结构,且再没有其他支链的烷烃,则按碳原子总数称为"异某烷"。而对于在碳链一端具有 $CH_3-C(CH_3)_2-$ 结构,且再没有其他支链的烷烃,则按碳原子总数称为"新某烷"。

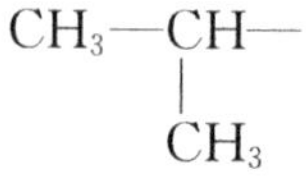

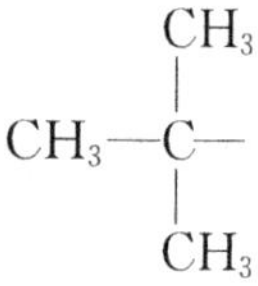

例如

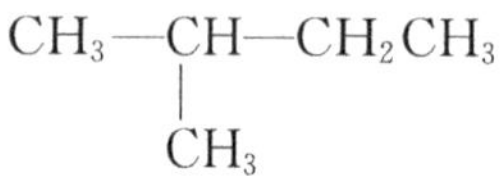

$CH_3-CH(CH_3)-CH_2CH_3$ 　　　$CH_3-C(CH_3)_2-CH_3$ 　　　$CH_3-C(CH_3)_2-CH_2CH_3$
异戊烷(isopentane) 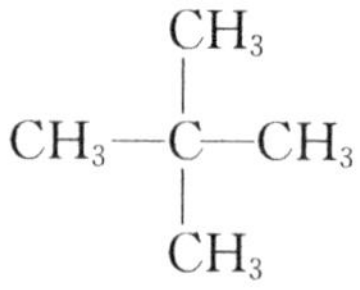 　　　新戊烷(neopentane) 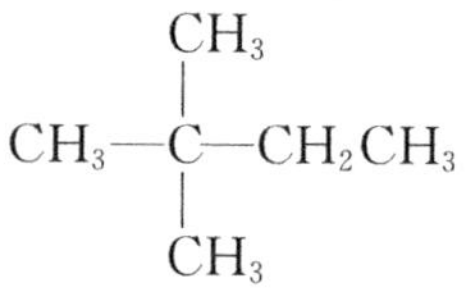 　　　新己烷(neohexane)

但通常所说的异辛烷却具有特定的结构,这是工业上的习惯用法,它不符合上述关于"异某烷"的规定。

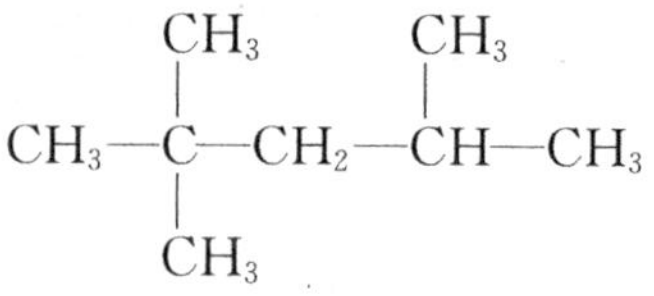

$$CH_3-C(CH_3)_2-CH_2-CH(CH_3)-CH_3$$
异辛烷(isooctane)

2. 系统命名法

烷烃的异构体随着碳原子数目的增加迅速增多,构造也更复杂多样,因此必须要有一个更系统、更全面、应用范围更广,能被大家认可的命名法。1892 年 4 月,部分世界著名化学家在日内瓦召开的国际化学会议上讨论拟定了关于有机化合物的系统命名原则,后经国际纯粹与应用化学联合会(International Union of Pure and Applied Chemistry, IUPAC)多次修订,于 1979 年正式公布了"有机化学命名法",并为世界各国化学家所采用。我国则根据此命名法,结合我国文字的特点,对原有的"有机化学物质的系统命名原则"进行多次修订,

最后于1980年出版了《有机化学命名原则》增订本,这是用中文系统命名有机化合物的依据。

按照中文的系统命名法:

(1) 直链烷烃的命名与普通命名法相同,按照直链上的碳原子数分别称为甲烷、乙烷、丙烷、……、十一烷、十二烷等。

(2) 对支链烷烃,把支链当成连在主碳链上的取代基命名。在烷烃的碳原子上去掉一个氢原子,剩余的一价原子团称为烷基,通式为 C_nH_{2n+1}。例如

CH_3—　　　　　CH_3CH_2—　　　　　$CH_3CH_2CH_2$—　　　　　$CH_3CH_2CH_2CH_2$—

甲基(简写为 Me—)　　乙基(简写为 Et—)　　丙基(简写为 n-Pr—)　　丁基(简写为 n-Bu—)

具有 CH_3—CH—CH_2— 型的烷基称为异某基。例如
　　　　　　　|
　　　　　　CH_3

异丁基(简写为 i-Bu—)　　异戊基(简写为 i-pent—)　　异己基(i-hexyl—)

具有 CH_3—CH_2—CH— 型的烷基称为仲某基。例如
　　　　　　　　　　　|
　　　　　　　　　　CH_3

仲丁基(简写为 s-Bu—)　　仲戊基(s-pentyl—)

具有 CH_3—C— 型的烷基称为叔某基。例如
　　　　　|

叔丁基(简写为 t-Bu—)　　叔戊基(t-pentyl—)

(3) 选择最长的碳链作为主碳链,按主链上的碳原子数称为某烷,并从最靠近取代基的一端开始对主碳链碳原子用阿拉伯数字进行编号,使第一个出现的取代基编号最小。例如

2,3-二甲基戊烷(2,3-dimethylpentane)　　　　3-乙基己烷(3-ethylhexane)

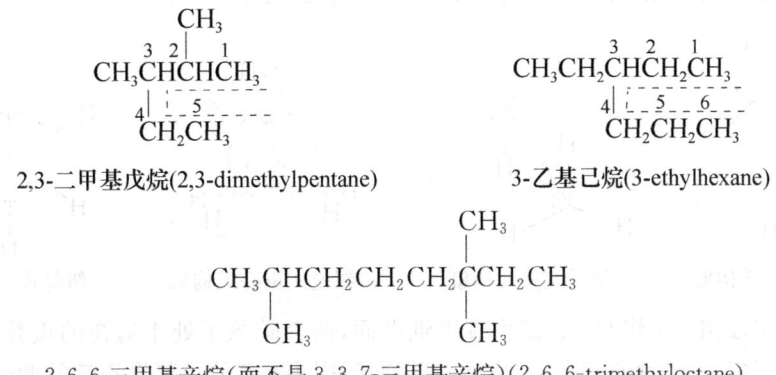

2,6,6-三甲基辛烷(而不是3,3,7-三甲基辛烷)(2,6,6-trimethyloctane)

当有一种以上的最长碳链可供选择时,应选择碳链上取代基多的碳链作为主碳链。例如

$$\overset{8}{C}H_3\overset{7}{C}H_2\overset{6}{C}H\overset{5}{C}H_2\overset{4}{C}H\overset{3}{C}H\overset{}{|}\overset{}{C}H_2CH_3$$

（结构式）2,4-二甲基-3,6-二乙基辛烷(3,6-diethyl-2,4-dimethyloctane)

书写命名时,将取代基在主链上的位置用阿拉伯数字和取代基的名称写在母体名称的前面,相同取代基按同类合并,阿拉伯数字之间用逗号","分开,阿拉伯数字与中文字之间用短横"-"隔开。

当含有几个不同的支链取代基时,取代基的先后排列遵循"次序规则"(见 4.4.2 小节)的规定,即"优先"基团后列出。常见的几种烷基的列出次序为甲基、乙基、丙基、丁基、戊基、异戊基、异丁基、新戊基、异丙基、仲丁基、叔丁基。英文名称则按取代基的第一个字母的顺序先后排列。在用英文命名时,则按取代基的第一个字母的先后顺序排列。

问题 2-1 写出分子式为 C_6H_{14} 的各异构体,并用系统命名法命名。

问题 2-2 用不同符号标出上述各异构体中的伯碳原子、仲碳原子和叔碳原子,伯氢、仲氢和叔氢。

2.1.5 烷烃的构象

1. 乙烷的构象

在乙烷分子中,C—C 键是由两个碳原子用 sp³ 杂化轨道正面交盖而形成的 σ 键,C—C σ 键的旋转并不影响轨道的交盖,所以理论上 C—C σ 键的旋转应该是自由的,但在乙烷的球棍模型中,如果将一个甲基相对固定不动,将另一个甲基沿着 C—C σ 键旋转时,会发现两个甲基上的氢原子之间有着不同的相对排列关系,从透视的角度观察,有前后两个甲基上的氢原子是处于重叠状态的,有的是处于交叉状态的。这种因 C—C σ 键的旋转而产生的原子在空间的不同排列称为构象(conformation)。因构象不同而产生的异构称为构象异构。

在乙烷的构象中,有一种是两个甲基上的氢原子彼此相距最近的构象,这是重叠式构象。另一种是两个甲基上的氢原子彼此相距最远的构象,这是交叉式构象。乙烷的重叠式构象和交叉式构象可以分别用锯架式和纽曼(Newman)投影式表示如下:

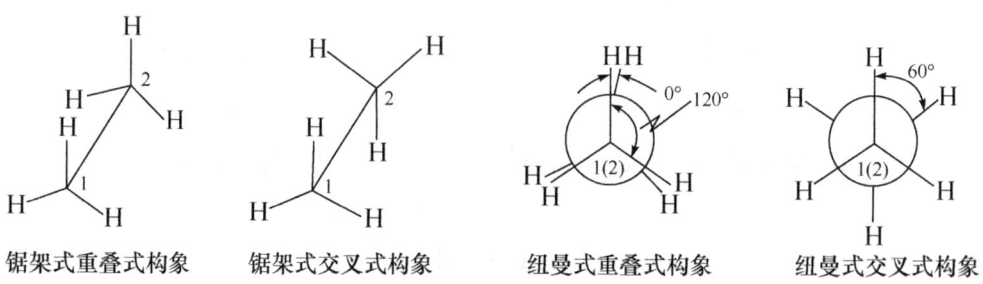

锯架式重叠式构象　　锯架式交叉式构象　　纽曼式重叠式构象　　纽曼式交叉式构象

在纽曼投影式中,是将 C—C 键垂直于纸平面,两个碳原子处于透视的重叠状态,前面的碳原子处于三个 C—H 键的交点上,后面的碳原子用圆圈表示。若将乙烷的两个碳原子分别

用 C_1 和 C_2 标记,则 H—C_1—C_2 所在平面与 C_1—C_2—H 所在平面的夹角(ϕ)称为两面夹角或扭转角(图 2-4),在乙烷的重叠式构象中,两面夹角等于 0°,在交叉式构象中,两面夹角等于 60°。

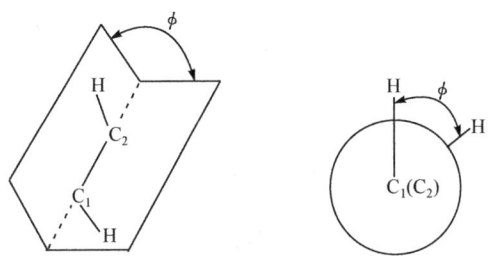

图 2-4 扭转角

在乙烷的重叠式构象中,两个重叠氢原子之间的距离为 229 pm,小于两个氢原子的范德华(van der Waals)半径之和(120 pm×2),是势能最高的不稳定构象。而在交叉式构象中,两个碳原子上的两个氢原子之间的距离为 250 pm,大于两个氢原子的范德华半径之和,是势能最低的稳定构象,两构象的能量差为 12.1 kJ·mol^{-1}。

随着乙烷中 C—C σ 键的旋转,除重叠式构象和交叉式构象外,还有无穷多个介于两者之间的构象,它们的势能随各原子在空间的排列不同而不同,其势能与构象的关系可用图 2-5 表示。

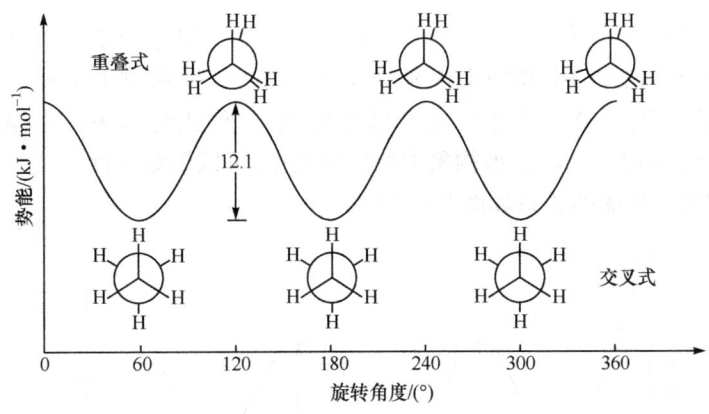

图 2-5 乙烷的构象与势能关系的示意图

一般来说,分子在室温下的热运动的能量(~84 kJ·mol^{-1})足以克服重叠状式构象和交叉式构象之间的能量差,所以乙烷中的 C—C 键可以自由旋转,在 25 ℃时旋转达 10^{11} 次·s^{-1},温度越高,旋转越快。但分子总是趋向于以势能较低的交叉式构象为主。

2. 丁烷的构象

正丁烷相当于乙烷的两个碳原子上各有一个氢原子被甲基取代的化合物,当 C_1—C_2 σ 键、C_2—C_3 σ 键和 C_3—C_4 σ 键旋转时都会产生相应的不同构象,这里主要讨论因 C_2—C_3 σ 键旋转而产生的典型构象。可以分别用纽曼投影式表示为

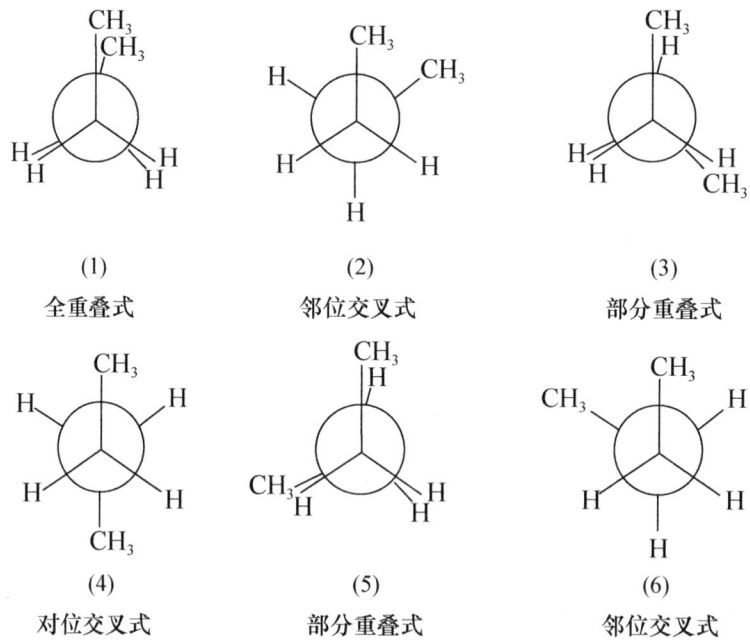

在重叠式构象(1)、(3)和(5)中,(1)中的甲基与甲基、氢与氢都处于重叠位置,而(3)和(5)中是甲基与氢、氢与氢的重叠,所以(1)、(3)和(5)都是不稳定构象,而(1)是势能最高的不稳定构象。

在交叉式构象(2)、(4)和(6)中,(4)中的两个体积大的甲基处于相对位置,相距最远,而(2)和(6)中的两个体积大的甲基处于相邻位置,相距较近,但相对于重叠式构象,(2)、(4)和(6)都是稳定构象,其中(4)是势能最低的稳定构象,又称优势构象。室温下构象(4)约占70%,构象(2)和(6)约占30%,其他构象占的份额很小,可以忽略不计。

正丁烷的构象与势能的关系如图 2-6 所示。

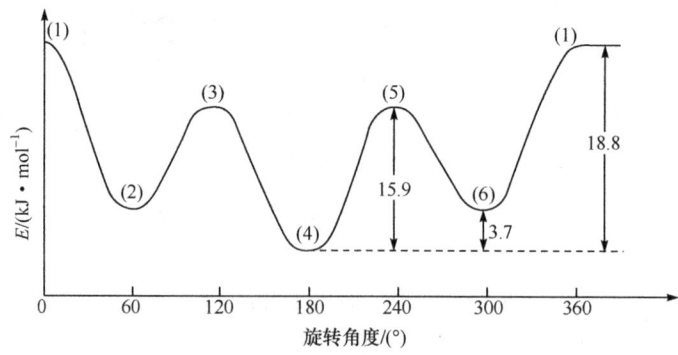

图 2-6　正丁烷的构象与势能的关系示意图

问题 2-3　按题意用纽曼投影式画出下列化合物相应的构象。
(1) 1,1,2,2-四溴乙烷的最稳定的交叉式构象。
(2) 3-甲基戊烷中的 C_2—C_3 键为基准的最稳定构象。

2.1.6 烷烃的物理性质

有机化合物的物理性质通常包括物态(气态、液态、固态)、沸点、熔点、相对密度、溶解度、折射率、比旋光度和波谱性质等。在一定条件下,单一的纯净有机化合物的物理性质都有相对应的数值,这称为物理常数。通过物理常数的测定,常可以鉴定有机化合物和有机化合物的纯度。

物理性质与分子的结构有关,同系列有机化合物的物理常数随碳原子数的增加而有一定的变化规律。

在室温(20 ℃)和常压(101 325 Pa,760 mmHg)下,$C_1 \sim C_4$ 的烷烃为气体,$C_5 \sim C_{16}$ 的直链烷烃为液体,C_{17} 以上的直链烷烃为固体。部分烷烃的物理常数见表 2-2。

表 2-2 部分烷烃的物理常数

化合物	熔点/℃	沸点/℃	相对密度
甲烷(methane)	−182.6	−161.7	
乙烷(ethane)	−183.3	−88.6	
丙烷(propane)	−187.1	−42.2	
丁烷(butane)	−138.4	−0.5	
异丁烷(2-methylpropane)	−159.0	−12.0	
戊烷(pentane)	−129.7	36.1	0.626
异戊烷(2-methylbutane)	−160.0	28	0.620
新戊烷(2,2-dimethylpropane)	−16.6	9.5	0.614
己烷(hexane)	−94.0	68.7	0.659
异己烷(2-methylpentane)	−159.0	60.3	0.654
3-甲基戊烷(3-methylpentane)	−118	63.3	0.676
2,2-二甲基丁烷(2,2-dimethylbutane)	−98	50	0.649
2,3-二甲基丁烷(2,3-dimethylbutane)	−129	58	0.668
庚烷(heptane)	−90.5	98.4	0.684
辛烷(octane)	−56.8	125.6	0.703
壬烷(nonane)	−53.7	150.7	0.718
癸烷(decane)	−29.7	174.1	0.730
十一烷(undecane)	−25.6	195.9	0.740
十二烷(dodecane)	−9.7	216.3	0.749
十三烷(tridecane)	−5.5	235.4	0.756
十四烷(tetradecane)	6	253.5	0.763
十五烷(pentadecane)	10.0	270.5	0.769
十六烷(hexadecane)	18.1	287.0	0.773
十七烷(heptadecane)	22.0	302.6	0.778
十八烷(octadecane)	28	317.4	0.777

1. 沸点

直链烷烃的沸点随着碳原子数的增多而有规律地升高。相邻两个直链烷烃的沸点差随着烷烃相对分子质量的增加而逐渐缩小(图 2-7)。

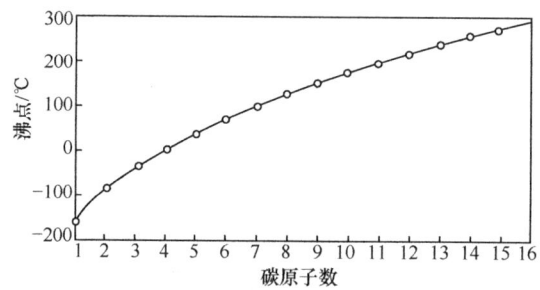

图 2-7　直链烷烃的沸点与含碳原子数的关系示意图

在同分异构体中,直链烷烃的沸点比支链烷烃高,支链越多,沸点越低。

沸点的高低与分子之间的作用力大小有关,作用力越大,沸点越高。烷烃是非极性分子,分子之间的引力主要是分子在运动过程中产生的诱导偶极与诱导偶极之间的作用力,即色散力。色散力的大小与分子中的原子数目、大小和分子形状有关,烷烃分子中的碳原子和氢原子数目越多,色散力越大,沸点也越高。然而色散力只有在很近的距离内才能产生有效的作用,由于烷烃的支链阻碍了分子之间的紧密靠拢,因此支链烷烃的色散力比同碳原子数的直链烷烃小,沸点低。

2. 熔点

总体来说,直链烷烃的熔点随着相对分子质量的增加而升高,但熔点不仅与相对分子质量有关,还与分子间的作用力及在晶体结构中排列等有关。含奇数碳原子的直链烷烃的熔点比与它相邻的两个含偶数碳原子的直链烷烃的熔点低,这是因为在奇数碳原子的烷烃中,两个端点的碳原子处在锯齿形结构的同侧,其对称性不如处于异侧的偶数碳原子的直链烷烃,后者在晶格中的排列比前者更紧密,所以熔点也较前者高。这种现象随着相对分子质量的增加而逐渐减小(图 2-8)。

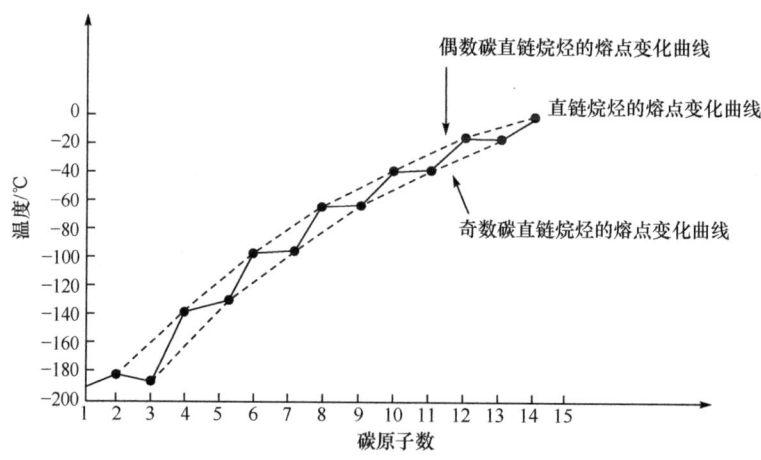

图 2-8　直链烷烃的熔点随含碳原子数变化的示意图

一般来说,支链烷烃分子之间的作用力比直链烷烃小,熔点也略低于同碳原子数的直链烷烃,但当分子趋于球形结构时,由于其具有高度的对称性,熔点反而更高,如高度对称的新戊烷的熔点比正戊烷高 113 ℃。

3. 相对密度

烷烃比水轻,相对密度为 0.424～0.780,都小于 1。低级直链烷烃的相对密度随着相对分子质量的增加而增大,最大接近于 0.780。

4. 溶解度

烷烃分子是非极性分子,根据"相似相溶"的经验规律,易溶于非极性或极性弱的有机溶剂,如乙醚、苯、四氯化碳等,而不溶于极性溶剂水。

问题 2-4 写出 C_5H_{12} 中熔点和沸点最接近的异构体。
问题 2-5 将下列烷烃按沸点由高到低排列。
(1) 辛烷　(2) 2,5-二甲基己烷　(3) 3-甲基庚烷　(4) 四甲基丁烷

2.1.7　烷烃的化学性质

1. 烷烃的卤代反应及机理

烷烃是饱和烃,碳原子都为 sp^3 杂化,分子中只有 C—C σ 键和 C—H σ 键,其键能分别为 347.3 kJ·mol^{-1} 和 414.2 kJ·mol^{-1},只有提供较高的能量才能使相应的 σ 键断裂,所以烷烃具有很高的化学稳定性。在通常情况下,烷烃与常见的强酸、强碱、强氧化剂及强还原剂都不发生反应。但在适宜的反应条件下,如光照、高温或在催化剂的作用下,烷烃也能发生共价键均裂的自由基反应,生成多种极其重要的工业产品。

1) 甲烷的氯化

甲烷和氯在黑暗中不发生反应,如果在光照、加热到较高温度(300～400 ℃)或在催化剂存在的条件下,会发生剧烈的反应,分子中的氢被氯原子取代,生成氯代甲烷和氯化氢,同时释放出大量热量。

$$CH_4 + Cl_2 \xrightarrow[\text{或}\triangle]{h\nu} \underset{\text{一氯甲烷}}{CH_3Cl} + HCl + 热量$$

式中,$h\nu$ 表示光照;△表示加热。

反应中生成的一氯甲烷可以继续与氯发生反应,生成二氯甲烷、三氯甲烷和四氯化碳。

$$CH_3Cl + Cl_2 \longrightarrow \underset{\text{二氯甲烷}}{CH_2Cl_2} + HCl$$

$$CH_2Cl_2 + Cl_2 \longrightarrow \underset{\text{三氯甲烷}}{CHCl_3} + HCl$$

$$CHCl_3 + Cl_2 \longrightarrow \underset{\text{四氯化碳}}{CCl_4} + HCl$$

甲烷的氯化较难停留在一氯甲烷的阶段,通常都是得到四种氯化产物的混合物。但控制反应条件和反应物的相对比例,可以使某一种氯化产物是反应的主要产物。

这种有机化合物分子中的某一个原子或原子团被其他原子或原子团取代,生成新的化合物的反应称为取代反应(substitution reaction)。烷烃分子中的氢被卤素原子取代生成卤代烃的取代反应称为卤化反应(halogenation reaction)。

2) 甲烷的氯化反应机理

有机反应式只反映在反应条件下反应原料与反应产物之间的数量关系,它不能说明反应原料是如何变成反应产物的,中间经过哪些过程。而反应机理(reaction mechanism)就是在综合实验事实的基础上,提出的由反应物如何转变为产物的理论假设。一个成功的反应机理不但要能解释已有的实验事实,还要对未来的实验事实有准确的预料;不但要能解释主要产物的形成,还要能解释副产物的生成。一旦发现有实验事实与已有的反应机理相矛盾时,则要对原有的反应机理进行修正或更新。因此,反应机理是不断地发展和完善的。

甲烷的氯化反应按自由基反应机理进行。首先是氯气在光照或加热下,共价键发生均裂,生成两个氯原子:

$$Cl:Cl \xrightarrow[\text{或}\triangle]{h\nu} 2Cl\cdot \tag{2-1}$$

凡带有孤立电子的原子或原子团称为自由基。氯气均裂得到的两个氯原子又称为氯自由基。氯自由基非常活泼,当与甲烷分子碰撞时,可以从甲烷分子中夺取一个氢原子,生成氯化氢和带有孤立电子的甲基自由基。

$$Cl\cdot + CH_4 \longrightarrow HCl + \underset{\text{甲基自由基}}{CH_3\cdot} \tag{2-2}$$

甲基自由基的活泼性同样很高,当它与另一个氯分子碰撞时,则从氯分子中夺取一个氯原子,生成氯甲烷和另一个氯自由基。

$$CH_3\cdot + Cl_2 \longrightarrow \underset{\text{氯甲烷}}{CH_3Cl} + Cl\cdot \tag{2-3}$$

由反应(2-3)新生的氯自由基又可以重复反应(2-2),这种连锁似的反复循环的反应称为自由基链反应(free radical chain reaction)。反应(2-1)称为链的引发(initiation),反应(2-2)和反应(2-3)称为链的增长(chain propagation)。随着自由基链反应进行到一定阶段后,自由基之间碰撞的概率也逐渐增加,自由基之间的碰撞使活泼自由基转变为相应的中性分子,自由基反应中断,这称为链的终止。例如

$$Cl\cdot + Cl\cdot \longrightarrow Cl_2$$
$$CH_3\cdot + CH_3\cdot \longrightarrow CH_3CH_3$$
$$CH_3\cdot + Cl\cdot \longrightarrow CH_3Cl$$

自由基链反应通常都有链引发、链增长和链终止三个阶段。

反应(2-1)中,需要从外界吸收足以使氯分子发生均裂的能量,即 $\Delta H^\ominus = +242.2 \text{ kJ}\cdot\text{mol}^{-1}$,所以必须在光照或加热的条件下才能进行。反应(2-2)为吸热反应,需吸热 $7.5 \text{ kJ}\cdot\text{mol}^{-1}$;反应(2-3)为放热反应,放热 $112.9 \text{ kJ}\cdot\text{mol}^{-1}$。综合链增长的反应(2-2)和反应(2-3),总结果为放热反应,$\Delta H^\ominus = (7.5-112.9)\text{kJ}\cdot\text{mol}^{-1} = -105.4 \text{ kJ}\cdot\text{mol}^{-1}$。由于反应(2-2)的反应活化能为 $16.7 \text{ kJ}\cdot\text{mol}^{-1}$,反应(2-3)的反应活化能为 $8.3 \text{ kJ}\cdot\text{mol}^{-1}$,所以反应(2-2)是链增长反应的速率决定步骤。甲烷氯化反应中链增长过程的反应势能曲线示意图如图 2-9 所示。

无论是吸热反应还是放热反应,都必须经过一个过渡态(transition state)才能完成。这里

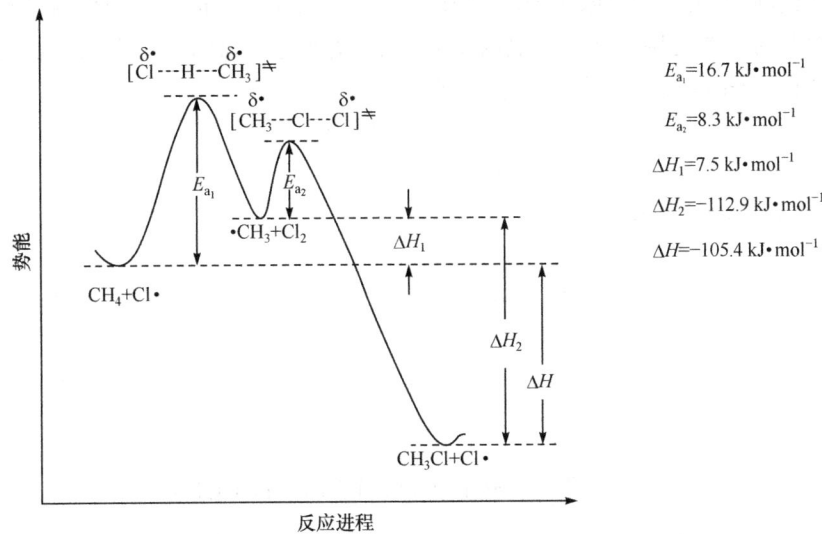

图 2-9　甲烷氯化反应中链增长过程的反应势能曲线示意图

$[\overset{\delta\cdot}{Cl}\text{---}H\text{---}\overset{\delta\cdot}{CH_3}]^{\neq}$ 为第一过渡态，$[\overset{\delta\cdot}{CH_3}\text{---}Cl\text{---}\overset{\delta\cdot}{Cl}]^{\neq}$ 为第二过渡态。在这两个过渡态之间有一个峰谷的底部，这是反应的中间体。

随着甲烷氯化反应的进行，甲烷的量不断减少，氯甲烷的量不断增加，因此氯自由基从氯甲烷中夺取氢原子，生成氯化氢和氯甲基自由基的概率增加，然后生成二氯甲烷等，这就是甲烷氯化时，控制反应条件，使主要产物是氯甲烷外，还得到副产物二氯甲烷、三氯甲烷和四氯化碳的原因。

$$Cl\cdot + CH_3Cl \longrightarrow HCl + ClCH_2\cdot$$
氯甲基自由基

$$ClCH_2\cdot + Cl_2 \longrightarrow CH_2Cl_2 + Cl\cdot$$
二氯甲烷

$$Cl\cdot + CH_2Cl_2 \longrightarrow HCl + Cl_2CH\cdot$$
二氯甲基自由基

$$Cl_2CH\cdot + Cl_2 \longrightarrow CHCl_3 + Cl\cdot$$
三氯甲烷

$$Cl\cdot + CHCl_3 \longrightarrow HCl + Cl_3C H\cdot$$
三氯甲基自由基

$$Cl_3CH\cdot + Cl_2 \longrightarrow CCl_4 + Cl\cdot$$
四氯化碳

3）其他烷烃的氯化

由于乙烷中的六个氢原子都是等同的，因此乙烷氯化时得到的一取代氯乙烷只有一种。但丙烷中有两种不同的氢原子，即六个伯氢原子和两个仲氢原子，所以氯化时得到两种不同的一取代氯丙烷，即 1-氯丙烷和 2-氯丙烷。

$$CH_3CH_2CH_3 + Cl_2 \xrightarrow[25\ ^\circ C]{h\nu} CH_3CH_2CH_2Cl + CH_3\underset{\underset{Cl}{|}}{C}HCH_3$$

1-氯丙烷(43%)　　2-氯丙烷(57%)

由于丙烷中伯氢原子数与仲氢原子数的比为 3∶1,如果氯原子与各个氢原子碰撞反应的概率相等,则产物中的 1-氯丙烷应该是 2-氯丙烷的 3 倍,实际上 2-氯丙烷比 1-氯丙烷还多,这说明仲氢原子比伯氢原子的反应活性大,其活性比为

$$\frac{仲氢}{伯氢}=\frac{57/2}{43/6}=\frac{4}{1}$$

丁烷和异丁烷的一氯化产物为

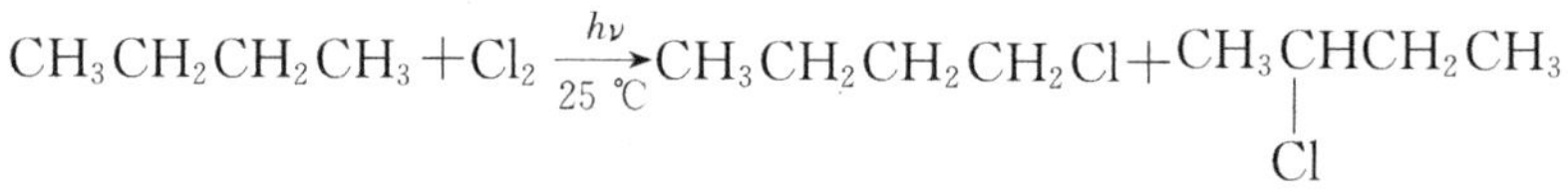

$$CH_3CH_2CH_2CH_3+Cl_2 \xrightarrow[25\ ℃]{h\nu} CH_3CH_2CH_2CH_2Cl+CH_3\underset{\underset{Cl}{|}}{C}HCH_2CH_3$$

1-氯丁烷(28%)　　2-氯丁烷(72%)

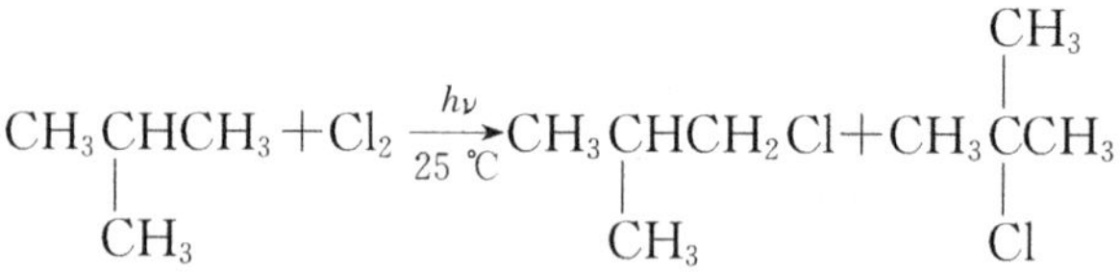

$$CH_3\underset{\underset{CH_3}{|}}{C}HCH_3+Cl_2 \xrightarrow[25\ ℃]{h\nu} CH_3\underset{\underset{CH_3}{|}}{C}HCH_2Cl+CH_3\underset{\underset{Cl}{|}}{\overset{\overset{CH_3}{|}}{C}}CH_3$$

2-甲基-1-氯丙烷(63%)　2-甲基-2-氯丙烷(37%)

丁烷中有四个仲氢原子和六个伯氢原子,因此反应活性比为

$$\frac{仲氢}{伯氢}=\frac{72/4}{28/6}=\frac{3.9}{1}$$

而异丁烷中有一个叔氢原子和九个伯氢原子,因此反应活性比为

$$\frac{叔氢}{伯氢}=\frac{37/1}{63/9}=\frac{5.3}{1}$$

由此可以得出烷烃在氯化反应中不同氢原子的活性次序为

叔氢＞仲氢＞伯氢

从烷烃的氯化反应机理分析,在反应速率决定步骤中,烷烃发生 C—H 键的均裂生成反应中间体烷基自由基,均裂时伯、仲和叔氢原子的碳氢解离能是不同的,解离能小的比解离能大的容易均裂,生成的烷基自由基中间体也越稳定。

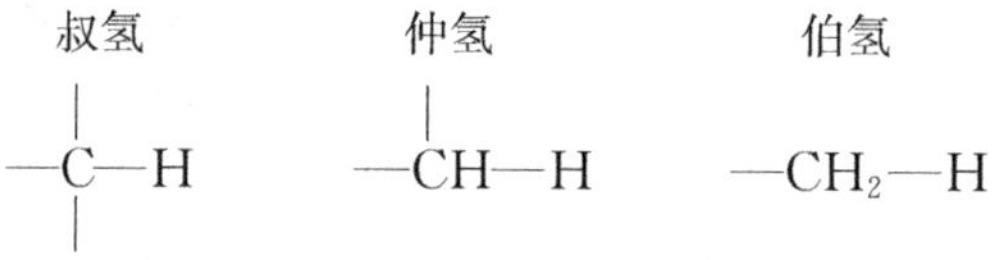

	叔氢	仲氢	伯氢
	—C̣—H	—CH—H	—CH_2—H
键解离能/(kJ·mol^{-1})	376.6	393.3	405.8

过渡态是指反应过程中,势能处于最高而无法分离的一种假想状态。哈蒙德(Hammond)假定认为,在一个基元反应中,该反应过渡态的结构与能量相近的反应物或生成物相似。在放热反应中,过渡态的结构与反应物的结构相似,在吸热反应中,过渡态的结构与生成物的结构相似。在两步反应中,有两个过渡态,两个过渡态之间有一个势能低谷,是反应的中间体,中间体是可以被捕获甚至能分离的一种客观存在的形态。两个过渡态的结构都与中间体相似,在烷烃氯化反应的决速步骤中,生成的烷基自由基是反应中间体。烷基自由基越稳定,说明它与生成它的过渡态的势能越低,即反应活化能越小,反应就越容易进行。烷基自由基的稳定性为叔碳自由基＞仲碳自由基＞伯碳自由基。所以叔氢的卤化反应速率最快,伯氢的卤化反应速率最小。

一步及两步反应中的过渡态与中间体的势能曲线示意图如图 2-10 所示。

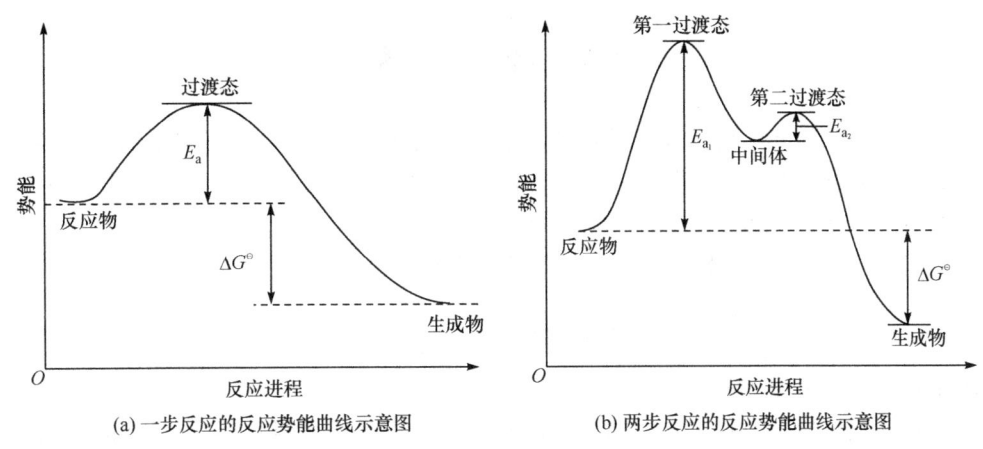

图 2-10 一步及两步反应中的过渡态与中间体的势能曲线示意图

烷烃的直接氟化反应异常剧烈,且放出的大量热往往会使 C—C 键发生断裂,反应难以控制。而碘化反应又是吸热反应,反应难以进行,同时生成的碘化氢能将碘代烷还原为烷烃,所以直接氟化和碘化都没有制备意义。

烷烃的溴化反应比氯化反应的活性低,但溴对伯、仲、叔三种氢原子取代的选择性比氯高,其相对活性比为 1∶82∶1600。

问题 2-6 烷烃 C_5H_{12} 与溴发生自由基取代反应,生成一溴取代物 $C_5H_{11}Br$。写出 $C_5H_{11}Br$ 的所有构造异构体。

2. 烷烃的燃烧

烷烃在足够空气中完全燃烧生成二氧化碳和水,并释放出大量的热。

$$C_nH_{2n+2} + \left(\frac{3n+1}{2}\right)O_2 \longrightarrow nCO_2 + (n+1)H_2O + 热量$$

由于汽油和柴油的主要成分为不同碳链的烷烃混合物,因此这也是它们在内燃机中燃烧的基本反应。烷烃燃烧时要消耗大量的氧,以 $n=5$ 的戊烷为例,1 体积的戊烷完全燃烧,需要消耗 8 体积的氧(或 40 体积的空气)。如果氧供给不足,则烷烃燃烧不完全,会生成有毒的一氧化碳。

在标准状态下,纯粹的烷烃完全燃烧生成二氧化碳和水时所释放出的热量($\Delta H_c^\ominus$)称为燃烧热,单位为 $kJ \cdot mol^{-1}$。对于含相同数目碳原子的烷烃,各异构体完全燃烧时消耗氧的量相同,但燃烧时所释放出的热量不等。例如,下列 4 个不同辛烷异构体的燃烧值分别为

$\Delta H_c^\ominus/(kJ \cdot mol^{-1})$　　−5474.2　　−5469.2　　−5462.1　　−5455.4

由此可以看出,直链烷烃比支链烷烃燃烧时所释放出的热量多,支链越多,燃烧时所释放出的热量越少。烷烃燃烧所释放出的热量少,说明它的势能低,而稳定性高。支链烷烃比直链烷烃稳定。

2.2 环烷烃

环烷烃(cycloalkane)是指分子只有碳和氢两种元素组成,而含有环状结构的烷烃。相对于开链烷烃,环烷烃多了一个成环的C—C键,而少了两个氢原子,所以单环环烷烃的通式为C_nH_{2n},具有一个不饱和度。烃的不饱和度是根据分子中的实际氢原子数(m)与理论上的最大可能的氢子数($2n+2$)比较得到的。不饱和度通常用Ω表示。

$$不饱和度 = \frac{(2n+2)-m}{2}$$

单环环烷烃少两个氢原子$m=2n$,不饱和度为1。

根据碳环上碳原子数目多少,环烷烃可分为小环(三元环至四元环)、普通环或正常环(五元环至七元环)、中环(八元环至十一元环)和大环(十二元环以上)。

2.2.1 环烷烃的异构和命名

1. 环烷烃的异构

在单环环烷烃中,碳环的大小、碳环上取代基的不同和取代基在碳环上的位置都会产生构造异构体。只有仅含三个碳原子的环丙烷没有异构体。为了简化起见,环烷烃可用多边形表示,多边形的每个顶点表示亚甲基(—CH$_2$—)。例如

C_3H_6: △ 
环丙烷

C_4H_8: □　△—CH$_3$
环丁烷 　甲基环丙烷

C_5H_{10}: ⬠　□—CH$_3$　△—C(CH$_3$)$_2$　CH$_3$—△—CH$_3$　△—CH$_2$CH$_3$
环戊烷 　甲基环丁烷 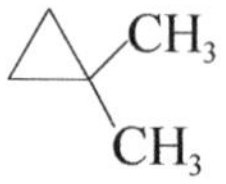　1,1-二甲基环丙烷 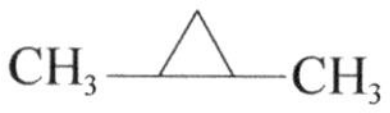　1,2-二甲烷环丙烷 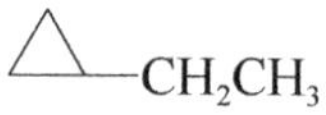　乙基环丙烷

其中,1,2-二甲烷环丙烷中的两个甲基可以在碳环的同一边或两边。

顺-1,2-二甲基环丙烷 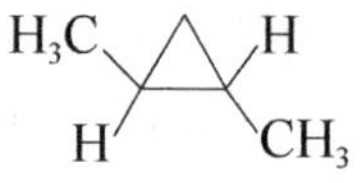　　反-1,2-二甲基环丙烷

它们之间不能相互转变,否则会引起碳环共价键的断裂,它们是物理性质不同的两个异构体。这种异构现象称为顺反异构(cis-trans isomerism)。凡是分子的构造相同,而在分子中原子在空间的排列方式不同的化合物互称为立体异构体。顺反异构体是立体异构体中的一类,这种立体异构体的构造相同,而在分子中原子在空间的排列方式不同,这种异构称为构型异构。环烷烃中的顺反异构属于构型异构。

2. 环烷烃的命名

环烷烃在命名时通常以环作为母体,根据环上的碳原子数目称为环某烷。环上的支链作为取代基,命名时将取代基放在母体环某烷的前面。如果有多个取代基时,则必须将环上碳原子编号,对最小的取代基给以最小的编号,按照"次序规则"将"较优"基团给以相对较大编号。

但应使取代基的编号尽可能小。例如

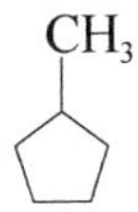
CH3

甲基环戊烷
(methylcyclopentane)

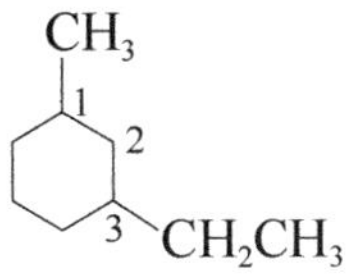
CH3
1
2
3
CH2CH3

1-甲基-3-乙基环己烷
(3-ethyl-1-methylcyclohexane)

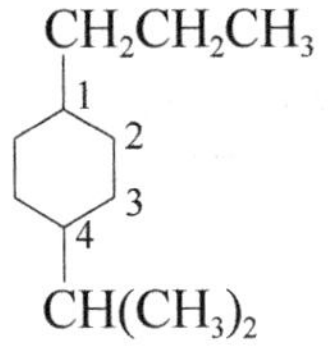
CH2CH2CH3
1
2
3
4
CH(CH3)2

1-丙基-4-异丙基环己烷
(4-isopropyl-1-propylcyclohexane)

有时，当支链取代基较长，碳环又比较简单，则也可以把环当成取代基命名。例如

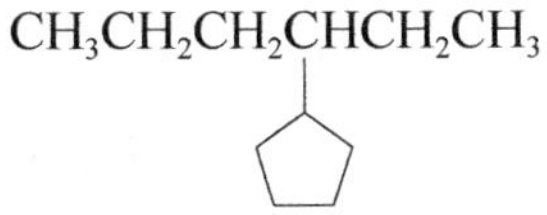
CH3CH2CH2CHCH2CH3

3-环戊基己烷(3-cyclopentylhexane)

有顺、反异构体时，则将顺、反构型标在命名的最前面。例如

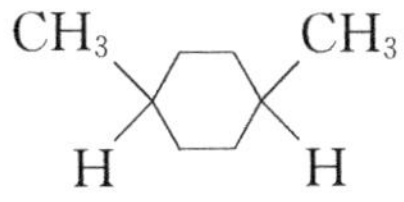
CH3
CH3
H
H

顺-1，4-二甲基环己烷
(*cis*-1，4-dimethylcyclohexane)

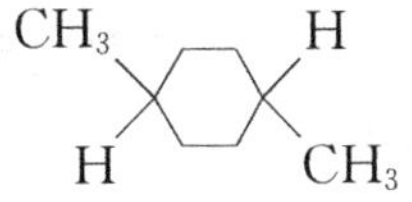
CH3
H
H
CH3

反-1，4-二甲基环己烷
(*trans*-1，4-dimethylcyclohexane)

问题 2-7　写出分子式为 C_7H_{14}、含五元环和六元环的各种异构体，并用系统命名法命名。

问题 2-8　写出 1，3，4-三甲基环己烷所有的异构体，给出完整的命名。

2.2.2　环烷烃的性质

1. 环烷烃的物理性质

环烷烃的沸点、熔点和相对密度都比相同碳原子的开链烷烃高。在常温下，$C_3\sim C_4$ 环烷烃为气态，$C_5\sim C_{11}$ 环烷烃为液体，C_{12} 以上的高级环烷烃除个别外，都为固体。环烷烃与烷烃一样，都不溶于水。部分环烷烃的沸点、熔点和相对密度见表 2-3。

表 2-3　部分环烷烃的物理常数

化合物	熔点/℃	沸点/℃	相对密度
环丙烷(cyclopropane)	−127.6	−32.7	
环丁烷(cyclobutane)	−80	12.5	
环戊烷(cyclopentane)	−93.9	49.3	0.7457
环己烷(cyclohexane)	6.6	80.7	0.7785
环庚烷(cycloheptane)	−12.0	118.5	0.8098
环辛烷(cyclooctane)	14.3	150.0	0.8349

2. 环烷烃的化学性质

1) 自由基取代反应

环烷烃与烷烃相似，在光照或加热条件下，可以与卤素发生自由基取代反应。例如

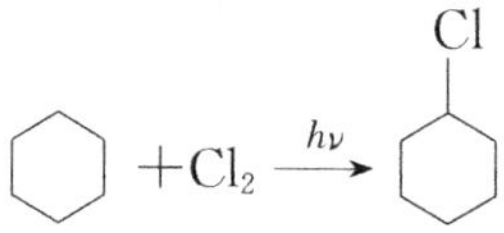

$$\text{环己烷} + Cl_2 \xrightarrow{h\nu} \text{氯代环己烷}$$

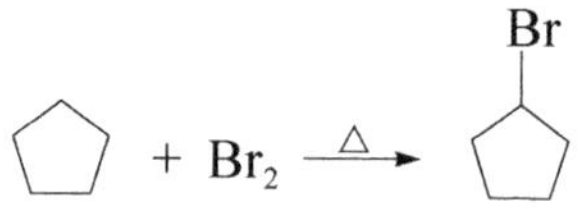

$$\text{环戊烷} + Br_2 \xrightarrow{\Delta} \text{溴代环戊烷}$$

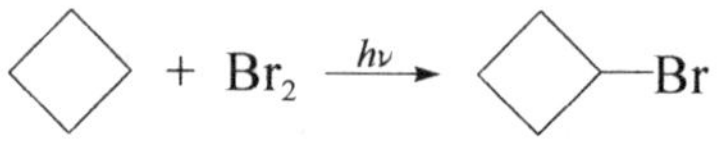

$$\text{环丁烷} + Br_2 \xrightarrow{h\nu} \text{溴代环丁烷}$$

环丙烷与卤素反应得不到自由基取代产物。

2) 小环环烷烃的开环加成

（1）加氢。在适当的催化剂（如 Ni 或 Pt/C 等）作用下，小环环烷烃与氢反应，得到开环的加成产物烷烃。例如

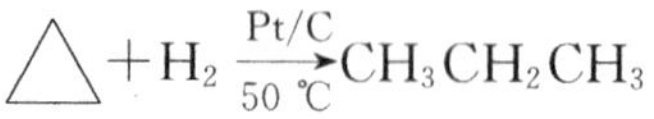

$$\triangle + H_2 \xrightarrow[50\ ℃]{Pt/C} CH_3CH_2CH_3 \quad \text{丙烷}$$

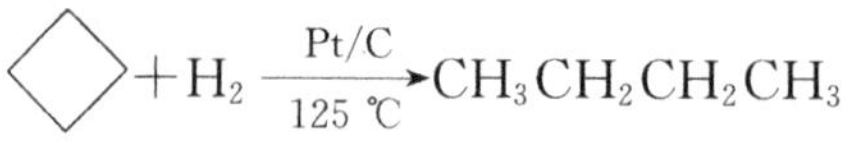

$$\square + H_2 \xrightarrow[125\ ℃]{Pt/C} CH_3CH_2CH_2CH_3 \quad \text{丁烷}$$

$$\pentagon + H_2 \xrightarrow[300\ ℃]{Pt/C} CH_3CH_2CH_2CH_2CH_3 \quad \text{戊烷}$$

从以上的反应条件不难看出，环戊烷的稳定性比环丁烷和环丙烷都大，环丙烷的稳定性最小。

（2）加溴。即使在常温下，环丙烷与溴反应也只得到开环的加成产物。

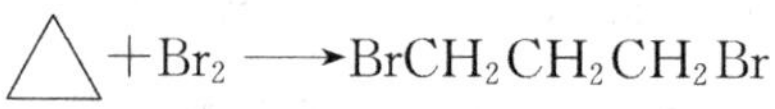

$$\triangle + Br_2 \longrightarrow BrCH_2CH_2CH_2Br$$

1,3-二溴丙烷

环丙烷及取代环丙烷能使 Br_2/CCl_4 溶液褪色。

在常温下环丁烷与溴不反应，加热时也可以得开环的加成产物。

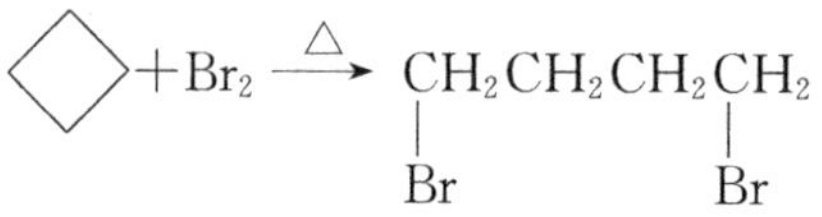

$$\square + Br_2 \xrightarrow{\Delta} \underset{Br}{CH_2}CH_2CH_2\underset{Br}{CH_2}$$

（3）加溴化氢。环丙烷及烷基取代的环丙烷与溴化氢反应，都得到开环的加成产物。

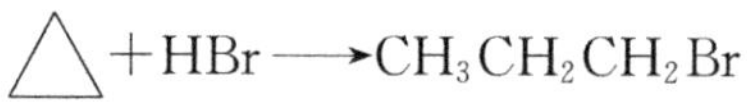

$$\triangle + HBr \longrightarrow CH_3CH_2CH_2Br$$

1-溴丙烷

$$\triangle\!-\!CH_3 + HBr \longrightarrow CH_3CH_2\underset{\underset{Br}{|}}{C}HCH_3$$

2-溴丁烷

环丁烷以上的环烷烃通常难于或不能与溴化氢发生开环加成反应。

3) 环烷烃的氧化和燃烧

在室温条件下,环烷烃对常见的氧化剂(如高锰酸钾和臭氧等)稳定,不被氧化。然而,在加热条件下用强氧化剂,或在催化剂作用下用空气氧化,环烷烃可以被氧化为相应的氧化产物。例如

$$\bigcirc + O_2 \xrightarrow[0.8\sim1\ MPa]{\text{钴催化剂} \atop 150\sim160\ ℃} \bigcirc\!-\!OH + \bigcirc\!=\!O$$

环己醇   环己酮

氧化产物环己醇和环己酮都可以进一步被氧化为己二酸(尼龙6的原料)。

环烷烃在空气中充分燃烧,生成二氧化碳和水,同时释放出大量的热。

$$(CH_2)_n + \frac{3}{2}nO_2 \longrightarrow nCO_2 + nH_2O + 热量$$

释放出的热即为相应环烷烃的燃烧热。部分环烷烃的燃烧热及每个 CH_2 的平均燃烧热见表2-4。

表 2-4 部分环烷烃的燃烧热及每个 CH_2 的平均燃烧热

环烷烃$(CH_2)_n$	n	燃烧热/$(kJ \cdot mol^{-1})$	每个 CH_2 的平均燃烧热/$(kJ \cdot mol^{-1})$	环张力/$(kJ \cdot mol^{-1})$
环丙烷	3	2091	697.0	115
环丁烷	4	2744	686.0	109
环戊烷	5	3320	664.0	27
环己烷	6	3952	658.7	0
环庚烷	7	4637	662.4	27
环辛烷	8	5310	663.6	42
环壬烷	9	5891	664.6	54
环癸烷	10	6636	663.6	50
环十五烷	15	9885	659.0	6
无支链开链烃			658.6	—

根据同分异构体的燃烧热的大小可以比较它们的相对稳定性。而对于不同的环烷烃,由于各自的碳原子与氢原子数不同,燃烧热各不相同,不能直接用它们的燃烧热来比较稳定性,但可以用它们的每个 CH_2 的平均燃烧热来比较。从表2-4可以看出,环己烷的每个 CH_2 的平均燃烧热最小,与无支链开链烃的每个 CH_2 的平均燃烧热相等,环丙烷每个 CH_2 的平均燃烧热最大,所以环丙烷的势能最高,而稳定性最低。

2.2.3 环烷烃的张力与稳定性、构象

1. 环丙烷、环丁烷与环戊烷

在环烷烃中,碳环上碳原子都是 sp^3 杂化。环丙烷中的三个碳原子处在同一平面上,从几

何形状分析,其键角应为 60°,因此两个碳原子的 sp³ 杂化轨道难以沿键轴方向正面有效交盖成 C—C σ 键,而是成类似香蕉状弯曲的 C—C σ 键,这种弯曲的 C—C σ 键重叠程度很不好,键角也不为正常的 109.5°,其 ∠CCC 为 105.5°,∠HCH 为 115°(图 2-11)。相邻碳原子上的 C—H 键都处于重叠式的位置,是不稳定的重叠式构象。

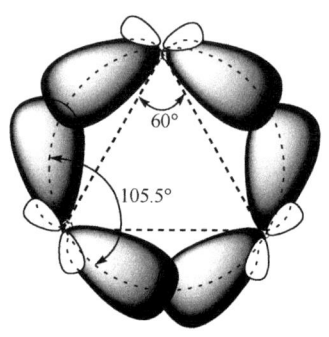

图 2-11 环丙烷中碳环上 sp³ 杂化轨道重叠示意图

这种不能很好重叠而成的 C—C σ 键极容易断裂,体系的热力学能也升高,所以小环环烷烃的稳定性较相同碳原子数的开链烃小,如环丙烷和环丁烷等的碳环很容易被打开。这种环的不稳定性通常称为环的张力,环的张力可以用它与环己烷中的每个 CH_2 的平均燃烧热的差值乘以相应的碳原子数来衡量。例如,环丙烷的张力为 $3×(697.0-658.7)=114.9(kJ·mol^{-1})$,环丁烷的张力为 $4×(686.0-658.7)=109.2(kJ·mol^{-1})$。由于键角的偏离引起的张力称为角张力,角张力在小环环烷烃中尤为突出。

环丁烷的环张力比环丙烷小,由于环上有四个碳原子,为了减少环的张力,四个碳原子可以不在同一平面上。在环丁烷的各构象中,平面型和折叠型是两个极限构象。在平面型构象中,相邻碳原子上的 C—H 键都处于重叠状态,因此势能比折叠型的高。在折叠型构象中,$C_1C_2C_3$ 所在平面与 $C_1C_3C_4$ 所在平面的夹角约为 35°,而相邻碳原子上的 C—H 键也不处于重叠状态,其扭转角约为 25°,因此折叠型是比平面构型稳定的构象。但由于二者之间的势能仅差 $6.3\ kJ·mol^{-1}$,因此在环丁烷的构象中,平面型构象也占有一定的比例,而且折叠型构象还可以通过平面型构象翻转为势能相等的另一个折叠型构象(图 2-12)。

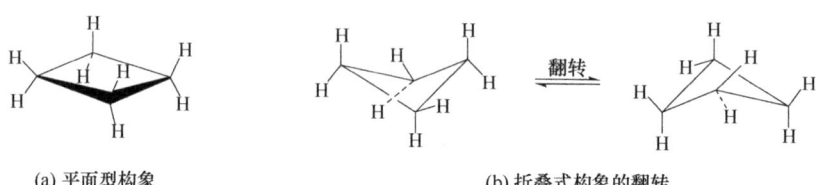

(a) 平面型构象　　　　(b) 折叠式构象的翻转

图 2-12 环丁烷的构象

环戊烷比环丁烷的张力更小。由于正五边形的内角为 108°,已经与正四面体的键角接近,但如果取平面型构型时,相邻碳原子上的 C—H 键都会处于不稳定的重叠式构象,因此环戊烷成折叠式的信封状构象,其中四个碳原子在同一平面上,另一碳原子在这平面的上方或下方约 50 pm 处,而且是不断地在五个碳原子之间轮换更迭(图 2-13)。

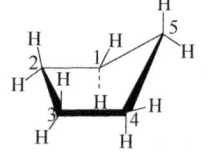

图 2-13 环戊烷的构象

2. 环己烷和取代环己烷的构象

1) 环己烷

在环己烷中,键角都接近正四面体的键角 109.5°,是六个碳原子不在同一平面内、没有张力的环状化合物,用碳原子的正四面体模型可以组合成椅式和船式两个典型的环己烷构象模型,其锯架式模型如图 2-14 所示。

在环己烷的椅式构象中,C_1、C_3 和 C_5 在同一平面内,而 C_2、C_4 和 C_6 在另一平面内,两平面彼此平行，它们之间的距离为 50 pm。在 C_1、C_3 和 C_5 上各有一个 C—H 键都向上，且垂直于这三个碳原子所在的平面；在 C_2、C_4 和 C_6 上各有一个 C—H 键都向下，也垂直于这三个碳原子所在的平面。这六个向上和向下交替排列的垂直于两平面的键称为直立键，也称 a 键。另外，在 C_1、C_3 和 C_5 上还各有一个 C—H

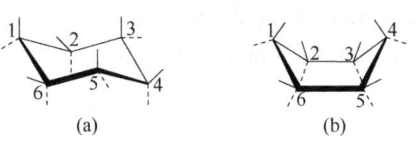

图 2-14 环己烷的椅式构象(a)
和船式构象(b)

键与这三个碳原子所在的平面向下倾斜 19°伸向环外，在 C_2、C_4 和 C_6 上各有一个 C—H 键与这三个碳原子所在的平面向上倾斜 19°伸向环外，这六个向上和向下交替排列的伸向环外的键称为平伏键，也称 e 键。经过 C—C 键的旋转，一个环己烷的椅式构象可以转变为另一个椅式构象，转变后原来的 a 键转变为 e 键，原来的 e 键转变为 a 键。例如

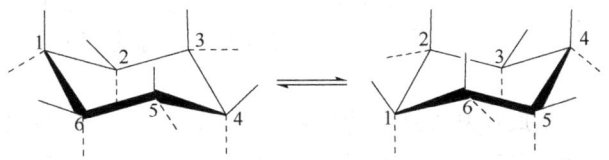

在椅式构象中，也可以把 C_2、C_3、C_5 和 C_6 看成在同一平面内，而 C_1 和 C_4 则位于这平面的两边，分别可看成椅子背和椅子脚。

在船式构象中，C_2、C_3、C_5 和 C_6 在同一平面内，可看成船体，而 C_1 和 C_4 则在这平面的上方，可看成船头或船尾。在环己烷的椅式构象和船式构象中，尽管它们的键角都符合正四面体的正常键角 109.5°，都没有角张力。但在椅式构象中，每相邻两个碳原子之间都是交叉式的稳定构象。而在船式构象中，船沿的 C_2—C_3 和 C_5—C_6 间却是最不稳定的全重叠式构象。另外，环上氢原子之间的相对空间障碍也不同。在椅式构象中，氢原子之间的距离都大于两个氢原子的半径之和 240 pm。而在船式构象中，在船头和船尾及船沿上的两个氢原子之间的距离之间都小于两个氢原子半径之和。

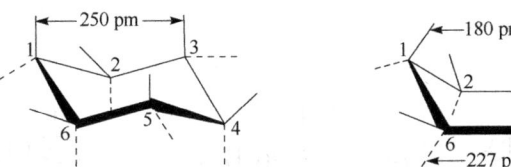

所以相对来说，环己烷的椅式构象比船式构象稳定。在室温下，主要以椅式构象存在，船式构象只有椅式构象的约千分之一。

环己烷的椅式构象和船式构象用纽曼投影式可分别表示为

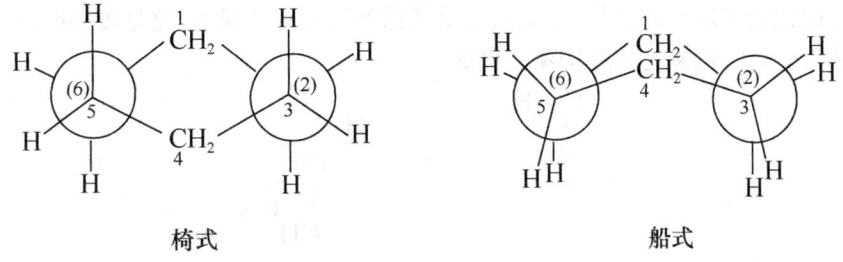

椅式　　　　　　　　　　　　　船式

2) 取代环己烷的构象

环己烷中的一个氢原子被其他原子或原子团取代后得到单取代环己烷。单取代环己烷椅

式构象中,取代基(R)可在 e 键或 a 键上,然而这两种构象的势能不等,稳定性不同,R 在 e 键的构象比在 a 键的构象稳定。

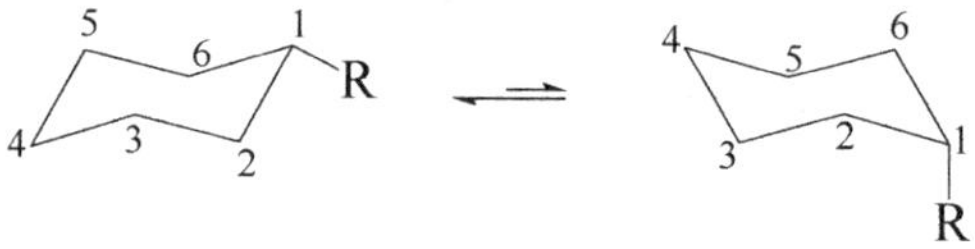

这主要是由于当 R 处于 e 键时,在 C_1—C_6 和 C_1—C_2 的构象中 C_1—R 键与 C_6—C_5 键和 C_2—C_3 键都是对位交叉;当 R 处于 a 键时,在 C_1—C_6 和 C_1—C_2 的构象中 C_1—R 键与 C_6—C_5 键和 C_2—C_3 键都是邻位交叉。另外,a 键上的取代基 R 与 C_3 和 C_5 上 a 键上的的氢原子之间因相距较近而产生范德华斥力,势能升高,而当 R 在 e 键时则没有这种斥力。所以单取代环己烷中,通常都是以取代基在 e 键上的构象占优势,而且这种优势随着取代基的增大变得更加明显。例如,甲基环己烷中,e-甲基构象占 95% 左右,而在叔丁基环己烷中,e-叔丁基构象则占 99.9% 以上。

在二取代环己烷中,除取代基在环上的位置不同而产生的构造异构外,还存在两取代基是在碳环的同一边或两边的顺反构型异构。例如,1-甲基-2-异丙基环己烷、1-甲基-3-异丙基环己烷、1-甲基-4-异丙基环己烷,它们互为构造异构体,它们又都有顺式和反式两种构型异构体和相应的稳定构象式。

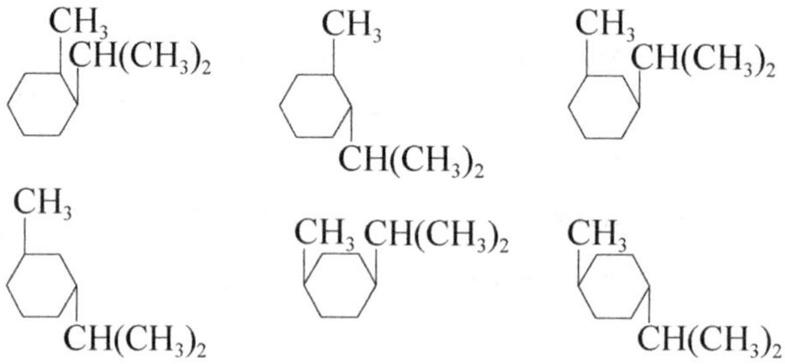

相应的稳定构象式分别为

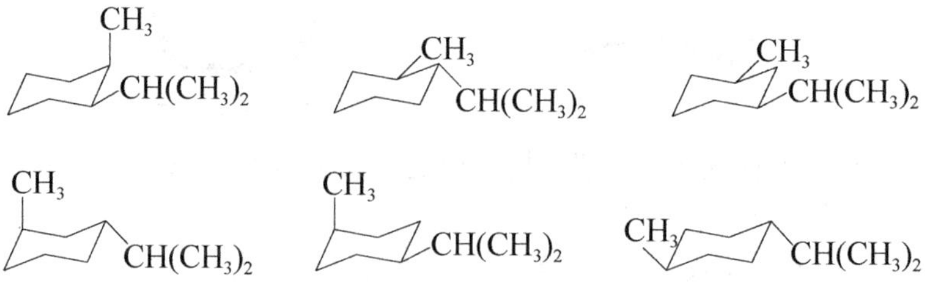

对于二取代及多取代环己烷,在顺式和反式构型给定的情况下,总是较多的取代基及较大的取代基处于 e 键的构象是优势构象。例如

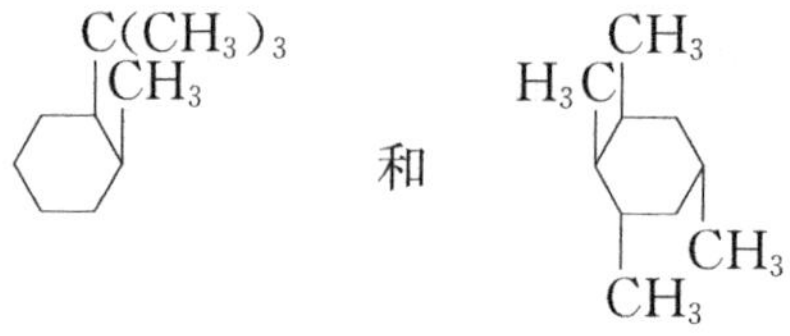

和

相应的稳定构象分别为

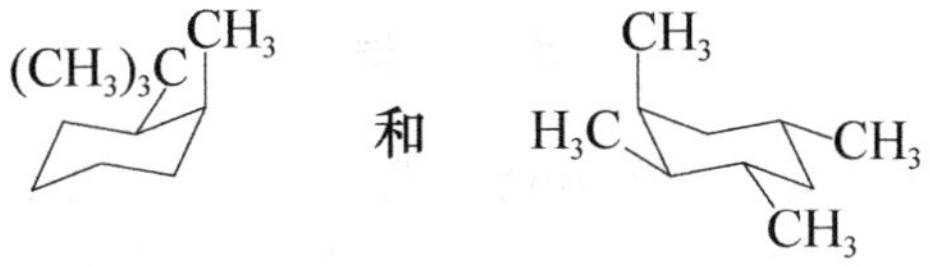

2.2.4 十氢化萘的构象

十氢化萘(decahydronaphthalene)是由两个环己烷共用一个 C—C 键稠合而成的二环化合物。

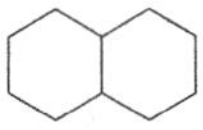

十氢化萘

在十氢化萘的构象中,两个环己烷都取稳定的椅式构象。如果一个椅式构象沿着另一个椅式构象的 e 键和 a 键稠合,则得到顺式的十氢化萘。如果沿着另一个椅式构象的 e 键和 e 键稠合,则得到反式的十氢化萘。

顺十氢化萘　　　　反十氢化萘

通过 ee 键稠合的反十氢化萘是比 ea 键稠合的顺十氢化萘更稳定的构象。

顺十氢化萘和反十氢化萘的平面投影式可表示为

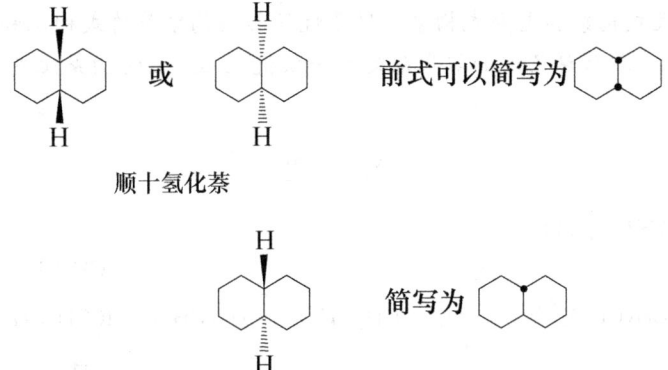

式中,圆点表示被省去而伸向上方的氢原子。

问题 2-9 写出下列取代环己烷的稳定构象式。

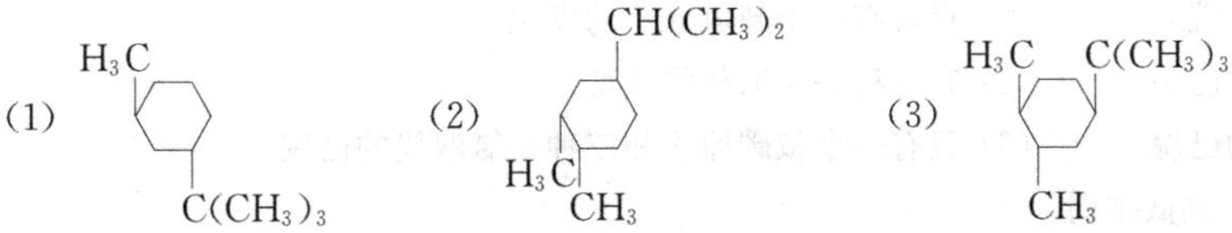

(1) 1-甲基-4-叔丁基环己烷 (2) 1-异丙基-3-甲基环己烷 (3) 1-叔丁基-4-甲基环己烷

小 结

1. 开链烷烃的通式为 C_nH_{2n+2},环烷烃的通式为 C_nH_{2n}。烷烃分子中的碳原子都是 sp^3 杂化,各原子之间都以 σ 键相连。烷烃通常不与强酸、强碱、强氧化剂及强还原剂反应,表现为较高的稳定性。烷烃是非极性分子,不溶于水。

2. 烷烃分子失去一个氢原子后剩余的部分称为烷基。根据支链的不同可有仲某基、叔某基、异某基、新某基等之分。

3. 烷烃的命名分普通命名法和系统命名法。普通命名法仅适用于直链烷烃及具有特定结构特征的简单烷烃。直链烷烃的系统命名与普通命名相同,支链烷烃的系统命名按"一长、二多、三小"的原则命名,即选择最长的碳链作为主链,称为某烷;当有一种以上的最长碳链可供选择时,应选择取代基多的碳链作为主链;主链选定后,主链编号从最靠近取代基的一端开始,使离链端最近的取代基编号最小。

环烷烃的命名一般以环烃为母体,称为环某烷。支链作为取代基放在母体环某烷的前面。对于多取代基环烷烃,则必须将环上碳原子编号,对最小的取代基给以最小的编号,按照"次序规则"将"较优"基团给以相对较大编号。

4. 开链烷烃中的碳与碳的连接次序不同产生构造异构。环烷烃中除由于环的大小和取代基的大小及位置不同产生构造异构外,还会产生顺反异构。

5. 在光照或加热条件下,烷烃的卤化反应按自由基机理进行。自由基反应分为链引发、链增长和链终止三个阶段。卤素的反应活性为 $(F_2) > Cl_2 > Br_2 > (I_2)$,烷基自由基的稳定性为叔碳自由基 > 仲碳自由基 > 伯碳自由基,烷烃中氢原子的反应活性为叔氢 > 仲氢 > 伯氢。

6. 烷烃的交叉式构象和重叠式构象。环己烷的典型构象是椅式构象和船式构象,其中椅式构象是优势构象。取代环己烷的取代基处于平伏键(e 键)上的构象比处于直立键(a 键)上的构象稳定。

习 题

1. 用系统命名法命名下列化合物。

   (1) $CH_3CH_2CH_2CH(CH_3)_2$ (2) $(CH_3)_3CCH(CH_3)_2$ (3) $(CH_3)_2CHCHCH_2CH_3$ 其中带 CH_2CH_3 和 CH_3 支链

   (4) $(CH_3)_2CHCHCH(CH_3)_2$ 其中带 $CH(CH_3)_2$ 和 $CH(CH_3)_2$ 支链 (5) 环丙基异丁基结构 (6) 甲基环戊烷结构 (7) 环己烷结构带 H、CH_2CH_3、CH_3、H (8) 环庚烷结构带 CH_3 和 CH_3

2. 写出符合下列条件的烷烃的构造式,并用系统命名法命名。

   (1) 只含有伯氢原子的戊烷
   (2) 只含有一个叔氢原子的戊烷
   (3) 只含有伯氢和叔氢的己烷
   (4) 有三种一氯取代的戊烷
   (5) 只有三种一氯取代的己烷
   (6) 只有一个叔碳原子和三种一氯取代的己烷

3. 将下列化合物按沸点由高到低排列。

   (1) 2-甲基己烷 (2) 正庚烷 (3) 3,3-二甲基戊烷
   (4) 新戊烷 (5) 2,2,3-三甲基丁烷

4. 写出 2,4,4-三甲基己烷氯化反应时可能得到的一氯代产物。

5. 写出甲基环戊烷一溴取代产物的可能异构体。
6. 用纽曼投影式表示下列化合物的各交叉式构象,并比较其相对稳定性。
   (1) CH₃CH₂—CH₂CH₃   (2) (CH₃)₂CH—CH(CH₃)₂   (3) (CH₃)₃C—C(CH₃)₃
7. 画出下列各取代环己烷的稳定构象。

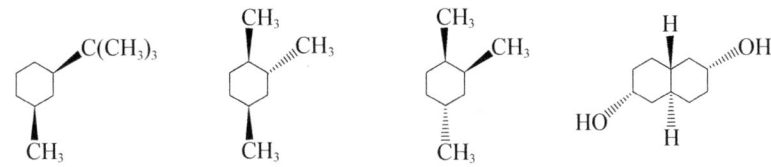

8. 分别写出丁烷、2,3-二甲基丁烷一氯化取代产物的各异构体,并分别估计它们的相对含量(假设伯、仲、叔氢原子在氯化反应时被取代的活性比为 1∶4∶5.1)。如果改为溴化,则各异构体的一溴化取代产物的相对含量又是多少(假设伯、仲、叔氢原子在溴化反应时被取代的活性比为 1∶82∶1600)?
9. 某烷烃的相对分子质量为 114,在光照下与氯气反应,仅能生成一种一氯化取代产物,试推测其结构式。
10. 用化学方法区别下列各组化合物。
    (1) 丙烷和环丙烷   (2) 1,2-二甲基环丙烷和环戊烷

第3章 波谱分析基础

主要内容

(1) 核磁共振谱的基本原理、^{1}H NMR 谱图特征、特征质子的化学位移、自旋偶合和自旋裂分。
(2) 红外光谱的基本原理、IR 谱图特征、重要官能团的特征吸收峰。
(3) 质谱的基本原理、MS 谱图特征、裂解。
(4) 紫外光谱的基本原理、价电子的跃迁、UV 谱图特征。

有机化合物结构的确证一直是有机化学研究的重要环节。早期确定有机化合物的结构都是利用化学方法进行的,因此要确定一个未知化合物的结构是相当麻烦的,费时费力。对于分子结构复杂且量又很少的有机化合物,仅靠化学方法确定其结构则显得无能为力。20 世纪 50 年代以来,随着物理学和计算机科学的理论及技术的迅速发展,一些现代分析仪器不断被研制出来,为有机化合物的结构确定提供了有力的工具和极大的方便。在有机化合物的结构确定中,最常用的有核磁共振谱、红外光谱、紫外光谱和质谱。

本章仅对以上四大波谱技术的原理和应用作简单的介绍。

3.1 核磁共振谱

20 世纪 50 年代,核磁共振(nuclear magnetic resonance,NMR)已开始应用于有机化合物的结构鉴定。随着傅里叶变换(FT)技术在核磁共振中的应用,核磁共振光谱得到快速发展。目前,核磁共振已经成为鉴定有机化合物结构的最有效的方法之一,而且已被广泛应用于医学、生物学等领域的研究。

3.1.1 核磁共振的基本原理

原子核存在不断的自旋运动,不同原子核的自旋运动状态可以用自旋量子数 I 表示,某些质量数为奇数的原子核如 ^{1}H、^{13}C、^{19}F 和 ^{31}P 等的自旋量子数为 1/2,都可以产生相应的 NMR 信号。

在外界磁场作用下,自旋量子数 I 为 1/2 的质子(氢核,^{1}H)自旋产生的磁矩会有顺磁场方向和逆磁场方向两种取向,与磁场方向相同的用+1/2 表示,为低能级;与磁场方向相反的用-1/2 表示,为高能级。两个能级差为 ΔE,ΔE 与外界磁场的磁感应强度(B_0)成正比关系,其关系式为

$$\Delta E = \gamma \frac{h}{2\pi} B_0 \tag{3-1}$$

式中,γ 为磁旋比,是核的特征常数,与核的种类有关;h 为普朗克常量;B_0 为磁感应强度,T(tesla)。

由式(3-1)可以看出，ΔE 与 B_0 呈线性关系，ΔE 随着 B_0 的增大而增大，如图 3-1 所示，$\Delta E_2 > \Delta E_1$。

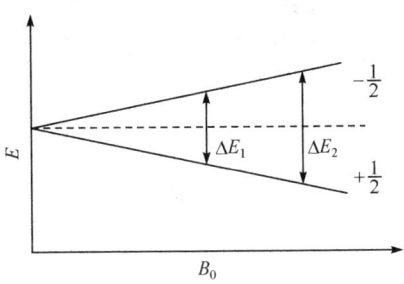

图 3-1　能量差与磁感应强度关系示意图

若用一定频率的电磁波照射外磁场中的自旋原子核，当电磁波照射的能量恰好等于自旋原子核两种不同取向的能量差时，处于低能级的自旋核就吸收电磁波的辐射能跃迁到高能级，这种现象称为核磁共振。这时发生核磁共振现象的核将产生一个无线电射频的吸收信号，即核磁共振现象发生的条件为

$$h\nu = \Delta E = \gamma \frac{h}{2\pi} B_0 \tag{3-2}$$

由式(3-2)可以得到 $\nu = \frac{\gamma}{2\pi} B_0$。由此可见，当核磁共振现象发生时，吸收的电磁波的辐射频率取决于原子核的类别和外加磁场的磁感应强度。

对于 ^1H，磁旋比 γ 为 2.675×10^8 $T^{-1} \cdot s^{-1}$，如果外加磁场的磁感应强度为 7.046 T，则可以计算出核磁共振仪需要的工作频率为 300 MHz。

$$\begin{aligned}
\nu &= \frac{\gamma}{2\pi} B_0 \\
&= \frac{2.675 \times 10^8}{2 \times 3.1416} T^{-1} \cdot s^{-1} \times 7.046 \ T \\
&= 300 \times 10^6 \ Hz = 300 \ MHz
\end{aligned}$$

如果外加磁场的磁感应强度为 14.092 T，则需要工作频率为 600 MHz 的核磁共振仪。目前常用的有 90 MHz、200 MHz、300 MHz、400 MHz、600 MHz 等不同型号的核磁共振仪。

在测量核磁共振谱时，为了使某原子核发生共振，可以采用两种方式：一种是固定磁场强度，逐渐改变电磁波的辐射频率，称为扫频；另一种是固定电磁波的辐射频率，逐渐改变磁场强度，称为扫场。核磁共振仪一般都采用扫场的方法进行测量。扫场时，当磁感应强度达到一定值(B_0)时，使 ν 值恰好等于照射频率，这时试样中某一类型原子核便发生能级的跃迁，接收器就会接收到信号，由记录仪记录下来。

图 3-2 是核磁共振仪的工作原理示意图。核磁共振仪的主要部件有强度很大的永久磁体、样品管、处于样品管周围的射频源、射频放大器、射频接收器和信号记录仪组成。

^1H 的核磁共振称为质子磁共振，简写为 PMR 或 ^1H NMR，是有机化学中应用最多的核磁共振。在确定有机化合物的结构时，核磁共振谱提供了重要的结构信息，起了相当重要的作用。^1H NMR 谱图通常能给出结构中氢的化学位移、自旋裂分和偶合常数、吸收峰面积(积分线)。

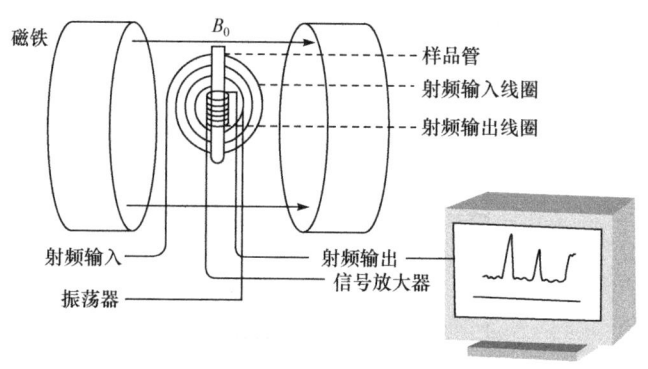

图 3-2 核磁共振仪的工作原理示意图

3.1.2 化学位移和屏蔽效应

按照公式 $\nu = \dfrac{\gamma}{2\pi} B_0$,在一定的磁场作用下,所有的 ^1H 似乎都会吸收同一个照射频率,产生相同的核磁共振吸收电信号。但由于有机化合物中的氢核并不是孤立的,其原子核外有电子,而且核外的电子密度随着氢核所处的环境不同而不同,这些运动着的核外电子会在外界磁场作用下产生一个与外界磁场方向相反的感应磁场 B',因此 ^1H 实际感受到的磁场强度比 B_0 小,即

$$B_{实际} = B_0 - B'$$

这种现象称为核外电子对质子产生的屏蔽效应。质子周围电子密度越大,产生的屏蔽效应越大,这时只有增加磁场强度才能使质子发生共振吸收,即这种质子的共振吸收出现在高场。如果氢核处在感应磁场方向与外界磁场方向同向的环境内,则 ^1H 实际感受到的磁场强度比 B_0 大,称为去屏蔽效应。这时需要减弱磁场强度才能使质子发生共振吸收,即这种质子的共振吸收出现在低场。

由于有机化合物中的氢所处的化学环境不同,因此氢核感受到的屏蔽效应不同,它们在核磁共振谱上的吸收峰出现的位置也不同,这种出现吸收峰的位置上的不同称为化学位移。由于核外电子产生的感应磁场与外加磁场相比小得多,只有外加磁场的百万分之几,直接精确测量不同质子的核磁共振吸收信号频率之差是相当困难的。但选用四甲基硅烷[$(CH_3)_4Si$,TMS]作为内标物质,然后精确测量待测质子相对于内标物质的吸收频率,即采用相对数值表示法却是比较方便的。

为了使不同型号的核磁共振仪上测定出的化学位移数值都一致,规定化学位移的计算公式为

$$化学位移(\delta) = \dfrac{\nu_{样品} - \nu_{标准}}{\nu_{仪器}} \times 10^6$$

式中,$\nu_{样品}$ 为被测样品的共振频率;$\nu_{标准}$ 为 TMS 的共振频率;$\nu_{仪器}$ 为所用核磁共振仪的共振频率。

由于硅的电负性比碳小,因此 TMS 中氢核外的电子密度相对较高,受到的屏蔽效应较大,其核磁共振的吸收信号在高场出现,通过对核磁共振仪的调试,将 TMS 的核磁共振信号设置为零点,即 TMS 吸收峰的化学位移(δ)值为零。这时绝大多数有机化合物中的质子信号相对于 TMS 都出现在低场,即化学位移(δ)值在核磁共振谱图的记录纸上都在零的左边。并

规定质子吸收信号出现在零右边的 δ 值为负值,在零左边的 δ 值为正值。

化学位移(δ)值小的,共振吸收频率也小,质子吸收信号出现在高场;而化学位移(δ)值大的,共振吸收频率也大,质子吸收信号出现在低场。

3.1.3 分子结构对化学位移的影响

质子的化学位移与质子所处的化学环境密切相关。化学环境不同,质子经受的屏蔽效应不同,其化学位移也不同。凡能使质子经受的屏蔽效应减小的因素会使质子的化学位移移向低场。例如

CH_3X 中 X 电负性增大的方向和甲基中质子经受的屏蔽效应减弱的方向

CH_3X	CH_4	CH_3I	CH_3Br	CH_3Cl	CH_3OH	CH_3F
δ	0.23	2.16	2.68	3.05	3.40	4.26

质子核磁共振吸收信号向低场移动和 δ 增大的方向

然而,烯烃中双键碳原子上的质子和芳烃中芳环上的质子经受的屏蔽效应比烷烃中的质子弱得多,它们相应的核磁共振信号出现在低场。例如

苯	乙烯	乙烷
δ 7.3	5.3	0.9

烯烃和芳烃中 π 电子在外界磁场(B_0)中所产生的感应磁场的方向与 B_0 的方向相反,但它们的质子却都处在感应磁场与外界磁场(B_0)方向相一致的区域内(图 3-3),质子经受的是减小的屏蔽效应或去屏蔽效应,所以它们的核磁共振吸收峰处于低场。

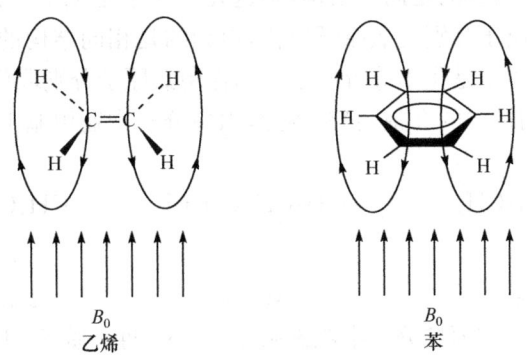

图 3-3 双键碳原子和苯环碳原子上的质子在 π 电子所产生的感应磁场中

3.1.4 有机化合物中常见氢的化学位移

由于有机化合物中氢所处的化学环境不同,其 ^1H 的化学位移不同,根据化学位移的差异可以推测有机化合物的分子结构,因此了解不同氢的化学位移值是十分有用的。表 3-1 是部分氢的化学位移值。

表 3-1　不同类型质子的化学位移

质子类型	化学位移	质子类型	化学位移
$RC\underline{H}_3$	0.9	$—C\underline{H}O$	9～10
$R_2C\underline{H}_2$	1.25	$\underline{H}—C—C{=}O$	2.1～2.5
$R_3C\underline{H}$	1.5	$F—C—\underline{H}$	4～4.5
$C{=}C—C—\underline{H}$	1.6～2.6	$Cl—C—\underline{H}$	3～4
$C{=}C—\underline{H}$	4.5～6.5	$Br—C—\underline{H}$	3.3～4.1
$C{\equiv}C—\underline{H}$	1.7～3.5	$I—C—\underline{H}$	3.1～4.2
$Ar—C—\underline{H}$	2.2～2.8	$RO—C\underline{H}R_2$	3.5～4
$Ar—\underline{H}$	6～8.5	$RCOO\underline{H}$	10～12*
$Ar—O—\underline{H}$	4～8*	$RC\underline{H}_2COOR'$	2～2.2
$RO—\underline{H}$	0.5～5.5*	$RN\underline{H}_2$、$R_2N\underline{H}$	0.5～5*
$C{=}C—O—\underline{H}$	15～19*	$RCON\underline{H}_2$、$RCON\underline{H}R'$	5～9.4*

* 与氧和氮原子直接相连的质子的化学位移与测定时所用溶剂、溶液的温度和浓度都有关。

3.1.5　化学等价质子和化学不等价质子

在分子中，化学环境相同的质子称为化学等价质子，化学等价质子具有相同的化学位移。因此分子中有多少组不同的等价质子，在^{1}H NMR 谱图中就有多少组相对应的吸收峰信号。化学等价质子的判断对利用^{1}H NMR 谱图解析分子的结构是十分重要的。判断化合物分子中的质子是否化学等价，可以有一个比较简单的方法，即用一个试验基团将被判断的质子分别取代，如果被分别取代后得到的是同一结构，则这几个质子是化学等价质子。例如，将丙烷分子中两个甲基上的两个质子分别用氯原子取代，得到的是相同结构的 1-氯丙烷，因此，丙烷分子中两个甲基上的六个质子是化学等价质子。同样用氯原子分别取代丙烷分子中亚甲基上的两个质子，得到的是相同结构的 2-氯丙烷，因此，丙烷分子中亚甲基上的两个质子也是化学等价质子。

$CH_3CH_2CH_3$

丙烷

$CH_3CH_2CH_2Cl$

1-氯丙烷

2-氯丙烷

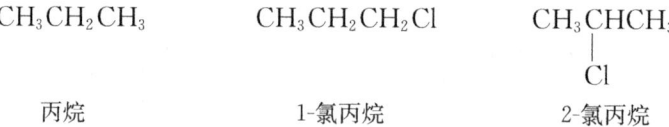

如果用氯原子分别取代 2-溴丙烯分子中双键碳原子上的两个质子，则分别得到(*Z*)-1-氯-2-溴丙烯和(*E*)-1-氯-2-溴丙烯，它们是两个非对映异构体，所以，2-溴丙烯分子中双键碳原子上的两个质子是化学不等价质子。

2-溴丙烯

(*Z*)-1-氯-2-溴丙烯

(*E*)-1-氯-2-溴丙烯

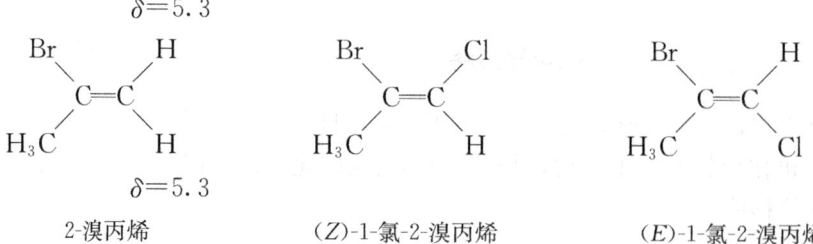

3.1.6 核磁共振谱图中的积分曲线

在 ^{1}H NMR 谱图中,每组峰的面积代表该吸收峰的强度,而吸收峰的强度与该吸收峰的质子数成正比,所以根据各组吸收峰的面积比,可以推测出不同类型质子的数目比。现在用的核磁共振仪都具有自动积分功能,可以直接在谱图上记录代表质子数比的阶梯曲线,这就是积分曲线。不同化学位移处的积分曲线的高度比即代表不同类的质子数比。例如,乙醇的 ^{1}H NMR 谱图如图 3-4 所示。

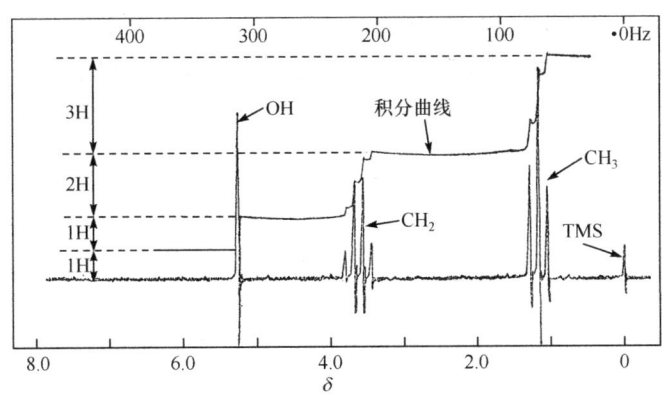

图 3-4 乙醇的 ^{1}H NMR 谱图

不同质子的化学位移和相对面积比都可以直接从 NMR 谱图上得到。

3.1.7 自旋偶合和自旋裂分

分子中化学等价的质子具有相同的化学位移,但该化学位移的核磁共振谱图的峰形会受邻位碳原子上氢的影响,并不是简单的单峰。例如,1,1-二氯乙烷有两组不等价质子,化学位移(δ) 2.1 和 5.6 分别代表分子中 CH_3 和 CH 的质子吸收峰,但它们都不是简单的单峰(图 3-5),而分别是双峰和四重峰,这种现象称为裂分。从吸收峰信号裂分的情况可以获得更多关于结构的信息。

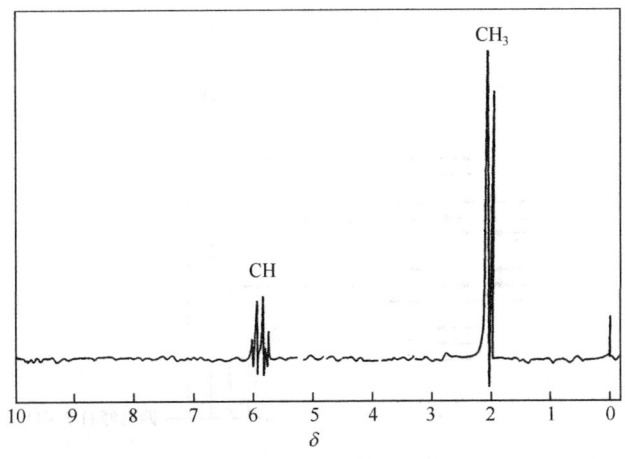

图 3-5 1,1-二氯乙烷的 ^{1}H NMR 谱图

裂分是由邻位碳原子上的质子的自旋产生的。假定某碳原子上的质子为 H_a，而邻位碳原子上有一个与 H_a 化学不等价的质子 H_b，在外磁场作用下，H_b 的自旋会产生很小的磁场，其取向为与外磁场同向平行或反向平行两种。取同向平行的使邻位碳原子上的 H_a 感应到稍强的外磁场强度，其共振吸收稍向低场位移。取反向平行的使邻位碳原子上的 H_a 感应到稍弱的外磁场强度，其共振吸收稍向高场位移，H_b 使相邻的 H_a 裂分为双峰。如果在质子 H_a 的邻位碳原子上有两个与 H_a 化学不等价的质子 H_b，则 H_b 自旋产生的很小磁场，其取向相对于外磁场有三种取向组合。两个 H_b 使相邻的 H_a 裂分为三重峰。同理，三个 H_b 使相邻的 H_a 裂分为四重峰(图 3-6)。分子中相邻近质子之间的自旋影响称为自旋偶合(spin-spin coupling)。自旋偶合使核磁共振信号分裂为多重峰，这称为自旋裂分(spin splitting)。

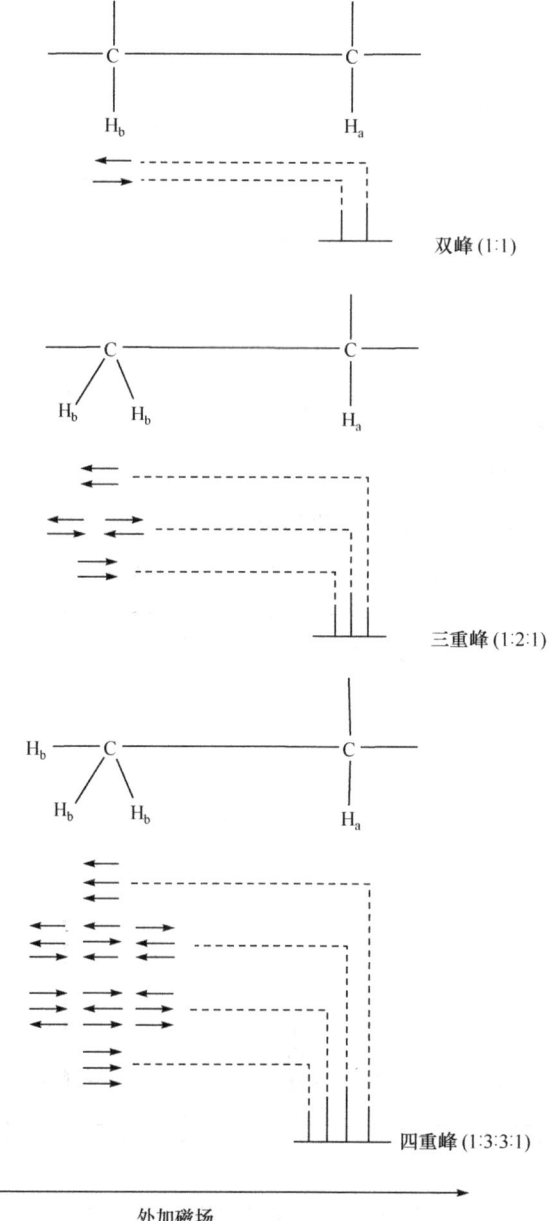

图 3-6 相邻氢核吸收峰裂分示意图

峰的裂分数目与邻近的质子数有关,当与某一个质子邻近的质子数为 n 时,核磁共振信号裂分为 $n+1$ 重峰。裂分峰的相对面积比(强度比)符合二项展开式的各项系数的比(表 3-2)。

表 3-2　峰的裂分数及其峰的相对强度比

峰的裂分数	裂分后各峰的强度比
双峰(d)	1:1
三重峰(t)	1:2:1
四重峰(q)	1:3:3:1
五重峰	1:4:6:4:1
六重峰	1:5:10:10:5:1
七重峰	1:6:15:20:15:6:1

五重峰以上一般称为多重峰(m)。

根据以上分析,在 1,1-二氯乙烷(CH_3—$CHCl_2$)中,CH_3 受邻位上 1 个质子的影响裂分为双峰,而 CH 受邻位上 3 个质子的影响裂分为四重峰。在 2-碘丙烷(CH_3—CHI—CH_3)中,由于两个甲基上的质子是化学等价质子,因此 CH 裂分为七重峰,而 CH_3 裂分为双峰。如果某质子的两个邻位上的质子化学不等价,不等价质子数分别为 n 和 n',该质子裂分为 $(n+1)(n'+1)$ 重峰。例如,1-硝基丙烷($CH_3CH_2CH_2NO_2$)中,由于 C_1 与 C_3 上的质子是化学不等价的,因此 C_2 上的质子裂分为 $(3+1)×(2+1)=12$ 重峰。

相邻两个裂分峰之间的距离称为偶合常数(coupling constant),用字母 J 表示,其单位为 Hz。偶合常数的大小代表偶合作用的强弱,而与核磁共振仪所用的频率无关。

只有化学不等价的两个质子之间相隔少于或等于三个单键时,才能发生自旋偶合。而在乙烷中,由于两个甲基是等价质子,它们的化学位移相同,化学位移相同的质子彼此之间不产生自旋偶合,因此乙烷的 ^{1}H NMR 谱图中只有一个简单的单峰,而没有发生裂分。

3.1.8　活泼氢的共振吸收特征

直接与氧原子、氮原子和硫原子相连的氢为活泼氢,如在醇、酚和羧酸中,羟基中的氢及氨基中的氢都是活泼氢。活泼氢可以与其他电负性较大的原子形成氢键,也可以与其他分子中的氢发生交换。这种通过氢键缔合的能力和氢交换的速率与样品的纯度、浓度、温度和溶剂等密切相关,所以它们的化学位移呈现在一个比较宽的范围内,如醇羟基中质子的化学位移为 2.0~5.5,脂肪族氨基质子的化学位移为 1.5~4,羧基中质子的化学位移为 10~12。羟基氢能否与邻近的质子发生偶合裂分,与氢交换速率和测试样品的具体条件有关。

由于活泼氢在不同的测试条件下,其 ^{1}H NMR 谱图信号具有可变性,因此有时较难识别。这时可以在试样中加入 D_2O,通过重氢交换的方法确证,当加入 D_2O 后,消失的信号即为原来活泼氢的信号。

问题 3-1　以下是化合物 $Cl_2CHCH(OCH_2CH_3)_2$ 的 ^{1}H NMR 谱图,试指出各吸收峰所对应的氢。

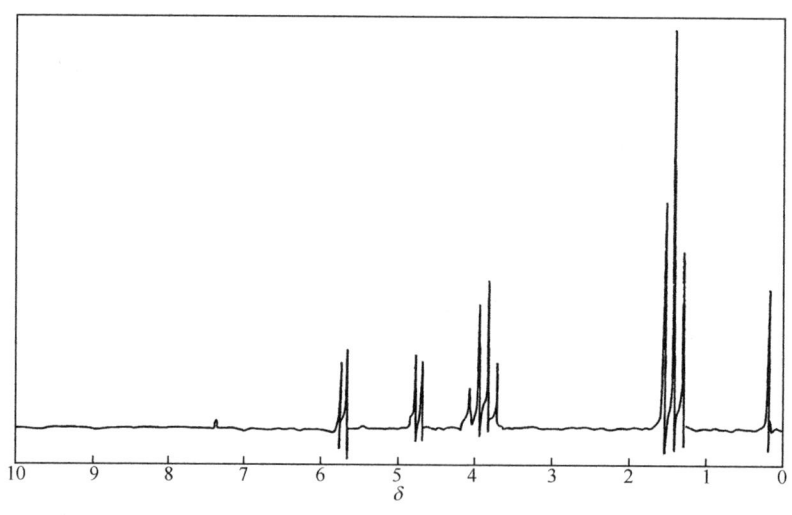

3.2 红外光谱

红外光是波长范围为 0.78～500 μm 的电磁波。用波长范围为 2.5～25 μm(频率为 4000～400 cm^{-1})的红外光照射试样分子,能引起分子中振动能级的跃迁,这样测得的红外光谱称为红外吸收光谱,简称红外光谱(infrared spectroscopy,IR)。

所有的有机化合物都有其特有的红外光谱图,红外光谱图中各个特征吸收峰的位置、强度和峰形等能为确证有机化合物的结构提供丰富的信息。

3.2.1 红外光谱的基本原理

有机分子中各原子之间以化学键相互连接,以共价键相连接的两原子就像以不同强度的弹簧连接着不同质量的小球,它以不同的形式不停地振动(图 3-7),其振动的频率与弹簧的强度和小球的质量有关。对于有机分子,连接两原子的振动频率取决于原子的质量和共价键的强度。

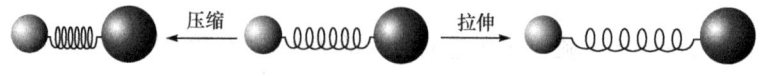

图 3-7 双原子分子振动示意图

共价键的振动主要有伸缩振动和弯曲振动,伸缩振动是沿着键轴方向的振动,振动时键长发生变化,弯曲振动时键角发生变化。图 3-8 是—CH$_2$—的伸缩振动和弯曲振动示意图。图中符号"+"和"-"表示垂直于纸平面的不同方向的前后运动。

双原子分子的伸缩振动可以近似地看成简谐振动。按照胡克(Hooke)定律,其振动频率为

$$\nu=\frac{1}{2\pi}\sqrt{k\left(\frac{1}{m_1}+\frac{1}{m_2}\right)}=\frac{1}{2\pi}\sqrt{k\frac{m_1+m_2}{m_1 m_2}}=\frac{1}{2\pi}\sqrt{\frac{k}{\mu}} \tag{3-3}$$

$$\mu=\frac{m_1 m_2}{m_1+m_2}$$

式中,k 为键的力常数,N·cm^{-1};m_1 和 m_2 为两原子的质量,g;μ 为折合质量。由于频率(ν)、

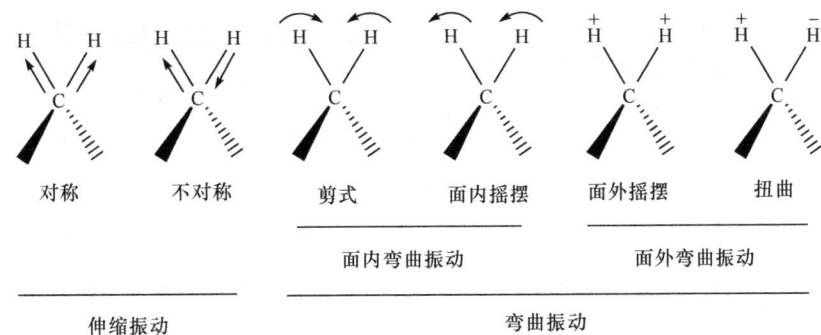

图 3-8 —CH_2—的伸缩振动和弯曲振动示意图

波数(σ)和光速(c)的关系为 $\nu=\sigma c$，因此式(3-3)也可以用波数表示为

$$\sigma=\frac{1}{2\pi c}\sqrt{k\left(\frac{1}{m_1}+\frac{1}{m_2}\right)}=\frac{1}{2\pi c}\sqrt{\frac{k}{\mu}} \tag{3-4}$$

不同原子的原子质量不同，不同类型化学键的力常数 k 值不同。

由式(3-4)可知，这些振动频率主要取决于所涉及的原子质量和连接两原子的化学键的类型。原子质量越小，即折合质量越小，振动频率越高；化学键的键长越短，键能越大，力常数 k 值越大，振动频率也越高。

当化合物分子吸收一定频率的红外辐射光，且辐射光的频率与分子振动频率相等时，红外辐射提供的能量恰好能使分子从一个低的振动能级跃迁到另一高的振动能级，从而产生红外吸收光谱。分子在振动过程中，只有能引起偶极矩的大小或方向发生变化的分子才能产生红外吸收光谱。

3.2.2 红外光谱图和重要有机官能团的特征吸收

图 3-9 和图 3-10 分别是邻二甲苯和 1-苯基丙酮的红外光谱图。

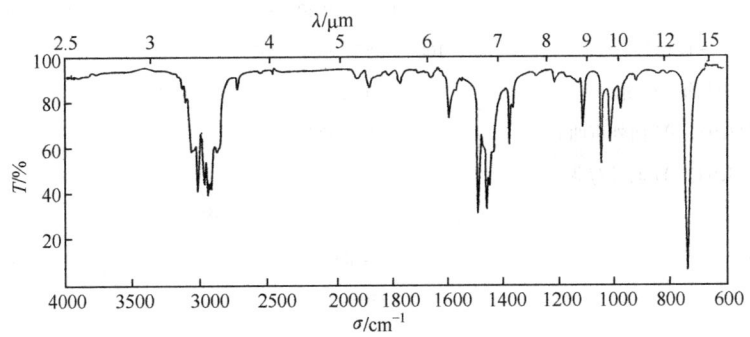

图 3-9 邻二甲苯的红外光谱图

在红外光谱图中，横坐标为波长(μm)或波数(cm^{-1})，表示吸收峰的位置；纵坐标为透射百分数(T)或吸光度(A)，表示吸收峰的强度。两者的关系为 $A=\lg(1/T)$。

红外光谱图一般分为两个区域，波数在 4000~1350 cm^{-1} 为官能团区，主要是伸缩振动产生的吸收峰，在该区域内的吸收峰较少，但特征性较强。碳碳叁键、碳碳双键的力常数 k 值都比碳碳单键大，所以相对于碳碳单键来说，碳碳叁键、碳碳双键的红外吸收峰都出现在高波数

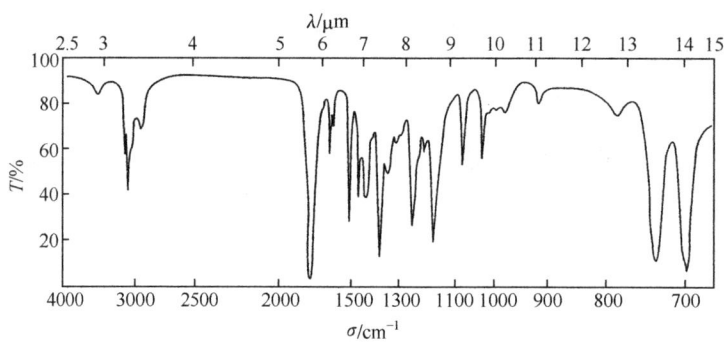

图 3-10　1-苯基丙酮的红外光谱图

区,在官能团区域内。同样碳氮叁键、碳氧双键、碳氮双键及氮氧双键等的红外吸收峰也都在官能团区域内。对于 O—H、N—H、C—H 键,由于 H 的质量相对最小,因此折合质量 μ 值就小,它们伸缩振动的红外吸收峰也都在高波数区。波数在 1350~650 cm^{-1} 为指纹区。C—O、C—X、C—C 等骨架的伸缩振动及力常数 k 值较小的弯曲振动的红外吸收峰都在指纹区。表 3-3 是各类有机化合物中基团的特征红外吸收频率。

表 3-3　有机基团的特征红外吸收频率

基团	波数/cm^{-1}	强度
A. 烷基		
C—H(伸缩)	2962~2853	m~s
—CH(CH$_3$)$_2$	1385~1380　1370~1365	s
—C(CH$_3$)$_3$	1395~1385	m
	~1365	s
B. 烯烃基		
C—H(伸缩)	3095~3010	m
C=C(伸缩)	1680~1620	v
R—CH=CH$_2$(C—H 面外弯曲)	1000~985　920~905	s
R$_2$C=CH$_2$(C—H 面外弯曲)	900~880	s
(Z)-RCH=CHR(C—H 面外弯曲)	730~675	s
(E)-RCH=CHR(C—H 面外弯曲)	975~960	s
C. 炔烃基		
≡C—H(伸缩)	~3300	s
C≡C(伸缩)	2260~2100	s
D. 芳烃基		
Ar—H	~3030	v
芳环取代类型(C—H 面外弯曲)		
一取代	710~690　770~730	v,s
邻二取代	770~735	s
间二取代	725~680　810~750	s
对二取代	840~790	s

续表

基 团	波数/cm^{-1}	强 度
E. 醇、酚和羧酸		
OH(醇、酚)	3600～3200	b,s
OH(羧酸)	3600～2500	b,s
F. 醛、酮、酯和羧酸		
C=O(伸缩)	1750～1690	s
G. 胺		
N—H(伸缩)	3500～3300	m
H. 腈		
C≡N(伸缩)	2600～2200	m

注:m 表示中;s 表示强;v 表示可变;b 表示宽。

红外光谱可用于有机化合物中各特征官能团的鉴别,特别对已知有机化合物的结构,红外光谱可用来判断或验证结构中是否存在某些官能团。

问题 3-2 以下是化合物 $CH_3CH_2CH_2CH_2C\equiv CH$ 的 IR 谱图,试指出(a)、(b)和(c)各吸收峰所对应的伸缩振动。

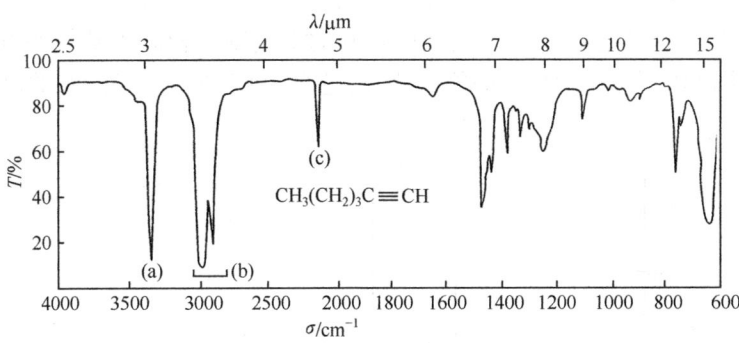

3.3 质 谱

质谱(mass spectroscopy,MS)是有机化合物结构分析和结构确证的重要方法,通过质谱可以得到被测化合物的相对分子质量、碎片离子的精确质量,还可以给出关于分子式的相关信息。近几年,随着快原子轰击、电喷雾离子化、基质辅助激光解吸离子化等技术的发展以及各种色谱-质谱联用,质谱在结构分析和确证中的应用范围大大拓宽,特别在生物大分子的研究领域取得了可喜的进展。

3.3.1 质谱的基本原理

通常的质谱分析是在高真空中,将气化后试样分子在高能量的电子流轰击下失去电子,生成带正电荷的分子离子,以及进一步裂解成的正离子碎片。此外,还有自由基、中性分子和其他自由基正离子等小碎片。所有带正电荷离子受到电场的加速,然后在强磁场作用下以弧形轨迹偏离向前,弧形轨迹的偏离程度与正离子的质荷比(m/z)有关。质荷比越小,离子向前的弧形轨迹偏离就越大,即轨迹的弯曲程度越大。反之,质荷比越大,离子向前的弧形轨迹偏离就越小,即轨迹的弯曲程度越小。这样,不同质荷比的离子就在强磁场作用下被分离开来,当磁场强度逐渐增强时,这些质荷比不同的正离子就依次通过离子出口狭缝到达捕集器,然后通过电子处理系统将产生的信号记录下来,形成被测试样的质谱图。不带正电荷的各种碎片则被真空抽出(图 3-11)。

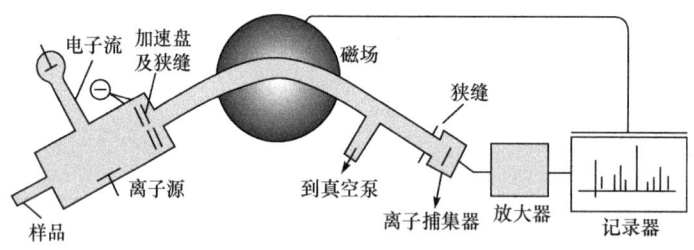

图 3-11　质谱仪工作示意图

3.3.2　质谱图

质谱图中横坐标为质荷比(m/z),由于记录下的大多数是带单位正电荷的离子,因此各个不同的 m/z 就等于是各碎片的质量。纵坐标为相对丰度,以图中丰度最高的碎片离子峰为基峰(base peak),把它的丰度定为 100,其他碎片峰的丰度则是相对于基峰的百分比。图 3-12 是己烷的质谱图,图中质荷比为 57 的峰最强,是它的基峰,质荷比为 86 的峰是它的分子离子峰。

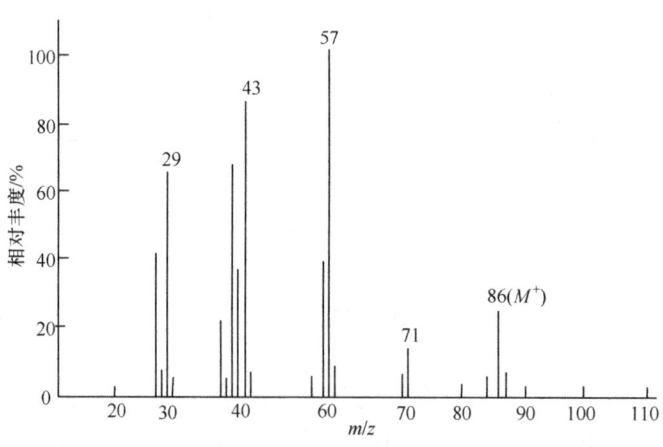

图 3-12　己烷的质谱图

在质谱图中,出现的碎片峰与分子的结构和裂解的方式有关。由于裂解是按一定的规律进行的,因此利用碎片离子峰和峰与峰之间的关系,可以为试样的结构分析提供十分有用的信息,根据裂解的碎片离子峰,可以推测有机化合物的结构式。例如,在图 3-12 中,71 峰与 86 峰之间差 15,相当于分子离子峰失去一个甲基,裂解成质量数较小的碎片。

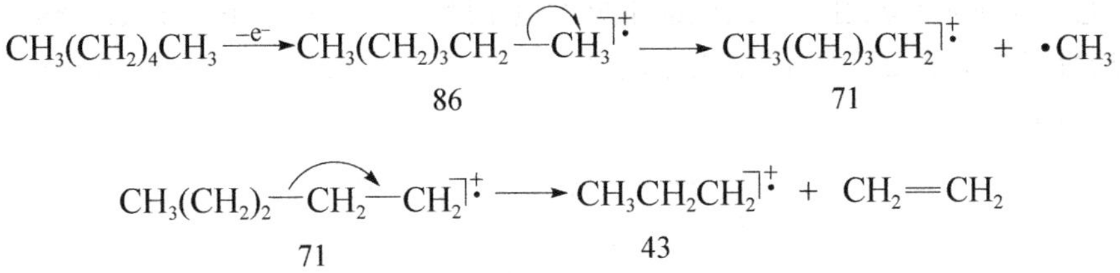

$$CH_3(CH_2)_4CH_3 \xrightarrow{-e^-} CH_3(CH_2)_3CH_2 \frown CH_3]^{+\cdot} \longrightarrow CH_3(CH_2)_3CH_2]^{+\cdot} + \cdot CH_3$$
$$\phantom{CH_3(CH_2)_4CH_3 \xrightarrow{-e^-} CH_3(CH_2)_3CH_2 \frown} 86 \phantom{]^{+\cdot} \longrightarrow} 71$$

$$CH_3(CH_2)_2 \frown CH_2-CH_2]^{+\cdot} \longrightarrow CH_3CH_2CH_2]^{+\cdot} + CH_2=CH_2$$
$$\phantom{CH_3(CH_2)_2 \frown CH_2-CH_2]^{+\cdot} \longrightarrow} 71 43$$

3.3.3 同位素离子峰

由于元素存在相应的同位素,因此在质谱图的分子离子峰的右边还会出现丰度较小但质荷比大于分子离子的 $M+1$、$M+2$ 等峰,这就是同位素离子峰。同位素离子峰的强度与同位素的丰度有关。自然界常见元素的同位素及其相对丰度见表 3-4。

表 3-4 自然界常见元素的同位素及其相对丰度

元 素			相对丰度/%			
碳	^{12}C	100	^{13}C	1.08		
氢	^{1}H	100	^{2}H	0.016		
氮	^{14}N	100	^{15}N	0.38		
氧	^{16}O	100	^{17}O	0.04	^{18}O	0.20
氟	^{19}F	100				
硫	^{32}S	100	^{33}S	0.78	^{34}S	4.40
氯	^{35}Cl	100	^{37}Cl	32.5		
溴	^{79}Br	100	^{81}Br	98.0		
碘	^{127}I	100				

由于自然界氯丰度最大的是 ^{35}Cl,而 ^{37}Cl 的丰度只相当于 ^{35}Cl 的 32.5%,因此当质谱图中的分子离子峰右边出现 $M+2$ 峰,并且峰的强度约为分子离子峰强度的 1/3 时,分子中可能含有一个氯原子。而自然界溴丰度最大的是 ^{79}Br,而 ^{81}Br 的丰度相当于 ^{79}Br 的 98.0%,因此当质谱图中的分子离子峰右边出现 $M+2$ 峰,并且峰的强度约与分子离子峰强度相当时,分子中可能含有一个溴原子。因此同位素离子峰对于判断分子中的氯原子和溴原子是十分有用的。

3.4 紫外光谱

紫外光的波长范围为 10~400 nm,其中 10~200 nm 为远紫外区,200~400 nm 为近紫外区,紫外光谱(ultraviolet spectroscopy,UV)通常是近紫外区的吸收光谱。而 400~800 nm 为可见光的波长范围,常用的分光光度计均包括紫外和可见两部分。

3.4.1 紫外光谱的基本原理

有机分子中的价电子吸收了一定波长的光能,从基态跃迁到较高能级的激发态,产生一定的吸收谱带。多数有机分子中价电子跃迁的吸收波长均落在紫外-可见光区域内。

有机分子中主要有 σ 电子、π 电子和 n 电子,在基态时,σ 电子和 π 电子都处在相应的成键轨道上，n 电子处在非键轨道上。因此最常见的电子跃迁有 σ→σ*、n→σ*、π→π*、n→π* 跃迁。其跃迁所需的能量（ΔE）也不同，大小次序为 σ→σ* > n→σ* > π→π* > n→π*，电子跃迁示意图如图 3-13 所示。

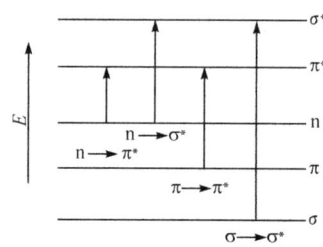

图 3-13　电子跃迁示意图

3.4.2　紫外光谱图和特征吸收

1. 紫外光谱图

由于电子发生能级跃迁时，同时伴随着振动和转动能级的变化，因此紫外吸收光谱图由一条连续的曲线组成。

紫外光谱图的横坐标为波长（λ），单位为 nm。纵坐标为吸光度 A，其定义为

$$A = \lg \frac{I_0}{I} \tag{3-5}$$

式中，I_0 为入射单光强度；I 为透射单光强度。由于吸光度 A 与被测溶液的浓度 c（$mol \cdot L^{-1}$）和液层的厚度 l（cm）有关，因此吸光度遵循朗伯-比尔（Lambert-Beer）定律。

$$A = \lg \frac{I_0}{I} = \lg \frac{1}{T} = \kappa c l \tag{3-6}$$

式中，T 为透射率；κ 为摩尔吸收系数（或称为摩尔消光系数），$L \cdot mol^{-1} \cdot cm^{-1}$ 或 $cm^2 \cdot mol^{-1}$。

紫外光谱图提供的重要信息是吸光度极大处的波长 λ_{max} 及其摩尔吸收系数 κ。有时紫外光谱图也用 T、κ 或 $\lg \kappa$ 为纵坐标。

2. 生色团与助色团

紫外-可见光谱与化合物的结构紧密相关，能够吸收紫外-可见光而产生电子跃迁的孤立官能团称为生色团，它们通常具有 π 电子的结构特征。例如

$$\diagdown C = C \diagup \quad -C \equiv C- \quad \diagdown C = O \quad -N = N- \quad -C \equiv N \quad -N \diagup\!\!\!\diagdown{}^{O}_{O}$$

另外，有些官能团其本身是饱和基团（通常含有未共用电子对的杂原子），在波长 200 nm 以上没有吸收，但当它与生色团相连时，能使生色团的吸收波长向长波方向移动，并使吸收强度增加，这些基团称为助色团，如—OH、—NH$_2$、—Cl 等。

3. 有机化合物与特征吸收

对于烷烃分子，只能产生 σ→σ* 的跃迁，由于跃迁的能量差很大，吸收的紫外光波长很

短,如甲烷和乙烷的最大吸收波长分别为 125 nm 和 135 nm,在远紫外区范围,因此烷烃在紫外-可见区没有吸收带。

对于含饱和杂原子的化合物,尽管有 n→σ* 跃迁,但大多在近紫外区仍没有明显的吸收,如甲醇的最大吸收波长为 183 nm,仍在远紫外区范围。因此醇、硫醇、胺、溴代烃、碘代烃等在近紫外区均没有明显吸收。

对于孤立的碳碳不饱和键化合物,尽管 π→π* 跃迁比 σ→σ* 的能量差要小,吸收的波长要长,如乙烯和乙炔的最大吸收波长分别为 165 nm 和 173 nm,吸收仍在远紫外区范围。它们作为生色团,只要没有助色团协同作用,仍然在近紫外区没有吸收。

对于碳-杂原子或杂原子-杂原子不饱和键化合物,如 $\diagdown$C=O、—N=N— 等,其 σ→σ* 和 π→π* 跃迁的最大吸收波长在远紫外区,n→σ* 跃迁的最大吸收波长也常在远紫外区。尽管 n→π* 跃迁的最大吸收波长在紫外区,但强度很弱。例如,丙酮分子中,n→π* 跃迁的 λ_{max} 为 279 nm,$\kappa = 15 \text{ cm}^2 \cdot \text{mol}^{-1}$。

当分子中有多个 π 键处于共轭(见 5.2 节)状态时,π→π* 跃迁的最大吸收波长随共轭体系的增大而向长波方向移动。对于共轭多烯 H(CH=CH)$_n$H,紫外吸收的 λ_{max} 随 n 增加而增大。例如

n	2	3	4	5	6	7	8
λ_{max}/nm	217	268	304	334	364	390	415

在紫外光谱中,凡能使最大吸收峰向长波方向移动的现象称为红移,反之,能使最大吸收峰向短波方向移动的现象称为蓝移。

小　结

1. 核磁共振谱是由于在外磁场作用下,有磁矩的原子核吸收电磁波,产生自旋能级的跃迁得到的共振波谱。处于不同化学环境中的质子具有不同的化学位移。^{1}H NMR 谱图提供的峰的数目、相应的化学位移、峰的裂分情况、积分曲线和重水交换等能为化合物的结构推测提供丰富的信息。

2. 红外光谱是分子从一个振动能级跃迁到另一个振动能级产生的吸收光谱。红外光谱图分为官能团区和指纹区,不同的官能团在官能团区都有相应的特征吸收峰,可用于官能团的鉴定,指纹区的吸收峰比较密集,对鉴别是否为同一化合物十分有用。

3. 质谱是分子在高能电子束的轰击下,生成带正电荷的分子离子和进一步裂解的碎片离子,然后在电场和磁场的作用下,不同离子按质荷比排列的谱图。能提供相对分子质量和相关结构的信息。

4. 紫外吸收光谱是由分子中价电子的跃迁而产生的光谱。常见的电子跃迁有 σ→σ*、n→σ*、π→π*、n→π* 跃迁。紫外光谱的最大吸收峰(λ_{max})的位置和吸收强度能提供一定的结构信息。

习　题

1. 某烷烃分子式为 C_8H_{18},其 ^{1}H NMR 谱图中只有一个单峰,$\delta_H = 0.9$,试推测该烷烃的结构式。
2. 推测下列化合物中标有下划线的质子在 ^{1}H NMR 谱图中的峰形(单峰、双峰、三重峰等)。

(1) 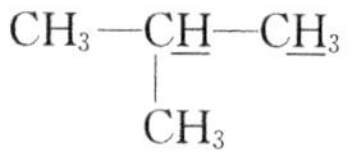 CH₃—CH—CH₃   (2) CH₃—CH₂—CCl₂—CH₃
           |
          CH₃

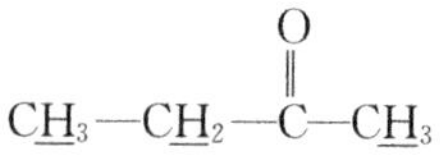

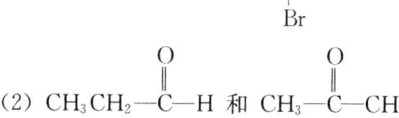

(4) CH₃—O—CH₂—CH₂—CHCl₂

3. 某氯代烃分子式为 C₄H₉Cl，其 ¹H NMR 谱图中有两组峰分别为 $\delta_H=1.0$（三重峰），$\delta_H=1.5$（双峰），两组峰的面积相等，各相当于 3 个质子，试推测该氯代烃的结构式。根据该结构式，判断它应该有几组峰。

4. 如何用 ¹H NMR 谱图区别下列各组化合物？
(1) CH₃CH₂CH₂Br 和 CH₃CHCH₃
                                    |
                                  Br

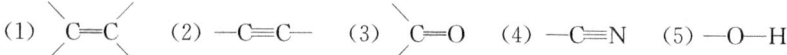

5. 在红外光谱中，吸收频率为 2000~2400 cm⁻¹ 的主要官能团有哪些？

6. 在下列官能团中，红外光谱吸收频率最高的是哪一个？哪两个官能团的红外光谱吸收频率比较接近？
(1) C=C   (2) —C≡C—   (3) C=O   (4) —C≡N   (5) —O—H

7. 下列各组化合物中，哪一个化合物的紫外吸收波长较长？
(1) CH₃CH=CH—CH=CHNH₂ 和 CH₂=CH—CH₂—CH=CHNH₂

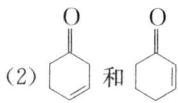 和

8. 根据以下某一取代卤代烃的 ¹H NMR 和 MS 数据推测其结构式。
δ：1.0(3H,t)，1.9(2H,m)，3.4(3H,t)。
m/z：122(M^+)，124($M+2$)，两峰的丰度相当。

第4章 对映异构

主要内容

（1）在构造异构、几何异构和构象异构的基础上进一步讨论产生对映异构的条件和在手性环境中的不同性质。

（2）旋光、偏光、比旋光度。

（3）手性与对称性、手性分子与对称元素。

（4）对映异构体构型标记法（D/L 标记法和 R/S 标记法）。

（5）含一个或两个手性碳原子化合物的对映异构。

（6）环状化合物的对映异构。

（7）对映异构与构象。

（8）无手性碳原子化合物的对映异构（包括丙二烯型、联苯型和螺旋型分子）。

（9）外消旋体的拆分。

有机化合物的结构是有机化学的重要内容之一，包括构造、构型和构象。构型和构象属于立体化学的范畴。构造相同而构型不同的分子称为构型异构体，顺反异构和对映异构（enantiomerism）属于立体异构中的一种构型异构。本章主要讨论对映异构体。

如果你认真地观察一下周围的人、动物和植物，就会发现一个现象，有些物体很像人的左手与右手，相似而不能重叠。如果将右手放在镜子前，镜子里的像恰好和左手一样，即左手和右手的关系是物体与镜像的关系。左耳与右耳之间也是这种关系。在有机化合物的分子中也发现有这种现象，它们的构造相同，各原子或基团在空间的相对位置关系相似，但不能重叠，是物体与镜像的关系。这是因为分子缺乏某种对称元素，分子本身和它的镜像不能重叠，互为物体与镜像的关系，这种异构称为对映异构。在自然界中，大多数构成生命体系的构件分子和功能分子仅以对映异构体中的一种对映体存在。研究对映异构对研究有机化学的反应机理、反应产物的立体结构、具有生物活性的对映体在人体这个不对称环境中的不同化学行为及生物代谢过程中的严格立体专一性都具有重要意义。因此，研究有机化合物的结构和生物活性的关系以及从分子水平探索生命过程的奥秘都离不开对对映异构的认识。

4.1 旋光性

对映异构体是互为物体和镜像的立体异构体，它们的熔点、沸点、相对密度、折射率在非手性溶剂中的溶解度以及光谱图等都相同。在与非手性试剂反应时所表现的化学性质也相同，但对偏振光却表现为不同的作用，一个使偏振光向右旋，另一个使偏振光向左旋，它们对偏振光表现为不同的旋光性(optical activity)。所以对映异构也称为旋光异构。旋光性是识别对映异构体的重要方法。

4.1.1 偏光

光是一种电磁波光波。普通光的光波可以在各个不同平面上振动,它的振动方向与其传播方向垂直。但当普通光通过一个尼科尔(Nicol)棱镜时,只有振动方向与尼科尔棱镜的晶轴相平行的光线才能通过。这种只在与晶轴平行的一个方向上振动的光线称为平面偏振光,简称偏光(图 4-1)。

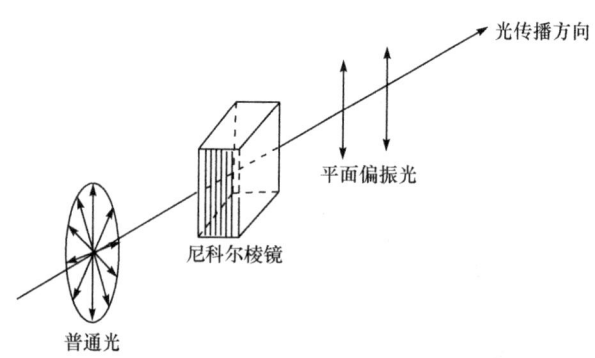

图 4-1 平面偏振光的产生(双箭头表示光的振动方向)

4.1.2 旋光性和比旋光度

当偏光通过某种介质或它的溶液时,有的介质对偏光的振动平面没有任何影响,有的介质却使偏光的振动平面发生旋转(图 4-2)。

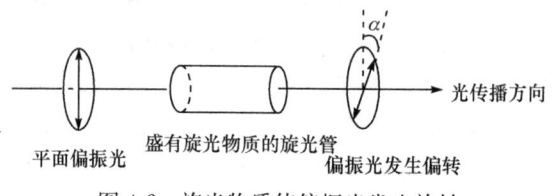

图 4-2 旋光物质使偏振光发生旋转

这种能使偏振面旋转的性质称为物质的旋光性,具有旋光性的物质称为旋光物质。有的旋光物质使偏光振动平面向右旋,称为右旋体,右旋方向用(+)或(d)表示;有的旋光物质使偏光振动平面向左旋,称为左旋体,左旋方向用(-)或(l)表示。使偏光振动平面旋转的角度用 α 表示,称为旋光度(也称旋光角),可以通过旋光仪测定。旋光度与偏光所遇到的旋光物质的分子数(介质的密度或溶液的浓度)、偏光通过介质的距离(旋光管的长度)等密切相关。另外,还与温度、波长及溶剂的性质等有关。然而在一定的条件下,旋光物质的旋光度为一常数,通常用比旋光度$[\alpha]_D^t$表示(注:也可以用质量旋光本领表示):

$$[\alpha]_D^t = \frac{\alpha}{l \times \rho}$$

式中,t 为测定时的温度;D 表示钠光源的波长;α 为波长 589.3 nm 的钠光条件下直接从旋光仪上观察到的旋光度;l 为盛液管的长度,dm;ρ 为被测物质溶液的质量浓度,g·mL^{-1}。因此比旋光度是 1 mL 含有 1 g 溶质的溶液放在长度为 1 dm 的盛液管中测出的旋光度。比旋光度同时反映了某旋光物质的旋光方向和旋光能力的大小。

当被测物质为纯液体物质时，ρ 代表的是该液体的相对密度。

若用 c 表示被测物质在 100 mL 溶液中溶质的质量浓度 $[g \cdot (100\ mL)^{-1}]$，则上式可改写为

$$[\alpha]_D^t = \frac{100\alpha}{l \times c}$$

问题 4-1 如果测得某光学活性物质溶液的旋光度为 $+170°$，如何确定其为 $+170°$，而不是 $-190°$？

4.2 手性与对称性

4.2.1 手性分子

乳酸为 2-羟基丙酸，在用模型表示其立体结构时，可以是两个极为相似但又不能重叠的结构模型，它们之间的关系很像人的左右手，互为物体与镜像的关系，相似而不能重叠，这种性质称为手性(chirality)。具有手性的分子称为手性分子(chiral molecule)。例如，2-羟基丙酸是手性分子，其三维结构式分别为

分子实体与其镜像能互相叠合的分子称为非手性分子。分子是否具有手性，与分子本身的对称性有关，通常可以通过分析分子是否具有对称面和对称中心来判断分子是否为手性分子。

4.2.2 对称元素

1. 对称轴

对称轴用符号 C_n 表示。若在分子内可以找到一个轴，分子绕这个轴转动 $2\pi/n$，分子中每一个原子都与未转动前分子中的等价原子相重叠，也就是说分子通过对称轴的操作，即转动 $2\pi/n$ 后得到的新构型与原来的构型是等价的，该分子具有 n 阶对称轴。例如

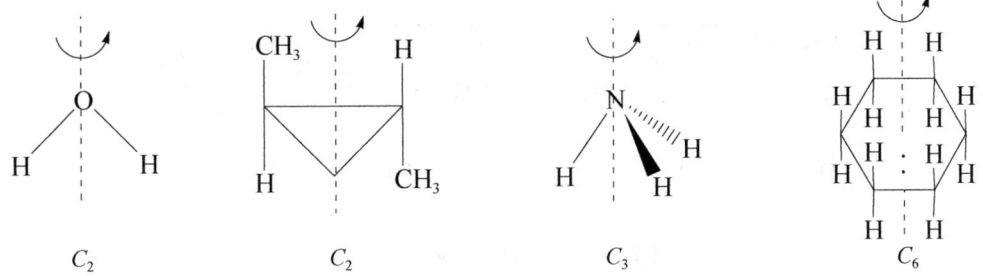

水分子和反-1,2-二甲基环丙烷具有二阶对称轴(C_2)，氨分子具有三阶对称轴(C_3)，环己烷具有六阶对称轴(C_6)。

2. 对称面

对称面用符号 σ 表示。若在分子内可以找到一个平面，这个平面相当于一个镜面，把分子切割成互为实体与镜像的两部分，则这个平面称为该分子的对称面。通过对称面的操作称为反映。

二氯甲烷是具有一个对称面的分子,分子中各原子通过对称面的反映操作后得到的新构型与原来的构型是等价的,即分子与它的镜像能重叠。所以,具有对称面的分子都是非手性分子。

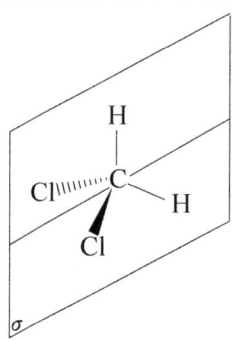

分子中除手性基团外,其余的原子或基团如—CH_3、—CH_2CH_3、—OH、—OR、—C_6H_5、—NO_2、—COR、—CHO、—NHR、—NRR'等都可以看成一个球,被对称面切割为等价的两半。

3. 对称中心

对称中心用符号 i 表示。若在分子内可以找到一个点,从分子中任何一个原子或基团开始,向该点连线并将其延长,如能在等距离处遇到相同的原子或基团,则这个点就称为该分子的对称中心。通过对称中心的操作称为反演。分子中各原子或基团通过反演操作后得到的新构型与原来的构型是等价的,即凡具有对称中心的分子都是非手性分子。例如

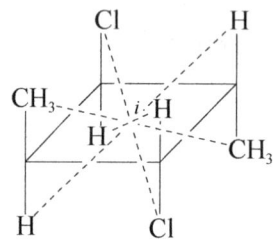

对称中心的反演操作相当于对称面的反映操作加上对称轴的 C_2 操作。例如

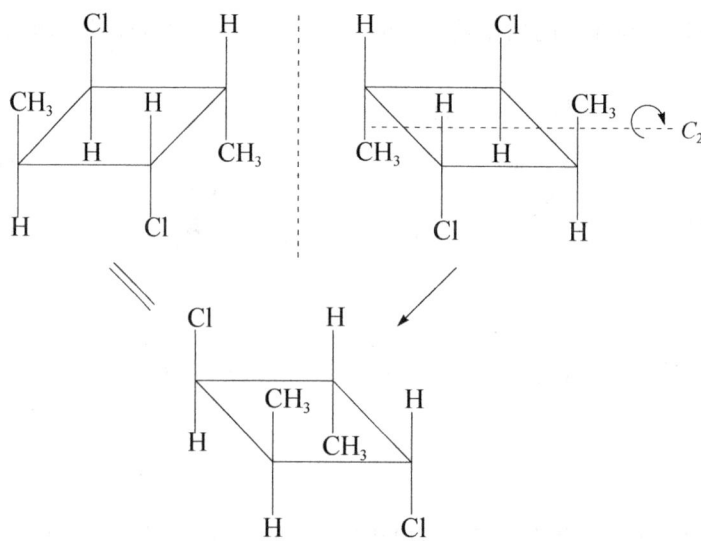

一般来说,如果一个分子既没有对称面,又没有对称中心,就可以初步判断该分子是手性

分子。而对称轴不能作为判断分子是否具有手性的依据。例如，反-1,2-二甲基环丙烷没有对称面和对称中心，是手性分子，但它可以有对称轴（C_2）。

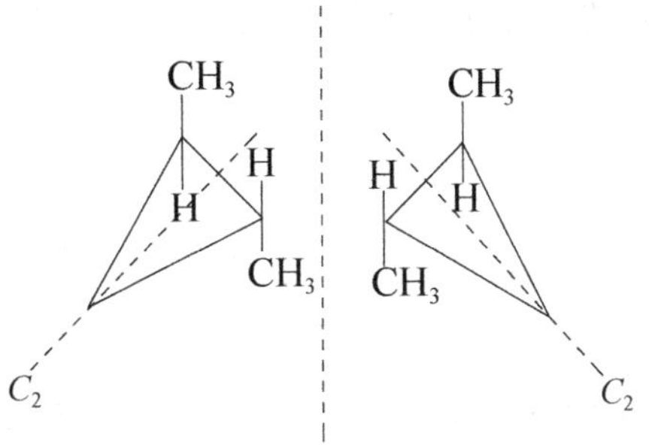

问题 4-2 找出下列化合物的对称元素。

(1) 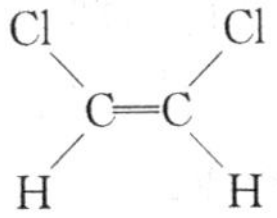 Cl₂C=CH₂ 型结构（Cl, Cl 上，H, H 下）

(2) 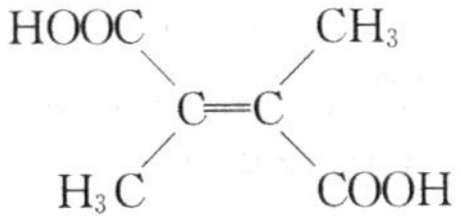 HOOC-CH₃ / H₃C-COOH 烯烃

(3) 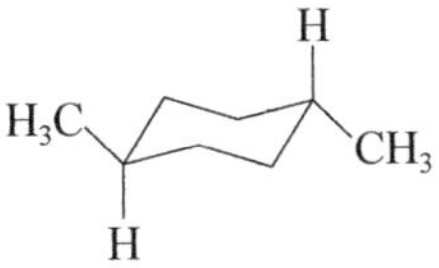 反-1,4-二甲基环己烷

(4) 顺-1,3-二甲基环己烷

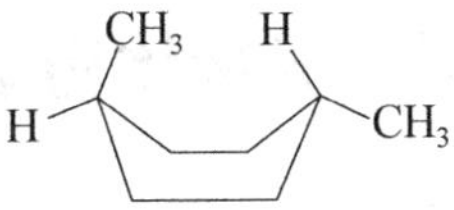

4.3 含一个手性碳原子化合物的对映异构

肌肉在运动中产生的乳酸具有右旋的性质，是右旋体，即（＋）-乳酸，$[\alpha] = +3.82°$（H_2O）。而由糖发酵得到的乳酸具有左旋的性质，是左旋体，即（－）-乳酸，$[\alpha] = -3.82°$（H_2O）。右旋乳酸和左旋乳酸的比旋光度数值相等，方向相反。右旋乳酸和左旋乳酸的关系是物体与镜像的关系，相似而不能重叠，互称为对映体。它们的熔点相同，都是 53 ℃。等物质的量的左旋体与右旋体混合，它们的旋光性恰好互相抵消，得到无旋光的混合物，称为外消旋体（racemates），用（±）或（*dl*）表示。外消旋乳酸的熔点为 18 ℃。

凡是连有四个互不相同的原子或基团的碳原子称为手性碳原子（chiral carbon）（或称不对称碳原子），一般用 C* 表示，手性碳原子是手性中心（chiral center）的一个特例。手性中心还可以是 Si、N、P 和过渡金属等原子。乳酸分子含有一个手性碳原子，其对映异构体的构型可以用透视式表示如下：

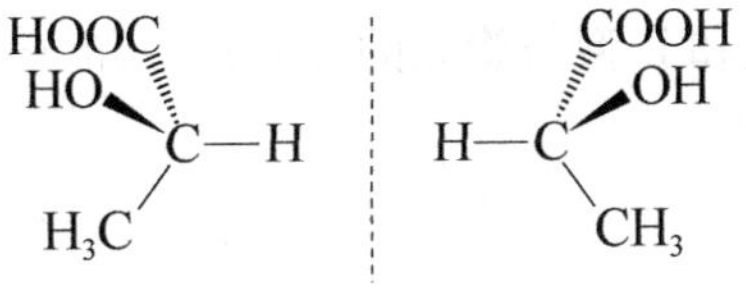

或者用费歇尔（Fischer）投影式表示如下：

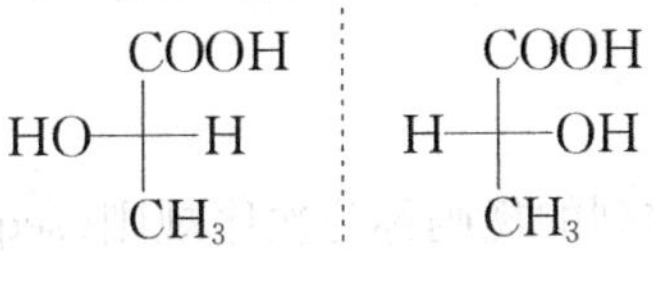

费歇尔投影式是将一个手性碳原子的四面体球棍模型投影在纸面上得到的,投影时假定把手性碳原子放在纸平面上,四面体的两个顶点,即两个原子或基团指向前方,用横线表示,四面体的另外两个顶点,即另外两个原子或基团指向后方,用竖线表示,通常简写成"十"字形。一般总是把含碳原子的基团放在竖线相连的位置上。例如

$$
\begin{array}{c}
\text{COOH} \\
\text{HO}-\overset{|}{\underset{|}{\text{C}}}-\text{CH}_3 \\
\text{H}
\end{array}
\quad \text{的费歇尔投影式为} \quad
\begin{array}{c}
\text{COOH} \\
\text{HO}\!\!-\!\!\!\!-\!\!\text{H} \\
\text{CH}_3
\end{array}
$$

费歇尔投影式不能在纸平面内随意转动,当在纸平面内转动90°或它的奇数倍时,原来应在纸平面前方横线上的两个原子或基团就变为在纸平面后方的竖线上。按费歇尔投影式书写的规定,原来投影式转动后其原子或基团在纸平面的前后关系发生了颠倒,则构型发生了翻转,变为原来构型的对映体。但费歇尔投影式可以在纸平面内旋转180°或它的偶数倍,因为这种旋转并不改变原来原子或基团在纸平面的前后关系,所以旋转后构型保持不变。费歇尔投影式也不能离开纸平面翻转180°,否则将变为它的镜像,即变为它的对映体。

4.4 对映异构体构型标记法

4.4.1 D/L 标记法

1951年前,人们一直无法确定手性碳原子的绝对构型(真实构型),光学活性化合物的构型都采用相对方法来确定,即(+)-甘油醛的构型用费歇尔投影式表示时,把CHO写在手性碳原子的上方,CH₂OH写在下面,H写在左边,OH写在右边,人为地规定(+)-甘油醛的构型为D型,而它的对映异构体,即(−)-甘油醛的费歇尔投影式中,CHO和CH₂OH的位置不变,而H写在右边,OH写在左边,它的构型为L型。

$$
\begin{array}{cc}
\begin{array}{c}
\text{CHO} \\
\text{H}\!\!-\!\!\!\!-\!\!\text{OH} \\
\text{CH}_2\text{OH}
\end{array}
&
\begin{array}{c}
\text{CHO} \\
\text{HO}\!\!-\!\!\!\!-\!\!\text{H} \\
\text{CH}_2\text{OH}
\end{array} \\
\text{D-(+)-甘油醛} & \text{L-(−)-甘油醛}
\end{array}
$$

乳酸的构型则参照甘油醛的构型而命名为 D 型乳酸和 L 型乳酸。

$$
\begin{array}{cc}
\begin{array}{c}
\text{COOH} \\
\text{H}\!\!-\!\!\!\!-\!\!\text{OH} \\
\text{CH}_3
\end{array}
&
\begin{array}{c}
\text{COOH} \\
\text{HO}\!\!-\!\!\!\!-\!\!\text{H} \\
\text{CH}_3
\end{array} \\
\text{D-(−)-乳酸} & \text{L-(+)-乳酸}
\end{array}
$$

D/L 构型称为相对构型。D 型和 L 型与旋光的方向(+)和(−)之间没有任何对应关系。D/L 构型标记法多用于糖和氨基酸。

4.4.2 R/S 标记法

用 R/S 标记对映体的构型是根据 IUPAC 建议的命名法确定的。

1. 次序规则

将原子或基团按先后次序排列的规则称为次序规则(sequence rule)。其要点如下:

(1) 单原子基团按原子序数的大小次序排列,原子序数大的为优先基团。具有相同原子序数的同位素原子,按相对原子质量大小排列,相对原子质量大的为优先基团。有机化合物中常见元素的优先次序排列如下:

$$I>Br>Cl>S>P>Si>F>O>N>C>B>Li>T>D>H$$

(2) 对于多原子基团,先比较游离价原子的优先次序,如果相同,则比较直接与游离价原子相连的其他原子的优先次序。比较时,将其他原子按优先次序排列,然后按顺序比较其优先程度,直到有区别为止。例如,比较—CH_2OH 和—CH_2Cl,由于游离价同为碳原子,再比较与碳原子相连的其他原子,它们可分别表示为—C(O,H,H)和—C(Cl,H,H),由于 Cl 比 O 优先,因此—CH_2Cl 比—CH_2OH 次序优先。

(3) 对于含双键和叁键的重键基团,可以将其当作同时连有两个或三个相同的原子。例如

$$-CH=CH_2 \text{ 看成 } \begin{array}{c} C\ C \\ |\ | \\ -C-C-H \\ |\ | \\ H\ H \end{array} \qquad -C\equiv CH \text{ 看成 } \begin{array}{c} C\ C \\ |\ | \\ -C-C-H \\ |\ | \\ C\ C \end{array}$$

$$\diagdown C=O \text{ 看成 } \begin{array}{c} O \\ | \\ -C-O \\ | \\ C \end{array} \qquad -C\equiv N \text{ 看成 } \begin{array}{c} N\ C \\ |\ | \\ -C-N \\ |\ | \\ N\ C \end{array}$$

2. R/S 构型的确定

将与手性碳原子相连的四个原子或基团 a、b、c、d 按次序规则排列,假定优先次序为 a>b>c>d,且把优先次序最小的原子或基团 d 放在离自己最远处(图 4-3)。如果由 a→b→c 是按顺时针方向排列的,则手性碳原子的构型用 R(rectus,拉丁文"右"的意思)表示;如果由 a→b→c 是按逆时针方向排列的,则构型用 S(sinister,拉丁文"左"的意思)表示。R/S 构型标记法是根据手性碳原子所连的原子或基团在空间的真实位置而确定的,能确切地反映分子中原子或基团在手性碳原子周围的排列情况,所以 R/S 标记反映了手性碳原子的绝对构型(absolute configuration)。

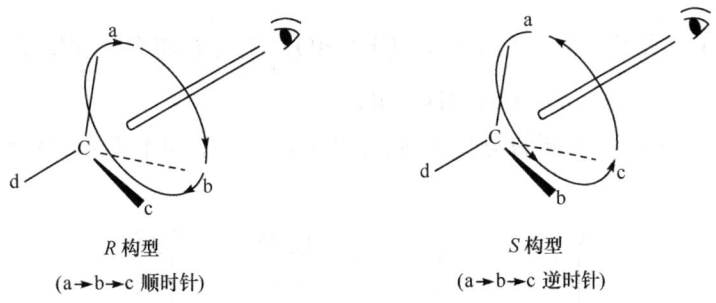

图 4-3 R/S 构型的确定

对于费歇尔投影式,由于规定在竖线上的原子或基团在纸平面的后面,若优先次序最小的基团 d 在竖线上,则符合上述观察条件,这时由 a→b→c 若按顺时针方向排列,则手性碳原子构型为 R 构型;由 a→b→c 若按逆时针方向排列,则为 S 构型。

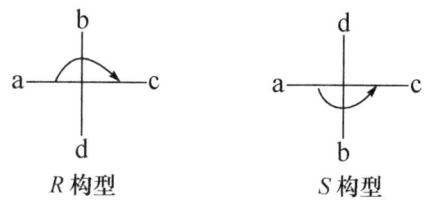

若优先次序最小的基团 d 在横线上,则与上述观察条件相对,这时由 a→b→c 若按顺时针方向排列,则手性碳原子构型为 S 构型;由 a→b→c 若按逆时针方向排列,则为 R 构型。

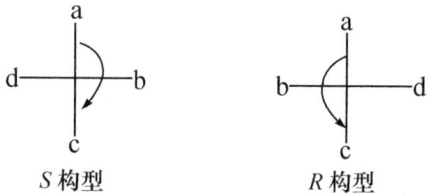

旋光方向和构型 R/S 及 D/L 之间没有任何对应关系。

问题 4-3 用 R/S 标记下列化合物中手性碳原子的构型。

(1) $H_3C \overset{OH}{\underset{H}{\text{—}}} COOH$ (2) $HS \overset{H}{\underset{CH_3}{\text{—}}} COOH$ (3) $H_3C \overset{H}{\underset{D}{\text{—}}} COOH$ (4) $H \overset{Cl}{\underset{CH=CH_2}{\text{—}}} CH(CH_3)_2$

(5) $\overset{CH=CH_2}{\underset{CH_2CH_3}{H\text{—}CH_2C\equiv CH}}$ (6) 四氢呋喃-Cl,H (7) $H \overset{CH_3}{\underset{CH(CH_3)_2}{\text{—}}} CH_2Cl$ (8) $CH_3 \overset{C\equiv N}{\underset{CH_2OH}{\text{—}}} C\equiv CH$

4.5 含两个手性碳原子化合物的对映异构

4.5.1 含两个不相同手性碳原子化合物的对映异构

例如,2,3,4-三羟基丁醛 $\begin{bmatrix} CH_2CH-CHCHO \\ | \quad | \quad | \\ OH\ OH\ \ OH \end{bmatrix}$ 是含有两个不相同手性碳原子的化合物,C_2 和 C_3 都可以有两种不同的构型,因此可以组合成以下四个不同的构型异构体,组成两对对映异构体。

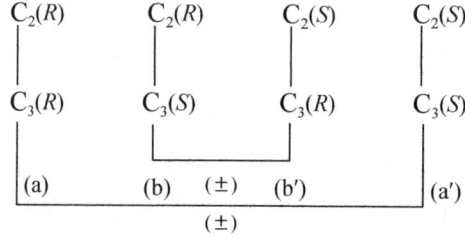

其中,(a)和(a'),(b)和(b')互为对映体,分别组成外消旋体。用费歇尔投影式表示时,可以按对映体的方式先后写出。

$$\begin{array}{cccc}
\text{CHO} & \text{CHO} & \text{CHO} & \text{CHO} \\
\text{H}-\overset{R}{|}-\text{OH} & \text{HO}-\overset{S}{|}-\text{H} & \text{H}-\overset{R}{|}-\text{OH} & \text{HO}-\overset{S}{|}-\text{H} \\
\text{H}-\overset{R}{|}-\text{OH} & \text{HO}-\overset{S}{|}-\text{H} & \text{HO}-\overset{S}{|}-\text{H} & \text{H}-\overset{R}{|}-\text{OH} \\
\text{CH}_2\text{OH} & \text{CH}_2\text{OH} & \text{CH}_2\text{OH} & \text{CH}_2\text{OH} \\
(\text{I}) & (\text{II}) & (\text{III}) & (\text{IV})
\end{array}$$

其中，(Ⅰ)和(Ⅱ)，(Ⅲ)和(Ⅳ)互为对映异构体，并各分别组成一个外消旋体。而(Ⅰ)与(Ⅲ)、(Ⅳ)之间和(Ⅱ)与(Ⅲ)、(Ⅳ)之间并没有对映关系，它们彼此称为非对映体。非对映体不仅旋光能力不同，而且物理性质和化学性质也不相同。

从上述例子可以看出，每一个手性碳原子都会有对映的两个不同构型，因此，含一个手性碳原子的化合物应有两个互为物体和镜像的旋光异构体，它们互为对映体，它们等物质的量混合组成一个外消旋体。含两个不相同的手性碳原子的化合物应有 2^2 个对映异构体，共组成 2^{2-1} 个外消旋体。依此类推，含 n 个不相同手性碳原子的化合物应有 2^n 个立体异构体，组成 2^{n-1} 个外消旋体。

4.5.2 含两个相同手性碳原子化合物的对映异构

对于含两个相同手性碳原子的化合物，其异构体的数目要少于 2^n 个。例如，2,3-二羟基丁二酸(酒石酸)是具有两个相同手性碳原子的化合物，按一般写法可以写出四个异构体。

$$\begin{array}{cccc}
\text{COOH} & \text{COOH} & \text{COOH} & \text{COOH} \\
\text{H}-|-\text{OH} & \text{HO}-|-\text{H} & \text{H}-|-\text{OH} & \text{HO}-|-\text{H} \\
\text{HO}-|-\text{H} & \text{H}-|-\text{OH} & \text{H}-|-\text{OH} & \text{HO}-|-\text{H} \\
\text{COOH} & \text{COOH} & \text{COOH} & \text{COOH} \\
(\text{I}) & (\text{II}) & (\text{III}) & (\text{IV})
\end{array}$$

其中，(Ⅰ)与(Ⅱ)互为物体和镜像，不能重叠，互为对映体。尽管(Ⅲ)与(Ⅳ)也是物体与镜像的关系，但把(Ⅳ)在纸平面内旋转180°后，其构型应保持不变，然而却能与(Ⅲ)重叠，所以(Ⅲ)与(Ⅳ)为同一化合物。实际上(Ⅲ)与(Ⅳ)中都有一个对称面，对称面两边的手性碳原子互为镜像，它们的旋光方向相反，数值相等，互相抵消，是内消旋体(meso)，内消旋体不可能存在对映异构体。凡分子中含有相同手性碳原子的化合物，其对映异构体的数目少于 2^n 个。

4.6 含假手性碳原子化合物

例如，2,3,4-三羟基戊二酸是具有三个手性碳原子的化合物，因为具有相同的手性碳原子，所以只能写出四个异构体。

$$\begin{array}{cccc}
\text{COOH} & \text{COOH} & \text{COOH} & \text{COOH} \\
\text{H}-\overset{2R}{|}-\text{OH} & \text{HO}-\overset{2S}{|}-\text{H} & \text{H}-\overset{2R}{|}-\text{OH} & \text{H}-\overset{2R}{|}-\text{OH} \\
\text{HO}-|-\text{H} & \text{H}-|-\text{OH} & \text{HO}-\overset{r}{|}-\text{H} & \text{HO}-\overset{s}{|}-\text{H} \\
\text{HO}-\overset{4R}{|}-\text{H} & \text{H}-\overset{4S}{|}-\text{OH} & \text{H}-\overset{4S}{|}-\text{OH} & \text{H}-\overset{4S}{|}-\text{OH} \\
\text{COOH} & \text{COOH} & \text{COOH} & \text{COOH} \\
(\text{I}) & (\text{II}) & (\text{III}) & (\text{IV})
\end{array}$$

其中，(Ⅰ)与(Ⅱ)互为对映异构体，(Ⅲ)与(Ⅳ)中都有一对称面，所以没有对映异构体。

仔细考察(Ⅲ)和(Ⅳ),由于C_2和C_4的构型不同,因此在两式中,C_3都属于手性碳原子,手性碳原子应当没有对称元素,但它们都有一个对称面,所以(Ⅲ)和(Ⅳ)都不是手性分子,把C_3这种碳原子称为假手性碳原子。在(Ⅲ)和(Ⅳ)中的假手性碳原子的构型不同,通常用 r 和 s 表示,这里C_2是 R 构型,C_4是 S 构型,按照次序规则,R 构型优先于 S 构型,所以(Ⅲ)中的C_3是 r 构型,(Ⅳ)中的C_3是 s 构型。

在考察手性碳原子化合物的对称性时,构型为 R 的镜像必定为 S 构型,非手性的基团可以看成一个球,能被对称面切割为互为镜像的两半,但手性基团却不能被切割为互为镜像的两半,手性基团没有对称面。

4.7　环状化合物的对映异构

环状化合物的构型异构包括顺反异构和对映异构。对于二元以上取代的环状化合物,根据取代基在环平面的同侧或异侧,存在顺反异构体,然后根据各顺反异构体有无对称面或对称中心判断是否有对映异构。例如,1,2-环丙烷二甲酸中,根据两羧基在环丙烷的同侧与异侧有顺反异构体,(Ⅰ)、(Ⅱ)与(Ⅲ)是顺反异构,在反式异构体(Ⅰ)和(Ⅱ)中,因为没有对称面和对称中心,所以是手性的,(Ⅰ)与(Ⅱ)互为对映异构体,等物质的量的(Ⅰ)与(Ⅱ)构成外消旋体。(Ⅲ)分子中有一对称面,所以没有手性,是内消旋体。

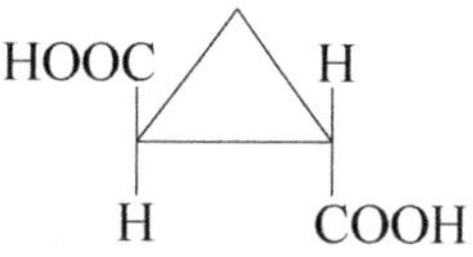

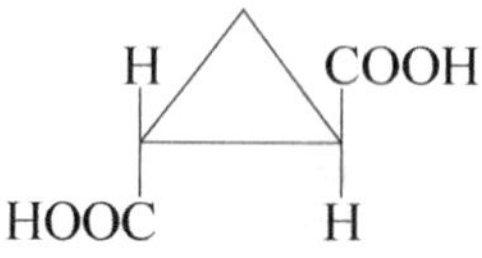

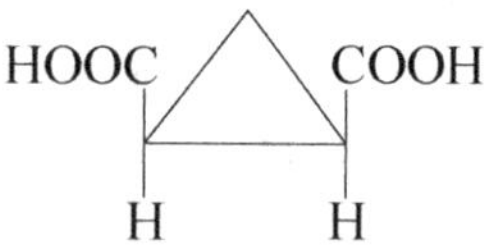

又如,1,3-二甲基环己烷中,(Ⅰ)的两个甲基在环的同一边,为顺式,分子内有一对称面,所以无手性。(Ⅱ)和(Ⅲ)为反式,分子内没有对称面和对称中心,是手性分子,它们互为对映体。

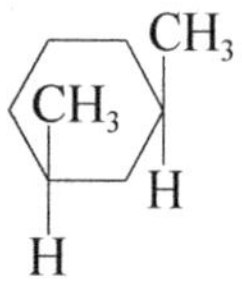

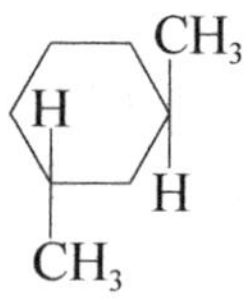

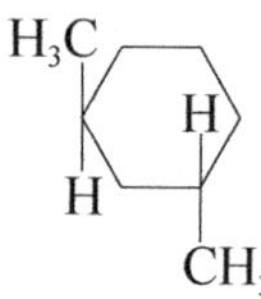

4.8　对映异构与构象

在考虑化合物是否具有手性时,只分析它们的某一个构象或构型。以内消旋的 2,3-二羟基丁二酸为例,其重叠式和三种交叉式构象的纽曼投影式及锯架式分别表示如下:

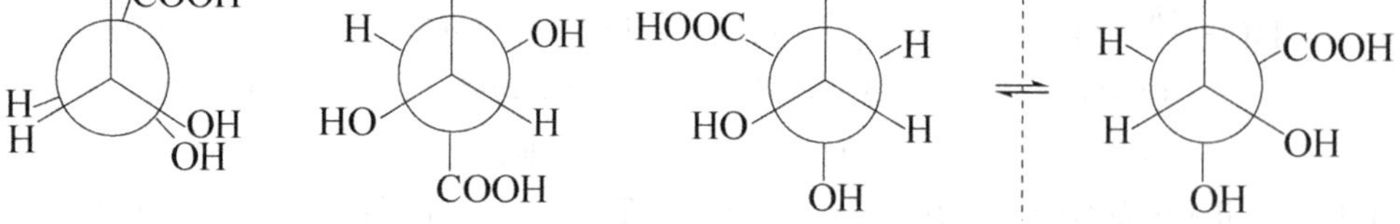

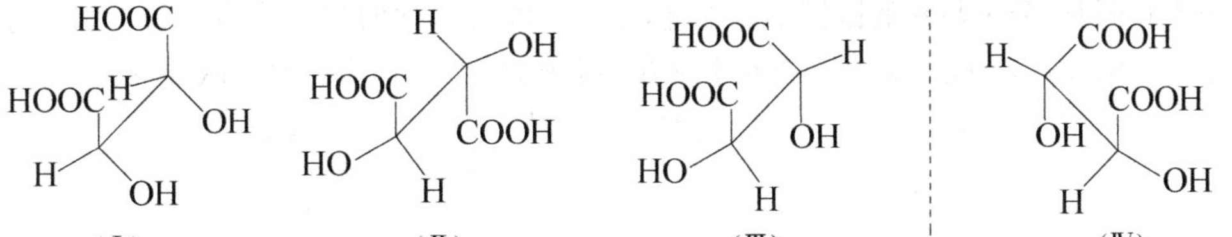

(Ⅰ)是重叠式构象,分子有对称面,(Ⅱ)是对位交叉式构象,分子有对称中心,所以(Ⅰ)和(Ⅱ)都是非手性的。然而,在(Ⅰ)和(Ⅱ)之间还有许多构象,它们既没有对称面又没有对称中心,如(Ⅲ)和(Ⅳ)是手性的,互为对映体,但由于(Ⅲ)与(Ⅳ)的热力学能相等,在构象平衡中出现的概率相等,各自所占的份额也相同。与(Ⅲ)和(Ⅳ)相似的其他手性构象也有类似的结果,它们的构象一定成对出现,在构象平衡中的份额相同。因此,它们各自对偏光的影响相互抵消,表现为没有旋光性。所以,只要分子的任何一种构象有对称面或对称中心,就可以认为该分子没有手性。因此,在判断2,3-二羟基丁二酸的各异构体是否有手性时,只要考虑它们各异构体的费歇尔投影式(重叠式构象)的对称性就可以了。

判断取代环烷烃衍生物是否具有手性只要考虑它的平面构型式就可以了。例如,1,2-二甲基环己烷有顺式和反式两种构型异构,分别为

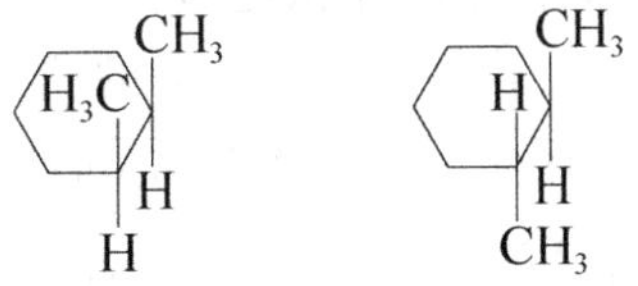

(Ⅰ)为顺-1,2-二甲基环己烷,分子有对称面,是非手性分子。但它的构象却没有对称面和对称中心,与相应的镜像不能叠合。

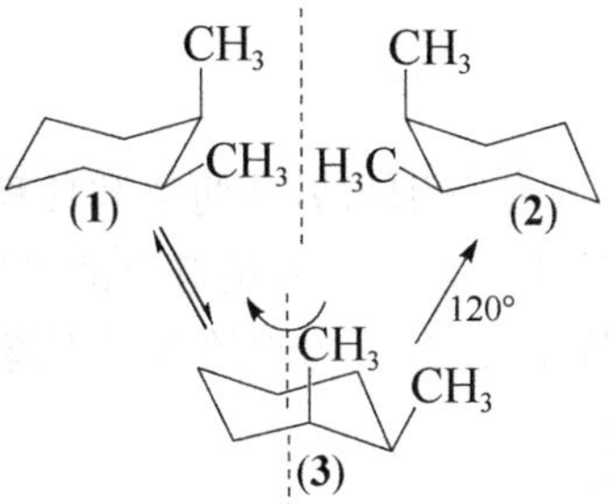

(1)与(2)互为对映,(1)翻转后得到(3),由于(1)与(3)的热力学能相等,在构象平衡中的份额也相等,而(3)以式中的虚线为轴旋转120°,即得到(1)的镜像(2),也就是(1)与(2)在构象平衡中的份额相等,它们对偏光的影响相互抵消,因此,顺-1,2-二甲基环己烷没有旋光性,与从平面构型式分析的结果一致。

(Ⅱ)为反-1,2-二甲基环己烷,分子没有对称面和对称中心,是手性分子。从构象分析也得到相同的结果。

4.9 无手性碳原子化合物的对映异构

4.9.1 丙二烯型分子

丙二烯 $CH_2=C=CH_2$ 中,C_1 和 C_3 为 sp^2 杂化,C_2 为 sp 杂化。因此,两个 π 键互相垂直,C_1 和 C_3 上所连接的两个原子分别在相互垂直的两平面内。当 C_1 和 C_3 上的两个原子或

基团都不相同时,分子与它的镜像不能重叠,是一个没有对称面和对称中心的不对称分子,分子有手性。例如,2,3-戊二烯分子中并不存在不对称碳原子,但有一对对映异构体。

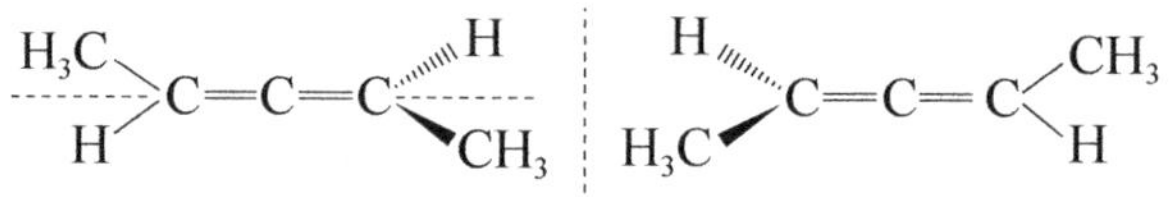

螺环是两个环烃共有一个碳原子的多环烃,共有的碳原子称为螺原子。在螺环中,连在同一螺原子上的两环的环平面也相互垂直,与丙二烯型化合物相似。例如,在 2,6-二甲基螺[3.3]庚烷(方括号中的阿拉伯数字分别代表两环中除螺原子外的环上碳原子数)中,当 C_2 和 C_6 上的两原子或基团都不相同时,该分子没有对称面和对称中心,分子有手性,有一对对映异构体。

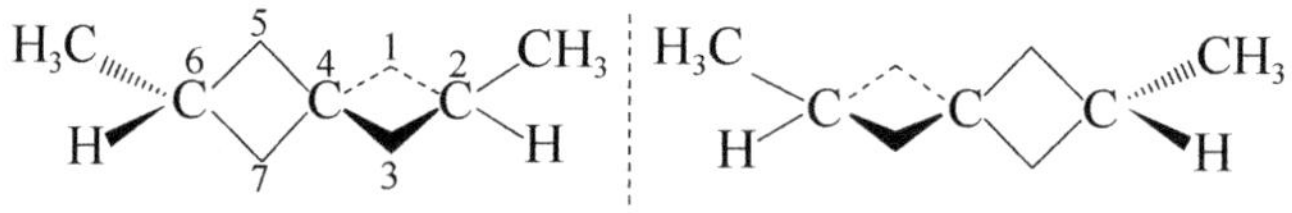

2,6-二甲基螺[3.3]庚烷

4.9.2 联苯型分子

在联苯型分子中,当四个邻位取代基的体积足够大时,连接两个苯环的 σ 键的旋转受阻,这时两个苯环可以不在同一平面上。若每一个苯环上的两个邻位取代基又不相同,则分子没有对称面和对称中心,是手性分子,存在一对彼此不能重叠的对映异构体。例如

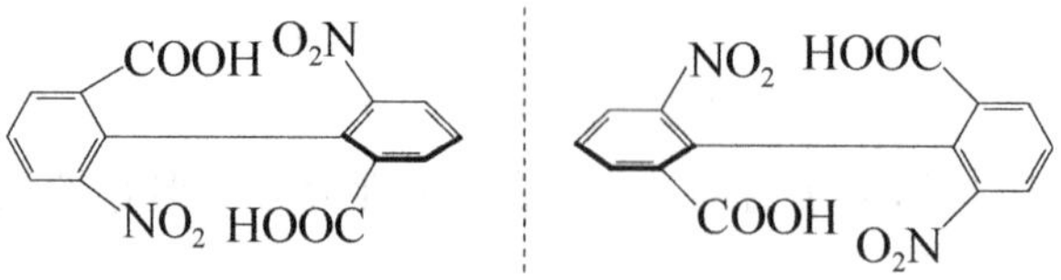

4.9.3 螺旋型分子

菲是一个苯环的 1,2-位和 3,4-位分别与另外两个苯环稠合的分子。在菲分子中,三个苯环成折线共平面排列,当菲分子的 4,5-位上引入足够大的基团时,由于空间因素,环发生螺旋似的扭曲,分子没有对称面和对称中心,分子与它的镜像不能重叠,因此具有手性。例如

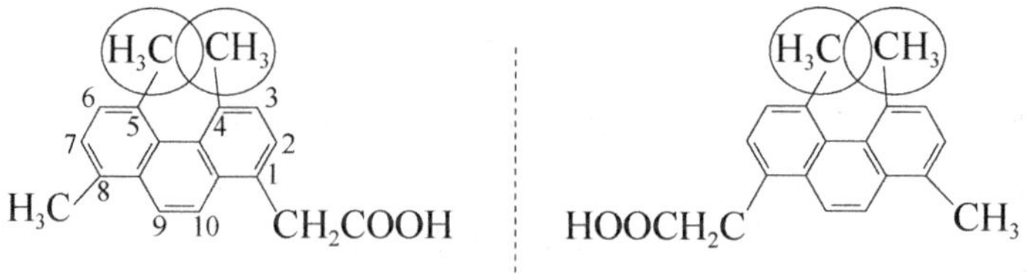

4,5,8-三甲基菲-1-乙酸

在由六个苯环稠合在一起的六螺环烃中,首尾两个苯环不在同一平面上,整个分子呈环形螺旋状,没有对称面和对称中心,分子与它的镜像不能重叠,有一对对映异构体。

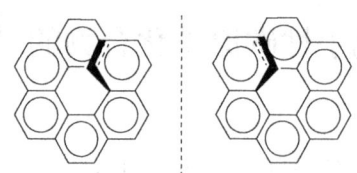

六螺环烃(六螺苯)

问题 4-4 写出甲基环己醇的可能异构体。

问题 4-5 写出 2,9-二甲基螺[5.5]十一烷的可能异构体。

$$\text{H}_3\text{C} - \text{[环己烷-环己烷]} - \text{CH}_3$$

4.10　外消旋体的拆分

外消旋体是等物质的量的一对对映异构体的混合物。对映体之间除旋光方向相反外,其他物理性质都相同,如酒石酸的右旋体、左旋体和内消旋体的物理常数见表 4-1,因此不能用一般的物理方法将外消旋体分离。采用某些特殊方法把外消旋体分离成右旋体和左旋体的过程称为外消旋体的拆分。

表 4-1　酒石酸部分立体异构体的物理常数

酒石酸的立体异构体	熔点/℃	$[\alpha]_D$(20%水溶液)	相对密度	溶解度/[g·(100 mL H$_2$O)$^{-1}$]
(+)-	168~170	+12°	1.7598	139.0
(−)-	168~170	−12°	1.7598	139.0
meso	206	—	1.6660	125.0

常用的外消旋体拆分方法有以下几种:

(1) 微生物法。利用某些微生物或其产生的酶选择性地分解对映体中某一种异构体,从而分离到另一种构型的异构体。

(2) 诱导结晶法。将外消旋体制成相应的过饱和溶液,然后在此饱和溶液中加入少量此外消旋体中的任一种旋光体晶体作为晶种,冷却后诱导其相同旋光体优先结晶析出,过滤后再在滤液中加入外消旋体,重新制成过饱和溶液,这时溶液中另一种旋光体相对过量,冷却后优先析出。如此反复结晶,即可把外消旋体拆分为相应的对映异构体。

(3) 色谱分离法。这里主要指用手性固定相的色谱柱直接分离对映异构体的方法。当外消旋体通过填有光学活性吸附剂制成的色谱柱时,一对对映体各自与光学活性吸附剂作用后变为一对非对映体,它们从吸附剂上被洗脱的速率将不同,从而达到分离的目的。手性固定相已成为目前有机化学中的一个重要研究课题。

(4) 形成非对映体法。将外消旋体中的一对对映体利用化学方法形成非对映体,而非对映体的物理性质不同,可用通常的物理方法,如柱色谱或重结晶等方法将它们分离。最后把已分开的非对映体变为原来的旋光化合物,从而达到拆分的目的。例如

$$(\pm)\text{-RCOOH} + 2(-)\text{-R}'\text{NH}_2 \longrightarrow \boxed{\begin{array}{c}(+)\text{-RCOOH}\cdot(-)\text{-R}'\text{NH}_2 \\ (-)\text{-RCOOH}\cdot(-)\text{-R}'\text{NH}_2\end{array}} \xrightarrow{\text{分离}}$$

非对映异构体

$$(+)\text{-RCOOH}\cdot(-)\text{-R}'\text{NH}_2 + (-)\text{-RCOOH}\cdot(-)\text{-R}'\text{NH}_2 \xrightarrow{\text{HCl}}$$

$$(+)\text{-RCOOH} + (-)\text{-RCOOH} + 2(-)\text{-R}'\text{NH}_2\cdot\text{HCl}$$

用于拆分对映体的旋光物质通常称为拆分剂。常用的拆分剂有旋光的碱性或酸性的天然产物,如(—)-番木鳖碱、(—)-奎宁、(—)-马钱子碱、(—)-苹果酸及(＋)-酒石酸等。

外消旋的醇也可以先与手性酸形成非对映异构的酯后再进行分离,从而达到拆分的目的。

4.11 对映异构与生物活性

在没有外部手性条件(如手性溶剂、手性试剂及手性催化剂等手性环境)的影响下,对映异构体除对平面偏振光的旋转方向不同外,具有完全相同的物理性质和化学性质。由于生物体是一个手性环境,如酶和细胞表面受体是手性的,当药物是具有生物活性的对映体时,它也以手性的方式与受体部位相互作用,因此一对对映体在人体内将可能有完全不同的作用。由于作用方式不同,其作用的效果当然也不同。当外消旋药物的两个对映体在体内以不同的途径被吸收、活化和降解时,其中可能有一种对映体具有活性,另一种对映体不但没有活性,甚至有毒。例如,用于治疗帕金森氏病的 L-(—)多巴(DOPA)是 S 构型的,而其 R 构型对映体不仅没有治疗作用,还因不能被人体的酶代谢,而聚集在人体内产生危险。

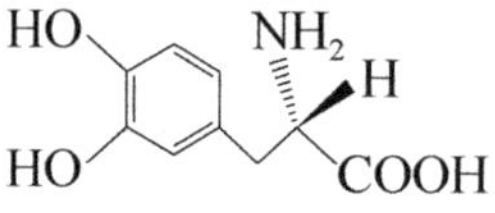

(S)-多巴 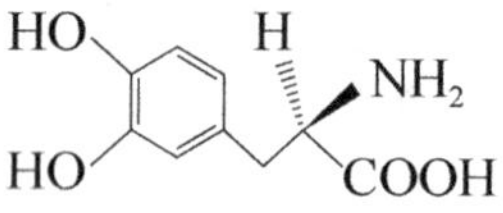   (R)-多巴

20 世纪 60 年代,发生在欧洲的一个悲剧就是使用了具有镇静和止吐药效的外消旋体沙利度胺(thalidomide),也称为反应停,虽然 R 构型的异构体确实具有减缓孕妇反应的作用,但由于 S 构型的异构体是极强的胎儿致畸剂,因此凡是服用过这种药物的孕妇产下的都是畸形的婴儿。而其 R 构型的异构体即使在高剂量时,在动物实验中也不引起畸变。

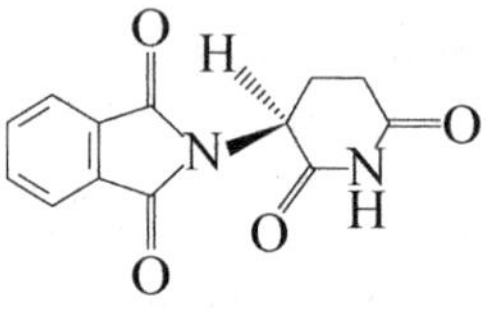

(S)-沙利度胺 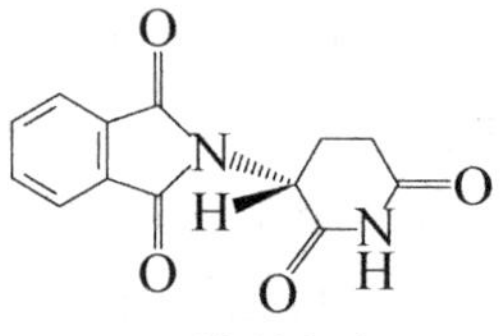   (R)-沙利度胺

又如,(S)-天冬酰胺具有苦味,而(R)-天冬酰胺具有甜味。

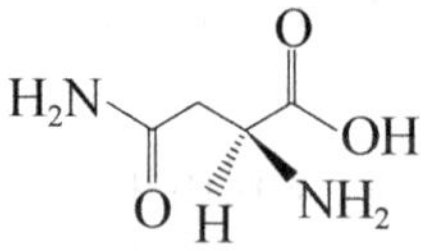

(S)-天冬酰胺,苦味 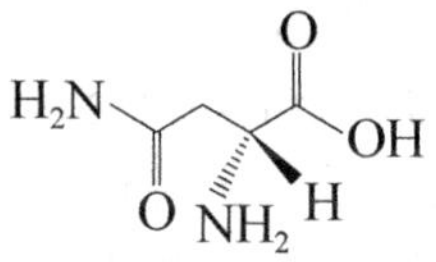   (R)-天冬酰胺,甜味

(R)-香芹酮具有留兰香味,而(S)-香芹酮具有芫荽香味。

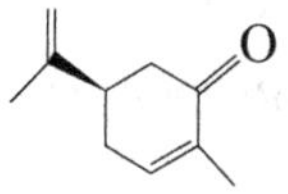

(R)-香芹酮,留兰香味 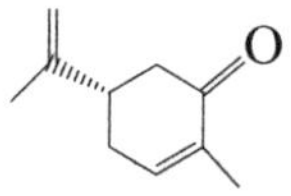   (S)-香芹酮,芫荽香味

从制备的角度来看,无论是合成药物、食品添加剂还是合成香料,如果在外消旋体中只有其中一种光学对映体是有用的,那么要把外消旋混合物拆分开,不但费时费功,而且是极不经

济的方法。因此不对称合成即研究如何利用不对称催化、生物酶和微生物等方法高效和高选择地合成只含单一旋光体的有机化合物已成为当前合成有机化学中相当活跃的前沿领域之一。

小　结

　　立体异构是指构造相同的分子中,由于原子在空间的排列方式不同而产生的异构体。立体异构分为顺反异构、对映异构和构象异构。

　　对映异构是分子缺乏某些对称元素,使分子与其镜像之间像左右手一样,相似而不能重叠,它们互为对映体。对映体之间除对偏振光的作用不同外,其物理性质、化学性质及化学反应性能基本相同(只有在手性溶剂或手性试剂等手性条件下才有不同),这种分子称为手性分子或光活性分子。

　　1. 对映体的标记方法

　　对映体的构型通常用 R/S 表示。把与不对称碳原子相连的四个原子或基团按次序规则排出其优先顺序,把排列最小的(最不优先的原子或基团)原子或基团放在观察者的最远处,如果这时靠近观察者的三个原子或基团按其优先次序是顺时针方向排列的是 R 构型;如果是逆时针方向排列的则是 S 构型。另外,在糖和氨基酸中,常用以甘油醛为参照标准的 D/L 标记。

　　2. 对称元素

　　对称面:在分子内可以找到这么一个面,通过这个面将分子中的各原子或基团进行反映操作,得到的分子与原来的分子是等价的,这个面称为该分子的对称面,用 σ 表示。分子中除手性基团外,其余的原子或基团(如—CH_3、—CH_2CH_3、—OH、—OR、—C_6H_5、—NO_2、—COR、—CHO、—NHR、—NRR'等)都可以看成一个球,可以被对称面切割为等价的两半。对于平面分子,分子所在的平面就是该分子的对称面。

　　对称中心:在分子内可以找到这么一个点,通过这个点将分子中的各原子或基团进行反演操作,得到的分子与原来的分子是等价的,这个点称为该分子的对称中心,用 i 表示。

　　对称轴:在分子内可以找到这么一个轴,将分子沿这个轴旋转 $2\pi/n$,得到的分子与原来的分子是等价的,这个轴称为该分子的 n 阶对称轴,对称轴用 C_n 表示。

　　对称元素与手性分子:在大多数情况下,可以利用分子中是否存在对称面和对称中心来判断该分子是否是手性分子。如果分子既没有对称面,又没有对称中心,可以认为该分子是手性分子。而对称轴不能作为判断分子是不是手性分子的依据,手性分子内可以有对称轴。

　　3. 具有手性中心和手性轴的分子

　　手性中心:在结构为 C_{abcd} 的分子中,a、b、c、d 四个原子或基团围绕碳原子这个中心呈不对称排布,使其分子与镜像不能重叠,它们互为对映体,这个中心称为手性中心,手性中心可以是 C、Si、P、N 和过渡金属原子等,手性碳原子只是手性中心的一个特例。含有一个不对称碳原子的分子是光学活性分子。

　　等物质的量的对映体组成没有旋光的外消旋体。

　　丙二烯型化合物、螺环化合物和联苯型化合物中都没有手性碳原子,是没有对称面和对称中心的手性化合物。

　　4. 含多个不对称碳原子的化合物

　　含 n 个不相同手性碳原子的化合物,在理论上应有 2^n 个立体异构体,组成 2^{n-1} 对外消旋

· 78 ·　有机化学

体。凡含有相同手性碳原子的化合物,其立体异构体的数目少于 2^n 个。

5. 碳环化合物的顺反异构和旋光异构

在讨论碳环化合物的顺反异构和旋光异构时,只要把碳环看成在同一平面内的环体系,而不必考虑其构象,这样讨论的结果与实际情况完全一致,而且还简单得多。

6. 构象异构

由于分子中 σ 键的旋转,分子各原子或基团在空间的排列不同,产生的异构现象称为构象异构。

习　题

1. 下列叙述是否正确？为什么？
   (1) 有手性的化合物一定具有光学活性。
   (2) S 构型的手性化合物一定是左旋(−)的对映体。
   (3) 非光学活性的物质一定是非手性化合物。
   (4) 具有手性碳原子的化合物一定具有手性。
   (5) S 构型的反应物经反应后变为 R 构型的产物,一定伴随着构型的翻转。
   (6) 凡化合物的分子中只要缺乏对称面、对称中心或对称轴中的任何一个对称元素,就可以判断该化合物是光学活性的。
2. 用费歇尔投影式写出 2-甲基-1,3-二溴丁烷的各异构体,并用 R/S 标出各手性碳原子的构型。
3. 判断下列化合物应该有多少个立体异构体。

(1) 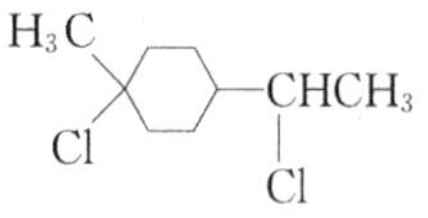 　　　(2) 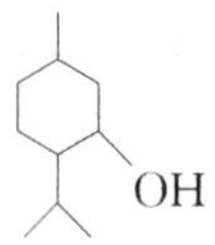 薄荷醇　　　(3) 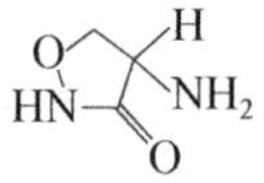 环丝氨酸　　　(4) 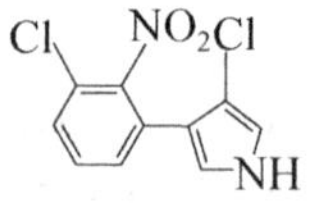 吡硝菌素

(5) 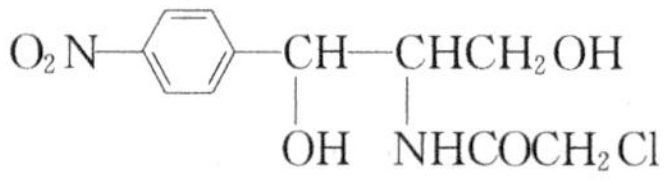 氯霉素　　　(6) 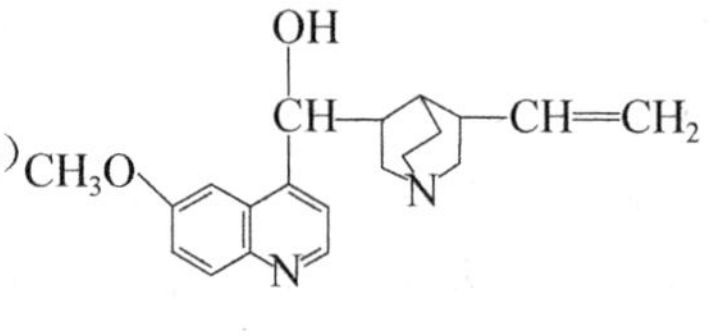 奎宁

4. 写出 1,2,3-三甲基环戊烷的所有立体异构体,并找出它们之间的相互关系。
5. 下列化合物中,哪些有光学活性？

(1) 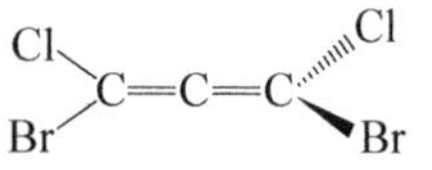　　(2) 　　(3)

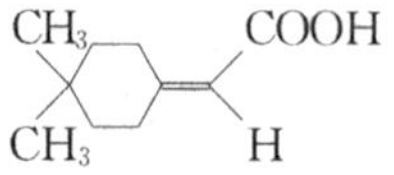

(4) 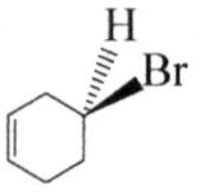　　(5) 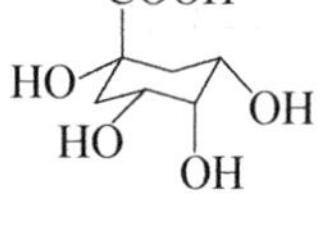　　(6)

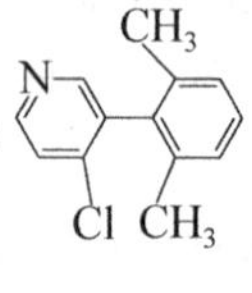

6. 用 R/S 标出下列化合物的构型。

(1) 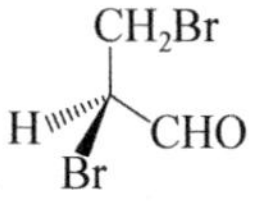　　(2) 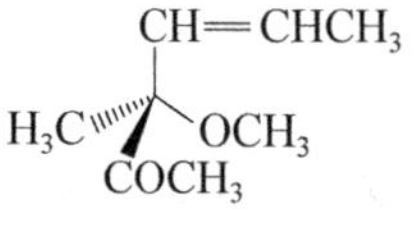　　(3) 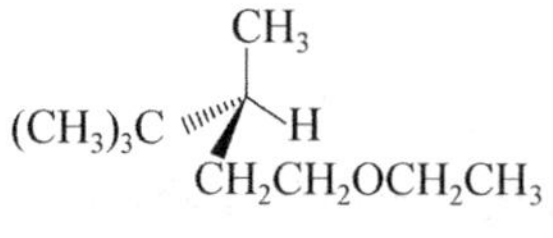　　(4)

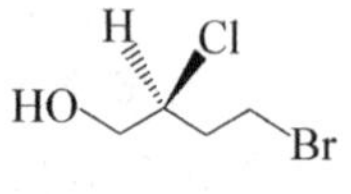

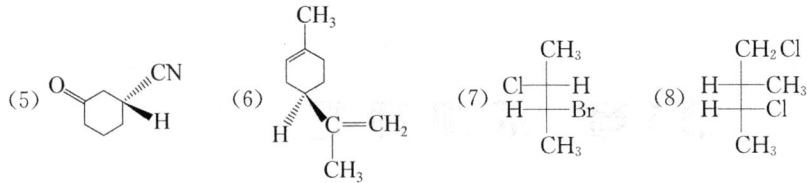

7. 用三维式画出下列化合物的结构式。
   (1) (S)-2-羟基丙酸
   (2) (R)-4-甲基-3-氯-1-戊烯
   (3) (R)-3-甲基-3-甲氧基-4-己烯-2-酮
   (4) (2R,3R)-2,3-二氯丁烷
   (5) (1S,2R)-2-氯环戊醇
   (6) (1S,3S)-3-甲基环己醇
   (7) (2R,3S)-2-羟基-3-氯丁二酸
   (8) (1S,3S,5R)-1-甲基-3-硝基-5-氯环己醇

8. 将下列化合物用费歇尔投影式表示。
   (1) (S)-CH₃CHBrCl
   (2) (R)-2-羟基丙酸
   (3) (S)-2-羟基丙腈
   (4) (S)-α-氨基苯乙酸
   (5) (2S,3S,4R)-2,3-二氯-3-溴戊烷

9. 在 Pt 催化下,将下列构型的 3,4-二甲基-1-戊烯加氢,得到 2,3-二甲基戊烷,写出加氢产物,标明原料与产物的构型,并说明理由。

第5章 不饱和烃

主要内容

(1) 烯烃、共轭二烯烃和炔烃的结构特征。
(2) 烯烃、共轭二烯烃和炔烃的异构和命名。
(3) 烯烃、共轭二烯烃和炔烃的物理性质。
(4) 烯烃、共轭二烯烃和炔烃的化学性质。
(5) 亲电加成反应及反应机理(包括碳正离子、环状鎓离子中间体及协同机理),影响亲电加成反应速率的因素,亲电加成反应的区域选择性和立体选择性。
(6) 诱导效应、共轭效应和共振结构理论的简单介绍。

不饱和烃是指分子中含有碳碳不饱和键的碳氢化合物,本章主要讨论含碳碳双键的烯烃、二烯烃和含碳碳叁键的炔烃。

5.1 烯　　烃

烯烃(alkene)是分子中含有碳碳双键($\diagup\!\!\!\!\diagdown\text{C}\!=\!\text{C}\diagdown\!\!\!\!\diagup$)的不饱和碳氢化合物。含一个 C＝C 的烯烃称为单烯烃,比相应的烷烃少两个氢原子,通式为 C_nH_{2n},不饱和度(Ω)为 1。单烯烃与单环环烷烃互为构造异构体。

烯烃广泛地存在于自然界中,如松节油中的 α-蒎烯、柠檬中的柠檬烯、α-法尼烯等。

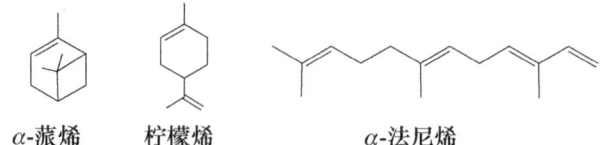

α-蒎烯　　柠檬烯　　　　α-法尼烯

烯烃是有机合成的重要中间体,烯烃分子中碳碳双键经过一系列反应可以转变为多种有机化合物。烯烃可以聚合成重要的高分子材料。

将石油中某些馏分或湿天然气经过高温裂解可以得到乙烯和丙烯等重要的有机合成工业的基本原料,乙烯的产量被认为是衡量一个国家石油化学工业水平的标志之一。

5.1.1　烯烃的结构

烯烃中的碳碳双键又称烯键,烯键是烯烃的官能团,烯烃的性质主要是在官能团碳碳双键上发生的,因此,先讨论清楚碳碳双键的结构,再讨论双键的反应是十分必要的。

烯烃中结构最简单的是乙烯 $\left[\begin{array}{c}\mathrm{H}\\ \mathrm{H}\end{array}\mathrm{C}=\mathrm{C}\begin{array}{c}\mathrm{H}\\ \mathrm{H}\end{array}\right]$。在乙烯分子中，∠HCH 为 117.2°，∠HCC 为 121.4°，接近 120°，因此可以认为乙烯及其他烯烃的碳碳双键中两个碳原子都是 sp^2 杂化的。

在乙烯中，双键的两个碳原子各用一个 sp^2 杂化轨道沿轴向互相交盖重叠，形成碳碳 σ 键，再各用两个 sp^2 杂化轨道与氢原子的 1s 轨道交盖重叠形成两个碳氢 σ 键，共生成四个碳氢 σ 键。每个 sp^2 杂化碳原子上还有一个未参与杂化的 p 轨道，它垂直于三个 sp^2 杂化轨道所在的平面。当两个碳原子上的 p 轨道的对称轴互相平行时，可以最大程度地从侧面互相重叠，从而形成 π 键，因此碳碳双键是由一个 σ 键和一个 π 键组成的。乙烯分子 π 键形成的示意图和立体结构模型如图 5-1 所示。

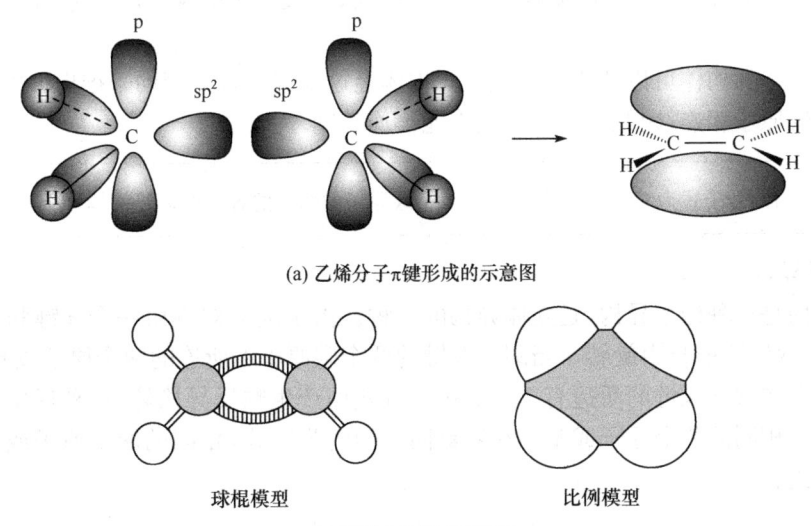

(a) 乙烯分子π键形成的示意图

球棍模型　　　　　　比例模型

(b) 乙烯分子模型示意图

图 5-1　乙烯的立体结构模型示意图

在乙烯分子中，一个碳碳 σ 键和四个碳氢 σ 键在同一平面内，因此乙烯分子为平面结构，由 p 轨道从侧面重叠形成的 π 键则垂直于分子平面。所以碳碳双键上两个碳原子不能再以碳碳 σ 键为轴而自由旋转，否则将引起构成 π 键的两个 p 轨道的重叠程度降低，导致 π 键的断裂。

由于 π 键是两个 p 轨道从侧面重叠而成的，重叠程度比 σ 键小，键能也小。碳碳双键的平均键能为 610.9 kJ·mol^{-1}，而碳碳单键的平均键能为 347.3 kJ·mol^{-1}，因此，π 键的键能可近似地视为上述两键能之差，即为 263.6 kJ·mol^{-1}。碳碳双键的键长为 134 pm，比乙烷的碳碳单键(154 pm)短。

5.1.2 烯烃的同分异构和命名

1. 烯烃的同分异构

烯烃的异构分为构造异构和顺反异构。

1) 构造异构

烯烃的构造异构包括碳链异构和官能团碳碳双键所在的位置异构,所以烯烃的异构比烷烃的异构复杂。例如,链状戊烯有以下五种构造异构体:

$$CH_3CH_2CH_2CH=CH_2 \qquad CH_3CH_2CH=CHCH_3$$
1-戊烯(1-pentene)   2-戊烯(2-pentene)
(1)   (2)

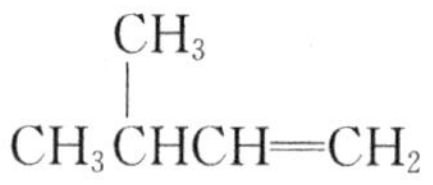

$$\underset{\underset{CH_3}{|}}{CH_3CHCH=CH_2} \qquad \underset{\underset{CH_3}{|}}{CH_3C=CHCH_3} \qquad \underset{\underset{CH_3}{|}}{CH_2=CCH_2CH_3}$$

3-甲基-1-丁烯   2-甲基-2-丁烯   2-甲基-1-丁烯
(3-methyl-1-butene)   (2-methyl-2-butene)   (2-methyl-1-butene)
(3)   (4)   (5)

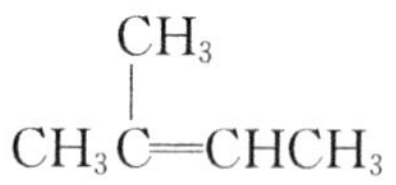

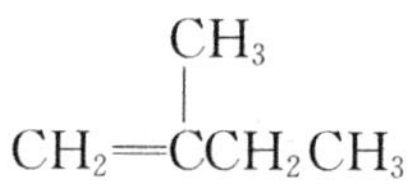

(1)、(2)与(3)、(4)和(5)之间是碳链异构,而(1)与(2)及(3)或(4)与(5)之间是双键的位置异构。

烯烃的构造异构体可以从相应的烷烃异构体经过双键位置的变动来推出。由于季碳原子已经与四个碳原子相连,因此季碳原子上不能再连双键。

问题 5-1 写出分子式为 C_7H_{14},最长碳链为 5 个碳原子的烯烃的各种构造异构体。

---

2) 顺反异构

顺反异构是一种构型异构,是立体异构的一种。由于碳碳双键由一个 σ 键和一个 π 键组成,因此碳碳双键不能自由旋转。当碳碳双键的两个碳原子上所连的两个原子或基团不同时,就会因为它们在碳碳双键的两边有不同的排列方式而产生顺反异构体,这种现象称为顺反异构现象。凡有相同的两个原子或基团在双键同一侧的为顺式,相同的两个原子或基团在双键异侧的为反式。

顺式

反式

例如,在 2-丁烯中,当两个甲基或两个氢原子在双键所在平面的同侧为顺式异构体,在异侧为反式异构体。顺-2-丁烯和反-2-丁烯是物理性质不同,构型不同的两个化合物。

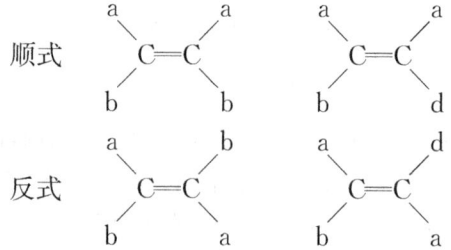

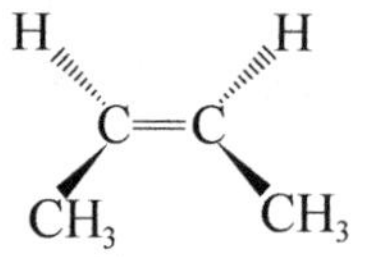

顺-2-丁烯(*cis*-2-butene) 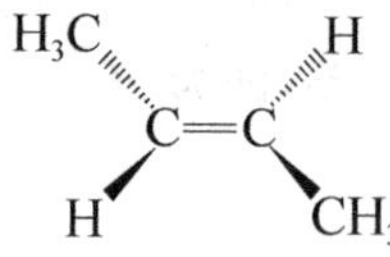   反-2-丁烯(*trans*-2-butene)

在顺反异构体中,原子相互连接的次序相同,只是在空间的排列方式不同,即构型不同。在室温及没有任何试剂作用下,顺-2-丁烯和反-2-丁烯都是不能相互转化的稳定化合物。由于在顺式异构体中,两个甲基之间相对的范德华斥力较大,因此反-2-丁烯比顺-2-丁烯稳定。

凡烯键的两个碳原子上各连有不同的原子或基团时,都会产生这种构型异构体。

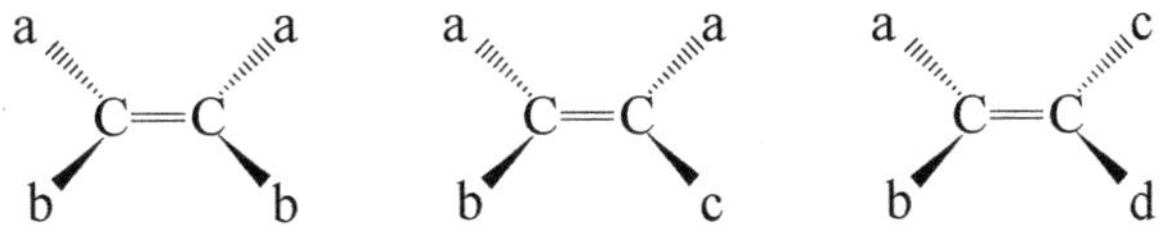

只要碳碳双键中任何一个碳原子上连有两个相同的原子或基团,都不会产生顺反异构体。

顺、反构型不同的烯烃还表现有不同的生物活性。例如,人工合成的己烯雌酚是一种雌性激素,反式构型的生物活性比顺式构型的高 7~10 倍。

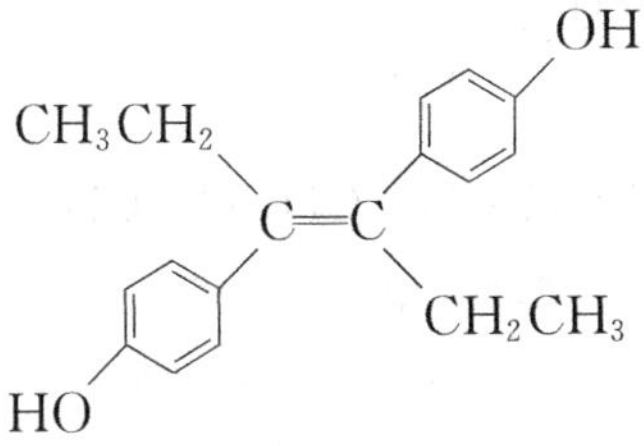

反己烯雌酚 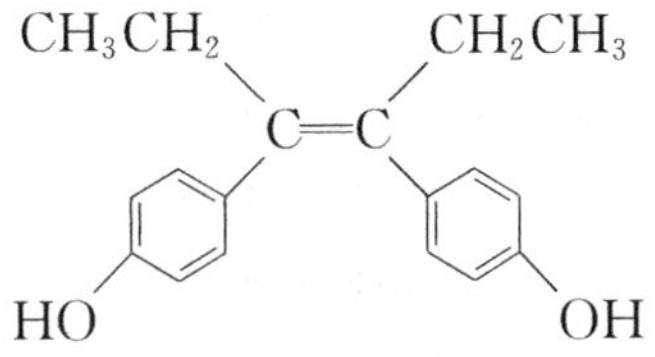　　　顺己烯雌酚

又如,具有降血脂作用的亚油酸及花生四烯酸分子中的碳碳双键都是顺式构型。

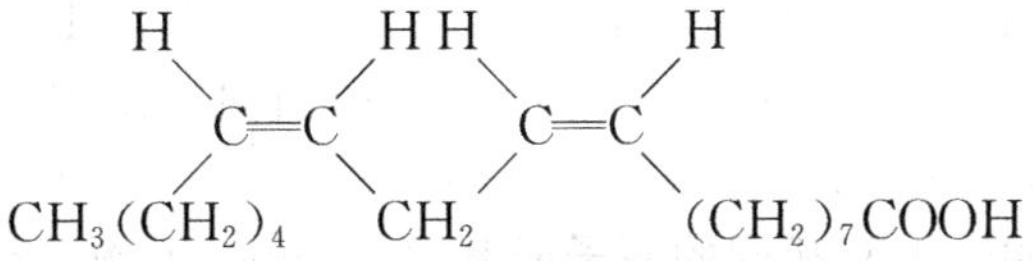

亚油酸

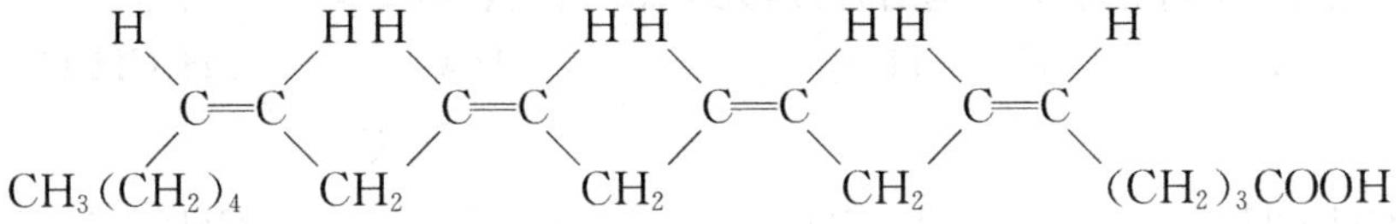

花生四烯酸

问题 5-2　写出 2-氯-2-丁烯的构型异构体。

问题 5-3　小于 8 个碳原子的环状烯烃不可能有反式异构体存在,试从烯烃的结构出发给予合理的解释。

---

2. 烯烃的命名

1) 普通命名法

简单的烯烃常用普通命名法命名。例如

$CH_2=CH_2$　　　　$CH_3CH=CH_2$　　　　$CH_3\underset{\underset{CH_3}{|}}{C}=CH_2$

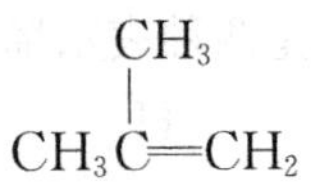

乙烯(ethylene)　　丙烯(propylene)　　异丁烯(isobutylene)

2) 系统命名法

复杂的烯烃必须按系统命名法命名,其要点如下:

(1) 选择含碳碳双键的最长碳链为主链,按主链上的碳原子数目称为某烯。多于十个碳

原子的烯烃用中文数字表示,称为某碳烯,如十一碳烯。

(2) 从靠近碳碳双键的一端开始,将主链的碳原子依次编号,使双键碳原子的编号最小。

(3) 在烯烃母体名称前面,用阿拉伯数字标出双键的最小编号,代表双键的位置。再在前面写出取代基的名称及表示取代基位置的编号。对于不同取代基遵循次序优先的基团后列出的原则。例如

$$\overset{6}{H_3C}-\overset{5}{CH}-\overset{4}{CH_2}-\overset{3}{CH}=\overset{2}{CH}-\overset{1}{CH_3}$$
$$\underset{CH_3}{|}$$

应为:5-甲基-2-己烯(而不是 2-甲基-4-己烯)

(4) 凡有顺反异构体的,将构型标记在最前面。

命名的书写遵循以下顺序: 构型 - 取代基 - 母体名 。例如

$$\underset{CH_3CH_2}{}\overset{CH_2CH_2CH_3}{\underset{}{C}}=CH_2 \qquad \underset{CH_3CH_2CH}{}\overset{CH_3\ CH_3}{\underset{}{|\ |}}-CHCH=CH_2$$

2-乙基-1-戊烯　　　　　　3,4-二甲基-1-己烯

(2-ethyl-1-pentene)　　　(3,4-dimethyl-1-hexene)

$$\underset{H}{\overset{H_3C}{}}C=C\underset{CH_2CH_3}{\overset{CH_3}{}} \qquad \underset{H_3C}{\overset{Br}{}}C=C\underset{CH_2CH_3}{\overset{CH_3}{}}$$

顺-3-甲基-2-戊烯　　　　　反-3-甲基-2-溴-2-戊烯

(*cis*-3-methyl-2-pentene)　(*trans*-2-bromo-3-methyl-2-pentene)

碳碳双键的两个碳原子上有相同的原子或基团时,可以用顺、反表示其构型,但当双键的两个碳原子上没有相同的原子或基团时,则无法用顺、反表示其构型。例如

$$\underset{CH_3CH_2}{\overset{H_3C}{}}C=C\underset{CH_2CH_3}{\overset{CH(CH_3)_2}{}} \quad 与 \quad \underset{CH_3CH_2}{\overset{H_3C}{}}C=C\underset{CH(CH_3)_2}{\overset{CH_2CH_2CH_3}{}}$$

是不同的构型异构体,但无法用顺、反来区别它们,而必须按照 IUPAC 命名法,采用 Z-(德文,Zusammen,同一边)或 E-(德文,Entgegen,相反)来表示其构型的不同。

用 Z 或 E 表示烯键的构型时,必须先将碳碳双键上两个碳原子上的原子或基团按照次序规则分别比较其优先程度,如果两个碳原子上的优先基团在双键的同侧,则为 Z 构型;如果两个碳原子上的优先基团在双键的异侧,则为 E 构型。例如,在上面的左式中,由于—CH_2CH_3 优先于—CH_3,—$CH(CH_3)_2$ 优先于—$CH_2CH_2CH_3$,优先基团在双键的异侧,为 E 构型;而在右式中,由于优先基团在双键的同侧,为 Z 构型。它们的系统命名分别为 (E)-3-甲基-4-异丙基-3-庚烯和(Z)-3-甲基-4-异丙基-3-庚烯。

顺、反和 E、Z 是两种表示烯键不同构型的命名方法,它们之间没有任何对应关系。例如

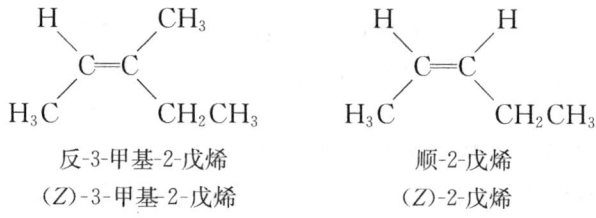

反-3-甲基-2-戊烯　　　　　顺-2-戊烯

(Z)-3-甲基-2-戊烯　　　　(Z)-2-戊烯

在维生素 A_1 分子中,位于 7-位、9-位、11-位和 13-位上的碳碳双键的构型都是 E 构型。

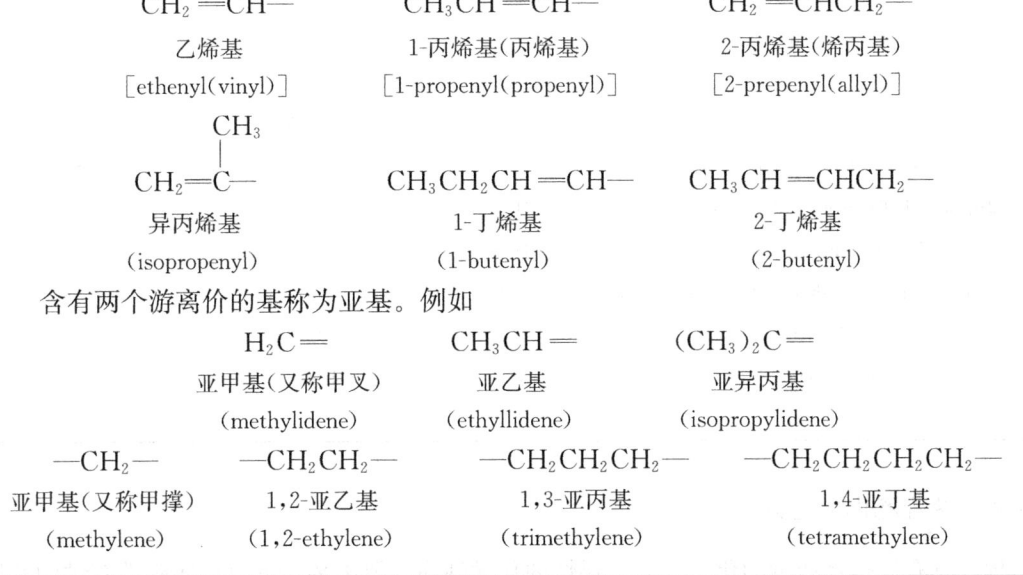

维生素 A_1

烯烃去掉一个氢原子后的一价基称为烯基,烯基在命名时,其编号应从游离价所在的碳原子开始。例如

$CH_2=CH-$　　　　$CH_3CH=CH-$　　　　$CH_2=CHCH_2-$
乙烯基　　　　　1-丙烯基(丙烯基)　　　　2-丙烯基(烯丙基)
[ethenyl(vinyl)]　　[1-propenyl(propenyl)]　　[2-prepenyl(allyl)]

$CH_2=\underset{CH_3}{C}-$　　　　$CH_3CH_2CH=CH-$　　　　$CH_3CH=CHCH_2-$
异丙烯基　　　　　1-丁烯基　　　　　　2-丁烯基
(isopropenyl)　　　(1-butenyl)　　　　(2-butenyl)

含有两个游离价的基称为亚基。例如

$H_2C=$　　　　$CH_3CH=$　　　　$(CH_3)_2C=$
亚甲基(又称甲叉)　亚乙基　　　　亚异丙基
(methylidene)　　(ethyllidene)　　(isopropylidene)

$-CH_2-$　　$-CH_2CH_2-$　　$-CH_2CH_2CH_2-$　　$-CH_2CH_2CH_2CH_2-$
亚甲基(又称甲撑)　1,2-亚乙基　　1,3-亚丙基　　1,4-亚丁基
(methylene)　　(1,2-ethylene)　(trimethylene)　(tetramethylene)

问题 5-4 将下列烯烃用系统命名法命名。

(1) $CH_3\underset{\underset{CH_3}{|}}{C}HCH=CHCH_3$　　(2) 结构式

(3) 结构式　　(4) 结构式

5.1.3 烯烃的物理性质

烯烃与烷烃的物理性质有相似的规律。室温下,含 2~4 个碳原子的烯烃为气体,含 5~18 个碳原子的烯烃为液体,含 19 个碳原子以上的烯烃为固体。烯烃的沸点与熔点都随相对分子质量的增加而升高,支链烯烃的沸点比直链烯烃的沸点低。顺式异构体相对于反式异构体而言,前者的极性较大,故通常前者比后者的沸点高。但前者在晶格中的排列不如后者紧密,故通常比后者的熔点低。烯烃的相对密度小于 1,但比相应的烷烃略大。烯烃不溶于水,易溶于非极性的有机溶剂。红外光谱特征:=C—H 伸缩振动在 3100~3010 cm^{-1},C=C 伸缩振动在 1680~1620 cm^{-1};氢核磁共振谱特征:=C—H 化学位移为 4.5~6.5。常见烯烃的物理常数见表 5-1。

表 5-1 常见烯烃的物理常数

化合物	熔点/℃	沸点/℃	相对密度
乙烯(ethene)	−169.4	−102.4	0.610
丙烯(propene)	−185.2	−47.7	0.610
1-丁烯(1-butene)	−185.0	−6.5	0.643
顺-2-丁烯[(Z)-2-butene, cis-2-butene]	−139.0	3.7	0.621
反-2-丁烯[(E)-2-butene, trans-2-butene]	−105.5	0.9	0.604
2-甲基丙烯(2-methylpropene)	−141.0	−6.6	0.627
1-戊烯(1-pentene)	−138.0	30.2	0.643
顺-2-戊烯[(Z)-2-pentene]	−151.4	36.9	0.655
反-2-戊烯[(E)-2-pentene]	−136.0	36.4	0.648
2-甲基-2-丁烯(2-methyl-2-butene)	−134.1	38.4	0.662
1-己烯(1-hexene)	−138.0	64	0.675
2,3-二甲基-2-丁烯(2,3-dimethyl-2-butene)	−74.6	73.5	0.705
1-庚烯(1-heptene)	−119.0	93.0	0.698
1-辛烯(1-octene)	−104	123.0	0.716
1-癸烯(1-nonene)	−81.0	172.0	

5.1.4 烯烃的化学性质

烯烃具有比烷烃活泼的化学性质。烯烃的化学性质主要由烯烃的官能团碳碳双键的性质决定。与碳碳 σ 键相比,碳碳双键中 π 键的键能相对较弱,π 电子受原子核的束缚力较小,流动性较大,在外界电场的影响下容易发生极化,易受亲电试剂(electrophilic reagent)的进攻。在与亲电试剂的反应中,π 键发生断裂,形成两个更强的 σ 键,这种反应称为碳碳双键上的亲电加成(electrophilic addition)反应。

1. 亲电加成反应

与烯烃发生亲电加成反应的常见试剂有卤素(Br_2、Cl_2)、无机酸(H_2SO_4、HCl、HBr、HI、HOCl、HOBr)及有机酸等。

1) 加卤化氢

烯烃与卤化氢反应生成一卤代烃。

$$\text{C}=\text{C} + \text{HX} \longrightarrow \text{C}-\text{C} \atop \text{H} \quad \text{X}$$

通常是将干燥的卤化氢气体通入烯烃中,反应一般在烃类及中等极性的无水溶剂中进行,常用的有苯(C_6H_6)、二氯甲烷(CH_2Cl_2)、三氯甲烷($CHCl_3$)及乙酸(CH_3COOH)等,它们既可溶解烯烃,又可溶解卤化氢。

乙烯是对称型分子,所以在与卤化氢加成时,无论氢原子或卤素原子加到碳碳双键的哪个碳原子上,得到的产物都相同。但结构不对称的烯烃与卤化氢加成时,可以生成取向不同的两种产物。

$$RCH=CH_2 + HX \longrightarrow \underset{\underset{H}{|}\,\underset{X}{|}}{RCH-CH_2} + \underset{\underset{X}{|}\,\underset{H}{|}}{RCH-CH_2}$$

大量的实验事实说明，当结构不对称的烯烃与卤化氢加成时，氢原子加在含氢较多的双键碳原子上的产物是主要产物。这种反应称为区域选择性反应(regioselectivity reaction)。烯烃的这种区域选择性反应规律是由俄国化学家马尔科夫尼科夫(V. V. Markovnikov)首先总结出来的，也称马氏规则。

(1) 烯烃与卤化氢加成反应的机理。烯烃与卤化氢的加成反应分两步进行：首先，卤化氢中带正电荷的质子作为亲电试剂进攻碳碳双键上的 π 电子云，π 键断开，形成中间体碳正离子(carbonium ion)，然后碳正离子中间体与溶液中的卤素负离子结合，生成卤代烷。

$$>C=C< + H-X \longrightarrow \underset{\underset{H}{|}}{>C-\overset{+}{C}<} \xrightarrow{X^-} \underset{\underset{H}{|}\,\underset{X}{|}}{>C-C<}$$

由于第一步反应要发生 π 键的断裂，因此第一步反应是反应慢的一步，为反应速率的决定步骤。其反应的势能曲线示意图如图 5-2 所示。

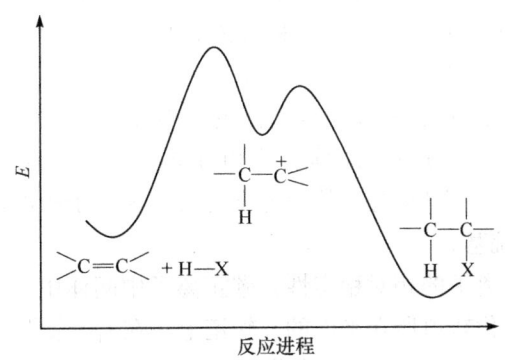

图 5-2　烯烃加卤化氢的势能曲线图

质子在进攻结构不对称的烯烃时，可能生成两种不同的碳正离子中间体。例如

$$RCH=CH_2 + H-X \longrightarrow \underset{\underset{H}{|}}{RCH-\overset{+}{CH_2}} + R\overset{+}{C}H-\underset{\underset{H}{|}}{CH_2} \xrightarrow{X^-}$$

$$\underset{\underset{H}{|}\,\underset{X}{|}}{RCH-CH_2} + \underset{\underset{X}{|}\,\underset{H}{|}}{RCH-CH_2}$$

前者是伯碳正离子，其稳定性小于后者的仲碳正离子[见本节(3)]，经过渡态生成仲碳正离子中间体所需的反应活化能比生成伯碳正离子中间体所需的反应活化能小，相应的反应速率也较快，因此，经仲碳正离子中间体得到的相应卤代烷在反应混合物中所占的份额较大，即主要得到符合马氏规则的产物。在有些情况下可能是唯一产物，表现为不对称烯烃与卤化氢加成反应的区域选择性。反应的区域选择性越高，主要反应产物的产率越高，产品越纯。利用马氏规则可以预测反应的主要产物。例如，异丁烯与溴化氢加成的主要产物应是 2-甲基-2-溴丙烷。

$$\text{CH}_3-\underset{\underset{\text{CH}_3}{|}}{\text{C}}=\text{CH}_2 + \text{HBr} \longrightarrow \begin{cases} (\text{CH}_3)_2\underset{\underset{\text{Br}}{|}}{\text{C}}\text{CH}_3 \\ \text{2-甲基-2-溴丙烷 (90\%)} \\ (\text{CH}_3)_2\text{CHCH}_2\text{Br} \\ \text{2-甲基-1-溴丙烷 (10\%)} \end{cases}$$

卤化氢与烯烃的反应活性次序为 HI>HBr>HCl,与其酸性强弱程度一致。氟化氢与烯烃尽管也能发生亲电加成反应,但通常会导致烯烃的聚合。

浓的氢碘酸及氢溴酸也能直接与烯烃发生亲电加成,但用浓盐酸时则需要加入三氯化铝催化。

(2) 诱导效应。在共价键中,当成键的两个不同原子的电负性不同时,则形成共价键的一对电子偏向于电负性较大的原子一边,使电负性较大的原子带部分负电荷,电负性较小的原子带部分正电荷,这种效应还可以通过 σ 键传递到相邻的原子上。例如,一个碳链与一个氯原子相连,即—C_3—C_2—C_1—Cl,氯原子的电负性比碳原子的电负性大,使氯原子带部分负电荷,用 δ^- 表示,C_1 上带部分正电荷,用 δ^+ 表示,从而使 C_1—C_2 键上的一对共价电子偏向于 C_1,使 C_2 上带比 C_1 少一些的正电荷。而 C_2 又使 C_3 带比 C_2 更少一些的正电荷。这种因氯原子的影响经过 C_1 传递到 C_2,又由 C_2 传递到 C_3,电子的这种移动方式是通过诱导作用进行的,称为诱导效应(inductive effect)。诱导效应是一种永久的电子效应,诱导效应沿碳链传递时很快减弱,一般在传递两三个碳原子后就可以略去不计。

诱导效应通常用 I 表示,在比较原子或基团的诱导效应时常以氢原子作为标准。凡原子或基团的吸电子能力比氢原子大的,具有吸电子的诱导效应,用 $-I$ 表示,如—F、—Cl、—Br、—I、—OH、—OCH$_3$、—NO$_2$ 等。凡吸电子能力比氢原子小的,具有给电子的诱导效应,用 $+I$ 表示,如—CH$_3$ 等烷基。

(3) 反应中间体碳正离子的相对稳定性。碳正离子中间体中,中心碳原子为 sp^2 杂化,正电荷在垂直于三个 sp^2 杂化轨道所在平面的 p 轨道上。在 sp^2 杂化的碳原子中,s 成分占 1/3;在 sp^3 杂化的碳原子中,s 成分占 1/4。s 成分大的,电子云更靠近原子核,说明 sp^2 杂化的碳原子比 sp^3 杂化的碳原子的电负性略大。因此,与碳正离子相连接的烷基能经给电子的诱导效应和超共轭效应(见 5.2.1 小节)来分散碳正离子上的正电荷,正电荷被分散的程度越高,碳正离子越稳定。在叔碳正离子中,正电荷可以被分散到三个烃基上;而在仲碳正离子中,只有两个烃基可以分散正电荷;在伯碳正离子中,仅有一个烃基分散正电荷,所以碳正离子的稳定性次序为叔碳正离子>仲碳正离子>伯碳正离子,即

$$R_3\overset{+}{C}>R_2\overset{+}{C}H>R\overset{+}{C}H_2>\overset{+}{C}H_3$$

如果从反应机理出发,考虑反应碳正离子中间体的稳定性,就很容易理解马尔科夫尼科夫的区域选择性规则。马氏规则可以理解为:当不对称烯烃与不对称的亲电试剂发生亲电加成反应时,经过相对比较稳定的碳正离子中间体的相应产物是主要产物。例如,在三氟丙烯与碘化氢的加成反应中,由于碳正离子中间体的稳定性为 $CF_3CH_2-\overset{+}{C}H_2>CF_3\overset{+}{C}H-CH_3$,因此加成的主要产物为 $CF_3CH=CH_2+HI\longrightarrow CF_3CH_2-CH_2I$。而所谓氢加到含氢比较多的双键碳原子上,只是当时总结出的相对比较狭义的概念。

问题 5-5 写出下列烯烃与 HBr 发生亲电加成的主要产物。

(1) $CH_3CH_2CH=CH_2$ (2) [环己基]=CH_2

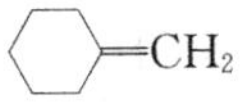

(3) $(CH_3)_2C=CHCH_3$ (4) $(CH_3)_3\overset{+}{N}-CH=CH_2$

由于碳正离子的稳定性不同,因此在经碳正离子中间体的反应中往往可以观察到碳正离子的重排,由不太稳定的碳正离子重排成较稳定的碳正离子,然后得到相应的产物。

在碳正离子中间体的重排中,往往是碳正离子邻位碳原子上的氢原子或烷基带着一对电子迁移到原来的碳正离子上,形成比原来碳正离子更稳定的碳正离子中间体。凡经过碳正离子中间体的反应,发生碳正离子重排的现象是很普遍的。例如

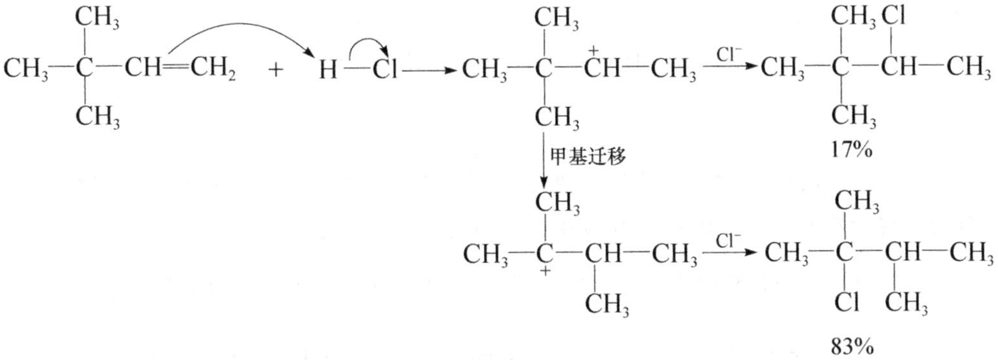

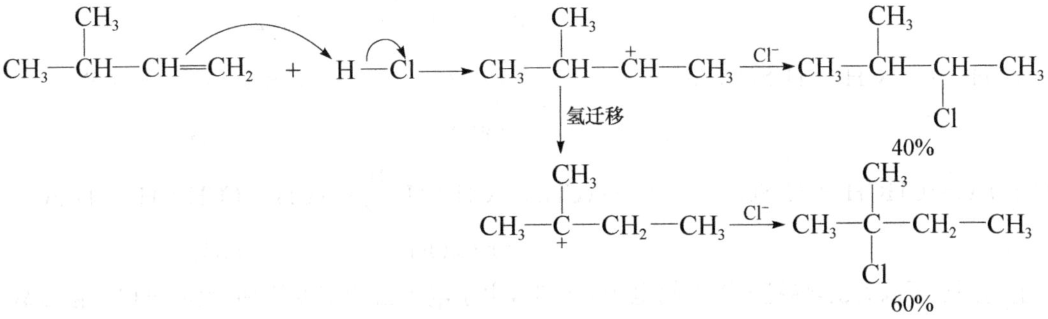

$$(CH_3)_3C-CH=CH_2 + HCl \longrightarrow (CH_3)_3C-\overset{+}{C}H-CH_3 \xrightarrow{Cl^-} (CH_3)_2C(Cl)-CH(CH_3)-CH_3 \quad 17\%$$

$$\downarrow \text{甲基迁移}$$

$$(CH_3)_2\overset{+}{C}-CH(CH_3)-CH_3 \xrightarrow{Cl^-} (CH_3)_2C(Cl)-CH(CH_3)-CH_3 \quad 83\%$$

$$(CH_3)_2CH-CH=CH_2 + HCl \longrightarrow (CH_3)_2CH-\overset{+}{C}H-CH_3 \xrightarrow{Cl^-} (CH_3)_2CH-CH(Cl)-CH_3 \quad 40\%$$

$$\downarrow \text{氢迁移}$$

$$(CH_3)_2\overset{+}{C}-CH_2-CH_3 \xrightarrow{Cl^-} (CH_3)_2C(Cl)-CH_2-CH_3 \quad 60\%$$

碳正离子重排是属于分子内重排的一种形式,通常经过原子或基团的重排,能得到一个更稳定的体系。在分子内的重排过程中,发生重排的原子或基团通常只是从分子的某一部分迁移到分子的另一部分,而始终没有脱离原来的分子。

碳正离子重排还可以发生环的扩大或缩小。例如

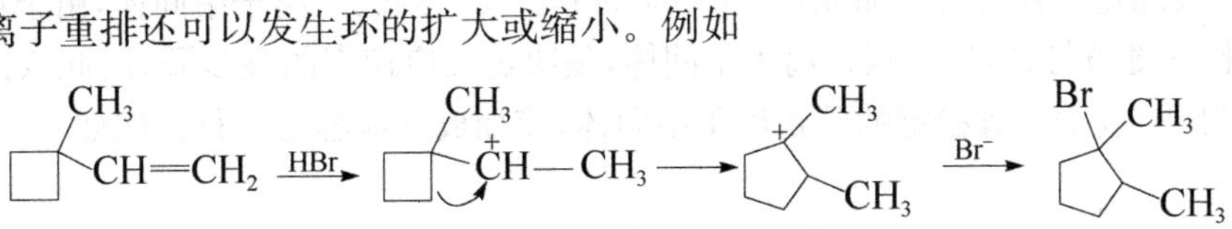

$$\text{(1-甲基-1-乙烯基环丁烷)} \xrightarrow{HBr} \text{(环丁基碳正离子)} \longrightarrow \text{(环戊基碳正离子)} \xrightarrow{Br^-} \text{(1-溴-1,2-二甲基环戊烷)}$$

这是因为五元环比四元环稳定。

碳正离子为平面结构,负离子可以在碳正离子所在平面的两边与它结合,生成相应的加成产物。若碳正离子上所连三个基团不相同,则得到一对互为对映体的加成产物。例如

$$CH_3CH_2CH=CH_2 + HCl \longrightarrow CH_3CH_2\overset{*}{C}H(Cl)CH_3 \; (\pm)$$

其对映体的生成可表示如下:

$$CH_3CH_2CH=CH_2 \xrightarrow{H-Cl} \text{碳正离子中间体} \xrightarrow{Cl^-} \text{产物}$$

凡因几何原因不能形成平面结构的碳正离子是不稳定的,甚至难以形成。

问题 5-6 写出下列反应产物。

$$CH_3CH=CHCH_2Cl + HBr \longrightarrow$$

---

2) 加硫酸

将烯烃与冷硫酸(0 ℃左右)混合,即形成加成产物硫酸氢酯,硫酸氢酯在水存在下加热很容易得到水解产物醇。这是由烯烃间接水合制备醇的一种方法。

$$CH_2=CH_2 + H_2SO_4(98\%) \longrightarrow CH_3CH_2OSO_2OH \xrightarrow[\triangle]{H_2O} CH_3CH_2OH + H_2SO_4$$

$$CH_3CH=CH_2 + H_2SO_4(80\%) \longrightarrow CH_3\underset{OSO_2OH}{\underset{|}{C}}HCH_3 \xrightarrow[\triangle]{H_2O} CH_3\underset{OH}{\underset{|}{C}}HCH_3 + H_2SO_4$$

$$(CH_3)_2C=CH_2 + H_2SO_4(60\%) \longrightarrow (CH_3)_2\underset{OSO_2OH}{\underset{|}{C}}CH_3 \xrightarrow[\triangle]{H_2O} (CH_3)_2\underset{OH}{\underset{|}{C}}CH_3 + H_2SO_4$$

$$(CH_3)_2C=CHCH_3 + H_2SO_4(50\%) \longrightarrow (CH_3)_2\underset{OSO_2OH}{\underset{|}{C}}CH_2CH_3 \xrightarrow[\triangle]{H_2O} (CH_3)_2\underset{OH}{\underset{|}{C}}CH_2CH_3 + H_2SO_4$$

从上述例子可以看出,烯键上连有给电子基团时,由于电子云的密度增加,反应可以在浓度较低的硫酸存在下进行,烯键的亲电加成反应显得更容易。反应与加卤化氢相似,也是烯烃先与质子加成,经碳正离子中间体,然后得到加成产物,所以不对称烯烃与硫酸的加成反应遵循马氏规则。

3) 酸催化下直接水合

烯烃在酸催化下直接与水加成,生成相应的醇。反应经碳正离子中间体,由于第一步是烯键的质子化,π 键被打开,生成碳正离子中间体,是决定反应速率的慢步骤,因此双键碳原子上的给电子基团有利于生成稳定的碳正离子中间体,使加成反应容易进行。例如

$$CH_3CH=CH_2 \xrightarrow{H_2SO_4} CH_3\overset{+}{C}HCH_3 \xrightarrow{H_2\ddot{O}} CH_3\underset{\overset{+}{O}H_2}{\underset{|}{C}}HCH_3 \xrightarrow{H_2O} CH_3\underset{OH}{\underset{|}{C}}HCH_3 + H_3O^+$$

加成产物符合马氏规则。反应经碳正离子中间体,有可能发生碳正离子的重排,生成相应的重排产物。

4) 加卤素

烯烃与卤素(Br_2、Cl_2)发生亲电加成反应生成邻二卤代烷,可用四氯化碳、三氯甲烷和二

氯甲烷作为反应的溶剂。例如

$$CH_2=CH_2 + Br_2 \xrightarrow{CCl_4} \underset{Br}{CH_2}-\underset{Br}{CH_2}$$

氟太活泼，与烯烃的反应非常剧烈，且放出大量的热，烯烃在反应中会发生分解，只有在特殊的条件下才能顺利地发生加成反应。而碘很不活泼，与烯烃不发生离子型加成反应。

溴与烯烃的加成反应分两步进行。首先，溴与烯烃反应，生成环状的溴鎓离子(cyclic bromonium ion)中间体，然后溴负离子从溴鎓离子的背面进攻碳原子，发生 S_N2 反应(见 6.1.3 小节)，得到反式加成产物。

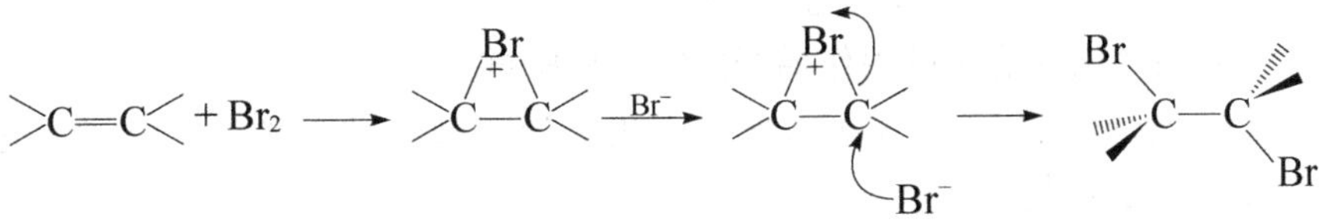

在烯键与溴的加成反应中，其反式加成方式优于顺式加成方式，故主要得到反式加成产物。这种某一个立体异构体的产物占优势的反应称为立体选择性反应(stereoselective reaction)。

例如，顺-2-丁烯与反-2-丁烯与溴加成，得到不同的产物。

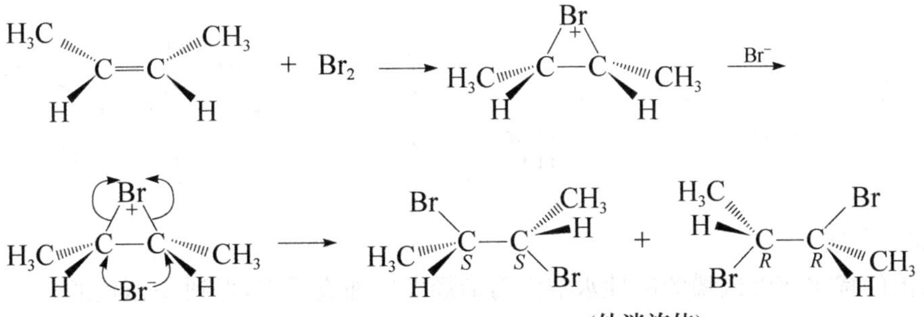

(外消旋体)

用费歇尔投影式可表示为

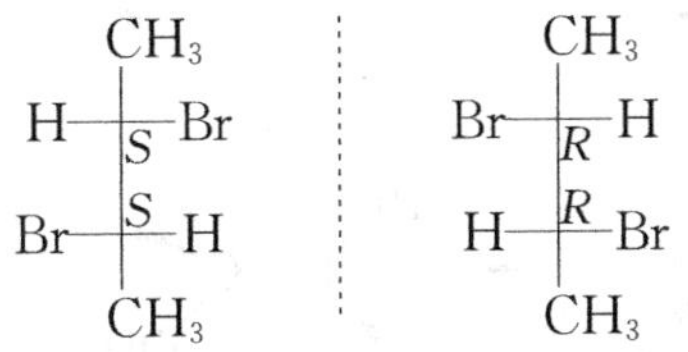

在费歇尔投影式中，两个相同或相似基团连在碳链异侧的称为苏阿型(简称苏型，threo)。

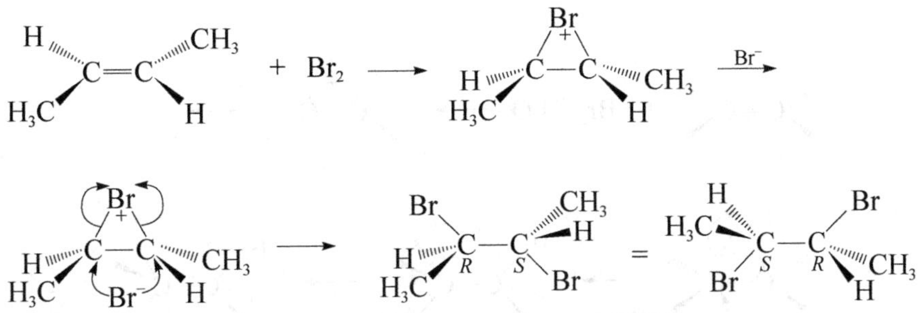

(内消旋体)

用费歇尔投影式可表示为

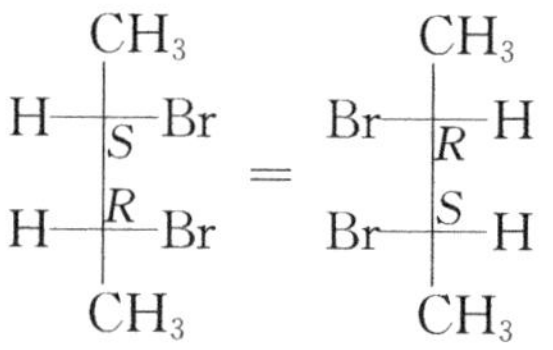

$$\begin{array}{c}\text{CH}_3\\H\underset{S}{\overline{\quad}}\text{Br}\\H\underset{R}{\overline{\quad}}\text{Br}\\\text{CH}_3\end{array}=\begin{array}{c}\text{CH}_3\\\text{Br}\underset{R}{\overline{\quad}}H\\\text{Br}\underset{S}{\overline{\quad}}H\\\text{CH}_3\end{array}$$

在费歇尔投影式中,两个相同或相似基团连在碳链同侧的称为赤藓型(简称赤型,erythro)。

顺-2-丁烯与溴加成得到外消旋体,而反-2-丁烯与溴加成则得到内消旋体。这种从不同立体异构体的反应物经高度的立体选择性,得到不同构型产物的反应称为立体专一性反应(stereospecific reaction)。

溴的四氯化碳溶液为红棕色,当把它滴加到烯烃中时,加成反应立即进行,红棕色立即消失,所以5%溴的四氯化碳溶液可用作烯烃的定性检验试剂。

氯与溴相似,与烯烃加成时,大多数情况下也是通过环状的卤鎓离子中间体进行亲电加成,主要得到反式加成产物。

但是当烯键上连有苯基或其他芳基时,由于在与氯的加成中生成的碳正离子的稳定性增加,反应往往主要经碳正离子中间体进行,因此结果是既有反式加成产物,又有顺式加成产物。例如,氯与(Z)-1-苯丙烯的亲电加成,产物中有32%的反式加成产物和68%的顺式加成产物。

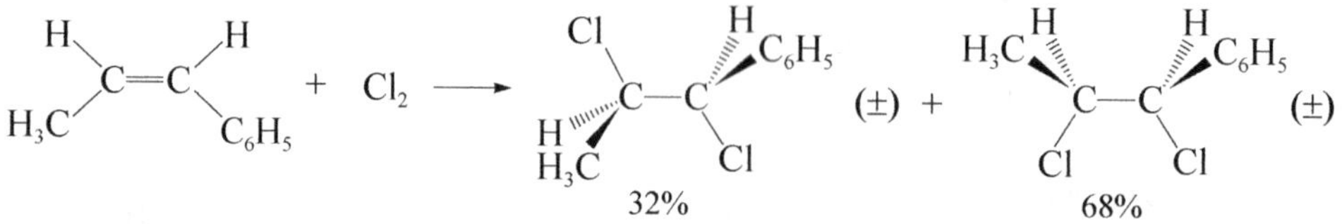

5) 加次卤酸

氯或溴的稀水溶液或稀的碱性水溶液与烯烃发生加成反应,得到 β-卤代醇。

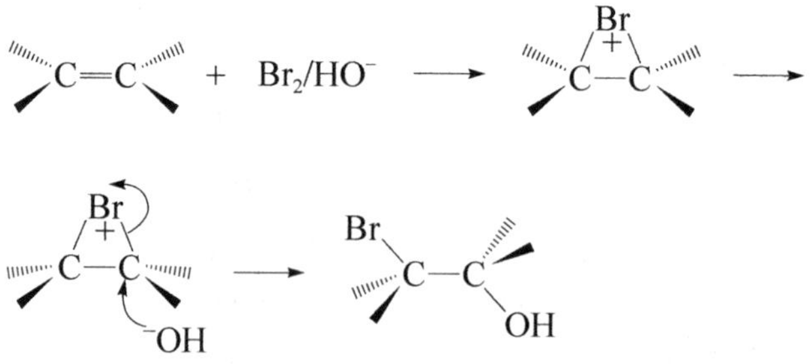

或

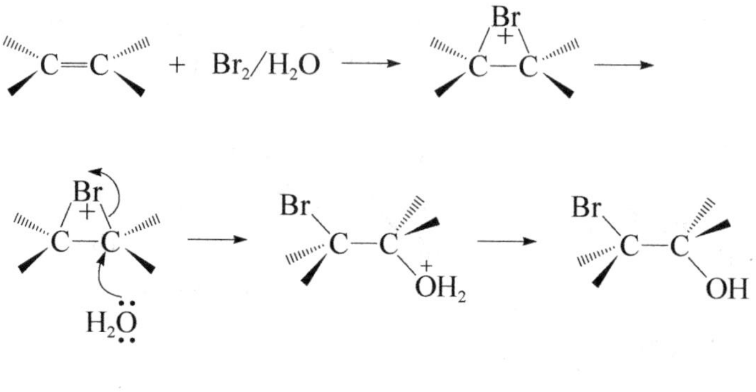

反应时首先形成环状卤鎓离子中间体,然后 HO⁻ 或 H₂O 从环状卤鎓离子背面进攻,得到反式加成产物。例如

$$\text{环己烯} + Br_2/H_2O \longrightarrow \text{(OH,H,Br 反式加成产物)} \quad \text{外消旋体}$$

当与结构不对称的烯烃发生加成反应时,由于在卤鎓离子中间体中,正电荷较多地分布在含烃基较多的碳原子上,使其具有碳正离子的性质,它更容易被 HO⁻ 或 H₂O 从卤鎓离子背面进攻,因此产物既符合反式加成,也遵守马氏规则。例如

$$CH_3CH=CH_2 \xrightarrow{Cl_2} [CH_3\overset{\delta^+}{C}H\cdots\overset{\delta^+}{C}H_2 \cdots Cl] \xrightarrow{H_2O} \xrightarrow{-H^+} \underset{OH}{\underset{|}{CH_3CH}}-\underset{}{CH_2Cl} \; (91\%) \; + \; \underset{Cl}{\underset{|}{CH_3CH}}-CH_2OH \; (9\%)$$

问题 5-7 写出 1-甲基环己烯分别与溴、次溴酸发生亲电加成反应的主要产物。

(1) ⬡—CH₃ + Br₂ ⟶

(2) ⬡—CH₃ + HOBr ⟶

---

2. 烯烃的自由基加成反应

在过氧化物存在下,溴化氢与结构不对称的烯烃反应,生成反马氏规则的加成产物。

$$CH_3CH=CH_2 + HBr \xrightarrow{ROOR} CH_3CH_2CH_2Br$$

这是因为在过氧化物存在下,溴化氢与烯烃的反应是自由基加成(free radical addition),而不是离子型加成。其反应机理如下:

$$ROOR \longrightarrow 2RO\cdot$$
$$RO\cdot + HBr \longrightarrow ROH + Br\cdot$$
$$CH_3CH=CH_2 + Br\cdot \longrightarrow CH_3\dot{C}HCH_2Br$$
$$CH_3\dot{C}HCH_2Br + HBr \longrightarrow CH_3CH_2CH_2Br + Br\cdot$$

首先是溴化氢在过氧化物存在下发生均裂,生成溴原子,溴原子与碳碳双键反应,π 键被打开,溴原子加到双键一端的碳原子上,生成中间体碳原子自由基,然后氢原子加到自由基碳原子上,得到加成产物。由于自由基的稳定性次序为

$$R_3\dot{C} > R_2\dot{C}H > R\dot{C}H_2 > \dot{C}H_3$$

因此溴原子总是加到结构不对称的烯烃中含氢较多的碳原子上,生成相对比较稳定的自由基,然后与氢原子结合,生成反马氏规则的加成产物。

1933 年美国化学家卡拉奇(M. S. Kharasch)首先发现了反马氏规则的现象,因此这种现象又称卡拉奇效应。

在不同条件下,溴化氢与烯烃可以进行自由基加成或离子型的亲电加成,加成机理不同,

加成产物中原子连接的位置不同,从而得到区域选择性不同的两种溴代烃。

只有在溴化氢与烯烃的加成中才能观察到卡拉奇效应,因为当用氯化氢及碘化氢代替溴化氢反应时,由于氯化氢的键能较大,生成氯自由基的反应活化能较高,而碘化氢尽管均裂的解离能不大,但碘自由基对碳碳双键的加成所需的反应活化能却较高,因此在它们的链增长步骤中都有一步反应是活化能较高的吸热反应,从而阻碍了链反应的进行。

3. 硼氢化-氧化反应

甲硼烷(BH_3)或乙硼烷(B_2H_6)作为亲电试剂与烯烃发生加成反应,生成的烷基硼烷经过氧化氢氧化,得到相应的醇,这种反应称为硼氢化-氧化反应。

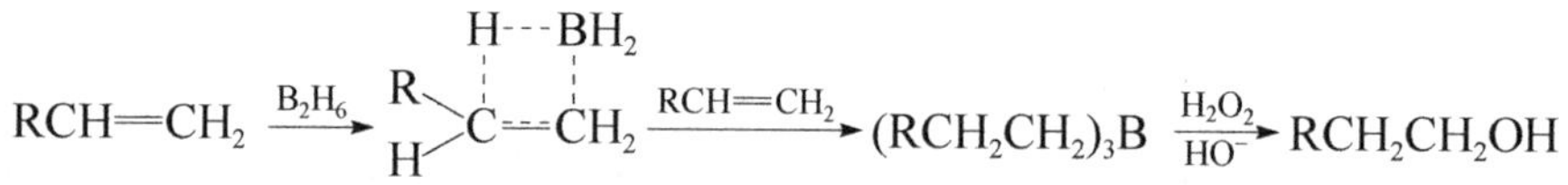

$$RCH=CH_2 \xrightarrow{B_2H_6} \underset{H}{\overset{R}{C}}\cdots\underset{}{\overset{H\cdots BH_2}{CH_2}} \xrightarrow{RCH=CH_2} (RCH_2CH_2)_3B \xrightarrow[HO^-]{H_2O_2} RCH_2CH_2OH$$

简单的烯烃与甲硼烷加成时,可能生成三烷基甲硼烷,但随着碳碳双键上取代基的增多或体积增大,由于空间立体障碍的影响,生成二烷基或一烷基甲硼烷。硼氢化的加成反应经环状四中心过渡态,因此是立体专一性的顺式加成反应。烷基甲硼烷被氧化后得到顺式加成产物。

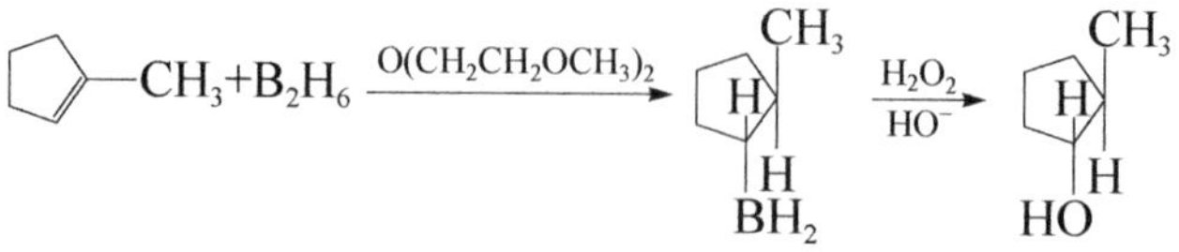

对于结构不对称的烯烃,由于甲硼烷中硼原子的缺电子性和相对体积较大,硼原子总是加到烯键中电子云密度较大而取代位阻较小的双键碳原子上。生成的烷基硼烷经氧化后得到相应的醇,最终产物相当于烯键以反马氏规则加入一分子水。末端烯烃经硼氢化-氧化后可以得到伯醇。例如

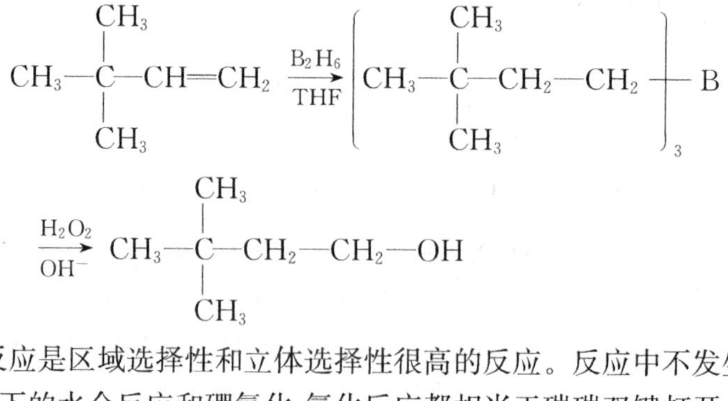

硼氢化-氧化反应是区域选择性和立体选择性很高的反应。反应中不发生碳链的重排。

烯键在酸催化下的水合反应和硼氢化-氧化反应都相当于碳碳双键打开,加上一分子水得到醇。但两者反应的区域选择性不同,前者的产物符合马氏规则,反应没有立体选择性;后者的产物是反马氏规则的,反应是立体选择性很高的顺式加成。

甲硼烷不稳定,通常两分子甲硼烷相互结合生成乙硼烷。乙硼烷为无色有毒气体,在空气中能自燃。反应时常用乙硼烷的醚溶液或四氢呋喃溶液。

问题 5-8 写出下列反应的主要产物。

第 5 章 不饱和烃

$$\text{C}_6\text{H}_{11}\text{—CH}_3 \xrightarrow{B_2H_6} \xrightarrow[OH^-]{H_2O_2}$$

4. 烯键 α-H 的卤化

在高温(500～600 ℃)条件下,烯烃与卤素反应,烯键 α-位上的氢被卤素取代,生成 α-卤代烯烃。例如

$$CH_3CH{=}CH_2 \xrightarrow[Cl_2]{500\sim 600\ ℃} ClCH_2CH{=}CH_2$$

与烷烃的卤化反应相似,其反应按自由基机理进行。

链引发　　　　　　　　　　$Cl_2 \xrightarrow{\triangle} 2Cl\cdot$

链增长　　　　　$\cdot Cl + CH_3CH{=}CH_2 \longrightarrow \cdot CH_2CH{=}CH_2 + HCl$

烯丙基自由基

$$\cdot CH_2CH{=}CH_2 + Cl_2 \longrightarrow ClCH_2CH{=}CH_2 + Cl\cdot$$

反应经过中间体烯丙基自由基,由于烯丙基自由基中存在 p-π 共轭,其稳定性比叔碳自由基还高,因此生成烯丙基自由基的速度也最快,不会发生自由基加成反应。另外,尽管卤素与烯键的亲电加成反应和烯键 α-H 的自由基卤化反应会同时发生,但若控制反应在高温并在反应中保持卤素的低浓度,则有利于自由基取代反应。实验室常用 N-溴代丁二酰亚胺(N-bromosuccinimide, NBS)作为烯键 α-H 的溴化试剂,在光或引发剂[如(C₆H₅COO)₂,过氧化苯甲酰]作用下,在 CCl₄ 等惰性溶剂中反应,烯键 α-H 被溴化,生成溴代烯烃。这样,反应可以在较低的温度下进行。例如

环己烯 + 丁二酰亚胺-NBr $\xrightarrow[CCl_4, \triangle]{(C_6H_5COO)_2}$ 3-溴环己烯 + 丁二酰亚胺-NH

在反应中,NBS 与反应体系中的极少量的水汽或酸作用,慢慢释放出溴,保持反应中溴的低浓度。引发剂的作用是引发溴生成溴自由基。

5. 烯烃与卡宾的加成反应

卡宾(carbene)又称碳烯,通式用 R_2C：表示,$R=H,R,X$ 等。亚甲基卡宾(：CH_2)可以由重氮甲烷或烯酮在光照或加热条件下分解得到。

$$CH_2N_2 \xrightarrow{h\nu\ 或\ \triangle} :CH_2$$

重氮甲烷

$$CH_2{=}C{=}O \xrightarrow{h\nu\ 或\ \triangle} :CH_2$$

乙烯酮

刚分解出的卡宾具有单线态(singlet state)状态,中心碳原子为 sp^2 杂化,碳原子上两个未成键电子的自旋方向相反,互相配对,可以表示为 ↑↓CH_2,配对电子占在碳原子的 sp^2 轨道上。卡宾的另一种状态为三线态(triplet state),中心碳原子为 sp 杂化。三线态卡宾与单线

态卡宾的电子构型不同,在三线态中,两个未成键电子的自旋方向相同,互相不配对,可以表示为↑CH_2↑,分别占在碳原子的两个互相垂直的 p 轨道上。三线态卡宾具有双自由基的性质,具有比单线态卡宾较低的能量,被认为是卡宾的基态。而单线态被认为是卡宾的激发态。

卡宾碳原子周围只有 6 个电子,属于缺电子体系,很不稳定,是一类寿命极短(1s 以下),不能被分离的反应活性中间体。

二卤卡宾通常可用多卤代烷在碱作用下发生 α-消除反应得到。

$$CHCl_3 + (CH_3)_3COK \xrightarrow{(CH_3)_3COH} \bar{C}Cl_3 \xrightarrow{-Cl^-} :CCl_2$$

二卤卡宾具有单线态结构。中心碳原子为 sp^2 杂化,自旋相反的一对电子占在 sp^2 杂化轨道上,由于↑↓CCl_2 只能从双键所在平面的一边或另一边与烯键进行亲电协同加成,因此是立体专一性的顺式加成。例如

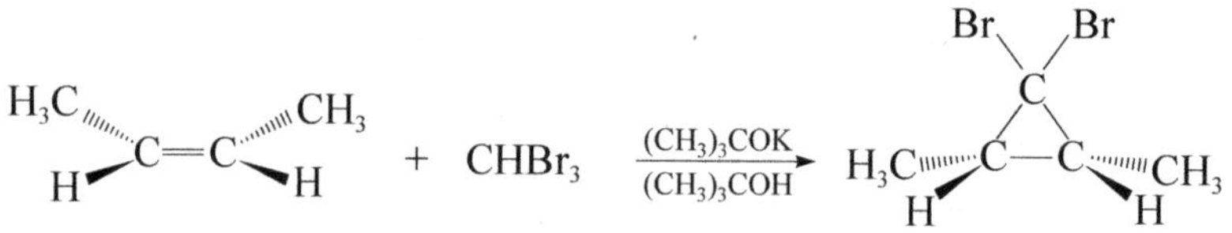

这是合成三元环的一个方法。

二卤甲烷与 Zn(Cu) 反应,生成有机锌化合物,后者与烯烃发生加成反应,形成三元环,是立体专一性反应,可用于制备环丙烷的衍生物。例如

$$CH_2I_2 + Zn(Cu) \longrightarrow ICH_2ZnI$$

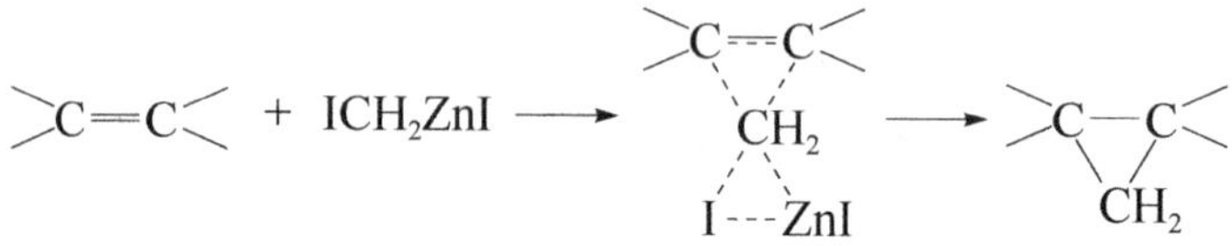

反应中并没有形成活性中间体亚甲基卡宾,反应结果是 CH_2 加到碳碳双键上,形成三元环,类似于卡宾的反应,所以 ICH_2ZnI 也称为类卡宾(carbenoid)。

6. 氧化反应

1) 臭氧化反应

在烯烃的惰性溶剂溶液中,于低温下通入含 6%～8%(体积分数)臭氧的氧气,臭氧分子立即与烯烃发生加成反应,生成分子臭氧化物,后者重排成臭氧化物,再经进一步处理,分解为相应的醛、酮或醛和酮的混合物。

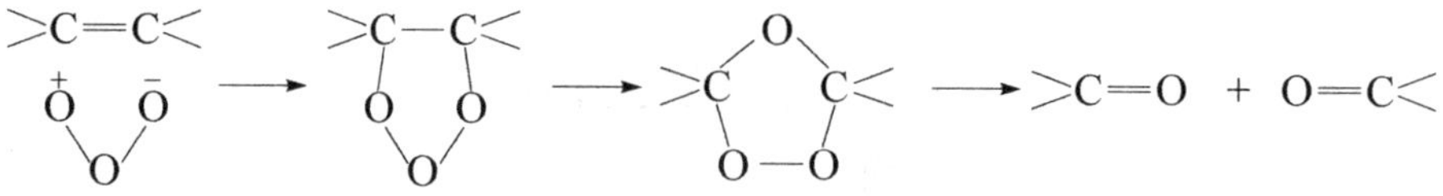

臭氧化物经水解后得到两个羰基化合物和过氧化氢,为了防止水解产物(特别指—CHO,醛基)被进一步氧化,需要在还原性条件(如加入还原剂锌粉)下水解。例如

$$\text{(CH}_3)_2\text{C}=\text{CHCH}_2\text{CH}_3 \xrightarrow{\text{O}_3} \begin{cases} \xrightarrow{\text{H}_2\text{O}} \text{CH}_3\text{COCH}_3 + \text{CH}_3\text{CH}_2\text{CHO} + \text{H}_2\text{O}_2 \\ \xrightarrow{\text{Zn/H}_2\text{O}} \text{CH}_3\text{COCH}_3 + \text{CH}_3\text{CH}_2\text{CHO} + \text{Zn(OH)}_2 \end{cases}$$

$$\text{CH}_3\text{CH}_2\text{CHO} \longrightarrow \text{CH}_3\text{CH}_2\text{COOH} + \text{H}_2\text{O}$$

水解产物由烯烃的结构决定，如 $CH_2=$ 得到 $CH_2=O$，$RCH=$ 得到 $RCH=O$，$RR'C=$ 得到 $RR'C=O$。因此，根据臭氧化物的水解产物，可以推测烯烃中双键的位置和碳架的构造。烯烃的臭氧化反应也可用于由烯烃合成醛或酮。

2) 高锰酸钾氧化

烯烃在高锰酸钾的稀、冷溶液作用下（中性或碱性条件）被氧化，反应经五元环中间体，水解生成顺式邻位二醇。

[反应式：顺-2-丁烯 + KMnO₄ → 环状锰酸酯中间体 → (±)-邻二醇（一对对映体）]

[反应式：反-2-丁烯 + KMnO₄ → 环状锰酸酯中间体 → meso-邻二醇（内消旋体）]

在烯烃中滴入高锰酸钾的稀水溶液，紫色立即褪去，并生成褐色的二氧化锰沉淀，此反应可用于烯烃的定性鉴定。

烯烃在较强的反应条件（如酸性条件、加热或浓的高锰酸钾溶液）下氧化，反应难以停留在二醇的阶段，烯烃被进一步氧化为酮、酸或酮和酸的混合物，链端的 $=CH_2$ 被氧化为二氧化碳。例如

$$\text{CH}_3\text{CH}_2\text{CH}=\text{CH}_2 \xrightarrow[\text{H}_2\text{O, HO}^-]{\text{KMnO}_4} \text{CH}_3\text{CH}_2\text{COOH} + \text{CO}_2 + \text{H}_2\text{O}$$

$$\text{CH}_3\text{CH}_2\text{C}(\text{CH}_3)=\text{CHCH}_3 \xrightarrow[\text{H}_2\text{O, HO}^-]{\text{KMnO}_4} \text{CH}_3\text{CH}_2\text{COCH}_3 + \text{CH}_3\text{COOH}$$

根据烯烃被高锰酸钾氧化的产物，可以推测原来烯烃的结构。

3) 烯烃的环氧化

烯烃在过酸（RCOOOH）氧化下，生成环氧化物，称为环氧化（epoxidation）反应。

$$\text{RCH}=\text{CH}_2 + \text{RCOOOH} \longrightarrow \text{RCH}-\text{CH}_2 + \text{RCOOH}$$
$$\qquad\qquad\qquad\qquad\qquad\qquad\quad \backslash\text{O}/$$

环氧化反应是立体专一性的顺式加成反应。例如，顺-2-丁烯经过酸氧化得到的环氧化物为内消旋体，反-2-丁烯经过酸氧化得到的环氧化物为外消旋体。

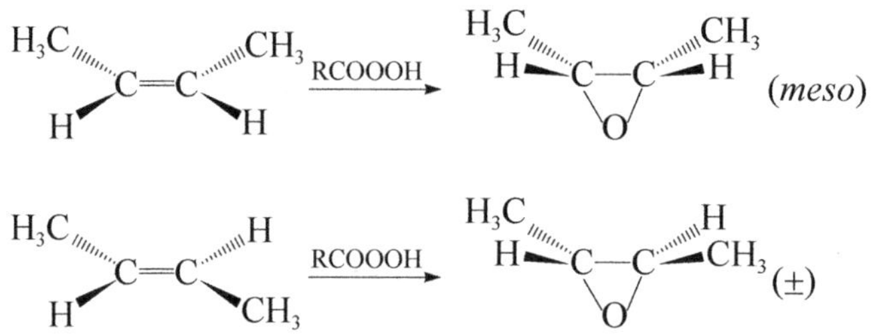

生成的环氧化物仍保留原来烯烃的构型。

环氧化物在 H^+ 或 HO^- 中水解,得到两个 OH 处于反位的邻二醇。

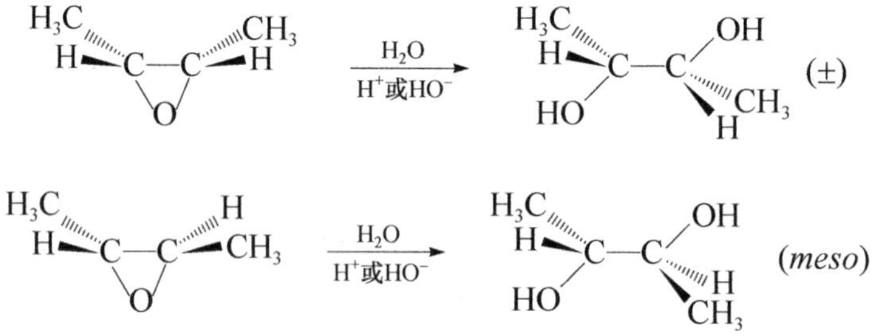

环氧化物的开环反应是具有立体专一性的 S_N2(见 6.1.3 小节)反应。

问题 5-9 写出 1-甲基环戊烯与下列试剂反应的产物。
(1) $KMnO_4/HO^-$,H_2O (2) B_2H_6,H_2O_2/HO^-
(3) $CHCl_3$,t-BuOK/t-BuOH   (4) m-$ClC_6H_4CO_3H$,H_2O

---

7. 烯烃的催化加氢

烯烃在铂、钯、铑和镍等金属催化下加氢,生成相应的烷烃,并释放出一定的热量。1 mol 孤立双键氢化时约释放出 125.5 kJ·mol^{-1} 的热量,称为氢化热。例如

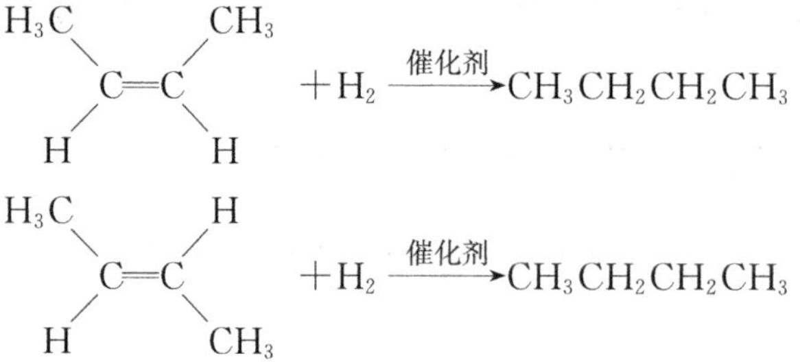

顺-2-丁烯 $+ H_2 \xrightarrow{催化剂} CH_3CH_2CH_2CH_3$ $\Delta H^{\ominus} = -119.6$ kJ·mol^{-1}

反-2-丁烯 $+ H_2 \xrightarrow{催化剂} CH_3CH_2CH_2CH_3$ $\Delta H^{\ominus} = -115.6$ kJ·mol^{-1}

反-2-丁烯的氢化热比顺-2-丁烯的氢化热小,这也说明反-2-丁烯比顺-2-丁烯稳定。所以,可以利用测定不同烯烃的氢化热比较烯烃的稳定性。

烯烃的催化加氢在催化剂的表面进行,一般认为氢分子被吸附在催化剂表面上,并发生键的断裂,生成活泼的氢原子,同时烯烃的 π 键与催化剂表面络合而被活化,烯键的碳原子与活泼氢原子结合,还原成烷烃,然后从催化剂表面解离。其过程如图 5-3 所示。

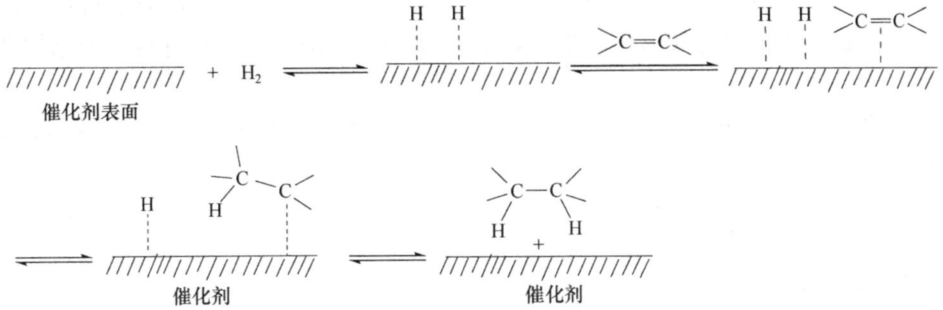

图 5-3 烯烃催化加氢示意图

所以,烯烃催化加氢主要得到顺式加成产物。例如

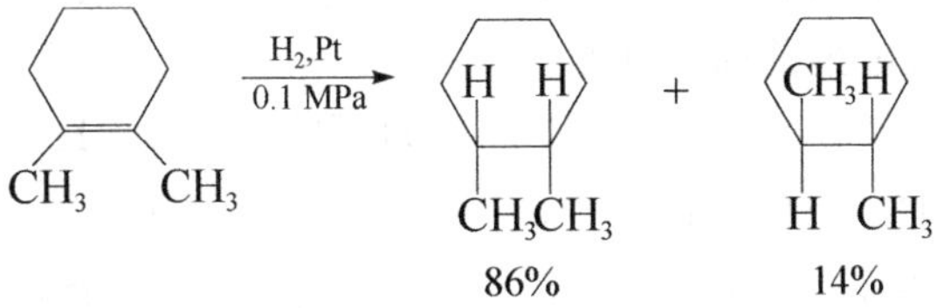

烯烃分子中双键碳原子取代基的多少直接影响加氢的速率,一烷基取代的烯烃比二烷基、三烷基和四烷基的烯烃更容易加氢。因此,烯烃催化加氢的相对速率为

乙烯＞一元取代乙烯＞二元取代乙烯＞三元取代乙烯＞四元取代乙烯

催化氢化反应是可逆反应,通常在高温条件下反应,脱氢反应将成为主要反应。

8. 烯烃的聚合

烯烃在催化剂或引发剂作用下,烯键中的 π 键打开,按一定方式把众多烯烃分子以 σ 键连接成长链的大分子,称为烯烃的聚合(polymerization)。

$$n\text{RCH}=\text{CH}_2 \longrightarrow \text{—[CH—CH}_2\text{—]}_n$$
$$\qquad\qquad\qquad\qquad\quad |$$
$$\qquad\qquad\qquad\qquad\quad R$$

聚合的产物称为聚合物(polymer)。参加聚合反应的烯烃分子称为单体(monomer)。

聚乙烯、聚丙烯、聚 1-丁烯和聚氯乙烯等都是很重要的工业高分子材料,有着很广泛的用途。聚乙烯用作食品包装、食用薄膜、电绝缘材料及塑料等;聚丙烯用作包装薄膜、塑料、合成丙纶纤维等;聚 1-丁烯用作工程塑料;聚氯乙烯用作管材、板材等建筑材料、农用薄膜、人造革、软管、纤维和塑料等;聚四氟乙烯称为塑料王,用作耐化学腐蚀和耐高温的材料、电子绝缘材料和化工机械材料。

5.2 二 烯 烃

分子内含有两个碳碳双键的烯烃称为二烯烃。根据两个双键所在的相对位置不同,二烯烃可以分为以下三类:

(1) 孤立二烯烃(isolated diene)。分子中两个碳碳双键被一个或一个以上 CH_2 隔开的二烯烃称为孤立二烯烃,如 1,4-戊二烯($CH_2=CH-CH_2-CH=CH_2$)。它们的性质与一般的烯烃相似。

(2) 共轭二烯烃(conjugated diene)。分子中两个碳碳双键被一个单键隔开的二烯烃称为共轭二烯烃,如1,3-丁二烯($CH_2=CH-CH=CH_2$)。共轭二烯烃具有特殊的结构和性质,下面将重点讨论。

(3) 累积二烯烃(cumulative diene)。分子中的一个碳原子同时连有两个碳碳双键的二烯烃称为累积二烯烃,如丙二烯($CH_2=C=CH_2$)。

5.2.1 共轭二烯烃的命名和结构

1. 共轭二烯烃的命名

共轭二烯烃的命名:首先选择含共轭二烯在内的最长碳链为主链,作为该二烯的母体,称为某二烯。然后从最靠近双键的一端开始对母体二烯进行编号,把双键的位置标在母体名称的前面。再把取代基的名称及位置写在二烯名称的前面。如果双键有构型异构需要说明,则用 E 或 Z 表示,放在名称的最前面。例如

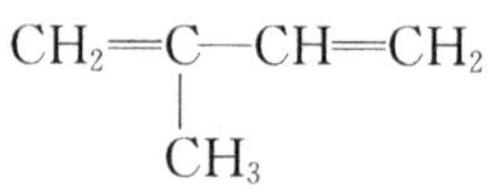

甲基-1,3-丁二烯 　　　　　　　(2Z,4E)-3-甲基-2,4-庚二烯
(2-methyl-1,3-butadiene)　　[(2Z,4E)-3-methyl-2,4-heptadiene]

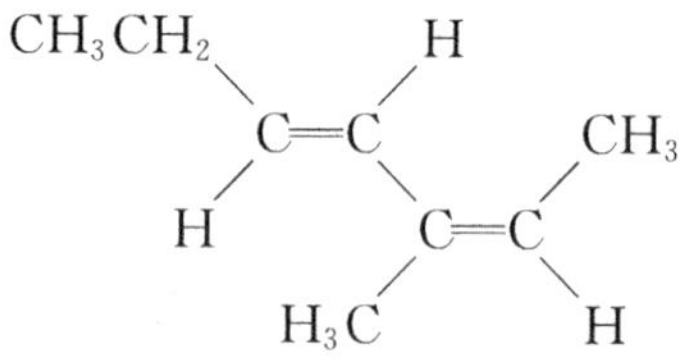

共轭二烯烃分子中所有原子都在同一平面上,可以有两种较稳定的不同构象异构体。当两个碳碳双键在碳碳单键同侧时,其构象用 s-顺表示;当两个碳碳双键在碳碳单键异侧时,其构象用 s-反表示。例如

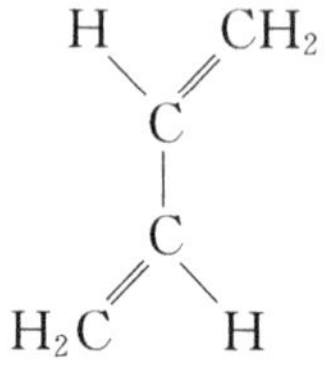

s-反-1,3-丁二烯 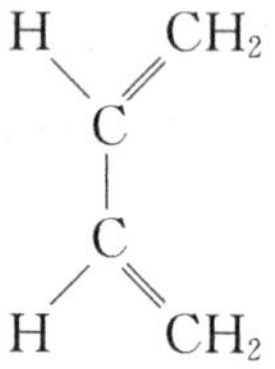　　s-顺-1,3-丁二烯

s-反式构象的势能比 s-顺式低 $10.5\sim13.0$ kJ·mol^{-1},由 s-顺式转变为 s-反式要克服 $26.8\sim29.2$ kJ·mol^{-1} 的活化能,但在室温下分子热运动的能量足够提供这样的活化能,因此 s-顺式与 s-反式处于迅速互变的动态平衡中。

2. 共轭二烯烃的结构

1,3-丁二烯是最简单的共轭二烯烃,在 1,3-丁二烯中,每个碳原子都是 sp^2 杂化,碳原子之间均以 sp^2 杂化轨道相互重叠形成碳碳 σ 键,同时以 sp^2 杂化轨道与氢原子的 1s 轨道重叠形成碳氢 σ 键。每个碳原子的三个 sp^2 杂化轨道均在同一平面内,四个碳原子上所剩下的 p 轨道垂直于该平面。当 1,3-丁二烯分子中所有碳原子和氢原子都在同一平面上时,四个碳原子上 p 轨道的对称轴相互平行,可以从侧面最大程度地重叠,形成离域的大 π 键。

分子轨道理论认为,1,3-丁二烯中四个 p 轨道可线性组合成四个分子轨道(图 5-4),分别表示为 π_1、π_2、π_3^* 和 π_4^*。π_1 中没有节面,π_2、π_3^* 和 π_4^* 中分别有一个、两个和三个节面。π_1 和 π_2 是成键轨道,轨道的能量低于原子轨道的能量,π_1 轨道中的 π 电子分布在四个碳原子上,π_2

轨道中的 π 电子分布在 C_1—C_2 和 C_3—C_4 之间。因此,在 1,3-丁二烯中,所有的碳碳键都具有 π 键的特征,只是 C_1—C_2 和 C_3—C_4 之间具有更强的 π 键特征。π_3^* 和 π_4^* 是反键轨道,轨道的能量高于原子轨道的能量。基态时四个 π 电子都占据在成键轨道上,反键轨道上没有电子。π_2 是电子已经占有的能量最高的轨道,称为 HOMO(highest occupied molecular orbital)。π_3^* 是电子未占有的能量最低的轨道,称为 LUMO(lowest unoccupied molecular orbital)。

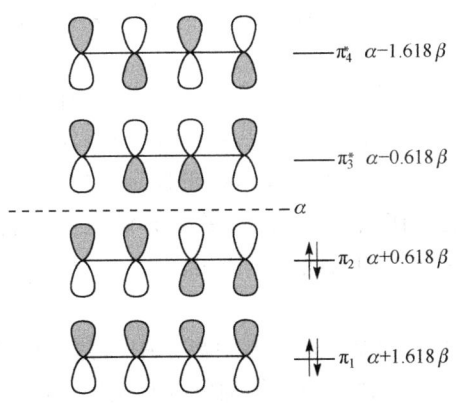

图 5-4　1,3-丁二烯的分子轨道

3. 共轭二烯烃的特征

1) 键长趋向平均化

1,3-丁二烯的键长和键角数据如下:

在 1,3-丁二烯中,C_1—C_2 和 C_3—C_4 的键长为 136.0 pm,比乙烯中碳碳双键的键长 (134.0 pm)长,而 C_2—C_3 的键长为 146.3 pm,小于烷烃中碳碳单键的键长(154.0 pm)。这是共轭烯烃中键长趋于平均化的特征。共轭二烯的紫外吸收特征:$\lambda_{max}=217$ nm。

2) 共轭二烯体系的稳定性

烯烃的稳定性可以用氢化热的数值来说明,分子中每个碳碳双键的平均氢化热越小,分子就越稳定。孤立二烯烃的氢化热约为单烯烃氢化热的 2 倍。例如,丙烯的氢化热为 125.2 kJ·mol^{-1},1-丁烯的氢化热为 126.8 kJ·mol^{-1},1,4-戊二烯的氢化热为 254.4 kJ·mol^{-1},相当于单烯烃氢化热的 2 倍。而共轭二烯烃 1,3-丁二烯的氢化热为 238.9 kJ·mol^{-1},比孤立二烯烃 1,4-戊二烯的氢化热低,说明共轭二烯烃比孤立二烯烃稳定。共轭体系越大,每个碳碳双键的平均氢化热越小,体系的稳定性越高。

3) 共轭加成

共轭二烯与亲电试剂发生加成反应,除得到一般与单独的碳碳双键加成(1,2-加成)产物外,还可以得到加在共轭体系两端的加成(1,4-加成)产物。后者是共轭体系整体参与的加成反应,也称共轭加成。

4. 共轭效应

在单键和双键交替出现的分子体系中，π 电子的运动不再局限在双键的两个碳原子之间，而是扩大到由单键及双键交替的整个大体系中，这种现象称为离域（delocalization）。电子的离域作用贯穿在整个共轭体系中。这种电子效应通过共轭体系传递的现象称为共轭效应。共轭效应用 C 表示，+C 表示给电子的共轭效应，-C 表示吸电子的共轭效应。

1) π-π 共轭

在 1,3-丁二烯分子中，四个碳原子上都有一个垂直于 sp^2 杂化轨道所在平面的 p 轨道。当四个 p 轨道的对称轴相互平行时，它们可以从侧面以最大程度地重叠交叠，形成一个离域的大 π 键。共价键的离域使体系的能量降低，体系更稳定。这种由 p 轨道组成的两个或多个 π 键之间的共轭称为 π-π 共轭。在共轭体系中，多个 π 键之间的相互作用称为共轭（conjugation）作用。共轭作用是一种电子的离域共享作用。

2) p-π 共轭

在烯丙基正离子、烯丙基自由基和烯丙基负离子中，它们的三个碳原子都是 sp^2 杂化。当三个碳原子都在同一平面上时，p 轨道的对称轴可以互相平行，这时三个 p 轨道可以最大程度地从侧面重叠交叠。

由三个 p 轨道可以组成三个分子轨道，其中 π_1 是成键轨道，π_2 是非键轨道，π_3^* 是反键轨道。烯丙基正离子在基态时，两个 p 电子都在成键轨道上，两个电子的总能量为 $2\alpha+2.828\beta$，比孤立碳碳双键轨道上的两个电子的能量 $2\alpha+2\beta$ 低。这种由 π 键和 p 轨道组成的共轭称为 p-π 共轭。

在烯丙基自由基中，有三个 p 电子，在 π_1 成键轨道上有一对 p 电子，在非键轨道 π_2 上有一个 p 电子，三个电子的总能量为 $3\alpha+2.828\beta$，比非共轭体系状态的能量 $3\alpha+2\beta$ 低，烯丙基自由基中的 p-π 共轭使烯丙基自由基比非共轭的自由基更稳定。

在烯丙基负离子中，有四个 p 电子，在成键轨道 π_1 上和非键轨道 π_2 上各有一对电子，四个电子的总能量为 $4\alpha+2.828\beta$，比非共轭体系状态的能量 $4\alpha+2\beta$ 低，烯丙基负离子中的 p-π 共轭使烯丙基负离子比非共轭的负离子更稳定。

含三个碳原子的共轭体系的分子轨道如图 5-5 所示。

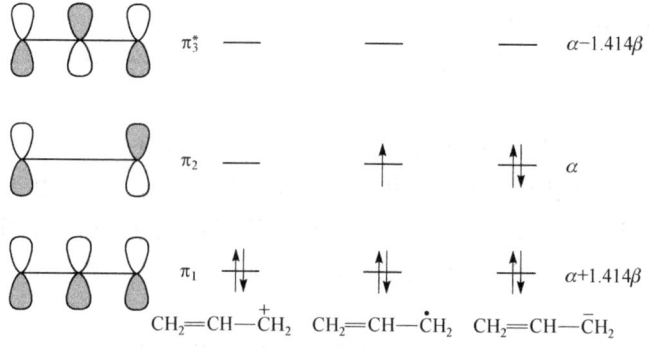

图 5-5 含三个碳原子的共轭体系的分子轨道

3) σ-π 共轭和 σ-p 共轭

σ-π 共轭和 σ-p 共轭是一种超共轭效应。已经知道在碳碳双键上连有烷基的烯烃相对比较稳定。例如，在 $CH_3CH=CH_2$ 中，甲基中的 C—H σ 键的电子可以和邻近的 π 键上的电子发生共轭，称为 σ-π 共轭，共轭的结果使烯烃中碳碳双键的稳定性增加。在碳正离子中，$CH_3\overset{+}{C}H_2$ 比 $\overset{+}{C}H_3$ 稳定，叔碳正离子及仲碳正离子相对更稳定。这是因为碳正离子与相连烷基中的 C—H σ 键的电子和带正电荷的 p 轨道可以发生共轭，称为 σ-p 共轭。σ-π 共轭和 σ-p 共轭相对于 π-π 共轭和 p-π 共轭而言，共轭作用较小。在超共轭效应中，烷基一般是给电子的，其给电子能力大小与烷基参与超共轭的碳氢键的数目有关。

在烯烃中，碳碳双键上所连的甲基（或烷基）越多，则 σ-π 共轭程度越高，相对稳定性也越大。因此，烯烃的稳定性大致有以下次序：

$$(CH_3)_2C=C(CH_3)_2 > (CH_3)_2C=CHCH_3 > (CH_3)_2C=CH_2 \text{ 及}$$
$$CH_3CH=CHCH_3 > CH_3CH=CH_2 > CH_2=CH_2$$

在自由基稳定次序中，有叔碳自由基＞仲碳自由基＞伯碳自由基，这也是因为 σ-p 共轭程度不同。

5.2.2 共轭二烯烃的反应

1. 加卤化氢和卤素

1,3-丁二烯与等物质的量的某些亲电试剂（如氯化氢、溴化氢及溴等）发生加成反应时，除能得到和一个单独双键反应的 1,2-加成产物外，还得到由整个共轭体系参与反应的 1,4-加成产物。例如

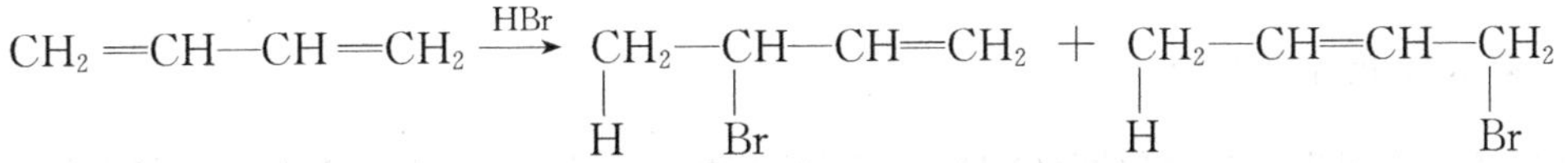

$$CH_2=CH-CH=CH_2 \xrightarrow{HBr} \underset{\text{1,2-加成产物}}{CH_2-CH-CH=CH_2} + \underset{\text{1,4-加成产物}}{CH_2-CH=CH-CH_2}$$
$$\phantom{CH_2=CH-CH=CH_2 \xrightarrow{HBr}}\;\;\;\;\;\;\;\;\;\text{H}\;\;\;\;\;\text{Br}\;\;\;\;\;\;\;\;\;\;\;\;\;\;\;\;\text{H}\;\;\;\;\;\;\;\;\;\;\;\text{Br}$$

$$CH_2=CH-CH=CH_2 \xrightarrow{Br_2} \underset{\text{1,2-加成产物}}{CH_2-CH-CH=CH_2} + \underset{\text{1,4-加成产物}}{CH_2-CH=CH-CH_2}$$

1,3-丁二烯与亲电试剂的加成也是分两步进行的。

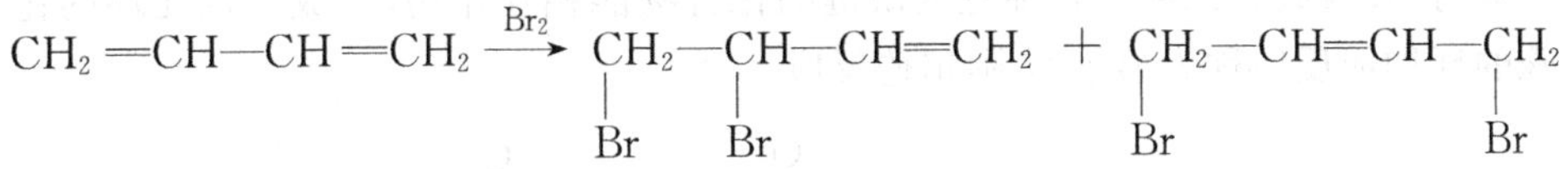

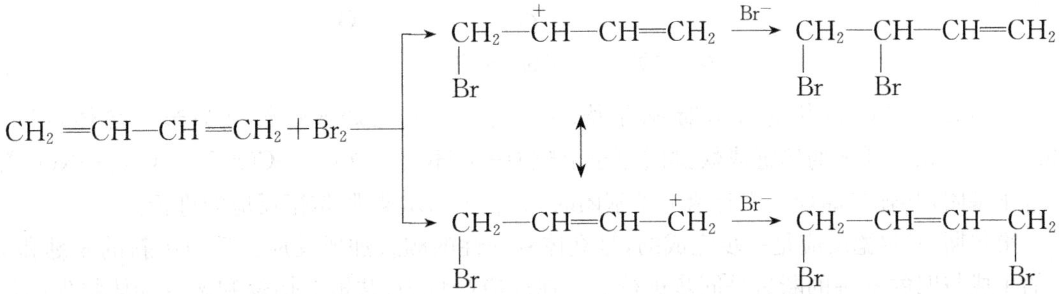

$$CH_2=CH-CH=CH_2 + Br_2 \longrightarrow \begin{cases} CH_2-\overset{+}{C}H-CH=CH_2 \xrightarrow{Br^-} CH_2-CH-CH=CH_2 \\ \;\;|\;|\;\;\;\;\;\;\;\;\;\;\;\;|\\ Br\;Br\;\;\;\;\;\;\;\;\;\;Br \\ \updownarrow \\ CH_2-CH=CH-\overset{+}{C}H_2 \xrightarrow{Br^-} CH_2-CH=CH-CH_2 \\ \;\;|\;|\;\;\;\;\;\;\;\;\;\;\;\;\;\;\;\;\;\;\;|\\ Br\;Br\;\;\;\;\;\;\;\;\;\;\;\;\;\;\;Br \end{cases}$$

1,2-加成产物和 1,4-加成产物的比例与反应条件有关。一般来说，在低温下反应，1,2-加成速率较快，主要得到 1,2-加成产物。反应温度升高，有利于 1,4-加成产物的生成。1,2-加成反应所需的反应活化能低，反应速率快；1,4-加成反应所需反应活化能高，反应速率慢。所以，1,2-加成是速率控制（动力学控制）产物，1,4-加成是平衡控制（热力学控制）产物。

1,3-丁二烯发生 1,2-加成和 1,4-加成的势能变化示意图如图 5-6 所示。

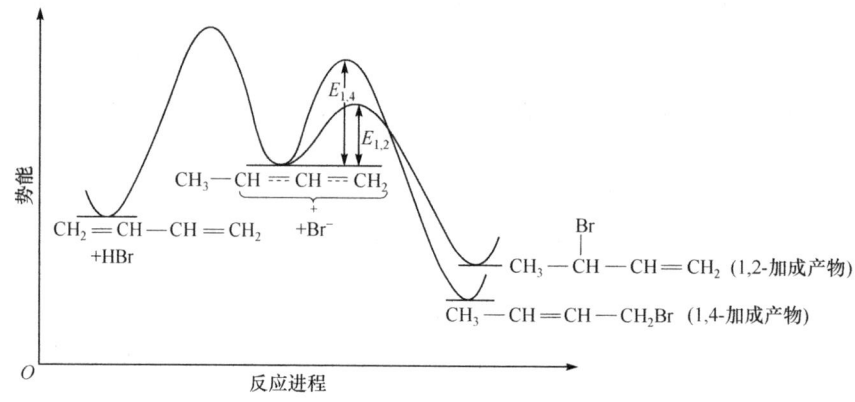

图 5-6　1,3-丁二烯发生 1,2-加成和 1,4-加成的势能变化示意图

1,3-丁二烯与溴加成,在低温下主要得到 1,2-加成产物,反应温度升高时主要得到 1,4-加成产物。

$$CH_2=CH-CH=CH_2 + Br_2 \longrightarrow \underset{\underset{Br}{|}\quad\underset{Br}{|}}{CH_2-CH-CH=CH_2} + \underset{\underset{Br}{|}\qquad\qquad\underset{Br}{|}}{CH_2-CH=CH-CH_2}$$

$$-15\ ℃ \qquad 55\% \qquad\qquad\qquad 45\%$$
$$60\ ℃ \qquad 10\% \qquad\qquad\qquad 90\%$$

在 1,4-加成产物中,主要得反式构型的产物。

2. 第尔斯-阿尔德反应

1928 年,德国化学家第尔斯(O. Diels)和阿尔德(K. Alder)在研究 1,3-丁二烯与顺丁烯二酸酐的反应时,发现共轭二烯与含烯键或炔键的化合物能相互作用,生成含六元环的化合物。这种特殊的环加成反应称为第尔斯-阿尔德反应。

![Diels-Alder reaction of 1,3-butadiene with maleic anhydride]

　　　　　　1,3-丁二烯　　顺丁烯二酸酐

能与共轭二烯烃发生第尔斯-阿尔德环加成反应的烯烃或炔烃称为亲二烯体(dienphiles)。当亲二烯体的烯键或炔键碳原子上连有—CHO、—COR、—COOR、—CN、—NO$_2$ 等吸电子基团,共轭二烯烃上连有给电子基团时,有利于第尔斯-阿尔德反应的进行。

第尔斯-阿尔德反应是一步完成的,是立体专一性的顺式加成反应。反应中新的 σ 键和 π 键的生成与旧的 π 键的断裂是同步进行的。在反应产物中,共轭二烯烃和亲双烯体将保持原来的构型关系。例如

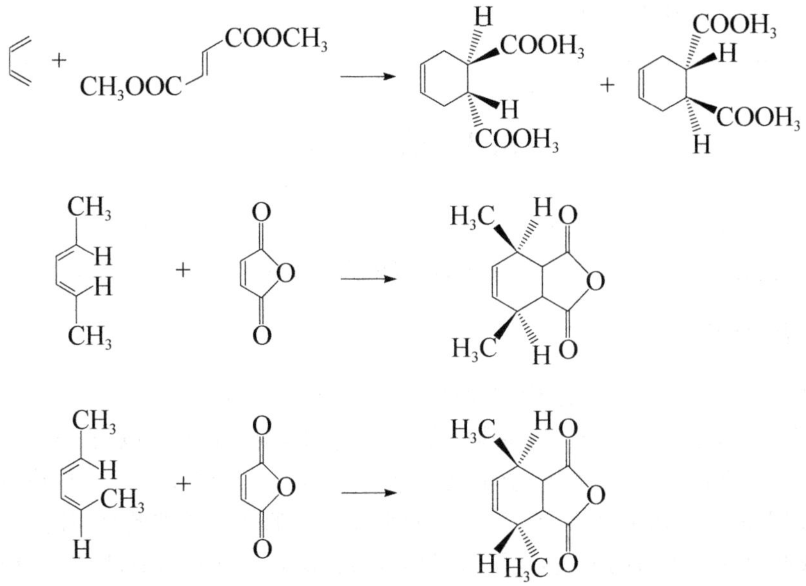

[反应式图]

当亲二烯体上的吸电子不饱和基团与烯键(或炔键)共轭时,第尔斯-阿尔德反应优先生成内型加成产物。例如

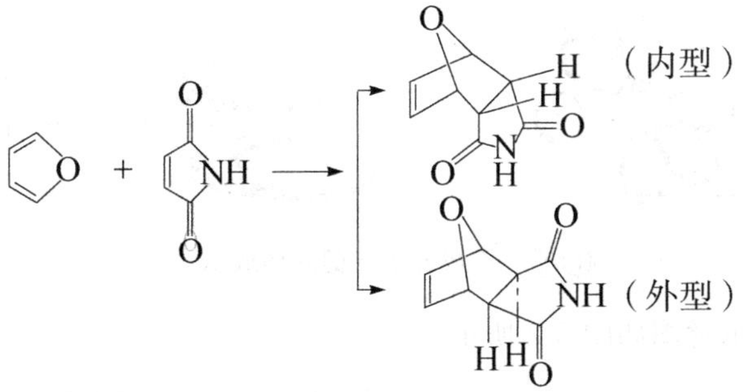

[反应式图: 呋喃 + 马来酰亚胺 → 内型 + 外型]

在加成产物中,当共轭二烯体中的 C_2—C_3 键和亲二烯体中原来与烯键或炔键共轭的不饱和基团位于连接平面同侧的产物称为内型(endo)产物,而位于连接平面异侧的产物称为外型(exo)产物。

在第尔斯-阿尔德反应中,共轭二烯必须取 s-顺式构象。如果由于某些几何原因,s-反式构象不能转变为 s-顺式构象,则不能发生第尔斯-阿尔德反应。例如

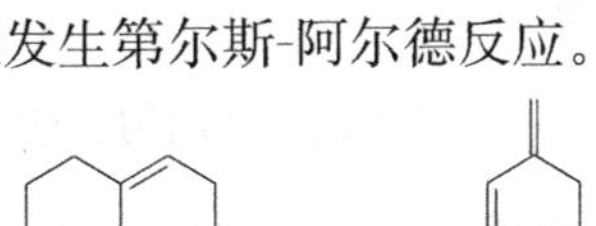

上述两个共轭二烯都不能发生第尔斯-阿尔德反应。

第尔斯-阿尔德反应为可逆反应。成环正反应的反应温度相对较低,反应温度升高则发生逆向的开环反应。成环的正反应和开环的逆反应在合成上都有很大的用途。

问题 5-10 写出下列反应的主要产物。

(1) $CH_2=\underset{\underset{CH_3}{|}}{C}-CH=CH_2 + HBr \xrightarrow{\text{无过氧化物}}$

(2) ⬠ + CH₂=CHCN ⟶

5.3 炔 烃

分子中含有碳碳叁键（—C≡C—）的不饱和碳氢化合物称为炔烃,碳碳叁键是炔烃的官能团。单炔烃比相应的烷烃少四个氢原子,炔烃的通式为 C_nH_{2n-2},不饱和度为 2。

5.3.1 炔烃的结构

最简单的炔烃是乙炔,价键结构式为 H—C≡C—H。乙炔分子中∠HCC 为 180°,四个原子在同一条直线上,是线形分子。炔键碳原子为 sp 杂化,两个碳原子以 sp 杂化轨道互相交盖重叠,构成碳碳 σ 键,再各用一个 sp 杂化轨道与氢原子的 1s 轨道交盖重叠构成碳氢 σ 键。每个碳原子各留下两个互相垂直的 p 轨道。当两个碳原子的 p 轨道彼此平行时,它们从侧面交盖重叠,构成两个相互垂直的 π 键,电子云对称分布在碳碳 σ 键轴周围,呈圆柱体形,其示意图如图 5-7 所示。因此,碳碳 σ 键的电子云在两个碳原子的中心处,而这里的 π 电子云密度是最低的。

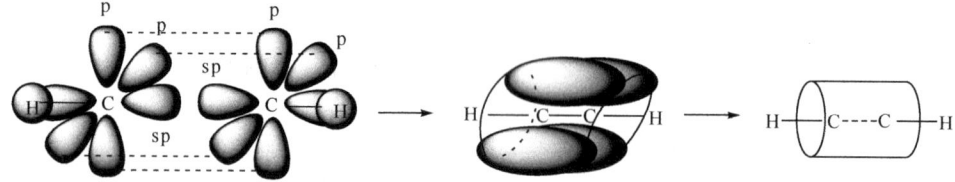

图 5-7 乙炔分子 π 键的形成示意图

乙炔的立体结构示意图如图 5-8 所示。

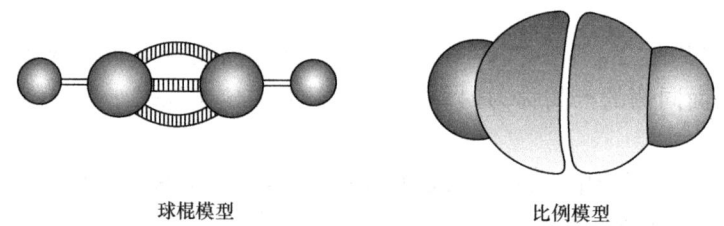

球棍模型　　　　　　比例模型

图 5-8 乙炔的立体结构示意图

由于炔键碳原子是 sp 杂化,s 成分占 1/2,而在 sp^2 杂化和 sp^3 杂化中,s 成分分别占 1/3 和 1/4,因此碳碳叁键的键长比碳碳双键和碳碳单键短,碳碳叁键的键长为 120 pm,炔键上的碳氢键也较短,只有 106 pm。

碳原子的电负性与其杂化时 s 成分多少有关,s 成分增加,电负性也增大,不同杂化碳原子的电负性次序为 $sp > sp^2 > sp^3$。在 sp 杂化中,形成 C—H 键的电子对主要偏向于在碳原子的周围,使氢原子容易形成带正电荷的氢离子,炔烃显示了比水弱而比氨强的"酸"性。

5.3.2 炔烃的同分异构和命名

1. 炔烃的同分异构

炔烃的异构主要有碳架异构和官能团碳碳叁键所在的位置异构。它们都属于构造异构。例如,戊炔有以下三种异构体:

$$CH_3CH_2CH_2C\equiv CH \quad\quad CH_3CH_2C\equiv CCH_3 \quad\quad CH_3\overset{\underset{|}{CH_3}}{C}HC\equiv CH$$

$$\text{1-戊炔} \quad\quad\quad\quad \text{2-戊炔} \quad\quad\quad\quad \text{3-甲基-1-丁炔}$$
$$\text{(1-pentyne)} \quad\quad\quad \text{(2-pentyne)} \quad\quad\quad \text{(3-methyl-1-butyne)}$$

由于炔键碳原子不允许再连有侧链,因此炔烃的异构比烯烃简单,异构体的数目也相对少于烯烃。

问题 5-11 从炔烃的结构解释,为什么小于 9 个碳原子的环状炔烃不可能存在。

2. 炔烃的命名

简单的炔烃可以按乙炔的衍生物来命名。例如

$$CH\equiv CH \quad\quad CH_2=CHC\equiv CH \quad\quad CH_3C\equiv CCH_3$$

$$\text{乙炔} \quad\quad\quad \text{乙烯基乙炔} \quad\quad\quad \text{二甲基乙炔}$$
$$\text{(acetylene)} \quad\quad \text{(vinylacetyene)} \quad\quad \text{(dimethylacetylene)}$$

炔烃的系统命名法与烯烃相似,其要点如下:

(1) 选择含碳碳叁键的最长碳链为主链,按主链上的碳原子数目称为某炔。多于十个碳原子以上的炔烃用中文数字表示,称为某碳炔,如十一碳炔。

(2) 从靠近碳碳叁键的一端开始,将主链的碳原子依次编号,使叁键碳原子的编号最小。

(3) 在炔烃母体名称前面,用阿拉伯数字标出叁键的最小编号,代表叁键的位置。再在前面写出取代基的名称及表示取代基位置的编号。对于不同取代基遵循次序优先的基团后列出的原则。例如

$$CH_3CH_2C\equiv CCH_3 \quad\quad CH_3CH_2\overset{\underset{|}{CH_3}}{C}H-\overset{\underset{|}{CH_3}}{C}HC\equiv CH \quad\quad CH_3\overset{\underset{|}{Cl}}{C}HCHCH_2C\equiv CCH_3$$
$$\underset{\underset{|}{CH_3}}{}$$

$$\text{2-戊炔} \quad\quad\quad \text{3,4-二甲基-1-己炔} \quad\quad\quad \text{5-甲基-6-氯-2-庚炔}$$
$$\text{(2-pentyne)} \quad\quad \text{(3,4-dimethyl-1-hexyne)} \quad\quad \text{(6-chloro-5-methyl-2-heptyne)}$$

(4) 在分子中同时含有双键和叁键时,从最靠近不饱和键的链端开始编号,使第一个出现的不饱和键的编号尽可能小。若在链两端等同位置遇到双键和叁键时,则从靠近碳碳双键的一端开始编号。例如

$$CH_3CH=CHC\equiv CH \quad\quad CH_3C\equiv CCH_2CH=CH_2 \quad\quad CH\equiv CCH_2CH=CH_2$$

$$\text{3-戊烯-1-炔} \quad\quad\quad \text{1-戊烯-3-炔} \quad\quad\quad \text{1-戊烯-4-炔}$$
$$\text{(3-penten-1-yne)} \quad\quad \text{(1-penten-3-yne)} \quad\quad \text{(1-penten-4-yne)}$$

书写时烯在前,炔在后,构型表示放在最前面。例如

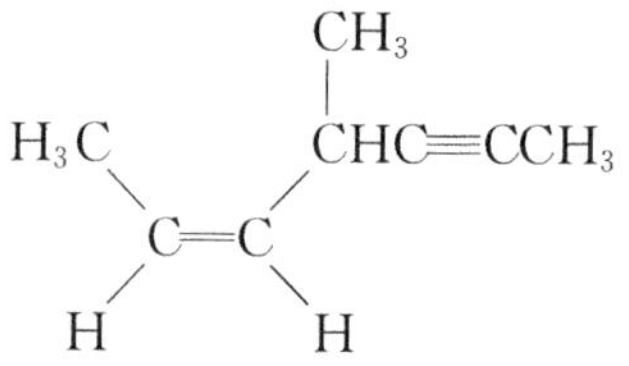

$$\underset{\substack{\text{(Z)-4-甲基-2-庚烯-5-炔}\\ \text{[(Z)-4-methyl-2-hepten-5-yne]}}}{\overset{H_3C}{\underset{H}{>}}C=C\underset{H}{\overset{CH_3}{<}}CHC\equiv CCH_3}$$

常见炔基有

$CH\equiv C-$	$CH_3C\equiv C-$	$CH\equiv CCH_2-$
乙炔基	丙炔基	炔丙基
(ethynyl)	(prop-1-ynyl)	(prop-2-ynyl)

按系统命名法丙炔基为1-丙炔基,炔丙基为2-丙炔基。

在命名较复杂的炔烃化合物时,也可以把炔烃基当作取代基。例如

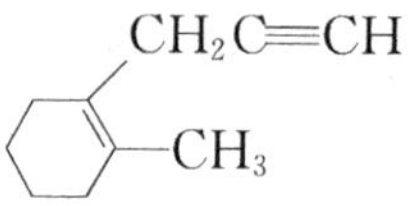

1-甲基-2-(2-丙炔基)-环己烯
[1-methyl-2-(prop-2-ynyl)-cyclohexene]

问题 5-12 写出分子式为 C_6H_{10} 的炔烃的所有构造异构体,并用系统命名法命名。

问题 5-13 用系统命名法命名下列化合物。

(1) $CH_2=CHC\equiv CCH=CH_2$ (2) $CH_2=CHCH_2CH=CHC\equiv CH$

(3) $CH_3CH=CHC\equiv C-CH$ (4) 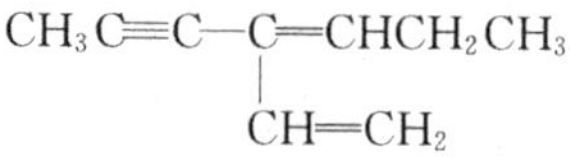 $CH_3C\equiv C-CHCH_2CH_3$
$\qquad\qquad\qquad\qquad\qquad\qquad\qquad\qquad\quad|$
$\qquad\qquad\qquad\qquad\qquad\qquad\qquad\qquad CH=CH_2$

(5) 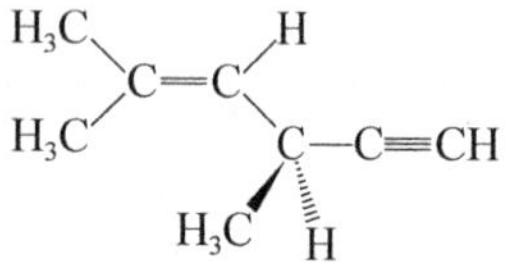 略

5.3.3 炔烃的物理性质

相对分子质量低的炔烃,如乙炔、丙炔和1-丁炔在室温下为气体。简单炔烃的沸点、熔点和相对密度一般比相同碳原子的烷烃和烯烃高。炔烃的相对密度小于1,难溶于水,易溶于烷烃、四氯化碳(CCl_4)、乙醚($CH_3CH_2OCH_2CH_3$)及苯等有机溶剂。红外光谱特征:$C\equiv C-H$ 伸缩振动在 $3310\sim3000\ cm^{-1}$,$C\equiv C$ 伸缩振动在 $2260\sim2100\ cm^{-1}$;氢核磁共振谱特征:$C\equiv C-H$ 化学位移为 $1.7\sim3.5$。常见炔烃的熔点和沸点见表5-2。

表5-2 常见炔烃的熔点和沸点

化合物	熔点/℃	沸点/℃
乙炔(ethyne)	−81.8	−84.0
丙炔(propyne)	−101.5	−23.2
1-丁炔(1-butyne)	−125.9	8.1

续表

化合物	熔点/℃	沸点/℃
2-丁炔(2-butyne)	−32.3	27.0
1-戊炔(1-pentyne)	−106.5	40.0
2-戊炔(2-pentyne)	−109.5	56.1
3-甲基-1-丁炔(3-methyl-1-butyne)	−89.7	29.0
1-己炔(1-hexyne)	−132.4	71.4
2-己炔(2-hexyne)	−89.6	84.5
3-己炔(3-hexyne)	−103.2	81.4
1-庚炔(1-heptyne)	−80.9	99.8
1-辛炔(1-octyne)	−79.6	126.2
1-壬炔(1-nonyne)	−36.0	160.6
1-癸炔(1-decyne)	−40.0	182.2

由于炔键碳原子与烯键碳原子的杂化状态不同,因此炔烃分子的极性比烯烃略强。例如,1-丁炔的 $\mu = 2.67 \times 10^{-30}$ C·m(0.8 deb),而 1-丁烯的 $\mu = 1.00 \times 10^{-30}$ C·m(0.3 deb)。

5.3.4 炔烃的化学性质

1. 炔烃的酸性

炔键碳原子为 sp 杂化,由于 sp 杂化碳原子的电负性比 sp^2 和 sp^3 杂化碳原子的电负性大,因此 sp 杂化碳原子上的一对 C—H 共价电子更靠近碳原子,使炔键碳原子上氢的酸性增强。在炔烃、烯烃和烷烃中,酸性强弱次序为

$$CH\equiv CH > H_2C=CH_2 > H_3C-CH_3$$

pK_a ~25   ~44   ~50

乙炔及 RC≡CH 型的炔烃在液氨中与强碱氨基钠反应,炔键上的氢被置换,生成相应的炔化钠。

$$RC\equiv CH + NaNH_2 \longrightarrow RC\equiv CNa + NH_3$$

pK_a ~25   34

由于炔键上氢的酸性比氨强 10^9 倍,因此反应时可以完全转变为相应的炔化钠。

乙炔及 RC≡CH 型的炔烃与硝酸银或氯化亚铜的氨溶液反应,立即生成炔化银的白色沉淀或炔化亚铜的砖红色沉淀。

$$CH\equiv CH + 2Ag(NH_3)_2NO_3 \longrightarrow AgC\equiv CAg\downarrow + 2NH_4NO_3 + 2NH_3$$

       乙炔   乙炔银

$$CH\equiv CH + 2Cu(NH_3)_2Cl \longrightarrow CuC\equiv CCu\downarrow + 2NH_4Cl + 2NH_3$$

       乙炔   乙炔亚铜

炔化银及炔化亚铜的溶解度很小,反应后立即从水溶液中沉淀出来,反应很灵敏,现象很明显,可用于乙炔及 RC≡CH 型炔烃的定性检验。生成的金属炔化物在干燥时很危险,甚至在被撞击或震动情况下就会发生强烈爆炸,生成金属和碳。在反应结束时,必须加入稀硝酸使之

分解。

问题 5-14 用化学方法区别下列化合物。
$$CH_3CH_2CH_2CH=CH_2 \qquad CH_3CH_2CH_2C\equiv CH \qquad CH_3(CH_2)_3CH_3$$

2. 炔烃的亲电加成反应

炔烃与烯烃一样可以发生亲电加成反应,但由于炔键碳原子为 sp 杂化,其碳原子的电负性比烯键碳原子 sp^2 杂化的电负性略大,电子与 sp 杂化的碳原子结合得更紧密,因此炔键与亲电试剂发生亲电加成反应比烯键慢。

1) 加卤化氢

炔烃与卤化氢加成,生成相应的卤代烃,但炔烃与卤化氢的加成比烯烃慢。炔烃加卤化氢分两步进行,先加一分子卤化氢,生成乙烯式卤代烃,再加一分子卤化氢,生成二卤代烷,加成产物遵循马氏规则。例如

$$CH_3C\equiv CH + HCl \longrightarrow CH_3CCl=CH_2 \xrightarrow{HCl} CH_3CCl_2CH_3$$

乙烯式卤代烃中,由于卤原子使双键的反应活性降低,因此控制反应条件可以使反应停留在加一分子卤化氢的阶段。例如

$$CH_3(CH_2)_3C\equiv CH + HI \longrightarrow CH_3(CH_2)_3\underset{I}{C}=CH_2$$

2-碘-1-己烯

炔键在链中间时,加一分子卤化氢则生成反式加成产物。

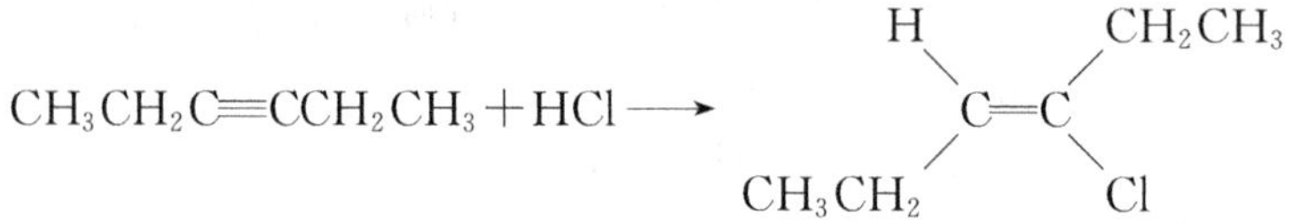

$$CH_3CH_2C\equiv CCH_2CH_3 + HCl \longrightarrow$$

3-己炔 　　　　　　　　　(Z)-3-氯-3-己烯

炔烃与卤化氢的加成也经过碳正离子中间体。炔键加氢质子得到乙烯式碳正离子,稳定性不如烷基碳正离子。相关碳正离子的稳定性次序如下:

$$R_3\overset{+}{C} > R_2\overset{+}{C}H > R\overset{+}{C}H_2 \qquad R\overset{+}{C}=CH_2 > RCH=\overset{+}{C}H$$

因此不同类型的炔烃与卤化氢发生亲电加成反应的速率次序为

$$RC\equiv CR' > RC\equiv CH > HC\equiv CH$$

与烯烃相似,在过氧化物存在下,炔烃与溴化氢按自由基机理加成,得到反马氏规则的加成产物。例如

$$CH_3(CH_2)_3C\equiv CH \xrightarrow[ROOR]{HBr} CH_3(CH_2)_3CH=CHBr \xrightarrow[ROOR]{HBr} CH_3(CH_2)_3CH_2CHBr_2$$

2) 水合反应

在汞盐(如硫酸汞)催化下,炔烃在稀酸(10% H_2SO_4)水溶液中,与水发生加成反应,先生成烯醇,然后烯醇异构化转变为更稳定的羰基$\left(\diagup C=O\right)$化合物。

$$RC\equiv CH + H-\overset{+}{O}H_2 \longrightarrow R\overset{+}{C}=CH_2 \xrightarrow{H_2\ddot{O}} RC=CH_2$$
$$\phantom{RC\equiv CH + H-\overset{+}{O}H_2 \longrightarrow R\overset{+}{C}=CH_2 \xrightarrow{H_2\ddot{O}} RC=CH_2}\overset{|}{\underset{+OH_2}{}}$$

$$RC=CH_2 \xrightarrow[-H^+]{H_2O} RC=CH_2 \longrightarrow RCCH_3$$
$$\underset{+OH_2}{|} \qquad\qquad \underset{OH}{|} \qquad\qquad \underset{O}{\|}$$
$$\text{烯醇} \qquad \text{酮}$$

炔烃加水的反应产物遵循马氏规则,因此,只有乙炔加水生成乙醛,其他炔加水都生成酮。例如

$$HC\equiv CH + H_2O \xrightarrow[HgSO_4]{H_2SO_4} CH_3CHO$$

$$CH_3CH_2CH_2C\equiv CCH_2CH_2CH_3 + H_2O \xrightarrow[HgSO_4]{H_2SO_4} CH_3CH_2CH_2\underset{\underset{O}{\|}}{C}CH_2CH_2CH_3$$

链端炔烃加水生成甲基酮,即

$$RC\equiv CH + H_2O \xrightarrow[HgSO_4]{H_2SO_4} R\underset{\underset{O}{\|}}{C}CH_3$$

炔键在链中间的不对称炔烃生成两种酮的混合物,即

$$RC\equiv CR' + H_2O \xrightarrow[HgSO_4]{H_2SO_4} R\underset{\underset{O}{\|}}{C}CH_2R' + RCH_2\underset{\underset{O}{\|}}{C}R'$$

最近已用铜或锌的磷酸盐代替毒性很大的汞盐作为催化剂。

3) 加卤素

1 mol 炔烃与 2 mol 氯或溴加成,生成四卤代烷。炔烃与卤素的加成比烯烃慢,加氯时需在三氯化铁($FeCl_3$)或氯化亚锡($SnCl_2$)催化下进行。例如

$$CH_3C\equiv CH + Cl_2 \xrightarrow{FeCl_3} CH_3C=CHCl \xrightarrow{Cl_2} CH_3CCl_2CHCl_2$$
$$\phantom{CH_3C\equiv CH + Cl_2 \xrightarrow{FeCl_3} CH_3C=CHCl}\underset{Cl}{|}$$

当分子内同时存在烯键和炔键时,烯键优先与卤素加成。例如

$$CH_2=CHCH_2C\equiv CH + Br_2(1\ mol) \longrightarrow CH_2-CHCH_2C\equiv CH$$
$$\underset{Br}{|}\underset{Br}{|}$$

$$\text{1-戊烯-4-炔} \qquad\qquad\qquad \text{4,5-二溴-1-戊炔}$$

炔烃能使 Br_2/CCl_4 溶液褪色,但褪色的速度比烯烃慢。Br/CCl_4 溶液可用作炔烃的定性鉴定试剂。

4) 硼氢化反应

炔烃与乙硼烷发生顺式加成反应,硼原子加到炔键上位阻小的一端,生成相应的乙烯基硼烷。乙烯基硼烷用过氧化氢在碱性条件下氧化,得到烯醇,相当于炔键按反马氏规则加上一分子水。烯醇不稳定,立即异构化成醛或酮。

$$RC\equiv CH + B_2H_6 \longrightarrow \left[\begin{array}{c}R\quad H\\ \diagdown C=C\diagup \\ \diagup\quad\quad\diagdown\\ H\quad\quad\end{array}\right]_3 B \xrightarrow[HO^-]{H_2O_2} \left[\begin{array}{c}R\quad H\\ \diagdown C=C\diagup \\ \diagup\quad\quad\diagdown\\ H\quad OH\end{array}\right] \longrightarrow RCH_2CHO$$

由于硼原子加到炔键上位阻较小的一端，因此链端炔烃经硼氢化-氧化后得到醛。不对称 1,2-二取代乙炔通常得到两种酮的混合物，因此没有制备的意义。

乙烯基硼烷经酸处理生成顺式烯烃。例如

$$C_2H_5C\equiv CC_2H_5 + B_2H_6 \longrightarrow \left[\begin{array}{c}C_2H_5\quad C_2H_5\\ \diagdown C=C\diagup\\ \diagup\quad\quad\diagdown\\ H\quad\quad H\end{array}\right]_3 B \xrightarrow{CH_3COOH} \begin{array}{c}C_2H_5\quad C_2H_5\\ \diagdown C=C\diagup\\ \diagup\quad\quad\diagdown\\ H\quad\quad H\end{array}$$

(Z)-3-己烯

问题 5-15 写出下列反应的主要产物。

(1) $CH_3CH_2C\equiv CH + H_2O \xrightarrow[5\%HgSO_4]{10\%H_2SO_4}$

(2) $CH_3C\equiv CH \xrightarrow{B_2H_6} \xrightarrow[HO^-]{H_2O_2}$

3. 炔烃的氧化

炔烃经臭氧化水解或高锰酸钾氧化，碳碳叁键发生断裂，生成相应的羧酸。例如

$$CH_3(CH_2)_3C\equiv CH \xrightarrow[CCl_4]{O_3} \xrightarrow{H_2O} CH_3(CH_2)_3COOH + HCOOH$$

$$CH_3CH_2CH_2C\equiv CCH_2CH_3 \xrightarrow[OH^-]{KMnO_4} \xrightarrow{H^+} CH_3CH_2CH_2COOH + CH_3CH_2COOH$$

根据生成的氧化产物中羧酸的结构，可以推测炔键所在的位置。与烯烃一样，炔烃能使 $KMnO_4$ 溶液褪色，同时生成二氧化锰沉淀。$KMnO_4$ 溶液可用作炔烃的定性鉴定试剂。

4. 炔烃的加氢和还原

在通常的铂或钯催化剂催化下，炔烃加氢生成烷烃，反应很难停留在烯键的阶段。

用特殊方法制备的林德拉(Lindlar)Pd 催化剂（将金属钯细粉沉淀在碳酸钙上，再用乙酸铅溶液处理，降低其活性）使炔烃催化加氢，能得到只加一分子氢的顺式烯烃。例如

$$CH_3(CH_2)_7C\equiv C(CH_2)_7COOH + H_2 \xrightarrow{\text{林德拉 Pd}} \begin{array}{c}CH_3(CH_2)_7\quad (CH_2)_7COOH\\ \diagdown C=C\diagup\\ \diagup\quad\quad\diagdown\\ H\quad\quad H\end{array}$$

硬脂炔酸　　　　　　　　　　　　　　　　油酸(顺式)

在吡啶中，将钯沉淀在硫酸钡上制得的催化剂也能使炔键顺式加一分子氢，得到顺式烯烃的衍生物。

在液氨中，用碱金属(Li、Na、K)还原炔烃，主要生成反式烯烃。例如

$$CH_3CH_2C\equiv CCH_2CH_3 \xrightarrow[\text{② } NH_3, H_2O]{\text{① } Na, NH_3(l)} \begin{array}{c}CH_3CH_2\quad H\\ \diagdown C=C\diagup\\ \diagup\quad\quad\diagdown\\ H\quad\quad CH_2CH_3\end{array}$$

炔烃利用林德拉 Pd 催化加氢和 Na+NH₃(l) 还原,可以分别得到顺式和反式烯烃,在制备具有一定构型的烯烃时是很有用的。例如,雌性苍蝇的性引诱素为(Z)-4-十三碳烯,可通过下列方法合成得到:

$$CH_3CH_2CH_2C{\equiv}CH \xrightarrow{NaNH_2} CH_3CH_2CH_2C{\equiv}CNa \xrightarrow{CH_3(CH_2)_6CH_2Cl}$$

$$CH_3CH_2CH_2C{\equiv}CCH_2(CH_2)_6CH_3 \xrightarrow[H_2]{林德拉 Pd} \underset{H}{\overset{CH_3CH_2CH_2}{\diagdown}}C{=}C\underset{H}{\overset{CH_2(CH_2)_6CH_3}{\diagup}}$$

这是立体构型专一性很强的一个例子。

问题 5-16 写出下列炔烃分别被臭氧和碱性高锰酸钾溶液氧化的主要产物。
(1) $CH_3CH_2C{\equiv}CH$　　(2) $CH_3CH_2CH_2C{\equiv}CCH_3$

5.3.5 共振结构理论简介和共振式

1. 共振论简介

共振论是 1931 年由鲍林(Pauling)首先提出的用来描述分子价键结构的一种电子结构理论。

对于绝大多数的分子,可以写出单一的结构式,并能用其说明该分子的性质。例如,乙烷、乙烯和乙炔分子只有单一的价键结构式,分别表示为

但有些分子却不能用单一的价键结构式来描述,它或许可能写出两个或两个以上更多的价键结构式。例如,1,3-丁二烯可以写出下列 7 个价键结构式:

$$CH_2{=}CH{-}CH{=}CH_2 \leftrightarrow \bar{C}H_2{-}CH{=}CH{-}\overset{+}{C}H_2 \leftrightarrow \overset{+}{C}H_2{-}CH{=}CH{-}\bar{C}H_2$$
$$\leftrightarrow \overset{+}{C}H_2{-}\bar{C}H{-}CH{=}CH_2 \leftrightarrow \bar{C}H_2{-}\overset{+}{C}H{-}CH{=}CH_2$$
$$CH_2{=}CH{-}\bar{C}H{-}\overset{+}{C}H_2 \leftrightarrow CH_2{=}CH{-}\overset{+}{C}H{-}\bar{C}H_2$$

但在这多个价键结构式中,任何一个价键结构式都不能完全满意地表征该分子的性质。鉴于这种情况,共振论认为:当一个分子、离子或自由基可以写出一个以上的价键结构式时,其真实分子、离子或自由基的状态并不能用众多价键结构式中的任何一个价键结构式来表示,而是介于这众多价键结构式之间的状态。既客观存在但又是假想的真实分子结构,是这些多个价键结构式共振的结果,称为共振杂化体。这多个价键结构式称为共振杂化体的共振式,共振式之间用双向箭头"↔"表示它们之间的共振关系。这些价键结构式只是分子永远达不到的,并不存在的极限式。必须提醒的是,共振杂化体并不是各极限式的混合物,也不是互变的平衡体系,而是一个确定的真实分子、离子或自由基的单一体,只是不能用任何一个极限结构式来表达。正因为无法用一个合适的结构式来表达这种共振杂化体,所以实际上只能借用一些实际并不存在的极限结构式来代表共振杂化体。

各个价键结构式对共振杂化体的贡献大小并不相同,相应的价键结构式越稳定,对共振杂

化体的贡献也越大。

2. 共振结构式书写的基本原则

(1) 在各共振结构式中,各元素必须符合合理的化合价。例如,碳原子必须符合四价的原则,凡第二周期的元素其价电子层的电子不能多于八个电子等。例如

$$CH_3-\overset{+}{N}\begin{matrix}\ddot{\ddot{O}}:^-\\ \ddot{\ddot{O}}:\end{matrix} \longleftrightarrow CH_3-\overset{+}{N}\begin{matrix}\ddot{\ddot{O}}:\\ \ddot{\ddot{O}}:^-\end{matrix} \overset{\times}{\longleftrightarrow} CH_3-N\begin{matrix}\ddot{\ddot{O}}:\\ \ddot{\ddot{O}}:\end{matrix}$$

(2) 在同一化合物的各共振结构式中,各原子在空间的位置固定不变,各共振结构式之间只是因电子的转移,导致电子的排布不同。例如

$$CH_2=CH-\overset{+}{C}H-CH_3 \longleftrightarrow \overset{+}{C}H_2-CH=CH-CH_3$$

$$\underset{OH}{\overset{CH_2=CCH_3}{|}} \overset{\times}{\longleftrightarrow} \underset{O}{\overset{CH_3CCH_3}{\|}}$$

(3) 在同一化合物的各共振结构式中,必须保持配对电子或未配对电子的数目相同。例如

$$CH_2=CH-\dot{C}H_2 \longleftrightarrow \dot{C}H_2-CH=CH_2$$

$$CH_2=CH-\dot{C}H_2 \overset{\times}{\longleftrightarrow} \dot{C}H_2-\dot{C}H-\dot{C}H_2$$

3. 极限结构式的贡献

(1) 在同一化合物的各共振结构式中,凡属于周期表中第一周期和第二周期的原子满足稀有气体元素电子构型的,对共振杂化体的贡献比没有满足相应电子构型的大。例如

$$H_2C=\overset{+}{\ddot{O}}H \longleftrightarrow H_2\overset{+}{C}-\ddot{\ddot{O}}H$$

前者碳和氧原子外层都满足八电子结构,后者碳原子外层不满足八电子结构,所以前者对共振杂化体的贡献较大。

(2) 同一化合物的各共振结构式对共振杂化体的贡献大小不一样。等价的共振结构式对共振杂化体的贡献相同。例如

前两个共振结构式对苯的共振杂化体的贡献较大,贡献也相同。

(3) 在同一化合物的各共振结构式中,共价键数目多的比共价键数目少的共振结构式稳定,稳定的共振结构式对共振杂化体的贡献也大。没有电荷分离的比有电荷分离的对共振杂化体的贡献大。例如

$$CH_2=CH-CH=CH_2 \longleftrightarrow \bar{C}H_2-CH=CH-\overset{+}{C}H_2 \longleftrightarrow \overset{+}{C}H_2-CH=CH-\bar{C}H_2$$

第一个共振式有 11 个共价键,又没有电荷分离,所以比后两个只有 10 个共价键,且有电荷分离的结构式稳定,对共振杂化体的贡献也大。

(4) 凡键角和键长变形较大的共振结构式,对共振杂化体的贡献小。例如,在苯的共振结

构式中,杜瓦(Dewar)苯就比环己三烯结构式对苯的共振杂化体贡献小。

(5)在各共振结构式中,凡负电荷处在电负性较大的原子上比处在电负性较小的原子上稳定。例如

$$:\overset{-}{C}H_2—CH=\overset{..}{\overset{..}{O}}: \longleftrightarrow CH_2=CH—\overset{..}{\overset{..}{O}}:^-$$

在两个共振结构式中,后者负电荷处在电负性较大的氧原子上,所以后者比前者稳定,对共振杂化体的贡献也大。

(6)对共振杂化体,凡能写出参加共振的极限结构式的数目越多,该共振杂化体越稳定。

问题 5-17 指出下列各对共振结构式中,哪一个共振结构式对共振杂化体的贡献较大。

(1) $(CH_3)_2\overset{+}{C}—CH=CH_2 \longleftrightarrow (CH_3)_2C=CH—\overset{+}{C}H_2$

(2) $CH_3\overset{·}{C}HCH=CH_2 \longleftrightarrow CH_3CH=CH\overset{·}{C}H_2$

(3) $^-CH_2CCH_3 \longleftrightarrow CH_2=CCH_3$
    $\| |$
    $O O^-$

(4) $CH_2=CH—\overset{..}{\overset{..}{Br}}: \longleftrightarrow :\overset{-}{C}H_2—CH=\overset{+}{Br}$

小 结

1. 烯烃和炔烃的结构

1) 碳碳双键和碳碳叁键

碳碳双键是烯烃中的官能团,又称烯键,由一个 σ 键和一个 π 键组成。烯键上的两个碳原子为 sp^2 杂化,各用一个 sp^2 杂化轨道互相交盖重叠,生成碳碳 σ 键,各用一个垂直于三个 sp^2 杂化轨道所在平面的 p 轨道从侧面交盖重叠,生成 π 键。π 键的键能比 σ 键的键能弱。烯键两个碳原子及与两个碳原子所连的原子或基团在同一平面内。碳碳双键中 π 电子受原子核的束缚较小,流动性较大,容易在外界电场的影响下发生极化,受亲电试剂的进攻发生亲电加成反应。

碳碳叁键是炔烃中的官能团,又称炔键,由一个 σ 键和两个 π 键组成。炔键上的两个碳原子为 sp 杂化,各用一个 sp 杂化轨道互相交盖重叠,生成碳碳 σ 键,各用两个相互垂直的 p 轨道从侧面交盖重叠,生成两个 π 键。炔键中两个碳原子及与两个碳原子所连的原子或基团在同一直线上。π 键的键能比 σ 键的键能弱。碳碳叁键受亲电试剂的进攻发生亲电加成反应。

2) 不饱和度

烯烃和炔烃的通式分别为 C_nH_{2n} 和 C_nH_{2n-2},不饱和度分别为 1 和 2。

2. 烯烃和炔烃的异构和命名

烯烃和炔烃的异构都有属于构造异构的碳架异构和不饱和键所在的位置异构。炔烃的异构比烯烃简单,烯烃有属于构型异构的顺反异构,炔烃没有顺反异构。

烯烃和炔烃的命名及书写如下:选择含双键或叁键在内的最长碳链为母体,称某烯或某炔;从距双键或叁键最近的一端开始给碳链编号,把双键或叁键碳原子中较小的编号用阿拉伯数字标在母体名称的前面,表示双键或叁键的位置;把取代基及取代基位置的编号放在烯烃或

炔烃母体的前面；烯烃中双键有不同构型时，把构型标在最前面。

烯烃的构型异构可以用顺、反或 Z、E 表示。但顺、反和 Z、E 之间没有任何对应关系。

3. 烯烃的化学反应

1) 离子型加成反应

(1) 加卤化氢。特点：反应经碳正离子中间体，分两步进行，产物符合马氏规则，可能有经碳正离子重排的加成产物。反应活性为 HI>HBr>HCl。与 HCl 加成时最好有 $AlCl_3$ 或 $ZnCl_2$ 等路易斯酸催化。

(2) 加卤素。特点：反应经卤素鎓离子中间体，分两步进行，得到反式加成产物，一般不发生碳架的重排。反应活性为 $Cl_2>Br_2>I_2$。

(3) 水合反应。特点：反应在酸催化下经碳正离子中间体，分两步进行，相当于双键上加入一分子水，产物为醇，符合马氏规则。反应中容易发生碳架的重排。

(4) 加次卤酸。特点：反应一般也经卤素鎓离子中间体，分两步进行，得到反式加成产物 β-卤代醇，产物符合马氏规则。

2) 自由基加成反应

在过氧化物存在下，烯烃与 HBr(仅限 HBr)发生自由基加成反应，对于不对称烯烃，加成产物是反马氏规则的卤代烃。

3) 协同的加成反应

协同反应通常是指反应底物与反应试剂反应生成相应的产物，反应过程中仅有过渡态，而没有中间体。

(1) 硼氢化-氧化反应。特点：烯烃的硼氢化-氧化反应是顺式加成反应，经烷基甲硼烷，在碱性条件下被过氧化氢氧化为醇，相当于在双键上以反马氏规则加上一分子水。

(2) 与卡宾的加成。卡宾又称碳烯，通式为 R_2C：(R=H、R、X)。卡宾本身只能作为反应活性中间体存在。烯烃与卡宾以顺式加成，生成环丙烷衍生物。

4) 氧化反应

(1) 高锰酸钾氧化。烯烃与稀、冷高锰酸钾的碱性溶液反应，经五元环中间体生成顺式的邻位二醇。在较高温度或在酸性条件下氧化，则碳碳双键发生断裂，根据烯键的结构不同，生成酮或酸。

(2) 过酸氧化。烯烃与过酸反应生成环氧化物，后者在水溶液中开环，生成反式的邻位二醇。

5) 催化加氢

在过渡金属 Pt、Pd、Ni 等催化下，烯烃和氢分子被吸附在催化剂表面，生成相应的加氢产物烷烃。碳碳双键上的取代基增多，加氢速率减慢。

6) 烯键 α-氢的卤化

在光照、加热或自由基引发剂存在下，卤素与烯烃反应，在烯键的 α-位发生自由基卤化反应，生成相应的烯丙基卤代烃。

4. 共轭二烯的反应

(1) 1,2-加成及 1,4-共轭加成。低温条件下，主要得到动力学控制的 1,2-加成产物，较高反应温度下，主要得到热力学控制的 1,4-加成产物。

(2) 第尔斯-阿尔德反应。共轭二烯与亲二烯体经环状过渡态的协同机理进行 1,4-共轭加成，生成六元环的化合物，反应具有较高的立体专一性。反应为可逆反应，在较高温度下，加成产物分解为共轭二烯和相应的不饱和化合物。

凡富电子的共轭二烯和缺电子的亲二烯体都有利于第尔斯-阿尔德反应的进行。

5. 炔烃的化学反应

炔烃的化学反应主要包括炔键上的反应和末端炔烃炔键上活性氢的反应。

1) 炔键上的亲电加成

(1) 加卤化氢。特点：炔烃加卤化氢遵循马氏规则；因卤素原子的吸电子效应，反应可以停留在加一分子卤化氢的阶段，主要生成反式加成产物，加成反应速率比烯烃慢。

(2) 加卤素。特点：炔烃与等物质的量的卤素加成生成反式二卤代烯烃，与 2 mol 卤素加成生成四卤代烷。加成反应速率比烯烃慢。

(3) 水合反应。在酸和汞盐催化下，炔键水合生成符合马氏规则的加成产物烯醇，烯醇不稳定，立即互变生成羰基化合物醛或酮。链端炔烃生成甲基酮。

2) 硼氢化-氧化反应。炔键的硼氢化-氧化的机理与烯烃相似，生成反马氏规则的加成产物烯醇，烯醇互变生成相应的醛或酮，链端炔烃生成醛。

3) 炔烃的氧化

炔键经臭氧、高锰酸钾等氧化剂氧化，发生炔键断裂，生成羧酸。

4) 炔烃的还原

(1) 炔烃催化加氢一般很难停留在烯烃的阶段，但用林德拉 Pd 催化，加氢可以停留在烯键的阶段，得到顺式烯烃。

(2) 炔烃用碱金属在液氨中还原，可以得到反式烯烃。

5) 末端炔烃炔键上活性氢的反应

炔键上的氢具有一定的酸性，可以与强碱作用生成相应的金属炔化物。后者是能提供碳负离子的强碱，也是一个很强的亲核试剂。

6. 诱导效应与共轭效应

诱导效应是经 σ 键传递的永久的电子效应，诱导效应用 I 表示。+I 表示给电子的诱导效应，-I 表示吸电子的诱导效应。诱导效应沿碳链传递时很快减弱，通常传递两三个碳原子后就可以忽略不计。

共轭效应是共轭体系中的电子离域共享作用，共轭效应用 C 表示。+C 表示给电子的共轭效应，-C 表示吸电子的共轭效应。有 π-π 共轭、p-π 共轭、σ-π 超共轭和 σ-p 超共轭。

7. 共振结构式

当一个分子、离子或自由基可以写出一个以上的经典结构式时，其真实分子、离子或自由基的状态是这些多个经典结构式共振的结果，称为共振杂化体，各经典结构式称为共振式。共振式的书写必须遵循一定的规则，共振式之间用专用符号双向箭头"⟷"表示。

习　题

1. 写出己烯的所有异构体，并用系统命名法命名。
2. 写出共轭的甲基戊二烯的同分异构体，并用系统命名法命名。
3. α-法尼烯是存在于苹果皮或天然蜡中的一种物质，其结构为

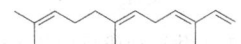

请给出它的系统命名。

4. 完成下列反应方程式，写出主要产物。

(1) $(CH_3)_3CCH=CH_2 + HBr \longrightarrow$

(2) $(CH_3)_2CH=CHCH_3 \xrightarrow{\text{① } O_3}_{\text{② } Zn/H_2O}$

(3) ⬡ $+ Cl_2/H_2O \longrightarrow$

(4) ⬡$-CH_3 + KMnO_4 \longrightarrow$

(5) $CH_3CH=CH_2 + HBr \xrightarrow{ROOR}$

(6) $\begin{array}{c}H_3C\\ \\ H\end{array}\!\!C\!\!=\!\!C\!\!\begin{array}{c}CH_2CH_3\\ \\ CH_3\end{array} \xrightarrow{CH_3CO_3H, H_2O}$

(7) ⬡ $+ CH_2=CHCHO \xrightarrow{\triangle}$

(8) $(CH_3)_2C=CH_2 \xrightarrow{\text{① } B_2H_6}_{\text{② } H_2O_2, NaOH}$

(9) $CH_3CH_2C\equiv CH + H_2O \xrightarrow[H_2SO_4]{HgSO_4}$

(10) ⬡ + (succinimide)NBr $\xrightarrow[CCl_4, \triangle]{(C_6H_5COO)_2}$

5. 比较下列各组烯烃中哪一个相对较稳定,并给予适当解释。

(1) $(CH_3)_2C=CH_2$、$CH_3CH_2CH=CH_2$

(2) (E)-2-丁烯、2-甲基-2-丁烯

(3) (Z)-2-己烯、(E)-2-己烯

6. 利用化学方法区别下列各组化合物。

(1) $CH_3CH_2C\equiv CCH_3$、$CH_3(CH_2)_3C\equiv CH$、$CH_3CH=CH-CH=CH_2$

(2) ⬡、⬡$=CH_2$

7. 完成下列反应方程式,写出其主要产物。

(1) $CH_2=C\!\!\begin{array}{c}CH_3\\ |\\ \end{array}\!\!-\!\!C\!\!\begin{array}{c}CH_3\\ |\\ \end{array}\!\!=CH_2 + HBr \longrightarrow$

(2) $CH_3CH=CH-CH=CH_2 + HBr \xrightarrow{ROOR}$

(3) $CH_3C\equiv CCH_3 + D_2 \xrightarrow{\text{林德拉 Pd}}$

(4) $C_6H_5CH=CH-CH=CH_2 + Br_2 (1 \text{ mol}) \longrightarrow$

8. 用反应机理解释下列实验事实。

(1) $(CH_3)_2CHCH=CH_2 + HBr \longrightarrow (CH_3)_2CCH_2CH_3 + (CH_3)_2CHCHCH_3$
                                                        | |
                                                       Br   Br

(2) (1,1-二甲基环戊基-CH=CH_2) $+ H_2O \xrightarrow{H^+}$ (1,2-二甲基环己醇)

9. 讨论 2-甲基-1,3-丁二烯与 HBr 发生 1,4-共轭加成反应的中间体和产物。

10. 推测下列化合物的结构式。

(1) 化合物 A,分子式为 $C_{15}H_{24}$,催化氢化,可以吸收 4 mol H_2,得到下列还原产物

$(CH_3)_2CHCH_2CH_2CH(CH_3)CH_2CH_2CH(CH_3)CH_2CH_3$。A 经臭氧化-还原性水解后,得到两分子 CH_2O、一分子 CH_3COCH_3、一分子 $CH_3COCH_2CH_2CHO$ 和一分子 $OHCCH_2CH_2COCHO$,试推测化合物的结构式(不考虑构型)。

(2) 化合物 A,分子式为 C_6H_{12},能使 Br_2/CCl_4 溶液褪色,A 经热的酸性高锰酸钾溶液氧化得到 C_4H_9COOH,此酸可以拆分为一对对映异构体。试推测 A 的结构式,并用反应方程式表示其反应。

(3) 某碳氢化合物 A,分子式为 C_8H_{12},能使 $KMnO_4$ 溶液及 Br_2/CCl_4 溶液褪色,与 $HgSO_4$-H_2SO_4 溶液反应得一羰基化合物,与氯化亚铜的氨溶液反应生成砖红色沉淀,经臭氧化后,用水处理得环己基甲酸 (⬡—COOH)。试推测 A 的结构式,并用反应方程式表示各步反应。

第6章 卤代烃 醇 醚

主要内容

(1) 讨论卤代烃、醇和醚的结构特征、分类和命名。
(2) 讨论卤代烃、醇和醚的物理性质和化学性质。
(3) 从卤代烃、醇和醚三种不同类型化合物的主要反应共性出发,讨论饱和碳原子上的亲核取代反应(卤素、羟基的取代和醚链的断裂)的特征。着重讨论 S_N1 和 S_N2 反应机理、影响 S_N1 和 S_N2 反应的主要因素和产物的立体化学特征。
(4) 从 E1 和 E2 反应机理出发,讨论影响 E1 和 E2 反应的因素、消除反应的立体化学要求、消除产物的择向性及构型特征。
(5) 讨论其他相关的反应。

烷烃分子中的氢原子被卤素、羟基和烷氧基取代分别得到卤代烃、醇和醚。这些都是饱和碳原子上的氢原子被吸电子基团取代的产物,在某些反应上有共同的特征。

6.1 卤 代 烃

卤代烃(halohydrocarbon)是指烃分子中的一个或几个氢原子被卤素原子取代后生成的化合物总称。脂肪族一卤代烃的通式为 RX,卤原子是卤代烃的官能团。相对来说,卤代烃中以氯代烃和溴代烃最为重要。卤代烃主要为人工合成产物,自然界只有在海洋生物中存在少数某些卤代烃。

6.1.1 卤代烃的结构、分类和命名

1. 卤代烃的结构

卤代烃中卤原子直接与碳原子相连,由于卤原子的电负性比碳原子大,在 C—X 键中,电子云偏向卤原子一边,卤原子带部分负电荷,与卤原子相连的碳原子带部分正电荷($C^{\delta+}$—$X^{\delta-}$),生成的 C—X 键为极性共价键。

分子的偶极矩对分子的物理性质和化学性质有直接的影响。

2. 卤代烃的分类

主要根据与卤原子相连的烃基结构的不同对卤代烃进行分类。卤原子与脂肪烃基相连的称为脂肪族卤代烃,脂肪族卤代烃又可以按烃基是否饱和分为饱和卤代烃及不饱和卤代烃。例如

CH₃CH₂CH₂Cl   CH₃CH=CHCl   CH₃C≡CCH₂Cl

饱和卤代烃   不饱和卤代烃

卤原子直接与芳香环(见第 7 章)相连的称为芳香族卤代烃。例如

芳香族卤代烃

根据所含卤原子数目的不同,卤代烃可分为一卤代烃和多卤代烃。对于一卤代烃,根据卤原子连接的碳原子为伯碳原子、仲碳原子或叔碳原子,分别称为伯卤代烃、仲卤代烃或叔卤代烃。例如

RCH₂X   R₂CHX   R₃CX
伯卤代烃   仲卤代烃   叔卤代烃

根据所含卤素不同,卤代烃又可分为氟代烃、氯代烃、溴代烃和碘代烃。

3. 卤代烃的命名

常按照普通命名法命名简单卤代烃,根据与卤原子相连的烃基不同称为"某基卤"或"卤(代)某烃"。例如

CH₃CH₂CH₂I   CH₂=CHCH₂Br   (CH₃)₂CHCH₂CH₂Cl
(正)丙基碘烷   丙基溴   异戊基氯
(n-propyl iodide)   (allyl bromide)   (isopentyl chloride)

CH₃CH₂Cl   CH₂=CHBr   ⌬—Cl
氯乙烷   溴乙烯   氯苯
(ethyl chloride)   (vinyl bromide)   (chlorobenzene)

普通命名法只适用于简单的卤代烃,对于比较复杂的卤代烃都必须按系统命名法命名。这时把卤素作为烃的取代基,按烃的命名原则命名,选择含有卤原子的最长碳链为主链。对于不饱和卤代烃,也是将卤素作为取代基,遵循不饱和烃的命名原则命名,编号时使不饱和键的位次为最低。若有立体构型,则将构型标在名称的最前面。例如

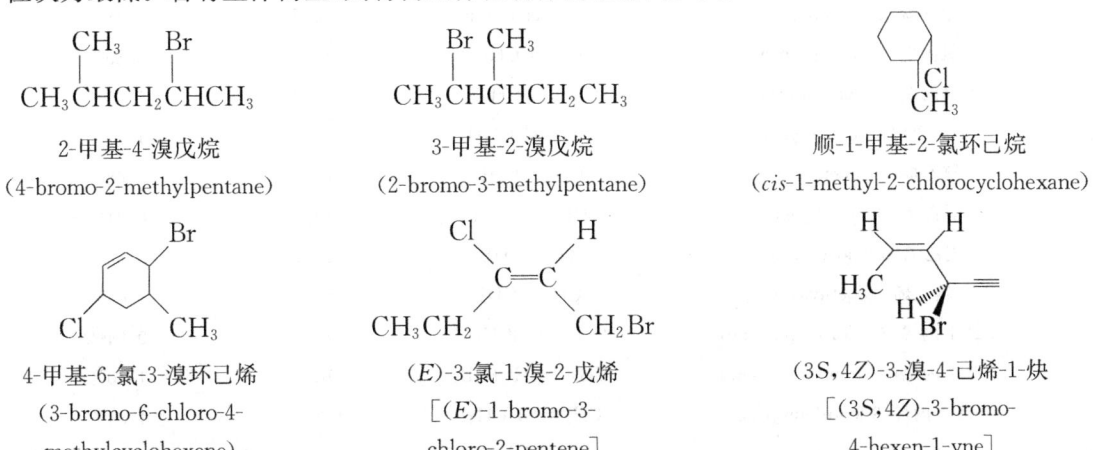

2-甲基-4-溴戊烷   3-甲基-2-溴戊烷   顺-1-甲基-2-氯环己烷
(4-bromo-2-methylpentane)   (2-bromo-3-methylpentane)   (cis-1-methyl-2-chlorocyclohexane)

4-甲基-6-氯-3-溴环己烯   (E)-3-氯-1-溴-2-戊烯   (3S,4Z)-3-溴-4-己烯-1-炔
(3-bromo-6-chloro-4-   [(E)-1-bromo-3-   [(3S,4Z)-3-bromo-
methylcyclohexene)   chloro-2-pentene]   4-hexen-1-yne]

某些多卤代烃经常使用俗名。例如,三氯甲烷(CHCl₃)常称为氯仿(chloroform)。

问题 6-1 写出 $C_5H_{11}Cl$ 的所有同分异构体，并用系统命名法命名。

问题 6-2 用系统命名法命名下列化合物。

(1) (2) (3) (4)

6.1.2 卤代烃的物理性质及波谱特征

由于卤代烃比相同碳原子数烷烃的相对分子质量大，并且 C—X 键的存在使分子的极性增大，因此卤代烃的沸点都比相应的烷烃高。大多数卤代烃在室温下为液体，少数卤代烃如氯甲烷、溴甲烷、氯乙烷、氯乙烯和 C_4 以下的一氟卤代烃等为气体，高级卤代烃则为固体。对于烃基相同的卤代烃，沸点随卤素原子的不同，相对分子质量的增加而升高。在链状卤代烃的同分异构体中，支链分子的沸点比直链低，支链越多，沸点越低。卤代烃的相对密度比相应的烷烃大，除一氟代烃、一氯代烃的相对密度小于 1，比水轻外，溴代烃和碘代烃及多卤代烃的相对密度都大于 1，比水的密度大。常见卤代烃的沸点和相对密度见表 6-1。

表 6-1 常见卤代烃的沸点和相对密度

化合物	结构式	沸点/℃	相对密度
氟甲烷(fluoromethane)	CH_3F	−78.4	0.84^{-60}
氯甲烷(chloromethane)	CH_3Cl	−23.8	0.92^{20}
溴甲烷(bromomethane)	CH_3Br	3.6	1.73^{0}
碘甲烷(iodomethane)	CH_3I	42.5	2.28^{20}
氟乙烷(fluoroethane)	CH_3CH_2F	−37.7	0.72^{20}
氯乙烷(chloroethane)	CH_3CH_2Cl	12.3	0.91^{15}
溴乙烷(bromoethane)	CH_3CH_2Br	38.4	1.44^{20}
碘乙烷(iodoethane)	CH_3CH_2I	72.3	1.95^{20}
1-氟丙烷(1-fluoropropane)	$CH_3CH_2CH_2F$	−2.5	0.78^{-3}
1-氯丙烷(1-chloropropane)	$CH_3CH_2CH_2Cl$	46.6	0.89^{20}
1-溴丙烷(1-bromopropane)	$CH_3CH_2CH_2Br$	70.8	1.35^{20}
1-碘丙烷(1-iodopropane)	$CH_3CH_2CH_2I$	102.5	1.74^{20}
氟乙烯(fluoroethylene)	$CH_2=CHF$	−72	0.68^{26}
氯乙烯(chloroethylene)	$CH_2=CHCl$	−13.9	0.91^{20}
溴乙烯(bromoethylene)	$CH_2=CHBr$	15.6	1.52^{14}
碘乙烯(iodoethylene)	$CH_2=CHI$	56	2.04^{20}
3-氯-1-丙烯(3-chloro-1-propene)	$CH_2=CHCH_2Cl$	45	0.94^{20}
3-溴-1-丙烯(3-bromo-1-propene)	$CH_2=CHCH_2Br$	70	1.40^{20}
3-碘-1-丙烯(3-iodo-1-propene)	$CH_2=CHCH_2I$	102	1.84^{22}
氟苯(fluorobenzene)	C_6H_5F	85	1.02^{20}
氯苯(chlorobenzene)	C_6H_5Cl	132	1.10^{20}

续表

化合物	结构式	沸点/℃	相对密度
溴苯(bromobenzene)	C_6H_5Br	155.5	1.52^{20}
碘苯(iodobenzene)	C_6H_5I	188.5	1.82^{20}
二氯甲烷(dichloromethane)	CH_2Cl_2	40	1.34^{20}
三氯甲烷(chloroform)	$CHCl_3$	61	1.49^{20}
四氯甲烷(tetrachloromethane)	CCl_4	77	1.60^{20}

卤代烃不溶于水,可溶于多种有机溶剂,如脂肪烃、芳烃、醚、醇、乙酸乙酯等。卤代烃能溶解多种有机化合物,所以氯仿、二氯甲烷等常作为有机溶剂使用,但是卤代烃如氯仿、四氯化碳等会引起肝脏慢性中毒,还可能有致癌作用,使用时应特别注意。

在卤代烃的 $^1H\ NMR$ 谱中,由于卤素的电负性比碳原子大,直接与卤原子相连的碳原子(α-碳原子)上的电子密度减小,因此该碳原子上的质子受到的屏蔽效应也减小,质子的化学位移向低场移动,且化学位移值随卤原子电负性的增加而增加。例如

$$\begin{array}{cccc} F-C-\underline{H} & Cl-C-\underline{H} & Br-C-\underline{H} & I-C-\underline{H} \\ \delta\quad 4\sim4.5 & 3\sim4 & 2.5\sim4 & 2.5\sim4 \end{array}$$

卤代烃的红外光谱中,因为 C—X 键的伸缩振动吸收都在指纹区,所以没有实际上的鉴定意义。

6.1.3 卤代烃的化学性质

1. 亲核取代反应

卤原子是卤代烃的官能团,卤代烃的化学反应主要发生在碳卤键(C—X)上。由于碳卤键是碳原子带部分正电荷、卤素原子带部分负电荷($C^{\delta+}-X^{\delta-}$)的极性共价键,这种共价键容易在极性试剂的作用下发生异裂,结果卤原子被其他原子或基团取代,生成各种类型的化合物。这里直接与卤原子相连的、带部分正电荷的碳原子是反应的中心碳原子(α-碳原子),极性试剂通常是带有负电荷的离子或带有未共用电子对的中性分子,称为亲核试剂(nucleophile reagent)。其通式为

$$Nu:^- + R-X \longrightarrow R-Nu + X:^-$$

式中,R—X 称为反应底物(substrate);Nu:⁻ 为亲核试剂;X⁻ 为反应中被取代的基团,称为离去基团(leaving group)。反应时,亲核试剂进攻卤代烃中带部分正电荷的中心碳原子,且提供未共用电子对与碳原子生成新的共价键,而卤代烃中的碳卤键发生共价键的异裂,卤原子则带着碳卤键中的一对共价电子离去。这种带部分正电荷的碳原子上的原子或基团在亲核试剂的进攻下被取代的反应称为亲核取代(nucleophilic substitution,简写为 S_N,S 代表取代,N 代表亲核)反应。反应式中的弯箭头表示电子转移的方向,箭头所指的位置是将要生成新的共价键或形成孤电子对的位置。

卤代烷(haloalkane)能与多种亲核试剂反应,分子中的卤原子被不同的原子或基团取代,从而生成不同类型的化合物,所以亲核取代反应是十分重要的反应。

常见的负离子亲核试剂有 HO^-、RO^-、CN^-、X^-、NH_2^-、O_2NO^-、$R'C\equiv C^-$ 等,实际使用时是用它们相应的碱金属化合物或金属盐。

$$RX + NaOH \longrightarrow ROH + NaX$$
卤代烷　氢氧化钠　　醇

$$RX + R'ONa \longrightarrow ROR' + NaX$$
卤代烷　醇钠　　醚

$$RX + NaCN \longrightarrow RCN + NaX$$
卤代烷　氰化钠　　腈

$$RX + NaNH_2 \longrightarrow RNH_2 + NaX$$
卤代烷　氨基钠　　胺

$$RX + R'C\equiv CNa \longrightarrow R'C\equiv CR + NaX$$
卤代烷　　炔化钠　　　炔

$$RX + AgNO_2 \longrightarrow RONO_2 + AgX\downarrow$$
卤代烷　硝酸银　　硝酸酯

卤素离子作为亲核试剂时,发生卤素的交换。由于碘化钠溶于丙酮,而溴化钠和氯化钠不溶于丙酮,因此异丙基溴与碘化钠-丙酮(NaI-CH_3COCH_3)溶液反应,可以得到异丙基碘,生成的溴化钠则从丙酮中沉淀出来。

$$CH_3\underset{\underset{Br}{|}}{C}HCH_3 + NaI \xrightarrow{CH_3COCH_3} CH_3\underset{\underset{I}{|}}{C}HCH_3 + NaBr\downarrow$$
异丙基溴　　碘化钠　　　　　异丙基碘　　　溴化钠

常见的中性分子作为亲核试剂的有 H_2O、$R'OH$、NH_3、$R'NH_2$ 等。例如

$$RX + H_2O \longrightarrow ROH + HX$$
卤代烷　水　　醇

$$RX + R'OH \longrightarrow ROR' + HX$$
卤代烷　醇　　醚

$$RX + NH_3 \longrightarrow RNH_2 + HX$$
卤代烷　氨　　胺

问题 6-3 写出正溴丁烷与下列试剂反应的产物。
(1) KOH-H_2O　　(2) $NaCN$-H_2O　　(3) C_2H_5ONa-C_2H_5OH
(4) $AgNO_3$-C_2H_5OH　　(5) NaI-CH_3COCH_3

---

2. 亲核取代反应的机理及其立体化学

在众多的有机化学反应机理中,饱和碳原子上的亲核取代反应是相对研究得较多、较成熟的反应机理。有机化学家从反应动力学、反应的立体化学、反应底物的结构、亲核试剂的性质、离去基团的性质及溶剂对反应速率的影响等方面进行了系统的研究,然后在大量实验事实的基础上,首先由英国化学家英戈尔德(C. K. Ingold)和休科斯(E. D. Hugkes)推测出两种典型的亲核取代反应机理,即双分子亲核取代(S_N2)反应和单分子亲核取代(S_N1)反应。

1) 双分子亲核取代(S_N2)反应机理

在双分子亲核取代反应中,亲核试剂(Nu^-)从离去基团(L)的背面进攻中心碳原子。当亲核试剂与中心碳原子之间逐渐成键时,离去基团与中心碳原子之间的键逐渐断裂,新键的形成和旧键的断裂是同步进行的协同过程。从这个意义上说,可以认为离去基团是被亲核试剂赶下去的,其反应过程如图 6-1 所示。

图 6-1 双分子亲核取代(S_N2)反应示意图

反应经过一个过渡态,在过渡态中,中心碳原子为 sp^2 杂化,与其他原来相连的原子(或基团)在同一平面内,且该平面垂直于中心碳原子与亲核试剂和离去基团所在的直线。过渡态的势能是整个取代反应中势能的最高点,它与反应底物之间的势能差称为该反应的活化能。

A. S_N2 反应的特征

(1) 反应动力学。以溴甲烷碱性水解为例,在 80% 的 $C_2H_5OH-H_2O$ 溶液中反应时,测得其反应速率(v)同时与溴甲烷的浓度和碱(HO^-)的浓度成正比,在动力学上为二级反应。

$$CH_3Br + HO^- \longrightarrow CH_3OH + Br^-$$
$$v = k_2[CH_3Br][HO^-]$$

式中,k_2 为反应速率常数。在 S_N2 反应中,从反应物到产物只经过一个过渡态,所以为一步反应(图 6-2)。图中 ΔE_{act} 为反应活化能。

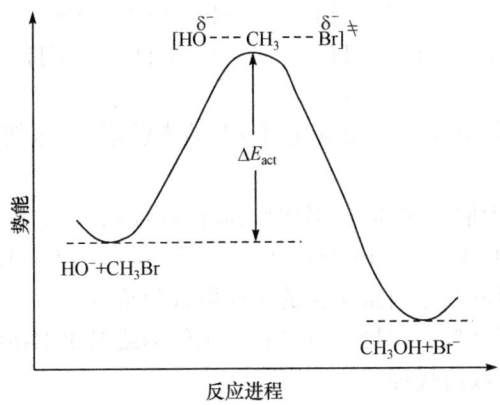

图 6-2 双分子亲核取代(S_N2)反应进程势能曲线图

(2) 立体化学。在 S_N2 反应中,亲核试剂可以从离去基团的同一边或离去基团的背面进攻中心碳原子。若从离去基团的同一边进攻,则亲核试剂与带部分负电荷的离去基团之间,除空间障碍外,还因同种电荷相互排斥使反应活化能升高,不利于反应的进行。若从离去基团的背面进攻,则反应活化能较低,容易形成相对较稳定的过渡态,反应易于进行。中心碳原子由反应底物

时的 sp^3 杂化转变为过渡态时的 sp^2 杂化,这时亲核试剂与离去基团分布在中心碳原子的两边,且与中心碳原子处在同一直线上,中心碳原子与它上面的其他三个基团处于同一平面内。随着反应的进行,这三个基团由原来靠近亲核试剂的一边经过渡态翻转到靠近离去基团的一边,最终离去基团被亲核试剂取代,中心碳原子发生了构型的翻转。这是 S_N2 反应的立体化学特征,可以作为 S_N2 反应机理判断的依据。这种构型的转化称为瓦尔登(Walden)转化(图6-3)。

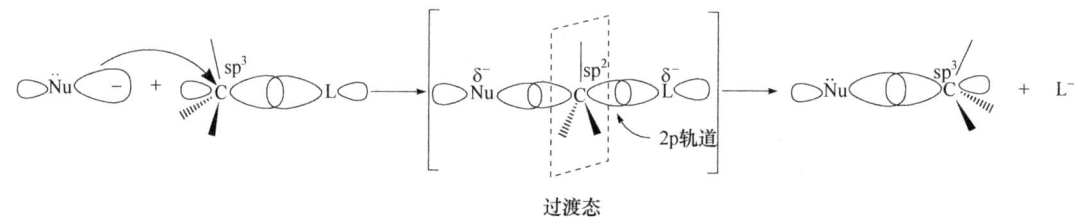

图 6-3　瓦尔登转化示意图

B. 影响 S_N2 亲核取代反应的因素

从双分子亲核取代反应的动力学公式 $v=k_2[R—L][Nu^-]$ 可以看出,反应速率与反应底物 R—L 和亲核试剂 Nu^- 有关。所以可以分别从反应底物(包括烃基的结构和离去基团的性质)和亲核试剂两方面讨论对亲核取代反应的影响。

(1) 反应底物中烃基结构的影响。S_N2 反应是一步反应,反应底物在亲核试剂的进攻下,经过渡态转变为产物,过渡态势能的高低直接关系到反应活化能的大小,过渡态势能越低就越稳定,反应的活化能越低,反应越容易进行,反应速率越快。在过渡态中,由于有五个基团排布在中心碳原子的周围,相对于反应底物来说,空间变得更加拥挤,导致过渡态的势能升高,反应活化能增大。因此反应底物中,因烃基结构不同而导致的空间因素对 S_N2 反应的活性有重要影响。当中心碳原子上的氢被烷基取代后,亲核试剂从离去基团的背面进攻中心碳原子时的空间位阻增加,过渡态势能升高,反应活化能增大,反应速率减小。例如

$$R—Br+Li—I \longrightarrow R—I+Li—Br$$

R	CH_3—	CH_3CH_2—	$(CH_3)_2CH$—	$(CH_3)_3C$—
相对反应速率	221 000	1350	1	～0

同理,中心碳原子的邻位碳原子(β 碳原子)上的支链增加,也使 S_N2 反应的活性降低,反应速率减慢。

所以,对于反应底物为伯卤代烃、仲卤代烃、叔卤代烃,其 S_N2 反应的活性次序为

$$CH_3—L>RCH_2—L>R_2CH—L>R_3C—L$$

卤代烃与碘化钠的丙酮溶液发生卤素交换的亲核取代反应通常按 S_N2 机理进行,所以反应速率为伯卤代烃>仲卤代烃>叔卤代烃。可以利用氯化钠或溴化钠在丙酮中生成沉淀的速率来区别伯卤代烃、仲卤代烃、叔卤代烃。

(2) 离去基团的影响。离去基团是反应底物的构成部分,因此离去基团的离去能力直接与亲核取代反应的速率有关。在 S_N2 反应中,离去基团在亲核试剂对中心碳原子进攻的同时逐渐离开中心碳原子,这里发生了 C—L 键的异裂,L 带着一对共价电子以 L^- 形式离去。因此,C—L 键弱,且 L 有较强的承受负电荷的能力,容易以 L^- 形式离去,是好的离去基团;若 C—L 键强,且 L 对负电荷的承受能力较弱,不容易以 L^- 形式离去,是差的离去基团。L 对负电荷的承受能力与 L^- 的碱性有关,L 承受负电荷的能力强,即 L^- 相对较稳定,其碱性相对较弱。因此离去基团 L^- 的碱性越弱,越容易离去,是好的离去基团。由于卤素负离子的碱性次

序为 $I^- < Br^- < Cl^- < F^-$，因此离去能力为 $I^- > Br^- > Cl^- > F^-$，对于不同卤素的卤代烃，其亲核取代反应的活性次序为

$$R-I > R-Br > R-Cl > R-F$$

若离去基团的碱性较强，如 HO^-、RO^- 和 NH_2^- 都是强碱，由于它们都不是好的离去基团，在亲核取代反应中，它们都难以直接被其他亲核试剂取代。

C. 亲核试剂的影响

在 S_N2 反应中，离去基团是在亲核试剂对中心碳原子的亲核进攻下逐渐离去的，因此亲核试剂的亲核能力直接与取代反应的速率有关。

亲核试剂可以是带有负电荷的离子或带有未共用电子对的中性分子。在较多情况下，试剂的亲核性与其碱性大小的顺序一致。若亲核试剂中的亲核原子为同周期元素，则亲核性大小顺序与碱性强弱顺序相同，如 $CH_3^- > H_2N^- > HO^- > F^-$。但对于同族元素却不同，在水或醇等质子溶剂中，离子半径大的亲核性较强，因此亲核性有 $I^- > Br^- > Cl^- > F^-$，$RS^- > RO^-$。

中性分子的亲核性比相应的共轭碱负离子的亲核性小。例如，亲核性有 $HO^- > H_2O$，$RO^- > ROH$，$RCOO^- > RCOOH$。对于相同亲核原子的亲核试剂，碱性大的，亲核性也大。例如，亲核性有 $RO^- > RCOO^-$。

在 S_N2 反应中，亲核试剂的空间因素也影响其亲核性，空间位阻大的亲核试剂不利于与底物中的中心碳原子接近，表现为较低的亲核能力。例如，烷氧基负离子的亲核能力随烷基体积的增大而减小，即 $CH_3O^- > CH_3CH_2O^- > (CH_3)_2CHO^- > (CH_3)_3CO^-$。

问题 6-4 下列各对 S_N2 反应中，哪一个反应速率较快？

(1) ① $CH_3CH_2CH_2CH_2Br + CH_3OH \longrightarrow CH_3CH_2CH_2CH_2OCH_3 + HBr$

② $CH_3CH_2CH_2CH_2Br + CH_3O^- \longrightarrow CH_3CH_2CH_2CH_2OCH_3 + Br^-$

(2) ① $CH_3CH_2I + HO^- \longrightarrow CH_3CH_2OH + I^-$

② $CH_3CH_2I + HS^- \longrightarrow CH_3CH_2SH + I^-$

(3) ① $CH_3CH_2I(1.0\ mol \cdot L^{-1}) + CH_3S^-(1.0\ mol\ L^{-1}) \longrightarrow CH_3CH_2SCH_3 + I^-$

② $CH_3CH_2I(1.0\ mol \cdot L^{-1}) + CH_3S^-(2.0\ mol\ L^{-1}) \longrightarrow CH_3CH_2SCH_3 + I^-$

---

2) 单分子亲核取代(S_N1)反应机理

在单分子亲核取代反应中，离去基团首先带着一对共价电子以负离子的形式(L^-)离开反应底物。这里发生的是共价键的异裂，同时生成碳正离子活泼中间体，因此这一步是反应速率的决定步骤，然后是碳正离子中间体与亲核试剂结合，生成取代产物。所以单分子亲核取代(S_N1)反应通常分两步进行，即

$$R_2\underset{\underset{R_1}{|}}{\overset{\overset{R}{|}}{C}}-L \xrightleftharpoons{慢} R_2\underset{\underset{R_1}{|}}{\overset{\overset{R}{|}}{C^+}} + L^-$$

$$Nu^- + R_2\underset{\underset{R_1}{|}}{\overset{\overset{R}{|}}{C^+}} \xrightarrow{快} R_2\underset{\underset{R_1}{|}}{\overset{\overset{R}{|}}{C}}-Nu$$

碳正离子中间体中的中心碳原子为 sp^2 杂化,为平面结构,空的 p 轨道垂直于 sp^2 杂化轨道所在的平面。

A. S_N1 反应的特征

(1) 反应动力学。以叔丁基溴的碱性水解为例,测得其反应速率(v)只与叔丁基溴的浓度成正比,而与碱的浓度无关,所以称为单分子亲核取代反应。

$$(CH_3)_3CBr + HO^- \xrightarrow{H_2O} (CH_3)_3C-OH + Br^-$$

$$v = k_1[(CH_3)_3CBr]$$

其叔丁基溴按 S_N1 水解反应的势能曲线如图 6-4 所示。

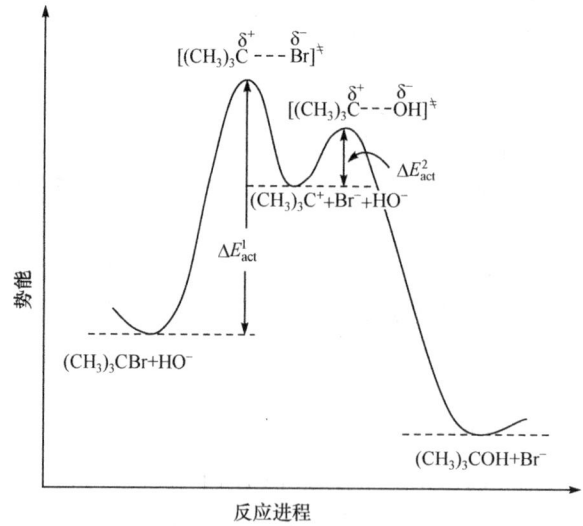

图 6-4 单分子亲核取代(S_N1)反应进程势能曲线图

由图 6-4 可以看出,在单分子亲核取代(S_N1)反应中,经过两个反应过渡态,其反应活化能分别为 ΔE_{act}^1 和 ΔE_{act}^2,碳正离子活性中间体的能量处于能量曲线峰谷的底部,第一步反应要发生 C—Br 键的异裂,是反应速率的决定步骤,第一步的活化能 ΔE_{act}^1 大于第二步的活化能 ΔE_{act}^2,所以整个反应速率只与叔丁基溴的浓度有关。碳正离子的势能很高,极不稳定,是反应性很强的反应中间体,碳正离子生成后立即与亲核试剂结合生成取代产物。

(2) 立体化学。由于反应中间体的中心碳原子为 sp^2 杂化,决定了碳正离子为平面构型,空的 p 轨道垂直于碳正离子所在的平面,因此亲核试剂可以从该平面的两边接近 p 轨道而成键,生成取代产物(图 6-5)。

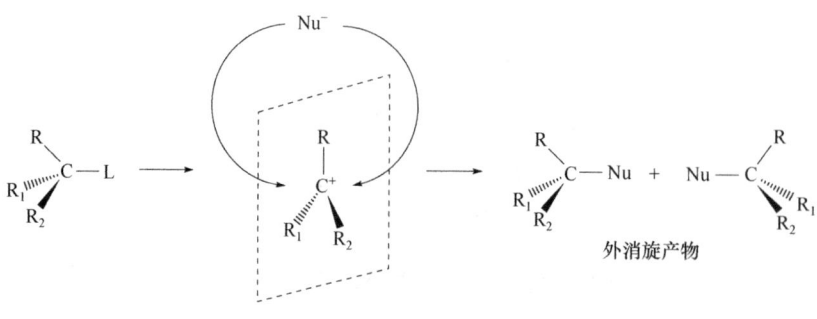

图 6-5 外消旋化示意图

如果中心碳原子在取代产物中是手性碳原子,则取代产物应该是外消旋化的,这是 S_N1 反应的立体化学特征,可以作为 S_N1 反应机理判断的依据。

B. 影响 S_N1 亲核取代反应的因素

从单分子亲核取代反应的动力学公式 $v=k_1[R—L]$ 可以看出,反应速率只与反应底物 R—L 有关,而与亲核试剂 Nu^- 无关。所以只需从反应底物(包括烃基的结构和离去基团的性质)和影响反应中间体碳正离子的稳定性等方面讨论对亲核取代反应的影响。

(1) 反应底物中烃基结构的影响。S_N1 反应是经过碳正离子中间体的两步反应。第一步生成碳正离子中间体是反应速率的决定步骤,碳正离子越稳定,说明其势能越低,根据哈蒙德假定,其生成碳正离子时的过渡态的势能也越低,过渡态的势能低说明相应的反应活化能也低,因此碳正离子容易形成,反应容易进行,反应速率就快。而碳正离子的稳定性与其正电荷的分散程度有关,凡有利于正电荷分散的因素都使碳正离子的稳定性增加。碳正离子的稳定性次序为叔碳正离子>仲碳正离子>伯碳正离子。

$$(CH_3)_3C^+ > (CH_3)_2CH^+ > CH_3CH_2^+ > CH_3^+$$

所以,对于反应底物为伯卤代烃、仲卤代烃、叔卤代烃,其 S_N1 反应的活性次序为

$$R_3C—L > R_2CH—L > RCH_2—L > CH_3—L$$

例如,卤代烃与硝酸银的乙醇溶液作用生成硝酸酯,通常是按 S_N1 机理进行的亲核取代反应。

$$RX + AgNO_3 \xrightarrow{C_2H_5OH} RONO_2 + AgX \downarrow$$

其反应速率为叔卤代烃>仲卤代烃>伯卤代烃。所以可以利用卤化银的生成速率来区别伯卤代烃、仲卤代烃、叔卤代烃。

(2) 离去基团的影响。离去基团的离去能力对 S_N1 反应和 S_N2 反应的影响具有相同的趋势,但离去能力大的离去基团对 S_N1 反应的影响更大、更有利。所以在卤代烃的亲核取代反应中,加入 Ag^+、Hg^{2+} 等离子,这时离去基团就不是卤素负离子,而是离去能力更大、溶解度极小的 AgX 或 HgX_2,在此条件下的反应基本上都按 S_N1 机理进行。例如

$$CH_3-\underset{\underset{CH_3}{|}}{\overset{\overset{CH_3}{|}}{C}}-CH_2Br \xrightarrow{AgNO_3} CH_3-\underset{\underset{CH_3}{|}}{\overset{\overset{CH_3}{|}}{C}}-CH_2^+ \longrightarrow CH_3-\underset{+}{\overset{\overset{CH_3}{|}}{C}}-CH_2CH_3 \xrightarrow{NO_3^-} CH_3-\underset{\underset{ONO_2}{|}}{\overset{\overset{CH_3}{|}}{C}}-CH_2CH_3$$

在上述 S_N1 反应中,可以看出碳架发生了重排,这是因为反应最初生成的伯碳正离子中间体经邻位碳原子上甲基的迁移,生成了更稳定的叔碳正离子,所以在 S_N1 反应中常可观察到碳架重排的产物。

(3) 溶剂的影响。由于在 S_N1 反应中,通常是由中性分子经过渡态电离成带正电荷的反应中间体,其过渡态相对于反应底物而言电荷是增加的,因此极性溶剂或增加溶剂的极性,有利于带正电荷中间体的稳定、过渡态的稳定以及反应活化能的降低,使反应速率加快。

问题 6-5 下列各对 S_N1 反应中,哪一个反应速率较快?

(1) ① $(CH_3)_3CBr + CH_3OH \longrightarrow (CH_3)_3COCH_3 + HBr$

② $(CH_3)_3CBr + H_2O \longrightarrow (CH_3)_3COH + HBr$

(2) ① $(CH_3)_3CBr + CH_3OH \longrightarrow (CH_3)_3COCH_3 + HBr$

②$(CH_3)_3CI + CH_3OH \longrightarrow (CH_3)_3COCH_3 + HI$

(3) ①$(CH_3)_3CCl(1.0\ mol\cdot L^{-1}) + CH_3O^-(0.01\ mol\cdot L^{-1}) \xrightarrow{CH_3OH} (CH_3)_3COCH_3 + Cl^-$

②$(CH_3)_3CCl(1.0\ mol\cdot L^{-1}) + CH_3O^-(0.001\ mol\cdot L^{-1}) \xrightarrow{CH_3OH} (CH_3)_3COCH_3 + Cl^-$

3. 消除反应

反应物在某些试剂作用下消除某些小分子的反应称为消除反应(elimination reaction)。一卤代烷在氢氧化钠的乙醇溶液或乙醇钠的乙醇溶液及甲醇钠的甲醇溶液等强碱作用下,共热后脱去小分子卤化氢生成烯烃的反应称为卤代烃的消除反应。

$$\underset{H\ \ X}{\overset{\beta\ \ \ \alpha}{-C-C-}} + NaOH \xrightarrow{CH_3CH_2OH} \diagup C = C \diagdown + NaX + H_2O$$

一卤代烃中直接与 α-碳原子相连的碳原子称为 β-碳原子,依此类推有 γ-碳原子等。β-碳原子上的氢称为 β-氢。一卤代烷的消除反应是消除卤原子和 β-碳原子上的氢,所以也称 β-消除反应。

β-消除反应的主要机理有以下几种。

1) 单分子消除(E1)

叔卤代烷的消除反应主要按单分子机理进行。叔丁基溴在无水乙醇溶液中首先发生碳溴键的异裂,离去溴负离子后生成碳正离子中间体,然后溶剂分子乙醇作为路易斯碱进攻 β-碳原子上的氢原子,使碳氢键发生异裂,原来碳氢键上的共用电子对与相邻的带正电荷的碳原子生成碳碳单键,最后得到烯烃。

$$\underset{Br}{\overset{CH_3}{\underset{|}{CH_3-C-CH_3}}} \xrightarrow{-Br^-} \underset{+}{\overset{CH_3}{\underset{|}{CH_3-C-CH_2-H}}} \xrightarrow{C_2H_5\ddot{O}H} \underset{}{\overset{CH_3}{\underset{|}{CH_3-C=CH_2}}}$$

生成碳正离子的这一步是速率慢的一步,是反应的速率控制步骤,由于这一步只涉及一种底物分子,因此是单分子的消除反应。

由于单分子消除反应经过碳正离子中间体,因此有时可以观察到碳正离子重排后的消除产物。例如

$$\underset{CH_3\ Br}{\overset{CH_3}{\underset{|}{CH_3C-CHCH_3}}} \xrightarrow[-Br^-]{E1\ 反应} \underset{CH_3}{\overset{CH_3}{\underset{|}{CH_3C-\underset{+}{C}HCH_3}}} \xrightarrow{甲基迁移}$$

仲碳正离子

$$\underset{CH_3}{\overset{CH_3}{\underset{|}{CH_3\underset{+}{C}-CHCH_3}}} \xrightarrow{-H^+} \underset{H_3C}{\overset{H_3C}{\diagdown}}C=C\underset{CH_3}{\overset{CH_3}{\diagup}}$$

叔碳正离子 　　　重排消除产物

在单分子消除反应中,如果有两个或两个以上的不同 β-氢,则可以在碳链的不同方向消

除，生成不同的烯烃。实验事实是从含氢最少的 β-碳原子上消除氢原子，主要生成碳碳双键上取代基最多的烯烃，这称为消除反应的区域选择性。例如

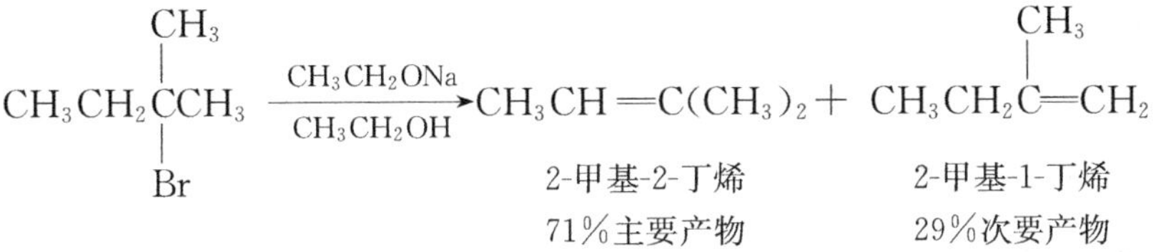

$$(CH_3)_2CHCHBrCH_3 \xrightarrow[CH_3CH_2OH]{CH_3CH_2ONa} CH_3CH=C(CH_3)_2 + CH_3CH_2C(CH_3)=CH_2$$

2-甲基-2-丁烯　　　2-甲基-1-丁烯
71%主要产物　　　29%次要产物

这条经验规律称为札依采夫（Zaitsev）规则。

如果消除产物有顺反构型异构体时，则主要得到稳定性更高的 E 型异构体。

2) 双分子消除（E2）

在双分子消除反应中，卤代烷在碱作用下消除 HX 生成烯烃时，C_α—X 和 C_β—H 键的断裂及 C_α 和 C_β 之间 π 键的生成是协同进行的。例如，2-溴丁烷在乙醇钠的乙醇溶液中的消除过程如下：

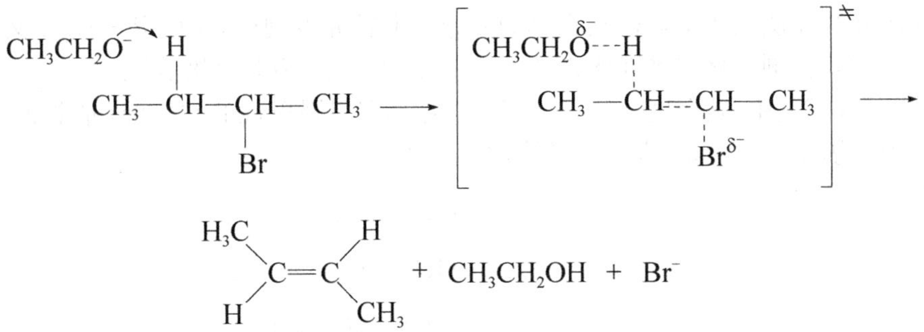

反应是一步反应，过程中经过由两种分子参与的过渡态，没有反应中间体。

E2 消除反应在构象上通常要求 H—C—C—Br 处于反式共平面的构象。如果反式共平面的消除构象是相对稳定的构象，则在此构象下消除的产物就是主要产物。例如

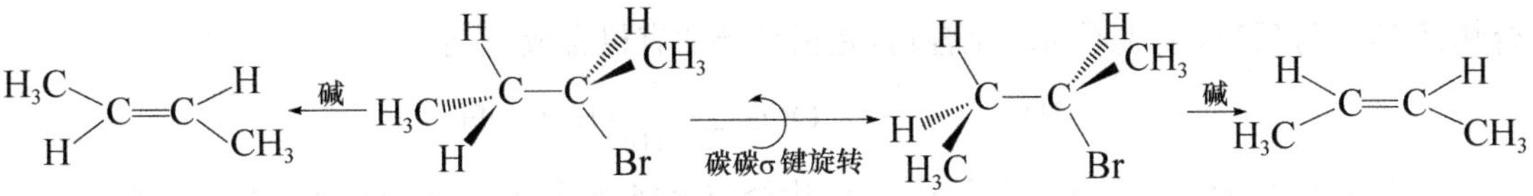

稳定的主要产物　　稳定消除构象　　　较不稳定消除构象　　较不稳定的次要产物

在 E2 反应中，当有两种不同 β-氢时，消除时一般也是含氢较少的 β-碳原子提供 β-氢，生成碳碳双键上取代基相对较多的烯烃为主要产物，即产物也符合札依采夫规则，这个结果与 E1 反应相似。例如

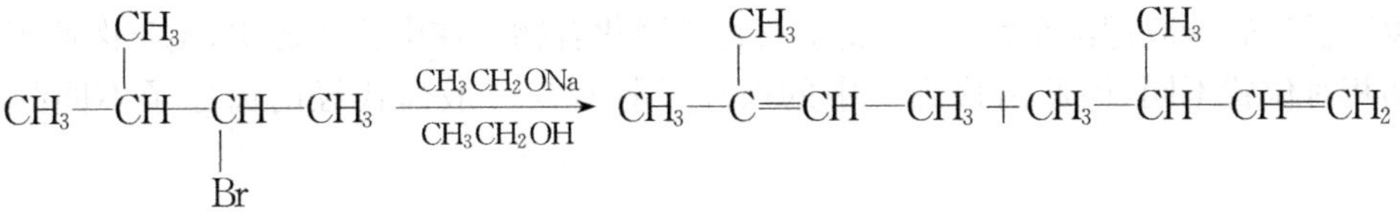

$$(CH_3)_2CHCHBrCH_3 \xrightarrow[CH_3CH_2OH]{CH_3CH_2ONa} (CH_3)_2C=CHCH_3 + (CH_3)_2CHCH=CH_2$$

主要产物　　　　　　次要产物

问题 6-6　写出下列反应的产物。

(1) 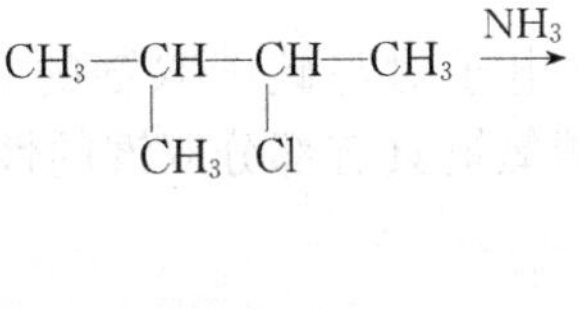 $CH_3CH(CH_3)CH(Cl)CH_3 \xrightarrow{NH_3}$

(2) 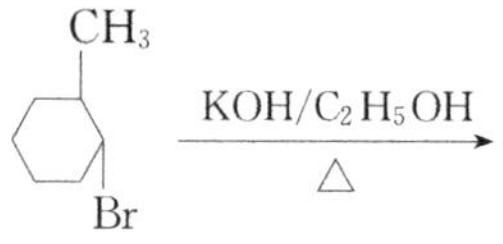 [1-甲基-2-溴环己烷] $\xrightarrow[\triangle]{KOH/C_2H_5OH}$

4. 卤代烃与金属反应

卤代烃能与金属原子(如 Li、Mg 等)反应生成碳金属键,这种含碳金属键的化合物称为有机金属化合物(organometallic compound)。

在无水乙醚中,卤代烃与金属镁反应,生成能溶于无水乙醚溶剂的卤代烃基镁,通常可表示为 R—MgX(R 为烃基,X 为卤素)。

$$RX + Mg \xrightarrow{无水乙醚} RMgX$$

$$CH_3CH_2Br + Mg \xrightarrow{无水乙醚} CH_3CH_2MgBr$$

它是 1901 年由法国化学家格利雅(V. Grignard)首先发现的,所以 R—MgX 又称为格利雅试剂,简称格氏试剂。格利雅因此获得了 1921 年诺贝尔(Nobel)化学奖。

由于在格氏试剂中,碳金属键($C^{\delta-}$—$Mg^{\delta+}$)是具有很强极性的共价键,非常活泼,与含有活泼氢的化合物(如水、醇、氨、末端炔烃等)发生反应,分解出烷烃。

$$RMgX \begin{cases} \xrightarrow{H_2O} RH + Mg(OH)X \\ \xrightarrow{R'OH} RH + Mg(OR')X \\ \xrightarrow{NH_3} RH + Mg(NH_2)X \\ \xrightarrow{HC\equiv CR'} RH + R'C\equiv CMgX \end{cases}$$

格氏试剂是潜在的能提供碳负离子的试剂,具有很强的亲核性,能与羰基($\diagdown C=O$)化合物及 CO_2 等反应,生成不同的化合物,是很重要的有机合成试剂。

$$RMgX \xrightarrow{CO_2} RCOOMgX \xrightarrow[H_2O]{H^+} RCOOH$$

在无水乙醚或烷烃类等惰性溶剂中,卤代烃与金属锂反应,生成能溶于反应溶剂的烃基锂(R—Li)化合物,在烃基锂中碳锂键是离子键,所以其反应性比格氏试剂更活泼。

6.1.4 卤代烯烃

卤代烯烃是指烯烃分子中的一个或多个氢原子被卤原子取代后的产物。一卤代烯烃分子含有卤原子和碳碳双键两个官能团,属于双官能团化合物。在卤代烯烃中,由于卤原子和碳碳双键的相对位置不同,因此卤代烯烃中的卤原子具有与一般卤代烃的卤原子不同的化学活泼性。

1. 乙烯式卤代烃

卤原子直接与双键碳原子相连的卤代烯烃称为乙烯式卤代烃。氯乙烯($CH_2=CHCl$)是最常见和最简单的乙烯式卤代烯烃,氯乙烯有致癌作用。

在氯乙烯分子中,由于氯原子占在 p 轨道上的未共用电子对与碳碳双键的 π 键处于 p-π 共轭的状态(图 6-6),这种三中心四电子的共轭体系使碳氯键具有部分双键的性质,所以氯乙烯中碳氯键比一般的碳氯单键的键长短,键能大。

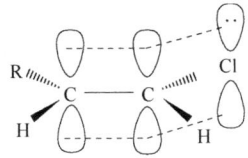

图 6-6　乙烯式卤代烃的 p-π 共轭

氯乙烯的这种分子结构决定了氯原子的不活泼性,几乎不与一般的亲核试剂(如 HO^-、RO^-、CN^-、NO_3^- 和 NH_3 等)反应,所以卤代乙烯与 $AgNO_3/C_2H_5OH$ 溶液长时间加热也观察不到反应的发生。氯乙烯分子中的碳碳双键也因氯原子的 $-I$ 效应影响变得比乙烯更难发生亲电加成。

2. 烯丙式卤代烃

烯丙式卤代烃是指在碳碳双键的 α-碳原子上的氢被卤原子取代的卤代烯烃。烯丙基氯 ($CH_2=CH-CH_2Cl$) 是最具代表性的烯丙基卤代烃。

烯丙基氯与氯乙烯不同,烯丙基氯分子中的氯原子很活泼,能很容易与一般的亲核试剂(如 HO^-、RO^-、CN^-、NO_3^- 和 NH_3 等)发生亲核取代反应。烯丙基氯属于伯卤代烃,所以对发生 S_N2 反应是有利的。但若烯丙基氯中的氯原子先带着一对电子以氯负离子离去,生成烯丙基碳正离子,也因为 α-碳原子上带正电荷的 p 轨道可以与碳碳双键上的 π 键形成三中心二电子的 p-π 共轭(图 6-7),有利于正电荷的分散,能形成稳定的烯丙基碳正离子,所以对 S_N1 反应也是有利的。因此,烯丙基氯具有很高的反应活泼性。

图 6-7　烯丙基碳正离子的 p-π 共轭

问题 6-7　比较下列反应速率的大小。

(1) $CH_3CH=CHCH_2Cl + H_2O \xrightarrow{\triangle} CH_3CH=CHCH_2OH + HCl$

(2) $CH_2=CHCH_2CH_2Cl + H_2O \xrightarrow{\triangle} CH_2=CHCH_2CH_2OH + HCl$

问题 6-8　如何用化学方法区别下列化合物?

$$CH_3\underset{\underset{CH_3}{|}}{C}HCH=CHCl \qquad CH_3\underset{\underset{CH_3}{|}}{C}=CHCH_2Cl \qquad CH_3\underset{\underset{Cl}{|}}{C}HCH_2CH_3$$

6.2　醇

脂肪烃分子中的一个或几个氢原子被羟基(—OH)取代后的化合物称为醇(alcohol)。羟基是醇的官能团,一元醇的结构通式为 R—OH。根据醇分子中羟基所连的碳原子不同分为伯醇、仲醇和叔醇，醇羟基连在伯碳原子上的醇称为伯醇，连在仲碳原子上的醇称为仲醇，连在叔碳原子上的醇称为叔醇。

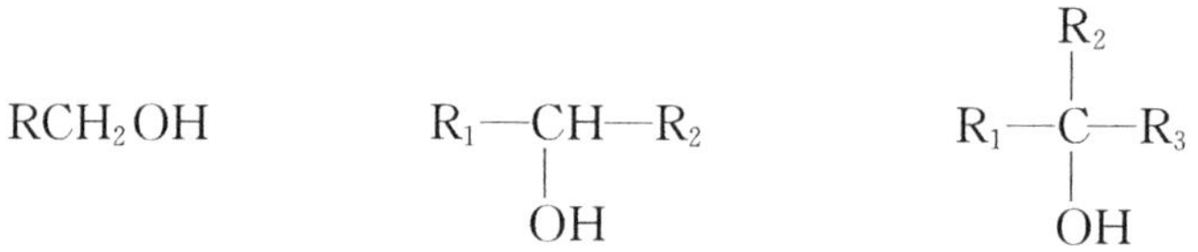

$$RCH_2OH \qquad R_1-\underset{OH}{\underset{|}{CH}}-R_2 \qquad R_1-\underset{OH}{\underset{|}{\overset{R_2}{\overset{|}{C}}}}-R_3$$

伯醇   仲醇   叔醇

例如

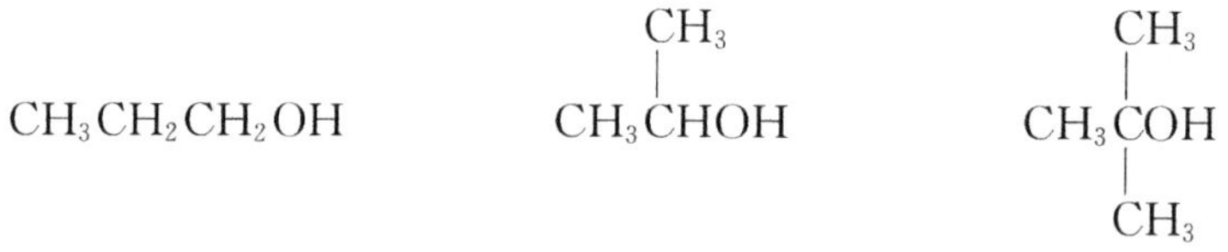

$$CH_3CH_2CH_2OH \qquad CH_3\underset{}{\overset{CH_3}{\overset{|}{CH}}}OH \qquad CH_3\underset{CH_3}{\overset{CH_3}{\overset{|}{\underset{|}{C}}}}OH$$

正丙醇   异丙醇   叔丁醇
（伯醇）   （仲醇）   （叔醇）

根据分子中所含羟基的数目，醇又可分为一元醇、二元醇等。含两个羟基以上的醇通称为多元醇。例如

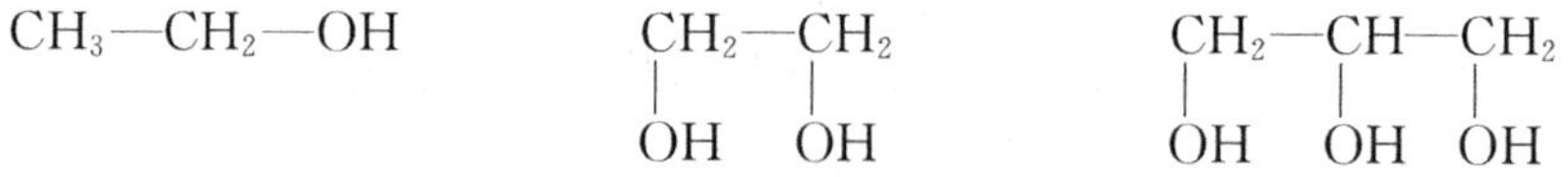

$$CH_3-CH_2-OH \qquad \underset{OH \ \ OH}{CH_2-CH_2} \qquad \underset{OH \ \ OH \ \ OH}{CH_2-CH-CH_2}$$

乙醇   乙二醇   丙三醇
（一元醇）   （二元醇）   （三元醇）

两个以上羟基连在同一个碳原子上的多元醇不稳定，容易脱水生成羰基化合物。

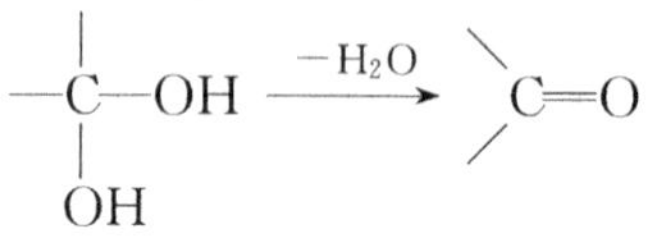

$$-\underset{OH}{\overset{|}{C}}-OH \xrightarrow{-H_2O} \overset{|}{C}=O$$

醛或酮

$$-\underset{OH}{\overset{OH}{\overset{|}{\underset{|}{C}}}}-OH \xrightarrow{-H_2O} -\overset{O}{\overset{\|}{C}}-OH$$

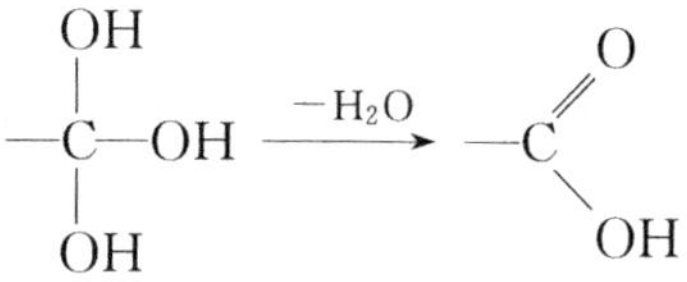

羧酸

6.2.1 醇的结构和命名

1. 醇的结构

醇的结构特点是羟基直接与饱和碳（sp^3 杂化的碳）原子结合，醇羟基中氧为 sp^3 杂化，与水分子中氧的杂化状态相同，醇分子中∠COH 与 sp^3 杂化轨道的角度接近。例如，甲醇中的∠COH 为 108.9°，氧原子上两对未共用电子占在两个 sp^3 杂化轨道上（图 6-8）。

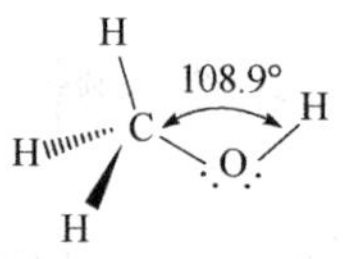

图 6-8 甲醇分子中 C—O—H 的夹角

由于氧原子的电负性比碳原子大,因此醇分子有一定的偶极矩,其偶极矩的大小与水分子的偶极矩相近。例如

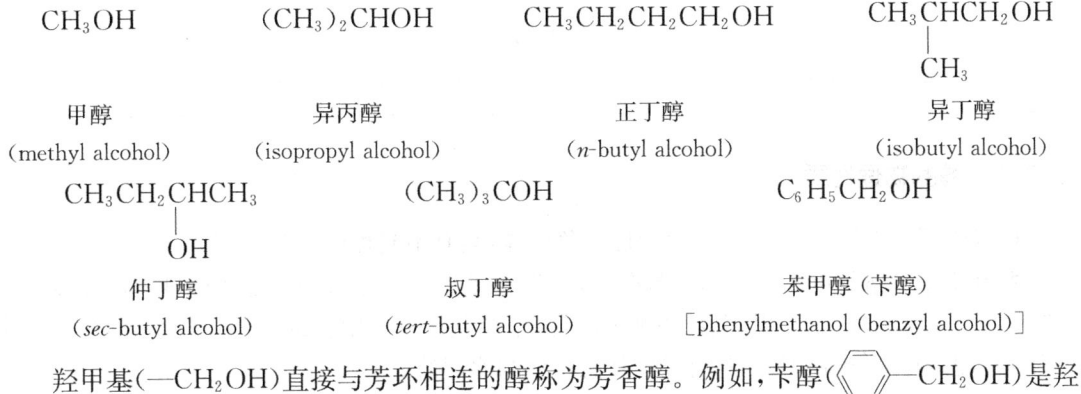

2. 醇的命名

对于结构比较简单的醇,通常用普通命名法命名,即根据相应的烃基称为某醇,烃基的"基"字则可以省去。例如

CH₃OH	(CH₃)₂CHOH	CH₃CH₂CH₂CH₂OH	CH₃CHCH₂OH
			|
			CH₃
甲醇	异丙醇	正丁醇	异丁醇
(methyl alcohol)	(isopropyl alcohol)	(*n*-butyl alcohol)	(isobutyl alcohol)

CH₃CH₂CHCH₃	(CH₃)₃COH	C₆H₅CH₂OH
|		
OH		
仲丁醇	叔丁醇	苯甲醇(苄醇)
(*sec*-butyl alcohol)	(*tert*-butyl alcohol)	[phenylmethanol (benzyl alcohol)]

羟甲基(—CH₂OH)直接与芳环相连的醇称为芳香醇。例如,苄醇(C₆H₅—CH₂OH)是羟甲基与苯环直接相连的芳香醇,苄醇又称为苯甲醇。

对于结构比较复杂的醇则用系统命名法命名。在系统命名法中,由于醇羟基是官能团,因此必须遵循下列原则:①选择含醇羟基的最长碳链作为主链(对于含碳碳不饱和键的一元醇,则要选择包含醇羟基和碳碳不饱和键在内的最长碳链作为主链),按主链的碳原子数目称为某醇;②对主链用阿拉伯数字编号时,要从最靠近羟基的一端开始,使羟基的位次编号最小;③把用阿拉伯数字表示的羟基位次放在母体名称"醇"的前面,即为母体名称;④不饱和键或取代基的名称、数目、位次分别放在主链名称之前,构型放在最前面。例如

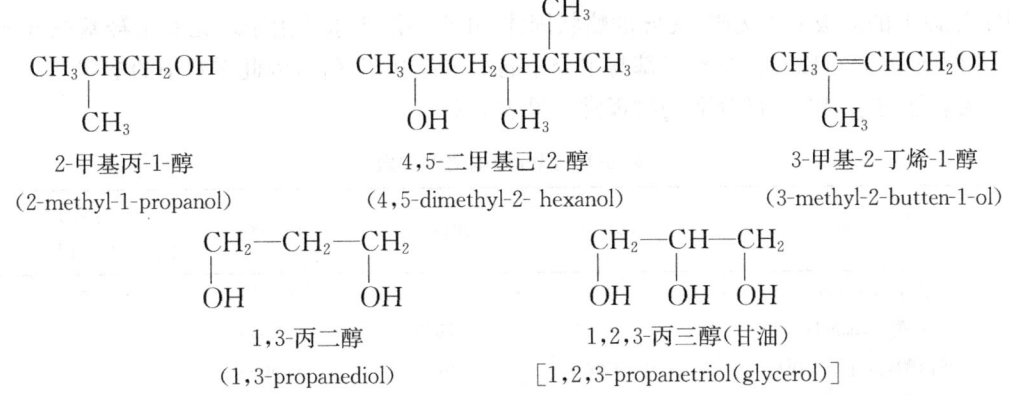

脂环醇的命名是在脂环烃基的名称后面加上"醇"字,作为醇的母体,然后从羟基所在的环碳原子开始编号,其他命名原则与脂肪醇类似,把取代基的名称、位次放在母体名称前面,有构型的则将构型标在最前面。对于多元脂环醇,则必须标出所有醇羟基的位置和数目。例如

环戊醇 3-甲基环己醇 1,3-环己二醇 反-1,4-环己二醇
(cyclopentanol) (3-methylcyclohexanol) (1,3-cyclohexanediol) (trans-1,4-cyclohexanediol)

问题 6-9 用系统命名法命名下列化合物或写出相应的结构式。

(1) CH$_3$CHCH$_2$CH$_2$CH$_3$ 的OH在2位，CH$_3$在2位
(2) CH$_3$CHCHCH$_2$CH$_3$ 的OH在2位，CH$_2$OH在3位
(3) C$_6$H$_5$—CH$_2$CH$_2$C(CH$_3$)$_2$OH

(4) 2-乙基-4-氯-1-丁醇 (5) 3-甲基-2,4-戊二醇 (6) 顺-1,4-环己二醇

6.2.2 醇的物理性质

C$_4$ 及以下的低级饱和一元醇为中性无色液体，具有不同程度的"酒味"。

醇在水中的溶解度大小与醇羟基有关，因为醇羟基可以与水分子之间通过氢键互相缔合（图 6-9）。对于 C$_3$ 以下的甲醇、乙醇和丙醇，由于烃基在分子中占的比例比较小，而醇羟基在分子中所占的比例比较大，因此可以以任意比例与水混溶。

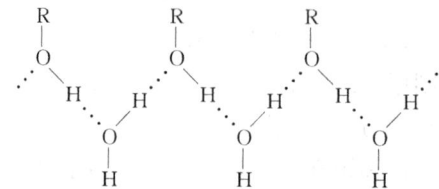

图 6-9　一元醇与水分子通过氢键互相缔合的示意图

含 5~11 个碳原子的醇为黏稠性逐渐增大的油状液体，具有不同的刺激性气味。从 C$_4$ 开始，随着醇羟基在分子中占的比例越来越小，醇在水中的溶解度也越来越小，丁醇也仅部分溶于水；C$_{12}$ 以上的高级醇为无嗅、无味的蜡状固体，几乎不溶于水。由于多元醇中羟基在分子中占的比例增大，且可以有多个醇羟基与水分子通过氢键互相缔合，因此在水中的溶解度比一元醇大，大多能与水混溶。部分醇的物理常数见表 6-2。

表 6-2　部分醇的物理常数

化合物	熔点/℃	沸点/℃	相对密度	溶解度/[g·(100 g H$_2$O)$^{-1}$]
甲醇(methanol)	−97.8	64.7	0.7914	∞
乙醇(ethanol)	−117.3	78.3	0.7893	∞
正丙醇(propan-1-ol)	−126.0	97.8	0.8035	∞
2-丙醇(propan-2-ol)	−88	82.3	0.7855	∞
正丁醇(butan-1-ol)	−90	117.8	0.8060	7.9
仲丁醇(butan-2-ol)	−114.8	99.6	0.8026	12.5
异丁醇(2-methylpropan-1-ol)	−108	107.0	0.7978	10

续表

化合物	熔点/℃	沸点/℃	相对密度	溶解度/$[g \cdot (100\ g\ H_2O)^{-1}]$
叔丁醇(2-methylpropan-2-ol)	25.8	82.4	0.7812	∞
正戊醇(pentan-1-ol)	−78.5	138.0	0.8144	微溶
异戊醇(3-methylbutan-1-ol)	−117	131.5	0.8152	微溶
正己醇(hexan-1-ol)	−52	156.5	0.8136	微溶
正庚醇(heptan-1-ol)	−36	176	0.822	微溶
正辛醇(octan-1-ol)	−15	196	0.827	微溶
环戊醇(cyclopentanol)	−17	141	0.9488	微溶
环己醇(cyclohexanol)	−17	141	0.948	微溶
苯甲醇(phenylmethanol)	−15.3	205.3	1.0419	4
乙二醇(ethanediol)	−12.6	197.5	1.113	∞
1,2-丙二醇(1,2-propanediol)	−59	189	1.038	∞
1,2,3-丙三醇(1,2,3-propanetriol)	18	290	1.260	∞

饱和一元醇的相对密度小于1，但比相应的烷烃大，芳香醇的相对密度大于1。

醇的沸点随相对分子质量的增大而升高，分子式相同的醇，支链越多，沸点越低。醇分子的羟基之间也可以通过氢键互相缔合(图 6-10)，所以醇的沸点都比相对分子质量相近的烃类化合物高。

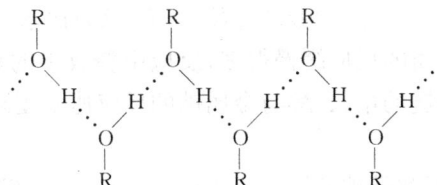

图 6-10 一元醇分子之间通过氢键互相缔合的示意图

固态醇中醇羟基基本上以缔合状态存在，液态醇中的醇羟基处于部分缔合状态，只有在气态时可以主要以游离分子的形式存在。

甲醇的毒性很强，有麻醉作用，能严重损害视神经系统，饮用 10 mL 甲醇就能使眼睛失明，致死剂量为 25~100 mL。工业乙醇及变性乙醇中都含有一定量的甲醇，严禁用作勾兑酒类的原料。

醇羟基有明显的红外光谱特征：醇羟基的 O—H 伸缩振动吸收峰通常大于 3300 cm^{-1}，为羟基的特征吸收峰。游离的醇羟基的伸缩振动位于 3650~3500 cm^{-1}(尖峰，强度一般较弱)，只有当醇在气态和非极性的极稀溶液中才能观察到此峰；分子间氢键缔合的羟基吸收峰位于 3400~3200 cm^{-1}(强峰，较宽)，分子内缔合的羟基吸收峰位于 3500~3000 cm^{-1}。

另外，醇羟基的 C—O 键伸缩振动在指纹区的 1200~1100 cm^{-1} 也有特征吸收峰，伯醇在 1050 cm^{-1}，仲醇在 1100 cm^{-1}，叔醇在 1150 cm^{-1}，可作为区别伯醇、仲醇和叔醇的旁证。

在核磁共振谱中，醇中羟基质子的化学位移(δ)值因受样品中氢键的形成程度、样品的浓度、温度及溶剂等的影响而不同，一般为 1~5.5，其吸收峰可以通过重水(D_2O)交换而消失。

6.2.3 醇的化学性质

醇的化学性质主要由官能团羟基决定。由于氧的电负性较大，C—O 键和 O—H 键都是极性很强的共价键，因此在化学反应时，可以发生 O—H 键断裂，表现为醇羟基中氢被活泼金属取代的酸的性质，也可以发生 C—O 键断裂，表现为醇羟基被其他原子或原子基团取代的亲核取代反应，以及消除羟基及 β-H 的消除反应。另外，直接连接羟基的 α-C 上的氢容易发生脱氢反应和氧化反应。

1. 与活泼金属的反应

从结构上看，醇可以认为是水分子的烃基取代物，在性质上二者有相似的地方。因为羟基中氧的电负性比氢大，所以羟基氢表现为一定的酸性。醇可以与活泼金属（如 Na、Mg 等）反应，结果是羟基中 O—H 键上的氢被金属原子取代，生成金属烷氧基化合物，烷氧基钠也称为醇钠。例如

$$HOH + Na \longrightarrow NaOH + \frac{1}{2}H_2 \uparrow$$

$$ROH + Na \longrightarrow RONa + \frac{1}{2}H_2 \uparrow$$
醇钠

$$2ROH + Mg \longrightarrow (2RO)_2Mg + H_2 \uparrow$$
醇镁

由于烷基具有给电子性，因此醇的酸性（$pK_a = 16 \sim 18$）比水（$pK_a = 15.7$）弱，醇与活泼碱金属的反应比水与活泼碱金属的反应缓慢得多，反应中释放出的热量也不足以使生成的氢气燃烧。随着醇分子中烃基碳链的增长，醇与金属钠的反应速率逐渐减小，甚至高级醇与金属钠很难发生反应。

由于醇的酸性比水弱，因此醇钠是比氢氧化钠更强的碱，醇钠遇水会立即分解，重新游离出醇。例如

$$CH_3CH_2ONa + HOH \Longleftrightarrow CH_3CH_2OH + NaOH$$

烷基的给电子能力越强，相应醇的酸性越弱，与金属钠的反应活性越弱。伯醇、仲醇、叔醇与金属钠的反应活性不同，其活性次序为甲醇＞伯醇＞仲醇＞叔醇，与相应醇的酸性强弱次序一致。酸性越强的醇，它们的共轭碱（RO^-）的碱性越弱，因此伯醇、仲醇、叔醇的共轭碱的碱性强弱次序为叔醇钠＞仲醇钠＞伯醇钠＞甲醇钠。

问题 6-10 比较正丁醇、仲丁醇和叔丁醇的酸性强弱次序及其相应醇钠的碱性强弱次序。

2. 与氢卤酸的反应

醇与氢卤酸反应，羟基被卤素取代，生成卤代烃。

例如
$$R—OH + HX \longrightarrow R—X + H_2O$$

$$(CH_3)_3COH + HCl(36\%) \xrightarrow{室温} (CH_3)_3CCl + H_2O$$

这是制备卤代烃的重要反应。反应中碳氧键发生断裂,羟基被卤素取代的过程是饱和碳原子上的亲核取代反应,卤素负离子(X^-)是亲核试剂。由于羟基负离子是强碱,不是好的离去基团,因此必须在酸作用下,羟基先质子化,生成𬭩盐(oxonium salt),然后在亲核试剂卤素负离子的进攻下,羟基变为水分子离去,最终生成取代产物卤代烃。因此,醇与氢卤酸的反应是在酸催化下的亲核取代反应。

大多数伯醇与氢卤酸的反应基本是按 S_N2 机理进行的。

$$\text{CH}_2\text{—}\ddot{\text{O}}\text{H} \xrightarrow{\text{H—X}} \text{CH}_2\text{—}\overset{+}{\text{O}}\text{H}_2 \xrightarrow{X^-} [\overset{\delta^-}{X}\text{---}\text{CH}_2\text{---}\overset{\delta^+}{\text{OH}_2}] \xrightarrow{-\text{H}_2\text{O}} X\text{—}\text{CH}_2$$

而叔醇、大多数仲醇和烷基位阻较大的伯醇与氢卤酸的反应基本是按 S_N1 机理进行的。

$$(\text{CH}_3)_3\text{C—}\ddot{\text{O}}\text{H} \xrightarrow{\text{H—X}} (\text{CH}_3)_3\text{C—}\overset{+}{\text{O}}\text{H}_2 \longrightarrow (\text{CH}_3)_3\overset{+}{\text{C}} \xrightarrow{X^-} (\text{CH}_3)_3\text{C—X}$$

烯丙醇和氢卤酸的反应也与叔醇一样,主要是按 S_N1 机理进行,中间经过相对较稳定的烯丙基碳正离子中间体。

伯醇、仲醇和叔醇与氢卤酸反应的活性不同,其反应活性次序为叔醇>仲醇>伯醇。对于氢卤酸,其反应活性次序为 HI>HBr>HCl,这与其卤代酸的酸性和相应卤素负离子的亲核能力大小一致。

在室温下,若用反应活性最小的浓盐酸分别与伯醇、仲醇、叔醇反应,只有叔醇能顺利反应,经振荡后立即出现浑浊,然后有叔氯代烃分层析出(氯代烷不溶于浓酸)。在同样条件下,伯醇和仲醇与浓盐酸基本上不反应,必须在无水氯化锌催化下并加热,反应才能进行,室温下还观察不到反应。伯醇和仲醇与中等反应活性的浓氢溴酸反应也需要在浓硫酸催化下加热才能进行,按照反应现象,仲醇的反应比伯醇快。将溶有无水氯化锌的浓盐酸[称为卢卡斯(Lucas)试剂]在室温下分别与 C_6 以下的伯醇、仲醇、叔醇反应,立即使反应溶液出现浑浊的是叔醇,数分钟后才出现浑浊现象的是仲醇,而放置 1 h 仍无反应的是伯醇。因此,卢卡斯试剂可用作 C_6 以下的伯醇、仲醇、叔醇(C_6 以上的醇本身在卢卡斯试剂中基本不溶解,难以区别反应前后的变化)的区别试剂。

问题 6-11 如何用化学方法区别下列化合物?
       3-甲基-2-丁醇 2-甲基-2-丁醇 3-甲基-1-丁醇

问题 6-12 醇与浓氢溴酸水溶液反应可以顺利得到相应的溴代烃,但与浓的溴化钠水溶液反应却得不到相应的溴代烃,为什么?

当醇与氢卤酸的反应按 S_N1 机理进行时,要经过碳正离子中间体,所以有时可以观察到经碳正离子重排的产物。例如

$$\text{CH}_3\text{—}\underset{\underset{\text{CH}_2\text{OH}}{|}}{\overset{\overset{\text{CH}_3}{|}}{\text{C}}}\text{—CH—CH}_3 \xrightarrow{\text{H—Cl}} \text{CH}_3\text{—}\underset{\underset{\text{CH}_2\overset{+}{\text{OH}}_2}{|}}{\overset{\overset{\text{CH}_3}{|}}{\text{C}}}\text{—CH—CH}_3 \longrightarrow \text{CH}_3\text{—}\underset{\underset{\text{CH}_3}{|}}{\overset{\overset{\text{CH}_3}{|}}{\text{C}}}\text{—}\overset{+}{\text{CH}}\text{—CH}_3 \longrightarrow$$

$$\text{CH}_3\text{—}\underset{\underset{\text{CH}_3}{|}}{\overset{\overset{\text{CH}_3}{|}}{\overset{+}{\text{C}}}}\text{—CH—CH}_3 \xrightarrow{Cl^-} \text{CH}_3\text{—}\underset{\underset{\text{Cl}}{|}}{\overset{\overset{\text{CH}_3}{|}}{\text{C}}}\text{—CH—CH}_3$$

为了避免醇和氢卤酸反应时发生碳架重排,有时可改用卤化磷(PX_3、PX_5)或氯化亚砜($SOCl_2$)为卤代试剂。例如

$$CH_3-\underset{\underset{CH_3}{|}}{\overset{\overset{CH_3}{|}}{C}}-CH_2-OH + PBr_3 \xrightarrow{\text{吡啶}} CH_3-\underset{\underset{CH_3}{|}}{\overset{\overset{CH_3}{|}}{C}}-CH_2-Br + H_3PO_3$$

用 $SOCl_2$ 作为卤代试剂,副产物 SO_2 和 HCl 都是气体,不仅产物容易分离和纯化,而且反应容易进行完全。例如

$$CH_3CH_2CH_2CH_2CH_2OH + SOCl_2 \xrightarrow{\triangle} CH_3CH_2CH_2CH_2CH_2Cl + SO_2\uparrow + HCl\uparrow$$

3. 与无机含氧酸的反应

醇与无机含氧酸(如硝酸、亚硝酸、硫酸和磷酸等)反应,脱去一分子水,生成无机酸酯。例如

$$ROH + HONO_2 \longrightarrow RONO_2 + H_2O$$

其反应也可以用亲核取代反应的机理解释。

甘油与硝酸反应可生成甘油三硝酸酯(glyceryl trinitrate)。

$$\begin{matrix} CH_2-OH \\ | \\ CH-OH \\ | \\ CH_2-OH \end{matrix} + 3HONO_2 \xrightarrow{H_2SO_4} \begin{matrix} CH_2-ONO_2 \\ | \\ CH-ONO_2 \\ | \\ CH_2-ONO_2 \end{matrix} + 3H_2O$$

甘油三硝酸酯

甘油三硝酸酯(也称硝酸甘油或硝化甘油)有扩张冠状动脉的作用,目前在临床上仍用作缓解心绞痛的药物。硝化甘油与多数硝酸酯一样,受震动、撞击或受热后能猛烈分解而发生爆炸,所以硝化甘油可用作烈性炸药的主要成分。1867年诺贝尔发明的安全炸药就是由硝化甘油和硅藻土等成分组成。

硫酸为二元酸,与一分子醇生成酸性硫酸酯,与两分子醇则生成中性硫酸酯。例如

$$CH_3CH_2OH + HOSO_2OH \longrightarrow CH_3CH_2OSO_2OH + H_2O$$

硫酸氢乙酯(酸性硫酸酯)

$$CH_3CH_2OH + CH_3CH_2OSO_2OH \longrightarrow CH_3CH_2OSO_2OCH_2CH_3 + H_2O$$

硫酸二乙酯(中性硫酸酯)

硫酸二甲酯和硫酸二乙酯都为无色油状液体,在有机合成中,是向分子中导入甲基或乙基的很好的烷基化试剂。但硫酸二甲酯有剧毒,使用时应特别注意。高级醇($C_8 \sim C_{18}$)的酸性硫酸酯的钠盐(如 $C_{12}H_{25}OSO_2ONa$)是合成洗涤剂的主要原料。

磷酸是三元酸,与醇反应可生成磷酸烷基酯、磷酸二烷基酯和磷酸三烷基酯。

$$\underset{\text{磷酸烷基酯}}{RO-\overset{\overset{O}{\|}}{\underset{\underset{OH}{|}}{P}}-OH} \qquad \underset{\text{磷酸二烷基酯}}{RO-\overset{\overset{O}{\|}}{\underset{\underset{OH}{|}}{P}}-OR} \qquad \underset{\text{磷酸三烷基酯}}{RO-\overset{\overset{O}{\|}}{\underset{\underset{OR}{|}}{P}}-OR}$$

某些农药及生物体内的核糖核酸(RNA)、脱氧核糖核酸(DNA)和三磷酸腺苷(adenosine

triphosphate,ATP)都含有磷酸酯的结构单元。

4. 醇的脱水反应

醇与浓硫酸共热可以发生脱水反应。醇在分子内脱水生成烯烃,醇分子间脱水则生成醚。

1) 分子内脱水

醇在浓 H_2SO_4 或其他路易斯酸催化下加热,醇羟基与 β-H 发生分子内消除反应,脱去一分子水生成烯烃,这种反应称为醇的 β-消除反应。例如

$$CH_2-CH_2 \xrightarrow[170\ ^\circ C]{96\% H_2SO_4} CH_2=CH_2 + H_2O$$
$$\quad |\quad\ \ \ |$$
$$\quad H\ \ \ \ OH$$

大多数醇的分子内脱水反应按 E1 机理进行。醇羟基在酸的作用下先质子化,生成𬭩盐,水分子先离去后生成碳正离子中间体,然后消除 β-H,生成烯烃。例如

$$CH_3-\underset{CH_3}{\overset{CH_3}{|}}C-\ddot{O}H \xrightarrow{H^+} CH_3-\underset{CH_3}{\overset{CH_3}{|}}C-\overset{+}{O}H_2 \xrightarrow[\text{慢}]{-H_2O} CH_3-\underset{CH_3}{\overset{CH_3}{|}}C^+ \xrightarrow{-H^+} CH_3-\underset{CH_3}{\overset{CH_2-H}{|}}C=CH_2$$

生成碳正离子中间体这一步是反应速率的决定步骤,因此相对来说,中间体碳正离子越稳定就越容易形成。由于碳正离子的稳定性次序为叔碳正离子>仲碳正离子>伯碳正离子,因此不同醇发生 β-消除生成烯烃的活性次序为叔醇>仲醇>伯醇。

当醇羟基有两种以上不同的 β-H 时,消除可以在不同的方向进行,而主要产物为碳碳双键上取代基相对较多的烯烃,即消除产物符合札依采夫规则。例如

$$CH_3CH_2CHCH_3 \xrightarrow[80\sim 90\ ^\circ C]{62\% H_2SO_4} CH_3CH=CHCH_3 + H_2O$$
$$\quad\quad\quad |$$
$$\quad\quad\quad OH$$

$$CH_3CH_2\underset{OH}{\overset{CH_3}{\underset{|}{\overset{|}{C}}}}CH_3 \xrightarrow[80\sim 90\ ^\circ C]{46\% H_2SO_4} CH_3CH=\underset{}{\overset{CH_3}{\underset{}{\overset{|}{C}}}}CH_3 + H_2O$$

这与卤代烃按 E1 机理消除的主要产物相似。另外,从上述反应可以看出,仲醇、叔醇比伯醇相对容易消除,它们发生消除反应时,可以不必用浓硫酸催化,并且可以在相对较低的温度下进行。

由于醇的脱水反应主要是按 E1 机理进行,因此某些结构特殊的醇在发生消除反应时也可以观察到碳架重排。例如

$$CH_3-\underset{CH_3}{\overset{CH_3\ OH}{\underset{|}{\overset{|}{C}}}}\underset{}{\overset{}{\underset{|}{\overset{|}{C}}}}CH_3 \xrightarrow{85\% H_3PO_4} CH_2=\underset{CH_3}{\overset{CH_3}{\underset{|}{\overset{|}{C}}}}-\underset{CH_3}{\overset{CH_3}{\underset{|}{\overset{|}{C}}}}CH_3 + CH_3-\underset{CH_3}{\overset{CH_3}{\underset{|}{\overset{|}{C}}}}=\underset{CH_3}{\overset{}{\underset{|}{\overset{|}{C}}}}CH_3 + CH_3-\underset{CH_3}{\overset{CH_3}{\underset{|}{\overset{|}{C}}}}-\underset{CH_3}{\overset{}{\underset{|}{\overset{|}{C}}}}=CH_2$$

$$\qquad\qquad\qquad\qquad\qquad (Ⅰ)\qquad\qquad\qquad (Ⅱ)\qquad\qquad\qquad (Ⅲ)$$
$$\qquad\qquad\qquad\qquad\qquad \sim 20\%\qquad\qquad\ \ \sim 80\%\qquad\qquad\ \ \sim 0.4\%$$

这里主要是由于仲醇在酸的作用下,形成的仲碳正离子经邻位甲基的迁移,重排成更稳定的叔

碳正离子,然后生成主要符合札依采夫规则的烯烃(Ⅱ)。其重排过程如下:

$$\underset{CH_3}{\underset{|}{CH_3-\overset{CH_3}{\overset{|}{C}}-CH-CH_3}} \xrightarrow{H^+} CH_3-\underset{CH_3}{\overset{CH_3}{\overset{|}{\underset{|}{C}}}}-CH-CH_3 \longrightarrow CH_3-\underset{CH_3}{\overset{CH_3}{\overset{|}{\underset{|}{C}}}}-\overset{+}{C}H-CH_3 \xrightarrow{甲基迁移}$$

$$CH_3-\overset{CH_3}{\overset{|}{\underset{+}{C}}}-CH-CH_3 \xrightarrow{-H^+} CH_3-\overset{CH_3}{\overset{|}{C}}=\overset{CH_3}{\overset{|}{C}}-CH_3$$

2) 分子间脱水

在比分子内脱水较低的反应温度下,将低级伯醇与浓 H_2SO_4 或浓 H_3PO_4 共热,可以生成主要是分子间脱水的产物醚。例如,乙醇分子间脱水可生成乙醚。

$$CH_3CH_2OH + HOCH_2CH_3 \xrightarrow[140℃]{浓 H_2SO_4} CH_3CH_2OCH_2CH_3 + H_2O$$
乙醚

两分子乙醇脱水生成乙醚的反应主要是按 S_N2 反应机理进行。反应过程如下:

$$CH_3CH_2OH + H^+ \longrightarrow CH_3CH_2\overset{+}{O}H_2$$

$$CH_3CH_2OH + \underset{CH_3}{\overset{+}{CH_2-OH_2}} \xrightarrow{-H_2O} CH_3CH_2\overset{+}{\underset{H}{O}}CH_2CH_3 \xrightarrow{-H^+} CH_3CH_2OCH_2CH_3$$

由于羟基不是好的离去基团,因此必须在酸的作用下先质子化,然后在另一分子醇的亲核进攻下,以水分子的形式离去,经𰽡盐再除去质子得到醚。

若用两种不同的伯醇发生上述反应,则得到三种不同醚的混合物,所以不能用此反应制得两个烃基不同的醚。

仲醇、叔醇在同样反应条件下容易发生分子内脱水,因此由仲醇制得相应醚的产率不高,叔醇则主要得到烯烃。

由于五元环和六元环的相对稳定性,因此 1,4-二醇及 1,5-二醇受热,分子内脱水生成环醚,此反应可用于环醚的制备。例如

$$\underset{OH\ \ \ \ OH}{\overset{CH_2-CH_2}{\underset{|\ \ \ \ \ \ \ \ |}{CH_2\ \ \ \ CH_2}}} \xrightarrow{H_3O^+} \underset{四氢呋喃}{\bigcirc\!\!\!\!O}$$

问题 6-13 写出下列醇在酸催化下分子内脱水的主要产物。
(1) 1-甲基环己醇　　(2) 2-甲基-2-丁醇
(3) 1-苯基-2-丁醇　　(4) 2,2-二甲基丙醇

5. 氧化和脱氢反应

在有机化学中,通常把分子中氧增加或氢减少的反应称为氧化(oxidation)反应。

在伯醇和仲醇中,直接与羟基相连的 α-碳原子上的氢(α-H)受羟基的影响相对比较活泼,

可以被氧化剂 $K_2Cr_2O_7$-H_2SO_4、CrO_3-H_2SO_4、CrO_3-HOAc、$KMnO_4$ 或浓 HNO_3 等氧化,氧化产物与醇的结构和氧化反应的条件有关。当伯醇用 $K_2Cr_2O_7$-H_2SO_4 溶液等上述氧化剂氧化时,伯醇先被氧化成醛,然后醛被进一步氧化成羧酸。

$$RCH_2OH \xrightarrow{[O]} RCHO \xrightarrow{[O]} RCOOH$$
$$\text{伯醇} \qquad\quad \text{醛} \qquad\quad \text{羧酸}$$

仲醇氧化生成酮,酮不易继续被氧化,所以可以停留在酮的阶段。

$$\underset{\text{仲醇}}{\underset{|}{\overset{\displaystyle R-CH-R'}{\underset{OH}{}}}} \xrightarrow{[O]} \underset{\text{酮}}{\overset{\displaystyle R-C-R'}{\underset{\|}{O}}}$$

对于相对分子质量低的醇,醛的沸点比相应醇的沸点低,因此可以选择适当的反应温度,使反应中生成的醛不断地被蒸馏出来,从而使醛脱离氧化体系避免被进一步氧化。例如

$$CH_3CH_2CH_2CH_2OH \xrightarrow[H_2O]{Na_2Cr_2O_7-H_2SO_4} CH_3CH_2CH_2CHO$$
$$\text{正丁醇} \qquad\qquad\qquad\qquad\qquad \text{正丁醛}(52\%)$$

将吡啶(C_5H_5N)加入 CrO_3 的盐酸溶液中,生成橙红色晶体氯铬酸吡啶盐(pyridinium chlorochromate,PCC)。用 PCC 或 CrO_3-二吡啶络合物[沙瑞特(Sarrett)试剂]溶于无水二氯甲烷或氯仿的溶液作为氧化剂,在室温下就可以将伯醇氧化成醛,且可以停留在醛的阶段。

$$PCC:C_5H_5\overset{+}{N}HCrO_3\overset{-}{Cl} \qquad \text{沙瑞特试剂}:(C_5H_5N)_2 \cdot CrO_3$$

例如

$$CH_3CH_2CH_2CH_2OH \xrightarrow[CH_2Cl_2, 25\ ℃]{PCC} CH_3CH_2CH_2CHO$$
$$\text{正丁醇} \qquad\qquad\qquad\qquad \text{正丁醛}$$

PCC 或 CrO_3-二吡啶络合物氧化剂一般都不影响分子中的碳碳不饱和键。例如

$$C_6H_5CH=CHCH_2OH + CrO_3(C_5H_5N)_2 \xrightarrow[25\ ℃]{CH_2Cl_2} C_6H_5CH=CHCHO$$
$$\text{苯丙烯醇} \qquad\qquad\qquad\qquad\qquad\qquad\quad \text{苯丙烯醛}$$

叔醇中由于没有 α-H,因此不能被氧化成羰基化合物。若在更强烈的条件下氧化,如将叔醇与酸性高锰酸钾一起加热,则发生碳链断裂,生成复杂的氧化产物。例如

$$\underset{\underset{CH_3}{|}}{\overset{\overset{CH_3}{|}}{CH_3-C-OH}} \xrightarrow[\triangle]{KMnO_4, H^+} \overset{O}{\underset{\|}{CH_3-C-CH_3}} + \overset{O}{\underset{\|}{H-C-H}}$$
$$\qquad\qquad\qquad\qquad\qquad \downarrow \qquad\qquad\quad \downarrow$$
$$\qquad\qquad\qquad\qquad CH_3COOH + CO_2 \quad CO_2 + H_2O$$

在 300~325 ℃ 的高温条件下,将伯醇、仲醇的蒸气通过铜催化剂,可使醇脱氢而生成相应的醛或酮。

$$R-CH_2OH \xrightarrow[325\ ℃]{Cu} R-CHO + H_2$$

$$\underset{\underset{}{|}}{\overset{\overset{OH}{|}}{R-CH-R'}} \xrightarrow[325\ ℃]{Cu} \overset{O}{\underset{\|}{R-C-R'}} + H_2$$

叔醇因没有 α-H 而不发生脱氢反应。

问题 6-14 完成下列反应方程式。

$$\text{C}_6\text{H}_{11}\text{—CH}_2\text{OH} + \text{CrO}_3(\text{C}_5\text{H}_5\text{N})_2 \xrightarrow{\text{CH}_2\text{Cl}_2} \xrightarrow{\text{KMnO}_4}$$

6. 1,2-二醇的反应

1,2-二醇及含两个羟基以上的多元醇除具有一元醇的一般性质外，1,2-二醇因两羟基处于邻位，还表现出某些特殊性质。

1) 高碘酸氧化

1,2-二醇可被高碘酸（HIO_4）氧化，氧化时 1,2-二醇的两个碳原子之间的碳碳单键发生断裂，生成相应的醛、酮或羧酸等化合物。

$$\underset{\underset{\text{OH} \quad \text{OH}}{|\quad\quad|}}{\text{R—CH—CH—R}'} + HIO_4 \longrightarrow \underset{\underset{O}{\|}}{\text{R—C—H}} + \underset{\underset{O}{\|}}{\text{H—C—R}'} + HIO_3 + H_2O$$
$$\text{醛} \qquad \text{醛}$$

$$\underset{\underset{\text{OH OH} \quad \text{OH}}{|\ |\quad\ |}}{\overset{\overset{R'}{|}}{\text{R—C—CH—CH}_2}} + 2HIO_4 \longrightarrow \underset{\underset{O}{\|}}{\text{R—C—R}'} + \underset{\underset{O}{\|}}{\text{H—C—OH}} + \underset{\underset{O}{\|}}{\text{H—C—H}} + 2HIO_3 + 2H_2O$$
$$\text{酮} \qquad \text{甲酸} \qquad \text{甲醛}$$

例如，2-甲基-2,3-丁二醇被高碘酸氧化生成乙醛和丙酮。

$$\underset{\underset{\text{OH} \quad \text{OH}}{|\quad\quad|}}{\text{CH}_3\text{—CH—C(CH}_3)_2} + HIO_4 \longrightarrow \underset{\underset{O}{\|}}{\text{CH}_3\text{—C—H}} + \underset{\underset{O}{\|}}{\text{CH}_3\text{—C—CH}_3} + HIO_3 + H_2O$$
$$\text{乙醛} \qquad \text{丙酮}$$

1 mol 丙三醇（甘油）经 2 mol HIO_4 氧化，可得到 2 mol 甲醛和 1 mol 甲酸。

$$\begin{array}{l}\text{CH}_2\text{—OH}\\|\\\text{CH—OH}\\|\\\text{CH}_2\text{—OH}\end{array} + 2HIO_4 \longrightarrow \underset{\underset{O}{\|}}{\text{H—C—OH}} + 2\underset{\underset{O}{\|}}{\text{H—C—H}} + 2HIO_3 + 2H_2O$$
$$\text{甲酸} \qquad \text{甲醛}$$

1,2-二醇也可被四乙酸铅[$Pb(OCOCH_3)_4$]氧化，氧化产物与高碘酸氧化的产物类似。含有 α-OH 的醛、酮也能被 HIO_4 氧化，发生与上述邻二醇类似的反应。

2) 频哪醇重排

在酸作用下，1,2-二醇可以发生碳架重排，生成相应的酮。例如

$$\underset{\underset{\text{OH OH}}{|\ \ |}}{\overset{\overset{\text{CH}_3 \text{CH}_3}{|\ \ \ |}}{\text{CH}_3\text{—C—C—CH}_3}} \xrightarrow{H^+} \underset{\underset{\text{OH OH}_2^+}{|\ \ \ \ |}}{\overset{\overset{\text{CH}_3 \text{CH}_3}{|\ \ \ |}}{\text{CH}_3\text{—C—C—CH}_3}} \xrightarrow{-H_2O} \underset{\underset{\text{OH}}{|}}{\overset{\overset{\text{CH}_3 \text{CH}_3}{|\ \ \ |}}{\text{CH}_3\text{—C—C}^+\text{—CH}_3}} \longrightarrow$$

频哪醇

$$CH_3-\overset{+}{\underset{\underset{\ddot{O}H}{|}}{C}}-\underset{\underset{CH_3}{|}}{\overset{\overset{CH_3}{|}}{C}}-CH_3 \xrightarrow{-H^+} CH_3-\underset{\underset{O}{\|}}{C}-\underset{\underset{CH_3}{|}}{\overset{\overset{CH_3}{|}}{C}}-CH_3$$
频哪酮

当频哪醇分子中的四个烃基不完全相同时，首先考虑的是形成一个相对比较稳定的碳正离子中间体，然后是迁移能力较大的烃基带着一对电子优先迁移到碳正离子中间体上，再是羟基氧原子上未共用的电子对向碳原子转移，失去质子后给出产物频哪酮。烃基的迁移次序为芳基优先于烷基，芳基上有给电子基团的优先于没有给电子基团的。

6.2.4 硫醇

硫醇是指醇分子中的氧原子被硫原子取代后的化合物，其通式为 R—SH，硫醇的官能团是—SH(巯基)。简单硫醇的命名只需在相应醇的"醇"字前加上"硫"字即可。例如

CH₃SH   CH₃CH₂SH   HSCH₂CH₂SH
甲硫醇   乙硫醇   1,2-乙二硫醇

对于结构比较复杂的硫醇化合物，可以把—SH(巯基)作为取代基。例如

CH₃CHCH₂OH
  |
 SH
2-巯基丙醇

硫醇与醇比较，硫原子的电负性比氧原子小，所以硫醇的偶极矩比相应的醇小。例如

C₂H₅OH   C₂H₅SH
$\mu=5.67\times10^{-30}$ C·m $\mu=5.07\times10^{-30}$ C·m

因此硫醇分子之间基本上不能通过氢键相互缔合，所以硫醇的沸点比相对分子质量相近的醇低，但比相对分子质量相近的烷烃高。例如，甲硫醇和乙硫醇的沸点分别为 6.2 ℃ 和 37 ℃。硫醇与水分子之间通过氢键缔合的能力也很小，硫醇在水中的溶解度也比相应的醇小得多。常温下，乙硫醇在 100 mL 水中仅能溶解 1.5 g。

低级硫醇具有强烈而令人讨厌的特殊恶臭气味，空气中含有 0.19 μg·L⁻¹ 的乙硫醇时就可以嗅出它的恶臭味。硫醇可用作臭味剂，在城市燃气中加入少量的叔丁硫醇，可用于燃气泄漏的警示。但硫醇的臭味随着相对分子质量的增加而减弱，含 9 个碳原子以上的硫醇具有令人愉快的气味。

硫醇中 S—H 键的红外伸缩振动吸收在 2600～2500 cm⁻¹。

硫醇具有弱酸性，pK_a 为 9～12，乙硫醇的 pK_a 为 10.5，其酸性比水和醇强。硫醇难溶于水，但在水溶液中仍有下列平衡：

RSH + H₂O ⇌ RS⁻ + H₃O⁺

硫醇溶于氢氧化钠溶液，生成易溶于水的硫醇钠，反应可逆。例如

CH₃CH₂SH + NaOH ⇌ CH₃CH₂SNa + H₂O
乙硫醇钠

硫醇的汞盐、铅盐、银盐、镉盐等重金属盐都不溶于水。例如

2RSH + HgCl₂ ⟶ (RS)₂Hg↓ + 2HCl

利用硫醇的这种性质，临床上将某些含巯基的化合物[如二巯基丙醇(CH₂—CH—CH₂OH)
                                                                            | |
                                                                            SH SH

作为重金属的解毒剂。

硫醇可以被弱氧化剂氧化为二硫化合物。例如

$$2CH_3CH_2SH \xrightarrow{H_2O_2} CH_3CH_2S—SCH_2CH_3$$

若在强氧化剂(如高锰酸钾、硝酸等)的作用下可以被氧化为相应的磺酸。例如

$$CH_3CH_2SH \xrightarrow[H^+]{KMnO_4} CH_3CH_2SO_3H$$

6.3　醚和环氧化合物

醚(ether)可看成醇(或酚)羟基中氢的烃基取代物,或者看成水分子的二烃基取代物。环氧化合物(epoxide)通常是指具有三元环的环醚及其衍生物。

6.3.1　醚的结构和命名

水分子中两个氢原子被烷基或芳基取代后的化合物称为醚。醚的通式为 R—O—R(R′)、Ar—O—R 或 Ar—O—Ar(Ar′),醚键(C—O—C)是醚的官能团。在醚分子中,氧原子所连接的两个烃基相同的称为简单醚,两个烃基不相同的称为混合醚,其中含有芳烃基的称为芳香醚。

脂肪醚键的∠COC 为 110°左右,C—O 键的键长为 141 pm 左右,与醇中的 C—O 键键长相近,所以其氧原子为 sp^3 杂化。甲醚的结构如图 6-11 所示。

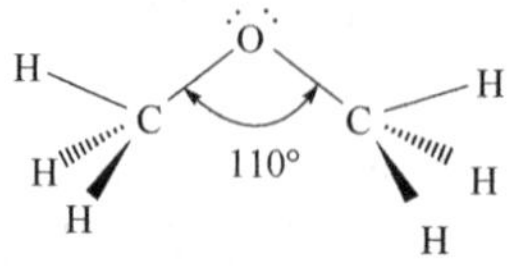

图 6-11　甲醚的结构

但烷芳混合醚和二芳醚的∠COC 为 120°左右,如苯甲醚的∠COC 为 121°,C$_{(芳环)}$—O 键的键长为 136 pm,比脂肪醚的 C—O 键短,所以其氧原子为 sp^2 杂化。氧原子上的未共用电子对处于 p 轨道上,与芳环中的 π 键形成 p-π 共轭。

环醚是氧杂环烷烃。例如

三元环醚及其衍生物作为环氧化合物具有某些特殊的性质。

醚的命名相对比较简单,对于简单醚,按照烃基的名称,称为二某基醚。但在一般情况下,"二"和"基"可以省去。例如

$$CH_3CH_2OCH_2CH_3$$
(二)乙(基)醚
[diethyl ether(ethyl ether)]

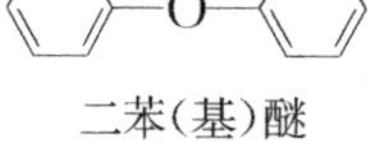

二苯(基)醚
(diphenyl ether)

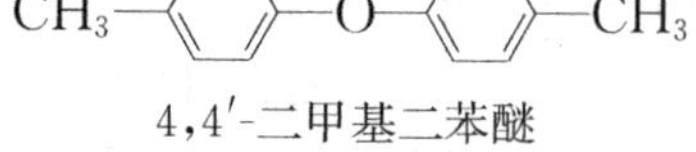

4,4′-二甲基二苯醚
(4,4′-dimethyldiphenyl ether)

命名混合醚时,则必须在"醚"字前面把两个烃基都列出,先列出小烃基,再列出大烃基。对于

烷芳混合醚,则芳烃基列在前面,烷基列在后面。英文名称按烃基的第一个字母的顺序先后列出相应的烃基。例如

$$CH_3OCH_2CH_3 \qquad CH_3OCH(CH_3)_2$$

甲乙醚 　　　　　甲异丙醚 　　　　　苯乙醚
(ethyl methyl ether)　(isopropyl methyl ether)　(ethyl phenyl ether)

对于结构比较复杂的醚,可以按烃的衍生物命名,选择较大的烃基作为母体,烷氧基作为取代基。例如

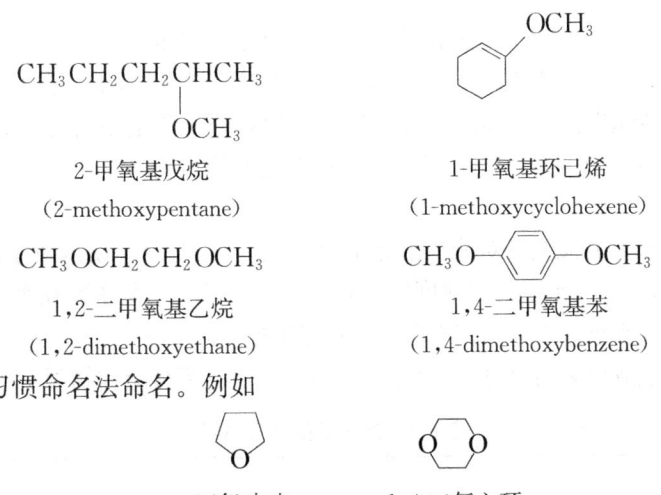

2-甲氧基戊烷　　　　　　　1-甲氧基环己烯
(2-methoxypentane)　　　　(1-methoxycyclohexene)

$$CH_3OCH_2CH_2OCH_3$$

1,2-二甲氧基乙烷　　　　　　1,4-二甲氧基苯
(1,2-dimethoxyethane)　　　(1,4-dimethoxybenzene)

环醚通常用习惯命名法命名。例如

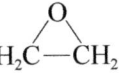

四氢呋喃　　　1,4-二氧六环
(tetrahydrofuran)　(1,4-dioxane)

命名环氧化合物时,必须将环氧键所在碳原子的位置标出,放在"环氧某烷"的前面。例如

环氧乙烷　　　　　　　环氧丙烷　　　　　　2,3-环氧丁烷
[ethylene oxide (oxirane)]　(1,2-propylene oxide)　(2,3-epoxybutane)

分子中有多个—OCH₂CH₂—结构单元连接成的大的环醚化合物称为冠醚(crown ether)。由于冠醚的命名较为复杂,通常用特殊的命名法命名,简称为"m-冠-n",m表示环上的原子总数,n表示环上的氧原子总数。例如

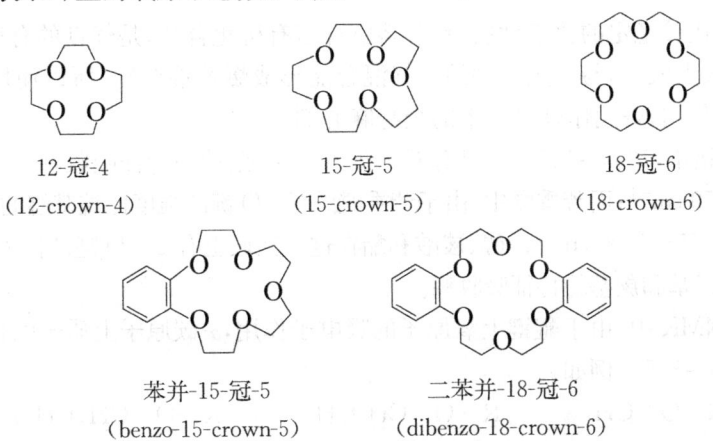

12-冠-4　　　　15-冠-5　　　　18-冠-6
(12-crown-4)　(15-crown-5)　(18-crown-6)

苯并-15-冠-5　　　　二苯并-18-冠-6
(benzo-15-crown-5)　(dibenzo-18-crown-6)

问题 6-15 用系统命名法命名下列化合物或写出相应的结构式。

(1) $CH_3OCH_2CH_2CH_2CH_3$
(2) $(CH_3)_2CHOCH_2CH_3$
(3) $CH_3CH_2OCH_2CH=CH_2$
(4) 3-甲氧基己烷
(5) 反-1,3-二甲氧基环戊烷
(6) 乙二醇单甲醚

6.3.2 醚的物理性质

常温下甲醚和乙醚是气体,其他低级烷基醚均为无色液体。

由于醚分子中没有能与氧原子缔合的活泼氢,因此醚分子之间不能通过氢键互相缔合,其沸点比相对分子质量相同的醇的沸点低得多,仅与相对分子质量相当的烷烃相近。例如,乙醚的沸点为 34.5 ℃,正丁醇的沸点为 117.8 ℃,正戊烷的沸点为 36.1 ℃(它们的相对分子质量分别为 74、74 和 72)。

但醚键中氧原子上的孤电子对能与水分子形成氢键,相对分子质量较小的醚在水中的溶解度比烷烃大。例如,乙醚在水中的溶解度约为 $8\ g \cdot (100\ mL)^{-1}$,与丁醇在水中的溶解度接近,相对分子质量较大的醚都难溶于水。但有些环醚(如四氢呋喃、1,4-二氧六环等)由于结构的原因,能与水分子形成更强或更多的氢键,所以它们能与水混溶。部分醚的物理常数见表 6-3。

表 6-3 部分醚的物理常数

化合物	熔点/℃	沸点/℃	相对密度
甲醚(dimethyl ether)	−138.5	−23	0.6610
乙醚(diethyl ether)	−116.6	34.5	0.7137
正丙醚(dipropyl ether)	−12.2	90.1	0.7360
异丙醚(isopropyl ether)	−85.9	68	0.7241
正丁醚(dibutyl ether)	−95.3	142	0.7689
苯甲醚(methyl phenyl ether)	−37.5	155	0.9961
二苯醚(diphenyl ether)	26.8	257.9	1.0748
环氧乙烷(ethylene oxide)	−111.3	11	0.8824
四氢呋喃(tetrahydrofuran)	−108	65.4	0.8892
1,4-二氧六环(1,4-dioxane)	11.8	101	1.0337

醚具有相对比较稳定的化学性质,且能溶解许多有机化合物,是优良的有机溶剂。乙醚的挥发性很大,着火点低,当与一定比例的空气混合能形成爆炸混合物,所以使用时必须特别小心。乙醚有麻醉作用,曾用作外科手术的全身麻醉剂。

醚的红外光谱中,1300~1060 cm^{-1} 有 C—O—C 伸缩振动的特征吸收峰。其中烷基醚的吸收峰在 1150~1050 cm^{-1};而芳香醚中,由于芳香醚的 C—O 键的强度比烷基醚的 C—O 键的强度大,其吸收峰在 1275~1200 cm^{-1}。醇、羧酸和酯在这一区域也有 C—O 键的伸缩振动吸收峰,但它们还有相应的羟基和羰基的特征吸收峰。

在醚的 ^1H NMR 中,由于醚键上氧原子的吸电子作用,α-碳原子上质子的化学位移向低场移动,其 δ 值为 3~3.5。例如

$$R-O-\underline{C}H_3 \qquad R-O-\underline{C}H_2CH_3 \qquad R-O-\underline{C}H(CH_3)_2$$
δ 3.30   3.36   3.55

6.3.3 醚的化学性质

链状醚是化学性质相当稳定而不活泼的化合物,对碱、稀酸、氧化剂及还原剂都十分稳定,常温下与金属钠也无反应,所以醚常用作化学反应的溶剂,金属钠可以用于干燥醚。醚在浓的强酸作用下能发生醚链的断裂。

1. 锌盐的形成

醚键的氧原子上有未共用电子对,可以作为路易斯碱与强酸的质子结合,形成锌盐。例如

$$CH_3CH_2\ddot{O}-CH_2CH_3 + H_2SO_4(浓) \longrightarrow [CH_3CH_2-\underset{H}{\overset{+}{O}}-CH_2CH_3]^+ HSO_4^-$$

$$\text{锌盐}$$

因此,醚可以溶于浓硫酸、浓盐酸等强酸。锌盐只存在于浓酸中,当用冰水稀释后即可分解为原来的醚。

醚作为路易斯碱,还可以与缺电子的路易斯酸(如三氟化硼、三氯化铝、格氏试剂等)作用,生成相应的配合物。例如

$$R_2O: + BF_3 \longrightarrow R_2O:\rightarrow BF_3$$

$$R_2O: + AlCl_3 \longrightarrow R_2O:\rightarrow AlCl_3$$

$$2R_2O: + R'MgX \longrightarrow R_2O:\rightarrow \underset{X}{\overset{R'}{\underset{|}{Mg}}}\leftarrow :OR_2$$

2. 醚键的断裂

锌盐的生成削弱了醚键中的 C—O 键,因此当醚和浓的氢碘酸或氢溴酸共热时,醚键发生断裂,生成相应的醇和卤代烃。

$$R-O-R' + HI \xrightarrow{\triangle} RI + R'OH$$

反应中,首先是醚生成锌盐,然后卤负离子进攻锌盐中与氧原子直接相连的一个烃基上的 α-碳原子,发生亲核取代反应,烷氧基以醇分子形式离去,剩余部分生成卤代烃。例如,乙醚和氢碘酸的反应过程如下:

$$CH_3CH_2-\ddot{O}-CH_2CH_3 \xrightleftharpoons{H^+} CH_3CH_2-\overset{+}{\underset{H}{O}}-CH_2CH_3$$

$$I^- + \underset{\underset{\overset{|}{O}}{\overset{|}{CH_2}}-\overset{|}{\underset{H}{O}}-CH_2CH_3}{\overset{CH_3}{|}} \xrightarrow{S_N2} CH_3CH_2I + CH_3CH_2OH$$

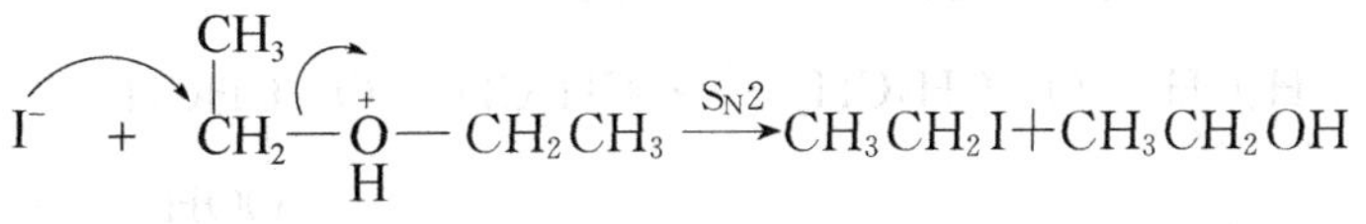

反应按 S_N2 的机理进行。对于不对称的混合醚,卤素负离子优先进攻醚中小的烷基或 α-碳上取代基少的烷基,因此总是醚中小的烷基或 α-碳上取代基少的烷基生成卤代烃,另一烷基生成醇。例如

$$CH_3-O-CH_2\underset{\underset{CH_3}{|}}{C}HCH_3 + HI \xrightarrow{100\ ℃} CH_3I + HOCH_2\underset{\underset{CH_3}{|}}{C}HCH_3$$

$$\xrightarrow{\text{过量 HI}} ICH_2\underset{\underset{CH_3}{|}}{C}HCH_3$$

醇在过量氢卤酸的作用下也可以转变成卤代烃。

氢卤酸断裂醚键的能力为 HI>HBr>HCl，与它们的酸性强弱次序和相应卤素负离子的亲核性强弱次序一致，而氢氟酸不易使醚键断裂。

如果醚键中 C—O 键断裂后能形成稳定碳正离子的混合醚，则与氢卤酸反应按 S_N1 机理进行。例如

$$CH_3CH_2-O-C(CH_3)_3 + HI \longrightarrow CH_3CH_2-\overset{+}{\underset{\underset{H}{|}}{O}}-C(CH_3)_3 \xrightarrow{S_N1} CH_3CH_2OH + \overset{+}{C}(CH_3)_3$$

$$\overset{+}{C}(CH_3)_3 \begin{array}{c} \xrightarrow{-H^+} CH_2=C(CH_3)_2 \\ \xrightarrow{I^-} IC(CH_3)_3 \end{array}$$

叔碳正离子在此反应条件下除与卤素负离子结合生成卤代烃外，也很容易失去质子生成相应的烯烃。

对于由烷基和芳基组成的混合醚，由于卤素负离子既不可能按 S_N2 进攻芳基碳原子，也不可能形成芳基正离子，因此烷芳混合醚与氢卤酸反应时，总是芳基形成酚，烷基形成卤代烃。例如

$$\text{C}_6\text{H}_5-OCH_3 + HI \xrightarrow{S_N2} \text{C}_6\text{H}_5-OH + CH_3I$$
苯酚

氢碘酸不能使酚转变为碘代芳烃。

苯基叔丁基醚断裂时按 S_N1 机理进行，叔丁基碳正离子主要转变为异丁烯。例如

$$\text{C}_6\text{H}_5-OC(CH_3)_3 + HI \xrightarrow{S_N1} \text{C}_6\text{H}_5-OH + (CH_3)_2C=CH_2$$

3. 过氧化物的生成

虽然醚对氧化剂相对比较稳定，但如果长期与氧化剂及空气中的氧接触，或被光照射，醚可被自动氧化生成过氧化物，自动氧化通常发生在 α-碳氢键之间。例如，在空气中存放已久的乙醚可能含有被空气中的氧气所氧化而生成的过氧化物。

$$CH_3CH_2-O-CH_2CH_3 \xrightarrow{O_2} CH_3CH_2-O-\underset{\underset{OOH}{|}}{C}HCH_3$$
过氧化物

过氧化物不易挥发，在蒸馏乙醚时，随着乙醚不断被蒸出，烧瓶残留液中的过氧化物浓度不断增加，而一定高浓度的过氧化物在受热、震动或摩擦等外界因素作用下极易发生分解爆炸，所以在蒸馏醚时切忌蒸干。

使用或蒸馏存放较长时间的乙醚时，必须先检验是否有过氧化物存在。检验的方法是取

少量乙醚与酸性碘化钾溶液一起混摇,若有过氧化物存在,则有碘生成,它能使淀粉试纸变蓝,从而确认过氧化物的存在。若在醚中加入硫酸亚铁溶液一起振摇可以除去醚中的过氧化物,然后分离纯化。

乙醚应在低温于棕色瓶中存放,并尽量避免光照和与空气或氧化剂接触,必要时可加入少量抗氧剂。

6.3.4 1,2-环氧化合物和冠醚

1,2-环氧化合物是具有三元环的环醚,它不同于普通的醚,由于三元环的张力很大,化学性质相当活泼,在酸性、中性或碱性条件下都可以发生开环反应,是有机合成的重要中间体。生物体内的某些活性物质中也具有1,2-环氧化合物结构单元。

1. 环氧乙烷

环氧乙烷是1,2-环氧化合物中最简单的成员,是化学工业和制药工业的重要原料。室温下,环氧乙烷为无色、有毒气体,沸点为11 ℃,可溶于水、醇和乙醚。通常环氧乙烷于钢瓶内加压储存。环氧乙烷和空气能形成爆炸性混合物。在金属银的催化下,乙烯直接氧化生成环氧乙烷,这是工业生产环氧乙烷的主要方法。

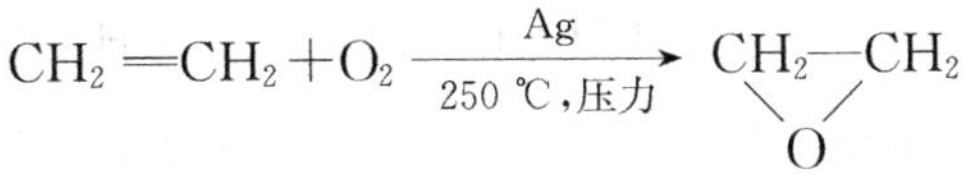

$$CH_2=CH_2 + O_2 \xrightarrow[250\ ℃,压力]{Ag} \underset{O}{CH_2—CH_2}$$

用碱 $Ca(OH)_2$ 或 NaOH 处理氯乙醇也可以得到环氧乙烷。

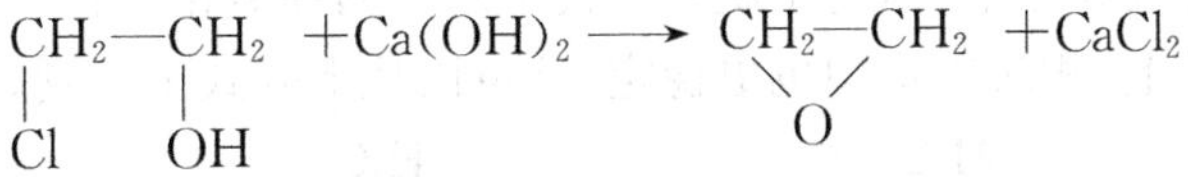

$$\underset{Cl\ \ \ \ OH}{CH_2—CH_2} + Ca(OH)_2 \longrightarrow \underset{O}{CH_2—CH_2} + CaCl_2$$

环氧乙烷中具有张力较大的三元环,所以不稳定,容易与多种化学试剂反应,表现为化学性质的活泼性。环氧乙烷容易在酸、碱和其他较强亲核试剂的作用下发生开环,生成多种化合物。例如

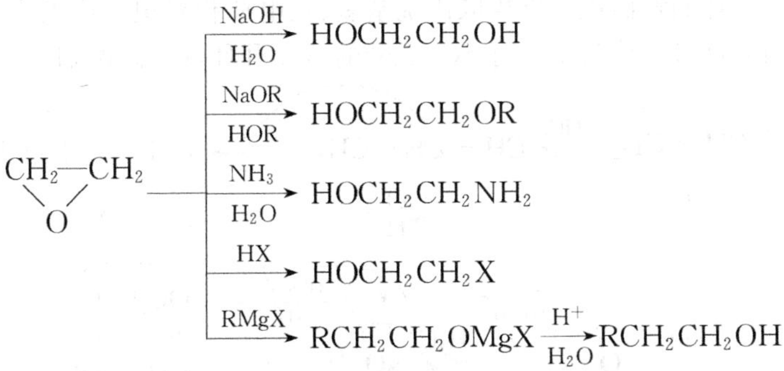

$$\underset{O}{CH_2—CH_2} \begin{cases} \xrightarrow[H_2O]{NaOH} HOCH_2CH_2OH \\ \xrightarrow[HOR]{NaOR} HOCH_2CH_2OR \\ \xrightarrow[H_2O]{NH_3} HOCH_2CH_2NH_2 \\ \xrightarrow{HX} HOCH_2CH_2X \\ \xrightarrow{RMgX} RCH_2CH_2OMgX \xrightarrow[H_2O]{H^+} RCH_2CH_2OH \end{cases}$$

环氧乙烷的开环具有 S_N2 反应机理的特征。例如

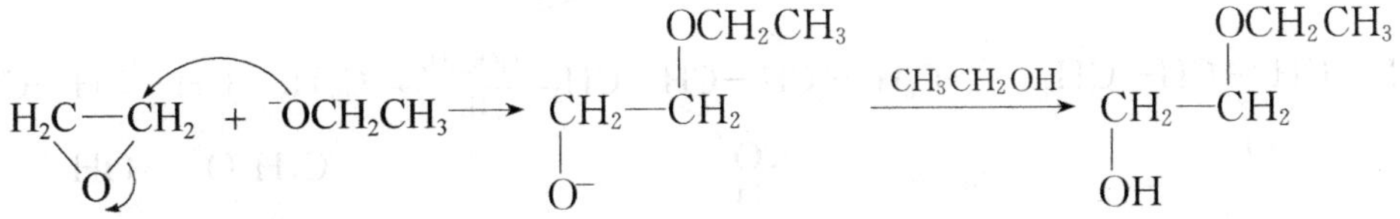

$$H_2C—CH_2 + {}^-OCH_2CH_3 \longrightarrow \underset{O^-}{CH_2—\underset{OCH_2CH_3}{CH}} \xrightarrow{CH_3CH_2OH} \underset{OH}{CH_2—\underset{OCH_2CH_3}{CH}}$$

取代不对称的环氧化合物在按照 S_N2 反应机理开环时,具有不同的区域选择性。在中性和碱性反应条件下,亲核试剂主要进攻含取代基最少、位阻较小的碳原子,从而生成相应的开

环产物。例如

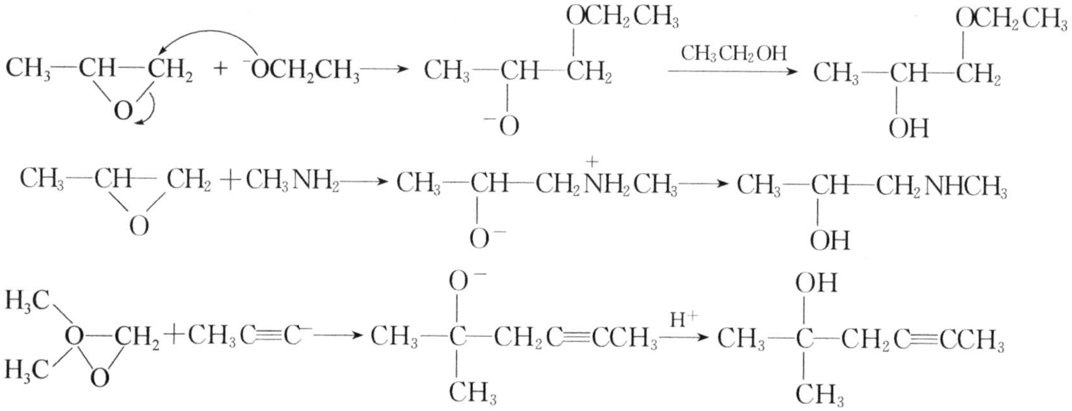

$$CH_3-\underset{O}{CH-CH_2} + {}^-OCH_2CH_3 \longrightarrow CH_3-\underset{O^-}{CH}-\underset{}{CH_2}-OCH_2CH_3 \xrightarrow{CH_3CH_2OH} CH_3-\underset{OH}{CH}-CH_2-OCH_2CH_3$$

$$CH_3-\underset{O}{CH-CH_2} + CH_3NH_2 \longrightarrow CH_3-\underset{O^-}{CH}-CH_2\overset{+}{N}H_2CH_3 \longrightarrow CH_3-\underset{OH}{CH}-CH_2NHCH_3$$

$$\underset{H_3C}{\overset{H_3C}{>}}\underset{O}{C-CH_2} + CH_3C\equiv C^- \longrightarrow CH_3-\underset{CH_3}{\overset{O^-}{C}}-CH_2C\equiv CCH_3 \xrightarrow{H^+} CH_3-\underset{CH_3}{\overset{OH}{C}}-CH_2C\equiv CCH_3$$

环氧化合物在开环反应中,亲核试剂总是从氧桥的反位进攻中心碳原子,得到反式的开环产物。如果亲核试剂进攻的碳原子为手性碳原子,则被亲核试剂进攻的碳原子发生构型翻转。例如

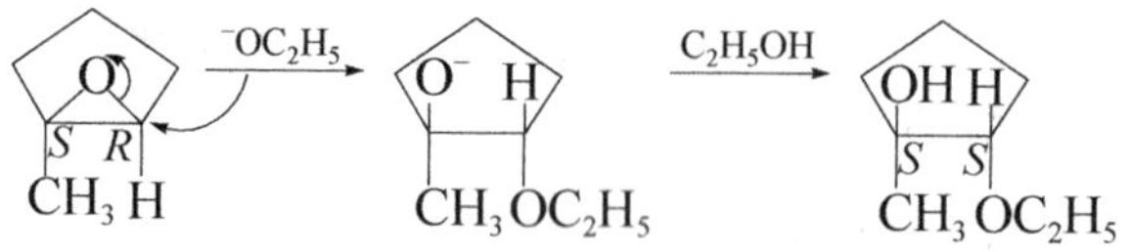

1-甲基-1,2-环氧环戊烷   1-甲基-2-乙氧基环戊醇

在酸性介质中,首先是在环氧化合物的氧原子上质子化,生成相应的𨥥盐,正电荷可以部分地分布在两个中心碳原子上,但对于烷基取代不对称的环氧化合物,其部分正电荷分布在取代烷基较多的碳原子上,相对更集中也更稳定,这可以从下列式中得到解释:

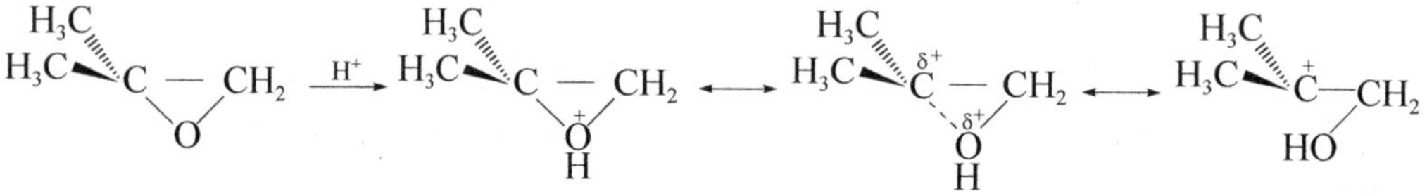

因此,亲核试剂从氧环的背面优先进攻取代烷基多、正电荷相对更集中的中心碳原子,从而得到相应的开环产物,这可以认为是含有 S_N1 成分的 S_N2 开环反应。例如

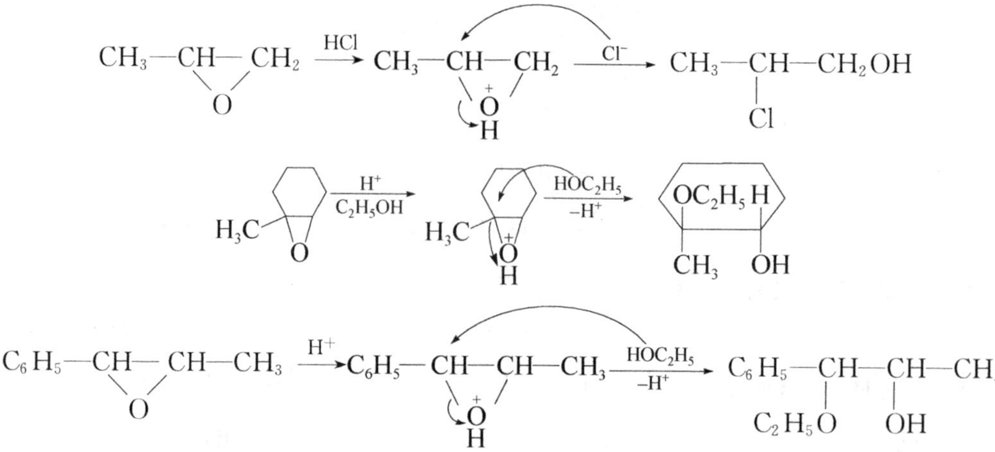

$$CH_3-\underset{O}{CH-CH_2} \xrightarrow{HCl} CH_3-\underset{\overset{+}{O}H}{CH}-CH_2 \xrightarrow{Cl^-} CH_3-\underset{Cl}{CH}-CH_2OH$$

若被进攻的碳原子为手性碳原子,则开环后该碳原子同样发生构型的翻转。

由此可以看出,环氧化合物在中性、碱性及酸性条件下的开环区域选择性是不同的,产物

也随之不同。

问题 6-16 写出下列反应的产物。

(1) $CH_3CH_2CH_2CH_2OCH_3 + HI(1\ mol) \longrightarrow$

(2) $CH_3CH_2\underset{OCH_3}{CH}CH_2CH_3 + HI(过量) \longrightarrow$

(3) 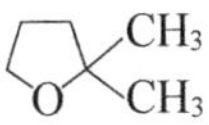 四氢呋喃基-C(CH_3)_2 + HI(1 mol) ⟶

(4) $\overset{O}{CH_2-CH}CH_2CH_3 \xrightarrow{\underset{C_2H_5OH}{C_2H_5ONa}}$

2. 冠醚

冠醚最早是由美国杜邦公司的佩德森(C. J. Pederson)在 1962 年合成的，第一个合成的冠醚是二苯并-18-冠-6。

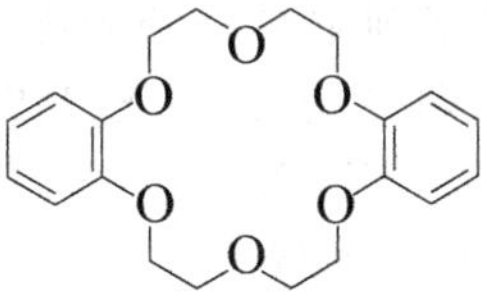

二苯并-18-冠-6

由于冠醚都存在一个由不同氧原子数组成的环状空腔，能根据空腔的大小络合不同半径的金属离子，因此引起了化学家的浓厚兴趣，到 1968 年年底已合成出了 60 种环中含有 4~20 个氧原子的冠醚。自 1967 年佩德森的工作发表后，在短短的几十年中，几千种新的冠醚化合物被合成出来，其中特别是美国化学家克拉姆(C. J. Cram)和法国化学家莱恩(J. M. Lehn)做了重要工作，莱恩首先合成了穴醚。克拉姆、莱恩和佩德森共同荣获了 1987 年诺贝尔化学奖。

冠醚对离子型化合物中金属离子有络合作用，且能使金属离子稳定在冠醚的空腔中，从而可将不溶于非极性有机溶剂的离子型化合物转移到有机相中进行化学反应，起到了相转移催化剂(phase-transfer catalyst)的作用。例如，18-冠-6 能与高锰酸钾生成络合物：

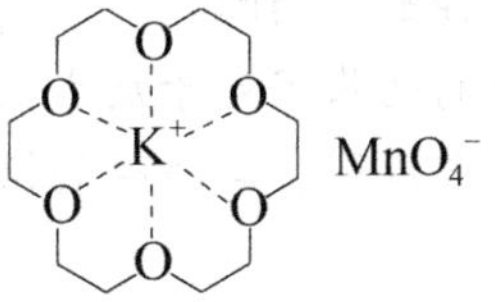

18-冠-6·K$^+$ MnO_4^-

此络合物可溶于苯及其他有机溶剂而显紫红色，这就把不溶于非极性溶剂的 $KMnO_4$ 带入非极性的有机溶剂中。若将 18-冠-6 与 KCN 络合，则在非极性的有机溶剂中，CN^- 就成了"裸露"的负离子，使 CN^- 与卤代烃的亲核取代反应更顺利地进行。

冠醚分子中不同大小的空腔可以针对性地容纳和络合离子半径不同的金属离子，如 12-冠-4 只能容纳和络合 Li^+，15-冠-5 仅能容纳 Na^+，并形成稳定的络合物，而 18-冠-6 则容纳和络合离子半径较大的 K^+，因此冠醚可用来分离金属离子。冠醚与金属离子的这种关系常称为主-客体关系，冠醚为主体，金属离子为客体。这种一个主体只能与某一个特定客体相互作用的专一性称为分子识别(molecular recognition)。

小 结

1. 烃分子中的氢原子被卤素原子取代后生成的化合物称为卤代烃。其通式为 RX,卤原子是卤代烃的官能团。

2. 烃分子中的氢原子被羟基取代后生成的化合物称为醇。其通式为 ROH,羟基是醇的官能团。醇分子中羟基上的氢原子被烃基取代的产物称为醚。其通式为 ROR、ArOR 或 ArOAr,醚键是醚的官能团。

3. 卤代烃的主要反应是由 C—X 键引起的亲核取代反应、消除反应以及与金属的反应。

4. 醇的主要反应是由 O—H 上活性氢引起的反应和羟基引起的亲核取代反应、消除反应。

5. 在酸性条件下,醚首先生成𬭩盐,然后发生醚链的断裂,醚链断裂的本质是亲核取代反应。烃基的结构与醚链的断裂机理及产物有关。

6. 着重讨论亲核取代反应的 S_N1 和 S_N2 两种反应机理及影响 S_N1 和 S_N2 反应的因素。

(1) S_N1 反应为单分子反应,对于卤代烃,反应速率只与反应底物卤代烷的浓度有关;反应分两步进行,首先是 C—X 键的异裂,生成具有平面构型的活性中间体碳正离子;亲核试剂再从碳正离子所在平面的两边与之结合,分别生成构型保持和构型翻转的产物;因 S_N1 反应经碳正离子中间体,所以有时可以观察到重排产物的生成。在 S_N1 反应中,生成的碳正离子越稳定,S_N1 反应越容易进行,溶剂的极性增大,对 S_N1 反应有利。不同卤代烃的反应活性次序为叔卤代烷>仲卤代烷>伯卤代烷>CH_3X。

叔醇及烯丙式醇在与氢卤酸反应时,也按 S_N1 反应机理进行。

(2) S_N2 反应为双分子反应,反应速率与卤代烷和亲核试剂的浓度成正比;反应一步完成,旧键的断裂与新键的生成同时协同进行;反应过程中亲核试剂从离去基团的背面进攻中心碳原子,取代产物发生构型翻转。在 S_N2 反应中,亲核试剂的亲核性强、极性小的溶剂或非极性溶剂对 S_N2 反应有利。对不同卤代烃的反应活性次序为 CH_3X>伯卤代烷>仲卤代烷>叔卤代烷。

伯醇与氢卤酸反应时,主要按 S_N2 反应机理进行。

7. 讨论消除反应的 E1 和 E2 反应机理。

(1) E1 反应为两步反应,首先生成活性中间体碳正离子,然后消除 β-H,消除产物遵循札依采夫规则。对于卤代烃,其 E1 反应的活性次序为叔卤代烷>仲卤代烷>伯卤代烷。E1 反应中有时可以观察到重排产物的生成。在浓硫酸的作用下,醇去水成烯的反应主要按 E1 机理进行,其消除的活性次序为叔醇>仲醇>伯醇。

(2) E2 反应为一步反应,β 消除的两基团处于反式共平面。由于过渡态中已具有碳碳双键的性质,因此消除产物遵循札依采夫规则。其消除的活性次序为叔卤代烷>仲卤代烷>伯卤代烷。

8. 环氧化合物在酸或碱性条件下都可以发生开环反应。但不对称的环氧化合物在酸性条件和碱性条件下开环的区域选择性不同,产物不同。

习 题

1. 命名下列化合物。

(1) $(CH_3)_2CH-\underset{\underset{Br}{|}}{\overset{\overset{CH_3}{|}}{C}}-CHCH_3$
   CH_3

(2) 环己基，取代基为 CH_3 和 CH_2Br

(3) $CH_3CH_2\underset{\underset{CH(CH_3)_2}{|}}{CH}CH_2\underset{}{\overset{\overset{CH_3}{|}}{C}}H\underset{}{\overset{\overset{Cl}{|}}{C}}HCH_3$

(4) 结构式: CH₃CH₂C(CH₂CH₃)(Cl)(Br) — 中心碳连 CH₂CH₃、CH₃CH₂、Cl(楔形)、Br

(5) 环己烯上连 Cl 和 H 的立体结构

(6) H、Br、CH₃、C₂H₅、H、Br 的 Newman 投影式

(7) CH₃CHCH₂CHCH₃
           | |
          （2位有CH₃）   OH
（即 CH₃CH(CH₃)CH₂CH(OH)CH₃）

(8) CH₃C(CH₃)(OH)=CH₂ 注：$CH_3\underset{OH}{\underset{|}{C}}(CH_3)=CH_2$

(9) HOCH₂CH₂CH₂CH₂OH

(10) 4-甲基环己醇（CH₃ 与 OH 在环上）

(11) 2-甲基-2-环戊烯-1-醇（HO 与 CH₃ 在环上）

(12) CH₂=CHCH₂—O—CH=CH₂

(13) CH₃OCH₂CH₂OCH₂CH₂OCH₃

(14) $H_2C\underset{O}{\overset{}{-}}CH-CH_2Cl$（环氧化合物）

2. 根据下列名称写出相应化合物的结构式。
   (1) 2-甲基-3-氯丁烷   (2) 3-氯-2-溴戊烷
   (3) 1-氯-2,3-二溴丙烯   (4) 3-甲基-2-乙基-1-丁醇
   (5) 反-1,3-环己二醇   (6) (Z)-2-丁烯-1-醇
   (7) 4-甲基-2,5-环己二烯-1-醇   (8) 对甲苯基乙烯基醚
   (9) 1,3-二甲氧基环己烷   (10) 5,6-环氧-1-庚烯

3. 写出 1-溴戊烷与下列试剂反应的主要产物。
   (1) NaOH/H₂O   (2) AgNO₃/CH₃CH₂OH
   (3) 乙炔钠/NH₃(l)   (4) NaCN/CH₃CH₂OH
   (5) NaI-CH₃COCH₃   (6) C₂H₅ONa/CH₃CH₂OH

4. 比较下列碳正离子的稳定性次序。
   (1) $CH_3CH_2CH_2CH_2\overset{+}{C}H_2$，$CH_3CH_2\overset{+}{C}HCH_2CH_3$，$CH_3CH_2\overset{+}{C}(CH_3)_2$
   (2) $CH_3CH=CH\overset{+}{C}H_2$，$CH_3CH_2CH_2\overset{+}{C}H_2$，$CH_3CH_2\overset{+}{C}HCH_3$

5. 乙二醇及乙二醇单甲醚和乙二醇二甲醚的相对分子质量和沸点如下：

	CH₂OH | CH₂OH	CH₂OH | CH₂OCH₃	CH₂OCH₃ | CH₂OCH₃
相对分子质量	62.07	76.09	90.12
沸点/℃	197	125	84

试解释为什么沸点随它们相对分子质量的增加而降低。

6. 写出下列反应的主要产物。

(1) $CH_3CH_2\underset{Br}{\underset{|}{C}H}\underset{}{\overset{CH_3}{\overset{|}{C}H}}CH_2CH_3 \xrightarrow[\triangle]{KOH,C_2H_5OH}$

(2) $CH_3CH=CH\underset{Br}{\underset{|}{C}H}CH_2CH_3 \xrightarrow[\triangle]{KOH,C_2H_5OH}$

(3) 环己烯 + Br₂(1 mol) ⟶ $\xrightarrow[\triangle]{KOH,C_2H_5OH}$

(4) $CH_3\underset{Br}{\underset{|}{\overset{Cl}{\overset{|}{C}}}}CH=CHCH_3 + NaCN \longrightarrow$

(5) $CH_3CH_2I + NaOCHCH_2CH_3 \longrightarrow$
　　　　　　　　　　　　$|$
　　　　　　　　　　　CH_3

(6) [环戊基-I,CH₃] $+ CH_3ONa \xrightarrow[CH_3OH]{50\ ℃}$

(7) $(CH_3CH_2)_3CBr \xrightarrow[25\ ℃]{CH_3OH}$

(8) [2-甲基环己醇] $\xrightarrow[\triangle]{H_2SO_4}$

(9) $(CH_3)_2CHCH_2OH \xrightarrow{CrO_3 \cdot (C_5H_5N)_2}$

(10) $CH_3CH_2CHCH_2OCH_3 \xrightarrow{浓\ HI}$
　　　　　　$|$
　　　　　CH_3

7. 用简单的化学方法区别下列各组化合物。

(1) 3-溴-2-戊烯、4-溴-2-戊烯、5-溴-2-戊烯

(2) 3-甲基-2-丁醇、2-甲基-2-丁醇、3-甲基-1-丁醇

8. 化合物 **A**,分子式为 C_5H_{12},**A** 是其同分异构体中发生熔点与沸点的差距最小的一种异构体,它的一溴取代物 **B** 只有一种,**B** 发生 S_N1 或 S_N2 反应都很慢,但在 Ag^+ 催化下,能生成扎依采夫烯烃 **C**,试推测 **A**~**C** 的结构式。

9. 化合物 **A**,分子式为 $C_5H_{12}O$,与金属钠反应能释放出氢气,**A** 与浓硫酸共热生成化合物 **B**。**B** 用冷高锰酸钾水溶液处理得到化合物 **C**,**C** 经高碘酸氧化得到 CH_3COCH_3(丙酮)和 CH_3CHO(乙醛)。**B** 与稀硫酸水溶液反应又可得到 **A**。试推测 **A**~**C** 的结构式,并用反应方程式表示反应过程。

10. 化合物 **A**,与稀、冷 $KMnO_4$ 溶液反应生成含有一个溴原子的 1,2-二醇 **B**,与溴反应生成三溴化合物 **C**,**A** 容易与 $NaOH/H_2O$ 溶液反应,生成 **D** 和 **E**,**D** 和 **E** 经催化加氢后分别给出两种互为异构体的饱和一元醇 **F** 和 **G**,**E** 比 **F** 更容易脱水,**F** 在酸催化下脱水后产生两个互为异构体的烯烃化合物,**G** 脱水后仅得到一个烯烃化合物,但这些烯烃化合物经催化加氢都得到正丁烷。试推测 **A**~**G** 的结构式,并写出相应的反应方程式。

11. 化合物 **A**,分子式为 C_4H_9Br,其 ^1H NMR 数据如下:

　　δ:1.04 (6H, d),1.93(1H, m),3.33(2H, d)

　　试推测化合物 **A** 的结构式。

12. 化合物 **A**,分子式为 $C_6H_{14}O$,红外光谱显示 $3000\ cm^{-1}$ 以上无吸收峰,**A** 的 ^1H NMR 数据如下:

　　δ:1.2 (12H, d),3.6(2H, m)

　　试推测化合物 **A** 的结构式。

第7章 苯和芳香族化合物

主要内容

(1) 将卤代芳烃和酚作为取代芳烃,与苯一起讨论它们的结构特征。
(2) 苯、卤代芳烃和酚的物理性质和波谱特征。
(3) 苯、卤代芳烃和酚的化学性质,着重讨论芳环上的四大亲电取代反应和机理,从反应机理解释亲电取代反应的定位规则。
(4) 芳环上的亲核取代反应(包括消除-加成与加成-消除)和机理。
(5) 非苯芳香族化合物的结构特征及芳性和休克尔规则。
(6) 简单稠环芳香烃介绍。

芳香烃(aromatic hydrocarbons)简称芳烃。这类化合物最初主要是从天然的香树脂和香精油中取得的,且具有某种芳香气味,所以称为芳香烃。与脂肪族化合物不同,它们分子中大多具有平面或接近平面的碳环结构;都具有较高的碳氢比,显示了高度不饱和性;碳环中碳碳键的键长趋于平均化;碳环具有特殊的化学稳定性,不容易发生加成反应而容易发生取代反应;在核磁共振谱中,环内氢的化学位移移向高场,环外氢的化学位移移向低场。芳烃的这些性质称为芳香性(aromaticity),不再是原先的芳香气味的含义,实际上已发现有许多芳烃不但没有香味,反而具有难闻的气味,所以仅凭气味对有机化合物分类是不科学的。

芳烃通常是指分子中有含有苯环结构的碳环化合物,而不含苯环结构的芳烃称为非苯芳香族化合物。

7.1 苯

7.1.1 苯的结构和稳定性

1. 苯的结构

苯是最简单的芳香烃,首先是由法拉第(M. Faraday)于1825年从照明气中分馏得到的,分子式为 C_6H_6,不饱和度为4。近代物理方法证明,在苯分子中,六个碳原子和六个氢原子在同一平面上,六个碳原子组成平面正六边形,碳碳键键长为140 pm,比碳碳双键(134 pm)长,比碳碳单键(154 pm)短。∠CCH 为120°,因此可以认为苯分子中六个碳原子都是以 sp^2 杂化轨道与相邻碳原子的 sp^2 杂化轨道相互重叠交盖,组成六个等同的碳碳 σ 键,同时每个碳原子都以 sp^2 杂化轨道与氢原子的 1s 轨道相互重叠交盖,组成六个等同的碳氢 σ 键,如图 7-1(Ⅰ)所示。每个碳原子上还剩有一个未参与杂化,而垂直于 sp^2 杂化轨道对称轴所在平面的 p 轨道,如图 7-1(Ⅱ)所示。它们从侧面重叠交盖,形成一个环状离域的 π 轨道,其电子云分布在碳环的上方和下方,即所谓的大 π 键,如图 7-1(Ⅲ)所示。

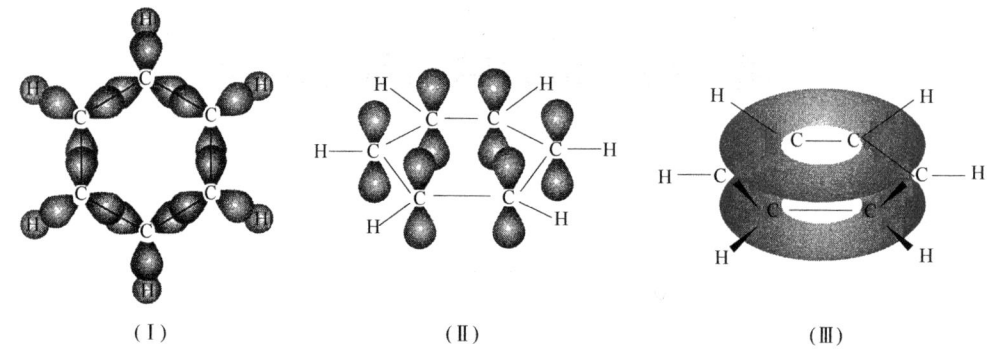

图 7-1 苯分子的轨道结构

按照分子轨道理论,苯分子中六个碳原子上的六个 p 轨道可以线性组合成六个 π 分子轨道,分别用 ψ_1、ψ_2、ψ_3、ψ_4、ψ_5 和 ψ_6 表示。ψ_1、ψ_2、ψ_3 是三个成键轨道,其中 ψ_1 是能量最低的 π 分子轨道,ψ_2 和 ψ_3 是能量相等的简并轨道。ψ_4、ψ_5、ψ_6 是三个反键轨道,其中 ψ_6 是能量最高的 π 分子轨道,ψ_4 和 ψ_5 是能量相等的简并轨道。基态时,苯分子的六个 π 电子正好填满 ψ_1、ψ_2、ψ_3 三个能量低的成键 π 分子轨道,而 ψ_4、ψ_5 和 ψ_6 三个能量高的反键轨道则是空着的,如图 7-2 所示。

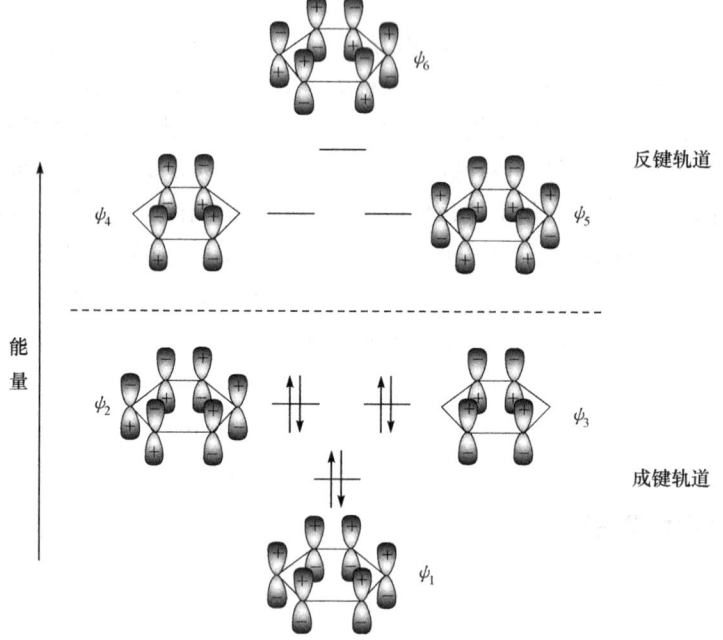

图 7-2 苯分子的 π 分子轨道和能级示意图

苯分子中的 π 电子云可以看成由 ψ_1、ψ_2、ψ_3 三个成键的 π 分子轨道叠加的结果,电子云分布在碳环的上下,形成环状的离域体系。如果按照由六个 π 电子组成三个孤立的碳碳双键,其能量总和应为 3 个 $2(\alpha+\beta)$,即 $6\alpha+6\beta$,但在苯分子中,ψ_1 的能量为 $2(\alpha+2\beta)$,ψ_2 的能量为 $2(\alpha+\beta)$,ψ_3 的能量为 $2(\alpha+\beta)$,其能量总和为 $6\alpha+8\beta$,比三个孤立双键的总能量低 2β,这就是苯的离域能。离域能越大,体系越稳定,所以苯环是一个非常稳定的体系。

苯的结构表达式:在苯环中,由于碳碳键完全等同,没有单、双键之分,因此到目前为止,还没有一个能完美地代表苯结构的表达式。现在通常用凯库勒(Kekulé)结构式或离域式表示苯的结构。

(a)　　(b)　　　　　　
凯库勒式　　　离域式

(a)和(b)两个凯库勒式是借用环己三烯的价键式来表示苯的结构,它既不能解释为什么苯环上的碳碳键完全等同和不易发生加成反应,也不能说明为什么苯的邻位二元取代产物只有一种。按照凯库勒结构式,苯的邻位二元取代物应该有(c)和(d)两种:

(c)　　(d)

但实际上只有一种,即(c)和(d)等同,凯库勒用环上的单键、双键的不断互相摆动来解释它们的一致性。共振理论则认为这是苯的两个贡献最大的等价凯库勒结构式共振的结果,它们的共振杂化体是苯的真实结构。

在离域式中,碳环中用圆圈表示 π 电子的离域,它能解释苯环上六个碳原子和六个氢原子完全相等的原因,但对于取代苯,却不能反映取代基的邻位、间位和对位上电荷的不等性。

2. 苯环的稳定性

苯环的凯库勒表达式与假想的环己三烯一样,但二者的意义不同,假想的环己三烯是具有三个碳碳双键的环状不饱和烃,因此它的氢化热应为单个碳碳双键氢化热的 3 倍,即 $3 \times 119.3 \text{ kJ} \cdot \text{mol}^{-1} = 357.9 \text{ kJ} \cdot \text{mol}^{-1}$,但苯的氢化热只有 $208.5 \text{ kJ} \cdot \text{mol}^{-1}$,比假想的环己三烯的氢化热少 $149.4 \text{ kJ} \cdot \text{mol}^{-1}$,甚至比 1,3-环己二烯的氢化热 $231.8 \text{ kJ} \cdot \text{mol}^{-1}$ 还低(图 7-3)。

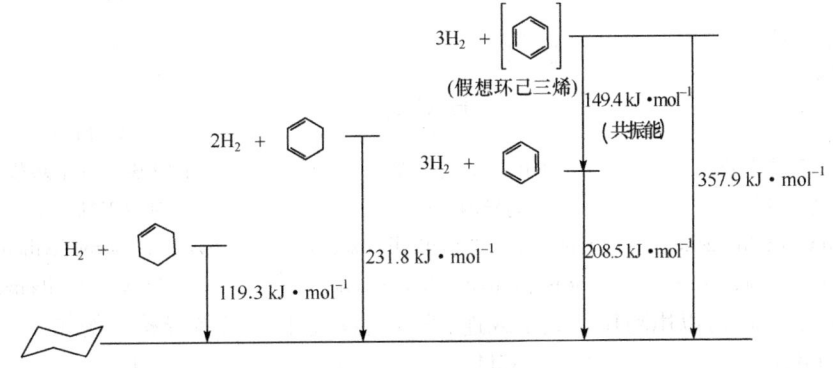

图 7-3　苯的共振能

这说明苯环中并没有明确的碳碳单键和碳碳双键之分,π 电子云的离域使键长趋于平均化,其离域能(也称为共振能)为 $149.4 \text{ kJ} \cdot \text{mol}^{-1}$,所以不易发生加成反应,而相对容易发生保留稳定苯环的取代反应,反映了苯环的芳香性。

7.1.2　芳香烃的异构和命名

芳香烃可分为单环芳香烃和多环芳香烃,其异构体主要由芳环上取代基的相对位置不同及多环之间的连接或稠合不同而产生。

1. 单环芳香烃

单环芳香烃是指分子中仅含一个苯环结构单元的芳烃。

苯环上一个氢原子被取代的单取代苯没有异构体。命名时通常以苯为母体,称为某基苯,有时"基"字可以省略。例如

甲苯甲基上去掉一个氢原子剩下的基团($C_6H_5CH_2$—)称为苄基(benzyl),简写为Bz—。

当苯环上所连的烃基碳链较长、较复杂或连有不饱和烃基时,常把苯环作为取代基,把长链烃基或不饱和烃基作为母体来命名。例如

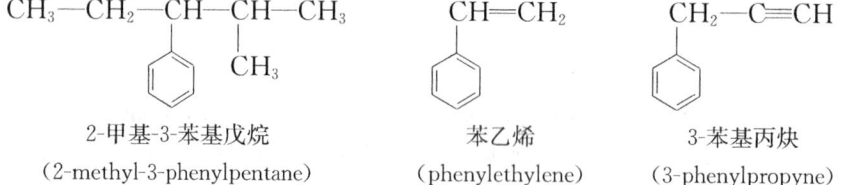

苯分子中去掉一个氢原子剩下的基团(C_6H_5—)称为苯基(phenyl),简写为Ph—。

苯环上两个氢原子被取代的为二取代苯,二取代苯有三个位置异构体,可以用阿拉伯数字1,2-、1,3-、1,4-或邻(o,ortho)、间(m,meta)、对(p,para)表示二取代基的相对位置。当有不同取代基时,中文命名时按顺序规则,较小的基团位次尽可能小。英文命名时,则按基团的英文字母顺序,首个字母在前面的基团位次尽可能小。例如

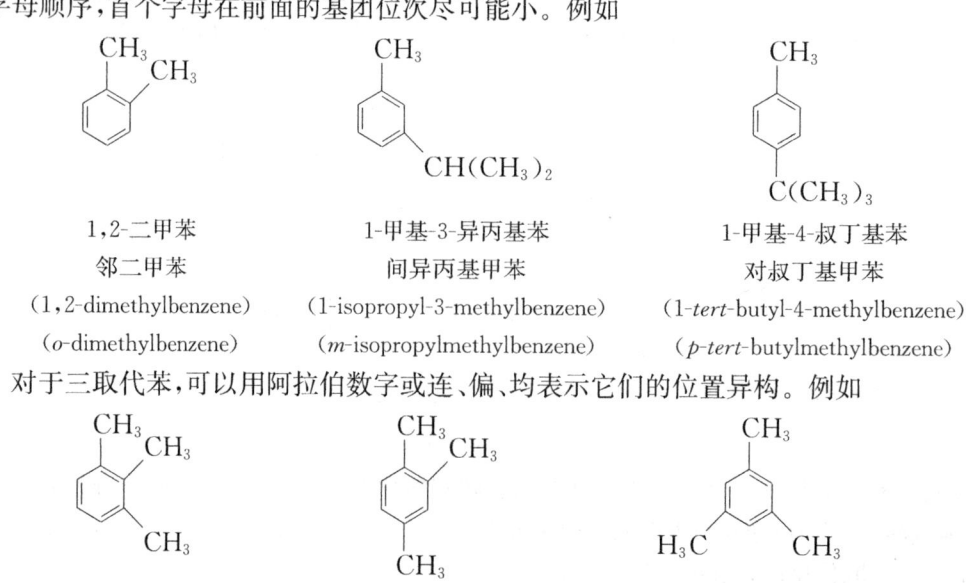

对于三取代苯,可以用阿拉伯数字或连、偏、均表示它们的位置异构。例如

问题 7-1 写出苯环上含有 CH_3、CH_3CH_2 和 $CH(CH_3)_2$ 三个取代基的各种异构体,并用系统命名法命名。

2. 多环芳香烃

多环芳香烃是指分子中含有两个或两个以上苯环的芳香烃。根据苯环的连接方式不同,分为联苯型、多苯代脂烃和稠环芳香烃等。

1) 联苯型芳香烃

苯环之间以单键相连的多环芳香烃称为联苯型芳香烃。通常以联苯为母体命名,从苯环的连接处开始,对各环进行独立编号。例如

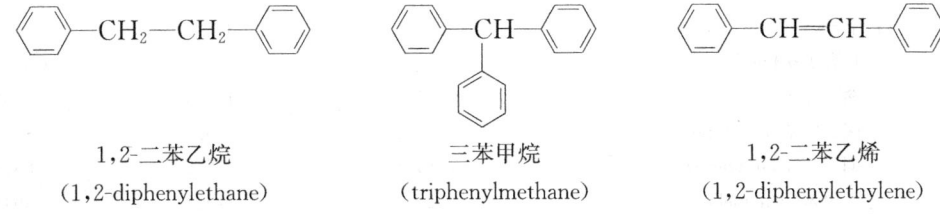

4,4′-二甲基联苯　　　　　　　　　　3′-甲基-1,4-联三苯
(4,4′-dimethyldiphenyl)　　　　　(3′-methyl-1,4-triphenyl)

2) 多苯代脂烃

脂肪烃分子中的氢原子被多个苯环取代的产物称为多苯代脂烃。通常以脂肪烃为母体,苯作为取代基命名。例如

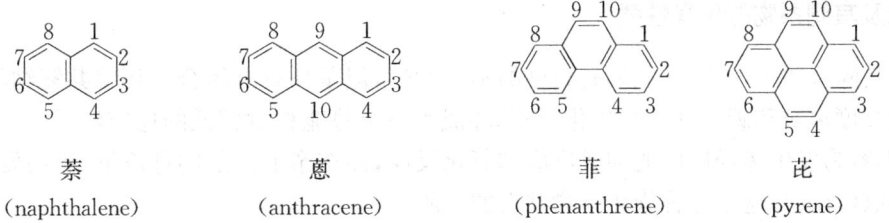

1,2-二苯乙烷　　　　　三苯甲烷　　　　　1,2-二苯乙烯
(1,2-diphenylethane)　(triphenylmethane)　(1,2-diphenylethylene)

3) 稠环芳香烃

两个或两个以上苯环彼此共用两个相邻的碳原子连接起来的芳香烃称为稠环芳香烃。它们都有固定的编号方式。例如

萘　　　　　　蒽　　　　　　菲　　　　　　芘
(naphthalene)　(anthracene)　(phenanthrene)　(pyrene)

萘分子的 1、4、5、8 位是等同的,称为 α-位;2、3、6、7 位是等同的,称为 β-位。蒽分子的 1、4、5、8 位是等同的,称为 α-位;2、3、6、7 位是等同的,称为 β-位;9、10 位是等同的,称为 γ-位。菲分子的 1、8 位,3、6 位,4、5 位,2、7 位和 9、10 位是等同的。芘分子的 1、3、6、8 位是等同的,2、7 位是等同的,4、5、9、10 位是等同的。

7.1.3 苯及其同系物的物理性质

苯及苯型芳香烃多数为无色液体,相对密度小于1,但比相对分子质量相近的烷烃和烯烃

的相对密度略大。它们不溶于水,而易溶于有机溶剂,如石油醚、醇、醚等。苯及其同系物的沸点和熔点均随相对分子质量的增加而升高。苯及其同系物大多有毒,长期吸入低浓度的苯蒸气,会引起造血器官、神经系统及肝脏的损伤,并能导致白血病。如果吸入高浓度的苯蒸气则会引起急性中毒,造成中枢神经的损伤,甚至死亡。

在二取代苯的三种异构体中,由于对位异构体比邻位和间位异构体的对称性高,对称性高的分子在晶格中排列更紧密,因此相对而言,熔点也最高。表 7-1 列出部分芳香烃的物理常数。

苯及芳香族化合物的核磁共振氢谱(^{1}H NMR)和红外光谱与脂肪族化合物有明显不同。在核磁共振氢谱中,苯环上的氢处在去屏蔽区,所以苯环上的氢出现在低磁场(δ 一般为 7~8),可以用来鉴别芳环的存在。

在红外光谱(IR)中,单环芳烃的红外光谱主要有环上碳架 C=C 的伸缩振动,分别在 1600 cm^{-1}±25 cm^{-1}(m)、1500 cm^{-1}±25 cm^{-1}(s)有两个吸收峰;环上 C—H 的伸缩振动在 3100~3010 cm^{-1}(m)有一个吸收峰;芳环 C—H 面外弯曲振动在 900~690 cm^{-1}有吸收峰。

表 7-1 苯及其同系物的物理常数

化合物	熔点/℃	沸点/℃	相对密度
苯(benzene)	5.5	80.1	0.8786
甲苯(toluene)	−95	110.6	0.8669
乙苯(ethylbenzene)	−95	136.2	0.8670
丙苯(propylbenzene)	−99.5	159.2	0.8620
异丙苯(cumene)	−96	152.4	0.8618
丁苯(butylbenzene)	−88	183	0.8601
仲丁苯(*sec*-butylbenzene)	−75	173	0.8621
叔丁苯(*tert*-butylbenzene)	−57.8	169	0.8665
邻二甲苯(*o*-xylene)	−25.2	144.4	0.8802
间二甲苯(*m*-xylene)	−47.9	139.1	0.8642
对二甲苯(*p*-xylene)	13.3	138.2	0.8611
连三甲苯(hemimellitene)	−25.5	176.1	0.8942
偏三甲苯(pseudocumene)	−43.9	169.2	0.8758
均三甲苯(mesitylene)	−44.7	164.6	0.8651

7.1.4 苯及其同系物的化学性质

在苯及其同系物中,尽管它们具有高度的不饱和性,但苯环具有闭合的环状共轭结构,环上 π 电子的高度离域和碳碳键长平均化,使苯环成为一个势能相对较低的稳定体系。一般情况下,苯环不容易发生烯烃那样的加成反应和氧化反应,而在亲电试剂的进攻下,容易发生芳环上的亲电取代反应,这是芳香族化合物共有的性质。

1. 芳环上的亲电取代反应及其机理

芳环上的氢被亲电试剂(带正电荷的离子或缺电子的中性分子)取代的反应称为芳环上的亲电取代反应。其反应过程如下:

亲电试剂　　π络合物　　σ络合物　　取代产物

反应的中间体是σ络合物,由于生成σ络合物需要破坏苯环的共轭体系,所以要克服较高的反应活化能,因此,经过渡态生成σ络合物这一步是芳环上亲电取代反应的速率决定步骤。其反应的势能曲线如图7-4所示。

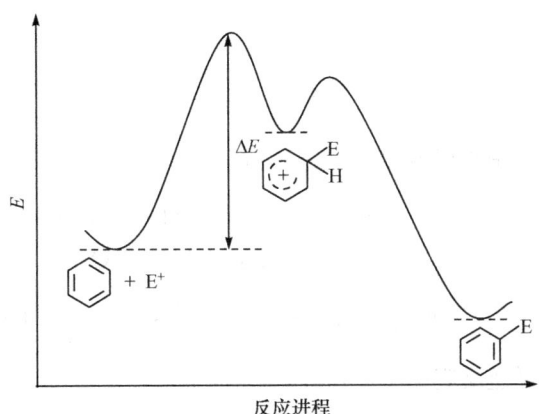

图 7-4 芳环上亲电取代反应进程势能曲线图

σ络合物是反应中间体,是一个带正电荷的芳基正离子(arenium ion),其中含有一个由五个碳原子和四个电子组成的共轭体系,其共振结构式可表示为

$$\left[\begin{array}{c} \underset{H}{\overset{E}{\bigodot}} \end{array} \longleftrightarrow \begin{array}{c} \underset{H}{\overset{E}{\bigodot}} \end{array} \longleftrightarrow \begin{array}{c} \underset{H}{\overset{E}{\bigodot}} \end{array} \right] = \begin{array}{c} \underset{H}{\overset{E}{\bigodot}} \end{array}$$

问题 7-2 从苯的结构讨论为什么在苯环上容易发生亲电取代反应,而难发生亲电加成反应。

1) 卤化反应

苯环上的氢被卤素取代生成相应卤代苯的反应称为苯的卤化反应(halogenation reaction)。在三卤化铁等路易斯酸催化剂的作用下,苯与氯或溴反应,生成氯苯或溴苯,同时释放出氯化氢或溴化氢气体。

$$\bigodot + Cl_2 \xrightarrow{FeCl_3} \bigodot\text{-Cl} + HCl$$

三卤化铁的作用是先与卤素形成络合物($:\overset{..}{\underset{..}{X}}-\overset{..}{\underset{..}{X}}:FeX_3$),然后络合物作为亲电试剂进攻苯环,同时卤素在催化剂的作用下发生异裂,经σ络合物失去质子生成卤代苯。

$$\bigodot + Cl_2 \xrightarrow{FeCl_3} \bigodot\text{-Cl-Cl} \rightleftharpoons \overset{H\ Cl}{\underset{+}{\bigodot}} \xrightarrow{-H^+} \bigodot\text{-Cl}$$

常用的卤素有氯和溴,与苯环发生取代反应的活性是氯＞溴。氟的亲电性很强,反应太剧烈,反应难以控制。而碘化反应很慢,并且生成的碘化氢具有还原性,使反应可逆,且反应主要向逆反应方向偏移。

铁粉可以与卤素反应生成三卤化铁,所以反应时常用铁粉直接催化反应。

苯的氯化和溴化反应为不可逆反应。

2) 硝化反应

苯环上的氢被硝基（—NO$_2$）取代的反应称为苯的硝化反应（nitration reaction）。苯与浓硝酸和浓硫酸的混合物（也称为混酸）共热，生成苯环上的氢被取代的硝基苯。

$$\text{C}_6\text{H}_6 + \text{HNO}_3(\text{浓}) \xrightarrow[50\sim 60\,^\circ\text{C}]{\text{H}_2\text{SO}_4(\text{浓})} \text{C}_6\text{H}_5\text{NO}_2 + \text{H}_2\text{O}$$

浓硫酸的作用是促使硝酸形成亲电试剂硝酰正离子（$\overset{+}{\text{NO}_2}$）。

$$\text{HNO}_3 + 2\text{H}_2\text{SO}_4 \rightleftharpoons \overset{+}{\text{NO}_2} + 2\text{HSO}_4^- + \text{H}_3\text{O}^+$$

苯 + $\overset{+}{\text{NO}_2}$ ⟶ [中间体] $\xrightarrow{\text{HSO}_4^-}$ 硝基苯 + H$_2$SO$_4$

苯的硝化反应为不可逆反应。

3) 磺化反应

苯环上的氢被磺酸基（—SO$_3$H）取代的反应称为苯的磺化反应（sulfonation reaction）。苯与浓硫酸或发烟硫酸（浓 H$_2$SO$_4$ + SO$_3$）共热，生成苯磺酸。

$$\text{C}_6\text{H}_6 + \text{H}_2\text{SO}_4(\text{浓}) \overset{\triangle}{\rightleftharpoons} \text{C}_6\text{H}_5\text{SO}_3\text{H} + \text{H}_2\text{O}$$

亲电试剂是缺电子的 SO$_3$。用浓硫酸时，也是先形成缺电子的 SO$_3$，再与苯反应。

$$2\text{H}_2\text{SO}_4 \rightleftharpoons \text{H}_3\overset{+}{\text{O}} + \text{HSO}_4^- + \text{SO}_3$$

磺化反应是可逆的，这是它与卤化和硝化反应的不同之处，将产物苯磺酸在稀的酸性水溶液中加热水解，则生成原料苯和硫酸。因此在合成上为了不让新引入的基团进入苯环上的某些位置，就可以先用磺酸基把这个位置占据，当新的基团被引入后，再利用水解法将磺酸基去掉。

例如，以间苯二酚为原料合成 2-硝基-1,3-苯二酚，则必须先将某些容易被硝基进攻的位置用磺酸基占领，当硝基进入两酚羟基之间以后，再通过水解的方法去掉磺酸基。

间苯二酚 $\xrightarrow{\text{H}_2\text{SO}_4}$ 2,4-二磺酸-1,3-苯二酚 $\xrightarrow{\text{HNO}_3}$ 2-硝基-4,6-二磺酸-1,3-苯二酚 $\xrightarrow[\triangle]{\text{H}_2\text{O}}$ 2-硝基-1,3-苯二酚

磺酸基是水溶性基团，因此可以通过在有机分子中导入磺酸基的方法来增加其水溶性。对于芳香族化合物，利用芳环上的磺化反应是增加其水溶性的方法之一。

4) 傅瑞德尔-克拉夫茨反应

A. 傅瑞德尔-克拉夫茨烷基化反应

在无水 AlCl$_3$、ZnCl$_2$ 等路易斯酸的催化下，苯与卤代烷反应，苯环上的氢被烷基取代，生

成烷基取代苯,称为傅瑞德尔-克拉夫茨(Friedel-Crafts)烷基化反应。例如

$$\text{C}_6\text{H}_6 + \text{CH}_3\text{CH}_2\text{Cl} \xrightarrow{\text{AlCl}_3} \text{C}_6\text{H}_5\text{CH}_2\text{CH}_3 + \text{HCl}$$

卤代烃在三氯化铝的作用下生成亲电试剂烷基碳正离子,然后碳正离子向苯环亲电进攻,生成亲电取代产物。

$$\text{CH}_3\text{CH}_2\text{—Cl} + \text{AlCl}_3 \longrightarrow \text{CH}_3\text{CH}_2^+ + \text{AlCl}_4^-$$

$$\text{C}_6\text{H}_6 + \text{CH}_3\text{CH}_2^+ \longrightarrow [\text{中间体}] \xrightarrow{\text{AlCl}_4^-} \text{C}_6\text{H}_5\text{CH}_2\text{CH}_3$$

凡是能在路易斯酸的作用下形成碳正离子的试剂都可以用作烷基化试剂。例如

$$\text{C}_6\text{H}_6 + \text{C}_6\text{H}_{11}\text{(环己基)} \xrightarrow{\text{AlCl}_3} \text{环己基苯}$$

$$\text{C}_6\text{H}_6 + \text{C}_6\text{H}_5\text{CH}_2\text{OH} \xrightarrow{\text{H}_2\text{SO}_4} \text{C}_6\text{H}_5\text{CH}_2\text{C}_6\text{H}_5$$

这里亲电试剂分别为 环己基碳正离子 和 苄基碳正离子 。

由于碳正离子是傅瑞德尔-克拉夫茨烷基化反应的亲电试剂,因此凡是在反应中生成的碳正离子相对不太稳定时,就有重排成相对比较稳定的碳正离子的倾向。因此,不能直接用傅瑞德尔-克拉夫茨烷基化反应在苯环上导入大于三个碳原子的直链烷基。例如,苯与1-氯丙烷反应,首先生成的是正丙基碳正离子经重排成相对比较稳定的异丙基碳正离子,然后与苯反应,最后得到主要产物异丙苯。

$$\text{CH}_3\text{CH}_2\text{CH}_2\text{Cl} \xrightarrow{\text{AlCl}_3} \text{CH}_3\text{CH}_2\text{CH}_2^+ \text{AlCl}_4^- \xrightarrow{\text{重排}} \text{CH}_3\overset{+}{\text{C}}\text{HCH}_3 \text{AlCl}_4^-$$

$$\text{C}_6\text{H}_6 + \text{CH}_3\overset{+}{\text{C}}\text{HCH}_3 \longrightarrow [\text{中间体}]$$

$$[\text{中间体}] + \text{AlCl}_4^- \longrightarrow \text{C}_6\text{H}_5\text{CH}(\text{CH}_3)_2 + \text{AlCl}_3 + \text{HCl}$$

在烷基化反应中,由于导入的烷基使苯环的反应活性增大,因此烷基苯比苯更容易发生亲电取代反应,所以在傅瑞德尔-克拉夫茨烷基化反应中,常伴随有多烷基化产物。例如

$$\text{C}_6\text{H}_6 + \text{CH}_3\text{Cl} \xrightarrow[70\sim 80\ ^\circ\text{C}]{\text{AlCl}_3} \text{甲苯} + \text{邻二甲苯} + \text{对二甲苯} + \text{1,2,4-三甲苯}$$

B. 傅瑞德尔-克拉夫茨酰基化反应

在无水 AlCl_3 等路易斯酸的催化下,苯与酰卤或酸酐反应,苯环上的氢被酰基取代,生成酰基取代苯,称为傅瑞德尔-克拉夫茨酰基化反应。例如

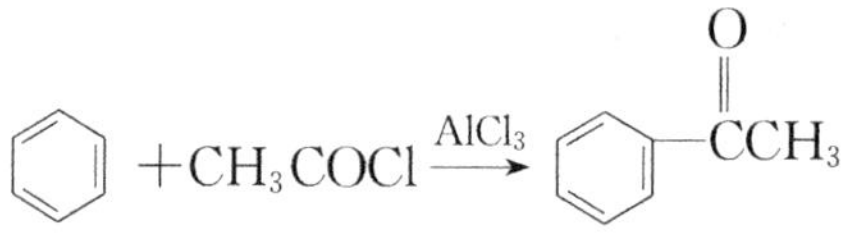

$$\text{C}_6\text{H}_6 + \text{CH}_3\text{COCl} \xrightarrow{\text{AlCl}_3} \text{C}_6\text{H}_5\text{COCH}_3$$

反应中的亲电试剂是酰基碳正离子,由于酰基碳正离子不会发生重排,因此傅瑞德尔-克拉夫茨酰基化反应中不会生成重排产物,也没有多酰基化产物。

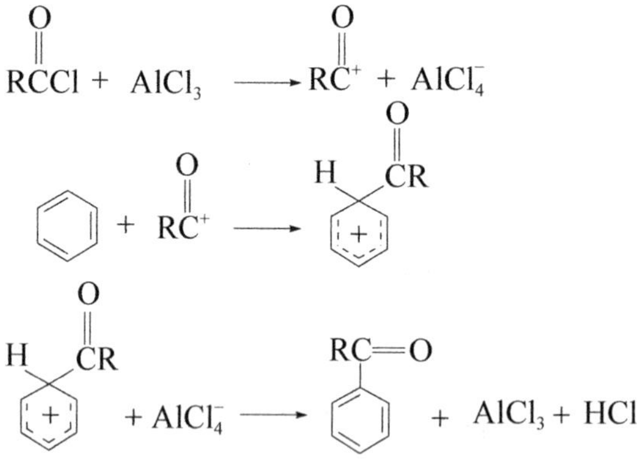

$$\text{RCOCl} + \text{AlCl}_3 \longrightarrow \text{RC}^+\text{=O} + \text{AlCl}_4^-$$

$$\text{C}_6\text{H}_6 + \text{RC}^+\text{=O} \longrightarrow [\text{C}_6\text{H}_6\text{COR}]^+$$

$$[\text{C}_6\text{H}_6\text{COR}]^+ + \text{AlCl}_4^- \longrightarrow \text{C}_6\text{H}_5\text{COR} + \text{AlCl}_3 + \text{HCl}$$

傅瑞德尔-克拉夫茨酰基化反应是制备芳香酮的主要方法。

常用的酰基化试剂除酰氯外,还有酸酐和羧酸。例如

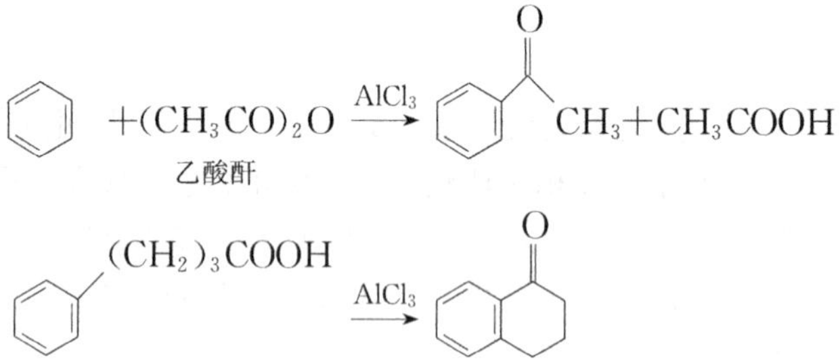

$$\text{C}_6\text{H}_6 + (\text{CH}_3\text{CO})_2\text{O} \xrightarrow{\text{AlCl}_3} \text{C}_6\text{H}_5\text{COCH}_3 + \text{CH}_3\text{COOH}$$

乙酸酐

$$\text{C}_6\text{H}_5(\text{CH}_2)_3\text{COOH} \xrightarrow{\text{AlCl}_3} \text{1-四氢萘酮}$$

芳环上有强吸电子取代基时,通常不能发生傅瑞德尔-克拉夫茨反应,所以硝基苯可以作为傅瑞德尔-克拉夫茨反应的溶剂。

问题 7-3 写出下列傅瑞德尔-克拉夫茨反应的主要产物。

(1) 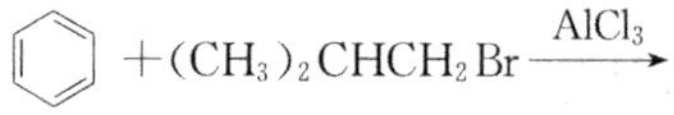 $\text{C}_6\text{H}_6 + (\text{CH}_3)_2\text{CHCH}_2\text{Br} \xrightarrow{\text{AlCl}_3}$

(2) $\text{C}_6\text{H}_6 + (\text{CH}_3)_3\text{CCH}_2\text{OH} \xrightarrow{\text{AlCl}_3}$

(3) $\text{C}_6\text{H}_5\text{CH}_2\text{CH}_2\text{CH}_2\text{CH}_2\text{Cl} \xrightarrow{\text{AlCl}_3}$

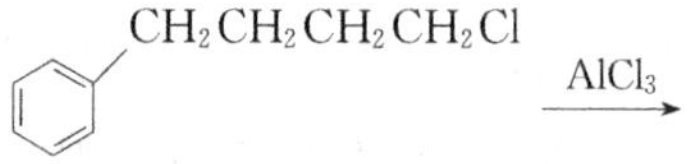

---

2. 芳香烃的氧化反应

1) 苯和烷基苯的氧化

苯环是相当稳定的体系,一般不被强氧化剂(如高锰酸钾等)氧化。但在特殊催化剂(如五氧化二钒)存在下氧化,则苯环被破坏,生成氧化产物顺丁烯二酸酐。

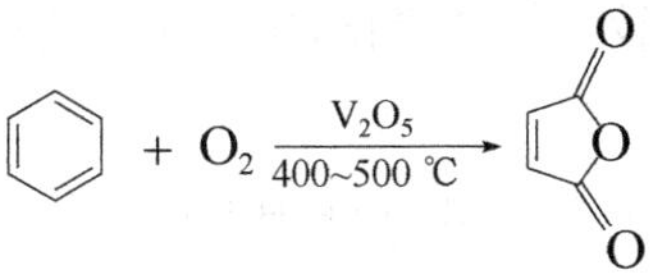

$$\text{苯} + O_2 \xrightarrow[400\sim500\ ℃]{V_2O_5} \text{顺丁烯二酸酐}$$

烷基取代苯,只要 α-碳原子上含有氢(α-H),无论烷基多长,经高锰酸钾等氧化剂氧化,α-碳原子转变成羧基(—COOH),即生成相应的苯甲酸产物。

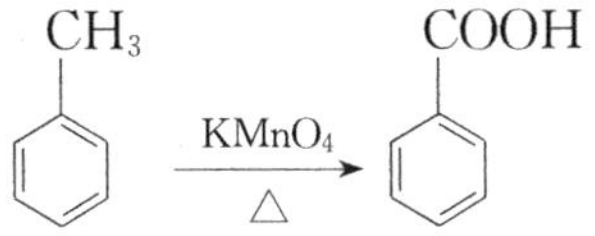

$$\text{甲苯} \xrightarrow[\triangle]{KMnO_4} \text{苯甲酸}$$

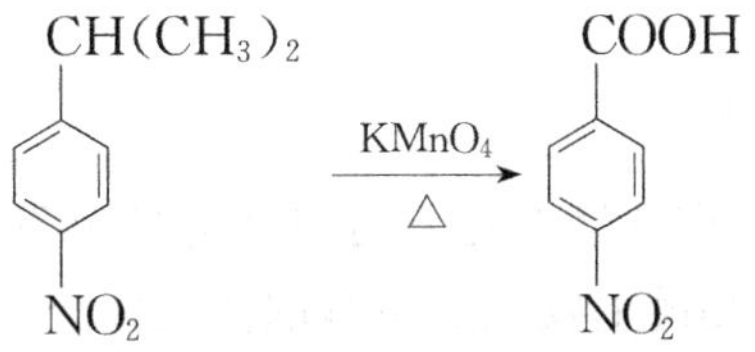

$$\text{对硝基异丙苯} \xrightarrow[\triangle]{KMnO_4} \text{对硝基苯甲酸}$$

但当与苯环直接相连的 α-碳原子上不含氢时,则侧链不会被氧化。例如,叔丁基苯在较强的氧化条件下苯环被破坏,生成三甲基乙酸。

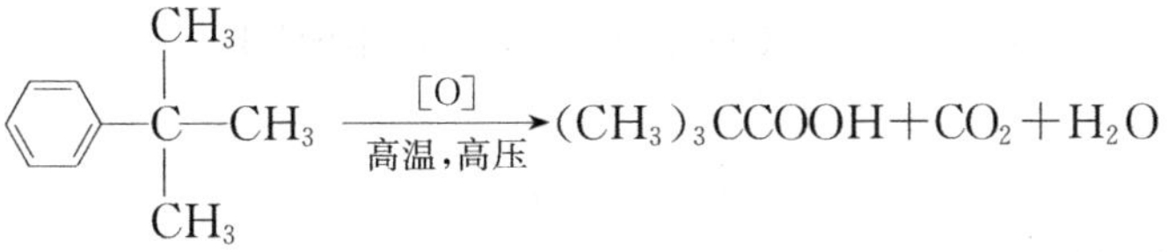

$$\text{叔丁基苯} \xrightarrow[\text{高温,高压}]{[O]} (CH_3)_3CCOOH + CO_2 + H_2O$$

2) 萘环的氧化

萘环比苯环容易被氧化,普通氧化剂即可以将萘环氧化,且萘环比萘环上的侧链还容易被氧化。例如

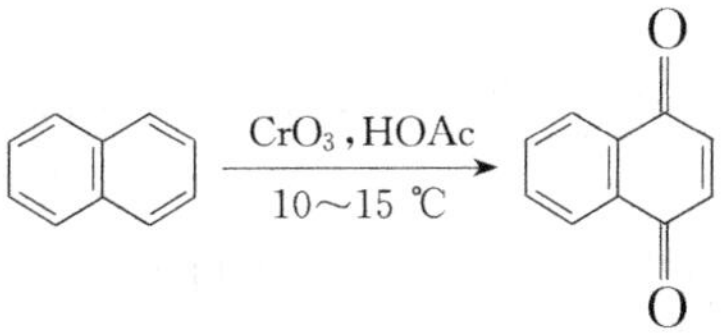

$$\text{萘} \xrightarrow[10\sim15\ ℃]{CrO_3,HOAc} \text{1,4-萘醌}$$

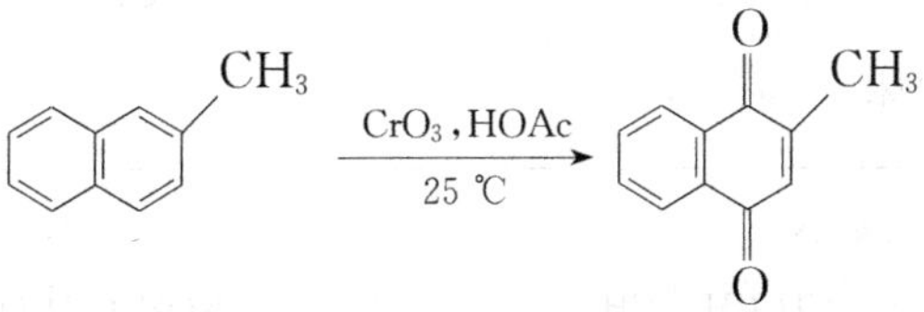

$$\text{2-甲基萘} \xrightarrow[25\ ℃]{CrO_3,HOAc} \text{2-甲基-1,4-萘醌}$$

强氧化剂则可以使萘环破裂。例如

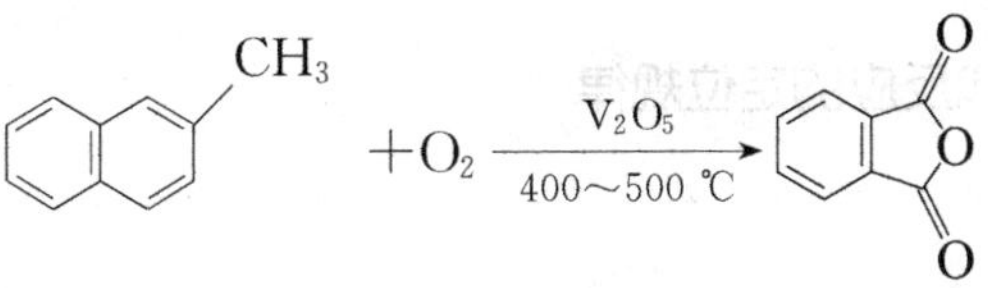

$$\text{2-甲基萘} + O_2 \xrightarrow[400\sim500\ ℃]{V_2O_5} \text{邻苯二甲酸酐}$$

蒽和菲的 9 位、10 位相对比较容易被氧化,生成相应的蒽醌和菲醌。

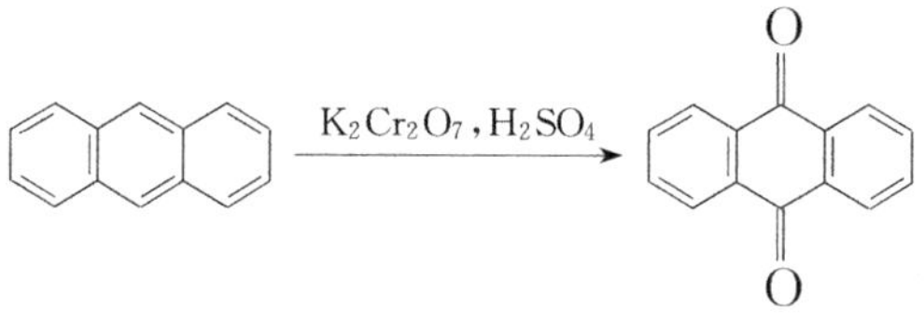

$$\text{蒽} \xrightarrow{K_2Cr_2O_7, H_2SO_4} \text{9,10-蒽醌}$$

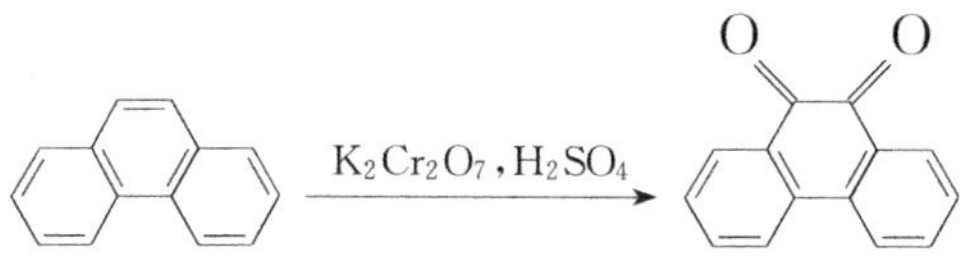

$$\text{菲} \xrightarrow{K_2Cr_2O_7, H_2SO_4} \text{9,10-菲醌}$$

3. 烷基芳香烃侧链上的卤化反应

卤素与苯或其他芳香烃除在三卤化铁存在下可以在芳环上发生亲电取代反应外,还可以在光照或加热条件下,在烷基苯的侧链上发生自由基取代反应。

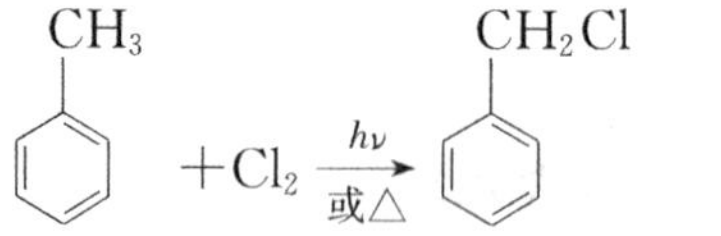

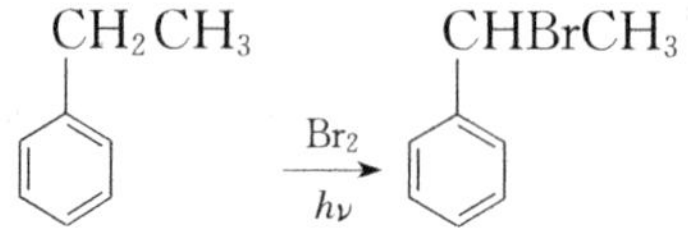

$$C_6H_5CH_3 + Cl_2 \xrightarrow[\text{或}\triangle]{h\nu} C_6H_5CH_2Cl$$

$$C_6H_5CH_2CH_3 \xrightarrow[h\nu]{Br_2} C_6H_5CHBrCH_3$$

反应按自由基机理进行:

$$Cl_2 \xrightarrow[\text{或}\triangle]{h\nu} 2Cl\cdot$$

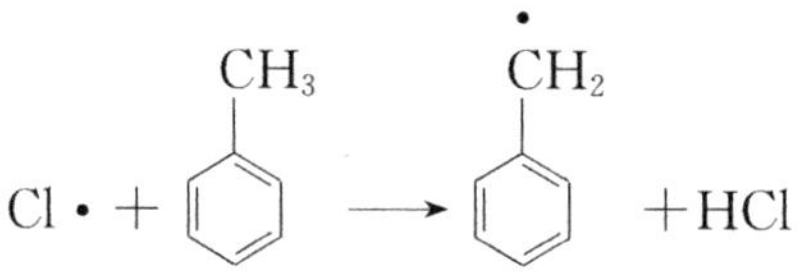

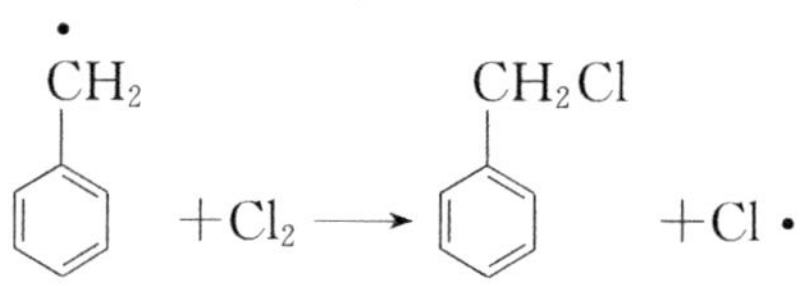

$$Cl\cdot + C_6H_5CH_3 \longrightarrow C_6H_5\dot{C}H_2 + HCl$$

$$C_6H_5\dot{C}H_2 + Cl_2 \longrightarrow C_6H_5CH_2Cl + Cl\cdot$$

中间经过苄基自由基中间体。

问题 7-4 完成下列反应方程式。

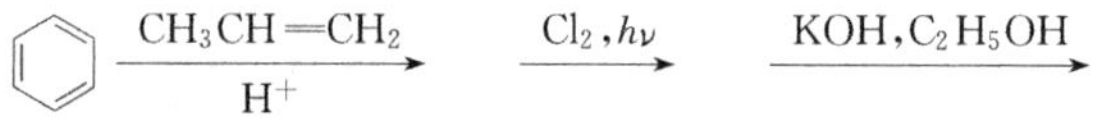

$$C_6H_6 \xrightarrow[H^+]{CH_3CH=CH_2} \xrightarrow{Cl_2, h\nu} \xrightarrow{KOH, C_2H_5OH}$$

7.1.5 苯环上亲电取代反应的定位规律

1. 定位规律

当一取代苯再进行亲电取代反应时,新导入的取代基可以进入原有取代基的邻位、间位和对位,生成三种不同的二取代物的位置异构体。

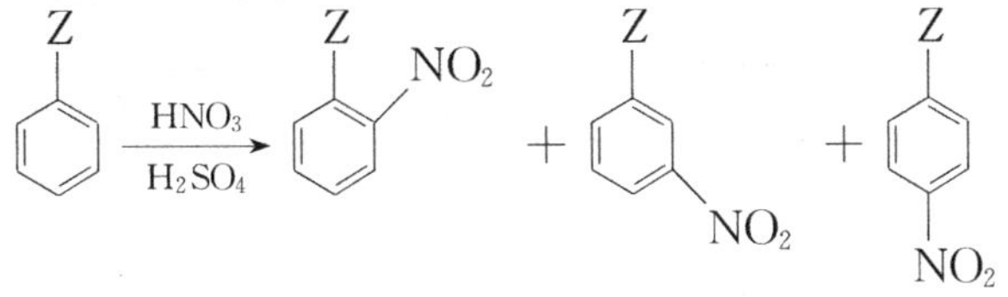

$$\underset{}{\text{C}_6\text{H}_5\text{Z}} \xrightarrow[\text{H}_2\text{SO}_4]{\text{HNO}_3} \underset{\text{邻二取代}}{\text{Z-C}_6\text{H}_4\text{-NO}_2(邻)} + \underset{\text{间二取代}}{\text{Z-C}_6\text{H}_4\text{-NO}_2(间)} + \underset{\text{对二取代}}{\text{Z-C}_6\text{H}_4\text{-NO}_2(对)}$$

如果取代在各个位置上的概率基本相等,即各个位置占 20%,则邻位二取代物应占 40%,对位二取代物占 20%,间位二取代物占 40%。实际上新取代基导入的位置并不遵循概率的规律,而主要受控于苯环上原有取代基的性质,分别得到在原有取代基的邻位、对位为主要的产物(>60%)或在原有取代基的间位为主要的产物(40%)。显然苯环上原有的取代基对新导入的取代基有定位作用,这种效应称为取代基的定位效应(orientation effect)。能导致邻位、对位产物大于 60% 的原取代基称为邻位、对位定位基(ortho-para direacting group),能导致间位产物大于 40% 的原取代基称为间位定位基(meta directing group)。

苯环上原有取代基不仅影响和决定新的取代基导入苯环的位置,还对芳香环再发生亲电取代反应的难易程度产生影响,即影响芳香环发生亲电取代反应的活性。凡是原有取代基能通过共轭效应及诱导效应使苯环上的电子云密度升高的,则把原有取代基称为活化基团(activating groups),活化基团都是邻位、对位定位基。例如,甲基是邻位、对位定位基,是活化基团。原有取代基能通过共轭效应及诱导效应使苯环上的电子云密度降低的,则把原有取代基称为钝化基团(deactivating groups),钝化基团基本上都是间位定位基(卤素除外,卤素是邻位、对位定位基,但卤素是弱钝化基团)。例如,硝基是间位定位基,是钝化基团。

1) 邻位、对位定位基

邻位、对位定位基绝大多数(卤素除外)都是使苯环活化的基团,能使亲电试剂进攻它的邻、对位的取代产物的产率超过 60%。从经验规律判断,在邻位、对位定位基中,直接与苯环相连的原子大多是以单键与其他原子相连(苯基、烯基等除外),即不含重键,且直接与苯环相连的原子多数具有未共用电子对。

常见的邻位、对位定位基如下:

—NR_2、—NHR、—NH_2、—OH、—$NHCOCH_3$、—OCH_3、—$OCOCH_3$、—C_6H_5、—R、—F、—Cl、—Br、—I

   强活化   中等活化   弱活化   弱钝化

2) 间位定位基

间位定位基都是使苯环钝化的基团。它使亲电试剂主要进攻其间位,并使间位取代产物的产率超过 40%。从经验规律判断,在间位定位基中,直接与苯环相连的原子大多以重键与其他原子相连(—CX_3 除外),或带有正电荷,或带有多个吸电子原子的基团。

常见的间位定位基如下:

—N^+R_3、—NO_2、—CN、—SO_3H、—CHO、—$COCH_3$、—COOH、—COOR、—$CONH_2$、—CF_3 等

  强钝化

上述两类定位基从左到右的排列顺序大致就是其对苯环亲电取代反应的活化或钝化作用由强到弱的排列顺序。

这里必须指出,所谓邻位、对位定位基是指新导入的取代基主要进入它的邻位和对位,仅含有少量间位产物。同样,所谓间位取代基是指新导入的取代基主要进入它的间位,而邻位、对位产物是少量的,见表 7-2。

表 7-2　一取代苯硝化反应的相对速率及其产物组成

反应物	相对速率*	反应产物/%		
		邻位	对位	间位
甲苯($C_6H_5CH_3$)	25	63	34	3
苯酚(C_6H_5OH)	很快	55	45	~0
氯苯(C_6H_5Cl)	0.03	30	70	~0
溴苯(C_6H_5Br)	0.03	37	63	~0
硝基苯($C_6H_5NO_2$)	6×10^{-8}	6	1	93
苯甲酸(C_6H_5COOH)	慢	19	1	80

* 以苯的硝化反应速率为1。

当二取代苯再进行亲电取代反应时,则第三个取代基进入苯环的位置和速率由原来两个取代基的综合作用决定。如果原有两个取代基的定位效应一致,则新导入的取代基进入的位置比较容易推测,取代在它们共同定位的位置上,但以位阻相对较小的位置为主。例如

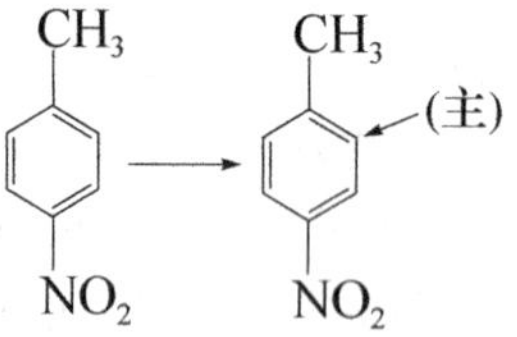

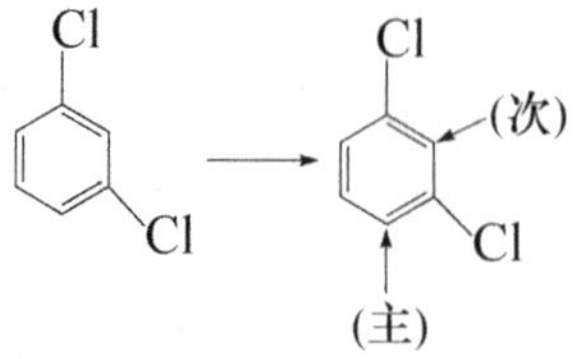

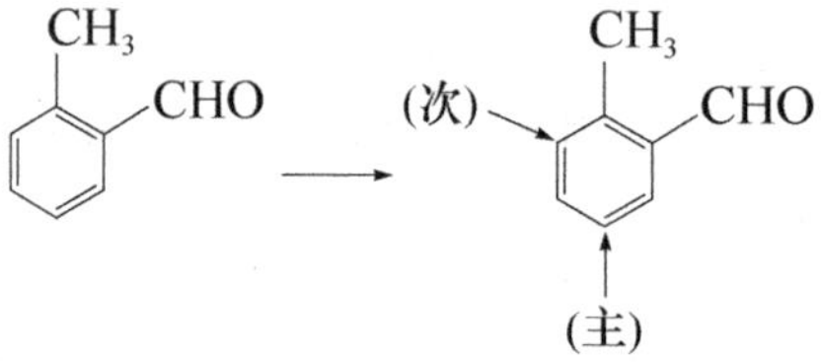

如果原有两个取代基的定位效应不一致,这时推测新导入取代基进入的位置必须根据原不同定位基的情况具体分析。如果两个取代基属于同类型的定位基,则第三个取代基进入苯环的主要位置由定位效应更强的定位基决定,同样以位阻相对较小的位置为主。例如

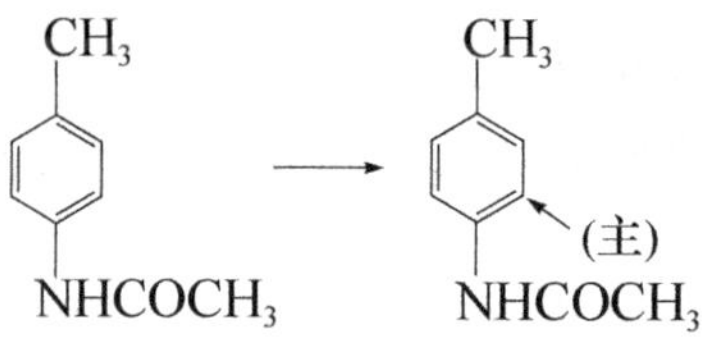

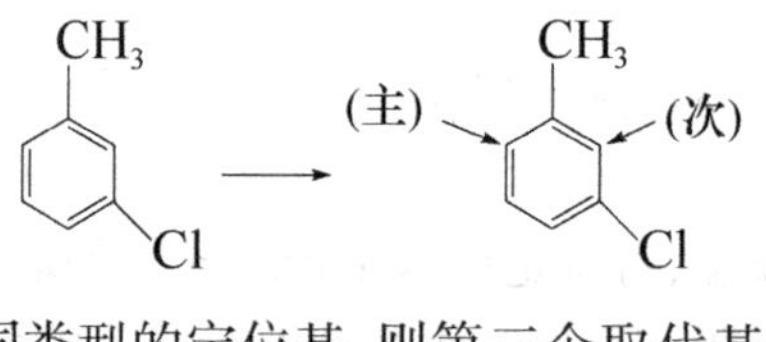

如果两个取代基分别属于不同类型的定位基,则第三个取代基进入苯环的位置主要由邻位、对位定位基决定。例如

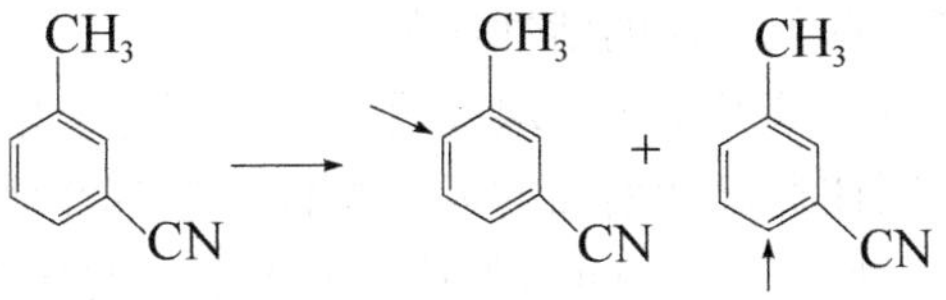

当这两个取代基的定位能力差别不大时，得到混合物。例如

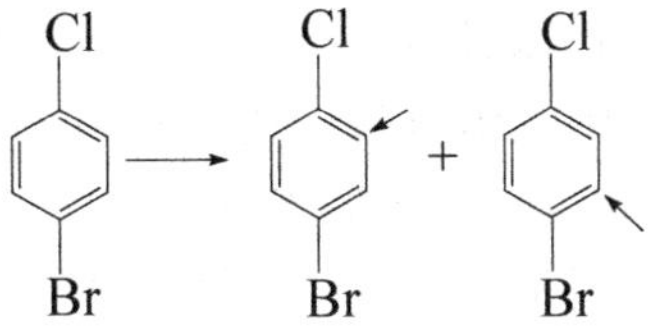

甲基是使苯环活化的邻位、对位定位基，所以甲苯的硝化可以在室温下进行。而硝基是使苯环钝化的间位定位基，所以硝基苯的硝化必须在加热（95 ℃以上）条件才能进行。例如

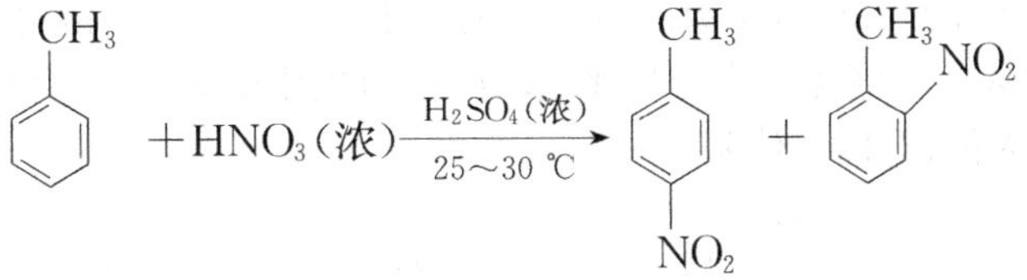

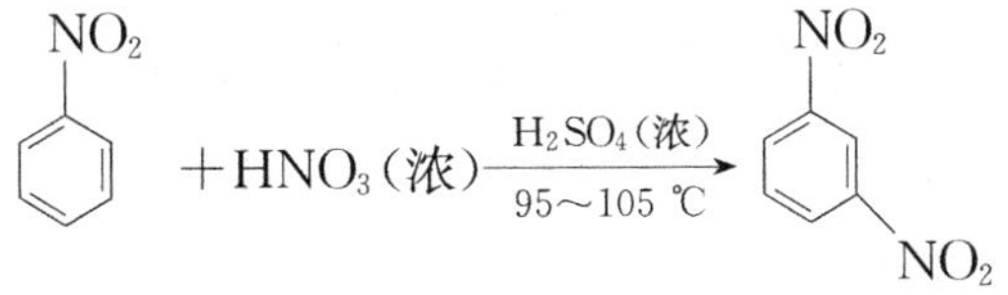

问题 7-5　能否用苯为原料经二次亲电取代反应得到下列二取代苯？如能得到，请写出相应的反应方程式。

(1) 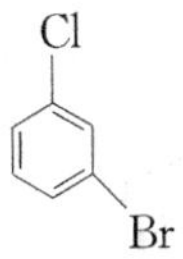 间溴氯苯　(2) 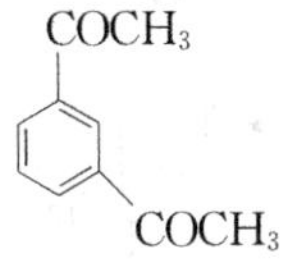 间二乙酰基苯　(3) 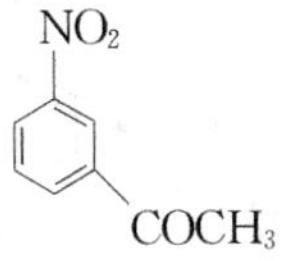 间硝基苯乙酮　(4) 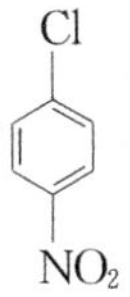 对硝基氯苯

问题 7-6　用箭头表示下列化合物苯环发生一溴取代时溴取代的主要位置。

(1) 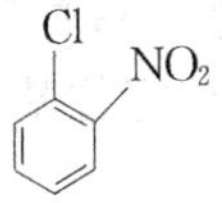 邻硝基氯苯　(2) 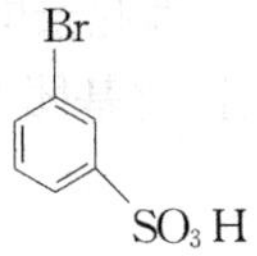 间溴苯磺酸　(3) 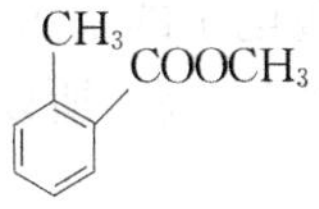 邻甲基苯甲酸甲酯　(4) 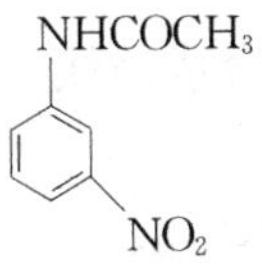 间硝基乙酰苯胺　(5) 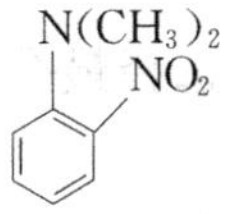 邻硝基 N,N-二甲基苯胺　(6) 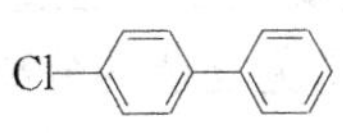 对氯联苯

2. 定位规律的理论解释

邻位、对位定位基为给电子取代基（卤素除外），使苯环上电子云密度增加，在定位基的邻位和对位电子云密度增加尤为显著，对苯环亲电取代反应有活化作用，所以苯环上有邻位、对位定位基（卤素除外）的取代苯，其发生亲电取代反应的活性比苯大。间位定位基对苯环则起吸电子作用，使苯环上电子云密度降低，对苯环亲电取代反应有钝化作用，因此苯环上有间位

定位基的取代苯,其发生亲电取代反应的活性比苯小。

从反应机理看,由于一取代苯发生亲电取代反应的机理与苯相似,芳基正离子为反应活性中间体,因此有利于活性中间体稳定性增加的因素将使反应速率增大。邻位、对位定位基(卤素除外)为给电子取代基,有利于活性中间体芳基正离子电荷的分散,使稳定性提高,反应活性比苯大。当亲电试剂取代在它的邻位、对位时生成的芳基正离子比取代在间位时生成的芳基正离子更稳定,所以给电子基团(卤素除外)既是活化基团,又是邻位、对位定位基。而间位定位基为吸电子取代基,不利于活性中间体芳基正离子电荷的分散,使稳定性降低,反应活性比苯小。但当亲电试剂取代在它的间位时生成的芳基正离子比取代在邻位、对位时生成的芳基正离子相对稳定些,所以吸电子基团是钝化基团,是间位定位基。

取代基的定位规律可以用下列反应式说明,G 为给电子的活化基团时,当亲电试剂进攻 G 的邻位、对位时,所生成的芳基正离子中都有一个极限式中的正电荷直接与 G 相连,正电荷得到有效分散,而进攻 G 的间位时,生成的芳基正离子中的正电荷却不能直接被 G 分散,所以取代在邻位、对位时生成的中间体 σ 络合物比进攻间位所生成的 σ 络合物稳定性高。因此,给电子的活化基团 G 为邻位、对位定位基。

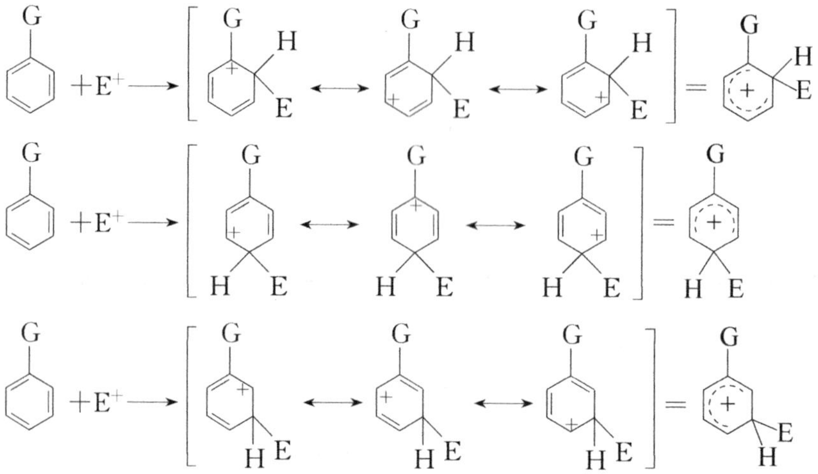

而当 G 为吸电子的钝化基团时,亲电试剂进攻 G 的间位时所生成的中间体 σ 络合物中,却没有一个极限式中的正电荷与吸电子的基团 G 直接相连,因此亲电试剂进攻 G 的间位比进攻邻位、对位所生成的 σ 络合物稳定性高。所以,吸电子的钝化基团 G 为间位定位基。

3. 定位规律的应用

苯环上取代基定位规律的重要性在于通过它来设计和选择最合理的合成路线,谋求主要产物能得到最好的产率,并力求避免复杂的分离手续。

例如,以甲苯为原料,分别合成重要的中间体间硝基苯甲酸和对硝基苯甲酸。

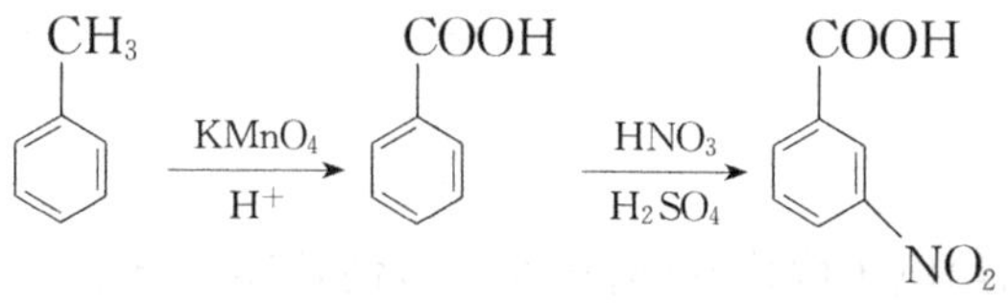

反应涉及先氧化后硝化两步反应。先氧化可使硝基进入羧基(—COOH)的间位成为主要产物。若先硝化后再氧化,则硝基主要进入甲基的邻位、对位,将得到的邻硝基甲苯和对硝基甲苯再氧化,则得到邻硝基苯甲酸和对硝基苯甲酸。

由于对硝基苯甲酸的对称性比邻硝基苯甲酸高,因此前者的熔点比后者高,可以用重结晶的方法分离,从而得到对硝基苯甲酸。

从反应类型看,上述两反应都涉及氧化反应和硝化反应,并且反应试剂相同,但反应的顺序不同,最终的主要产物就不同,这就是芳环上取代基定位规律的意义。

问题 7-7 写出下列化合物发生一硝化的主要产物。

(1) 苯甲酸苯酯 (2) 间硝基二苯甲烷 (3) 邻甲氧基联苯 (4) 苯基三甲基铵

7.1.6 非苯型芳香烃和休克尔规则

苯环是具有 C_6H_6 结构单元的一种环状共轭多烯烃,能否把苯环的芳香性结构特征推广到苯环以外的环状共轭多烯烃中呢?1931年,休克尔运用分子轨道理论研究并计算了这些分子的 π 电子能级,从而提出了判断芳香性的简单规则,即著名的休克尔规则。休克尔规则认为:在单环平面共轭体系中,只有 π 电子数为 $4n+2(n=0,1,2,3,\cdots)$ 时,该体系才具有芳香性,这就是休克尔的 $4n+2$ 规则,简称 $4n+2$ 规则。

休克尔规则不但能判断有单、双键交替出现的单环多烯的轮烯的芳香性,也可用于判断单环多烯烃离子的芳香性。

图 7-5 为 C_3H_3 至 C_8H_8 的单环多烯体系的分子轨道能级图。由图 7-4 可知,它们都有一个能量最低的成键轨道,然后是两个能量较高的简并轨道,当单环平面多烯烃中的 π 电子正好能填满相应的成键轨道时,体系趋向稳定。这时填满成键轨道上的 π 电子数为 2(占在能量最低的成键轨道上)和 $4n$(占在 n 对简并轨道上)个,即填满这些成键轨道需要 $(4n+2)$ 个 π 电子,这时体系最稳定,具有芳香性。例如,苯含有 6 个 π 电子,在基态下,有 2 个 π 电子占在能量最低的成键轨道上,另外 4 个 π 电子占在一对简并的成键轨道上。这样,6 个 π 电子正好填满 3 个成键轨道,所以苯具有芳香性。

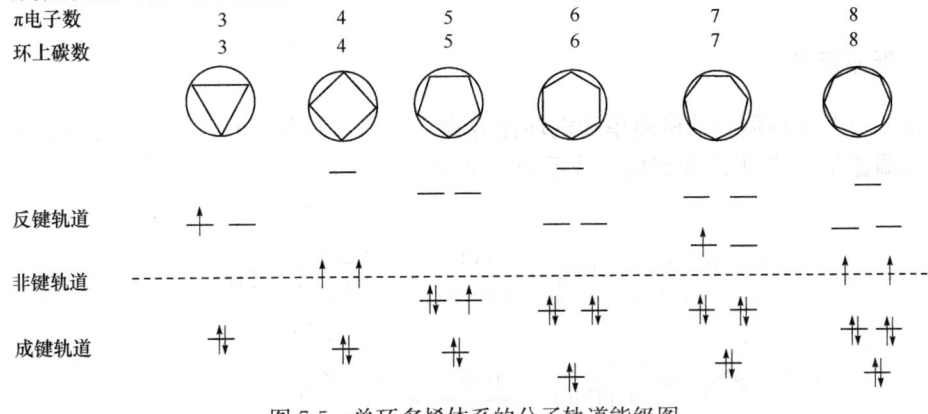

图 7-5 单环多烯体系的分子轨道能级图

从图 7-5 可以看出,对于环丁二烯和环辛四烯,除成键轨道被 π 电子填满外,还各有两个自旋方向相同的 π 电子分别占在两个非键轨道上,它们并不配对,相当于双自由基,所以它们都是不符合 $4n+2$ 规则、没有芳香性的单环多烯,实际上环辛四烯不具有平面构型。而对于三元、五元、七元环多烯,因为环上 π 电子总数不符合 $4n+2$ 规则,有的是成键轨道上被 π 电子填满后还有多余的 π 电子占在反键轨道上,或者是成键轨道上还没有被足够的 π 电子填满,所以它们都是没有芳香性的环多烯。很显然,对于环丙烯正离子、环庚三烯正离子和环戊二烯负离子,它们都是具有单环共轭体系的平面结构,且它们的 π 电子数符合 $4n+2$ 规则,所以是有芳香性的。

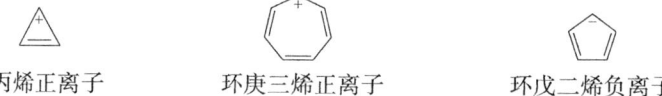

环丙烯正离子　　环庚三烯正离子　　环戊二烯负离子

凡是不含苯环的芳香性(符合休克尔的 $4n+2$ 规则)化合物统称为非苯型芳香烃。非苯型芳香烃包括某些轮烯和芳香离子。

单环共轭多烯也称为轮烯(annulene),通式为 C_nH_n。除上面讨论的环丁二烯(C_4H_4)和环辛四烯(C_8H_8)可分别称为[4]轮烯和[8]轮烯外,环癸五烯($C_{10}H_{10}$)、环十四碳七烯($C_{14}H_{14}$)、环十八碳九烯($C_{18}H_{18}$)同样可以分别称为[10]轮烯、[14]轮烯、[18]轮烯(方括号中的数字代表成环碳原子数),其结构式分别为

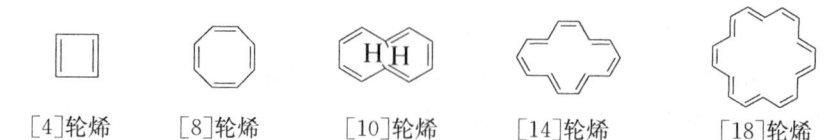

[4]轮烯　　[8]轮烯　　[10]轮烯　　[14]轮烯　　[18]轮烯

在[10]轮烯中,由于环内两个氢原子之间的斥力,环不能保持在同一平面内,因此尽管环上 π 电子数符合 $4n+2$ 规则,仍不具有芳香性。[14]轮烯和[18]轮烯因为能形成单环共平面,环上 π 电子数也符合 $4n+2$ 规则,所以[14]轮烯和[18]轮烯都具有芳香性。而[16]轮烯尽管可以是单环共平面结构,但环上 π 电子数不符合 $4n+2$ 规则,所以[16]轮烯无芳香性。

问题 7-8　判断下列结构哪些有芳香性。

(1) ... (2) ... (3) ... (4) ... (5) ...

7.1.7　稠环芳烃

萘是由两个苯环稠合的最简单的稠环化合物。萘与苯相似,可以在环上发生卤化、硝化、磺化和傅瑞德尔-克拉夫茨等亲电取代反应。例如

萘 + Br_2 $\xrightarrow[72\%\sim74\%]{CCl_4}$ 1-溴萘 + HBr

萘 + HNO_3 $\xrightarrow[92\%\sim94\%]{H_2SO_4}$ 1-硝基萘

萘的 α 位比 β 位活泼,生成 α-萘磺酸的速率较快,所以萘与浓硫酸在较低温度下反应主要得到速度控制产物 α-萘磺酸,而在 150 ℃ 以上反应主要得到相对较稳定的平衡控制产物 β-萘磺酸。

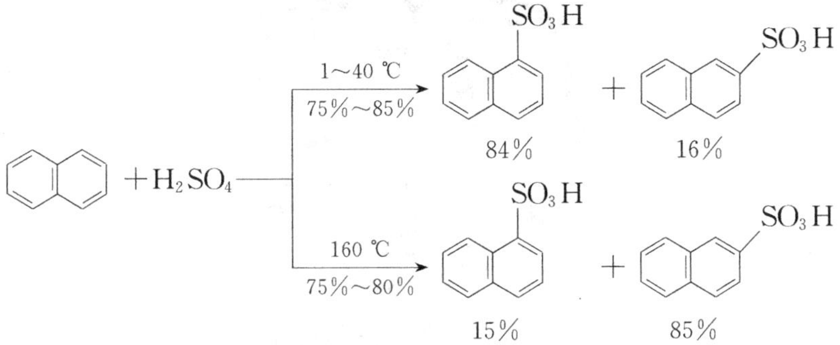

萘的傅瑞德尔-克拉夫茨酰化反应通常得到 α-酰化产物和 β-酰化产物的混合物。但当用三氯化铝作为催化剂时,在二硫化碳等非极性溶剂中反应,主要得到 α-酰化产物。而在硝基甲烷或硝基苯等极性溶剂中反应,主要得到 β-酰化产物。

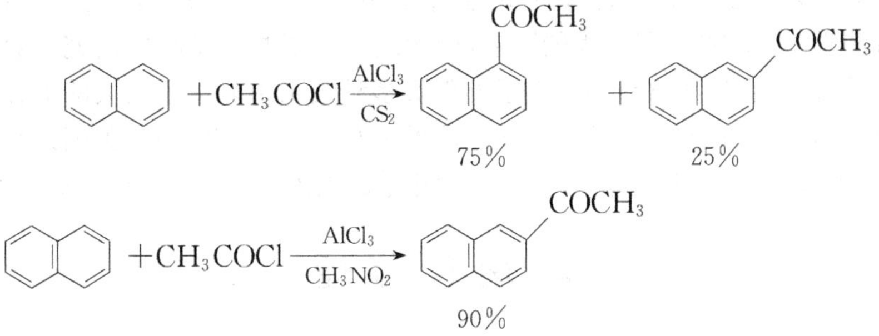

在稠环芳烃中,特别是多环稠环芳烃,不少具有致癌作用,称为致癌烃。例如

苯[a]并芘　　　　　芘　　　　　二苯[a,h]并蒽

特别是苯[a]并芘具有强烈的致癌作用。苯[a]并芘在生物体内被肝脏内的细胞色素 P450 氧化,在不同部位分别被羟基化和环氧化,然后与细胞中的 DNA 作用,使 DNA 烷化,从而干扰细胞的正常增殖,引起癌变。

7.1.8 富勒烯

富勒烯又称 C_{60}(现在把包括 C_{60} 在内的所有含偶数碳原子的类似分子统称为富勒烯),是由 60 个碳原子组成的纯碳分子,整个分子结构酷似足球,因此又称为足球烯(footballene)。60 个碳原子构成具有 60 个顶点的 32 面体,其中 12 个五边形,20 个六边形,组成了封闭球面。其结构示意图如图 7-6 所示。

在 C_{60} 中,每个碳原子以 sp^2 杂化轨道与相邻的碳原子相连,因此,每个碳原子上都剩有带 1 个电子的 p 轨道,这 60 个 p 轨道在 C_{60} 球壳的外部和内腔形成由 60 个 π 电子的球面大 π 键,是一个相当稳定的大 π 共轭体系,六元环与六元环稠合的碳碳键长为 139 pm,六元环与五元环稠合的碳碳键长为 143 pm。在 C_{60} 中,有一个笼状的内腔,可以填入金属原子而形成"超

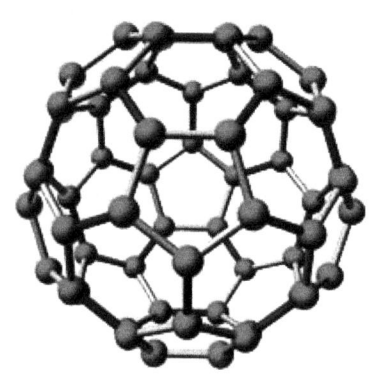

图 7-6　富勒烯结构示意图

原子"分子,可预料会有特殊的性质,如已发现掺钾的 C_{60} 具有超导性。另外,C_{60} 可形成具有电子特性的碳纳米管,还可能成为新型的催化剂或催化剂的载体。

自 1985 年 C_{60} 被发现以来,尽管只有 20 多年的历史,但已对物理学、化学、材料学、电子学、生物学和医药学等领域产生了极大的影响,极大地丰富了相应学科的研究内容,提高了科学的理论水平,并且 C_{60} 在这些学科和微电子器件等多种技术中显示了巨大的潜在应用前景。为此,瑞典皇家科学院将 1996 年诺贝尔化学奖授予了 C_{60} 的发现者柯尔(美国人)、克罗托(英国人)和斯莫利(美国人)三位教授,以奖励他们为化学的发展所作出的卓越贡献。

7.2　卤代芳烃

7.2.1　卤代芳烃的结构

卤素原子与芳环直接相连的化合物称为卤代芳烃。氯苯是卤代芳烃的一个简单例子,在氯苯中,由于氯原子的电负性比碳原子大,因此氯原子表现为 $-I$ 效应,而与氯相连的芳环上的碳原子都为 sp^2 杂化,因此氯原子上的 p 电子可以与芳环上的 π 电子形成 p-π 共轭,氯原子表现为 $+C$ 效应。

由于两种电子效应相反,因此氯苯的偶极矩比氯代环己烷小。

$$\mu = 2.2 \text{ deb} \qquad \mu = 1.75 \text{ deb}$$

如果从氯苯的共振结构式来看,碳氯键具有部分双键的性质,与脂肪族卤代烃相比,芳香族卤代烃中的卤素原子则不太容易发生亲核取代反应。

7.2.2　卤代芳烃的亲电取代反应

卤代芳烃与苯一样,在亲电试剂和相应的反应条件下,可以在芳环上发生亲电取代反应

（卤化、磺化、硝化和傅瑞德尔-克拉夫茨反应），主要得到邻位、对位取代产物。这从氯苯发生亲电取代反应时生成的σ络合物中间体的稳定性可以看出，当亲电试剂进攻氯的邻位、对位时，其σ络合物中间体可以写出 4 个共振极限式，其中有一个极限式是正电荷处在氯原子上，因为此共振极限式中的原子的外层电子都满足稀有气体电子构型，是相对稳定的共振极限式。当亲电试剂进攻氯的间位时，其σ络合物中间体只能写出 3 个共振极限式，没有正电荷处在氯原子上的稳定极限式，所以氯是邻位、对位定位基。氯的吸电子效应使苯环上的电子云密度降低，亲电取代反应比苯环慢。因此，氯及其他卤原子是使苯环钝化的邻位、对位定位基。

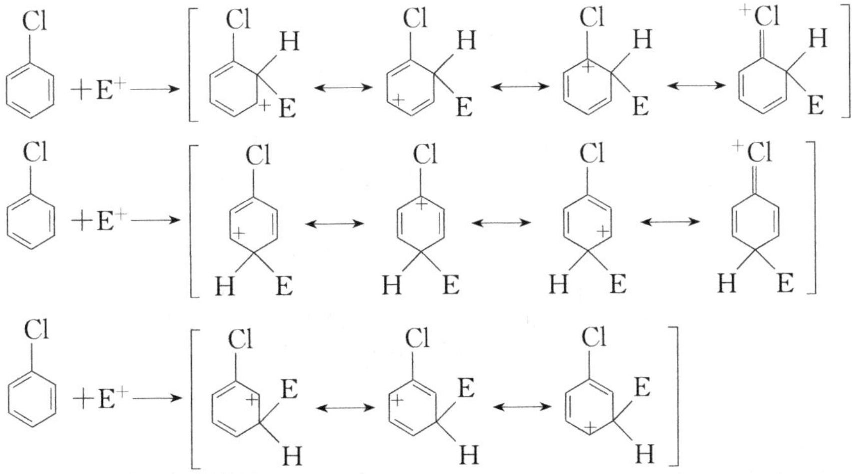

7.2.3 卤代芳烃的亲核取代反应

芳香族卤代烃除在芳环上发生相应的亲电取代反应外，在一定的反应条件下，芳环上的卤素可以被亲核试剂取代，发生芳环上的亲核取代反应。苯基正离子不稳定，所以不能发生与脂肪族卤代烃相似的 S_N1 反应，同时亲核试剂也不能从直接与卤原子相连的苯环碳原子的背面进攻，所以也不能发生与脂肪族卤代烃相似的 S_N2 反应。

芳香族卤代烃的亲核取代反应通常按加成-消除和消除-加成机理进行。

1. 加成-消除机理

芳环上有硝基等吸电子取代基的卤代芳烃与亲核试剂可以按加成-消除机理发生芳环上的亲核取代反应。

在形式上，芳环上经加成-消除机理进行的亲核取代反应与 S_N2 相似，反应速率与反应底物和亲核试剂的浓度有关，但反应是分两步进行的，中间体是带负电荷的σ络合物负离子[又称为迈森哈梅尔(Meisenheimer)络合物]。

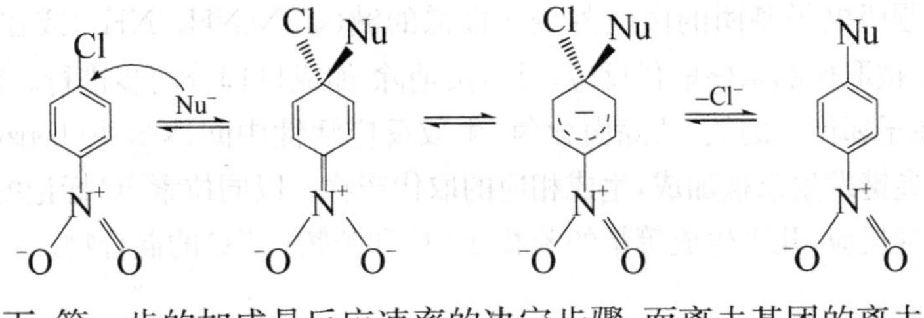

在多数情况下，第一步的加成是反应速率的决定步骤，而离去基团的离去能力对反应速率

的影响很小。由于在离去基团的邻位、对位上的硝基可以通过共轭作用能很好地分散负离子中间体中的负电荷,而间位上的硝基却没有此作用,因此,在离去基团的邻位、对位上增加硝基或其他强吸电子基团,能使反应更加容易进行。例如

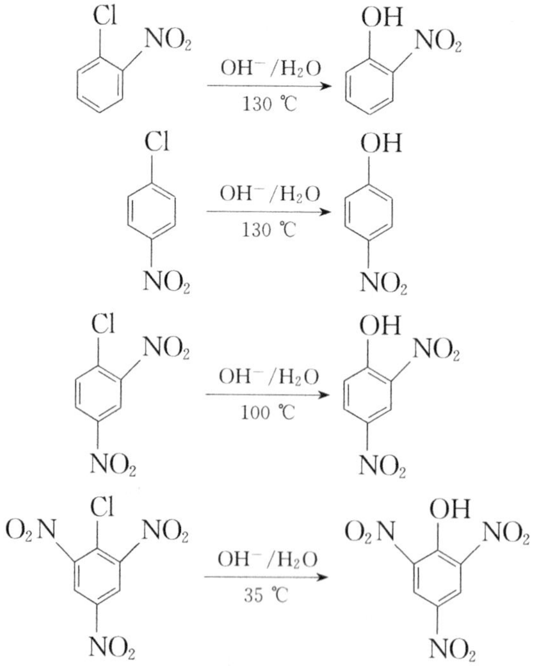

[邻硝基氯苯 + OH⁻/H₂O, 130 ℃ → 邻硝基苯酚]

[对硝基氯苯 + OH⁻/H₂O, 130 ℃ → 对硝基苯酚]

[2,4-二硝基氯苯 + OH⁻/H₂O, 100 ℃ → 2,4-二硝基苯酚]

[2,4,6-三硝基氯苯 + OH⁻/H₂O, 35 ℃ → 2,4,6-三硝基苯酚]

随着氯原子邻位、对位上吸电子硝基的增加,反应温度降低,反应容易进行。

离去基团除卤素外,其他如—OR、—NO$_2$、—SOPh、—SO$_2$Ph 等也可以作为离去基团。

问题 7-9 写出下列反应的主要产物。

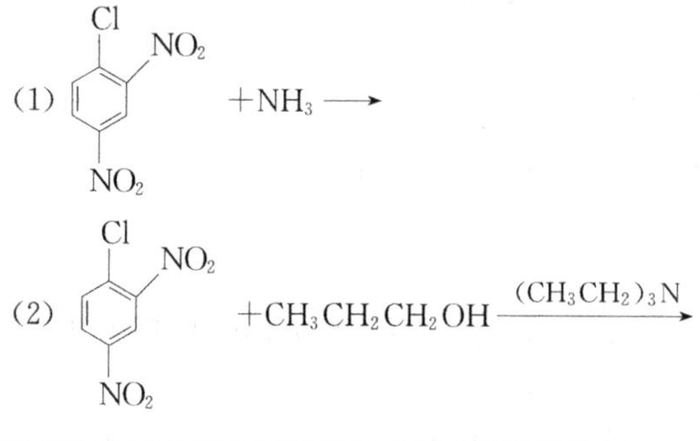

(1) 2,4-二硝基氯苯 + NH$_3$ ⟶

(2) 2,4-二硝基氯苯 + CH$_3$CH$_2$CH$_2$OH $\xrightarrow{(CH_3CH_2)_3N}$

---

2. 消除-加成机理

芳环上没有强吸电子基团的卤代芳烃在极强的碱(如 NaNH$_2$/NH$_3$)或在强烈的反应条件下,也能发生卤素被取代的亲核取代反应,反应按消除-加成机理分两步进行。首先,在强碱作用下,强碱进攻卤原子邻位上的氢,消除卤化氢,生成反应活性中间体苯炔(benzyne)。然后,亲核试剂对苯炔中的叁键发生亲核加成,生成相应的取代产物。以同位素 ^{14}C 标记的氯苯-1-^{14}C 为例,在液氨中与氨基钾反应,几乎生成等量的苯胺-1-^{14}C 和苯胺-2-^{14}C 的混合物。

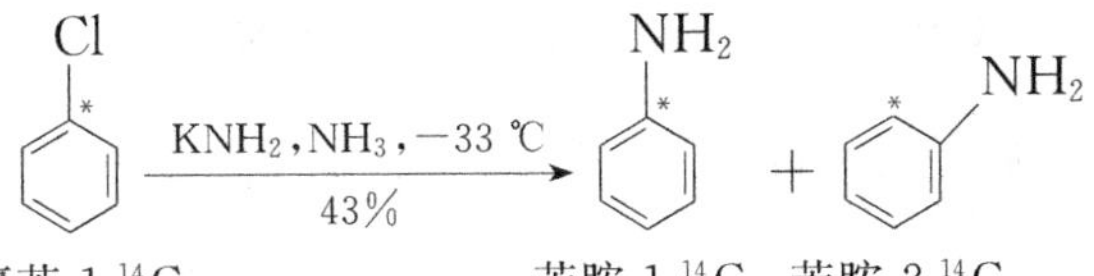

$$\underset{\text{氯苯-1-}^{14}\text{C}}{\text{C}_6\text{H}_4\text{Cl}^*} \xrightarrow[43\%]{\text{KNH}_2,\text{NH}_3,-33\ ℃} \underset{\substack{\text{苯胺-1-}^{14}\text{C}\\48\%}}{\text{C}_6\text{H}_4\text{NH}_2^*} + \underset{\substack{\text{苯胺-2-}^{14}\text{C}\\52\%}}{\text{C}_6\text{H}_4\text{NH}_2^*}$$

用消除-加成的苯炔机理可以很好地解释上述结果。

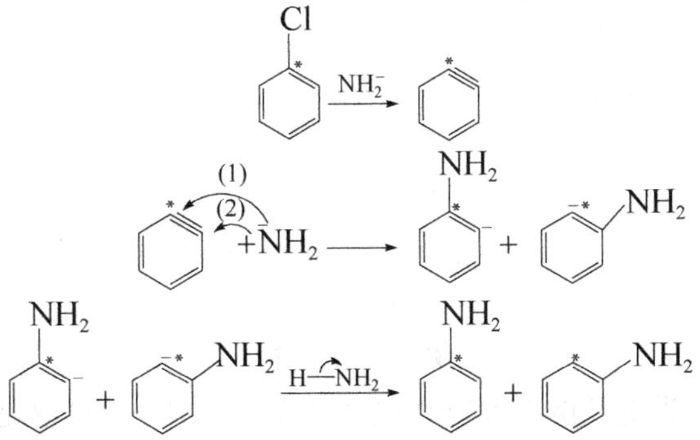

取代的卤代芳烃在发生消除-加成的亲核取代反应时,碱首先进攻卤素邻位上酸性较强的氢,然后亲核试剂对苯炔叁键发生亲核加成,原有取代基对加成产物有区域选择性。实验事实说明,苯环上原有取代基主要通过诱导效应对加成的区域选择性产生影响。例如

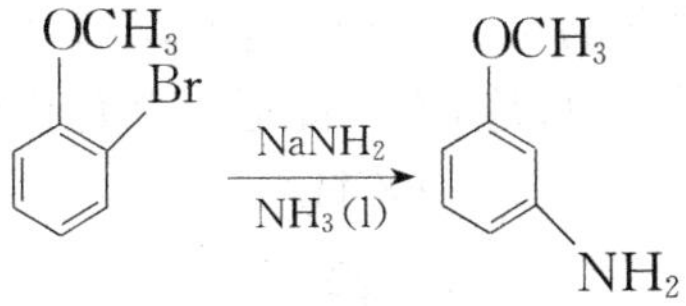

$$\text{2-溴苯甲醚} \xrightarrow[\text{NH}_3(l)]{\text{NaNH}_2} \text{3-甲氧基苯胺} \tag{7-1}$$

$$\text{4-溴苯腈} \xrightarrow[\text{NH}_3(l)]{\text{NaNH}_2} \text{4-氨基苯腈} \tag{7-2}$$

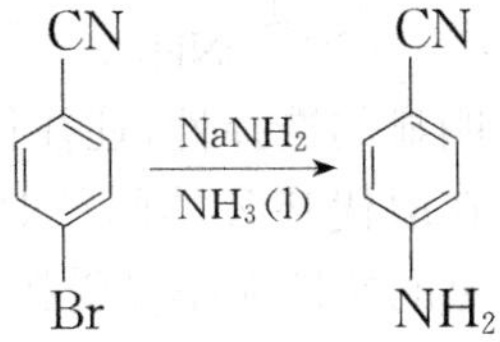

反应(7-1)中的活泼中间体为 3-甲氧基苯炔,反应(7-2)中的活泼中间体为 4-氰基苯炔。从诱导效应来说,CH_3O 和 CN 都具有 $-I$ 效应,所以 3-甲氧基苯炔与亲核试剂加成时,生成的中间体(**A**)比中间体(**B**)稳定。

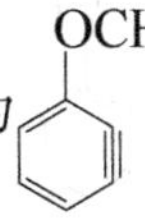

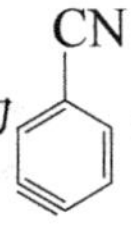

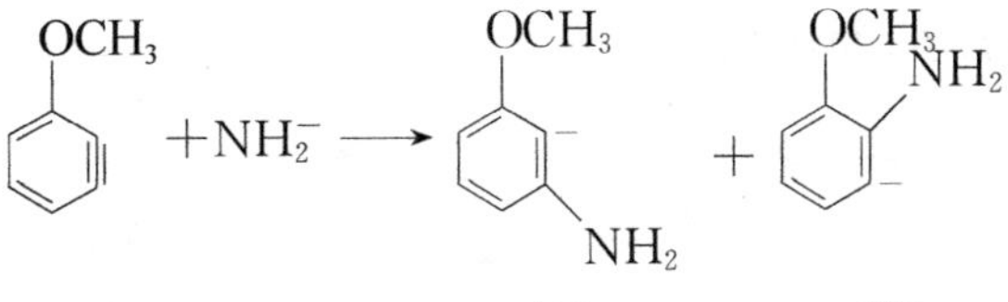

$$\text{3-甲氧基苯炔} + \text{NH}_2^- \longrightarrow \underset{(\mathbf{A})}{\text{中间体 A}} + \underset{(\mathbf{B})}{\text{中间体 B}}$$

相对比较稳定的中间体(**A**)从液氨中取得一个质子得到主要产物 3-甲氧基苯胺。而 4-氰基苯炔与亲核试剂加成时,生成的中间体(**C**)比中间体(**D**)稳定。

$$\text{PhC≡N-type benzyne} + NH_2^- \longrightarrow \underset{(C)}{\begin{array}{c}CN\\ \\ \bar{}\\ NH_2\end{array}} + \underset{(D)}{\begin{array}{c}CN\\ \\ \bar{}\\ NH_2\end{array}}$$

所以得到的主要产物为 4-氰基苯胺。由于诱导效应随着传递距离的增加迅速减弱,因此反应 (7-2)的区域选择性有时不如反应(7-1)。

对于具有一元取代基(Z)的卤代苯,在发生消除-加成反应时,苯炔中间体的形式可归纳为 (E)和(F)两种:

$$\underset{(E)}{\begin{array}{c}Z\\ \overset{1}{}\\ _{4}^{2,3}\end{array}} \quad \underset{(F)}{\begin{array}{c}Z\\ \overset{1}{}\\ _{4}^{2,3}\end{array}}$$

对于形式(E),当 Z 具有吸电子诱导效应时,亲核试剂进攻 C_3 的产物是主要的;当 Z 具有给电子诱导效应时,亲核试剂进攻 C_2 的产物是主要的。而对于形式(F),当 Z 具有吸电子诱导效应时,亲核试剂进攻 C_4 的产物是主要的;当 Z 具有给电子诱导效应时,亲核试剂进攻 C_3 的产物是主要的。这主要是由于当亲核试剂与 Z 取代的苯炔中间体加成时,亲核试剂进入的位置仅受取代基 Z 诱导效应的影响,使亲核试剂进入后产生的负电荷处于能量相对较低的有利位置。由于产生的负电荷处于碳原子的 sp^2 杂化轨道上,与苯环同在一个平面内,而与苯环的 π 轨道并不重叠,因此 Z 只能通过诱导效应,而不能通过共轭作用对负电荷起作用。例如

$$\begin{array}{c}OCH_3\\ \\ NH_2\end{array}$$

但当 Z 只有弱的电子效应时,则没有明显的选择性,往往得到混合物。

当 Z 取代的一卤代苯中,卤原子在取代基 Z 的间位时,是生成中间体(E)还是(F)则取决于卤原子两邻位上氢的酸性大小,而氢的酸性大小又受控于取代基 Z 的诱导效应。例如

$$\underset{Cl}{\begin{array}{c}CF_3\\ \end{array}} \xrightarrow{NaNH_2, NH_3(l)} \begin{array}{c}CF_3\\ \end{array} \xrightarrow[NH_3(l)]{NH_2^-} \underset{NH_2}{\begin{array}{c}CF_3\\ \end{array}}$$

这是因为三氟甲基邻位上氢的酸性比对位上氢的酸性大。

问题 7-10 写出下列反应的主要产物。

(1) $\underset{}{\begin{array}{c}OCH_3\\ Br\end{array}} \xrightarrow[NH_3(l)]{NaNH_2}$

(2) $\underset{Br}{\begin{array}{c}CH_3\\ \end{array}} \xrightarrow[NH_3(l)]{NaNH_2}$

7.3 酚

7.3.1 酚的结构和命名

羟基直接与芳环相连的化合物称为酚,通式为 Ar—OH,酚中的羟基称为酚羟基。最简单的酚是苯酚,俗称石炭酸(carbolic acid),结构式为 ⌬—OH 。

酚羟基与醇羟基不同,酚羟基中的氧原子为 sp^2 杂化,氧原子的两对未共用电子对中的一对处于 sp^2 轨道上,另外有一对未共电子对处于未杂化的 p 轨道上,在苯酚中,氧原子提供一对未共用的 p 电子与苯环的大 π 键形成七中心八电子的 p-π 共轭体系(图 7-7)。羟基与苯环之间的 p-π 共轭作用使苯环上的电子云密度升高,有利于芳环上亲电取代反应的进行。

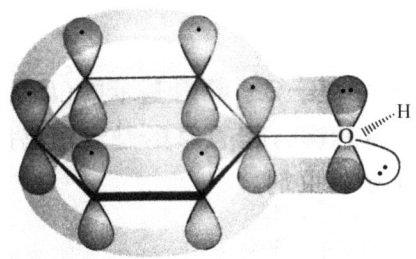

图 7-7 苯酚的 p-π 共轭体系示意图

取代酚的命名通常以酚为母体。例如

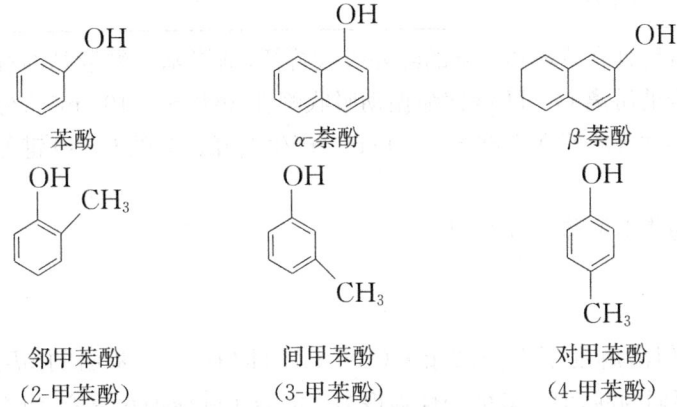

| 苯酚 | α-萘酚 | β-萘酚 |

| 邻甲苯酚 | 间甲苯酚 | 对甲苯酚 |
| (2-甲苯酚) | (3-甲苯酚) | (4-甲苯酚) |

甲基取代苯酚的邻、间、对三种异构体的混合物简称甲酚,其皂溶液俗称来苏儿(lysol),临床上用作消毒剂。

按照芳环上酚羟基的数目不同,酚可分为一元酚、二元酚和三元酚等,含两个以上酚羟基的酚为多元酚。例如

| 邻苯二酚 | 对苯二酚 | 均苯三酚 |
| (1,2-苯二酚,儿茶酚) | (1,4-苯二酚,氢醌) | (1,3,5-苯三酚) |

7.3.2 酚的性质

由于酚羟基像醇羟基一样,也能在分子之间生成氢键,因此酚的熔点和沸点均比相对分子质量相近的芳烃和卤代芳烃高。酚的相对密度小于1。表7-3给出了部分酚的物理常数。

表7-3 部分酚的物理常数

化合物	熔点/℃	沸点/℃	溶解度/[g·(100 mL H_2O)$^{-1}$]
苯酚(phenol)	43	181.8	8.2
邻甲苯酚(o-methylphenol)	30.9	191	2.5
间甲苯酚(m-methylphenol)	11.3	203	0.5
对甲苯酚(p-methylphenol)	34.8	202	1.8
邻氯苯酚(o-chlorophenol)	7	174.9	2.8
间氯苯酚(m-chlorophenol)	32	219.8	2.6
对氯苯酚(p-chlorophenol)	42	214	2.7
邻硝基苯酚(o-nitrophenol)	46	216	0.2
间硝基苯酚(m-nitrophenol)	97	分解	1.3
对硝基苯酚(p-nitrophenol)	115	分解	1.6
1-萘酚(1-naphthol)	96	279	—
2-萘酚(2-naphthol)	122	285	0.1
邻苯二酚(catechol)	105	246	45.1
间苯二酚(resoreinol)	110	276	147.3
对苯二酚(hydroquinone)	170	285	6
2,4-二硝基苯酚(2,4-dinitrophenol)	113	分解	0.6
2,4,6-三硝基苯酚(2,4,6-trinitrophenol)	122	分解	1.4

酚的红外光谱:酚具有芳环和羟基的红外吸收特征,酚羟基与醇羟基的红外吸收相似。分子间氢键没有缔合的游离 O—H 键伸缩振动吸收峰在 3640~3610 cm^{-1};分子间经氢键缔合的 O—H 键伸缩振动吸收峰在 3600~3200 cm^{-1} 产生宽峰。酚的 C—O 键伸缩振动吸收带在 1220 cm^{-1} 附近。

酚羟基质子的化学位移 δ 为 4~12。

1. 酸性

酚能溶于水,但溶解度不大[8.2 g·(100 mL H_2O)$^{-1}$]。苯酚的 $pK_a=10$,是比乙酸(CH_3COOH)还要弱的酸,但比醇的酸性强得多。能溶于碳酸钠水溶液,而不溶于碳酸氢钠水溶液。这是因为羟基与苯环形成 p-π 共轭后,羟基氧上的未共用电子对向苯环方向分散,氧上的电子云密度降低,削弱了 O—H 键,有利于氢以质子的形式离去,而显酸性。

$$\text{PhOH} + H_2O \rightleftharpoons \text{PhO}^- + H_3O^+$$

羟基上质子离去后生成的苯氧负离子可以写出以下四个经典共振结构式:

在经典共振结构式中,氧原子上的负电荷能很好地分散到苯环的大共轭体系中,使苯氧负离子更稳定,所以苯酚具有一定的酸性。酚能溶于氢氧化钠的水溶液,生成酚钠。例如

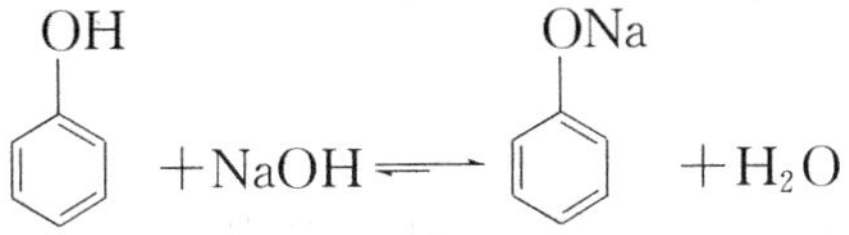

$$\text{C}_6\text{H}_5\text{OH} + \text{NaOH} \rightleftharpoons \text{C}_6\text{H}_5\text{ONa} + \text{H}_2\text{O}$$

在酚钠的水溶液中加入酸可游离出苯酚,使溶液变浑浊。

由于苯酚的酸性比碳酸($pK_a = 6.35$)弱,因此向苯酚钠的水溶液中通入二氧化碳也能使溶液变浑浊,游离出苯酚。

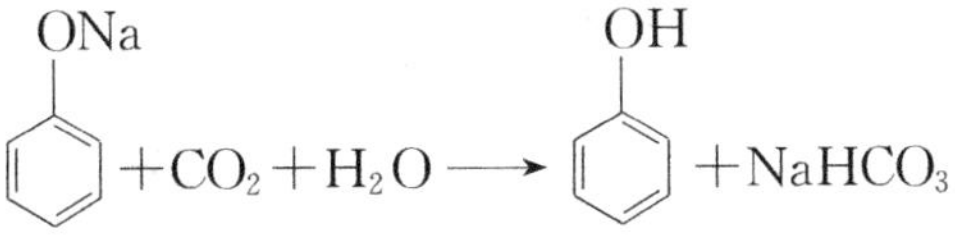

$$\text{C}_6\text{H}_5\text{ONa} + \text{CO}_2 + \text{H}_2\text{O} \longrightarrow \text{C}_6\text{H}_5\text{OH} + \text{NaHCO}_3$$

由此可见,酚能溶于氢氧化钠溶液,而不溶于碳酸氢钠溶液。此性质可用于酚与其他中性和酸性有机化合物的分离鉴定。

苯环上有卤素或硝基等吸电子的取代基时,酚的酸性增强。特别当硝基在羟基的邻位、对位时,苯氧基负离子的负电荷可以通过共轭体系分散到硝基上,因此邻硝基苯酚和对硝基苯酚比间硝基苯酚的酸性强。多硝基苯酚的酸性更强。

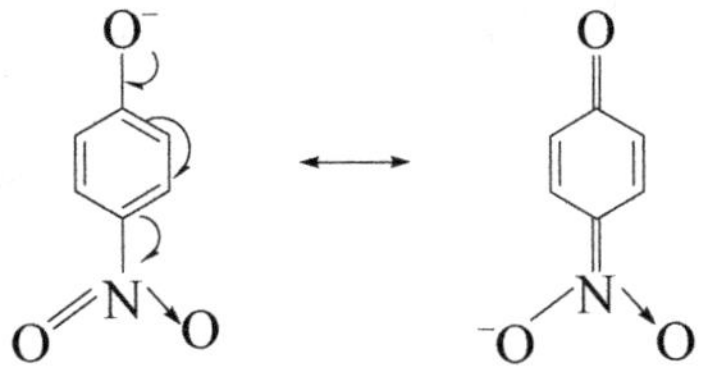

某些硝基取代苯酚的 pK_a(25 ℃)值如下:

	苯酚	邻硝基苯酚	对硝基苯酚	间硝基苯酚	2,4-二硝基苯酚	2,4,6-三硝基苯酚
pK_a	10.00	7.22	7.15	8.39	4.09	0.25

问题 7-11 将下列化合物按酸性由强到弱排列。

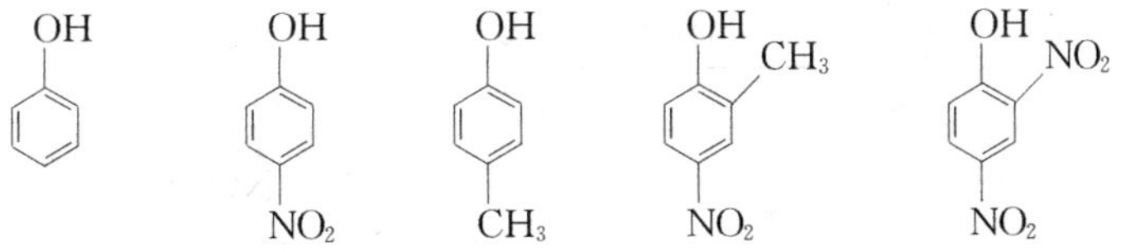

(a) 苯酚 (b) 对硝基苯酚 (c) 对甲基苯酚 (d) 2-甲基-4-硝基苯酚 (e) 2,4-二硝基苯酚

2. 芳环上的亲电取代反应

酚羟基是使芳环活化的邻位、对位取代基,所以酚比苯更容易发生亲电取代反应。

1) 卤化反应

酚的芳环上很容易发生卤化反应,在苯酚的水溶液中滴加溴水,立即产生 2,4,6-三溴苯酚的白色沉淀,反应能定量完成。此反应可用于苯酚的定性和定量分析。

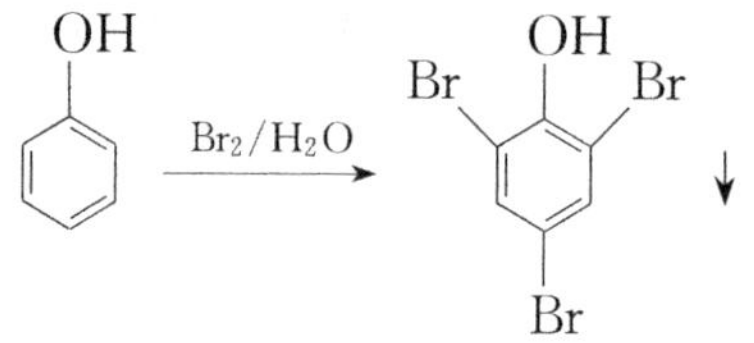

$$\text{PhOH} \xrightarrow{Br_2/H_2O} \text{2,4,6-三溴苯酚} \downarrow$$

若在低温和非极性溶剂（如二氯乙烷、氯仿、二硫化碳或四氯化碳）中反应,则可以得到主要是对位取代的一卤代酚。例如

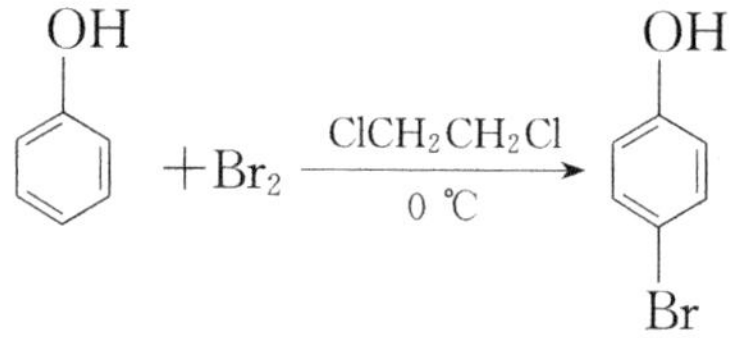

$$\text{PhOH} + Br_2 \xrightarrow[0\ ^\circ C]{ClCH_2CH_2Cl} \text{对溴苯酚}$$

2) 磺化反应

苯酚很容易在硫酸的作用下发生磺化反应,室温下用浓硫酸磺化生成邻羟基苯磺酸和对羟基苯磺酸的混合物,而在 100 ℃ 下反应时,无论是用稀硫酸还是浓硫酸磺化,都主要得到平衡控制产物对羟基苯磺酸。

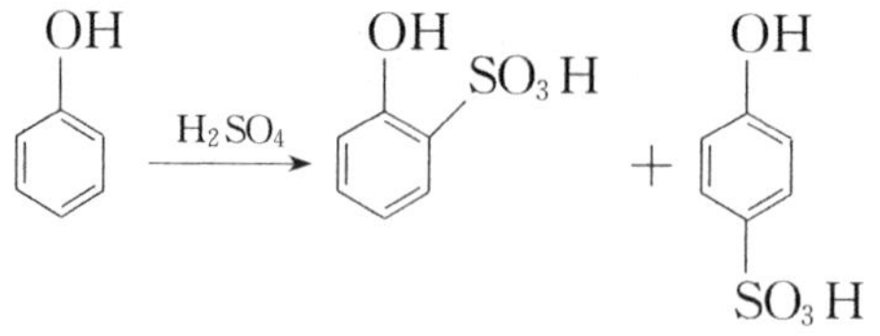

$$\text{PhOH} \xrightarrow{H_2SO_4} \text{邻-SO}_3H + \text{对-SO}_3H$$

温度	邻位	对位
20 ℃	49%	51%
100 ℃	10%	90%

3) 硝化反应

室温下苯酚就可以被稀硝酸硝化,生成邻硝基苯酚和对硝基苯酚的混合物。尽管因苯酚易被氧化而产率较低,但由于邻位、对位异构体容易被分离和提纯,因此在制备上仍有一定的意义。

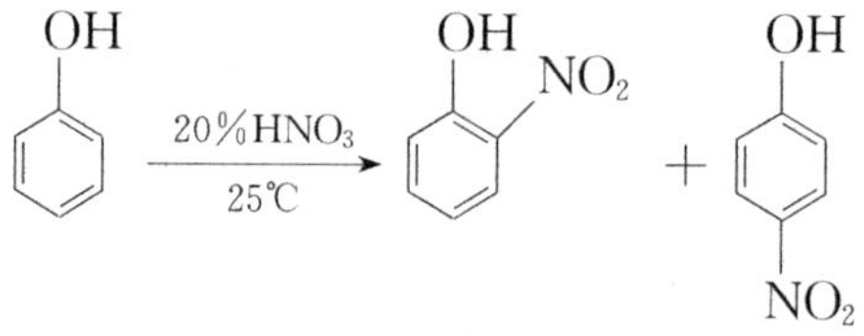

$$\text{PhOH} \xrightarrow[25\ ^\circ C]{20\%\ HNO_3} \text{邻-NO}_2 + \text{对-NO}_2$$

30%～40%　　15%

邻硝基苯酚能分子内形成氢键,所以分子之间及与水分子之间形成氢键的可能性很小,而对硝基苯酚在分子之间及与水分子之间都可以形成氢键,因此邻硝基苯酚比对硝基苯酚在水中的溶解度小,而挥发度却较大,所以邻硝基苯酚可以随水蒸气被蒸馏出来,而对硝基苯酚却不能随水蒸气蒸馏,从而达到分离的目的。

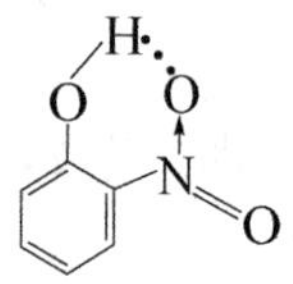

（邻硝基苯酚形成分子内氢键） 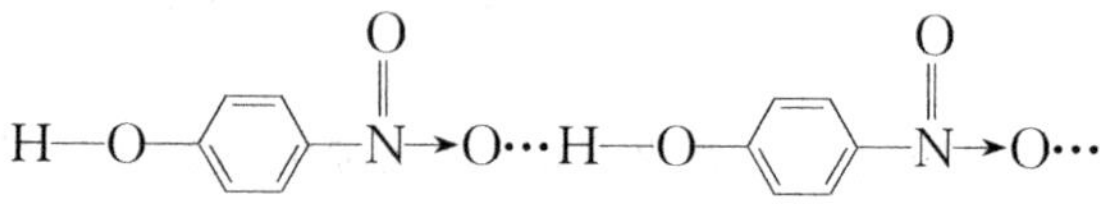　　（对硝基苯酚形成分子间氢键）

4) 傅瑞德尔-克拉夫茨反应

酚很容易发生傅瑞德尔-克拉夫茨反应,但由于酚能与三氯化铝形成络合物,因此一般用其他路易斯酸作为催化剂。反应通常主要得到对位取代产物。

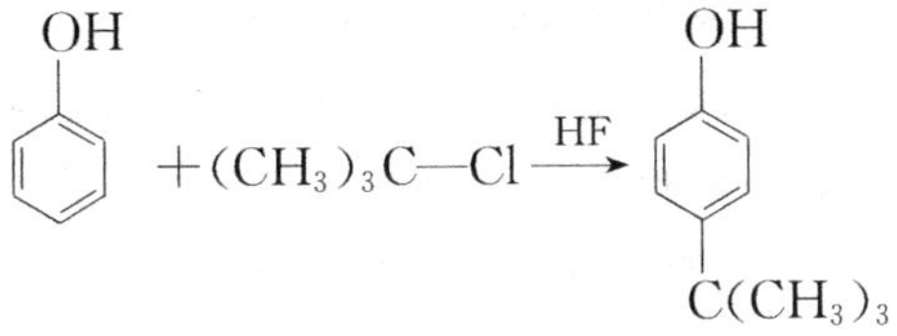

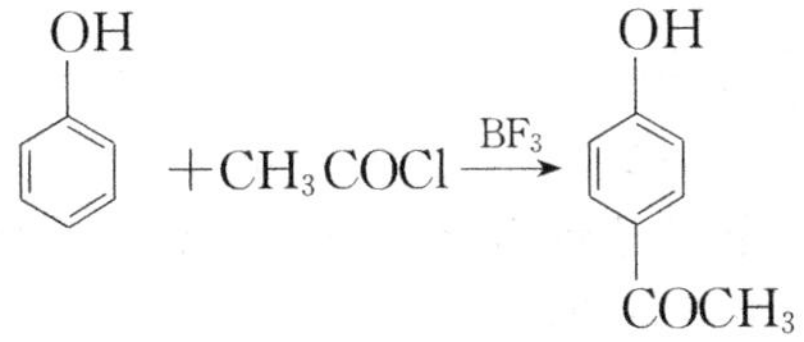

$$\text{C}_6\text{H}_5\text{OH} + (\text{CH}_3)_3\text{C}-\text{Cl} \xrightarrow{\text{HF}} \text{4-}(CH_3)_3C\text{-C}_6\text{H}_4\text{OH}$$

$$\text{C}_6\text{H}_5\text{OH} + \text{CH}_3\text{COCl} \xrightarrow{\text{BF}_3} \text{4-}CH_3CO\text{-C}_6\text{H}_4\text{OH}$$

在酰化反应中,如果用 BF_3、$ZnCl_2$ 作为催化剂,则可以直接用羧酸作为酰化剂。

3. 氧化反应

酚很容易被氧化,氧化过程也比较复杂,在不同氧化剂作用下通常得到不同的氧化产物,较常见的是被氧化为醌。例如

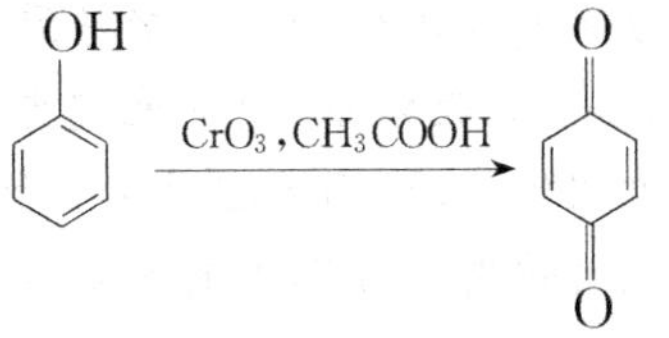

$$\text{C}_6\text{H}_5\text{OH} \xrightarrow{\text{CrO}_3,\text{CH}_3\text{COOH}} \text{对苯醌}$$

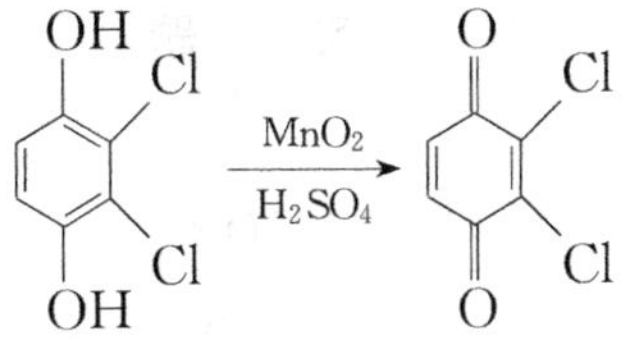

$$\text{2,3-二氯-1,4-苯二酚} \xrightarrow[\text{H}_2\text{SO}_4]{\text{MnO}_2} \text{2,3-二氯-1,4-苯醌}$$

有些酚类化合物可以用于工业及食品的抗氧化剂。

对苯醌很容易在亚硫酸的水溶液中被还原成对苯二酚,所以对苯二酚又称为氢醌。

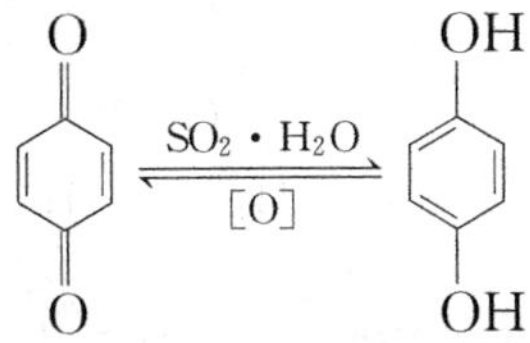

$$\text{对苯醌} \underset{[\text{O}]}{\overset{\text{SO}_2 \cdot \text{H}_2\text{O}}{\rightleftharpoons}} \text{对苯二酚(氢醌)}$$

小 结

1. 苯是最简单的芳香烃。苯分子中,碳原子都以 sp^2 杂化轨道组成 C—C 键和 C—H 键,六个碳原子和六个氢原子都在同一平面上,每个碳原子都用未参与杂化的 p 轨道从侧面交盖构成闭合的共轭大 π 体系。苯环是碳碳键长和电子云的高度平均化,易发生取代反应,而不易

发生加成反应的稳定性体系。

萘是最简单的稠环芳香烃,分子中也形成闭合的共轭大π体系,但环上碳碳键长和电子云没有完全平均化,萘的芳香性比苯小。

2. 苯环上易发生卤化、硝化、磺化、傅瑞德尔-克拉夫茨烷基化和酰基化等亲电取代反应。取代苯在发生亲电取代反应时,苯环上原有取代基的性质直接影响新导入的取代基进入苯环上的位置,这就是苯环上取代基的定位效应。原有取代基称为定位基,定位基可分为邻位、对位定位基和间位定位基两类。苯环难以被氧化,当具有 α-H 的烷基苯被氧化时,无论烷基长短,都是 α-C 被氧化成羧基。

3. 凡是在具有单环共平面的共轭体系中,其π电子数为 $4n+2(n=0,1,2,3,\cdots)$ 时,即符合休克尔规则,则体系具有芳香性,也称为非苯型芳香烃。

4. 卤代芳烃是指芳环上的氢原子被卤素原子取代后的芳烃。在卤代芳烃中卤原子上的一对 p 电子与芳环上的大π键形成七中心八电子的 p-π 共轭体系,所以碳卤键具有某些双键的性质,不如脂肪族卤代烃活泼。

5. 芳香族卤代烃中,卤素作为弱钝化的邻位、对位定位基,可以在芳环上发生亲电取代反应。当芳环上卤素的邻位、对位有硝基等吸电子取代基时,可以与亲核试剂按加成-消除机理发生芳环上卤素被取代的亲核取代反应。当芳环上没有强吸电子基团时,在极强的碱(如 $NaNH_2/NH_3$)或在强烈的反应条件下,能按消除-加成机理发生卤素被取代的亲核取代反应。

6. 酚是羟基与芳环直接相连的芳香族化合物。酚羟基氧原子上的未共用电子对可与苯环上的大π键形成七中心八电子的 p-π 共轭体系,使碳氧键更牢固,难以发生碳氧键断裂,使酚类化合物具有弱酸性,可溶于氢氧化钠溶液,而不溶于碳酸氢钠溶液。酚羟基是强活化的邻位、对位定位基,容易在羟基的邻位、对位发生芳环上的亲电取代反应。酚类化合物容易被氧化为醌。

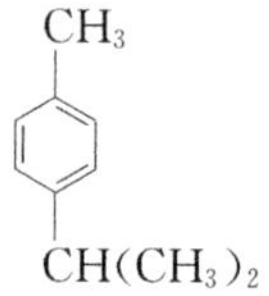

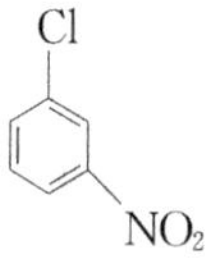

习 题

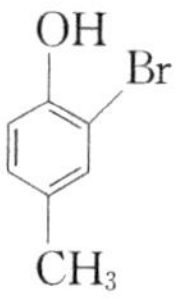

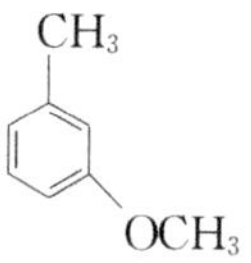

1. 命名下列化合物。

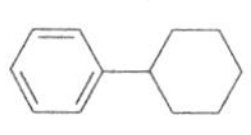

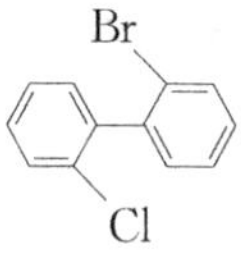

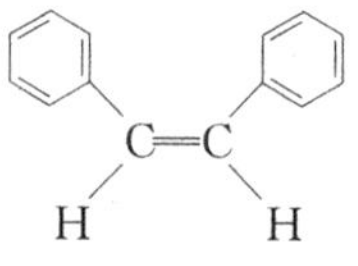

2. 写出下列化合物的结构式。
    (1) 对甲基苯乙烯   (2) 1,4-二苯基-2-丁炔   (3) 2,4′-二甲基二苯甲烷
    (4) 3-苯基苯酚   (5) 2,4-二硝基溴苯   (6) 2-甲基-5-异丙基苯酚
3. 写出分子式为 C_9H_{12} 单环芳烃的所有异构体并命名。
4. 判断下列结构是否具有芳性。

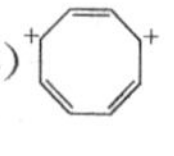

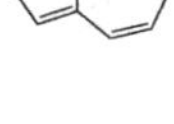

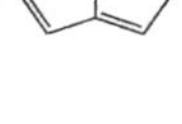

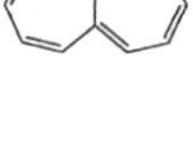

5. 指出下列酚类化合物中,哪一个酚的酸性最强,并简要说明。

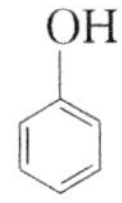

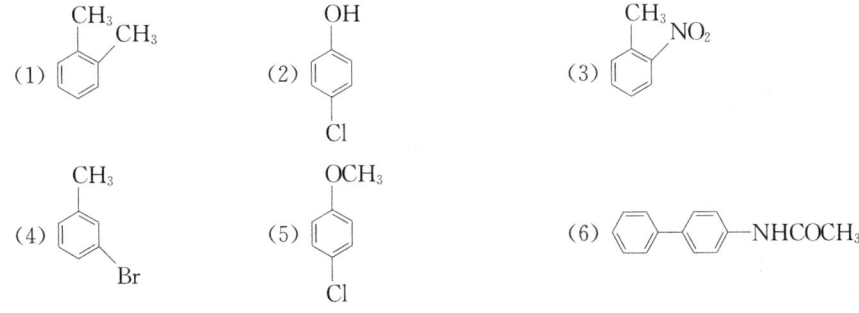

6. 将下列化合物一硝化,用箭头表示硝基进入芳环的主要位置。

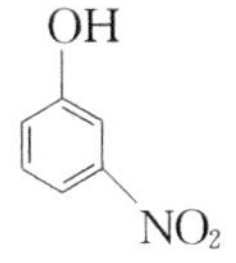

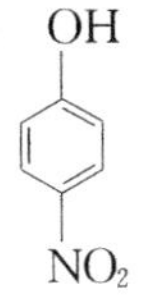

(1) 邻二甲苯　(2) 对氯苯酚　(3) 邻硝基甲苯

(4) 间溴甲苯　(5) 对氯苯甲醚　(6) 4-乙酰氨基联苯

7. 下列氯代烃中,哪一个与 AgNO$_3$-C$_2$H$_5$OH 溶液反应的速率最小?

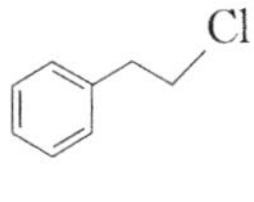

(a) PhCH$_2$CH$_2$Cl　(b) 4-乙基氯苯　(c) α-苯乙基氯化物　(d) α-环己基乙基氯化物

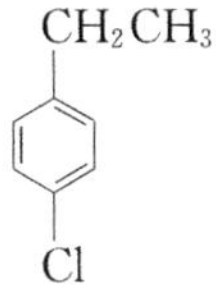

8. 在下列各组化合物中,比较它们进行亲电取代反应的活性次序。

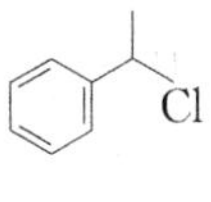

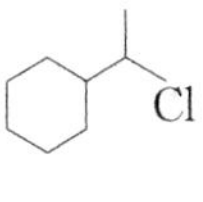

(1) 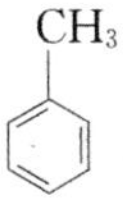 甲苯、溴苯、苯甲酸、4-甲氧基联苯

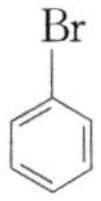

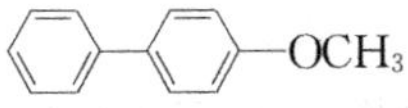

(2) 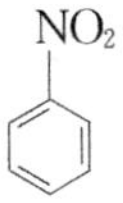 硝基苯、苯甲醚、氯苯、苯基脲

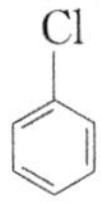

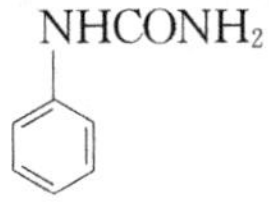

指出各组中不能发生傅瑞德尔-克拉夫茨反应的化合物。

9. 写出下列反应的产物。

(1) 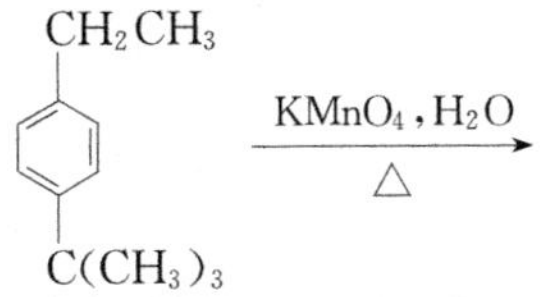 1-乙基-4-叔丁基苯 $\xrightarrow{\text{KMnO}_4, \text{H}_2\text{O}} \atop \triangle$

(2) 邻甲氧基苯酚 $\xrightarrow{\text{Br}_2/\text{H}_2\text{O}}$

(3) 苯 + 丁二酸酐 $\xrightarrow{\text{AlCl}_3}$

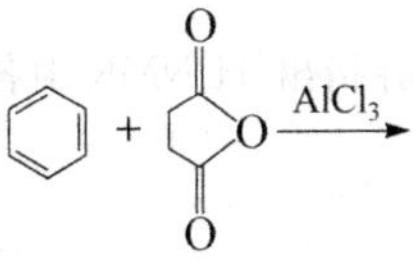

(4) 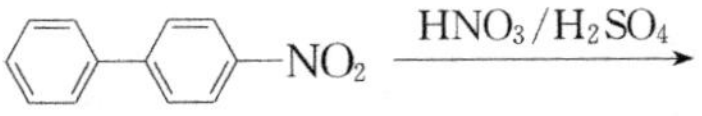 4-硝基联苯 $\xrightarrow{\text{HNO}_3/\text{H}_2\text{SO}_4}$

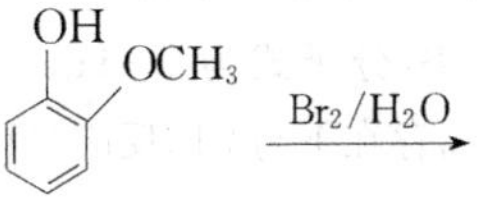

(5) 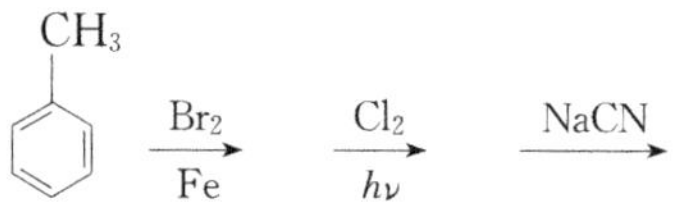 甲苯 $\xrightarrow{Br_2/Fe}$ $\xrightarrow{Cl_2/h\nu}$ $\xrightarrow{NaCN}$

(6) 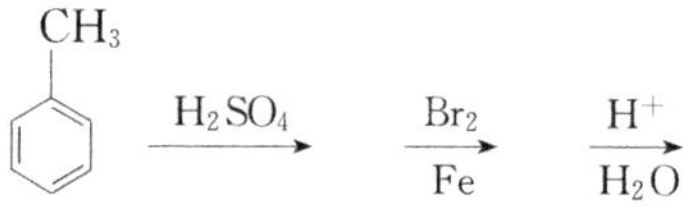 甲苯 $\xrightarrow{H_2SO_4}$ $\xrightarrow{Br_2/Fe}$ $\xrightarrow{H^+/H_2O}$

(7) 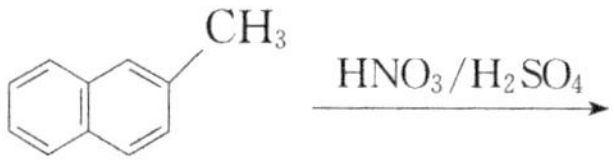 2-甲基萘 $\xrightarrow{HNO_3/H_2SO_4}$

(8) 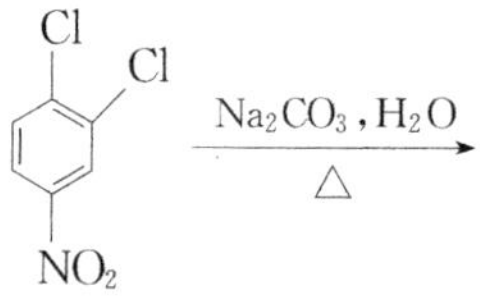 1,2-二氯-4-硝基苯 $\xrightarrow{Na_2CO_3, H_2O, \triangle}$

(9) 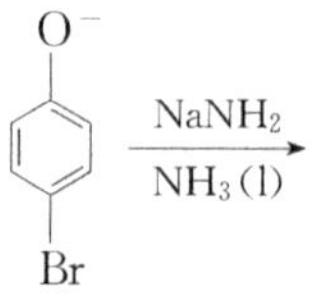 4-溴苯酚钠 $\xrightarrow{NaNH_2/NH_3(l)}$

(10) 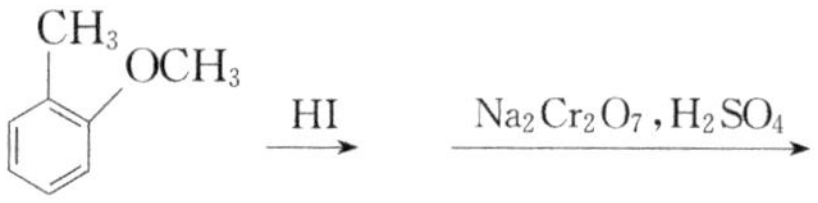 2-甲基苯甲醚 $\xrightarrow{HI}$ $\xrightarrow{Na_2Cr_2O_7, H_2SO_4}$

(11) 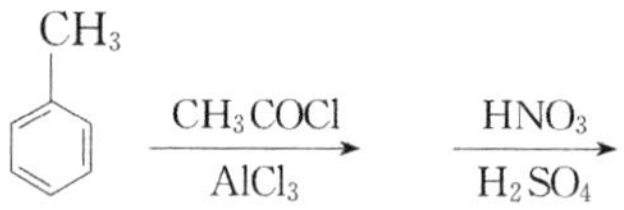 甲苯 $\xrightarrow{CH_3COCl/AlCl_3}$ $\xrightarrow{HNO_3/H_2SO_4}$

(12) 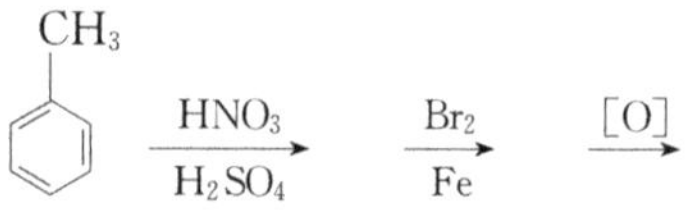 甲苯 $\xrightarrow{HNO_3/H_2SO_4}$ $\xrightarrow{Br_2/Fe}$ $\xrightarrow{[O]}$

10. 化合物 **A** 和 **B** 是分子式为 C_9H_{12} 的两个同分异构体,其 ^1H NMR 数据如下:

A δ:1.25(6H,d), 2.95(1H,七重峰), 7.25(5H,m)

B δ:2.25(9H,s), 6.78(3H,s)

试推测化合物 **A** 和 **B** 的结构式。

11. 化合物 **A**,分子式为 $C_{10}H_{14}O$,能溶于稀氢氧化钠溶液,但不溶于稀碳酸氢钠溶液。与溴水反应能生成二溴取代物,分子式为 $C_{10}H_{12}Br_2O$。其光谱数据如下:

^1H NMR:δ 1.3(9H,s), 4.9(1H,s), 7.6(4H,m)

IR:(σ/cm^{-1}) 3250,834

试推测化合物 **A** 的结构式。

12. 化合物 **A**,分子式为 $C_{16}H_{16}$,有顺、反构型异构,在室温下能使 Br_2/CCl_4 溶液和稀、冷 $KMnO_4$ 溶液迅速褪色,化合物 **A** 经温和条件下催化加氢,能吸收 1 mol H_2,生成化合物 **B**,分子式为 $C_{16}H_{18}$,**A** 和 **B** 经 $K_2Cr_2O_7/H_2SO_4$ 氧化,都只得到化合物 **C**,分子式为 $C_8H_8O_4$。**C** 在 Fe 粉存在下与 Cl_2 反应,只能得到一种一氯取代物 **D**。试推测 **A**~**D** 的结构式,并写出相应的反应方程式。

13. 下图是分子式为 C_7H_8 的某化合物的 IR 和 ^1H NMR 谱,试推测其结构式,并指出 ^1H NMR 中各峰和 IR 中主要峰的归属。

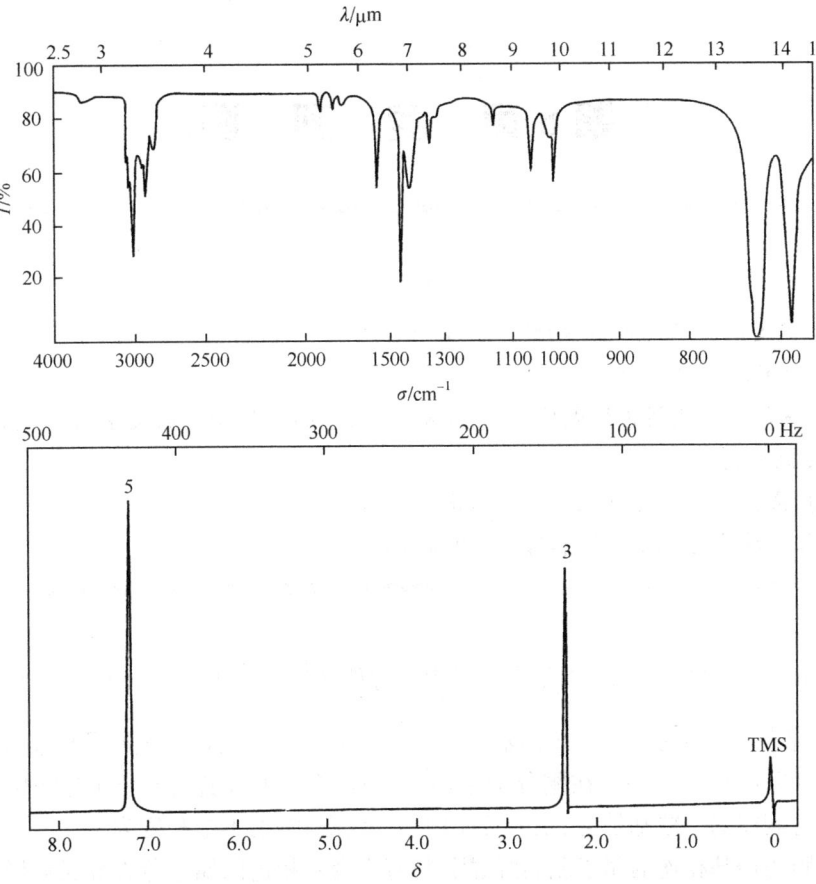

第8章 醛 和 酮

主要内容

(1) 醛、酮及 α,β-不饱和醛、酮的结构及命名。
(2) 醛、酮的物理性质(含波谱特征)。
(3) 醛、酮与亲核试剂的加成反应、缩合反应、羰基的氧化和还原及 α-H 的反应,α,β-不饱和醛、酮的共轭加成。
(4) 羰基亲核加成的反应机理和立体化学。
(5) 醌作为特殊的 α,β-不饱和醛、酮的简单介绍。

醛(aldehyde)和酮(ketone)都是在分子中含有羰基($\diagdown$C=O,carbonyl group)的化合物。在醛分子中,羰基与一个氢原子和一个烃基相连(只有甲醛中羰基与两个氢原子相连),醛的通式为 RCH=O,—CHO 称为醛基。在酮分子中,羰基与两个烃基相连,酮的通式为 RR'C=O,酮中的羰基称为酮羰基。羰基是醛、酮的官能团。一元醛、酮的不饱和度为 1。

羰基与脂肪烃基相连的属于脂肪醛、酮,与芳香烃基相连的属于芳香醛、酮,烃基中含碳碳不饱和键的属于不饱和醛、酮。分子中含两个以上羰基的属于多元醛、酮。例如

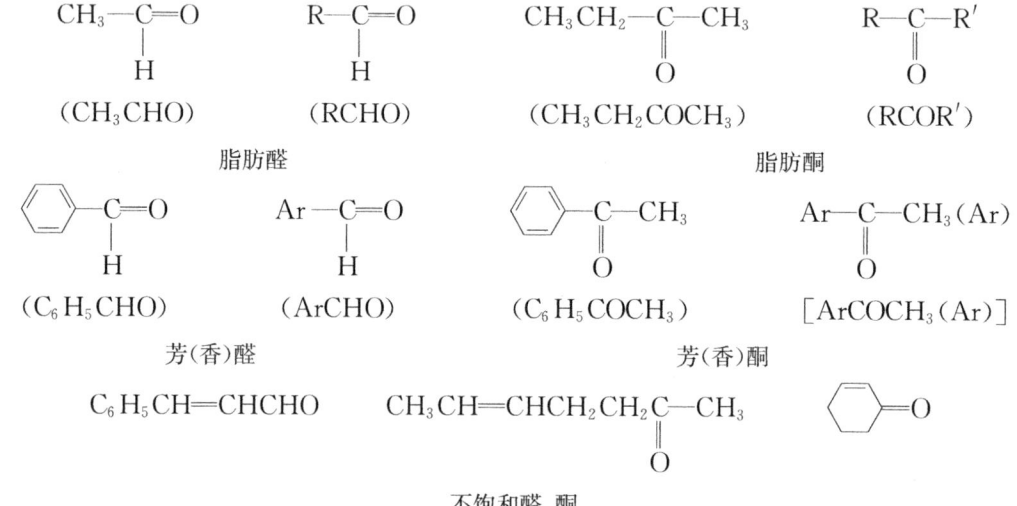

8.1 醛、酮的结构和命名

8.1.1 醛、酮中羰基的结构

在醛、酮分子中,羰基的碳氧双键和与羰基相连的其他两个原子之间的键角都接近 120°。

例如,甲醛、乙醛和丙酮的键角如下:

$$\begin{array}{c}H\\\diagdown\\C=O\\\diagup\\H\end{array}$$ ∠HCO 121.7° ∠HCH 116.5°
　　　　　　C=O 120.3 pm C—H 110.1 pm

甲醛

$$\begin{array}{c}H_3C\\\diagdown\\C=O\\\diagup\\H\end{array}$$ ∠CCO 122.5° ∠CCH 116.8° ∠HCO 120.7°
　　　　　　C=O 120.7 pm C—C 151.5 pm C—H 111.4 pm

乙醛

$$\begin{array}{c}H_3C\\\diagdown\\C=O\\\diagup\\H_3C\end{array}$$ ∠CCO 121° ∠CCC 117°
　　　　　　C=O 121.4 pm C—C 152.0 pm

丙酮

所以可以认为羰基碳原子是 sp^2 杂化的,羰基碳原子和氧原子各以 sp^2 杂化轨道相互交盖生成 C—O σ 键,同时羰基碳原子以另外两个 sp^2 杂化轨道与其他两个原子形成两个σ键,三个σ键在同一平面上。氧原子上两对未共用电子分别占在氧原子的 sp^2 杂化轨道上,羰基碳原子和羰基氧原子上两个未参与杂化的 p 轨道从侧面交盖生成碳氧π键。所以羰基中的 C=O 也与 C=C 相似,是由一个σ键和一个π键组成的(图 8-1)。

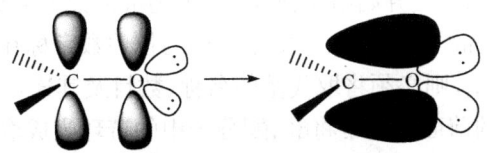

图 8-1　醛、酮分子中羰基 C=O 形成示意图

但由于氧原子比碳原子的电负性大,因此羰基π电子云更倾向于偏向氧原子一边,使得羰基碳原子带部分正电荷,而氧原子带部分负电荷,是一种极性不饱和键,羰基的偶极矩为 2.3～2.8 deb。

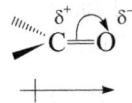

问题 8-1　简述 C=O 和 C=C 在结构上有哪些相同和不同。

8.1.2　醛、酮的命名

除简单的醛、酮用普通命名法外,通常结构较复杂的醛、酮都习惯按系统命名法命名。

1. 普通命名法

醛的普通命名法与醇的普通命名法相似。例如

CH_3CH_2CHO

丙醛

异戊醛

苯甲醛

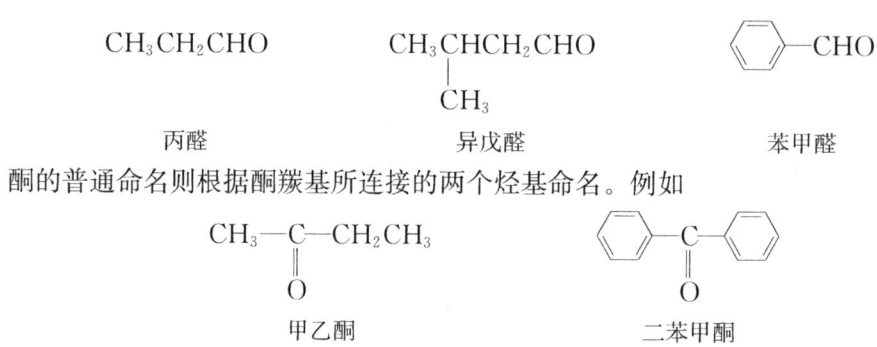

酮的普通命名则根据酮羰基所连接的两个烃基命名。例如

甲乙酮

二苯甲酮

与羰基相邻的碳原子为 α-碳原子，外延依次为 β-、γ-、δ-、…碳原子，在普通命名法中常使用这种方法。例如

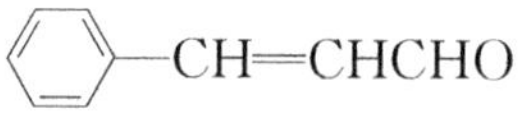

β-苯基丙烯醛

2. 系统命名法

脂肪族醛、酮的系统命名法与相应醇的系统命名法相似。

醛、酮的系统命名法的要点如下：

(1) 选择含羰基碳在内的最长的碳链为主链，根据主链上的碳原子个数称为某醛或某酮，当分子中有碳碳不饱和键时，则主链应尽可能把不饱和键和羰基包含在内。

(2) 从最靠近羰基碳的一端开始给主链编号，因为醛基总是在链端 C_1 的位置，所以命名时醛基的位次不必标出。而酮羰基的位次则必须用阿拉伯数字标在母体名称的前面。

(3) 分子中若有取代基，则必须将取代基的名称、数目及其连在主链上的位次分别按次序规则列在母体醛、酮名称的前面。通常将醛、酮分子中的芳环当成取代基命名。

(4) 分子中立体异构体的构型写在名称的最前面。例如

3,3-二甲基丁醛

(3,3-dimethylbutanal)

$CH_3CH{=}CHCHO$

2-丁烯醛

(2-butenal)

4-甲基-2-戊酮

(4-methyl-2-pentanone)

$HOCH_2CH_2CHO$

3-羟基丙醛

(3-hydroxypropanal)

环己酮

(cyclohexanone)

苯(基)乙醛

(phenylacetadehyde)

1-苯基-2-丙酮

(1-phenyl-2-propanone)

反-3-戊烯-2-酮

(*trans*-3-penten-2-one)

(*R*)-5-溴-2-己酮

[(*R*)-5-bromo-2-hexanone]

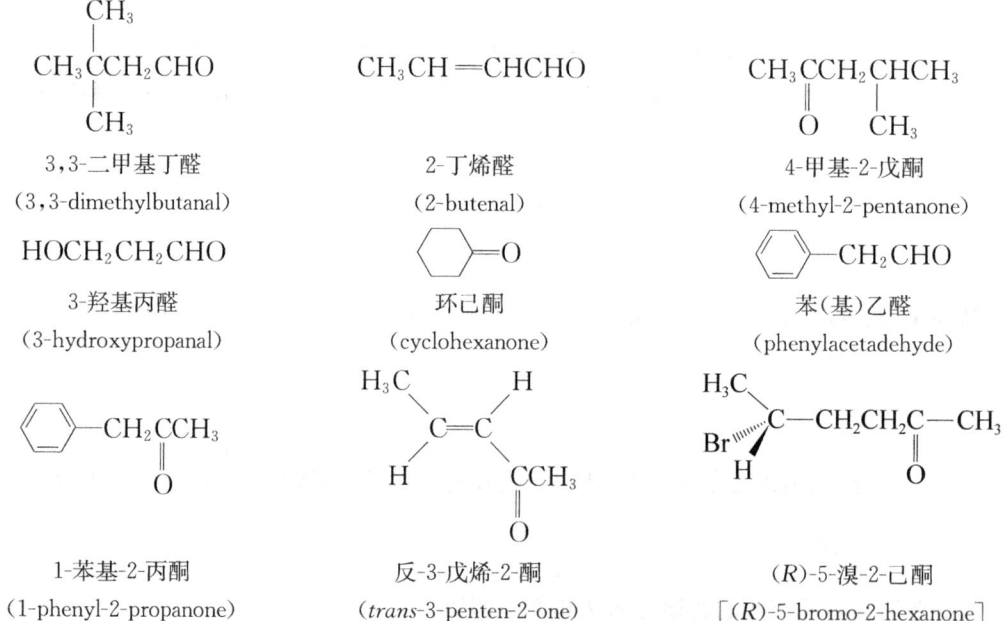

分子中同时含有醛基和酮羰基时，以醛为母体，酮羰基作为取代基，用“氧代”表示。例如

$$\text{CH}_3\underset{\underset{\text{O}}{\|}}{\text{C}}\text{CH}_2\text{CH}_2\text{CHO}$$

4-氧代戊醛(4-oxopentanal)

问题 8-2 用系统命名法命名下列化合物。

(1) $(CH_3)_3CCHO$

(2) $CH_3\underset{CH_3}{\underset{|}{C}}HCH_2CH_2\underset{\underset{O}{\|}}{C}CH_3$

(3) $C_6H_5CH_2CH_2COCH_3$

(4) $CH_3\text{-}\bigcirc\text{=}O$

(5) ⌬—CH_2CH_2CHO

(6) 环己基上带 $\underset{H_3C}{\underset{|}{C}}\underset{CH_3}{\underset{|}{}}$—CHO

问题 8-3 写出下列化合物相应的结构式。

(1) 甲基异丙基酮
(2) 对甲氧基苯甲醛(茴香醛)
(3) 3-甲基环十五酮(麝香酮)
(4) 3-氧代戊二醛
(5) 1-苯基-1-丙酮
(6) 邻羟基苯甲醛

8.2 醛、酮的物理性质

对于单官能团的醛、酮，其分子之间不能生成氢键，没有缔合作用，所以其沸点比相应的醇低得多。但醛、酮的偶极矩较大，分子之间通过偶极互相间的吸引力比烃分子和醚分子大，所以其沸点比相对分子质量相近的烃和醚高。在常温下，除甲醛是气体外，C_{12} 以下的脂肪族醛、酮都是无色液体；高级的醛、酮为固体；芳香族酮大多为固体。

醛、酮分子中的羰基氧原子可以作为受体，与水分子生成氢键，所以低级的醛、酮(如甲醛、乙醛、丙酮等)可与水混溶。醛、酮在水中的溶解度随分子中烃基的增大而减少，高级醛、酮则微溶或不溶于水。醛、酮都易溶于一般的有机溶剂。

脂肪族醛、酮的相对密度小于1，芳香族醛、酮的相对密度大于1。

低级的醛有刺鼻气味，而某些醛、酮有特殊的香气，可用于化妆品的调制或食品添加剂。常见醛、酮的物理常数见表8-1。

表 8-1 常见醛、酮的物理常数

化合物	熔点/℃	沸点/℃	相对密度	溶解度/[g·(100 g H$_2$O)$^{-1}$]
甲醛(methanal)	−92	−21	0.815	55
乙醛(ethanal)	−121	20.8	0.7834	∞
丙醛(propanal)	−81	48.8	0.8085	20
丁醛(butanal)	−99	75.7	0.817	4
戊醛(pentanal)	−92	103.4	0.81	小
苯甲醛(benzaldehyde)	−26	178.6	1.0415	0.33
丙酮(propanone)	−94.5	56.2	0.7899	∞
丁酮(butanone)	−86.3	79.6	0.8054	35.3
2-戊酮(2-pentanone)	−77.8	102	0.8089	6.3
3-戊酮(3-pentanone)	−42	101.5	0.813	4.7
2-己酮(2-hexanone)	−35	150	1.0281	—
环戊酮(cyclopentanone)	−51.3	130.7	0.951	43.3
环己酮(cyclohexanone)	−45	155	0.9478	—
苯乙酮(acetophenone)	21	202.6	1.024	不溶
二苯甲酮(benzophenone)	49	306	1.0976	不溶

在醛和酮的红外光谱中,羰基的伸缩振动在 1750～1680 cm^{-1} 有一个强的特征吸收峰,常用于羰基的鉴定。醛羰基的伸缩振动在 1715 cm^{-1} 附近,酮羰基的伸缩振动在 1725 cm^{-1} 附近。醛基中的 C—H 伸缩振动在 2720 cm^{-1} 和 2850 cm^{-1} 附近有两个等强度的中强吸收峰,比较特征,可用于区别醛和酮。当羰基与碳碳双键共轭时,羰基吸收峰向低波数位移;当与苯环共轭时,芳环在 1600 cm^{-1} 区域的吸收峰分裂为两个峰,即在 1580 cm^{-1} 附近又出现一个新的吸收峰。

3-甲基丁酮[$(CH_3)_2CHCOCH_3$]的红外光谱如图 8-2 所示。

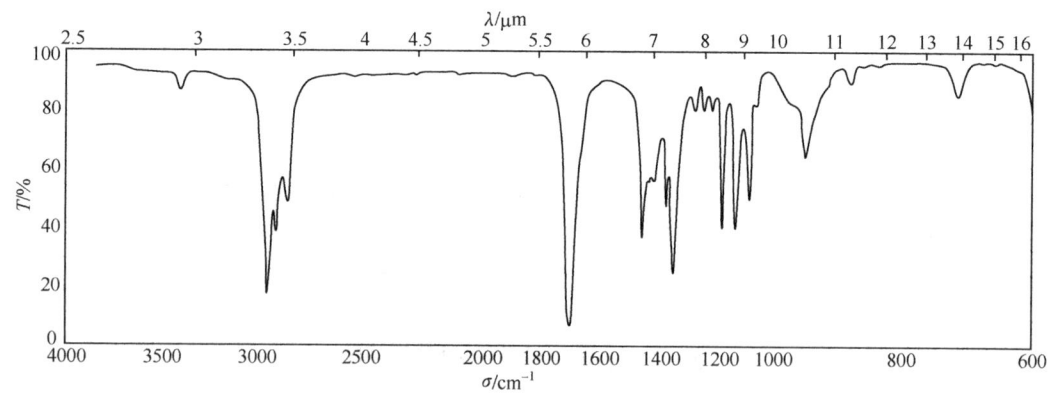

图 8-2 3-甲基丁酮[$(CH_3)_2CHCOCH_3$]的红外光谱

在核磁共振氢谱中,醛基中氢的化学位移 δ 为 9～10,这是醛的特征吸收峰,可用于鉴定醛基的存在。羰基 α 位上的甲基或亚甲基上氢的化学位移 δ 为 2.0～2.5。

8.3 醛、酮的化学性质

羰基是醛、酮的官能团,其主要的化学性质都与羰基有关。

8.3.1 羰基的亲核加成反应

羰基中的碳氧双键是极性不饱和键,氧原子比碳原子的电负性大,所以羰基上的 π 电子云偏向于氧原子一边,使氧原子带有部分负电荷,碳原子带有部分正电荷。而带部分负电荷的氧原子比带部分正电荷的碳原子稳定,所以带部分正电荷的碳原子成为羰基的反应中心,在亲核试剂(Nu$^-$)的进攻下,羰基发生亲核加成(nucleophilic addition)反应。其反应机理如下:

$$\underset{}{\overset{\delta^+}{C}}\!\!=\!\!\overset{\delta^-}{O} \xrightleftharpoons{Nu^-/慢} \underset{Nu}{\overset{O^-}{C}} \xrightleftharpoons{H^+/快} \underset{Nu}{\overset{OH}{C}}$$

第一步是羰基在亲核试剂的进攻下打开 π 键,羰基碳原子由 sp^2 杂化转变为 sp^3 杂化,键角由 120°左右逐渐过渡到 109.5°左右,空间位阻增加,所以这一步是反应速率的决定步骤。由此可见,羰基碳原子上的正电性大小、羰基碳原子所连基团的大小、亲核试剂的亲核能力等都对羰基亲核加成的反应速率有影响。羰基碳原子上所连的基团越小,反应越容易进行,所以醛比酮容易发生亲核加成反应;羰基碳原子上的正电荷越多,反应越容易进行。

对于醛、酮本身而言,影响其发生亲核加成反应的因素主要有电子效应和空间位阻效应。综合上述影响因素,醛、酮发生亲核加成反应的活性大致有以下次序:

醛＞酮   脂肪醛＞芳香醛   脂肪酮＞芳香酮   甲基酮＞非甲基酮

凡是有利于羰基碳原子上正电荷增加的因素也有利于反应进行；亲核试剂的亲核性越强，反应越容易进行。

问题 8-4 简述在羰基的亲核加成反应中，$ClCH_2CHO$ 比 CH_3CHO 活泼、$C_6H_5CH_2CHO$ 比 $C_6H_5COCH_3$ 活泼的原因。

---

1. 与氧亲核试剂的加成

1) 与 H_2O 加成

醛、酮与 H_2O 反应生成相应的水合物(hydrate)。

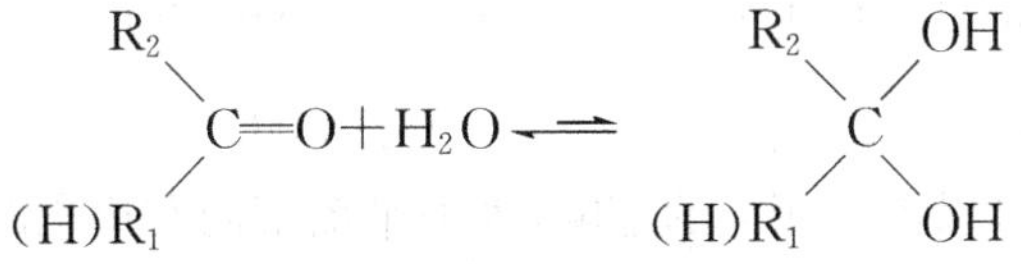

$$\underset{(H)R_1}{\overset{R_2}{\diagdown}}C=O + H_2O \rightleftharpoons \underset{(H)R_1}{\overset{R_2}{\diagdown}}C\underset{OH}{\overset{OH}{\diagup}}$$
水合物

这是一个平衡反应，由于在同一个碳原子上连有两个羟基的结构是不稳定的，因此对于多数醛、酮，平衡都大大偏向左边，脱水生成原来的醛、酮。低级醛(如甲醛)在水溶液中主要是以水合物存在，但不能分离出来。如果醛、酮分子中有能使羰基碳原子上正电荷增加的吸电子基团，有些水合物也可以是稳定的。例如

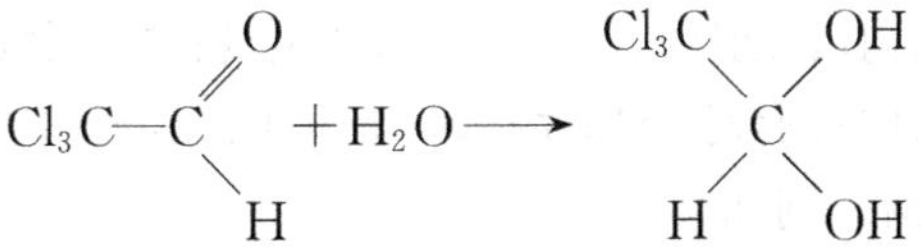

$$Cl_3C-\overset{O}{\underset{H}{C}} + H_2O \longrightarrow \underset{H}{\overset{Cl_3C}{\diagdown}}C\underset{OH}{\overset{OH}{\diagup}}$$
m. p. 57℃

环丙酮因分子的张力较大，当形成水合物以后，羰基碳原子由 sp^2 杂化转变为 sp^3 杂化，键的角张力有所缓解，所以环丙酮也较易形成水合物。

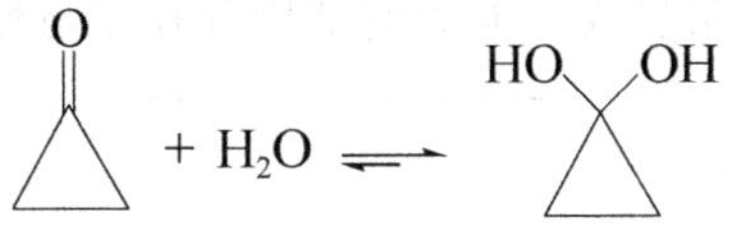

2) 与 ROH 加成

在无水强酸或干燥氯化氢气体的催化下，醛或酮可以与醇发生亲核加成反应，与一分子醇反应生成半缩醛(hemiacetal)或半缩酮(hemiketal)。然后半缩醛或半缩酮再与另一分子的醇反应，生成缩醛(acetal)或缩酮(ketal)。

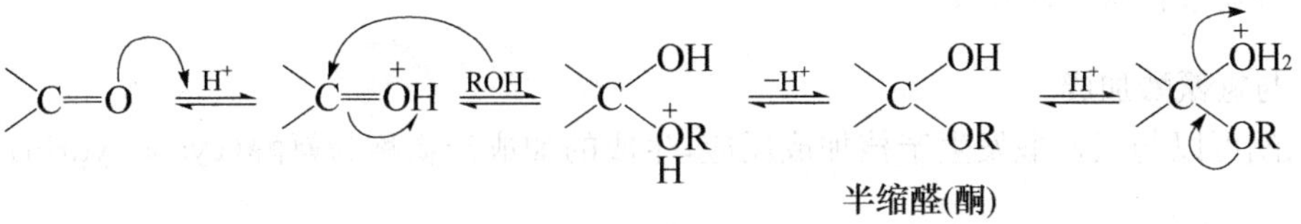

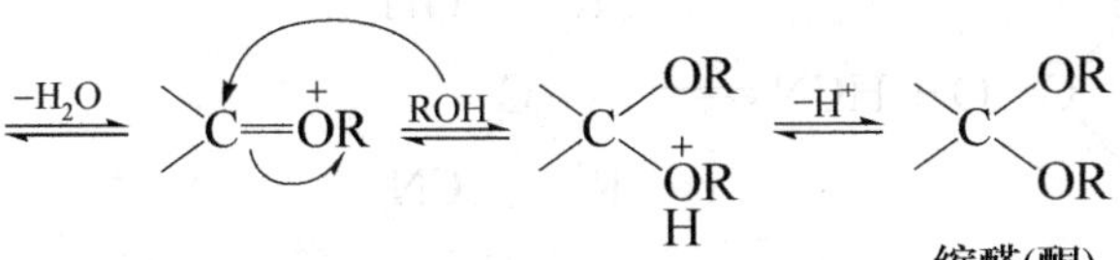

这里酸质子与羰基氧的结合使羰基碳原子的正电性增加,有利于与醇的亲核加成。半缩醛中羟基的质子化有利于它的离去,有利于与另一分子醇的加成,最后生成缩醛(酮)。例如

$$CH_3CH_2CHO \xrightarrow{CH_3CH_2OH}{HCl(气)} CH_3CH_2\underset{OH}{\overset{|}{C}}HOCH_2CH_3 \xrightarrow{CH_3CH_2OH}{HCl(气),-H_2O} CH_3CH_2CH(OCH_2CH_3)_2$$

缩醛(酮)是同一个碳原子上连有与醚类似的两个烷氧基结构,所以对碱、氧化剂和还原剂稳定。但由于在酸催化下生成缩醛(酮)是可逆平衡反应,因此缩醛(酮)在稀酸中可以水解为原来的醛(酮)。在有机合成中可以利用这个性质来保护反应物中的醛(酮)羰基。例如

$$CH_2=CHCHO \xrightarrow{CH_3OH}{HCl(气)} CH_2=CHCH(OCH_3)_2 \xrightarrow{KMnO_4,OH^-}{0\sim 5\ ℃}$$

$$\underset{OH\ OH}{\overset{|\ \ \ |}{CH_2CHCH(OCH_3)_2}} \xrightarrow{H^+,H_2O} \underset{OH\ OH}{\overset{|\ \ \ |}{CH_2CHCHO}}$$

酮与简单的醇反应难以得到相应的缩酮,因为平衡偏向左边酮的一边。例如,丙酮与乙醇反应,在反应达到平衡后只含有2%的缩酮。但如果用乙二醇与酮反应,则可以得到结构相对较稳定的五元环状缩酮,同样可以用于酮羰基的保护。

$$\underset{R'}{\overset{R}{>}}C=O + HOCH_2CH_2OH \xrightarrow{干燥\ HCl} \underset{R'}{\overset{R}{>}}C\underset{O}{\overset{O}{<}}\begin{matrix}\\ \\ \end{matrix}$$

缩醛和缩酮具有醚链结构,长期暴露在空气中易产生具有爆炸性的过氧化物,必须特别注意。

当醛、酮分子中的适当位置有醇羟基存在时,则可以在分子内形成稳定的、具有五元或六元环的环状半缩醛和半缩酮。例如

$$CH_2CH_2CH_2CH_2CHO \rightleftharpoons$$ (环状半缩醛结构,H和OH在同一碳上)
$$\ \ \ \ \ |$$
$$\ \ \ OH$$

不少糖类化合物就是以环状半缩醛或半缩酮的结构存在于自然界。

问题 8-5 写出下列反应的产物。

(1) $CH_3CH_2CHO + CH_3CH_2OH \xrightarrow{干燥\ HCl}$

(2) $HCHO + HOCH_2CH_2OH \xrightarrow{干燥\ HCl}$

---

2. 与碳亲核试剂的加成

1) 与氢氰酸加成

醛、酮可以与氢氰酸发生亲核加成反应,生成的加成产物称为氰醇(cyanohydrin),反应通式如下:

$$\underset{R'}{\overset{R}{>}}C=O + HCN \rightleftharpoons \underset{R'}{\overset{R}{>}}C\underset{CN}{\overset{OH}{<}}$$

氰醇

醛、脂肪族甲基酮及 C_8 以下的环酮都可以与氢氰酸发生加成反应。

反应溶液的酸碱度对加成反应速率的影响很大。例如,当丙酮与氢氰酸反应 3~4 h,只有一半原料发生了反应,若在反应液中滴加一滴氢氧化钾溶液,则反应很快在 2 min 内完成。若在反应液中加入酸,则反应速率减慢,如果加入大量的酸,则放置几周也不发生反应。这是因为 CN^- 对羰基碳原子的亲核进攻是反应速率的决定步骤,而氢氰酸是弱酸,在溶液中的电离平衡偏向于左边:

$$HCN \rightleftharpoons H^+ + CN^-$$

碱的加入能改变电离平衡,有利于 CN^- 的生成,从而加速亲核加成反应。而酸的加入抑制了氢氰酸的电离,降低了 CN^- 的浓度,对亲核加成反应不利。所以反应需要在微量碱的催化下进行。醛、酮与氢氰酸加成的反应机理如下:

$$HCN + OH^- \underset{快}{\rightleftharpoons} CN^- + HOH$$

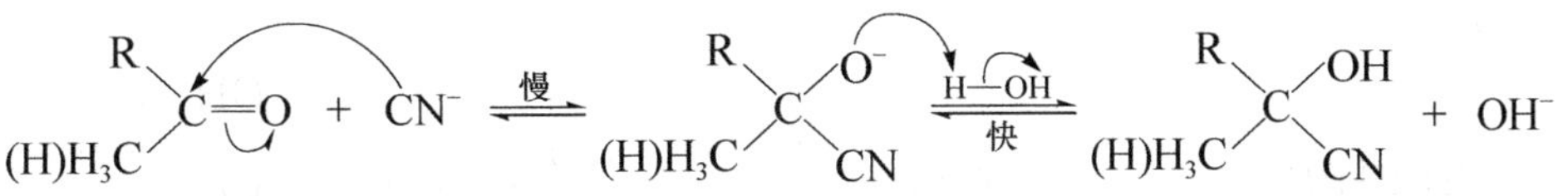

[反应机理图示]

由于是可逆反应,因此反应结束后必须先将碱中和除去,否则在蒸馏时会因挥发性大的氢氰酸被蒸出而使平衡向左移动,结果氰醇被完全分解。

醛、酮与氢氰酸反应,产物氰醇比反应物醛、酮增加了一个碳原子,是有机合成中碳链增长的反应。氰醇还可以用来制备 α-羟基酸和 α,β-不饱和羧酸。

醛、酮与氢氰酸加成时,可直接用氢氰酸作为反应试剂。尽管直接用氢氰酸可以得到满意的加成结果,但由于氢氰酸的挥发性大,且剧毒,使用不便。实验室常先将醛、酮与氰化钠或氰化钾的溶液混合,再慢慢加入无机酸反应。

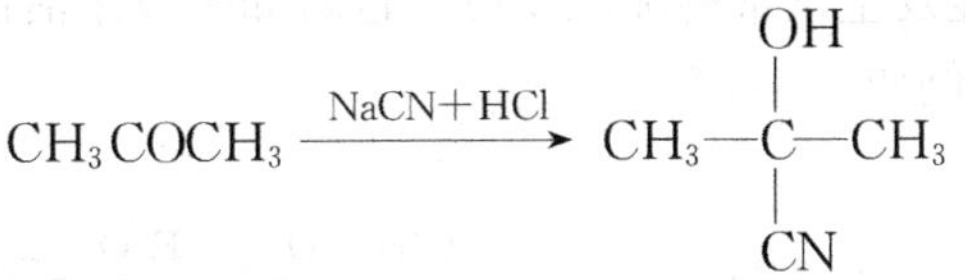

$$CH_3COCH_3 \xrightarrow{NaCN + HCl} CH_3-\underset{CN}{\overset{OH}{\underset{|}{\overset{|}{C}}}}-CH_3$$

丙酮的氰醇在硫酸存在下与甲醇反应,经过加成产物的水解、甲酯化、脱水等反应生成甲基丙烯酸甲酯,后者聚合生成聚 α-甲基丙烯酸甲酯,即有机玻璃。

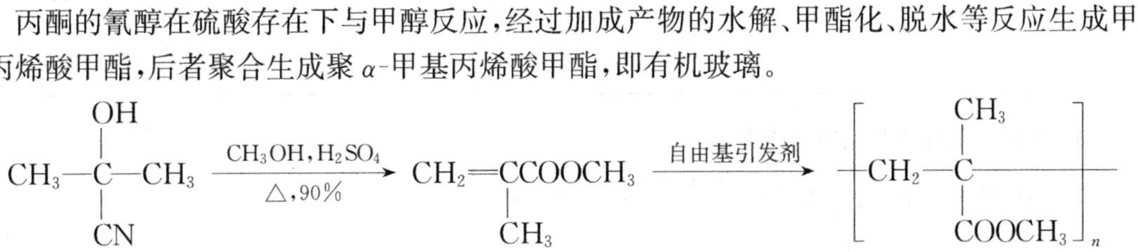

$$CH_3-\underset{CN}{\overset{OH}{\underset{|}{\overset{|}{C}}}}-CH_3 \xrightarrow[\triangle, 90\%]{CH_3OH, H_2SO_4} CH_2=\underset{CH_3}{\overset{|}{C}}COOCH_3 \xrightarrow{自由基引发剂} \left[CH_2-\underset{COOCH_3}{\overset{CH_3}{\underset{|}{\overset{|}{C}}}} \right]_n$$

甲基丙烯酸甲酯　　　　　　聚 α-甲基丙烯酸甲酯

问题 8-6　比较下列醛、酮与氢氰酸发生亲核加成的速率大小。

乙醛、苯乙酮、2-戊酮、二苯酮、苯甲醛、甲基异丙基酮

问题 8-7　写出下列反应的产物。

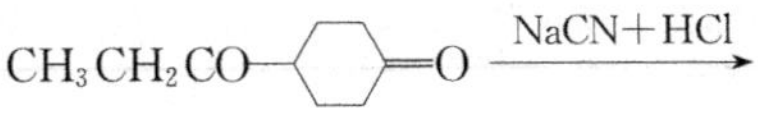

$$CH_3CH_2CO-\!\!\!\!\bigcirc\!\!\!\!=O \xrightarrow{NaCN + HCl}$$

2) 与格氏试剂等有机金属化合物加成

格氏试剂是卤化烷基镁(R—MgX)化合物,其中 C—Mg 键是高度极化的极性键,碳原子

带部分负电荷,镁原子带部分正电荷($C^{\delta-}$—$Mg^{\delta+}$)。在无水醚溶液中,格氏试剂作为碳负离子的给予体进攻醛、酮的羰基碳原子,生成加成产物格氏盐,后者水解后得到醇。

$$\overset{\delta+}{C}=\overset{\delta-}{O} + \overset{\delta-}{R}-\overset{\delta+}{MgX} \xrightarrow{(C_2H_5)_2O} \underset{R}{\overset{OMgX}{C}} \xrightarrow{H_2O} \underset{R}{\overset{OH}{C}} + Mg\underset{X}{\overset{OH}{}}$$

格氏盐

格氏试剂的碳负离子亲核性很强,与大多数醛、酮都能反应,而且加成这一步是不可逆的。

从上述反应式不难看出,当格氏试剂与甲醛反应时,产物是比相应卤代烃增加一个碳原子的伯醇;与其他醛反应生成的产物是仲醇;与酮反应则生成叔醇。例如

$$\underset{H}{\overset{H}{C}}=O + (CH_3)_2CHCH_2MgBr \xrightarrow{(C_2H_5)_2O} \xrightarrow{H_3O^+} (CH_3)_2CHCH_2CH_2OH$$

$$CH_3CH_2\underset{H}{\overset{O}{C}} + \bigcirc-MgBr \xrightarrow{(C_2H_5)_2O} \xrightarrow{H_3O^+} CH_3CH_2\underset{}{\overset{OH}{CH}}-\bigcirc$$

$$CH_3CH_2\underset{CH_2CH_3}{\overset{O}{C}} + \bigcirc-MgBr \xrightarrow{(C_2H_5)_2O} \xrightarrow{H_3O^+} CH_3CH_2\underset{\bigcirc}{\overset{OH}{C}}CH_2CH_3$$

酮与格氏试剂亲核加成的产率随酮羰基所连两个烃基及格氏试剂中烃基的体积增大而降低,当体积很大时甚至不能发生正常的加成反应。这时如果改用活性更强的有机锂试剂,则可以得到很好的加成产率。例如

$$(CH_3)_3C\overset{O}{\overset{\|}{C}}C(CH_3)_3 + (CH_3)_3C-Li \xrightarrow[-60\ ℃]{(C_2H_5)_2O} \xrightarrow{H_3O^+} [(CH_3)_3C]_3C-OH$$
81%

问题 8-8 写出下列反应的产物。

(1) $HCHO + CH_3\underset{CH_3}{\overset{}{CH}}-MgBr \xrightarrow{(C_2H_5)_2O} \xrightarrow{H_3O^+}$

(2) $CH_3CH_2CHO + \bigcirc-CH_2-MgBr \xrightarrow{(C_2H_5)_2O} \xrightarrow{H_3O^+}$

(3) $CH_3COCH_3 + CH_3-\bigcirc-MgBr \xrightarrow{(C_2H_5)_2O} \xrightarrow{H_3O^+}$

(4) $\bigcirc=O + \bigcirc-MgBr \xrightarrow{(C_2H_5)_2O} \xrightarrow{H_3O^+}$

3. 与氨衍生物的加成

醛和酮与氨的衍生物如羟胺(H_2NOH)、肼(H_2NNH_2)、苯肼($C_6H_5NHNH_2$)、2,4-二硝基

苯肼[2,4-$(NO_2)_2C_6H_3NHNH_2$]、氨基脲($H_2NNHCONH_2$)等也发生亲核加成,经过先加成后消除,分别生成肟、腙、苯腙、2,4-二硝基苯腙、缩氨脲等缩合产物,反应通常在弱酸催化条件下进行,其反应通式可表示如下:

$$\begin{matrix} R \\ R' \end{matrix} C=\ddot{O} + H^+ \rightleftharpoons \begin{matrix} R \\ R' \end{matrix} \overset{+}{C}-OH \xrightarrow{H_2\ddot{N}B} \begin{matrix} R \\ R' \end{matrix} \overset{OH}{\underset{\overset{+}{N}H_2B}{C}} \xrightarrow{-H^+}$$

$$\begin{matrix} R \\ R' \end{matrix} \overset{OH}{\underset{NHB}{C}} \xrightleftharpoons{H^+} \begin{matrix} R \\ R' \end{matrix} \overset{\overset{+}{O}H_2}{\underset{NB}{C}} \xrightarrow[-H^+]{-H_2O} \begin{matrix} R \\ R' \end{matrix} C=NB$$

醇胺

$B = OH$、NH_2、NHC_6H_5、$NHC_6H_3(NO_2)_2$-2,4、$NHCONH_2$

醛、酮与氨衍生物的缩合产物总结如下:

$$\begin{matrix} R \\ R' \end{matrix} C=O \begin{cases} \xrightarrow[\text{羟胺}]{H_2NOH} \begin{matrix} R \\ R' \end{matrix} C=NOH \quad \text{肟} \\ \xrightarrow[\text{肼}]{H_2NNH_2} \begin{matrix} R \\ R' \end{matrix} C=NNH_2 \quad \text{腙} \\ \xrightarrow[\text{苯肼}]{C_6H_5NHNH_2} \begin{matrix} R \\ R' \end{matrix} C=NNH-C_6H_5 \quad \text{苯腙} \\ \xrightarrow[\text{2,4-二硝基苯肼}]{2,4-(NO_2)_2C_6H_3NHNH_2} \begin{matrix} R \\ R' \end{matrix} C=NNH-C_6H_3(NO_2)_2 \quad \text{2,4-二硝基苯腙} \\ \xrightarrow[\text{氨基脲}]{H_2NNHCONH_2} \begin{matrix} R \\ R' \end{matrix} C=NNHCONH_2 \quad \text{缩氨脲} \end{cases}$$

因为氨衍生物的亲核性比碳负离子弱,所以反应需在弱酸(pH=4.5 左右)的催化下进行,酸的作用是羰基氧先质子化,增加羰基的极化度,使羰基碳原子上的正电荷增加,从而增加了羰基的亲电性,有利于亲核试剂的进攻。另外,也有利于反应过程中醇胺的羟基质子化,形成水分子而容易离去。但反应的酸性又不能太强,否则氨衍生物会在强酸条件下首先成盐,使其失去亲核性，而不能与醛、酮发生亲核加成反应。

醛、酮与氨的衍生物生成的缩合产物通常都有固定的熔点和晶形，可用于羰基化合物的定性鉴定。即使相对分子质量较小的醛、酮也能与2,4-二硝基苯肼反应，生成橙黄色或橙红色的2,4-二硝基苯腙沉淀，所以氨的衍生物称为羰基试剂。醛、酮与氨的衍生物生成的缩合产物在酸的作用下可水解得到原来的羰基化合物，可以利用这个反应分离、纯化某些羰基化合物。

醛、酮与伯胺的反应与上述反应相似，也是先亲核加成再消除，产物为亚胺，当R、R'和R"都是脂肪烃基时的亚胺不稳定，当一个烃基是芳基的亚胺就是稳定的晶体。

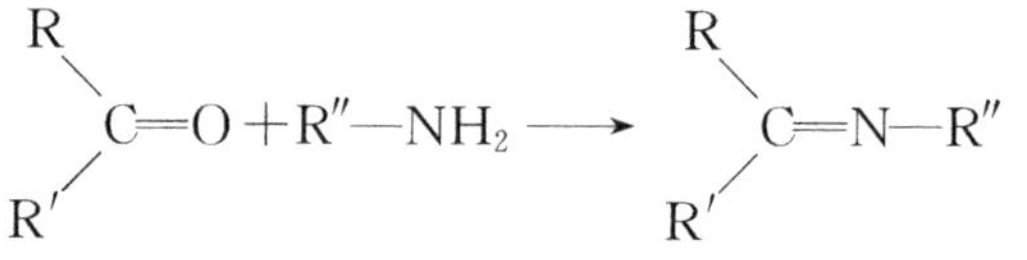

$$\begin{matrix}R\\R'\end{matrix}C=O + R''-NH_2 \longrightarrow \begin{matrix}R\\R'\end{matrix}C=N-R''$$

亚胺

亚胺又称为席夫碱(Schiff's base)，易被稀酸水解，重新生成醛、酮及伯胺，故此反应可用于保护醛、酮中的羰基。席夫碱还原可以得到仲胺。

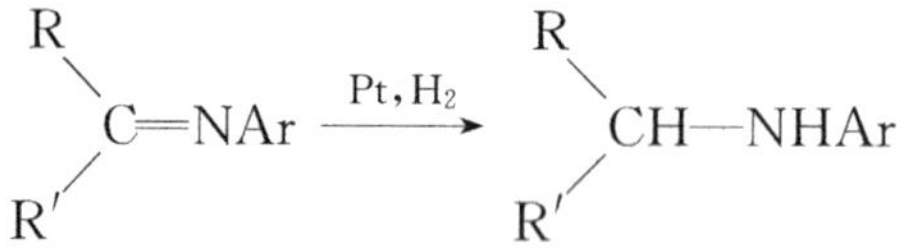

$$\begin{matrix}R\\R'\end{matrix}C=NAr \xrightarrow{Pt,H_2} \begin{matrix}R\\R'\end{matrix}CH-NHAr$$

醛、酮与氨的反应一般难以进行。但甲醛与氨反应，首先生成不稳定的亚胺，然后经聚合去水生成笼状化合物六亚甲基四胺，也称为乌洛托品(urotropine)，可用作酚醛树脂的固化剂和有机合成中的氨化试剂，临床上常用作尿道消毒剂。

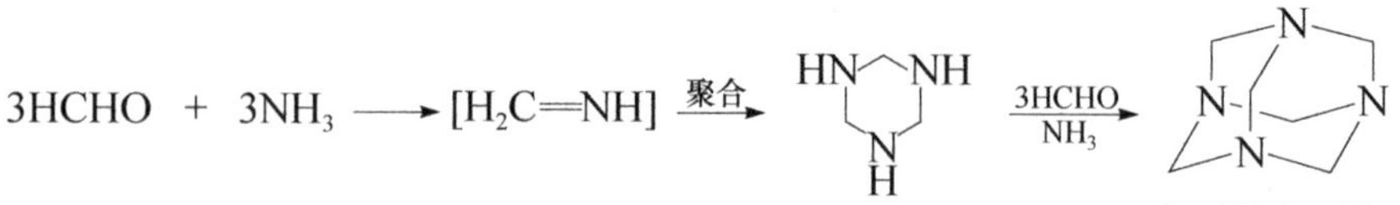

$$3HCHO + 3NH_3 \longrightarrow [H_2C=NH] \xrightarrow{聚合} \text{(triazinane)} \xrightarrow[NH_3]{3HCHO} \text{六亚甲基四胺}$$

问题 8-9 完成下列反应方程式。

(1) 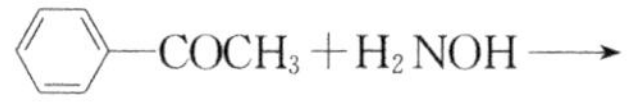 $\text{C}_6\text{H}_5-\text{COCH}_3 + \text{H}_2\text{NOH} \longrightarrow$

(2) $CH_3COCH_2CH_3 + H_2NNHCONH_2 \longrightarrow$

(3) 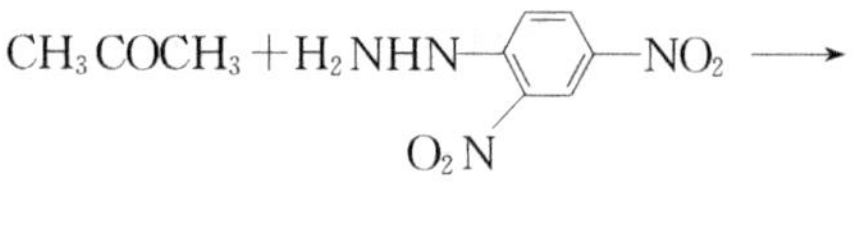 $CH_3COCH_3 + H_2NHN-\underset{O_2N}{\underset{|}{\bigcirc}}-NO_2 \longrightarrow$

---

4. 与亚硫酸氢钠的加成

醛、酮可以与亚硫酸氢钠溶液发生亲核加成反应，生成加成产物 α-羟基磺酸钠，反应通式如下：

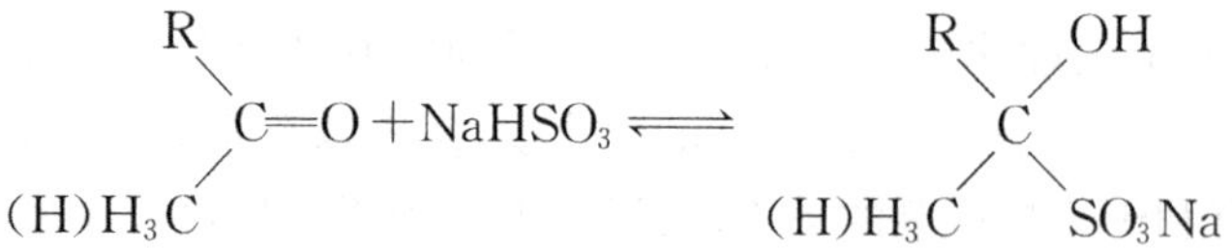

$$\begin{matrix}R\\(H)H_3C\end{matrix}C=O + NaHSO_3 \rightleftharpoons \begin{matrix}R\quad OH\\(H)H_3C\quad SO_3Na\end{matrix}C$$

α-羟基磺酸钠

醛、脂肪族甲基酮及 C_8 以下的环酮都可以与亚硫酸氢钠溶液发生加成反应。其反应机理如下：

$$\begin{array}{c}\text{R}\\\text{(H)H}_3\text{C}\end{array}\!\!\!\!\!\!\text{C}\!=\!\text{O} + \overset{\text{OH}}{\underset{\text{O}^-\text{Na}^+}{\text{O}\!=\!\ddot{\text{S}}}} \rightleftharpoons \begin{array}{c}\text{R}\quad\text{O}^-\text{Na}^+\\\text{(H)H}_3\text{C}\;\;\text{SO}_2\text{OH}\end{array} \rightleftharpoons \begin{array}{c}\text{R}\quad\text{OH}\\\text{(H)H}_3\text{C}\;\;\text{SO}_3\text{Na}\end{array}$$

首先是带未共用电子对的亲核性较强的硫原子进攻羰基碳原子，生成加成产物，然后是分子内的两个官能团的酸碱平衡反应生成 α-羟基磺酸钠。

α-羟基磺酸钠可溶于水，但不溶于饱和的亚硫酸氢钠溶液，从而得到白色晶体沉淀析出，由于反应迅速，现象明显，可用于区别与饱和的亚硫酸氢钠溶液不反应的酮。

α-羟基磺酸钠可以被稀酸或稀碱溶液分解，生成原来的醛、酮，所以可以利用这个反应分离、纯化某些醛、酮。

$$\begin{array}{c}\text{R}\quad\text{OH}\\\text{(H)H}_3\text{C}\;\;\text{SO}_3\text{Na}\end{array} \xrightarrow[\text{OH}^-]{\text{H}_3\text{O}^+} \begin{array}{l}\begin{array}{c}\text{R}\\\text{(H)H}_3\text{C}\end{array}\!\!\!\!\text{C}\!=\!\text{O} + \text{SO}_2 + 2\text{H}_2\text{O} + \text{Na}^+\\ \begin{array}{c}\text{R}\\\text{(H)H}_3\text{C}\end{array}\!\!\!\!\text{C}\!=\!\text{O} + \text{H}_2\text{O} + \text{Na}^+ + \text{SO}_3^{2-}\end{array}$$

8.3.2 羰基亲核加成反应的立体化学

在醛、酮分子中，羰基碳原子为 sp^2 杂化，羰基和与它相连的两个原子在同一平面内，亲核试剂可以从羰基所在平面的两边进攻羰基碳原子，生成加成产物，而加成产物的立体化学直接受控于羰基平面的对称性。

甲醛分子中羰基碳原子与相同的两个氢原子相连，分子所在的平面是分子的对称面，同时在该对称面内还有一个 C_2 对称轴，通过 C_2 对称轴的操作，对称面的两边可以互换，这样的面称为全同面（homotopic face）。对于具有全同面的羰基化合物，在加成时，亲核试剂从平面的上方和下方进攻，得到的是同一化合物。

$$C_2\text{----}\begin{array}{c}\text{H}\\\text{H}\end{array}\!\!\!\!\text{C}\!=\!\text{O} + \text{Nu}^- \longrightarrow \begin{array}{c}\text{Nu}\\\text{H}\;\;\text{H}\\\text{H}\end{array}\!\!\text{O}^- = \begin{array}{c}\text{H}\quad\text{O}^-\\\text{H}\;\;\text{Nu}\end{array}$$

若羰基碳原子上所连的两个原子或基团不同，当亲核试剂从羰基所在平面的两边进攻时，羰基碳原子由 sp^2 杂化转变为 sp^3 杂化，且生成新的手性碳原子，这时会得到两种不同构型的加成产物。

$$\begin{array}{c}\text{R}\\\text{R}'\end{array}\!\!\!\!\text{C}\!=\!\text{O} + \text{Nu}^- \longrightarrow \begin{array}{c}\text{Nu}\\\text{R}\;\;\text{R}'\\\text{O}^-\end{array} + \begin{array}{c}\text{R}'\quad\text{O}^-\\\text{R}\;\;\text{Nu}\end{array}$$

这样的羰基碳原子也称为潜手性碳原子（prochiral carbon atom）。

在乙醛分子中，羰基所在的平面为分子的对称面，但平面内没有 C_2 轴，上下两个面不能互换,这种平面称为对映面(enantiotopic face)。根据次序规则从平面上观察,若与羰基碳原子相连的三个原子按优先次序是顺时针排列的,则称此面为 re-面;若是逆时针排列的,则称此面为 si-面。乙醛分子羰基所在平面的两边即分别为 re-面和 si-面,亲核试剂从 re-面和 si-面进攻羰基碳原子得到的加成产物构型不同。从两边进攻的概率几乎相等,所以得到的是等量的、互为对映体的加成产物,即一对外消旋体。例如,乙醛与 $(CH_3)_2CHMgBr$ 反应得到一对外消旋体。

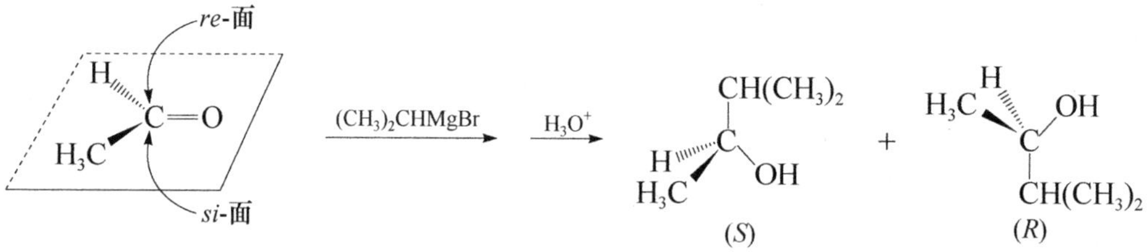

但从 re-面或 si-面进攻,与产物是 R 或 S 构型没有直接的联系。

有对映面的羰基化合物与非手性亲核试剂加成,生成的产物是外消旋体。而与手性亲核试剂加成,生成的产物却是两个含量不等的非对映异构体。例如

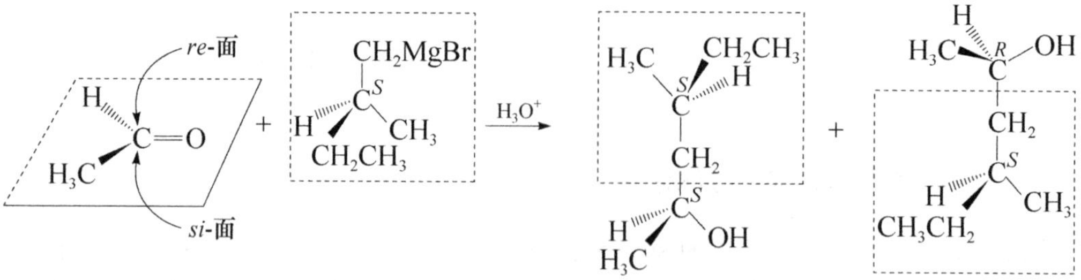

$S,S \neq S,R$(份额不等)

手性试剂从 re-面和 si-面进攻羰基碳原子有不同的选择性,因为手性试剂从对映面两边所形成的过渡态并没有对映关系,它们的势量不等,因此反应的活化能也不相同,所以反应速率和反应产物的份额也不相等,这种选择性称为对映选择性。生物体内的酶对 re-面和 si-面有很强的识别能力,有很高的对映选择性。

当羰基的 α-碳原子中有一个手性碳原子时,则羰基所在的平面就不是对映面了,这个平面称为非对映面(diastereotopic face)。亲核试剂从非对映面的两边向羰基碳原子的进攻概率是不等的,从空间位阻相对较小的一边进攻概率较大,相应的加成产物的份额较多,是主要产物。如果将 α-手性碳原子所连的三个基团按大小分别用 L(大)、M(中)、S(小)表示,则从势能分析,直接与羰基碳原子相连的烃基 R 应与手性碳原子上的 S 基团在构象上处于重叠式位置,这种构象是相对稳定的。这时,亲核试剂从空间位阻较小的 S 和 M 基团之间与碳氧双键所在平面成 107°进攻羰基碳原子,得到的产物是主要产物(图 8-3)。

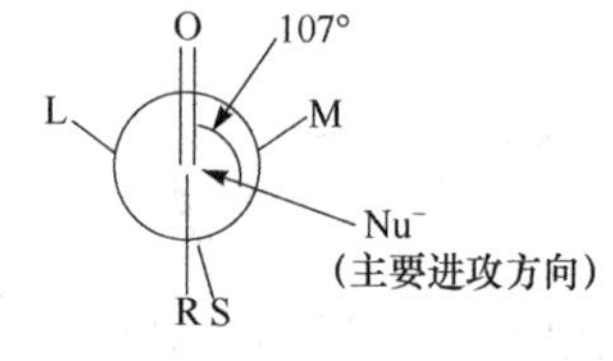

图 8-3 亲核试剂对具有非对映面羰基的加成

这种模型称为克拉姆-费尔金-安(Cram-Felkin-Anh)模型,利用此模型分析的结果与克拉姆规则分析的结果是一致的。

例如,(S)-3-甲基-2-戊酮是α位具手性碳原子的甲基酮,它与 HCN 反应按克拉姆-费尔金-安模型的构象进行,主要产物为(2R,3S)-3-甲基-2-氰基-2-戊醇。

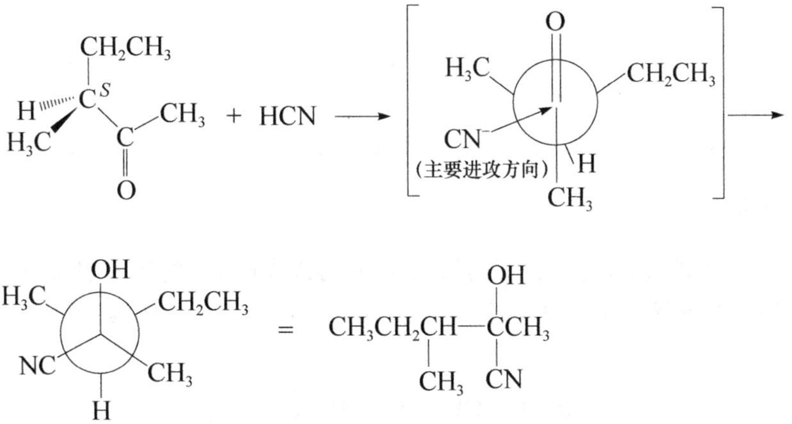

(2R,3S)-3-甲基-2-氰基-2-戊醇

其中

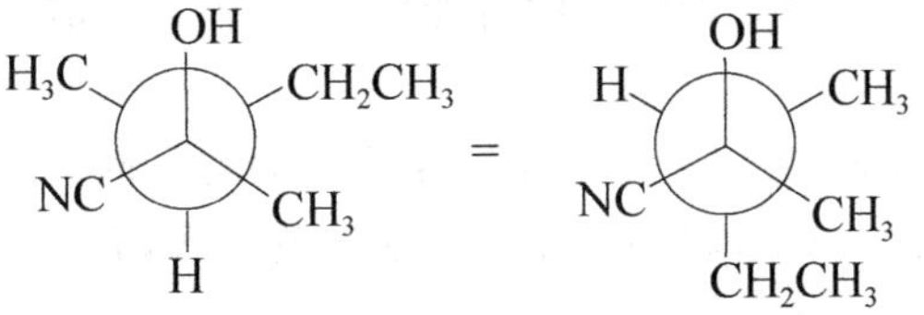

后者是可以按照克拉姆规则得到的构象。

又如

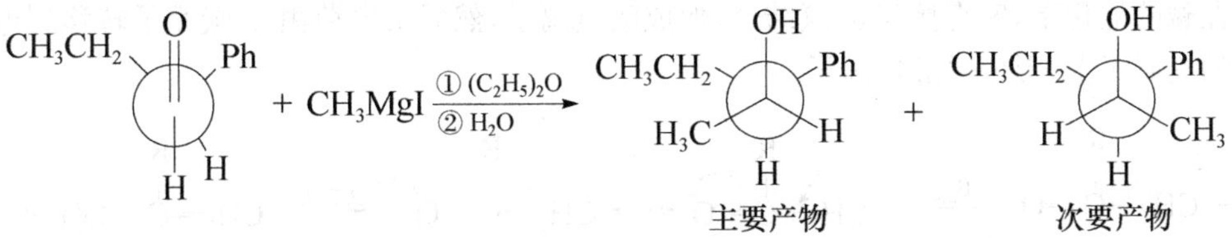

2-甲基环己酮也是α-碳原子为手性碳原子、具有非对映面的分子,它与氢氰酸反应,CN⁻从远离甲基、空间位阻较小的一侧进攻羰基碳原子,这样得到的产物是主要产物。

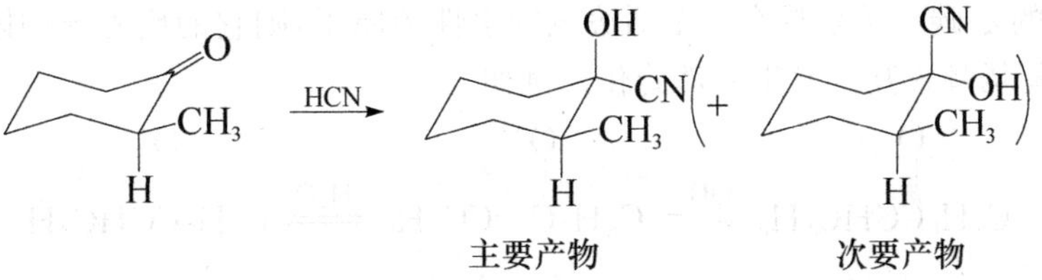

问题 8-10 写出(S)-2-苯基丁醛与溴化异丙基镁的反应产物。

8.3.3 α-氢的反应

羰基的-I效应使α-碳原子上电子密度有所降低,因此α-碳原子上的氢(又称为α-氢)与一般碳原子上的氢相比,其酸性有所增强。例如

$$CH_3-CH_2-\underline{H} \quad H_2C=CHCH_2-\underline{H} \quad CH_2=CH-\underline{H} \quad CH\equiv C-\underline{H} \quad CH_3\overset{O}{\overset{\|}{C}}CH_2-\underline{H}$$

pK_a　　～50　　　　～44　　　　　～38　　　　～25　　　　～20

因此醛、酮中的α-氢表现为比其他碳原子上的氢有更大的活泼性,称为α-活泼氢。

1. 酮式-烯醇式互变

对于具有α-氢的醛、酮,由于α-氢的活泼性,它可以先以H^+的形式解离,然后转移到羰基氧原子上,形成烯醇式异构体,这种异构现象称为酮式-烯醇式互变异构。例如

$$\underset{\text{酮式}}{R-\overset{O}{\overset{\|}{C}}-CH_3} \rightleftharpoons \underset{\text{烯醇式}}{R-\overset{OH}{\overset{|}{C}}=CH_2}$$

由于酮式比烯醇式的势能低 46～59 kJ·mol^{-1},因此平衡主要偏向于左边的酮式,在酮式-烯醇式平衡中,烯醇式的比例较少。若分子中有能使α-氢活泼性增强的吸电子基团,则烯醇式的含量增加。

在酸或碱的催化下,酮式-烯醇式互变能迅速达到动态平衡。在酸的作用下,首先是羰基氧原子质子化,从而羰基的-I效应增强,使α-氢更容易解离,有利于烯醇的形成。

$$H-CH_2-\overset{R}{\overset{|}{C}}=O \overset{H^+}{\rightleftharpoons} H-CH_2-\overset{R}{\overset{|}{C}}=\overset{+}{O}H \overset{-H^+}{\rightleftharpoons} CH_2=\overset{R}{\overset{|}{C}}-OH$$

在碱的催化下,碱直接与α-氢结合,形成碳负离子,然后负电荷由α-碳原子转移到电负性较强的氧原子上,形成烯醇负离子。

$$H-CH_2-\overset{R}{\overset{|}{C}}=O \overset{B^-}{\rightleftharpoons} \underset{\text{碳负离子}}{^-CH_2-\overset{R}{\overset{|}{C}}=O} \longleftrightarrow \underset{\text{烯醇负离子}}{CH_2=\overset{R}{\overset{|}{C}}-O^-} \overset{H-B}{\rightleftharpoons} CH_2=\overset{R}{\overset{|}{C}}-OH + B^-$$

碳负离子或烯醇负离子可以作为亲核试剂参与羰基化合物的许多反应。

如果羰基的α-碳原子是具有一个活泼氢的手性碳原子,则它的旋光异构体可以在酸或碱的作用下,经酮-烯醇式互变发生外消旋化。例如

$$\underset{(+)\text{或}(-)\text{旋光体}}{C_6H_5\overset{O}{\overset{\|}{C}}\overset{*}{C}H CH_2CH_3} \overset{OH^-}{\rightleftharpoons} \underset{\text{烯醇负离子}}{C_6H_5\overset{O^-}{\overset{|}{C}}=CCH_2CH_3} \overset{H_2O}{\rightleftharpoons} \underset{(\pm)\text{外旋体}}{C_6H_5\overset{O}{\overset{\|}{C}}\overset{*}{C}H CH_2CH_3}$$

（中间和右侧结构下方为 CH₃）

在烯醇负离子中有一个对称面,没有手性,当它接受一个质子生成的烯醇再转变为酮式时,会等概率地得到互为对映的两旋光体,组成外消旋体,即发生了外消旋化。

2. 卤代反应

在酸或碱的催化下,醛、酮的 α-氢可以被卤素取代,生成 α-位一卤代或多卤代醛、酮。在酸的催化下氯化、溴化和碘化主要得到一卤代醛、酮。

$$\begin{array}{c} H\ O \\ |\ \| \\ -C-C- \end{array} \xrightarrow{H^+,\ X_2} \begin{array}{c} X\ O \\ |\ \| \\ -C-C- \end{array}$$

酸的作用是使羰基氧原子质子化,促使烯醇式结构的形成,然后是卤素与烯醇中的碳碳双键发生亲电加成,再失去质子得到 α-位一卤代醛、酮。

$$-\overset{H}{\underset{\|}{C}}-\overset{H}{\underset{O}{C}}- \xrightleftharpoons{H^+} -\overset{H}{\underset{\|}{C}}-\overset{H}{\underset{+OH}{C}}- \xrightleftharpoons{慢} -\overset{}{C}=\overset{}{\underset{:OH}{C}}- \xrightarrow{X-X} -\overset{X}{\underset{\|}{C}}-\overset{}{\underset{+OH}{C}}- \xrightleftharpoons{-H^+} -\overset{X}{\underset{\|}{C}}-\overset{}{\underset{O}{C}}-$$

由于反应中产生一分子卤化氢,因此即使没有酸催化,也只是开始时反应很慢,一旦反应开始以后,就被反应自身产生的卤化氢催化,使反应很快完成。由于羰基氧原子质子化是烯醇化的关键,因此当醛、酮的 α-位导入卤原子后,羰基氧原子上的电子云密度相对减小,相对于未取代的醛、酮,它不容易再质子化,即难以形成烯醇式结构再进一步卤化,所以控制卤素的用量可使反应停留在一卤代的阶段。

碱催化下的卤代反应是通过烯醇负离子进行的。首先碱夺取 α-氢生成烯醇负离子,然后卤素与烯醇负离子中的碳碳双键发生亲电加成,得到卤代产物。

$$-\overset{H}{\underset{\|}{C}}-\overset{H}{\underset{O}{C}}- \xrightarrow{OH^-} \left[-\overset{}{\underset{O}{C}}-\overset{}{\underset{}{C}}- \longleftrightarrow -\overset{}{\underset{O^-}{C}}=\overset{}{\underset{}{C}}- \right] \xrightarrow{X-X} -\overset{X}{\underset{\|}{C}}-\overset{}{\underset{O}{C}}-$$

由于卤原子的 -I 效应,α-卤代醛、酮中 α-氢的酸性增强,更容易在碱的作用下形成烯醇负离子,相对于未取代的醛、酮,进一步卤代的速率更快。因此,碱催化下的卤代反应难以停留在 α-位一卤代的阶段,直至所有的 α-氢都被卤代为止。乙醛和甲基酮分子中都含有 CH_3CO- 结构,它们与卤素的氢氧化钠(X_2+NaOH)溶液反应,甲基上的三个 α-氢都被取代,生成 α-三卤代醛或酮。

$$R(H)COCH_3 \xrightarrow{Br_2,\ NaOH} R(H)COCBr_3$$

α-三卤代醛、酮在碱的亲核进攻下,发生碳碳键断裂,生成羧酸盐和卤仿。所以这个反应又称为卤仿反应(haloform reaction)。反应也可以用次卤酸盐代替卤素的碱溶液进行。

$$(H)R-\overset{O}{\underset{\|}{C}}-CX_3 \xrightarrow{OH^-} (H)R-\overset{O^-}{\underset{|}{C}}-CX_3 \longrightarrow (H)R-\overset{O}{\underset{\|}{C}}-OH + {}^-CX_3 \xrightleftharpoons (H)R-\overset{O}{\underset{\|}{C}}-O^- + CHX_3$$

利用卤仿反应可以从甲基酮合成少一个碳原子的羧酸。例如

$$(CH_3)_3CCOCH_3 \xrightarrow[\triangle]{NaOCl} (CH_3)_3CCOONa + CHCl_3$$

当用次碘酸钠(或碘和氢氧化钠)作为试剂时,则生成碘仿,生成碘仿的反应也称为碘仿反

应(iodoform reaction)。碘仿是具有特殊气味的黄色沉淀，因此可以用碘仿反应鉴定乙醛和甲基酮的存在。由于次卤酸盐具有氧化性，可将乙醇和 $CH_3CH(OH)-$ 结构的仲醇氧化成乙醛和甲基酮的结构，所以它们也可以发生碘仿反应。

3. 醇醛缩合

在稀碱的作用下，具有 α-氢的醛对另一分子醛进行亲核加成，α-氢加到另一分子醛的羰基氧原子上，α-碳加到另一分子醛的羰基碳原子上，生成 β-羟基醛，这个反应称为醇醛缩合(aldol condensation)反应。

首先，碱夺取一分子醛的 α-氢生成碳负离子(或烯醇负离子)。

$$RCH_2-\overset{O}{\overset{\|}{C}}-H \underset{-H_2O}{\overset{OH^-}{\rightleftharpoons}} R\overset{-}{C}H-\overset{O}{\overset{\|}{C}}-H$$

然后碳负离子作为亲核试剂进攻另一分子醛的羰基，进行亲核加成，生成的氧负离子再从水分子中接受一个质子生成 β-羟基醛。

$$RCH_2-\overset{O}{\overset{\|}{C}}-H + R\overset{-}{C}H-\overset{O}{\overset{\|}{C}}-H \rightleftharpoons RCH_2-\overset{\bar{O}}{\underset{|}{C}H}-\overset{}{\underset{R}{C}H}-\overset{O}{\overset{\|}{C}}-H \overset{H_2O}{\longrightarrow} RCH_2-\overset{OH}{\underset{|}{C}H}-\overset{}{\underset{R}{C}H}-\overset{O}{\overset{\|}{C}}-H$$

在醇醛缩合反应中，一分子醛的羰基碳原子与另一分子的 α-碳原子之间生成碳碳 σ 键。用一种具有 α-氢的醛经醇醛缩合后得到碳原子数加倍的产物，这是有机合成中用于增长碳链的方法之一。

在加热条件下，β-羟基醛中的 β-羟基很容易与 α-氢失去一分子水，生成 α,β-不饱和醛。

$$RCH_2-\overset{OH}{\underset{|}{C}H}-\overset{}{\underset{R}{C}H}-\overset{O}{\overset{\|}{C}}-H \overset{\triangle}{\longrightarrow} RCH_2-CH=\overset{}{\underset{R}{C}}-\overset{O}{\overset{\|}{C}}-H$$

例如

$$2CH_3CH_2CH_2CHO \xrightarrow{10\%NaOH} CH_3CH_2CH_2\overset{OH}{\underset{|}{C}H}\overset{}{\underset{CH_2CH_3}{C}H}CHO \xrightarrow{80\sim100\ ℃} CH_3CH_2CH_2CH=\overset{}{\underset{CH_2CH_3}{C}}CHO$$

86%

当醛的相对分子质量较大时，反应温度也较高，所以在碱作用下，庚醛缩合直接得到 α,β-不饱和醛。

当用两种都含有 α-氢的不同醛进行醇醛缩合时，则会得到四种不同的 β-羟基醛，产物结构相似，难以分离，没有制备意义。若选用一个没有 α-氢的醛(提供羰基)和另外一个有 α-氢的醛(提供碳负离子)，则可以得到比较满意的交叉醇醛缩合产物，这个反应称为交叉醇醛缩合(mixed aldol condensation)反应。甲醛和芳香醛都没有 α-氢，它们都可以提供羰基与具有 α-氢的醛发生交叉醇醛缩合反应。例如

$$HCHO + CH_3CHO \xrightarrow{10\% NaOH} HOCH_2CH_2CHO$$

$$C_6H_5CHO + CH_3CHO \xrightarrow{10\% NaOH} C_6H_5\underset{OH}{\underset{|}{CH}}CH_2CHO \xrightarrow[\triangle]{-H_2O} C_6H_5CH=CHCHO$$
肉桂醛

芳香醛与含有 α-氢的脂肪醛、酮发生交叉醇醛缩合,生成 α,β-不饱和醛、酮的反应称为克莱森-施密特(Claisen-Schmidt)反应。

在碱的催化下,具有 α-氢的酮也可以发生醇醛缩合反应,但平衡偏向左边。例如,室温时丙酮在氢氧化钡的作用下,平衡混合物中只含有 5% 的缩合产物双丙酮醇。

$$2CH_3COCH_3 \underset{Ba(OH)_2}{\rightleftharpoons} CH_3\underset{OH}{\overset{CH_3}{\underset{|}{\overset{|}{C}}}}CH_2COCH_3$$

丙酮　　　　　　　双丙酮醇

但如采用特殊的装置设法使缩合产物离开反应体系,使反应体系不断重新建立平衡,也可以使大部分丙酮转变为双丙酮醇。

二羰基化合物也可以在分子内发生醇醛缩合反应,特别当能生成五至七元环的缩合产物时,反应能顺利进行。例如

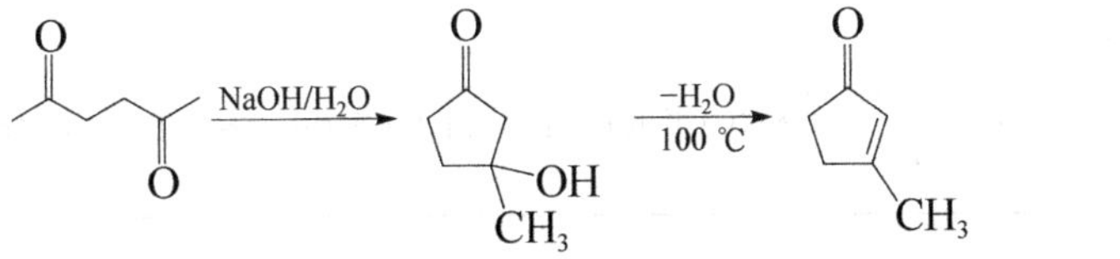

2,4-己二酮 → 3-甲基-2-环戊烯酮

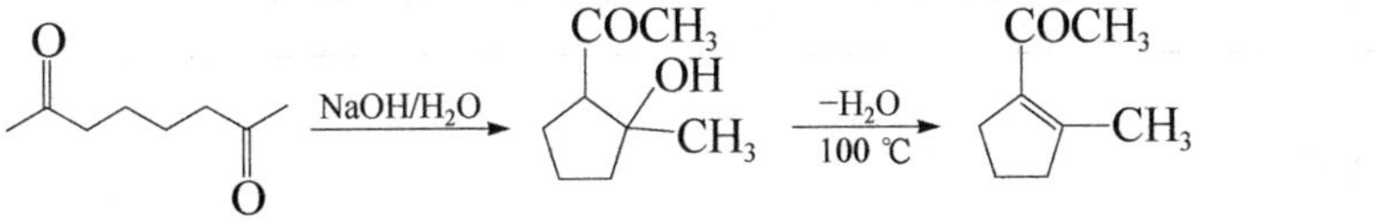

2,5-庚二酮 → 1-乙酰基-2-甲基环戊烯

问题 8-11 下列化合物哪些能发生碘仿反应?

苯乙酮、乙醛、乙醇、丙醛、丙酮、2-戊醇、3-戊醇、1-苯基-1-丙酮

问题 8-12 完成下列反应方程式。

(1) $CH_3COCH_2CH_3 \xrightarrow{Br_2}{NaOH}$

(2) $CH_3CH_2CH_2CHO \xrightarrow{CH_3CH_2ONa}{CH_3CH_2OH}$

(3) $CH_3COCH_2CH_2CH_2CHO \xrightarrow{CH_3CH_2ONa}{CH_3CH_2OH, \triangle}$

(4) 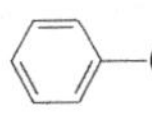 $\text{C}_6\text{H}_5\text{—CHO} + CH_3COCH_3 \xrightarrow{OH^-}$

8.3.4 氧化和还原反应

1. 氧化反应

醛的羰基上直接连有一个氢原子，所以醛很容易被氧化，生成相同碳原子数的羧酸。即使是弱氧化剂也能将醛氧化，常用的弱氧化剂有土伦(Tollens)试剂和费林(Fehling)试剂。

土伦试剂是氢氧化银的氨溶液，脂肪醛和芳香醛都可以被氧化，其氧化反应式如下：

$$RCHO + 2Ag(NH_3)_2OH \xrightarrow{\triangle} RCOONH_4 + Ag\downarrow + H_2O + 3NH_3$$

反应中，+1价的银氨络离子被还原为金属银，可附着在干净的玻璃器皿内壁，形成银镜，所以这个反应称为银镜反应。

费林试剂是由硫酸铜溶液与酒石酸钾钠的碱性溶液临时混合而成的蓝色碱性铜络离子溶液。它只能氧化脂肪醛，芳香醛不被氧化，其氧化反应式如下：

$$RCHO + 2Cu^{2+} + NaOH + H_2O \xrightarrow{\triangle} RCOONa + Cu_2O\downarrow + 4H^+$$

反应中，+2价铜离子被还原成砖红色的氧化亚铜沉淀。

酮较不容易被氧化，土伦试剂和费林试剂都不能氧化酮，所以可以利用它们对醛、酮氧化的选择性和明显的反应现象来区别醛和酮。

酮在强氧化剂（如高锰酸钾、硝酸等）的作用下，在羰基的两边发生碳碳键的断裂，生成多种低级羧酸的混合物，所以没有制备上的意义。

$$RCH_2-\overset{O}{\underset{\|}{C}}-CH_2R' \xrightarrow{HNO_3} RCOOH + R'CH_2COOH + R'COOH + RCH_2COOH$$

问题 8-13 如何用化学方法区别下列化合物？
　　　　　　苯乙醛、对甲基苯甲醛、苯乙酮、1-苯基-2-丙酮

---

2. 还原反应

醛、酮中的羰基可以被还原，根据还原剂的不同被还原为羟基或亚甲基。

1) 还原成醇

在铂、钯、镍等金属催化剂的作用下，醛、酮分子中的羰基被氢化还原为羟基，生成相应的伯醇和仲醇，醛被还原为伯醇，酮被还原为仲醇。

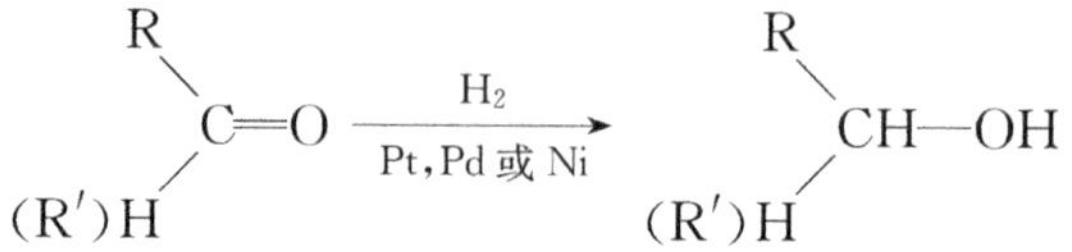

$$\underset{(R')H}{\overset{R}{>}}C=O \xrightarrow[Pt,Pd \text{ 或 } Ni]{H_2} \underset{(R')H}{\overset{R}{>}}CH-OH$$

醛、酮用催化氢化的方法还原时，如果分子中有碳碳双键、碳碳叁键、硝基、氰基等其他不饱和基团时，也可能同时被还原。例如

$$\underset{\text{巴豆醛}}{CH_3CH=CHCHO} + H_2 \xrightarrow{Ni} \underset{\text{正丁醇}}{CH_3CH_2CH_2CH_2OH}$$

金属氢化物如硼氢化钠($NaBH_4$)、氢化铝锂($LiAlH_4$)等是有选择性的还原剂，它可以将醛、酮中的羰基还原为羟基，而不影响分子中的碳碳不饱和键和易被催化氢化的其他基团。例如

$$CH_3CH=CHCHO \xrightarrow[\text{② } H^+, H_2O]{\text{① } NaBH_4, CH_3CH_2OH} CH_3CH=CHCH_2OH$$
巴豆醛　　　　　　　　　　　　　　巴豆醇

用硼氢化钠还原时,可以在碱性水溶液或醇溶液中进行,而氢化铝锂必须在无水的溶剂中使用。

$$C_6H_5CH=CHCHO \xrightarrow[\text{② } H^+, H_2O]{\text{① } LiAlH_4, 无水(CH_3CH_2)_2O} C_6H_5CH=CHCH_2OH$$
肉桂醛　　　　　　　　　　　　　　　肉桂醇

金属氢化物是能提供氢负离子(H^-)的还原剂,氢负离子作为亲核原子,进攻醛、酮中的羰基碳原子,生成的醇盐经水解后生成相应的醇。还原产物的构型与醛、酮的结构有关。在2-丁酮中,羰基所在的平面是分子的对映面,氢负离子从 re-面或 si-面进攻羰基碳原子的活化能相同,因此进攻概率相等,产物中 R 构型和 S 构型的量也相等,即得到外消旋体。例如

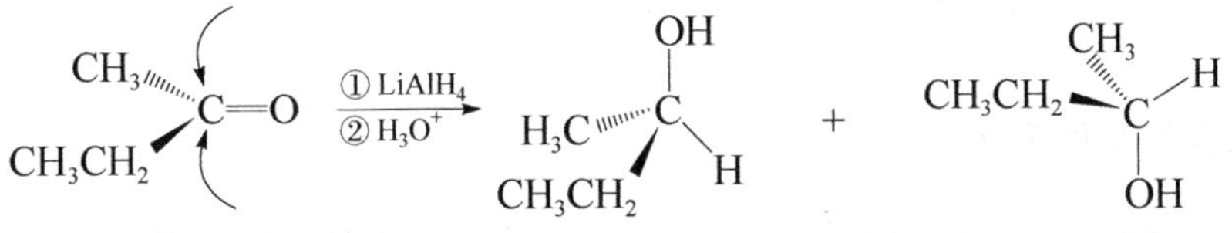

产物是 R 或 S 构型与亲核试剂从 re-面或 si-面进攻没有直接的内在联系。

在4-叔丁基环己酮中,分子中有一个对称面,但羰基所在的平面并不是分子的对称面,而羰基所在的平面是个非对映面。所以当用氢化铝锂还原时,氢负离子从羰基所在平面两边进攻的概率不等,所得产物的量也不相等。

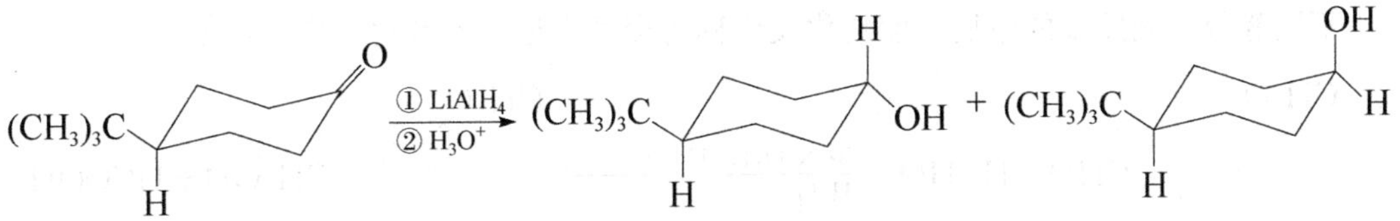

3,3,5-三甲基环己酮用硼氢化钠还原,也得到质量分数不等的两异构体。

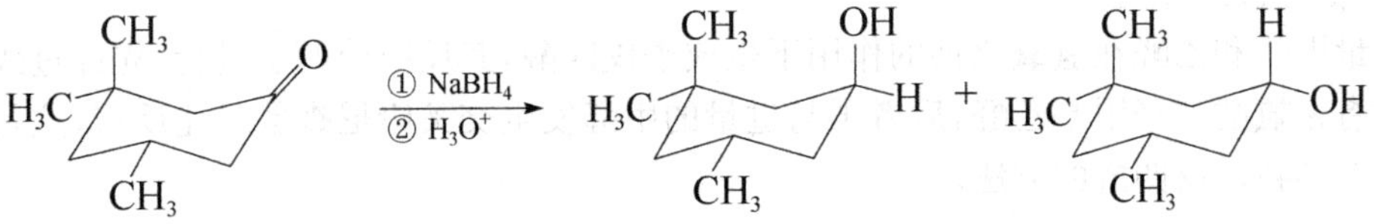

由此可见,醛、酮用金属氢化物还原与羰基的亲核加成相似,还原产物的立体化学取决于羰基所在平面的对称性。在空间位阻的影响下,总是氢负离子从位阻较小的一边进攻羰基碳原子的产物是主要产物。当空间位阻影响不大时,则相对稳定的产物是主要产物。

2) 还原成烃

醛、酮与锌汞齐/浓盐酸共热回流,羰基被还原为甲基或亚甲基,这种反应称为克莱门森(Clemmensen)还原。此法特别适用于芳香酮还原制得直链烷基苯。例如

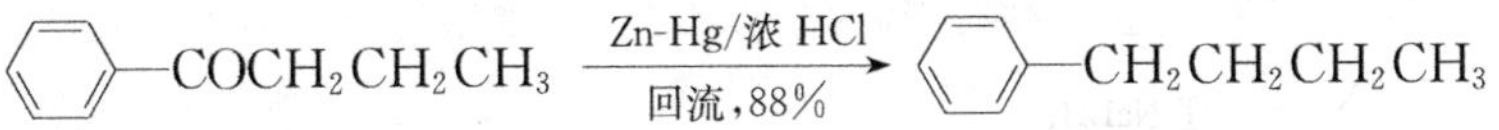

$$\text{Ph-COCH}_2CH_2CH_3 \xrightarrow[\text{回流,88\%}]{Zn-Hg/浓 HCl} \text{Ph-CH}_2CH_2CH_2CH_3$$

因为醇不能被锌汞齐/浓盐酸还原,所以醇不是克莱门森还原醛、酮的中间体。

如果醛、酮分子有对酸敏感或对酸不稳定的基团存在，则不能用克莱门森还原法还原。

沃尔夫(Wolff)-凯惜纳(Kishner)-黄鸣龙还原法是在碱性条件下将醛、酮羰基还原为甲基或亚甲基的方法。1946年我国化学家黄鸣龙在沃尔夫-凯惜纳还原法的基础上进行了改进，直接将醛、酮、氢氧化钠、肼的水溶液和一个高沸点的水溶性溶剂[一缩二乙二醇$(HOCH_2CH_2)_2O$ 或二缩三乙二醇$(HOCH_2CH_2OCH_2)_2$]一起加热 1 h 左右，当醛、酮生成腙后蒸出水和过量的肼，再于 195~200 ℃ 回流 3~4 h，完成反应。改进后的方法不需要高压，其操作简便、反应时间短、产率高。例如

$$C_6H_5-COCH_2CH_3 \xrightarrow[(HOCH_2CH_2)_2O, \triangle]{NH_2NH_2\cdot H_2O,\ NaOH} C_6H_5-CH_2CH_2CH_3 + N_2\uparrow + H_2O$$
$$82\%$$

环己基酮 $\xrightarrow[(HOCH_2CH_2)_2O, \triangle]{NH_2NH_2\cdot H_2O,\ NaOH}$ 环己烷 $+ N_2\uparrow + H_2O$
$$47\%$$

3. 康尼查罗歧化反应

不含有 α-氢的醛(如 HCHO、ArCHO、R_3C—CHO 等)在浓碱的作用下，发生自身的氧化还原反应，其中一分子醛被氧化为羧酸，另一分子醛被还原为伯醇，这种反应称为康尼查罗(Cannizzaro)歧化反应。例如

$$2C_6H_5CHO \xrightarrow[\textcircled{2}\ H_3O^+]{\textcircled{1}\ \text{浓 NaOH}} C_6H_5COOH + C_6H_5CH_2OH$$

具有 α-氢的醛在此条件下不发生歧化反应，而发生醇醛缩合反应。

不同醛分子间发生的康尼查罗歧化反应称为交叉康尼查罗歧化反应。例如

$$CH_3O-C_6H_4-CHO + HCHO \xrightarrow[\textcircled{2}\ H_3O^+]{\textcircled{1}\ \text{浓 NaOH, CH}_3\text{OH/H}_2\text{O}} CH_3O-C_6H_4-CH_2OH + HCOOH$$
$$85\%\sim 90\%$$

在交叉康尼查罗歧化反应中，通常用比较容易被氧化的甲醛与其他醛反应，甲醛被氧化为甲酸，其他醛被还原为醇。

过量甲醛和乙醛在氢氧化钙的作用下生成季戊四醇，其反应分两步进行，先经过醇醛缩合生成没有 α-氢的三羟甲基乙醛，后者再与过量的甲醛发生交叉康尼查罗歧化反应，这是实验室和工业上制备季戊四醇的方法。

$$3CH_3CHO + HCHO \xrightarrow{Ca(OH)_2} \underset{\text{三羟甲基乙醛}}{(HOCH_2)_3CCHO} \xrightarrow[55\sim 65\ ℃]{HCHO,\ Ca(OH)_2} \underset{\text{季戊四醇}}{(HOCH_2)_4C} + (HCOO)_2Ca$$

问题 8-14 写出下列反应的产物。

(1) 樟脑酮 $\xrightarrow[\textcircled{2}\ H_3O^+]{\textcircled{1}\ LiAlH_4}$

(2) (环戊酮衍生物) $\xrightarrow[\textcircled{2}\ H_3O^+]{\textcircled{1}\ NaBH_4}$

问题 8-15 写出下列反应的产物。

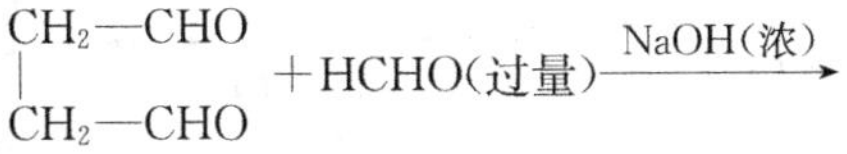

$$\begin{array}{c} CH_2-CHO \\ | \\ CH_2-CHO \end{array} + HCHO(过量) \xrightarrow{NaOH(浓)}$$

8.3.5 维悌希反应

维悌希(Wittig)反应是指醛、酮与维悌希试剂发生亲核加成生成碳碳双键的反应。常用的维悌希试剂是磷叶立德(ylide)，由具有亲核性的三苯基膦$(C_6H_5)_3P$与卤代烃生成季鏻盐，然后季鏻盐在苯基锂或烷基锂的作用下失去α-氢得到磷叶立德。

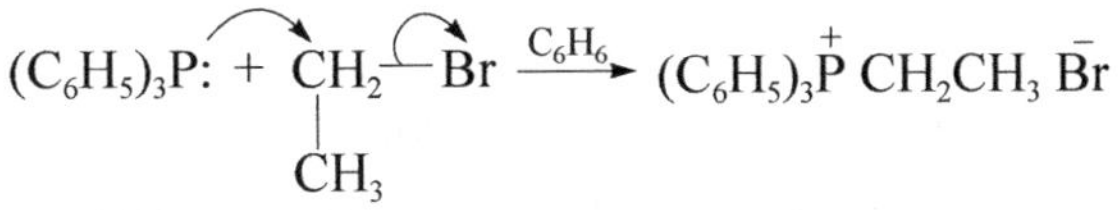

$$(C_6H_5)_3P: + CH_2-Br \xrightarrow{C_6H_6} (C_6H_5)_3\overset{+}{P}CH_2CH_3 \, \bar{B}r$$
$$\quad\quad\quad\quad\quad\quad | $$
$$\quad\quad\quad\quad\quad CH_3$$

三苯基膦　　　　　　　　　　季鏻盐

$$(C_6H_5)_3\overset{+}{P}CH_2CH_3\,\bar{B}r + C_6H_5Li \longrightarrow [(C_6H_5)_3P=CHCH_3 \longleftrightarrow (C_6H_5)_3\overset{+}{P}-\bar{C}HCH_3] + C_6H_6 + LiBr$$

苯基锂　　　　　　　　　　　维悌希试剂

维悌希试剂与醛、酮的反应如下：

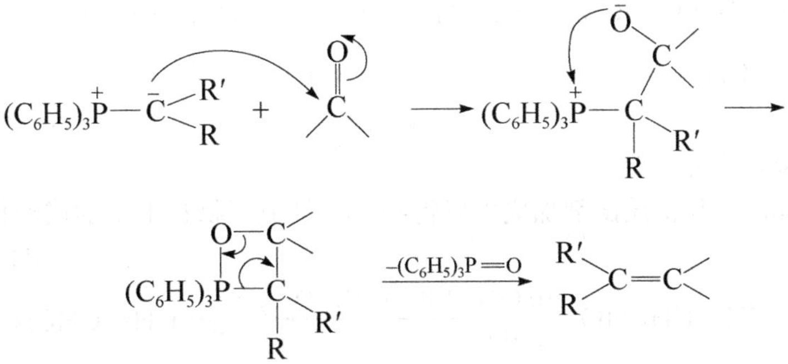

一般的醛、酮都可以发生维悌希反应，当生成的烯烃有不同构型时，一般是较大基团处于碳碳双键的反位，即主要得到 E 构型的产物。

维悌希反应是在弱碱性介质和比较温和的条件下进行的，并且反应产率一般都比较高，是合成烯烃的重要方法。由于羰基的活性和空间位阻的影响，醛的反应速率比酮快。

维悌希反应已用于维生素 A 的工业合成。

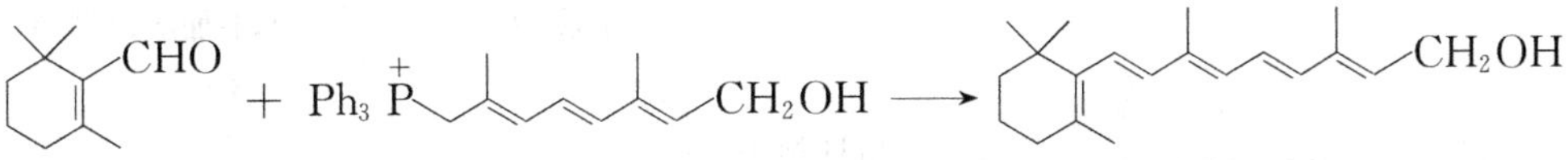

维生素 A

8.3.6 α,β-不饱和醛、酮的共轭加成

1. 亲核加成

α,β-不饱和醛、酮的结构特征是羰基中的碳氧双键和相邻的碳碳双键形成 π-π 共轭体系，从它们的共振结构式可以看出，有羰基碳原子和 β-碳原子两个亲电中心。因此，在亲核加成过程中，亲核试剂可能进攻羰基碳原子或 β-碳原子。

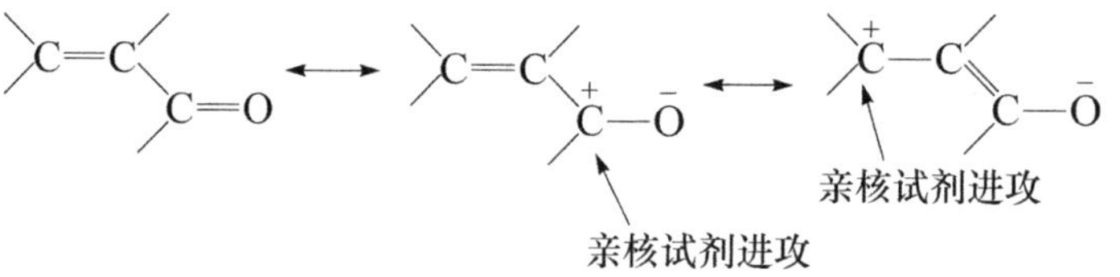

分别生成 1,2-加成产物和 1,4-加成产物。

1,2-加成：

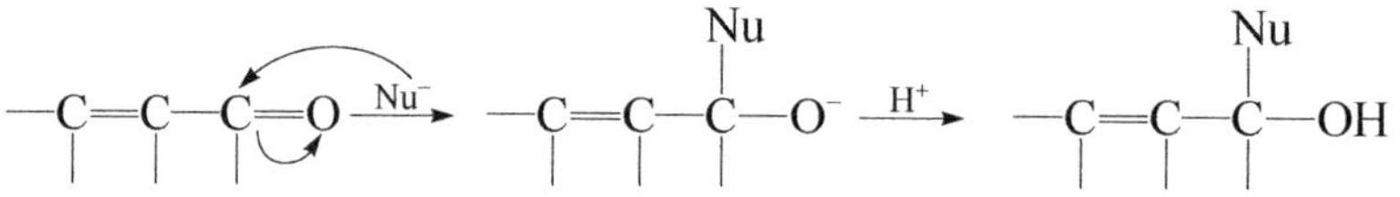

1,4-加成：

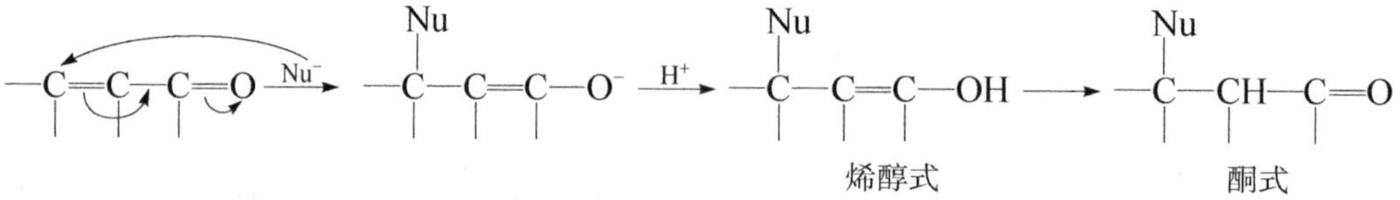

1) 与 HCN 加成

α,β-不饱和醛、酮与 HCN 加成，先经 1,4-加成生成烯醇，由于烯醇不稳定，异构化为稳定的酮式结构，主要得到 1,4-加成产物。例如

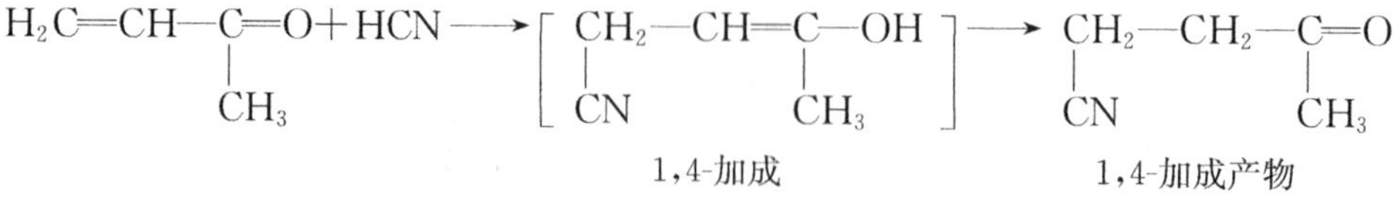

$$H_2C=CH-C-O + HCN \longrightarrow \left[\begin{array}{c} CH_2-CH=C-OH \\ | \quad\quad\quad\quad | \\ CN \quad\quad\quad CH_3 \end{array} \right] \longrightarrow \begin{array}{c} CH_2-CH_2-C=O \\ | \quad\quad\quad\quad | \\ CN \quad\quad\quad CH_3 \end{array}$$

1,4-加成   1,4-加成产物

2) 与有机金属化合物加成

α,β-不饱和醛、酮与格氏试剂加成可以得到 1,2-加成产物和 1,4-加成产物。例如

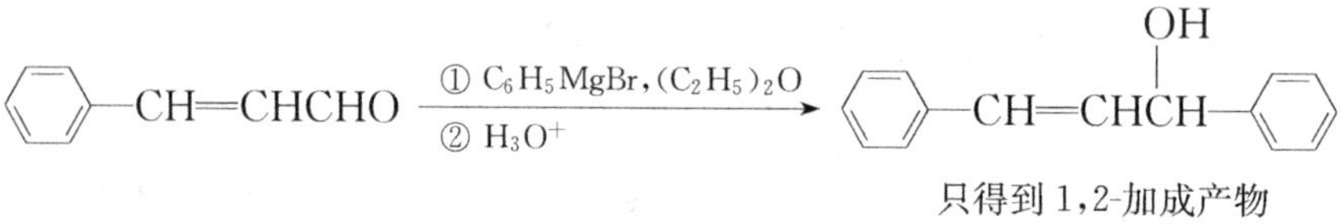

只得到 1,2-加成产物

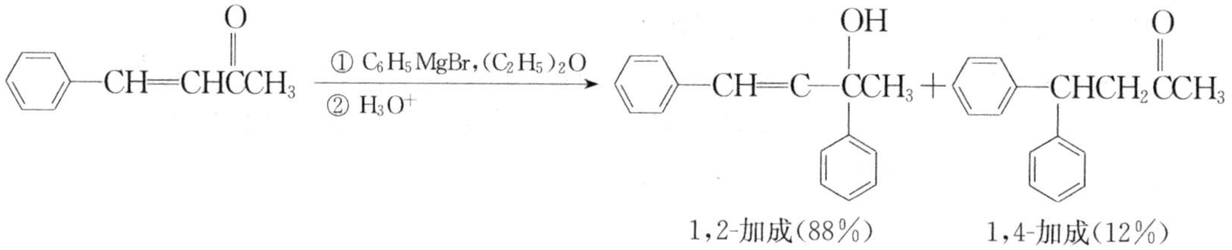

1,2-加成(88%)   1,4-加成(12%)

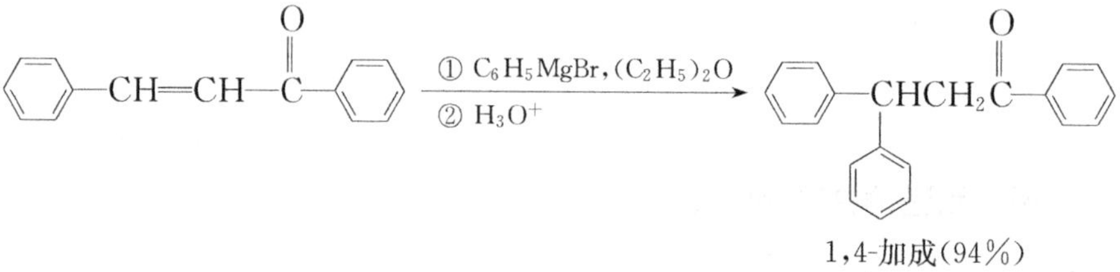

1,4-加成(94%)

如果 α,β-不饱和醛、酮中 β-碳原子上的取代烃基和格氏试剂中烃基的体积都比较大，则主要得到 1,2-加成产物。如果羰基碳原子上的取代基体积较大，则 1,4-加成产物会增加。

α,β-不饱和醛、酮与烃基锂试剂加成主要生成 1,2-加成产物，与二烃基铜锂反应则主要生成 1,4-加成产物。例如

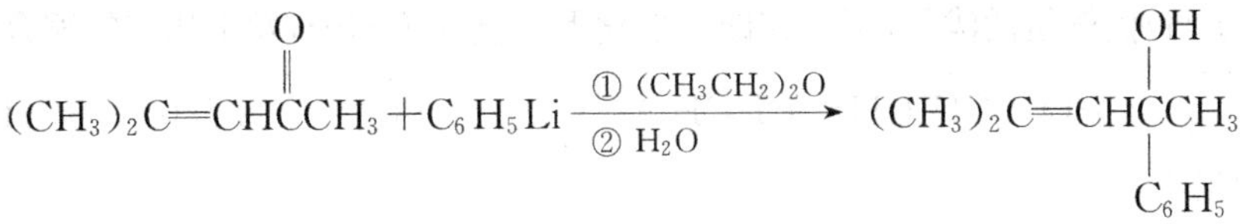

$$(CH_3)_2C=CHCCH_3 + C_6H_5Li \xrightarrow[\text{② }H_2O]{\text{① }(CH_3CH_2)_2O} (CH_3)_2C=CH\underset{C_6H_5}{\overset{OH}{\underset{|}{\overset{|}{C}}}}CH_3$$

4-甲基-2-苯基-3-戊烯-2-醇(67%)

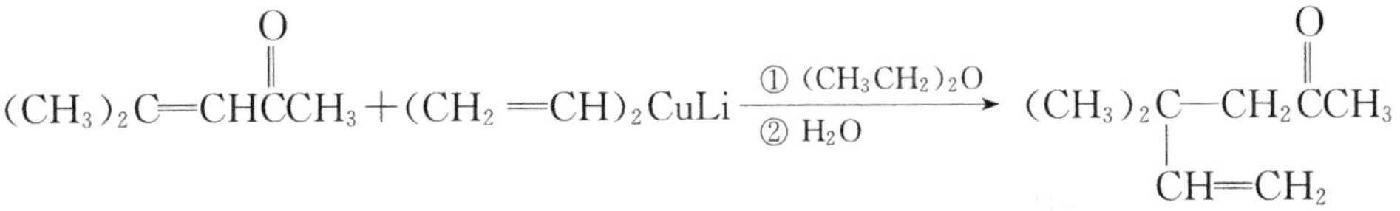

$$(CH_3)_2C=CHCCH_3 + (CH_2=CH)_2CuLi \xrightarrow[\text{② }H_2O]{\text{① }(CH_3CH_2)_2O} (CH_3)_2\underset{\underset{CH=CH_2}{|}}{C}-CH_2CCH_3$$

二乙烯基铜锂   72%
4,4-二甲基-5-己烯-2-酮

3) 迈克尔加成反应

在碱性条件下,能提供碳负离子或烯醇负离子的化合物与α,β-不饱和醛、酮发生1,4-亲核加成的反应称为迈克尔(Michael)加成反应。例如

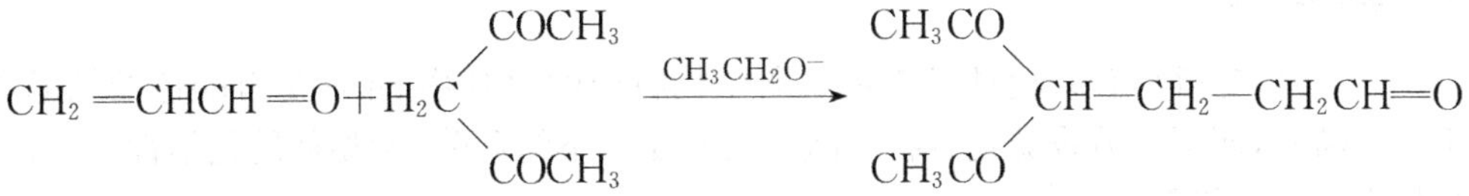

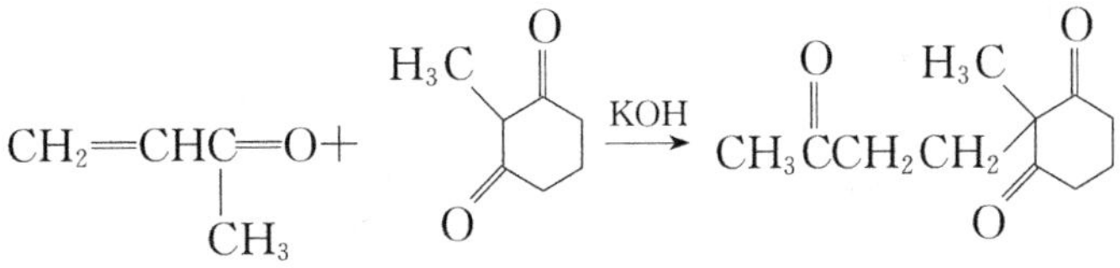

$$CH_2=CHCH=O + H_2C\underset{COCH_3}{\overset{COCH_3}{\diagup}} \xrightarrow{CH_3CH_2O^-} \underset{CH_3CO}{\overset{CH_3CO}{\diagup}}CH-CH_2-CH_2CH=O$$

[结构图: 2-甲基-1,3-环己二酮与丙烯醛在KOH条件下的迈克尔加成反应]

迈克尔加成反应是用于合成1,5-二羰基化合物及1,5-二官能团化合物的主要方法。

2. 还原

α,β-不饱和醛、酮用氢化铝锂还原生成α,β-不饱和醇。例如

$$CH_3CH=CHCHO \xrightarrow{LiAlH_4} CH_3CH=CHCH_2OH$$

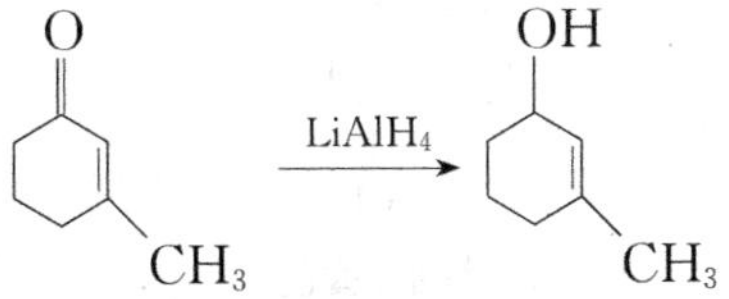

82%

[结构图: 3-甲基-2-环己烯酮经LiAlH_4还原为3-甲基-2-环己烯醇,产率98%]

如果用催化加氢还原,则主要生成饱和酮。例如

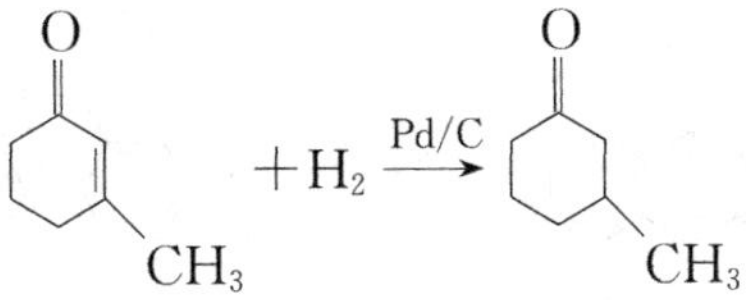

[结构图: 3-甲基-2-环己烯酮 + H_2 经Pd/C催化,生成3-甲基环己酮,产率100%]

3. 插烯基缩合

羰基α-碳上的氢是活泼氢,2-丁烯醛相当于在乙醛的羰基和甲基之间插入一个乙烯基(—CH=CH—),是α,β-不饱和醛,羰基的—I效应可以通过π-π共轭传递到链端的甲基上,这时

甲基上的氢(γ-H)仍然是活泼氢,可以在碱的催化下提供碳负离子,发生相应的缩合反应。例如

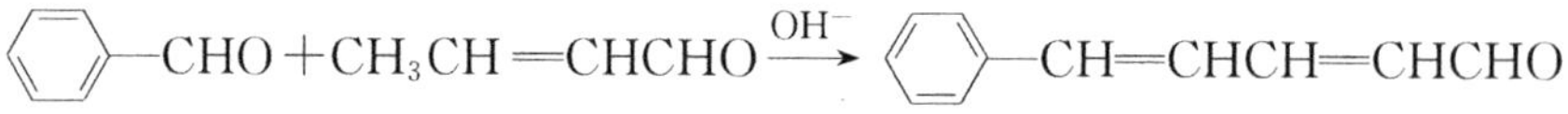

这就是插烯原理。

问题 8-16 写出下列反应的产物。

(1) 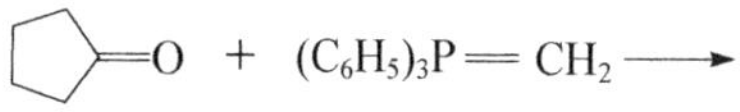 cyclopentanone =O + $(C_6H_5)_3P$=CH_2 $\longrightarrow$

(2) $C_6H_5\underset{\underset{CH_3}{|}}{C}$=CHCHO $\xrightarrow[\text{② } H_3O^+]{\text{① LiAlH}_4}$

8.4 醌

8.4.1 醌的结构

醌(quinone)是指具有共轭环己二烯二酮结构特征的化合物,通常是有颜色的结晶固体。醌属于环状烯酮,而不是芳香类化合物。醌具有与 α,β-不饱和醛、酮相似的化学性质。常见的醌及其相应的命名如下:

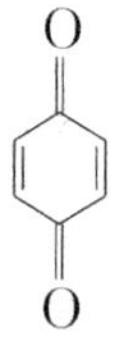

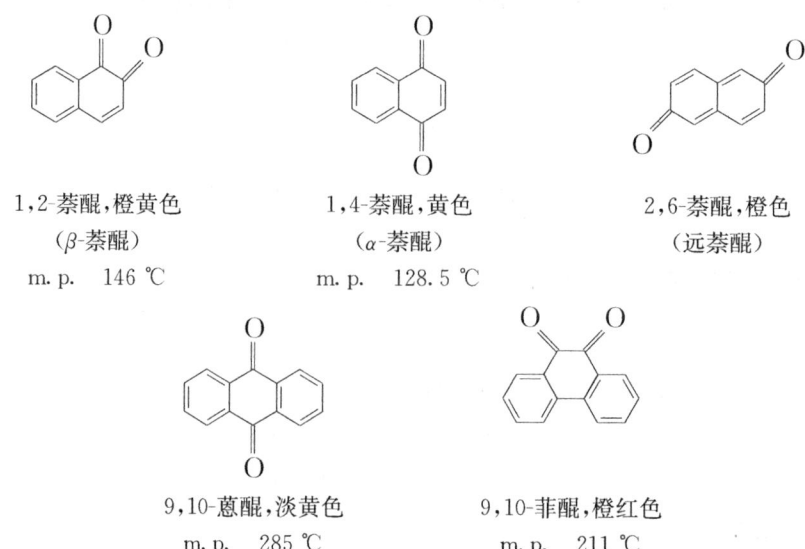

1,4-苯醌,黄色　　　　　　1,2-苯醌,红色
（对苯醌）　　　　　　　　（邻苯醌）
m.p. 115.7 ℃　　　　　　m.p. 60～70 ℃(分解)

除苯醌外,还有萘醌、蒽醌、菲醌等。例如

1,2-萘醌,橙黄色　　1,4-萘醌,黄色　　2,6-萘醌,橙色
（β-萘醌）　　　（α-萘醌）　　（远萘醌）
m.p. 146 ℃　　　m.p. 128.5 ℃

9,10-蒽醌,淡黄色　　　　9,10-菲醌,橙红色
m.p. 285 ℃　　　　　　　m.p. 211 ℃

含醌类结构的化合物广泛存在于自然界,不少具有特殊的功能和生物活性。例如,可用作染料的色素类醌有

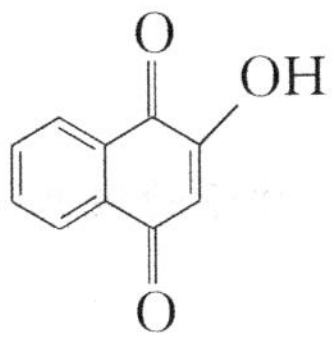

2-羟基-1,4-萘醌 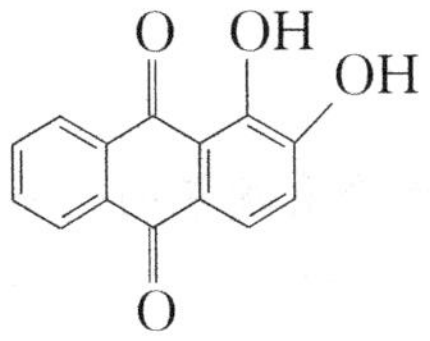　　　　　　　1,2-二羟基蒽醌(茜素)

具有生物活性的醌类化合物有

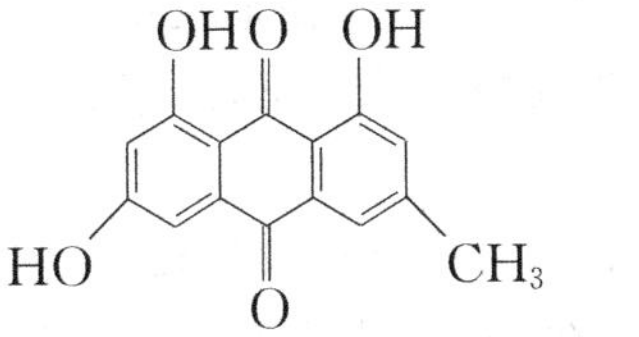

3-甲基-1,6,8-三羟基蒽醌(大黄素) 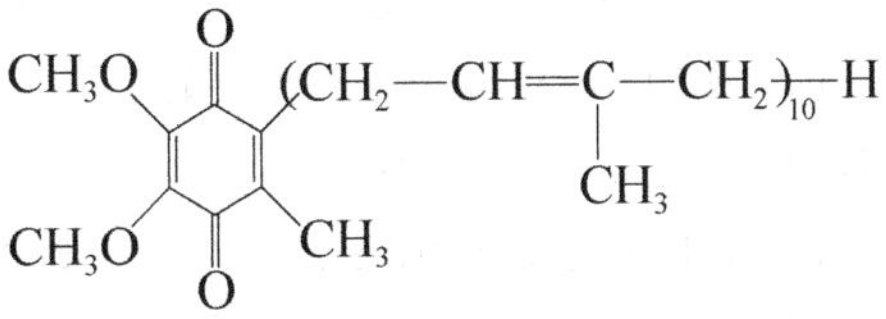　　　　辅酶 Q_{10}

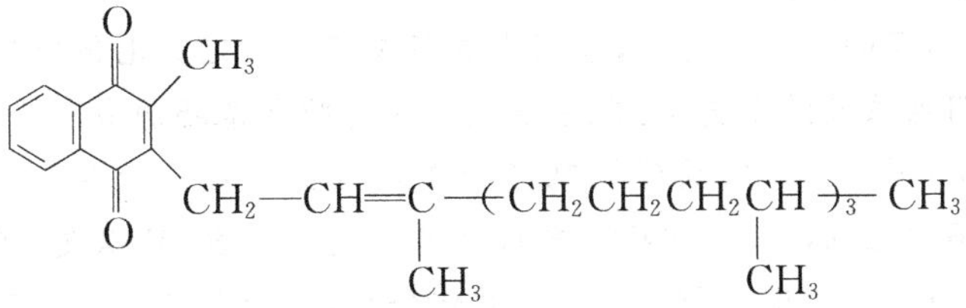

维生素 K_1

8.4.2　醌的化学性质

醌类化合物具有 α,β-不饱和二酮的结构,所以既可以发生亲电加成反应,又可以发生亲核加成反应。

醌可发生碳碳双键的亲电加成反应。例如,与溴的加成。

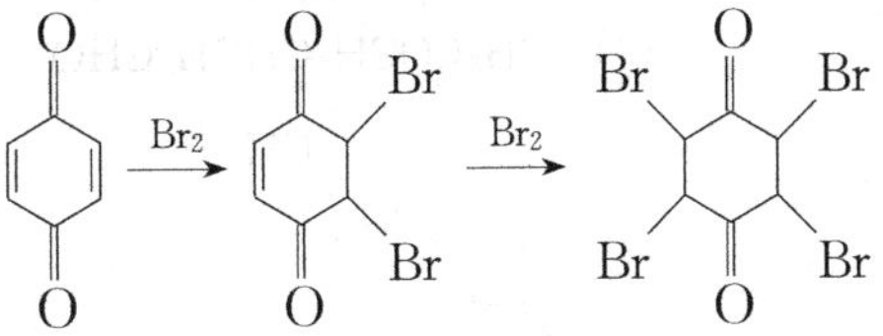

对苯醌中的羰基可以与羟胺发生亲核加成反应,生成一肟或二肟。例如

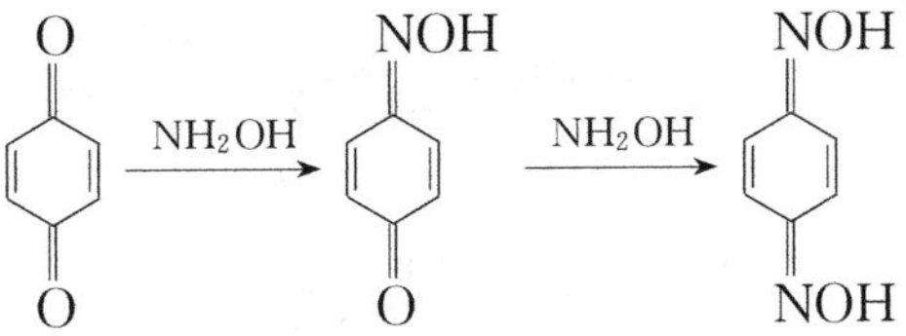

对苯醌单肟　　　对苯醌二肟

与氢氰酸发生 1,4-加成,生成 2-氰基-1,4-苯二酚。例如

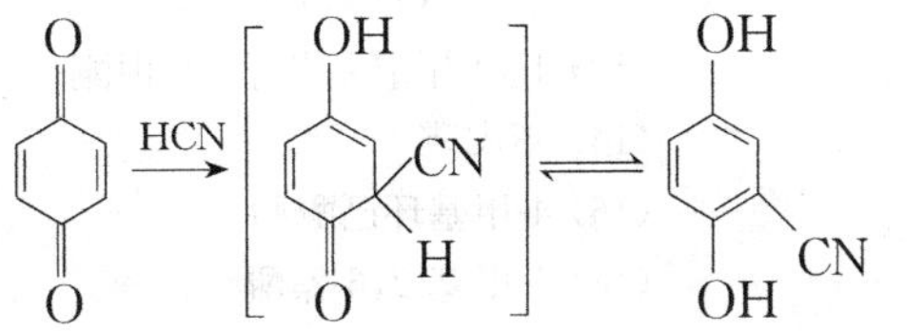

2-氰基-1,4-苯二酚

小 结

1. 醛、酮是分子中都含有羰基的化合物。根据羰基所连的烃基又分为脂肪醛(酮)、芳香醛(酮)、饱和醛(酮)和不饱和醛(酮)。

2. 羰基是醛、酮的官能团,由碳氧双键组成的极性不饱和键。羰基碳原子为 sp^2 杂化,带部分正电荷,是亲核加成的反应中心,可与氢氰酸、格氏试剂、醇、氨及其衍生物、亚硫酸氢钠等亲核试剂反应;羰基的活性主要取决于羰基碳原子的正电性和空间位阻的大小。

3. 受羰基的影响,醛、酮分子中的 α-氢为活泼氢,在酸或碱的催化下,能形成烯醇式结构,α-氢可被卤化,能发生醇醛缩合。

4. 醛、酮可以发生氧化还原反应,醛比酮容易被氧化,酮则比较难被氧化。土伦试剂和费林试剂都为弱氧化剂,脂肪醛和芳香醛都能被土伦试剂氧化,而费林试剂只能氧化脂肪醛,芳香醛不被氧化,它们都不能氧化酮。

5. 羰基可以被不同的还原剂还原,分别生成醇或烃。催化氢化和金属氢化物可将羰基还原成醇羟基,克莱门森法或沃尔夫-凯惜纳-黄鸣龙法可将羰基还原成甲基或亚甲基。

6. α,β-不饱和醛、酮分子中,因碳氧双键和碳碳双键形成 π-π 共轭,可发生 1,2-加成和 1,4-加成。由于插烯原理,α,β-不饱和醛、酮的 γ-氢也是活泼氢,可以发生醇醛缩合反应。

7. 醌是具有共轭环己二烯二酮结构特征的化合物,在分子中同时存在碳碳双键和碳氧双键,可以发生亲核加成和亲电加成。

习 题

1. 用系统命名法命名下列化合物或写出相应的结构式。

(1) $(CH_3)_3CCHO$
(2) 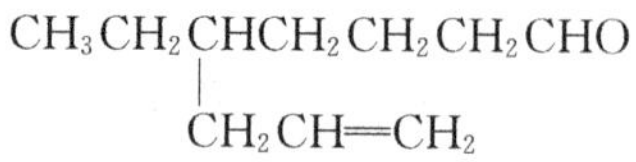 $CH_3CH_2CHCH_2CH_2CH_2CHO$
           $|$
           $CH_2CH=CH_2$

(3) $(CH_3)_3CCOCH_2CH_3$
(4) 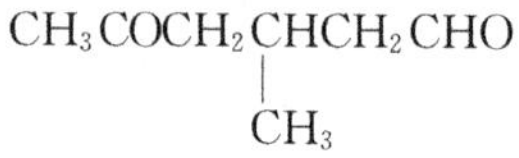 $CH_3COCH_2CHCH_2CHO$
              $|$
              CH_3

(5) 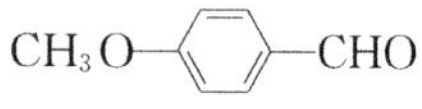 $CH_3O-\bigcirc-CHO$

(6) 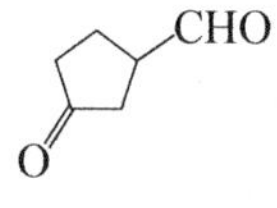 环戊酮-3-甲醛结构

(7) 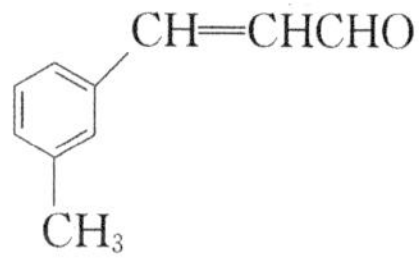 间甲基肉桂醛结构

(8) 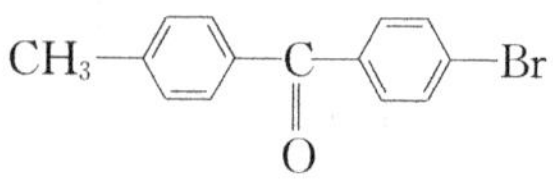 $CH_3-\bigcirc-\underset{O}{\overset{\|}{C}}-\bigcirc-Br$

(9) 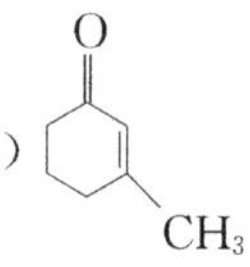 3-甲基-2-环己烯酮结构

(10) 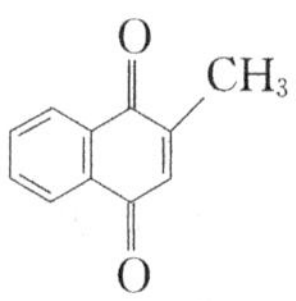 2-甲基-1,4-萘醌结构

(11) 丁烯-2-醛
(12) 1-(4-甲氧基苯基)-2-丙酮
(13) 1,4-环己二酮
(14) 新戊醛
(15) 3-氧代戊醛
(16) 4-甲基环己酮肟
(17) α-氯代苯乙酮
(18) 1-甲基-2,6-萘醌

2. 比较下列醛、酮化合物中羰基的活性次序。

(1) CH_3CHO、$HCHO$、$CH_3COCH_2CH_3$、CH_3COCH_3、C_6H_5CHO、$C_6H_5COCH_3$

(2)
$\underset{CH_3}{\underset{|}{C_6H_4}}$-CHO、 $\underset{OCH_3}{\underset{|}{C_6H_4}}$-CHO、 $\underset{NO_2}{\underset{|}{C_6H_4}}$-CHO、 C$_6H_5$CHO、 C$_6H_5$COCH$_3$、 $\underset{OCH_3}{\underset{|}{C_6H_4}}$-COCH$_3$

3. 完成下列反应方程式。

(1) C$_6$H$_5$—CHO + H$_2$NOH ⟶

(2) C$_6$H$_5$CH$_2$COCH$_3$ + H$_2$NNHCONH$_2$ ⟶

(3) CH$_3$COCH$_2$CH$_2$CH$_2$COCH$_3$ $\xrightarrow[\triangle]{NaOH}$

(4) HOCH$_2$CH$_2$OH + CH$_3$COCH$_3$ $\xrightarrow{HCl(气)}$

(5) CH$_3$O—C$_6$H$_4$—CHO + HCHO $\xrightarrow{NaOH(浓)}$

(6) CH$_3$COCH$_2$CH$_3$ + C$_6$H$_5$—CH$_2$MgBr $\xrightarrow[② H_3O^+]{① (C_2H_5)_2O}$

(7) C$_6$H$_5$—CHO + CH$_3$CH=CHCHO $\xrightarrow{NaOH}$

(8) 环戊基-CH$_2$-CO-CH$_3$ $\xrightarrow{Zn-Hg/HCl}$

(9) 环己烯酮 + HCN ⟶

(10) 十氢萘酮 $\xrightarrow{H_2, Pt}$

(11) CH$_3$CO—C$_6$H$_4$—CHO $\xrightarrow{Ag(NH_3)_2OH}$

(12) 环己烯酮 $\xrightarrow[② H_3O^+]{① LiAlH_4}$

(13) 樟脑酮 $\xrightarrow[② H_3O^+]{① LiAlH_4}$

(14) C$_6$H$_5$—CH=CH—CO—CH$_3$ + C$_2$H$_5$MgBr $\xrightarrow[② H_3O^+]{① (C_2H_5)_2O}$

(15) CH$_3$O—C$_6$H$_4$—CH$_2$COCH$_3$ $\xrightarrow{NaOH + I_2}$

(16) C$_6$H$_5$—$\underset{H}{\overset{CH_3}{\underset{|}{C}}}$—CHO $\xrightarrow{C_6H_5MgBr} \xrightarrow{H_2O}$

4. 写出下列反应的各步产物。

(1) C$_6$H$_5$—CH$_2$CH$_2$CH$_2$COCl $\xrightarrow[C_6H_5NO_2]{AlCl_3}$ $\xrightarrow{Zn-Hg/HCl}$

(2) 环己酮 $\xrightarrow[② H_3O^+]{① CH_3MgBr, (CH_3CH_2)_2O}$ $\xrightarrow[\triangle]{H_2SO_4}$ $\xrightarrow[② H_2O_2, OH^-]{① B_2H_6}$ $\xrightarrow{CrO_3}$

(3) CH$_3$COCH$_2$CH$_2$Br $\xrightarrow[HCl(气)]{HOCH_2CH_2OH}$ $\xrightarrow[② CH_3CHO]{① Mg/(C_2H_5)_2O}$ $\xrightarrow{H_3O^+}$

5. 如何用化学方法区别下列各组化合物?

(1)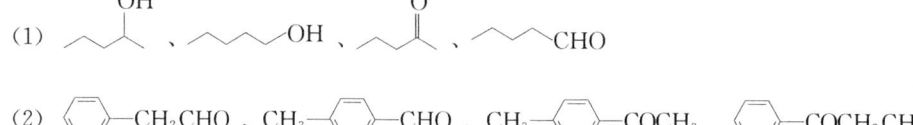

(2) ⌬—CH₂CHO 、CH₃—⌬—CHO 、CH₃—⌬—COCH₃ 、⌬—COCH₂CH₃

6. 某旋光化合物 **A**,分子式为 $C_5H_{12}O$,**A** 经 $KMnO_4/OH^-$ 氧化得到没有旋光的化合物 **B**,分子式为 $C_5H_{10}O$,化合物 **B** 与溴化正丙基镁反应后水解得到化合物 **C**,化合物 **C** 可以被拆分为两个对映体。试推测 **A**~**C** 的结构式,并用反应方程式表示。

7. 某化合物 **A**,分子式为 C_4H_8O,IR:1725 cm^{-1} 处有强吸收,^{1}H NMR:δ 1.2(6H,d),3.3(1H,m),9.7(1H,d)。试推测 **A** 的结构式。

8. 某化合物 **A**,分子式为 $C_6H_{12}O$,不与土伦试剂反应,能与羟胺生成肟,催化氢化得到化合物 **B**,分子式为 $C_6H_{14}O$,化合物 **B** 经浓硫酸脱水,主要得到化合物 **C**,分子式为 C_6H_{12},**C** 经臭氧化/还原性水解,得到液体 **D** 和 **E**,**D** 能发生碘仿反应,但不与费林试剂反应,**E** 能与土伦试剂反应得到银镜,但不发生碘仿反应。试推测 **A**~**E** 的结构式,并用反应方程式表示。

第 9 章 羧酸和取代酸

主要内容

(1) 羧基的结构:羧基是由羟基直接连在羰基碳原子上构成的。羰基碳氧双键上的 π 电子与羟基氧原子上未共用的 p 电子对形成 p-π 共轭。
(2) 羧酸和取代羧酸的物理性质(含波谱特征)。
(3) 羧酸的化学性质:酸性;酯、酰胺、酰卤和酸酐的生成;脱羧反应还原;α-氢的卤代。
(4) 卤代酸、醇酸和酮酸的反应及应用。
(5) 乙酰乙酸乙酯和丙二酸二乙酯的性质及在有机合成中的应用。

羧酸(carboxylic acids)是分子中含羧基(—COOH,carboxyl)的化合物。根据羧基所连的烃基不同,可分为脂肪族羧酸、脂环族羧酸、芳香族羧酸和杂环羧酸等。羧基是羧酸的官能团。

羧基与脂肪烃基相连的属于脂肪族羧酸,与芳香烃基相连的属于芳香族羧酸,与杂环相连的属于杂环羧酸。烃基中含卤素、羟基、氨基等取代基属于取代羧酸,烃基中含碳碳不饱和键的属于不饱和羧酸。分子中含两个以上羧基的属于多元羧酸。例如

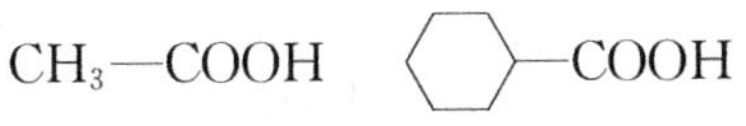

CH_3—COOH   ⬡—COOH   ⬢—COOH O_2N—⬢—COOH
　　脂肪族羧酸 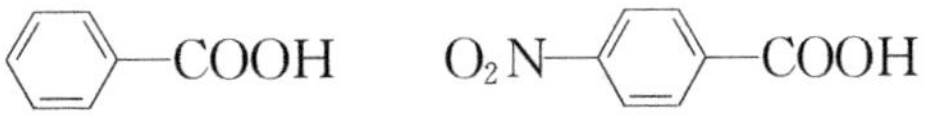　　　　　　　　　　　　　　芳香族羧酸

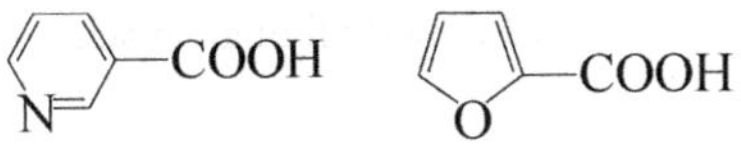

　　　　　　　　　　　　　　　　　　　CH_2COOH　　CH_2COOH　　CH_2COOH
　⬡—COOH　　　⬡—COOH　　　　　　　Cl　　　　　　OH　　　　　　NH_2
　　N
　　　杂环羧酸　　　　　　　　　　　　　　　　　　　　　取代羧酸

　　　　　　　　　　　　　　　　　　　　　　　COOH　　　　　　COOH
　　　　　　　　　　　　　　　　　　　　　　CH_2
$C_6H_5CH=CHCOOH$　　⬡—COOH　　　　　　　COOH　　　　　　COOH
　　　不饱和羧酸 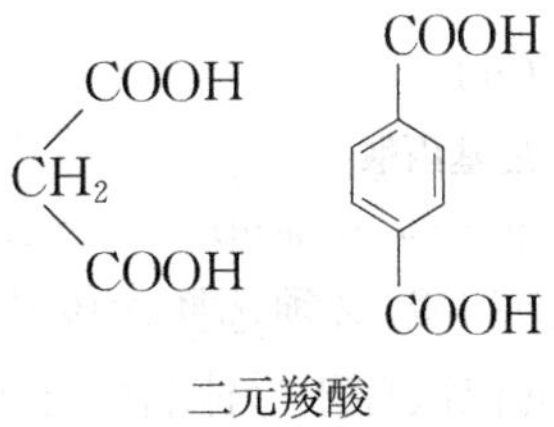　　　　　　　　　　　　　　　　　　　二元羧酸

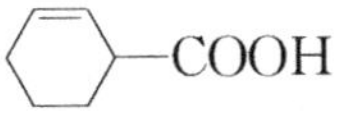

羧酸广泛地存在于自然界,许多羧酸和取代羧酸是动植物代谢中的重要物质,与生命现象、人类生活紧密相关,也是化学工业的重要原料。

9.1 羧酸的结构和命名

9.1.1 羧酸的结构

羧基是由羟基直接连在羰基碳原子上构成的,与醛、酮中的羰基相似,羧基中的羰基碳原子也是 sp^2 杂化的。羰基碳氧双键上的 π 电子与羟基氧原子上未共用的 p 电子对形成 p-π 共轭,如图 9-1 所示。

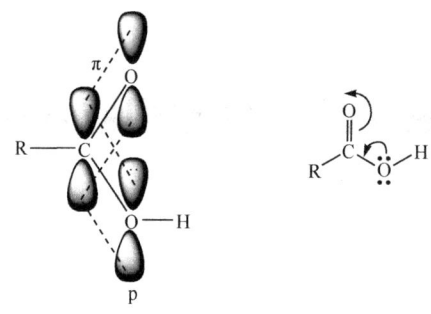

图 9-1 羧酸结构示意图

p-π 共轭的结果使羰基碳原子上的正电荷有所减少,羰基与亲核试剂的反应活性降低,羟基中的氧氢键有所削弱,氢容易以质子的形式离去。

9.1.2 羧酸的命名

许多羧酸可以直接从自然界得到,因此不少羧酸都有根据来源命名的俗名,如蚁酸(甲酸)、醋酸(乙酸)、草酸(乙二酸)、琥珀酸(丁二酸)、安息香酸(苯甲酸)、月桂酸(十二酸)等。

羧酸的系统命名是选择分子中含羧基最长的碳链为主链,根据主链上碳原子的数目称为某酸。从羧基碳原子开始对主链碳原子编号,取代基在主链上的位次则根据主链碳原子的编号用阿拉伯数字 1、2、3、4 等标出,写在母体名称的前面。例如

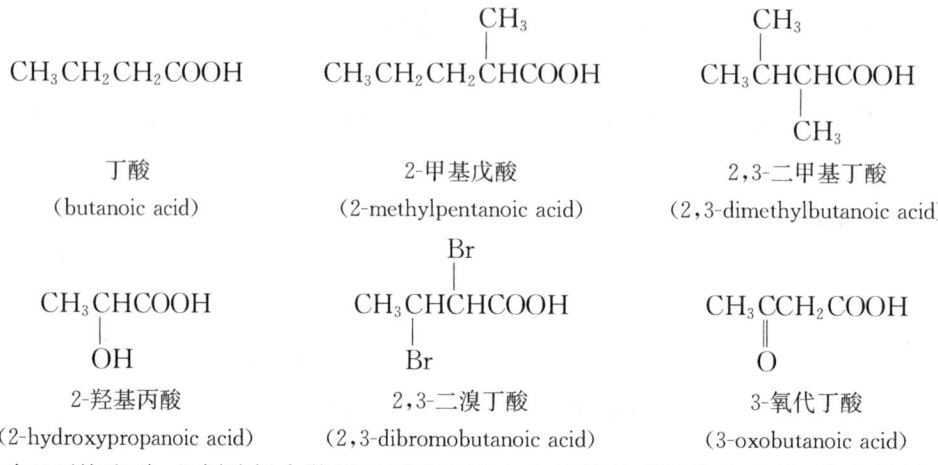

对于不饱和酸,必须选择含羧基和不饱和键在内的最长碳链作为主链,称为某烯(炔)酸。将不饱和键的位次标于母体名称之前,如有构型的,则将构型标在名称的最前面。对于主链大于 10 个碳原子的不饱和羧酸,命名时通常在主链碳数后面加一个"碳"字。例如

$(CH_3)_2C=CHCOOH$ $CH_3(CH_2)_4CH=CHCH_2CH=CH(CH_2)_7COOH$

3-甲基-2-丁烯酸   9,12-十八碳二烯酸

(3-methyl-2-butenoic acid)   (9,12-octadecdieneoic acid)

$$\underset{H}{\overset{CH_3(CH_2)_6CH_2}{\diagdown}}C=C\underset{H}{\overset{CH_2(CH_2)_6COOH}{\diagup}}$$

顺-9-十八碳烯酸(油酸)

[(Z)-9-octadecenoic acid]

命名脂环酸和芳香酸时,将脂环和芳基作为取代基的甲酸来命名。例如

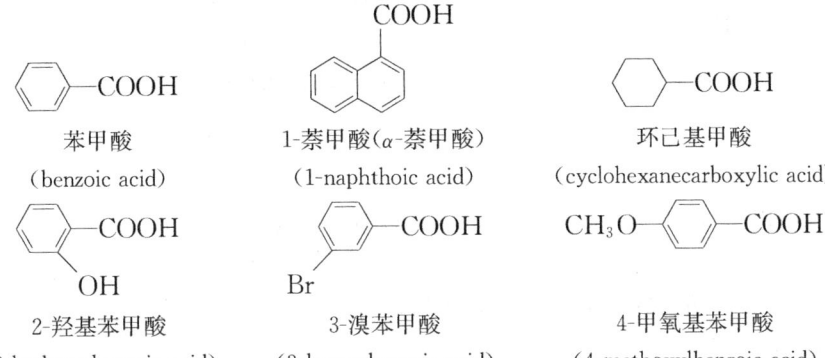

对于在主链上含有芳基或脂环基的羧酸,都把芳基或脂环基当作取代基来命名。例如

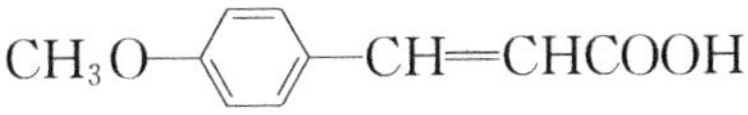

CH_3O—⟨phenyl⟩—CH=CHCOOH

3-(4-甲氧基苯基)丙烯酸
[3-(4-methoxylphenyl)propenoic acid]

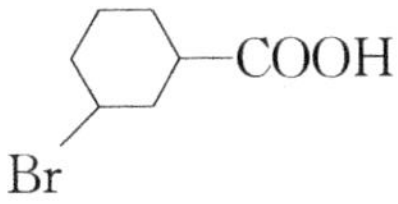

3-溴环己基甲酸
(3-bromocyclohexanecarboxylic acid)

命名二元羧酸及多元羧酸时,选择含有两个羧基在内的最长碳链为主链,作为母体二酸,称为某二酸。例如

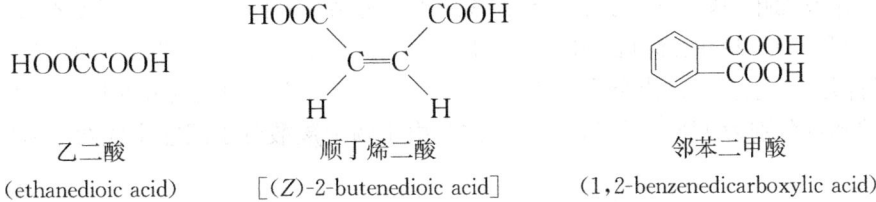

羧酸的普通命名法是从羧基的邻位碳原子开始对主链用 α、β、γ、δ、…、ω 依次编号,末端碳原子用 ω 表示。命名时主链上取代基的位置即用 α、β、γ、δ、…、ω 表示。例如

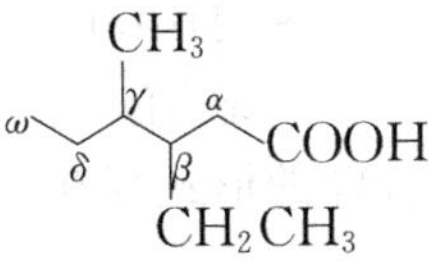

$$\overset{\omega}{C}H_3-\overset{\gamma}{C}H(CH_3)-\overset{\beta}{C}H(CH_2CH_3)-\overset{\alpha}{C}H_2-COOH$$

γ-甲基-β-乙基己酸
(β-ethyl-γ-methylhexanoic acid)

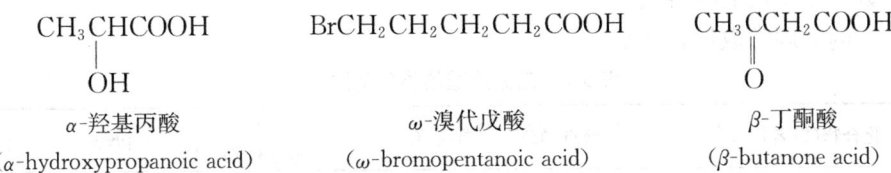

$CH_3CHCOOH$
　　|
　　OH

α-羟基丙酸
(α-hydroxypropanoic acid)

$BrCH_2CH_2CH_2CH_2COOH$

ω-溴代戊酸
(ω-bromopentanoic acid)

CH_3CCH_2COOH
　　‖
　　O

β-丁酮酸
(β-butanone acid)

问题 9-1 用系统命名法命名下列化合物。

(1) 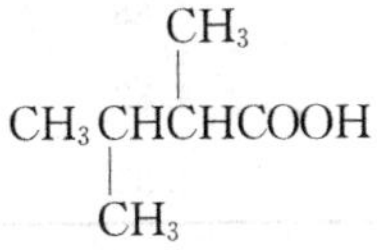 $CH_3CHCHCOOH$
　　　　|　|
　　　　CH_3　CH_3 (位置见原图)

(2) 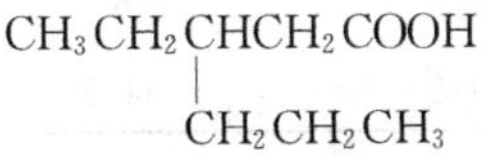 $CH_3CH_2CHCH_2COOH$
　　　　　　|
　　　　　　CH_2CH_3

(3) 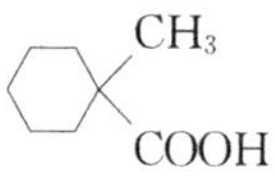 结构式：环己基（含CH₃）-COOH (1-甲基环己基甲酸)

(4) 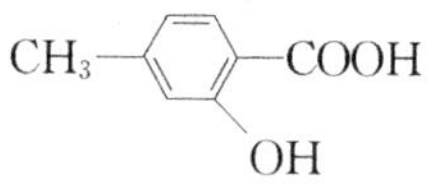 CH₃-C₆H₃(OH)-COOH (邻羟基间甲基苯甲酸)

(5) 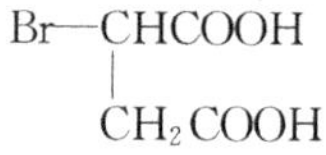 Br—CH(COOH)—CH₂COOH

(6) 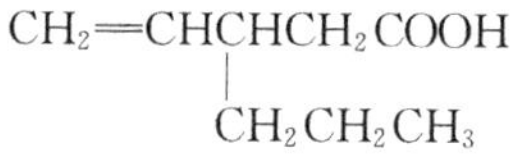 CH₂=CHCH(CH₂CH₃)CH₂COOH

(7) 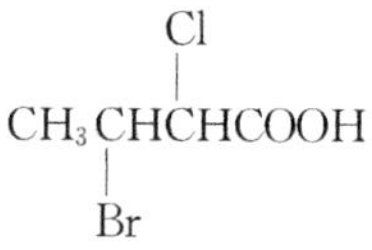 CH₃CH(Cl)CH(Br)COOH

(8) 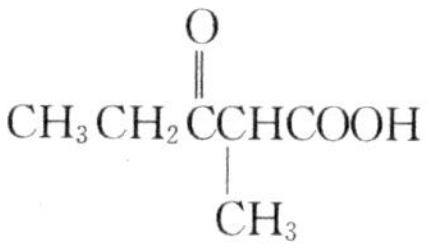 CH₃CH₂C(O)CH(CH₃)COOH

问题 9-2 按照下列化合物的名称写出相应的结构式。
(1) 2-溴-4-甲基己酸 (2) 3-苯基丙烯酸
(3) 二羟基丁二酸   (4) α-甲基-β-丁酮酸
(5) 丁炔二酸   (6) β-羟基戊酸

9.2 羧酸的物理性质

常温下，C_9 以下的饱和一元脂肪酸为液体，C_1~C_4 的低级脂肪酸具有较强的刺鼻气味，可溶于水，C_5~C_{10} 的脂肪酸具有难闻的酸性腐臭味，难溶或不溶于水。C_{10} 以上的脂肪酸呈蜡状固体，微味或无味，基本不溶于水。芳香羧酸大多为结晶固体，在水中溶解度不大。

直链饱和一元羧酸的沸点比相对分子质量相近的醇的沸点高。例如，甲酸和乙醇的相对分子质量都是 46，它们的沸点分别为 100.7 ℃ 和 78.3 ℃；乙酸和正丙醇的相对分子质量都是 60，它们的沸点分别为 118 ℃ 和 97.2 ℃。这是由于两个羧酸分子间能生成两个氢键，形成二缔合体。

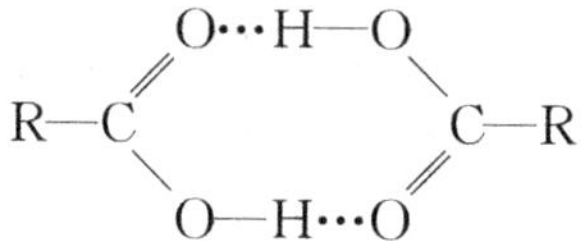

$$R-C\begin{array}{c}O\cdots H-O\\ \\ O-H\cdots O\end{array}C-R$$

二缔合体

羧酸在液态和固态时主要以二缔合体的形式存在，相对分子质量小的甲酸和乙酸甚至在气态时也以二缔合体的形式存在。

羧酸的熔点随相对分子质量的增大呈锯齿状上升，含偶数碳原子羧酸的熔点又比与它相邻的两个奇数碳原子羧酸的熔点高。

部分羧酸的物理常数见表 9-1。

表 9-1 部分羧酸的物理常数

化合物(俗名)	熔点/℃	沸点/℃	溶解度/[g·(100 g H₂O)⁻¹]	pK_{a1}	pK_{a2}
甲酸(methanoic acid，蚁酸)	8.4	100.5	∞	3.77	—
乙酸(ethanoic acid，醋酸)	16.6	118	∞	4.76	—
丙酸(propanoic acid，初油酸)	−21	141	∞	4.88	
丁酸(butanoic acid，酪酸)	−6	164	∞	4.82	
戊酸(pentanoic acid，缬草酸)	−34.5	187	4.97	4.85	

续表

化合物(俗名)	熔点/℃	沸点/℃	溶解度/[g·(100 g H_2O)$^{-1}$]	pK_{a1}	pK_{a2}
己酸(hexanoic acid,羊油酸)	−3	205	1.08	4.85	—
庚酸(heptanoic acid,毒水芹酸)	−11	223.5	—	4.89	—
辛酸(octanoic acid,羊脂酸)	16	239	0.07	4.85	—
十六酸(hexadecanoic acid,软脂酸)	62.9	221.5	不溶	6.46	—
十八酸(octadecanoic acid,硬脂酸)	70	383	不溶	6.37	—
乙二酸(ethanedioic acid,草酸)	189	157(分解)	10	1.26	4.27
丙二酸(propanedioic acid,缩苹果酸)	135	140(分解)	74	2.80	5.85
丁二酸(butanedioic acid,琥珀酸)	185	235 失水	5.8	4.21	5.64
戊二酸(pentanedioic acid,胶酸)	98	303	63.9	4.34	5.42
己二酸(hexanedioic acid,肥酸)	153	265/100 mmHg	2	4.42	5.61
苯甲酸(benzoic acid,安息香酸)	121.7	249	0.34	4.19	—
对苯二甲酸(p-phthalic acid,对酞酸)	300	—	不溶	3.52	4.85
丙烯酸(propenoic acid)	13	141	∞	4.26	—
3-苯基丙烯酸(3-phenyl propenoic acid,肉桂酸)	133	300	不溶	4.44	—

由于羧酸通常以二缔合体的形式存在,其 C=O 的伸缩振动在 1725~1695 cm^{-1},O—H 的伸缩振动也因二缔合体在 3330~2500 cm^{-1} 表现为一个强而宽的峰,其中心在 3000 cm^{-1} 附近。由于其吸收峰与 C—H 的伸缩振动叠加,因此在 2700~2000 cm^{-1} 常出现肩峰。另外,在 1250 cm^{-1} 附近的 C—O 伸缩振动吸收峰和在 925 cm^{-1} 附近的 O—H 弯曲振动吸收峰都是羧酸的特征峰。

在羧酸的二缔合体中,羧基上的氢受氢键缔合的去屏蔽效应,羧基中质子的 ^{1}H NMR 化学位移 δ 为 10~13,当与 D_2O 交换后,该信号消失。α-碳原子上的氢受羧基的影响,化学位移 δ 为 2.0~2.6。

9.3 羧酸的化学性质

羧酸的化学性质主要发生在羧基上及羧基对 α-碳原子上的氢的影响。

$$R-\overset{\underset{\displaystyle H}{|}}{\underset{\underset{\displaystyle H}{|}}{C}}\overset{c}{-}\overset{\overset{\displaystyle O}{\|}}{C}\overset{b}{-}O\overset{a}{-}H$$

在 a 处断裂,显示羧酸的酸性;在 b 处断裂,羧酸提供酰基,起酰基化作用;在 c 处断裂,羧基脱去 CO_2,表现为羧酸的脱羧反应;在 d 处断裂,是 α-碳原子上的氢原子受羧基的影响,活性增加,在一定的条件下被取代。

9.3.1 羧酸的酸性

羧酸在水溶液中有下列电离平衡：

$$RCOOH + H_2O \rightleftharpoons RCOO^- + H_3O^+$$

羧基中 O—H 键受羰基与羟基的 p-π 共轭的影响，氢容易以质子的形式离去，使羧酸显示酸性。解离后生成的负离子 $RCOO^-$ 中的负电荷，因 p-π 共轭而不再只集中在原来的氧原子上，而是分散在三中心的共轭体系中，使负离子更稳定。

大多数未取代的饱和一元羧酸是弱酸，$pK_a = 3 \sim 5$，因此在电离平衡体系中，主要是以未电离的形式存在。羧酸的酸性比无机酸 HCl、H_2SO_4 等弱，但比碳酸（$pK_a = 6.35$）和苯酚（$pK_a = 10$）强。因此羧酸能与 NaOH 和 $NaHCO_3$ 反应，而苯酚仅能与 NaOH 反应，但不与 $NaHCO_3$ 反应。

$$RCOOH + NaOH \longrightarrow RCOONa + H_2O$$
$$RCOOH + NaHCO_3 \longrightarrow RCOONa + H_2O + CO_2$$

因此，可以利用稀碳酸氢钠水溶液区别和分离羧酸和酚。

羧酸可与碱及金属氧化物反应生成羧酸盐。羧酸的碱金属盐（如钠盐、钾盐等）都能溶于水。利用这种性质，可以将羧酸与其他不溶于水的中性或碱性化合物分离。在注射用药、食品添加剂、表面活性剂等行业中，也常将羧酸制成相应的碱金属盐，便于在使用时得到相应的溶液，如抗生素青霉素钠（钾）以及食品防腐剂苯甲酸钠等。

青霉素钠（钾）　　　　　苯甲酸钠

影响羧酸酸性强弱的主要因素是羧酸分子的结构，分子中凡有任何能使羧酸根负离子稳定的因素都有利于其酸性增强，羧酸根负离子的负电荷越分散，负离子越稳定，羧酸的酸性越强，反之则酸性越弱。因此对取代的饱和羧酸，烃基上具有 −I 效应的取代基使酸性增强，具有 +I 效应的取代基使酸性减弱。

烷基具有 +I 效应，所以在饱和的一元脂肪酸中，甲酸的酸性最强。例如

	HCOOH	CH_3COOH
pK_a	3.77	4.76

卤素取代的脂肪族羧酸，其酸性比没有取代的羧酸强，且随着卤素的 −I 效应增大而酸性增强。例如

	FCH_2COOH	$ClCH_2COOH$	$BrCH_2COOH$	ICH_2COOH
pK_a	2.66	2.86	2.90	3.18
	Cl_3CCOOH	$Cl_2CHCOOH$	$ClCH_2COOH$	CH_3COOH
pK_a	0.64	1.26	2.86	4.76

由于诱导效应随着碳链的传递迅速减弱，因此 α-取代的卤代酸的酸性比 β-取代和 γ-取代

的酸性强。例如

| CH₃CH₂CH₂COOH | CH₂(Cl)CH₂CH₂COOH | CH₃CH(Cl)CH₂COOH | CH₃CH₂CH(Cl)COOH |

pK_a　　　　4.81　　　　　　4.52　　　　　　　4.06　　　　　　　2.84

苯甲酸的酸性比乙酸稍强，这是由于在苯甲酸和乙酸分子中，羧基分别连在 sp^2 和 sp^3 杂化的碳原子上，而前者碳原子中的 s 成分比后者略多，所以前者碳原子的电负性比后者略强。结果是苯甲酸的酸性比乙酸稍强，比甲酸弱。

　　　　　　　　　HCOOH　　　C₆H₅COOH　　　CH₃COOH
pK_a　　　　　　 3.77　　　　　4.20　　　　　　4.76

对芳环上有取代基的芳香族羧酸，要根据具体情况具体分析。芳环上的取代基可以通过诱导效应和共轭效应影响羧基的电离，即影响它的酸性。对于诱导效应，取代基在羧基的邻位影响最大，在对位影响最小，间位的影响居中。对于共轭效应，取代基在羧基的邻、对位有共轭效应的影响，而在间位没有共轭效应的影响。对于同时具有诱导和共轭效应的邻、对位上的取代基，还要考虑诱导效应和共轭效应的方向、大小。

例如，在硝基取代的苯甲酸中，硝基在羧基的邻、对位时，都具有 −I 和 −C 效应，但邻位的 −I 效应比对位大，而硝基在羧基的间位时，只有比邻位小的 −I 效应，而没有 −C 效应，所以酸性的强弱次序为邻硝基苯甲酸＞对硝基苯甲酸＞间硝基苯甲酸。

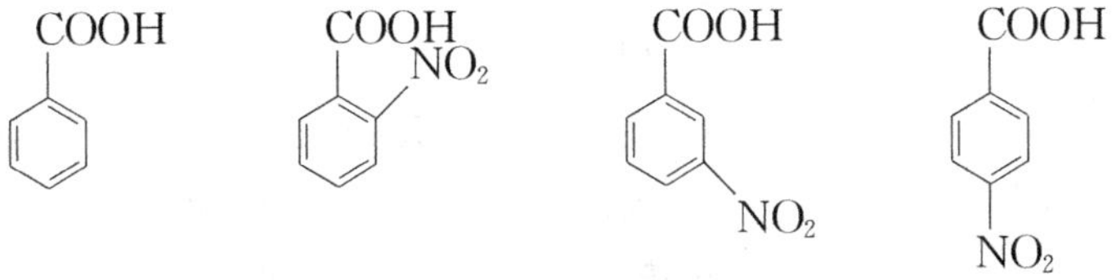

pK_a　　　　4.20　　　　　2.21　　　　　3.49　　　　　3.42

在卤素取代的苯甲酸中，卤素氯在羧基的邻、对位时，都具有 −I 和 +C 效应，但邻位的 −I 效应比对位大，而氯在羧基的间位时，只有比邻位小的 −I 效应，所以酸性的强弱次序为邻氯苯甲酸＞间氯苯甲酸＞对氯苯甲酸。

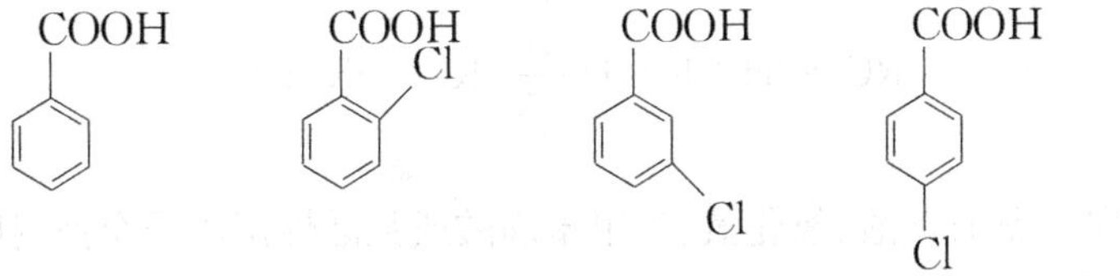

pK_a　　　　4.20　　　　　2.92　　　　　3.83　　　　　3.97

对于取代苯甲酸，除上述诱导和共轭电子效应外，空间效应有时也影响羧酸的酸性，一般来说，邻位取代苯甲酸因空间效应有利于羧基的解离，使酸性增强。另外，能在分子内形成氢键的也使羧酸的酸性增强。例如，邻羟基苯甲酸能在分子内形成氢键，这有利于羧基的解离。

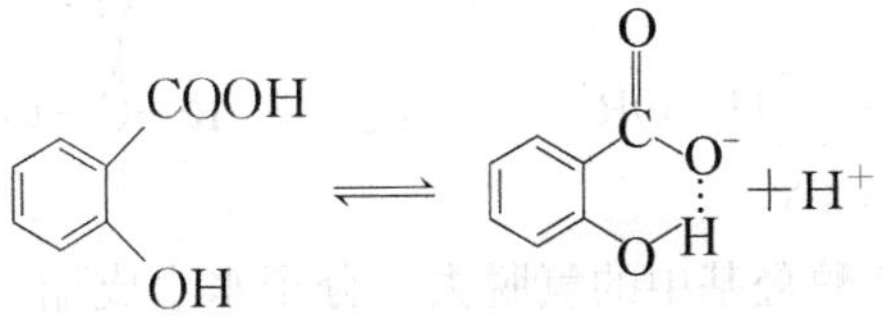

邻羟基苯甲酸的 pK_a 为 2.98，而间羟基苯甲酸和对羟基苯甲酸的 pK_a 分别为 4.08 和 4.57。

二元羧酸分子中有两个羧基，它们是分步电离的，因此二元羧酸有两个 pK_a 值，即 pK_{a1} 和

pK_{a2}。由于羧基具有 $-I$ 诱导效应，有利于第一个羧基的电离，第一个羧基比饱和一元羧酸的酸性强，其 pK_{a1} 小于一元羧酸的 pK_a 值，但随着两个羧基之间碳链的增加，诱导效应的影响逐渐减弱，所以 C_4 以上的二元羧酸，其 pK_{a1} 已接近一元羧酸的 pK_a 值。而二元羧酸的 pK_{a2} 却大于一元羧酸的 pK_a 值，即第二个羧基的电离比较小，这是因为当两个羧基都电离后，生成两个都带负电荷的羧酸根离子，由于同名电荷的相斥，羧酸根离子的势能升高，稳定性降低，因此第二个羧基的酸性比一元羧酸的酸性小。例如

$$\text{HOCOCH}_2\text{COOH} \qquad\qquad \text{CH}_3\text{CH}_2\text{COOH}$$
$$pK_{a1}\ 2.83 \quad pK_{a2}\ 5.69 \qquad\qquad pK_a\ 4.87$$

问题 9-3 试比较下列羧酸的酸性大小（由强到弱排列）。
(1) 丙二酸、乙二酸、乙酸
(2) 3-丁烯酸、3-丁炔酸、丁酸

9.3.2 羧酸衍生物的生成

羧基中的羟基（HO—）可被烷氧基（RO—）、氨基（H$_2$N—）、酰氧基（RCOO—）或卤素（X—）取代，分别生成酯（ester）、酰胺（amide）、酸酐（acid anhydride）或酰卤（acyl halide）等，它们称为羧酸衍生物。

$$\underset{\text{酯}}{\text{R-CO-OR}'} \qquad \underset{\text{酰胺}}{\text{R-CO-NH}_2} \qquad \underset{\text{酸酐}}{\text{R-CO-OCOR}'} \qquad \underset{\text{酰卤}}{\text{R-CO-X}}$$

1. 酯的生成

在强酸的催化下，羧酸与醇反应生成酯，称为羧酸的酯化（esterification）反应。若没有酸催化，则酯化反应很慢。

$$\text{RCOOH} + \text{R}'\text{OH} \underset{\triangle}{\overset{\text{H}^+}{\rightleftharpoons}} \underset{\text{酯}}{\text{RCOOR}'} + \text{H}_2\text{O}$$

常用的强酸催化剂有硫酸、氯化氢、对甲苯磺酸或强酸性阳离子交换树脂等。

酯化反应为可逆反应，在反应达到平衡时，只有部分羧酸能转变成酯。反应时可以加入过量、廉价、易得的反应物酸或醇，还可以蒸出低沸点的酯，或者加入能与水形成共沸的溶剂，在反应中不断将生成的水带出反应体系，使平衡向右移动，这些方法都能提高酯的产率。

在酯化反应中，羧酸和醇分子之间脱去一分子水，失水可按下面两种方式进行。

$$\underset{(\text{Ⅰ})}{\text{R-C(=O)-[OH} \ \ \text{H]-OR}'} \qquad \text{或} \qquad \underset{(\text{Ⅱ})}{\text{R-C(=O)-O-[H} \ \ \text{HO]-R}'}$$

方式（Ⅰ）是羧基中的羟基和醇羟基中的氢脱去一分子水生成酯；方式（Ⅱ）是羧基中羟基上的氢和醇羟基脱去一分子水生成酯。羧酸与伯醇和仲醇的酯化反应主要按方式（Ⅰ）脱水。其反应机理为

第 9 章 羧酸和取代酸

$$R-\underset{\substack{\|\\O}}{C}-OH \xrightleftharpoons{H^+} R-\underset{\substack{\|\\OH}}{\overset{+OH}{C}}-OH \xrightarrow{H\ddot{O}R'} R-\underset{\substack{|\\R'-\overset{+}{O}H}}{\overset{OH}{C}}-OH \rightleftharpoons$$

$$R-\underset{\substack{|\\OR'}}{\overset{:OH}{\underset{|}{C}}}-\overset{+}{O}H_2 \xrightleftharpoons{-H_2O} R-\underset{\substack{\|\\}}{\overset{+OH}{C}}-OR' \xrightleftharpoons{-H^+} R-\underset{\substack{\|\\O}}{C}-OR'$$

在酸催化下,首先是羧基中的羰基氧质子化,羰基碳原子的正电性增加,亲电性增强,然后受醇羟基的亲核进攻,形成一个四面体中间体,这一步是反应速率的决定步骤。再经过质子转移、消除水分子、恢复平面结构和形成质子化的酯,最后消除质子得到酯。结果是羧基中的羟基被烷氧基取代,是羧酸经亲核加成-消除机理的亲核取代反应。

将羧基或醇分子中的羟基氧原子用同位素 ^{18}O 标记,证实了该反应机理。

$$C_6H_5-\underset{\substack{\|\\O}}{C}-\overline{OH+H}-{^{18}OCH_2CH_3} \xrightleftharpoons{H^+} C_6H_5-\underset{\substack{\|\\O}}{C}-{^{18}OCH_2CH_3} + H_2O$$

或

$$C_6H_5-\underset{\substack{\|\\O}}{C}-\overline{{^{18}OH+H}}-OCH_2CH_3 \xrightleftharpoons{H^+} C_6H_5-\underset{\substack{\|\\O}}{C}-OCH_2CH_3 + H_2^{18}O$$

也可以利用醇羟基直接与手性碳原子相连的旋光的醇来验证。

$$CH_3-\underset{\substack{\|\\O}}{C}-\overline{OH+H}-\underset{\substack{|\\\underset{*}{C}H_3}}{O-CH}-(CH_2)_5CH_3 \xrightleftharpoons{H^+} CH_3-\underset{\substack{\|\\O}}{C}-O-\underset{\substack{|\\\underset{*}{C}H_3}}{CH}-(CH_2)_5CH_3 + H_2O$$

$$(R\text{ 或 }S) \qquad\qquad (R\text{ 或 }S)$$

如果在醇分子中发生碳氧键断裂,则旋光的醇就可能发生外消旋化。

从上述反应机理可以看出,加成后的中间体具有四面体结构,原来羧基碳原子周围的空间位置增加。因此羧酸和醇的 α-碳上的取代基越多、体积越大,则加成的反应中间体越不稳定,反应活化能越大,酯化反应越难进行。

羧酸与叔醇的酯化反应主要按方式(Ⅱ)进行脱水,首先是叔醇在酸的作用下形成碳正离子,然后羧基中羰基的 π 键异裂,与碳正离子结合,生成烷氧键,利用羟基氧的未共用电子对再生成 π 键,最后失去质子生成酯。

$$R_3C-OH \xrightleftharpoons{H^+} R_3C-\overset{+}{O}H_2 \xrightleftharpoons{-H_2O} R_3\overset{+}{C} \xrightarrow{\underset{R'}{\overset{\ddot{O}=\overset{|}{C}-\ddot{\ddot{O}}\ddot{H}}{}}} R'-\underset{\substack{\|\\}}{\overset{+OH}{C}}-O-CR_3 \xrightleftharpoons{-H^+} R'-\underset{\substack{\|\\O}}{C}-OCR_3$$

因为水的碱性比羧酸的碱性强,所以水比羧酸更容易与叔碳正离子结合。因此,叔醇酯化的产率很低。

问题 9-4 比较羧酸及醇发生酯化反应的速率大小。
(1) 下列羧酸与同一醇的酯化反应
CH_3CH_2COOH、CH_3COOH、$(CH_3)_3CCOOH$、$(CH_3)_2CHCOOH$

(2) 下列醇与同一羧酸的酯化反应
CH_3CH_2OH、CH_3OH、$(CH_3)_2CHOH$

---

2. 酰胺的生成

羧酸与氨或胺在较低温度下反应可以生成铵盐,铵盐加热时分解得到酰胺或 N-取代酰胺。

$$RCOOH + NH_3 \rightleftharpoons RCOONH_4 \xrightarrow{\triangle} RCONH_2 + H_2O$$
$$\text{酰胺}$$

$$RCOOH + NH_2R' \rightleftharpoons RCOONH_3R' \xrightarrow{\triangle} RCONHR' + H_2O$$

由于羧酸铵盐是弱酸和弱碱生成的盐,所以铵盐与羧酸和氨处于可逆平衡状态,因此羧酸铵在加热条件下脱水生成酰胺的过程可能为

$$R-\overset{O}{\underset{\|}{C}}-ONH_4 \xrightarrow{\triangle} R-\overset{O}{\underset{\|}{C}}-OH + :NH_3 \rightleftharpoons R-\underset{\underset{+NH_3}{|}}{\overset{O^-}{\underset{|}{C}}}-OH \rightleftharpoons R-\underset{\underset{NH_2}{|}}{\overset{O^-}{\underset{|}{C}}}-\overset{+}{O}H_2 \xrightarrow{-H_2O} RC\overset{O}{\underset{\|}{-}}NH_2$$

整个反应可逆,反应必须在比较强烈的条件下,且不断除去反应中生成的水,才能得到较高产率的酰胺。

3. 酰卤的生成

羧酸与无机酸酰卤(如 $SOCl_2$、PCl_3 和 PCl_5 等)反应,羧基中的羟基被卤素取代,生成酰卤。酰卤中以酰氯最为重要。常用的氯化试剂有三氯化磷、五氯化磷或亚硫酰氯。

$$R-\overset{O}{\underset{\|}{C}}-OH + PCl_3 \longrightarrow R-\overset{O}{\underset{\|}{C}}-Cl + H_3PO_3$$
$$\text{酰氯} \quad \text{亚磷酸}$$

$$R-\overset{O}{\underset{\|}{C}}-OH + PCl_5 \longrightarrow R-\overset{O}{\underset{\|}{C}}-Cl + POCl_3 + HCl$$
$$\text{磷酰氯}$$

$$R-\overset{O}{\underset{\|}{C}}-OH + SOCl_2 \longrightarrow R-\overset{O}{\underset{\|}{C}}-Cl + SO_2 + HCl$$
$$\text{亚硫酰氯}$$

酰卤通常用蒸馏的方法进行提纯,因此无机酸酰卤的选择必须考虑生成的酰卤与反应物和反应的副产物之间的沸点差,沸点差越大越容易分离纯化。实验室常用亚硫酰氯(b. p. 77 ℃)制备酰氯,因为生成的副产物是气体 SO_2 和 HCl,很容易从反应体系中逸出(通过吸收装置吸收),蒸去低沸点的过量 $SOCl_2$,即可得到纯净的酰氯。

酰卤非常活泼,常用作酰化剂,广泛用于醇和胺的酰化,分别生成酯和酰胺。最常用的酰卤为酰氯和酰溴。

4. 酸酐的生成

除甲酸外,一元羧酸在脱水剂(如 P_2O_5、乙酸酐等)的作用下加热,两分子之间失去一分子

水,生成酸酐。

$$R-\overset{O}{\underset{}{C}}-OH + HO-\overset{O}{\underset{}{C}}-R \xrightarrow[\triangle]{P_2O_5} R-\overset{O}{\underset{}{C}}-O-\overset{O}{\underset{}{C}}-R + H_2O$$
酸酐

两种不同羧酸之间脱水则得到三种酸酐的混合物,没有制备意义。但某些二元羧酸,如丁二酸、戊二酸、邻苯二甲酸等,只要在加热条件下就能生成含五元环或六元环的酸酐。

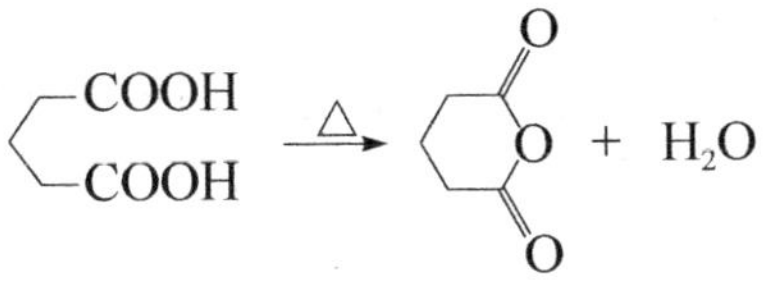

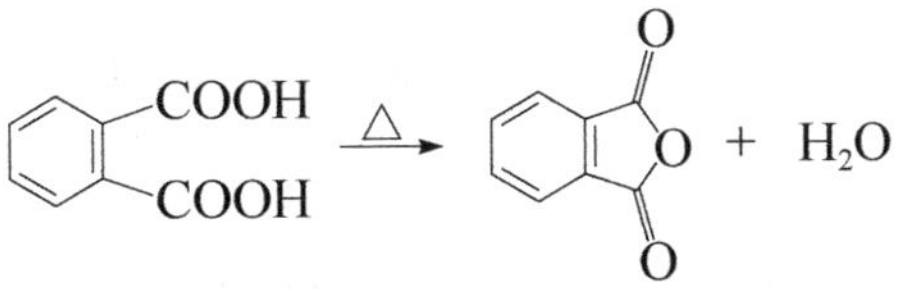

混合酸酐可用相应的酰卤和另外一个羧酸盐共热制得。

$$R-\overset{O}{\underset{}{C}}-ONa + R'-\overset{O}{\underset{}{C}}-Cl \xrightarrow{\triangle} R-\overset{O}{\underset{}{C}}-O-\overset{O}{\underset{}{C}}-R' + NaCl$$

9.3.3 脱羧反应

在加热条件下,从羧酸的羧基中脱去二氧化碳的反应称为羧酸的脱羧(decarboxylation)反应。一般饱和的脂肪族羧酸比较难脱羧,但当 α-碳原子或 β-碳原子上连有卤素、硝基、氰基、羰基和羧基等时,脱羧反应能在加热条件下顺利进行。例如

$$Cl_3CCOOH \xrightarrow{\triangle} CHCl_3 + CO_2$$
$$HOOC-COOH \xrightarrow{\triangle} HCOOH + CO_2$$
$$HOOCCH_2COOH \xrightarrow{\triangle} CH_3COOH + CO_2$$
$$RCOCH_2COOH \xrightarrow{\triangle} RCOCH_3 + CO_2$$

芳香族羧酸比脂肪族羧酸容易脱羧,在羧基的邻、对位上有吸电子取代基的芳香族羧酸,更加容易脱羧。例如

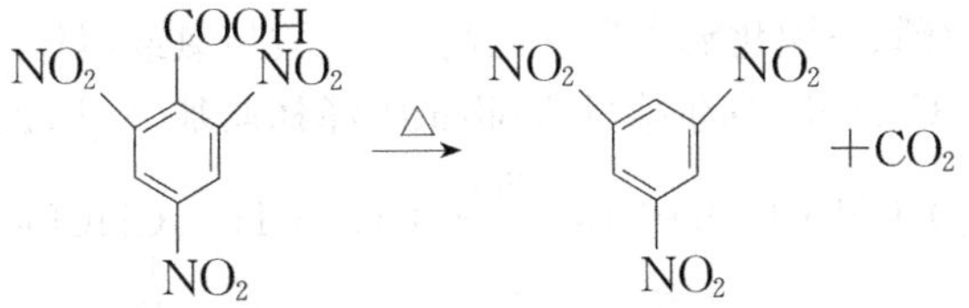

将脂肪族羧酸或芳香族羧酸的银盐悬浮在无水惰性溶剂(如 CCl_4、苯、硝基苯等)中,与溴加热回流,脱去二氧化碳,生成少一个碳原子的溴代烃。例如

$$CH_3(CH_2)_{10}COOAg \xrightarrow[CCl_4,\triangle]{Br_2} CH_3(CH_2)_9CH_2Br$$

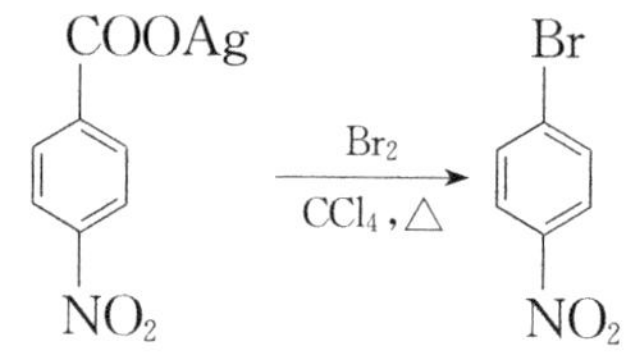

这称为亨斯狄克(H. Hunsdiecker)反应。

9.3.4 羧酸的还原

羧基中的碳氧双键很难用催化加氢的方法还原。而羧酸能被还原能力很强的氢化铝锂还原为伯醇，先还原为烷氧基铝锂，然后水解得到相应的醇。无水乙醚或无水四氢呋喃是氢化铝锂还原时常用的溶剂。

$$4RCOOH + 3LiAlH_4 \xrightarrow{(C_2H_5)_2O} (RCH_2O)_4AlLi + 2LiAlO_2 + H_2$$
$$\downarrow H_2O$$
$$4RCH_2OH$$

例如

$$(CH_3)_3C-COOH \xrightarrow[\text{无水乙醚}]{LiAlH_4} \xrightarrow{H_2O} (CH_3)_3C-CH_2OH$$
92%

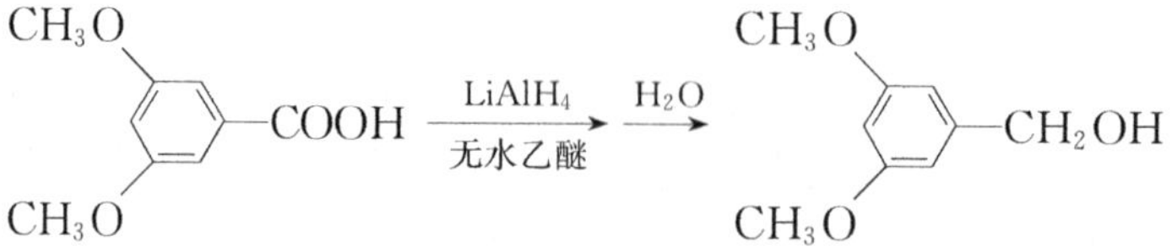

$$\text{3,5-(CH}_3\text{O)}_2\text{C}_6\text{H}_3\text{COOH} \xrightarrow[\text{无水乙醚}]{LiAlH_4} \xrightarrow{H_2O} \text{3,5-(CH}_3\text{O)}_2\text{C}_6\text{H}_3\text{CH}_2\text{OH}$$
93%

氢化铝锂还原羧酸不但产率较高，而且不能还原不饱和羧酸中的碳碳不饱和键。例如

$$CH_2=CHCH_2COOH \xrightarrow[\text{无水乙醚}]{LiAlH_4} \xrightarrow{H_2O} CH_2=CHCH_2CH_2OH$$

9.3.5 α-氢的反应

通过对羧基结构的讨论，已经清楚羧基碳原子比醛、酮羰基碳原子上的正电荷少，因此羧基对 α-H 的影响比醛、酮羰基对 α-H 的影响小。所以羧酸的 α-H 卤代反应不容易进行，只有当加入少量红磷(P)或三氯化磷、三溴化磷作为催化剂，将羧酸与氯或溴作用才能顺利得到 α-氯代或溴代羧酸。这称为赫尔(C. Hell)-乌尔哈(J. Volhard)-泽林斯基(N. D. Zelinsky)反应。例如

$$CH_3(CH_2)_3CH_2COOH + Br_2 \xrightarrow[\triangle]{PCl_3} CH_3(CH_2)_3CHBrCOOH + HBr$$
83%~89%

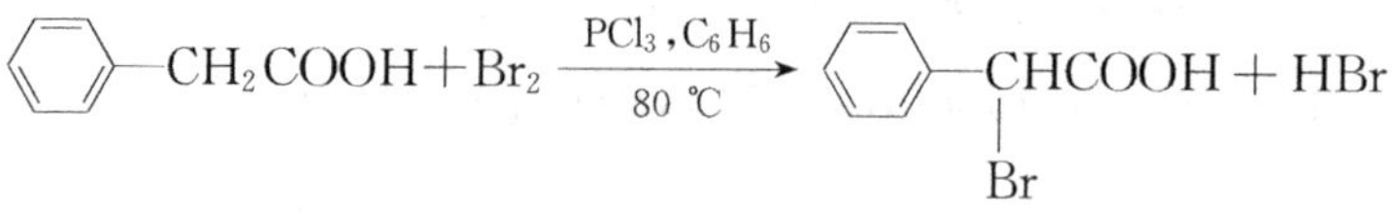

$$C_6H_5CH_2COOH + Br_2 \xrightarrow[80℃]{PCl_3, C_6H_6} C_6H_5CHBrCOOH + HBr$$
60%~62%

过量的卤素能使 α-H 全部被卤化。因此，控制反应条件和卤素用量，可以使一卤代酸为主要产物。

通过 α-卤代酸可以制备 α-氨基酸、α-羟基酸、取代丙二酸、α,β-不饱和羧酸等。

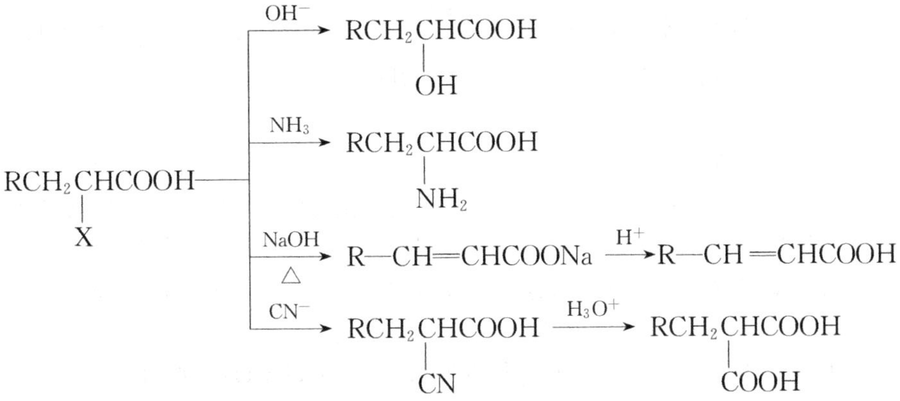

$$RCH_2CHXCOOH \begin{cases} \xrightarrow{OH^-} RCH_2CH(OH)COOH \\ \xrightarrow{NH_3} RCH_2CH(NH_2)COOH \\ \xrightarrow[\triangle]{NaOH} R-CH=CHCOONa \xrightarrow{H^+} R-CH=CHCOOH \\ \xrightarrow{CN^-} RCH_2CH(CN)COOH \xrightarrow{H_3O^+} RCH_2CH(COOH)COOH \end{cases}$$

羧酸分子中烃基上的氢被其他原子或原子基团取代后的产物都称为取代羧酸。

问题 9-5 写出下列反应的产物。

(1)  $\begin{array}{l} CH_2COOH \\ | \\ CH_2COOH \end{array} \xrightarrow{\triangle}$

(2) $CH_3CH_2COOAg \xrightarrow[CCl_4, \triangle]{Br_2}$

(3) 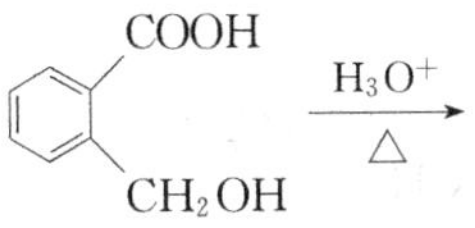 邻-C_6H_4(COOH)(CH$_2$OH) $\xrightarrow[\triangle]{H_3O^+}$

(4) $CH_3CH_2CH_2COOH \xrightarrow{LiAlH_4} \xrightarrow{H_2O}$

(5) $CH_3CH_2COOH \xrightarrow[PCl_3(少量)]{Cl_2} \xrightarrow{NaCN}$

(6) $CH_3CH_2COOH \xrightarrow[P]{Cl_2} \xrightarrow[H^+]{C_2H_5OH}$

(7) 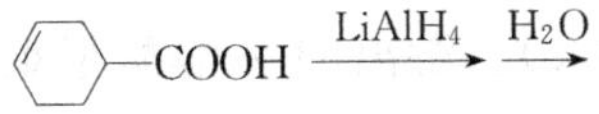 $C_6H_{11}-COOH \xrightarrow{LiAlH_4} \xrightarrow{H_2O}$

9.4 羟 基 酸

羧酸烃基饱和碳原子上的氢被羟基取代后的产物称为羟基酸(hydroxy acid)，羟基连接在脂肪烃基上的羟基酸称为醇酸(alcoholic acid)，羟基连在芳香族羧酸芳环上的羟基酸称为酚酸(phenolic acid)。

许多羟基酸存在于自然界的天然产物中，往往因其来源而有俗名。例如

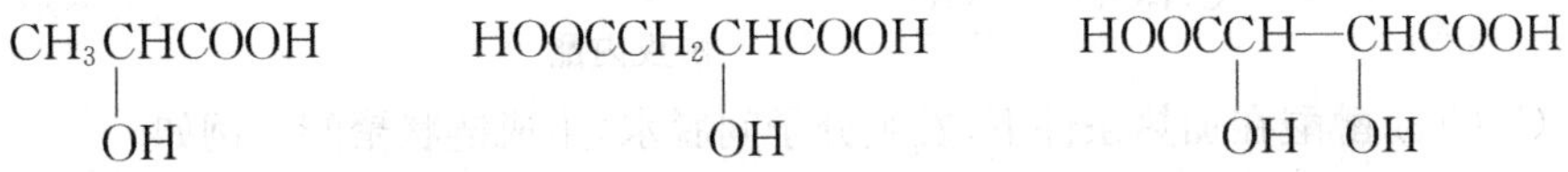

$$\begin{array}{ccc} CH_3CH(OH)COOH & HOOCCH_2CH(OH)COOH & HOOCCH(OH)CH(OH)COOH \\ 乳酸 & 苹果酸 & 酒石酸 \\ (lactic\ acid) & (malic\ acid) & (tartaric\ acid) \end{array}$$

·232· 有机化学

$$\text{HOOCCH}_2\underset{\underset{\text{OH}}{|}}{\overset{\overset{\text{COOH}}{|}}{\text{C}}}\text{CH}_2\text{COOH}$$
柠檬酸
(citric acid)

水杨酸
(salicylic acid)

五倍子酸（没食子酸）
(gallic acid)

羟基酸是分子中同时含有羧基和羟基的双官能团化合物，分别具有羧酸、醇或酚的典型反应。由于分子中羧基与羟基的相对位置不同，其相互影响的程度不同，还表现出某些特殊性质。

醇酸中的羟基和羧基都可以与水分子形成氢键，所以脂肪链不太长的醇酸一般都能溶于水。由于羟基的 $-I$ 效应，α-醇酸的酸性比没有羟基取代的羧酸强。例如

$$\text{CH}_3\text{CH}_2\text{COOH} \qquad \text{CH}_3\underset{\underset{\text{OH}}{|}}{\text{CH}}\text{COOH} \qquad \underset{\underset{\text{OH}}{|}}{\text{CH}_2}\text{CH}_2\text{COOH}$$

pK_a 4.87   3.87   4.51

但这种诱导效应随着碳链的传递很快减弱。

9.4.1 醇酸的脱水反应

两分子 α-醇酸之间容易发生交叉酯化反应，脱去两分子水，生成交酯(lactide)。例如

[反应式：两分子乳酸 $\xrightarrow{\triangle}$ 丙交酯 + 2H$_2$O]

β-醇酸在加热时容易与 α-氢脱去一分子水，生成 α,β-不饱和羧酸。例如

$$\text{CH}_3\text{CH}-\text{CHCOOH} \xrightarrow{\triangle} \text{CH}_3\text{CH}=\text{CHCOOH} + \text{H}_2\text{O}$$
     | |
     OH H

γ-醇酸极易发生分子内脱水，生成五元环的内酯(lactone)。游离的 γ-醇酸很难得到，只有当转变成相应的盐后才是稳定的。例如

[反应式：γ-羟基丁酸 → γ-丁内酯 + H$_2$O]

δ-醇酸发生分子内脱水生成六元环的内酯。例如

[反应式：δ-羟基戊酸 → δ-戊内酯 + H$_2$O]

大于 C_5 的 ω-醇酸在加热条件下，发生分子间脱水，生成链状聚酯。例如

$$n\text{HO(CH}_2)_6\text{COOH} \longrightarrow \text{HO(CH}_2)_6\overset{\text{O}}{\overset{\|}{\text{C}}}\text{─}[\text{O(CH}_2)_6\overset{\text{O}}{\overset{\|}{\text{C}}}]_{n-1}\text{OH} + (n-1)\text{H}_2\text{O}$$
聚酯

9.4.2 α-醇酸和β-醇酸的分解反应

在浓硫酸存在下，α-醇酸加热分解为醛、酮及一氧化碳和水。

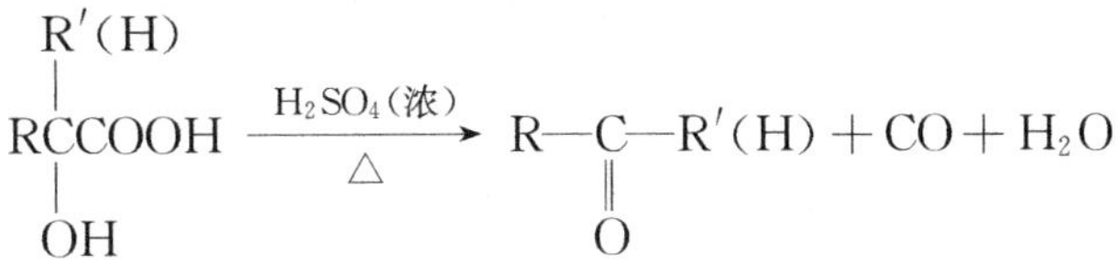

$$\underset{OH}{\underset{|}{RC}}\overset{R'(H)}{\underset{|}{C}}COOH \xrightarrow[\triangle]{H_2SO_4(浓)} R-\underset{O}{\overset{\|}{C}}-R'(H) + CO + H_2O$$

与稀硫酸一起加热，则分解为醛、酮和甲酸。

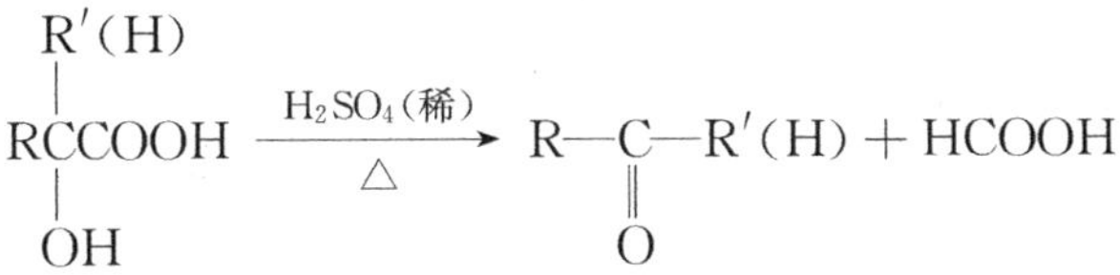

$$\underset{OH}{\underset{|}{RC}}\overset{R'(H)}{\underset{|}{C}}COOH \xrightarrow[\triangle]{H_2SO_4(稀)} R-\underset{O}{\overset{\|}{C}}-R'(H) + HCOOH$$

β-醇酸在酸或碱催化下，分解为醛、酮和乙酸，相当于醇醛缩合反应的逆反应。

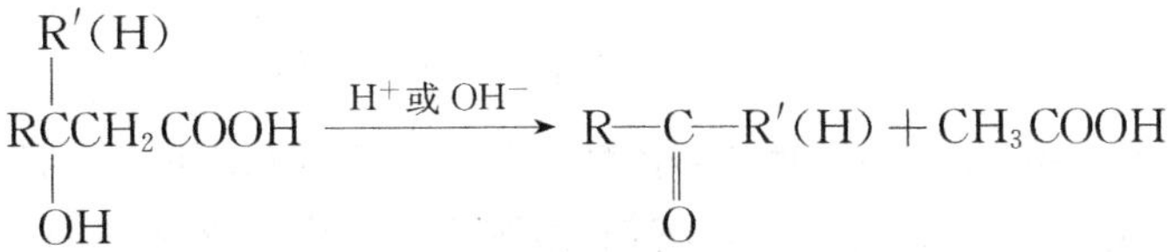

$$\underset{OH}{\underset{|}{RC}}\overset{R'(H)}{\underset{|}{C}}CH_2COOH \xrightarrow{H^+ 或 OH^-} R-\underset{O}{\overset{\|}{C}}-R'(H) + CH_3COOH$$

问题 9-6 写出下列反应的产物。

(1) 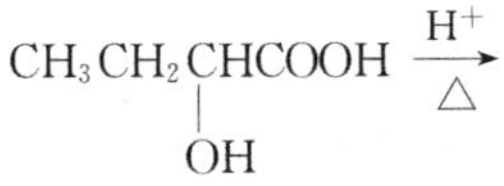 $CH_3CH_2\underset{\underset{OH}{|}}{CH}COOH \xrightarrow[\triangle]{H^+}$

(2) 邻-$\underset{CH_2OH}{COOH}$-苯 $\xrightarrow[\triangle]{H^+}$

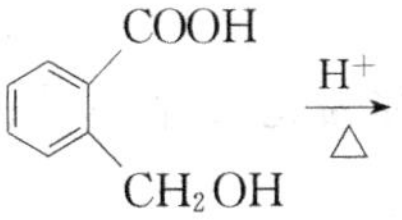

9.5 羰 基 酸

羧酸的烃基上含有醛羰基或酮羰基的羧酸分别称为醛酸或酮酸，统称为羰基酸。根据羰基碳原子是羧基的 α、β、γ、… 位分别称为 α-、β-、γ-、… 羰基酸。

9.5.1 α-酮酸和β-酮酸的分解反应

最简单的 α-酮酸是丙酮酸，与稀硫酸或浓硫酸一起加热，可发生分解，分别生成少一个碳原子的醛或酸。这是 α-酮酸的特性反应。

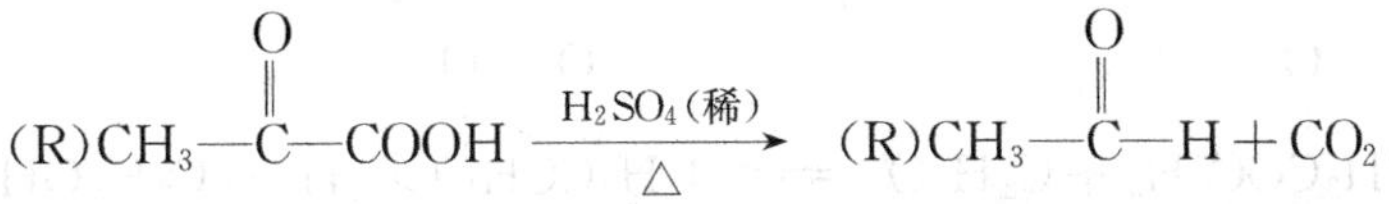

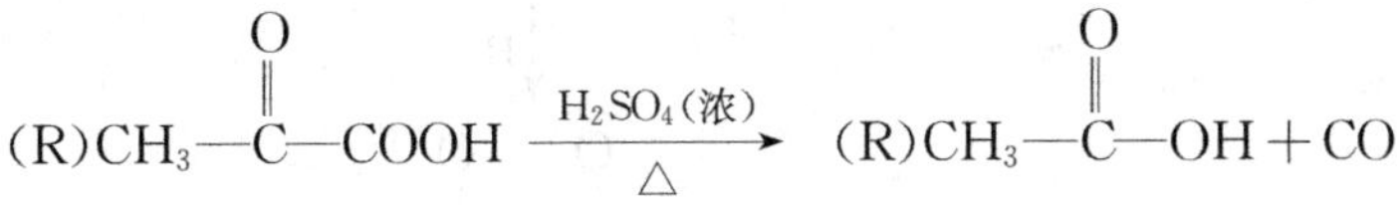

$$(R)CH_3-\overset{O}{\overset{\|}{C}}-COOH \xrightarrow[\triangle]{H_2SO_4(稀)} (R)CH_3-\overset{O}{\overset{\|}{C}}-H + CO_2$$

$$(R)CH_3-\overset{O}{\overset{\|}{C}}-COOH \xrightarrow[\triangle]{H_2SO_4(浓)} (R)CH_3-\overset{O}{\overset{\|}{C}}-OH + CO$$

最简单的 β-酮酸是乙酰乙酸，β-酮酸是不稳定的化合物，在室温以上就容易脱羧生成酮。

$$(R)CH_3\overset{O}{\underset{\|}{C}}CH_2COOH \xrightarrow{\triangle} (R)CH_3\overset{O}{\underset{\|}{C}}CH_3 + CO_2$$

脱羧时可能经过环状过渡态，首先生成烯醇，再转变为酮。

$$(R)CH_3-\overset{O}{\underset{\underset{O}{\underset{\|}{C}}}{\underset{CH_2}{C}}}\overset{H}{\underset{|}{O}} \xrightarrow{\triangle} \left[(R)CH_3-\overset{O^{--}H}{\underset{\underset{O}{\underset{\|}{C}}}{\underset{CH_2}{C}}}\overset{}{}\right]^{\neq} \xrightarrow{-CO_2} (R)CH_3-\overset{OH}{\underset{|}{C}}=CH_2 \longrightarrow (R)CH_3-\overset{O}{\underset{\|}{C}}-CH_3$$

烯醇式

这个反应称为 β-酮酸的酮式分解。

9.5.2 β-羰基酸酯

1. 乙酰乙酸乙酯

最具有代表性的 β-酮酸酯是乙酰乙酸乙酯 $\left(CH_3\overset{O}{\underset{\|}{C}}CH_2\overset{O}{\underset{\|}{C}}OC_2H_5\right)$，是具有香味的无色液体，沸点为 180 ℃，溶于乙醇、乙醚等有机溶剂，微溶于水。由于 β-酮酸对热不稳定，很容易脱羧，因此 β-酮酸酯不能用 β-酮酸与醇直接在加热条件下酯化制备。乙酰乙酸乙酯是由两分子乙酸乙酯在乙醇钠的作用下缩合制得。

$$CH_3\overset{O}{\underset{\|}{C}}-OC_2H_5 + H-CH_2\overset{O}{\underset{\|}{C}}OC_2H_5 \xrightarrow{C_2H_5ONa} \xrightarrow{H_3O^+} CH_3\overset{O}{\underset{\|}{C}}CH_2\overset{O}{\underset{\|}{C}}OC_2H_5 + C_2H_5OH$$

乙酰乙酸乙酯

结果相当于一分子酯的 α-H 被另一分子酯的酰基取代。这个反应称为克莱森（R. L. Claisen）酯缩合反应。反应机理如下：

(1) $CH_3\overset{O}{\underset{\|}{C}}OC_2H_5 + C_2H_5O^- \rightleftharpoons \left[\overset{}{CH_2}-\overset{O}{\underset{\|}{C}}OC_2H_5 \longleftrightarrow CH_2=\overset{O^-}{\underset{|}{C}}HOC_2H_5\right] + C_2H_5OH$

(2) $CH_2=\overset{O^-}{\underset{|}{C}}HOC_2H_5 + CH_3\overset{O}{\underset{\|}{C}}OC_2H_5 \rightleftharpoons CH_3\overset{O^-}{\underset{|}{C}}CH_2COOC_2H_5$
$\overset{}{\underset{OC_2H_5}{|}}$

(3) $CH_3\overset{O^-}{\underset{|}{C}}CH_2COOC_2H_5 \rightleftharpoons CH_3\overset{O}{\underset{\|}{C}}CH_2\overset{O}{\underset{\|}{C}}OC_2H_5 + C_2H_5O^-$
$\overset{}{\underset{OC_2H_5}{|}}$

(4) $CH_3\overset{O}{\underset{\|}{C}}CH_2\overset{O}{\underset{\|}{C}}OC_2H_5 + C_2H_5O^- \rightleftharpoons CH_3\overset{O}{\underset{\|}{C}}\overset{-}{C}H\overset{O}{\underset{\|}{C}}OC_2H_5 + C_2H_5OH$

$ \downarrow H^+$

$ CH_3\overset{O}{\underset{\|}{C}}CH_2\overset{O}{\underset{\|}{C}}OC_2H_5$

第(1)步是在醇钠的作用下，乙酰乙酸乙酯转变为碳负离子或烯醇负离子。第(2)步是碳负离子或烯醇负离子对另一分子酯进行亲核加成，生成具有四面体结构的负离子中间体。第(3)步是四面体结构的负离子中间体失去乙氧基负离子，生成乙酰乙酸乙酯。第(4)步是乙酰乙酸乙酯($pK_a=11$)在碱性乙醇钠-乙醇体系中转变为乙酰乙酸乙酯的钠盐和乙醇($pK_a=16$)。这几步反应都是可逆的。由于在第(4)步中生成的乙酰乙酸乙酯几乎可以完全转变成钠盐，因此带动了以上几步反应的平衡不断向右移动，促使缩合反应的完成。最后将乙酰乙酸乙酯的钠盐从反应体系中分离出来，酸化后得到乙酰乙酸乙酯。

由反应式可以看出，如果原料是只有一个 α-H 的酯，同样在上述反应条件下，则在第(4)步中就不能生成相应的钠盐，从而不能带动前面几步反应的平衡不断向右移动，使缩合反应不能进行。

二元羧酸酯也可以发生分子内的酯缩合反应，这称为迪克曼(W. Dieckmann)反应，主要用于制备五元环和六元环的 β-酮酸酯。例如

$$\begin{array}{c} CH_2CH_2COOC_2H_5 \\ | \\ CH_2CH_2COOC_2H_5 \end{array} \xrightarrow[]{C_2H_5ONa} \xrightarrow[]{H_3O^+}$$ 环戊酮-2-甲酸乙酯 $+ C_2H_5OH$

75%～80%

$$H_2C\begin{array}{c} CH_2CH_2COOC_2H_5 \\ \\ CH_2CH_2COOC_2H_5 \end{array} \xrightarrow[]{C_2H_5ONa} \xrightarrow[]{H_3O^+}$$ 环己酮-2-甲酸乙酯 $+ C_2H_5OH$

当用两种都具有 α-H 的不同酯进行酯缩合反应时，则得到四种缩合产物的混合物，但分离困难，没有制备上的意义。若用一种没有 α-H 的酯(如甲酸酯、乙二酸酯、碳酸酯、苯甲酸酯等)与另外一种含有 α-H 的酯进行酯缩合反应，则可得到主要是交错的缩合产物。例如

$$HCOOC_2H_5 + CH_3CH_2COOC_2H_5 \xrightarrow[]{C_2H_5ONa} \xrightarrow[]{H_3O^+} HCCHCOOC_2H_5$$
$$\quad\quad\quad\quad\quad\quad\quad\quad\quad\quad\quad\quad\quad\quad\quad\quad\quad\quad\quad | \\ \quad\quad\quad\quad\quad\quad\quad\quad\quad\quad\quad\quad\quad\quad\quad\quad\quad\quad\quad CH_3$$

$$\begin{array}{c}COOC_2H_5\\|\\COOC_2H_5\end{array} + H_2C\begin{array}{c}CH_2COOC_2H_5\\ \\CH_2COOC_2H_5\end{array} \xrightarrow[]{C_2H_5ONa} \xrightarrow[]{H_3O^+}$$ 2,5-二氧代环戊烷-1,3-二甲酸乙酯 $+ 2C_2H_5OH$

问题 9-7 写出下列反应的产物。

(1) $CH_3CH_2CH_2COOC_2H_5 \xrightarrow[C_2H_5OH]{C_2H_5ONa}$

(2) $CH_3CH_2CH_2COOC_2H_5 + C_6H_5COOC_2H_5 \xrightarrow[C_2H_5OH]{C_2H_5ONa}$

1) 乙酰乙酸乙酯的性质

A. 酮式-烯醇式互变异构

乙酰乙酸乙酯是具有甲基酮结构的 β-二羰基化合物，除具有酮及甲基酮的典型反应外，

还能使溴的四氯化碳溶液褪色，与金属钠作用能放出氢气，与 $FeCl_3$ 溶液发生颜色反应。

在醛(酮)中，α-H 因受羰基的影响，存在酮式-烯醇式的互变异构，但烯醇式的含量极少。而在乙酰乙酸乙酯中，由于亚甲基受到羰基和酯基的双重影响，亚甲基上的氢更活泼，更易烯醇化，实验事实证明乙酰乙酸乙酯具有典型的烯醇式结构，存在酮式-烯醇式结构的平衡。

$$CH_3\overset{O}{\overset{\|}{C}}CH_2\overset{O}{\overset{\|}{C}}OC_2H_5 \rightleftharpoons CH_3\overset{OH}{\overset{|}{C}}=CH\overset{O}{\overset{\|}{C}}OC_2H_5$$

酮式(92.5%)　　　　　　烯醇式(7.5%)

另外，烯醇式结构中能形成 π-π 共轭，能经分子内氢键形成六元环，这些因素都有利于烯醇式的稳定。

$$CH_3\overset{O}{\overset{\|}{C}}CH_2\overset{O}{\overset{\|}{C}}OC_2H_5 \rightleftharpoons \begin{array}{c} H \\ O \cdots O \\ \diagup \quad \diagdown \\ C \quad\quad C \\ \diagup \diagdown \diagup \diagdown \\ H_3C \;\; CH \;\; OC_2H_5 \end{array}$$

所以乙酰乙酸乙酯及 β-二羰基化合物中的烯醇式含量都比醛、酮中的烯醇式含量高得多。丙酮与部分 β-二羰基化合物中的烯醇式含量见表 9-2。

表 9-2　丙酮与部分 β-二羰基化合物中的烯醇式含量

化合物	烯醇式	烯醇式含量/%
丙酮　$CH_3-\overset{O}{\overset{\|}{C}}-CH_3$	$CH_2=\overset{OH}{\overset{\|}{C}}-CH_3$	0.000 15
丙二酸二乙酯　$C_2H_5O\overset{O}{\overset{\|}{C}}CH_2\overset{O}{\overset{\|}{C}}OC_2H_5$	$C_2H_5O\overset{OH}{\overset{\|}{C}}=CH\overset{O}{\overset{\|}{C}}OC_2H_5$	0.1
乙酰乙酸乙酯　$CH_3\overset{O}{\overset{\|}{C}}CH_2\overset{O}{\overset{\|}{C}}OC_2H_5$	$CH_3\overset{OH}{\overset{\|}{C}}=CH\overset{O}{\overset{\|}{C}}OC_2H_5$	7.5
乙酰丙酮　$CH_3\overset{O}{\overset{\|}{C}}CH_2\overset{O}{\overset{\|}{C}}CH_3$	$CH_3\overset{OH}{\overset{\|}{C}}=CH\overset{O}{\overset{\|}{C}}CH_3$	80
苯甲酰丙酮　$C_6H_5\overset{O}{\overset{\|}{C}}CH_2\overset{O}{\overset{\|}{C}}CH_3$	$C_6H_5\overset{OH}{\overset{\|}{C}}=CH\overset{O}{\overset{\|}{C}}CH_3$	90
α-苯甲酰苯乙酮　$C_6H_5\overset{O}{\overset{\|}{C}}CH_2\overset{O}{\overset{\|}{C}}C_6H_5$	$C_6H_5\overset{OH}{\overset{\|}{C}}=CH\overset{O}{\overset{\|}{C}}C_6H_5$	96

B. 乙酰乙酸乙酯的分解

乙酰乙酸乙酯在稀碱(或稀酸)溶液中酯基可以被水解，水解产物在酸性条件下转变成乙酰乙酸，乙酰乙酸是 β-酮酸，不稳定，加热后脱羧生成酮，这称为乙酰乙酸的酮式分解。

$$CH_3\overset{O}{\overset{\|}{C}}CH_2\overset{O}{\overset{\|}{C}}OC_2H_5 \xrightarrow{\text{稀 NaOH}} CH_3\overset{O}{\overset{\|}{C}}CH_2\overset{O}{\overset{\|}{C}}ONa \xrightarrow{H^+} CH_3\overset{O}{\overset{\|}{C}}CH_2\overset{O}{\overset{\|}{C}}OOH \xrightarrow{\triangle} CH_3\overset{O}{\overset{\|}{C}}CH_3+CO_2$$

$$CH_3\overset{O}{\overset{\|}{C}}CH_2\overset{O}{\overset{\|}{C}}OC_2H_5 \xrightarrow{\text{稀 HCl}} CH_3\overset{O}{\overset{\|}{C}}CH_2\overset{O}{\overset{\|}{C}}OOH \xrightarrow{\triangle} CH_3\overset{O}{\overset{\|}{C}}CH_3+CO_2$$

乙酰乙酸乙酯与浓碱共热，则酮羰基与活泼亚甲基之间发生碳碳键断裂，生成两分子乙酸。

$$CH_3\overset{O}{\underset{\|}{C}}CH_2\overset{O}{\underset{\|}{C}}OC_2H_5 \xrightarrow[\triangle]{40\%NaOH} \xrightarrow{H^+} 2CH_3COOH + CH_3CH_2OH$$

在浓碱条件下，OH^- 为亲核试剂对酮羰基进行亲核加成，然后消去负离子 $^-CH_2COOC_2H_5$，酸碱质子转移，酸化后得到两分子乙酸，这称为乙酰乙酸乙酯的酸式分解。

$$CH_3\overset{O}{\underset{\|}{C}}CH_2\overset{O}{\underset{\|}{C}}OC_2H_5 + OH^- \longrightarrow CH_3\underset{OH}{\overset{O^-}{\underset{|}{C}}}CH_2COOC_2H_5 \longrightarrow CH_3COOH + {}^-CH_2COOC_2H_5$$

$$\longrightarrow CH_3COO^- + CH_3COOC_2H_5 \xrightarrow{OH^-} CH_3COO^- + C_2H_5OH$$

C. 乙酰乙酸乙酯亚甲基上的烃基化和酰基化

乙酰乙酸乙酯分子中亚甲基上的氢具有明显的酸性，在强碱作用下能形成具有亲核性的碳负离子，碳负离子与卤代烃或酰卤发生反应，生成相应的烃基化和酰基化产物，后者再进行酮式或酸式分解，生成甲基酮、取代乙酸或 β-二酮类化合物。

$$CH_3\overset{O}{\underset{\|}{C}}CH_2\overset{O}{\underset{\|}{C}}OC_2H_5 \xrightarrow{C_2H_5ONa} CH_3\overset{O}{\underset{\|}{C}}\underset{-}{C}H\overset{O}{\underset{\|}{C}}OC_2H_5 \longleftrightarrow CH_3\overset{O^-}{\underset{\|}{C}}=CH\overset{O}{\underset{\|}{C}}OC_2H_5$$

$$CH_3\overset{O}{\underset{\|}{C}}\overset{-}{C}H\overset{O}{\underset{\|}{C}}OC_2H_5 \xrightarrow{RCH_2-X} CH_3\overset{O}{\underset{\|}{C}}\underset{CH_2R}{\underset{|}{C}H}\overset{O}{\underset{\|}{C}}OC_2H_5 \xrightarrow{\text{稀}NaOH} \xrightarrow[\triangle]{H^+} \boxed{CH_3\overset{O}{\underset{\|}{C}}CH_2CH_2R}$$

乙酰乙酸乙酯的单烃基化产物还可以继续发生烃化反应，生成二烃基化产物。

$$CH_3\overset{O}{\underset{\|}{C}}\underset{CH_2R}{\underset{|}{C}H}\overset{O}{\underset{\|}{C}}OC_2H_5 \xrightarrow{C_2H_5ONa} \xrightarrow{R'CH_2X} CH_3\overset{O}{\underset{\|}{C}}\underset{RCH_2}{\underset{|}{\overset{|}{C}}}\underset{CH_2R'}{\underset{|}{C}}OC_2H_5 \xrightarrow{\text{稀}NaOH} \xrightarrow[\triangle]{H^+} \boxed{CH_3\overset{O}{\underset{\|}{C}}\underset{CH_2R'}{\underset{|}{C}H}CH_2R}$$

2 mol 乙酰乙酸乙酯与 1 mol 二卤代烃反应，酮式分解后可得到二酮类化合物。

$$CH_3\overset{O}{\underset{\|}{C}}CH_2\overset{O}{\underset{\|}{C}}OC_2H_5 \xrightarrow{C_2H_5ONa} \xrightarrow{XCH_2(CH_2)_nCH_2X} CH_3\overset{O}{\underset{\|}{C}}\underset{CH_2(CH_2)_nCH_2X}{\underset{|}{C}H}COOC_2H_5 \xrightarrow[C_2H_5ONa]{CH_3COCH_2COOC_2H_5}$$

$$\begin{array}{c} CH_3COCHCOOC_2H_5 \\ | \\ CH_2 \\ | \\ (CH_2)_n \\ | \\ CH_2 \\ | \\ CH_3COCHCOOC_2H_5 \end{array} \xrightarrow{\text{稀}NaOH} \xrightarrow[\triangle]{H^+} \boxed{CH_3\overset{O}{\underset{\|}{C}}CH_2}CH_2(CH_2)_nCH_2\boxed{CH_2\overset{O}{\underset{\|}{C}}CH_3}$$

乙酰乙酸乙酯的烃化常用的是活泼伯卤代烃，其次是仲卤代烃。在此条件下，叔卤代烃容易消除卤化氢生成烯烃。乙烯式卤代烃和芳香族卤代烃不活泼,不能用作烃化剂。

乙酰乙酸乙酯的碳负离子与酰卤反应,在亚甲基上发生酰基化反应,生成酰基化的乙酰乙酸乙酯,然后在稀碱溶液中水解、酸化、加热脱羧,生成 1,3-二酮(酰基化丙酮),可用于 β-二酮的制备。

$$CH_3COCH_2COOC_2H_5 \xrightarrow{NaH} \xrightarrow{RCOX} CH_3COCH(COR)COOC_2H_5 \xrightarrow{\text{稀 NaOH}} \xrightarrow{H^+}_{\triangle} CH_3COCH_2COR$$

这里在生成乙酰乙酸乙酯的碳负离子时,应该用氢化钠代替醇钠,以避免在使用醇钠时,反应中生成的醇与酰卤反应。

2. 丙二酸二乙酯

丙二酸二乙酯 $[CH_2(COOC_2H_5)_2]$ 的亚甲基受两个酯基的影响被活化,其活泼亚甲基上的反应性能与乙酰乙酸乙酯中的亚甲基相似,在有机合成上与乙酰乙酸乙酯具有同样的重要性,但丙二酸二乙酯不属于 β-酮酸酯。

丙二酸二乙酯中亚甲基上的氢具有微弱的酸性($pK_a=13$),在醇钠等强碱作用下,生成相应的碳负离子或烯醇负离子,碳负离子与卤代烃反应,生成在亚甲基上导入单烃基或二烃基的烃化产物。例如

$$CH_2(COOC_2H_5)_2 \xrightarrow{C_2H_5ONa} \bar{C}H(COOC_2H_5)_2 \xrightarrow{RX} R-CH(COOC_2H_5)_2 \xrightarrow{OH^-} \xrightarrow{H^+}$$

$$R-CH(COOH)_2 \xrightarrow{-CO_2} R-CH_2COOH$$

$$R-CH(COOC_2H_5)_2 \xrightarrow{C_2H_5ONa} R-\bar{C}(COOC_2H_5)_2 \xrightarrow{R'X}$$

$$\underset{R'}{\overset{R}{C}}(COOC_2H_5)_2 \xrightarrow{OH^-} \xrightarrow{H^+} \underset{R'}{\overset{R}{C}}(COOH)_2 \xrightarrow{-CO_2}_{\triangle} \underset{R'}{\overset{R}{CH}}COOH$$

利用丙二酸二乙酯与二卤代烃反应,可制备三至六元环的环烷酸。例如

$$CH_2(COOC_2H_5)_2 \xrightarrow{C_2H_5ONa} \bar{C}H(COOC_2H_5)_2 \xrightarrow{Br(CH_2)_4Br}$$

$$Br-CH_2CH_2CH_2CH_2-CH(COOC_2H_5)_2 \xrightarrow{C_2H_5ONa} Br-CH_2CH_2CH_2CH_2-C(COOC_2H_5)_2 \longrightarrow$$

环戊烷-C(COOC$_2$H$_5$)$_2$ $\xrightarrow{OH^-} \xrightarrow{H^+}$ 环戊烷-C(COOH)$_2$ $\xrightarrow{-CO_2}_{\triangle}$ 环戊烷-CHCOOH

当二卤代烃与 2 mol 丙二酸二乙酯反应时,则可以得到二元羧酸。

$$\begin{array}{l} CH_2-Br \\ | \\ CH_2-Br \end{array} + 2\bar{C}H(COOC_2H_5)_2 \longrightarrow \begin{array}{l} CH_2-CH(COOC_2H_5)_2 \\ | \\ CH_2-CH(COOC_2H_5)_2 \end{array} \xrightarrow{OH^-} \xrightarrow{H^+}$$

$$\begin{array}{l} CH_2-CH(COOH)_2 \\ | \\ CH_2-CH(COOH)_2 \end{array} \xrightarrow{-CO_2}_{\triangle} \begin{array}{l} CH_2-CH_2COOH \\ | \\ CH_2-CH_2COOH \end{array}$$

问题 9-8 完成下列反应方程式,写出各步的反应产物。

(1) $CH_3COCH_2COOC_2H_5 \xrightarrow[\text{② } CH_3CH_2CH_2Br]{\text{① } C_2H_5ONa} \xrightarrow[\text{② } CH_3CH_2Br]{\text{① } C_2H_5ONa} \xrightarrow[\triangle]{OH^-/H_2O} \xrightarrow[\triangle]{H_3O^+}$

(2) $CH_3COCH_2COOC_2H_5 \xrightarrow[\text{② } CH_2=CHCH_2Br]{\text{① } C_2H_5ONa} \xrightarrow[\text{② } CH_3Br]{\text{① } C_2H_5ONa} \xrightarrow[\triangle]{OH^-/H_2O} \xrightarrow[\triangle]{H_3O^+}$

(3) $CH_3COCH_2COOC_2H_5 \xrightarrow[\text{② } ClCH_2COOC_2H_5]{\text{① } C_2H_5ONa} \xrightarrow[\triangle]{OH^-/H_2O} \xrightarrow[\triangle]{H_3O^+}$

(4) $CH_2(COOC_2H_5)_2 \xrightarrow[\text{② } CH_3CH_2CH_2Br]{\text{① } C_2H_5ONa} \xrightarrow[\text{② } CH_3Br]{\text{① } C_2H_5ONa} \xrightarrow[\triangle]{OH^-/H_2O} \xrightarrow[\triangle]{H_3O^+}$

(5) $CH_2(COOC_2H_5)_2 \xrightarrow[\text{② } C_6H_5CH_2Cl]{\text{① } C_2H_5ONa} \xrightarrow[\triangle]{OH^-/H_2O} \xrightarrow[\triangle]{H_3O^+}$

(6) $CH_2(COOC_2H_5)_2 \xrightarrow[\text{② } BrCH_2(CH_2)_2CH_2Br]{\text{① } 2C_2H_5ONa} \xrightarrow[\triangle]{OH^-/H_2O} \xrightarrow[\triangle]{H_3O^+}$

小　结

1. 羧酸的通式为 RCOOH,羧基(—COOH)是羧酸的官能团。根据羧酸分子中烃基 R 的不同,羧酸可分为脂肪族羧酸、芳香族羧酸、脂环羧酸、杂环羧酸、饱和羧酸、不饱和羧酸等。根据羧酸中含羧基的数目,羧酸又可分为一元羧酸、二元羧酸和多元羧酸。

2. 羧酸的系统命名是选择分子中含羧基的最长碳链作为主链,根据主链上碳原子数目称为某酸。从羧基碳原子开始对主链碳原子编号,取代基在主链上的位次则根据主链碳原子的编号用阿拉伯数字 1、2、3、4 等标出,写在母体名称的前面。一些常见羧酸经常根据它们的来源用其俗名。

3. 羧基中碳原子是 sp^2 杂化,羟基氧原子上的 p 电子对与羧基中的 π 电子形成 p-π 共轭,羧酸负离子是具有 p-π 共轭的离域体系。

4. 羧酸具有一定的酸性,影响羧酸酸性强弱的主要因素有分子结构中的电子效应、空间效应及分子内的氢键等。

5. 在强酸催化下,羧酸与醇生成羧酸酯的反应称为羧酸的酯化反应。酯化反应是可逆反应,增加反应物的浓度或将某反应产物移出反应体系,可移动反应平衡,提高酯化反应的产率。

6. 羧酸与氨或胺在较低温度下反应可生成铵盐,铵盐加热时分解得到酰胺或 N-取代酰胺。

7. 羧酸与无机酸酰卤(如 PCl_3、PCl_5、$SOCl_2$、PBr_3、PBr_5 等)反应,生成羧基中的羟基被卤素取代的酰卤。

8. 除甲酸外,一元羧酸与脱水剂(P_2O_5)共热时,分子间脱水生成酸酐。丁二酸、戊二酸、邻苯二甲酸等二元羧酸则在分子内脱水生成具有五元环或六元环的环状酸酐。

9. 羧酸被强还原剂氢化铝锂还原生成伯醇。

10. 羧基的 α-H 在红磷(P)或三氯化磷、三溴化磷催化下与氯或溴反应,生成 α-氯代或溴代羧酸。这称为赫尔-乌尔哈-泽林斯基反应。

11. 羟基酸是分子中同时含有羧基和羟基的双官能团化合物,具有羧基和羟基的典型反应。α-醇酸发生分子间脱水生成交酯。β-醇酸发生分子内脱水生成 α,β-不饱和羧酸。γ-醇酸

和 δ-醇酸发生分子内脱水分别生成五元环和六元环的内酯。

12. 羰基酸是在羧酸的烃基上含有醛羰基或酮羰基的羧酸,分别称为醛酸或酮酸。根据羰基碳原子离羧基的位置不同分别有 α、β、γ、…羰基酸。

13. 乙酰乙酸乙酯和丙二酸二乙酯是具有活泼亚甲基的 β-二羰基化合物,前者是 β-酮酸酯,后者是 β-二羧酸酯。乙酰乙酸乙酯和丙二酸二乙酯在强碱作用下能形成碳负离子或烯醇负离子,与卤代烃或酰卤反应,得到亚甲基上被烃化或酰化的产物,然后水解、脱羧,可用来制备甲基酮或羧酸。

习 题

1. 命名下列化合物。

(1) $(CH_3)_3CCH_2CHCOOH$ 带 CH_3 支链

(2) $CH_3CHCHCOOH$ 带 CH_3 和 OH 支链

(3) 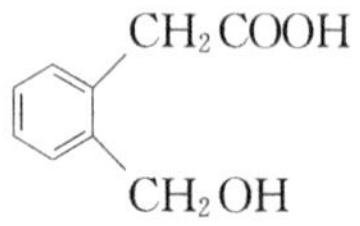 邻-CH_2COOH/CH_2OH 取代苯

(4) $C_6H_5CH_2CHCOOH$ 带 Br 支链

(5) $HC\equiv CCH_2COOH$

(6) $HOOCCHCH_2CH_2CHCOOH$ 两个 CH_3 支链

(7) 顺反异构 H_3C/H $C=C$ H/$CHCOOH$ 带 CH_3

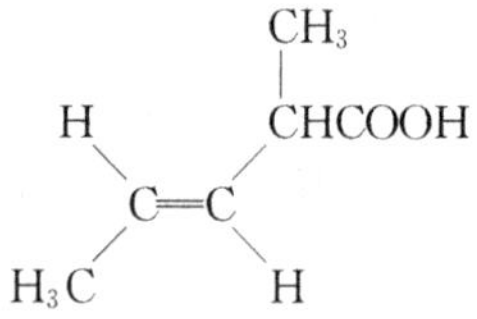

(8) 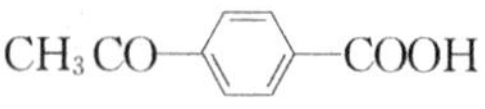 $CH_3CO-\!\!\!\!\bigcirc\!\!\!\!-COOH$

2. 写出下列化合物的结构式。

(1) 3-甲基-2-异丙基庚酸
(2) 6-羟基-2-萘甲酸
(3) 2,4-环己二烯甲酸
(4) 4-甲基-3-己酮酸
(5) α-溴-β-甲基己酸
(6) (9Z,11E,13E)-9,11,13-十八碳三烯酸

3. 将下列羧酸按酸性由强到弱排列。
(1) 环己基甲酸、苯甲酸
(2) 对氯苯甲酸、间氯苯甲酸、对硝基苯甲酸、间硝基苯甲酸
(3) 丙酸、丙炔酸、丙烯酸
(4) 乙二酸、丙二酸、戊二酸、丁二酸
(5) 苯甲酸、对甲氧基苯甲酸、对硝基苯甲酸

4. 完成下列反应方程式。

(1) $CH_3CHCH_2COOH + NaOH \xrightarrow{\triangle}$
    $|$
    Br

(2) $C_6H_5CHCH_2COOH \xrightarrow{H^+}_{\triangle}$
    $|$
    OH

(3) 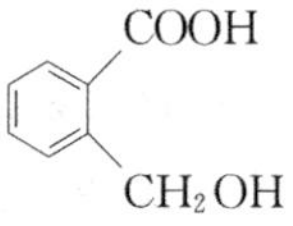 邻-$COOH$/CH_2OH 取代苯 $\xrightarrow{H^+}_{\triangle}$

(4) 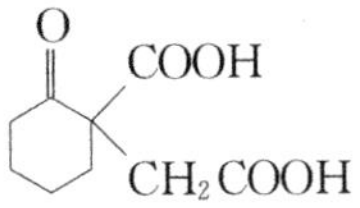 [2-氧代环己基-1-甲酸,1-位有CH₂COOH取代] $\xrightarrow{\triangle}$

(5) 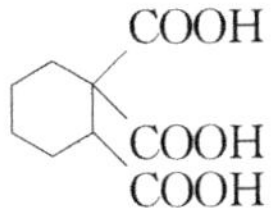 [环己烷-1,1-二甲酸,邻位有COOH,共三个COOH] $\xrightarrow{\triangle}$

(6) $CH_3CH_2COOH + Cl_2 \xrightarrow{P} \xrightarrow{NaCN} \xrightarrow{H_3O^+}$

5. 完成下列反应方程式,写出各步的反应产物。

(1) $CH_3COCH_2COOC_2H_5 \xrightarrow[\text{② } ClCH_2COC_6H_5]{\text{① } C_2H_5ONa} \xrightarrow{OH^-/H_2O} \xrightarrow[\triangle]{H^+}$

(2) $CH_3COCH_2COOC_2H_5 \xrightarrow[\text{② } ClCH_2COOC_2H_5]{\text{① } C_2H_5ONa} \xrightarrow{OH^-/H_2O} \xrightarrow[\triangle]{H^+}$

(3) 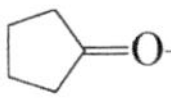 [环戊酮]=O $\xrightarrow{HCN} \xrightarrow{H_3O^+} \xrightarrow{\triangle}$

6. 用化学方法区别下列各组化合物。
  (1) 丁酸、3-苯基丙烯酸、邻羟基苯甲酸
  (2) 苯甲酸、苄醇、对甲苯酚、苯甲醛

7. 某酸性化合物 **A**,分子式为 $C_4H_8O_3$,有旋光活性,能溶于 $NaOH$ 溶液和 $NaHCO_3$ 溶液。**A** 经加热容易生成化合物 **B**,分子式为 $C_4H_6O_2$,也能溶于 $NaOH$ 溶液和 $NaHCO_3$ 溶液。**A** 经氧化后加热得到化合物 **C**,分子式为 C_3H_6O,有碘仿反应。试推测化合物 **A**~**C** 的结构式。

8. 化合物 **A** 是从白花蛇舌草中提取出来的,分子式为 $C_9H_8O_2$,能溶于 $NaOH$ 溶液和 $NaHCO_3$ 溶液,与 $FeCl_3$ 溶液作用呈红色,能使 Br_2/CCl_4 溶液褪色,用 $KMnO_4$ 氧化得到乙二酸和对羟基苯甲酸。试推测化合物 **A** 的结构式。

9. 某酸性化合物 **A**,分子式为 $C_6H_{10}O_4$,**A** 经加热得到化合物 **B**,分子式为 $C_6H_8O_3$。**B** 的 IR 和 ^1H NMR 特征峰如下:
IR(σ/cm^{-1}):1820,1755
^1H NMR:δ 1.0(3H,d),2.1(1H,m),2.8(4H,d)
试推测化合物 **A** 和 **B** 的结构式。

第 10 章 羧酸衍生物

主要内容

(1) 羧酸衍生物的结构和命名。
(2) 羧酸衍生物的水解、醇解、氨解,酯的水解反应机理。
(3) 羧酸衍生物与格氏试剂的反应。
(4) 羧酸衍生物的还原反应。
(5) 油脂的结构和性质。

羧酸分子中羧基的部分原子团被其他原子或基团取代,并经水解能生成羧酸的化合物称为羧酸衍生物。羧基中的羟基被—X、—OR、—OCOR、—NH$_2$(或—NHR、—NR$_2$)取代的羧酸衍生物分别称为酰卤、酸酐、酯、酰胺。腈(RCN)是羧基被氰基(—CN)取代,且能水解生成羧酸,所以也归在羧酸衍生物中讨论。

10.1 羧酸衍生物的结构和命名

10.1.1 羧酸衍生物的结构

羧酸衍生物酰卤、酸酐、酯和酰胺的结构中都含有酰基$\left[\begin{matrix}O\\\|\\R-C-\end{matrix},\text{acyl}\right]$,它们可用通式

$R-\overset{O}{\underset{\|}{C}}-L$ 表示[L=X,OR,OCOR,NH$_2$(或 NHR、NR$_2$)]。其中与羰基直接相连的 L 原子上都有一对未共用电子对,它可以与羰基中的 π 电子共轭,其结构可用共振式表示为

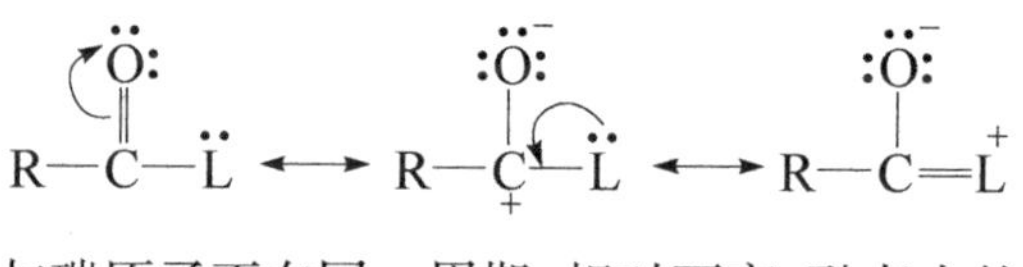

$$R-\overset{\ddot{\ddot{O}}:}{\underset{\|}{C}}-\ddot{\ddot{L}} \longleftrightarrow R-\overset{:\ddot{O}:^{-}}{\underset{\|}{C}}-\overset{+}{\ddot{L}} \longleftrightarrow R-\overset{:\ddot{O}:^{-}}{\underset{\|}{C}}=\overset{+}{L}$$

但在酰卤中,由于卤原子与碳原子不在同一周期,相对而言,酰卤中的这种共轭不如酯、酸酐和酰胺中有效,而表现得比较弱,这可以从羧酸衍生物中 C_{sp^2}—L 键键长与通常的 C_{sp^3}—L 键键长的比较得到证实。酯、酸酐和酰胺中的 C_{sp^2}—L 键键长都比通常 C_{sp^3}—L 键键长短。而酰卤中的 C_{sp^2}—L 键键长却与通常 C_{sp^3}—L 键键长比较接近。例如

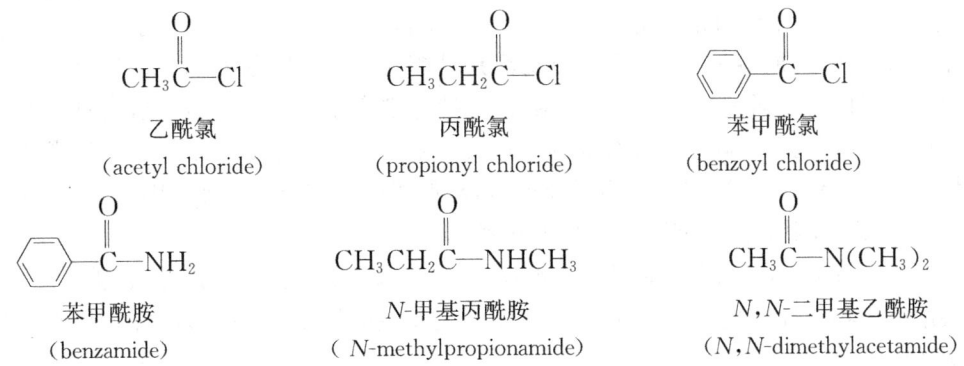

C—L 键长/pm	178.9	133.4	140.0	137.6
	CH₃—Cl	CH₃—OH	CH₃—NH₂	
C—L 键长/pm	178.4	143.0	147.4	

10.1.2 羧酸衍生物的命名

根据分子中所含的酰基命名酰卤和酰胺。例如

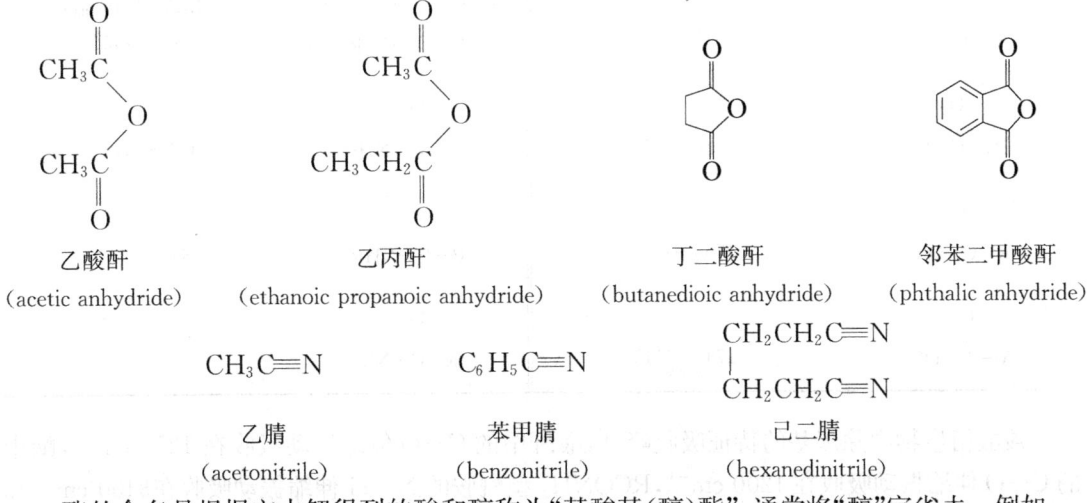

酸酐和腈是根据它们水解得到的羧酸来命名。酸酐中两个酰基相同的称为单酐,命名时直接在羧酸名称后面加"酐"字,有时可以将"酸"字省去。当两个酰基不相同时称为混酐,混酐的命名需在"酐"字前面把小的羧酸和大的羧酸先后标明。二元酸形成的环状酸酐命名时在二元酸的名称后加"酐"字。例如

酯的命名是根据它水解得到的酸和醇称为"某酸某(醇)酯",通常将"醇"字省去。例如

甲酸乙酯 (ethyl formate)　　乙酸苄酯 (benzyl acetate)　　苯甲酸乙酯 (ethyl benzoate)　　乙二酸二乙酯 (diethyl oxalate)

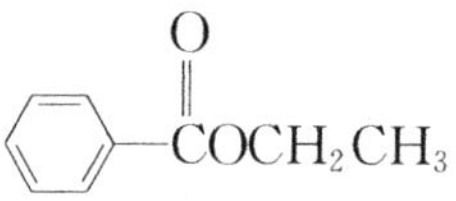

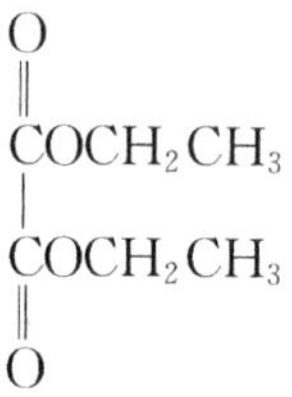

10.2 羧酸衍生物的物理性质

低级的酰卤和酸酐是具有刺激气味的无色液体，不溶于水，但遇水剧烈水解。酰氯的相对密度大于1。酰卤的沸点较相应的羧酸低，酸酐的沸点则较相对分子质量相当的羧酸低。高级的酰卤和酸酐为固体。酯的沸点比相应的羧酸和醇都低，与碳原子数相同的醛、酮相近。酯在水中溶解度较小，能溶于有机溶剂。低级酯是易挥发并具有芳香气味的无色液体。

酰胺分子间可以通过氮原子上的氢缔合，其沸点都高于相应的羧酸。当氮原子上的氢都被烷基取代后，因为分子间不能缔合而沸点降低。酰胺中除甲酰胺和某些 N-取代脂肪族酰胺外，其他酰胺都是固体。酰胺能与溶剂分子缔合，低级的酰胺能溶于水，甲酰胺、N-甲基甲酰胺和 N,N-二甲基甲酰胺(DMF)都能与水混溶。

腈一般为液体。C_4 以上的腈难溶于水，乙腈能与水混溶，是良好的极性溶剂。

羧酸衍生物的红外光谱在 1850～1630 cm^{-1} 有羰基的伸缩振动强吸收峰。其伸缩振动频率见表 10-1。

表 10-1　羧酸衍生物中羰基的红外吸收峰

化合物	C=O 的伸缩振动/cm^{-1}	化合物	C=O 的伸缩振动/cm^{-1}
R—CO—Cl	1815～1795	R—CO—O—CO—R(R')	1845～1815(强) 1780～1745(弱)
Ar—CO—Cl	1785～1740	R—CO—NH$_2$	1690～1660
R—CO—OR'	1750～1735	R—CO—NHR'	1680～1630
Ar—CO—OR'	1740～1715	R—CO—NR$_2'$	1670～1640

羧酸衍生物中除羰基的特征吸收峰外，酸酐中的 C—O 伸缩振动吸收在 1250 cm^{-1}，酯中的 C—O 伸缩振动吸收在 1200 cm^{-1}，RCONH$_2$ 型酰胺的 N—H 伸缩振动吸收在 3400 cm^{-1} 和 3300 cm^{-1}，RCONHR 型酰胺的 N—H 伸缩振动吸收在 3400 cm^{-1}。

脂肪族腈的 —CN 伸缩振动吸收在 2260～2240 cm^{-1}，芳香族腈在 2240～2220 cm^{-1}。

在 ^{1}H NMR 中，羧酸衍生物中 α 质子的化学位移与醛、酮的 α 质子相近，其吸收峰稍向低场移动，δ 为 2～3。在酯的烷氧基中，直接与氧原子相连的碳原子上质子的 δ 为 3.7～4.1。酰胺中氮原子上质子的 δ 为 5～8，峰形往往宽而低。

问题 10-1 命名下列化合物或写出相应的结构式。

(1) $CH_3CH_2CH_2COOCH_2CH_3$

(2) $CH_3CON(CH_2CH_3)_2$

(3)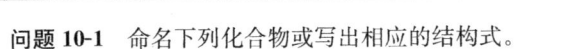

(4) CH₃—⟨benzene⟩—COCl

(5) $C_6H_5CH_2CN$

(6) 邻苯二甲酸酐

(7) 乙酸苯酯

(8) N-甲基苯甲酰胺

(9) 丁烯二酸酐

(10) 己二腈

10.3 羧酸衍生物的化学性质

羧酸衍生物主要的化学反应是由羰基引起的亲核取代反应，即羧酸衍生物的水解、醇解、氨解、酸解，反应的结果是 L 分别被 OH、OR、NH_2（或 NHR、NR_2）、OCOR 取代。反应通式为

$$R-\underset{\underset{O}{\|}}{C}-L + Nu^- \longrightarrow R-\underset{\underset{O}{\|}}{C}-Nu + L^-$$

反应分两步进行。首先是亲核试剂进攻带部分正电荷的羰基碳原子，发生亲核加成，打开 π 键，形成具有四面体结构的氧负离子中间体，羰基碳原子由 sp^2 杂化转变为 sp^3 杂化。然后是离去基团 L 带着一对电子从氧负离子中间体离去，重新恢复碳氧双键，羰基碳原子也同时转变为 sp^2 杂化，生成 L 被取代的反应产物。其经加成-消除进行的亲核取代反应机理可表示为

$$R-\underset{\delta+}{\overset{\delta-}{C}}-L + Nu^- \xrightleftharpoons{\text{亲核加成}} \left[R-\underset{Nu}{\overset{O^-}{\underset{|}{\overset{|}{C}}}}-L \right] \xrightleftharpoons{\text{消除}L^-} R-\underset{\underset{O}{\|}}{C}-Nu + L^-$$

四面体中间体

羧酸衍生物中羰基碳原子的正电性和离去基团 L 的离去能力大小都影响亲核取代反应的速率。凡有利于羰基碳原子正电性增加的因素和不大的空间位阻都有利于四面体中间体的形成，有利于反应的进行。而离去基团 L^- 的碱性越弱，越容易离去，反应越容易进行，离去基团 L^- 的碱性由弱到强的次序为 $Cl^- < RCOO^- < RO^- < NH_2^-$，因此离去能力由大到小的次序为 $Cl^- > RCOO^- > RO^- > NH_2^-$。综合考虑，可以得到羧酸衍生物的亲核取代反应的活性次序为酰卤＞酸酐＞酯＞酰胺。

1. 水解反应

酰卤、酸酐、酯、酰胺和腈均可以在酸性或碱性条件下水解（hydrolysis）生成羧酸。

$$R-\underset{\underset{O}{\|}}{C}-Cl + H_2O \xrightarrow{\text{室温}} R-\underset{\underset{O}{\|}}{C}-OH + HCl$$

$$R-\underset{\underset{O}{\|}}{C}-O-\underset{\underset{O}{\|}}{C}-R + H_2O \xrightarrow{\Delta} R-\underset{\underset{O}{\|}}{C}-OH + RCOOH$$

$$R-\underset{\underset{O}{\|}}{C}-OR' + H_2O \xrightarrow[\Delta]{H^+ \text{或} OH^-} R-\underset{\underset{O}{\|}}{C}-OH + R'OH$$

$$R-\underset{\underset{O}{\|}}{C}-NH_2 + H_2O \xrightarrow[\text{回流}]{H^+ \text{或} OH^-} R-\underset{\underset{O}{\|}}{C}-OH + NH_3$$

$$R-C\equiv N + H_2O \xrightarrow[\text{回流}]{H^+ \text{或} OH^-} R-\underset{\underset{O}{\|}}{C}-OH + NH_3$$

酰卤和酸酐的反应活性较高，水解时一般不需要酸碱催化，多数酰卤和酸酐在空气中的湿气作用下即被水解，如乙酰氯在潮湿的空气中会看到有白色的氯化氢烟雾冒出。酸酐的水解反应比酰氯慢，但在湿空气中也会慢慢被水解，因此酰卤和酸酐需要在干燥的条件下保存。

酯的水解是酯化反应的逆反应，在中性或酸性条件下反应可逆，存在下列动态平衡：

$$RCOOR' + H_2O \underset{}{\overset{H^+}{\rightleftharpoons}} RCOOH + R'OH$$

增加水的量可以使水解反应的平衡向右移动。

碱性溶液中水解时，由于碱能使生成的羧酸转变为羧酸盐，因此酯的碱性水解是不可逆反应。由于油脂是高级脂肪酸的甘油酯，它的碱性水解得到高级脂肪酸的钠盐，是生产肥皂的主要方法，因此酯的碱性水解又称为皂化（saponification）。

酯的水解反应中，酯可能在两处发生键的断裂。

$$R-\underset{\underset{O}{\|}}{C}\overset{\vdots}{-}O-R' \qquad R-\underset{\underset{O}{\|}}{C}-O\overset{\vdots}{-}R'$$

酰氧断键　　　　　　　　烷氧断键

在酸性条件下，酯的水解通常按以下机理进行：

$$R-\underset{\underset{O}{\|}}{C}-OR' \xrightleftharpoons{H^+} R-\underset{\underset{\overset{+}{O}H}{\|}}{C}-OR' \xrightleftharpoons{H\ddot{O}H} R-\underset{\underset{\overset{+}{O}H_2}{|}}{\overset{OH}{C}}-OR' \xrightleftharpoons{\text{质子转移}} R-\underset{\underset{OH}{|}}{\overset{:OH}{C}}-\overset{+}{O}R'H \xrightarrow{-R'OH}$$

$$R-\underset{\underset{OH}{|}}{\overset{+OH}{C}} \xrightleftharpoons{-H^+} R-\underset{\underset{O}{\|}}{C}-OH$$

首先是酯分子中羰基氧原子接受质子，使羰基碳原子的正电性增加，更容易接受弱亲核试剂水分子的进攻，生成与水加成的产物，这一步是反应速率的决定步骤，然后经过质子转移，使烷氧基以弱碱性的醇分子离去，再失去质子得到羧酸，结果是酯发生了酰氧键的断裂。在酸性条件下，大多数由伯醇、仲醇生成的羧酸酯是按酰氧键断裂水解的机理进行的。

苯甲酸甲酯烷氧基的氧原子用^{18}O标记，在它的酸性水解产物中，^{18}O留在醇分子中，这说明其水解是按酰氧键断裂机理进行的。

$$\text{C}_6\text{H}_5\text{C(O)}{-}^{18}\text{OCH}_3 + \text{H}_2\text{O} \underset{}{\overset{\text{H}^+}{\rightleftharpoons}} \text{C}_6\text{H}_5\text{C(O)OH} + \text{CH}_3{}^{18}\text{OH}$$

由叔醇生成的羧酸酯在酸性条件下水解，主要按烷氧键断裂的机理进行。

$$\text{R}-\overset{\text{O}}{\underset{}{\text{C}}}-\text{OC(CH}_3)_3 \overset{\text{H}^+}{\rightleftharpoons} \text{R}-\overset{\overset{+}{\text{OH}}}{\underset{}{\text{C}}}-\text{O}-\text{C(CH}_3)_3 \rightleftharpoons \text{R}-\overset{\text{OH}}{\underset{}{\text{C}}}=\text{O} + \overset{+}{\text{C}}(\text{CH}_3)_3$$

$$\overset{+}{\text{C}}(\text{CH}_3)_3 + \text{H}_2\text{O} \rightleftharpoons \text{H}_2\overset{+}{\text{O}}-\text{C(CH}_3)_3 \xrightarrow{-\text{H}^+} \text{HO}-\text{C(CH}_3)_3$$

酯的碱性水解一般也是按酰氧键断裂的机理进行的，酯和碱都参与了过渡态的形成，然后经过四面体中间体得到水解产物。

$$\text{R}-\overset{\text{O}}{\underset{}{\text{C}}}-\text{OR}' + \text{OH}^- \overset{\text{慢}}{\rightleftharpoons} \text{R}-\overset{\text{O}^-}{\underset{\text{OH}}{\text{C}}}-\text{OR}' \overset{\text{快}}{\rightleftharpoons} \text{R}-\overset{\text{O}}{\underset{}{\text{C}}}-\text{OH} + \text{R}'\text{O}^-$$

四面体中间体

$$\text{R}-\overset{\text{O}}{\underset{}{\text{C}}}-\text{OH} + \text{R}'\text{O}^- \xrightarrow{\text{快}} \text{R}-\overset{\text{O}}{\underset{}{\text{C}}}-\text{O}^- + \text{R}'\text{OH}$$

烷氧基氧原子用^{18}O标记的丙酸乙酯在碱性水溶液中水解得到含^{18}O的乙醇。

$$\text{CH}_3\text{CH}_2\text{C(O)}{-}^{18}\text{OC}_2\text{H}_5 + \text{NaOH} \longrightarrow \text{CH}_3\text{CH}_2\text{COONa} + \text{C}_2\text{H}_5{}^{18}\text{OH}$$

这说明酯的碱性水解是按酰氧键断裂的机理进行的。

酰胺的水解比酯难，需要在强酸或强碱的作用下，经较长时间的加热回流。

$$\text{R}-\text{C(O)}-\text{NH}_2 + \text{OH}^- \xrightarrow[\text{H}_2\text{O}]{\Delta} \text{R}-\text{C(O)}-\text{O}^- + \text{NH}_3$$

$$\text{R}-\text{C(O)}-\text{NH}_2 + \text{H}_3\text{O}^+ \xrightarrow{\Delta} \text{R}-\text{C(O)}-\text{OH} + \text{NH}_4^+$$

腈的水解需在碱或酸溶液中进行，先水解成酰胺，然后继续水解生成羧酸。

$$\text{R}-\text{CN} \xrightarrow[\Delta]{\text{H}^+ \text{或 OH}^-} \text{R}-\text{C(O)}-\text{NH}_2 \xrightarrow[\Delta]{\text{H}^+ \text{或 OH}^-} \text{R}-\text{C(O)}-\text{OH}$$

问题 10-2 写出下列反应的产物。

(1) $\text{CH}_3\text{COC(CH}_3)_3 + \text{H}_2{}^{18}\text{O} \xrightarrow{\text{H}^+}$

(2) $\text{CH}_3\text{CHO} \xrightarrow{\text{HCN}} \xrightarrow{\text{H}_3\text{O}^+}$

2. 醇解反应

酰卤、酸酐、酯和酰胺与醇反应生成酯,称为羧酸衍生物的醇解(alcoholysis)。

$$R-\underset{\underset{O}{\|}}{C}-Cl + H-OR'' \longrightarrow R-\underset{\underset{O}{\|}}{C}-OR'' + HCl$$

$$R-\underset{\underset{O}{\|}}{C}-O-\underset{\underset{O}{\|}}{C}-R + H-OR'' \xrightarrow{\triangle} R-\underset{\underset{O}{\|}}{C}-OR'' + RCOOH$$

$$R-\underset{\underset{O}{\|}}{C}-OR' + H-OR'' \underset{\triangle}{\overset{H^+ 或 R''O^-}{\rightleftharpoons}} R-\underset{\underset{O}{\|}}{C}-OR'' + R'OH$$

$$R-\underset{\underset{O}{\|}}{C}-NH_2 + H-OR' \xrightarrow[\text{回流}]{H^+ 或 R''O^-} R-\underset{\underset{O}{\|}}{C}-OR' + NH_3$$

酰氯与醇或酚能迅速反应生成相应的酯,这也是合成酯的主要方法之一。通常在反应中加入有机碱,以除去生成的氯化氢,并加速醇解反应的速率。例如

$$CH_3\underset{\underset{O}{\|}}{C}-Cl + (CH_3)_3COH \xrightarrow[(CH_3CH_2)_2O]{C_6H_5N(CH_3)_2} CH_3-\underset{\underset{O}{\|}}{C}OC(CH_3)_3 + C_6H_5N(CH_3)_2 \cdot HCl$$

$$(CH_3)_3C-\underset{\underset{O}{\|}}{C}-Cl + HO-C_6H_5 \xrightarrow{C_5H_5N} (CH_3)_3C-\underset{\underset{O}{\|}}{C}-O-C_6H_5 + C_5H_5N \cdot HCl$$

酸酐与醇的反应生成相应的酯,也是制备酯的常用方法。反应较酰卤温和,酸或碱可以加快醇解的反应速率。环状酸酐醇解可以得到二元酸的单酯。在酸催化下,用过量的醇可以得到二元酸的二酯。例如

$$\underset{\text{丁二酸一甲酯}}{\text{(succinic anhydride)} + CH_3OH \xrightarrow{\text{回流}} \begin{array}{c} CH_2COOCH_3 \\ | \\ CH_2COOH \end{array}} \xrightarrow{CH_3OH, H^+} \underset{\text{丁二酸二甲酯}}{\begin{array}{c} CH_2COOCH_3 \\ | \\ CH_2COOCH_3 \end{array}}$$

酸酐的醇解在工业上用来生产纤维素酯等产品。

酯的醇解反应是生成新的酯和醇的反应,因此酯的醇解又称为酯交换(transesterification)反应。反应通常在氯化氢、对甲苯磺酸等酸催化或醇钠等碱催化下进行。例如

$$CH_3CH_2\underset{\underset{O}{\|}}{C}-OCH_3 + (CH_3)_2CHOH \underset{}{\overset{H^+}{\rightleftharpoons}} CH_3CH_2\underset{\underset{O}{\|}}{C}-OCH(CH_3)_2 + CH_3OH$$

酯交换反应是可逆的,可以用提高或降低某种醇的浓度来控制平衡的移动,使反应向预期的方向进行。例如,在上述反应中,不断将沸点比异丙醇低的甲醇蒸出,能使反应顺利进行,因此常用于由低沸点醇的酯经酯交换反应生成高沸点醇的酯。

$$CH_2=CHCOOCH_3 + n\text{-}C_4H_9OH \xrightarrow{\text{对甲苯磺酸}} CH_2=CHCOOC_4H_9 + CH_3OH$$

工业上利用酯交换反应从对苯二甲酸二甲酯制备对苯二甲酸二(乙二醇)酯。

$$\text{对苯二甲酸二甲酯} + HOCH_2CH_2OH \xrightarrow{RONa} \text{对苯二甲酸二(2-羟乙基)酯} + CH_3OH$$

酰胺难以发生醇解,反应需在酸性或碱性催化剂存在下加热到较高温度才能进行,但没有制备上的意义。例如

$$CH_3\overset{O}{\overset{\|}{C}}-NH_2 + CH_3CH_2OH \xrightarrow[\triangle]{催化剂} CH_3\overset{O}{\overset{\|}{C}}-OCH_2CH_3 + NH_3$$

腈在催化剂酸的作用下醇解,先生成亚胺酯的盐,后者再水解生成羧酸酯。例如

$$CH_3C\equiv N + CH_3CH_2OH \xrightarrow{\text{无水氯化氢}} CH_3\overset{NH\cdot HCl}{\overset{\|}{C}}-OCH_2CH_3 \xrightarrow{H_3O^+} CH_3\overset{O}{\overset{\|}{C}}-OCH_2CH_3$$

问题 10-3 写出下列反应的产物。

(1) $CH_3\overset{O}{\overset{\|}{C}}-Cl + CH_3^{18}OH \xrightarrow{\text{吡啶}}$

(2) $(CH_3CO)_2O + HO-\!\!\!\!\bigcirc\!\!\!\!-CH_3 \longrightarrow$

---

3. 氨(胺)解反应

酰卤、酸酐和酯与氨(胺)反应生成相应的酰胺,称为羧酸衍生物的氨(胺)解(aminolysis)。

$$R-\overset{O}{\overset{\|}{C}}-Cl + 2NH_3 \longrightarrow R-\overset{O}{\overset{\|}{C}}-NH_2 + NH_4Cl$$

$$R-\overset{O}{\overset{\|}{C}}-O\overset{O}{\overset{\|}{C}}R + NH_3 \longrightarrow R-\overset{O}{\overset{\|}{C}}-NH_2 + RCOOH$$

$$R-\overset{O}{\overset{\|}{C}}-OR' + NH_3 \longrightarrow R-\overset{O}{\overset{\|}{C}}-NH_2 + R'OH$$

在羧酸衍生物的醇解、氨解中,实际上是羧酸衍生物作为酰化剂使醇或氨(或胺)酰化,分别生成酯和酰胺。而酰胺的酰化能力很弱,一般不用它作为氨(胺)的酰化剂。

腈与氨和氯化铵一起在高压釜中加热,生成脒盐。例如

$$CH_3C\equiv N + NH_3 + NH_4Cl \xrightarrow{125\sim150\ ℃} CH_3\underset{NH_2}{\overset{+}{\underset{|}{C}}=NH_2}\ Cl^-$$

脒盐

酰卤或酸酐与氨(或胺)反应是合成酰胺的重要方法。反应中由于还有酸生成,因此在反应中可加入氢氧化钠、三乙胺、吡啶等碱,以便中和反应生成的酸。例如

$$\underset{}{\text{C}_6\text{H}_5\text{COCl}} + \text{HN}\bigcirc \xrightarrow[87\%\sim91\%]{\text{NaOH}} \text{C}_6\text{H}_5\text{CON}\bigcirc + \text{NaCl} + \text{H}_2\text{O}$$

$$(\text{CH}_3\text{CO})_2\text{O} + \underset{\text{邻-NO}_2\text{-C}_6\text{H}_4}{\text{NHCH}_3} \xrightarrow{(\text{CH}_3\text{CH}_2)_3\text{N}} \underset{\text{邻-NO}_2\text{-C}_6\text{H}_4}{\text{N(CH}_3)\text{COCH}_3}$$

环状酸酐与氨（或胺）反应，先生成开环的酰胺羧酸，后者加热后容易转变为酰亚胺。例如

[邻苯二甲酸酐] + CH$_3$NH$_2$ → [邻-C$_6$H$_4$(CONHCH$_3$)(COOH)] $\xrightarrow{\triangle}$ [N-甲基邻苯二甲酰亚胺]

N-甲基邻苯二甲酰亚胺

在酰亚胺中，氮原子的未共用电子对与两个碳氧双键共轭，结果是氮原子上的电子云密度降低，甚至氮原子上的氢具有酸性，可以与强碱成盐。例如

[丁二酰亚胺]NH + KOH → [丁二酰亚胺]N$^-$K$^+$ + H$_2$O

问题 10-4 写出下列反应的产物。

(1) $(\text{CH}_3\text{CO})_2\text{O} + \text{H}_2\text{N}\text{—C}_6\text{H}_4\text{—CH(CH}_3)_2 \longrightarrow$

(2) $(\text{CH}_3)_2\text{CHCH}_2\text{CH}_2\text{COOCH}_3 \xrightarrow{\text{CH}_3\text{OH}}$
      $\quad\quad\quad |$
      $\quad\quad\text{NH}_2$

---

4. 与格氏试剂的反应

酰氯与等物质的量的格氏试剂在低温下反应，生成酮。例如

$$(\text{CH}_3)_3\text{CCOCl} + (\text{CH}_3)_3\text{CMgBr} \xrightarrow{\text{无水}(\text{C}_2\text{H}_5)_2\text{O}} (\text{CH}_3)_3\text{CCOC}(\text{CH}_3)_3$$

如有过量的格氏试剂，则格氏试剂可以与生成的酮进一步反应，最后得到叔醇。

酯与格氏试剂反应生成叔醇。

$$\text{RCOOR}' + \text{R}''\text{MgBr} \xrightarrow{\text{无水}(\text{C}_2\text{H}_5)_2\text{O}} \underset{\text{R}''}{\underset{|}{\text{RC}}}\underset{}{\overset{\text{OMgBr}}{\overset{|}{-}}}\text{OR}' \xrightarrow{-\text{R}'\text{OMgBr}}$$

$$RCOR'' \xrightarrow{R''MgBr} \underset{\underset{R''}{|}}{RC}-R'' \xrightarrow{H_3O^+} \underset{\underset{R''}{|}}{RC}-R''$$
$$\phantom{RCOR'' \xrightarrow{R''MgBr}} \overset{OMgBr}{} \phantom{\xrightarrow{H_3O^+}} \overset{OH}{}$$

腈与格氏试剂反应，先生成加成产物，然后水解生成酮。例如

$$C_6H_5C\equiv N + C_6H_5MgBr \xrightarrow{\text{无水}(C_2H_5)_2O} \underset{\underset{C_6H_5}{|}}{C_6H_5C}=NMgBr \xrightarrow{H_3O^+} \underset{\underset{C_6H_5}{|}}{C_6H_5C}=O$$

问题 10-5 写出下列反应的产物。

(1) 环戊基(CH₃)COCl + CH₃MgI $\xrightarrow[-15\ ℃]{(C_2H_5)_2O,\ FeCl_3}$ $\xrightarrow{H_3O^+}$

(2) $CH_3\overset{O}{\overset{\|}{C}}CH_2CH_3$ + 环戊基—MgBr (过量) $\xrightarrow{(C_2H_5)_2O}$ $\xrightarrow{H_3O^+}$

(3) C₆H₅—CN + CH₃MgI $\xrightarrow{(C_2H_5)_2O}$ $\xrightarrow{H_3O^+}$

5. 羧酸衍生物的还原

在羧酸衍生物中，酰氯最容易被还原，还原剂和还原条件不同，则还原产物不同，它可以被还原为醇或醛。

酰氯用催化氢化或氢化铝锂还原，还原产物为伯醇。例如

$$C_6H_5COCl + LiAlH_4 \xrightarrow[\triangle]{(CH_3CH_2)_2O} \xrightarrow{H_2O} C_6H_5CH_2OH$$

$$CH_3CH_2COCl \xrightarrow[Pd/C,\triangle]{H_2} CH_3CH_2CH_2OH$$

如果将金属钯催化剂负载在硫酸钡上，则催化剂被毒化而活性降低，用这种催化剂还原酰氯，可使还原产物停留在醛的阶段，而不被进一步还原。例如

$$CH_3CH_2COCl \xrightarrow[\text{喹啉},\triangle]{H_2,\ Pd/BaSO_4} CH_3CH_2CHO$$

这称为罗森孟德(K. W. Rosenmund)还原。

酯和酸酐也可以用催化氢化或氢化铝锂还原，还原产物为醇。例如

$$C_6H_5COOC_2H_5 + LiAlH_4 \xrightarrow[\triangle]{(CH_3CH_2)_2O} \xrightarrow{H_2O} C_6H_5CH_2OH + C_2H_5OH$$

$$C_6H_5COOC_2H_5 + H_2 \xrightarrow[125\ ℃,\ 30\ MPa]{CuO\cdot CuCrO_4} C_6H_5CH_2OH + C_2H_5OH$$

丁二酸酐 + H₂ $\xrightarrow[\triangle]{Pd}$ $\underset{|}{\overset{|}{CH_2CH_2OH}}$ CH₂CH₂OH

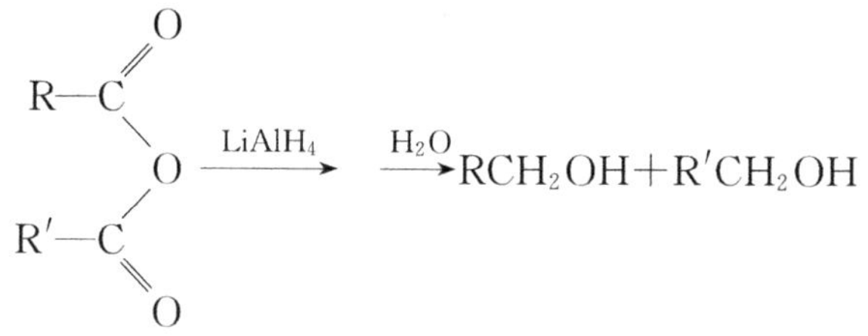

$$\text{R—CO—O—CO—R'} \xrightarrow{\text{LiAlH}_4} \xrightarrow{\text{H}_2\text{O}} \text{RCH}_2\text{OH} + \text{R'CH}_2\text{OH}$$

但一元羧酸酐的还原没有制备意义。

硼氢化钠($NaBH_4$)的还原能力比氢化铝锂弱,不能直接将酯还原为醇,但如果在反应中加入无水氯化锂,即用 $NaBH_4$-LiCl 还原,有时可以将酯还原为醇。例如

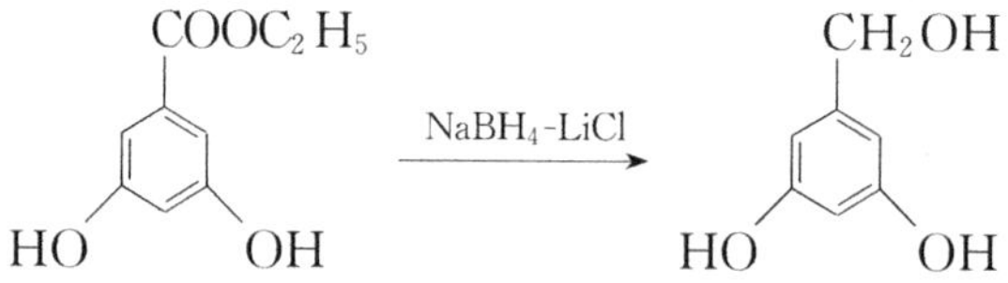

3,5-二羟基苯甲酸乙酯 $\xrightarrow{\text{NaBH}_4\text{-LiCl}}$ 3,5-二羟基苯甲醇

在酯的无水醇溶液中,酯可以被金属钠还原为相应的伯醇。例如

$$CH_3(CH_2)_{10}COOC_2H_5 \xrightarrow{Na, C_2H_5OH} CH_3(CH_2)_{10}CH_2OH + C_2H_5OH$$
$$75\%$$

酰胺和腈用氢化铝锂还原生成相应的胺。例如

$$CH_3CH_2CH_2CONH_2 + LiAlH_4 \xrightarrow{(C_2H_5)_2O} \xrightarrow{H_2O} CH_3CH_2CH_2CH_2NH_2$$

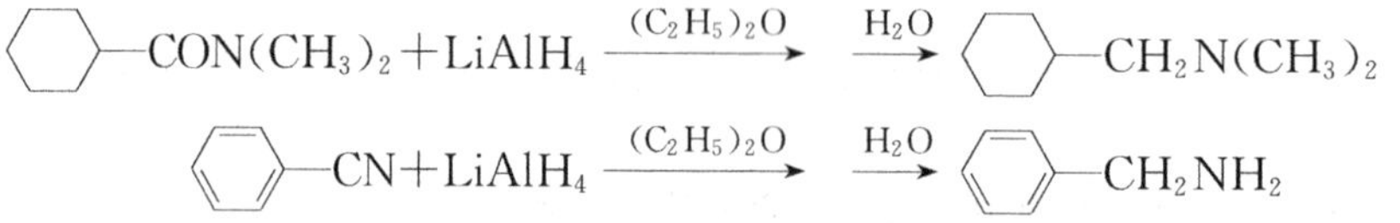

$$C_6H_{11}\text{—CON(CH}_3)_2 + LiAlH_4 \xrightarrow{(C_2H_5)_2O} \xrightarrow{H_2O} C_6H_{11}\text{—CH}_2N(CH_3)_2$$

$$C_6H_5\text{—CN} + LiAlH_4 \xrightarrow{(C_2H_5)_2O} \xrightarrow{H_2O} C_6H_5\text{—CH}_2NH_2$$

问题 10-6 选择适当的反应试剂或写出相应的反应产物。

(1) $(CH_3)_3CCH_2COCl \xrightarrow{?} (CH_3)_3CCH_2CHO$

(2)  环己酮 $\xrightarrow{\text{LiAlH}_4} \xrightarrow{\text{H}_2\text{O}}$

(3) 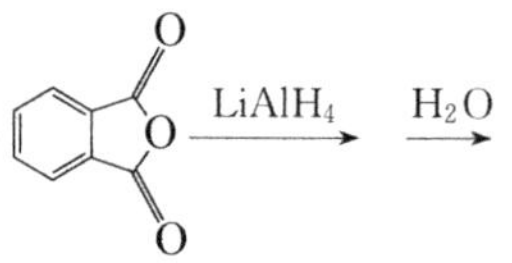 邻苯二甲酸酐 $\xrightarrow{\text{LiAlH}_4} \xrightarrow{\text{H}_2\text{O}}$

(4) $(CH_3)_2CHCOCl \xrightarrow{?} (CH_3)_2CHCON(C_2H_5)_2 \xrightarrow{\text{LiAlH}_4}$

(5) $C_6H_5CH_3 \xrightarrow{?} C_6H_5CH_2Cl \xrightarrow{?} C_6H_5CH_2CN \xrightarrow{\text{LiAlH}_4}$

10.4 油 脂

10.4.1 油脂的结构

油和脂肪统称为油脂。通常在常温下为固态或半固态的油脂称为脂肪,大部分从哺乳动物中得到的油脂,如牛油、羊油、猪油等称为脂肪;通常在常温下为液态的油脂称为油,大部分从植物和冷血动物中得到的油脂,如菜子油、豆油、芝麻油、鱼油等称为油。但在实际生活中,对脂和油并没有这样严格区分。例如,牛油是固体,是脂肪而不是油;但鱼脂是液体,是油而不是脂肪。

油脂的主要成分是由三分子高级脂肪酸与一分子甘油所形成的酯。在天然油脂中,三个脂肪酸相同时称为甘油同酸酯,脂肪酸不相同时称为甘油混酸酯。从动植物中取得的油脂都为甘油混酸酯。

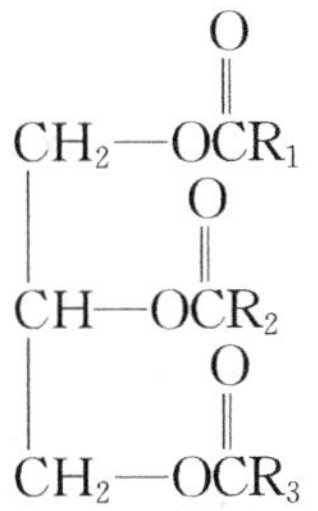

$$\begin{array}{c} O \\ \| \\ CH_2-OCR_1 \\ | \quad O \\ \quad \| \\ CH-OCR_2 \\ | \quad O \\ \quad \| \\ CH_2-OCR_3 \end{array}$$

甘油三羧酸酯结构通式

从天然油脂中得到的脂肪酸大多为含 12~20 个偶数碳原子的直链饱和脂肪酸和不饱和脂肪酸。油脂中常见的饱和脂肪酸有

月桂酸(十二酸):$CH_3(CH_2)_{10}COOH$,m.p. 44 ℃

豆蔻酸(十四酸):$CH_3(CH_2)_{12}COOH$,m.p. 54 ℃

软脂酸(十六酸):$CH_3(CH_2)_{14}COOH$,m.p. 63 ℃

硬脂酸(十八酸):$CH_3(CH_2)_{16}COOH$,m.p. 69 ℃

动物脂肪中硬脂酸的含量较高。

油脂中常见的不饱和脂肪酸有

油酸(9Z-十八碳烯酸):$CH_3(CH_2)_7CH=CH(CH_2)_7COOH$,m.p. 13 ℃

亚油酸(9Z,12Z-十八碳二烯酸):$CH_3(CH_2)_4(CH=CHCH_2)_2(CH_2)_6COOH$,m.p. −5 ℃

亚麻酸(9Z,12Z,15Z-十八碳三烯酸):$CH_3CH_2(CH=CHCH_2)_3(CH_2)_6COOH$,m.p. −11 ℃

花生四烯酸(5Z,8Z,11Z,14Z-二十碳四烯酸):$CH_3(CH_2)_4(CH=CHCH_2)_4(CH_2)_2COOH$,m.p. −49.5 ℃

EPA(5Z,8Z,11Z,14Z,17Z-二十碳五烯酸):$CH_3CH_2(CH=CHCH_2)_5(CH_2)_2COOH$,m.p. −54 ℃

DHA(4Z,7Z,10Z,13Z,16Z,19Z-二十二碳六烯酸):$CH_3CH_2(CH=CHCH_2)_6CH_2COOH$,m.p. −45 ℃

在上述天然的不饱和脂肪酸中,第一个双键的位置大多在 C_9 和 C_{10} 之间,几乎所有的双键都是顺式构型,而且双键与双键之间极少出现共轭的情况。其中亚油酸和亚麻酸是人类必须从饮食中摄取的少数几种不饱和脂肪酸。

10.4.2 油脂的物理性质

纯净的油脂一般是无色、无臭、无味的中性非极性化合物。相对密度均小于1,不溶于水,微溶于低级醇,易溶于乙醚、氯仿、苯和石油醚等有机溶剂。天然油脂是多组分的混合物,没有恒定的沸点和熔点。

在不饱和脂肪酸中,由于碳碳双键的顺式构型导致油脂分子呈弯曲形,分子与分子之间不能紧密排列,分子间的作用力减小,其熔点比相对分子质量相近的饱和脂肪酸的熔点低。因此含有不饱和脂肪酸比例较高的植物油,如棉子油、花生油、玉米油、豆油、菜子油等在常温下为液态;而含饱和脂肪酸比例较高的动物脂肪,如牛油、羊油、猪油等在常温下为固态或半固态。但冷血动物的脂肪,如深海鱼油中因含丰富的不饱和脂肪酸,所以 EPA 和 DHA 在室温下也是液态。

10.4.3 油脂的化学性质

1. 皂化

油脂在氢氧化钾或氢氧化钠的作用下水解,得到甘油和高级脂肪酸的钾盐或钠盐(肥皂)。

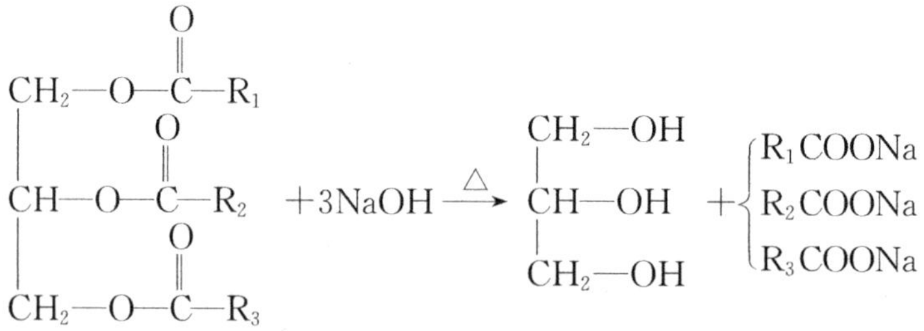

$$\begin{array}{c} CH_2-O-CO-R_1 \\ | \\ CH-O-CO-R_2 \\ | \\ CH_2-O-CO-R_3 \end{array} + 3NaOH \xrightarrow{\triangle} \begin{array}{c} CH_2-OH \\ | \\ CH-OH \\ | \\ CH_2-OH \end{array} + \begin{cases} R_1COONa \\ R_2COONa \\ R_3COONa \end{cases}$$

1 g 油脂完全皂化时所需氢氧化钾的质量(单位:mg)称为油脂的皂化值(saponification number)。根据皂化值的大小,可以判断油脂的平均相对分子质量。皂化值越大,油脂的平均相对分子质量越小。

2. 加成

含有不饱和脂肪酸的油脂,分子中的碳碳双键可以与氢、卤素等发生加成反应。

1) 加氢

含不饱和脂肪酸的油脂,其中的碳碳双键可以在催化剂作用下加氢,转变为含饱和脂肪酸较多的油脂,从而由液态的油转变成半固态的脂肪,所以油脂的氢化又称为"油脂的硬化"。氢化后的油脂不易被氧化而变质,便于储藏和运输,常用作制造肥皂和人造奶油的原料。

2) 加碘

100 g 油脂所能吸收碘的质量(单位:g)称为油脂的碘值(iodine number)。碘值可用于衡量油脂的不饱和程度,碘值越大,油脂的不饱和程度越大。由于碘与碳碳双键加成的速率不大,因此测定时常用氯化碘(ICl)或溴化碘(IBr)的冰醋酸溶液代替碘。

3. 酸败

油脂暴露在空气中放置过久,会产生难闻的刺鼻臭味,这是油脂发生了变质,这种现象称为油脂的酸败。油脂酸败是空气中的氧、水分、真菌及微生物作用的结果。油脂中不饱和脂肪酸的碳碳双键受空气中氧的作用,发生碳链的断裂,生成具有难闻气味的低级醛和酸等。而油脂中的饱和脂肪酸在真菌或微生物的作用下,在羧酸的 β-位发生 β-氧化,生成 β-酮酸,β-酮酸再进一步分解生成带有不愉快气味的酮或羧酸。

油脂的酸值是衡量油脂酸败程度的重要指标。中和 1 g 油脂中的游离脂肪酸所需氢氧化钾的质量(单位:mg)称为油脂的酸值。油脂的酸值越高,说明其中游离脂肪酸的含量越多,即酸败越严重。当食用油脂的酸值大于 6.0 时,则不能再食用。

10.5 甘 油 磷 脂

磷脂(phospholipids)广泛存在于动植物的组织中,在动物的肝、脑、神经细胞以及植物的种子中尤为丰富,是生物膜的主要构成成分。

磷脂中最重要的是甘油磷脂。甘油磷脂与甘油三酯类似,只是甘油中 C_3 上的羟基被磷酸酯化,而 C_2 碳原子为 R 构型。通常 R 为饱和脂肪烃基,R′为不饱和脂肪烃基。

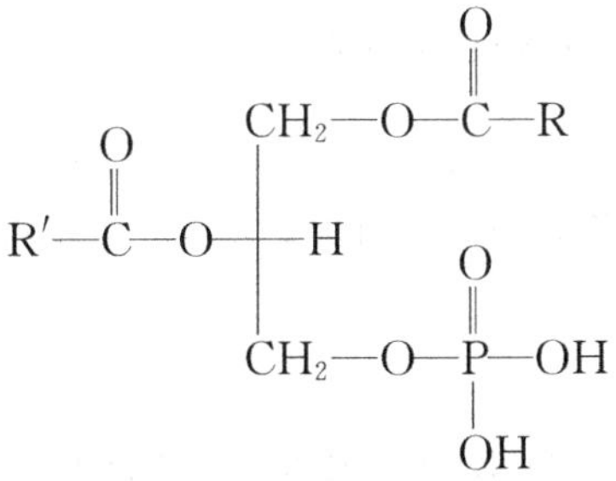

甘油磷脂

在生物膜结构中,磷酸基以磷酸二酯键的形式存在,与磷酸基形成第二个磷脂的化合物中都含有羟基,如乙醇胺、胆碱等,分别构成脑磷脂、卵磷脂等。

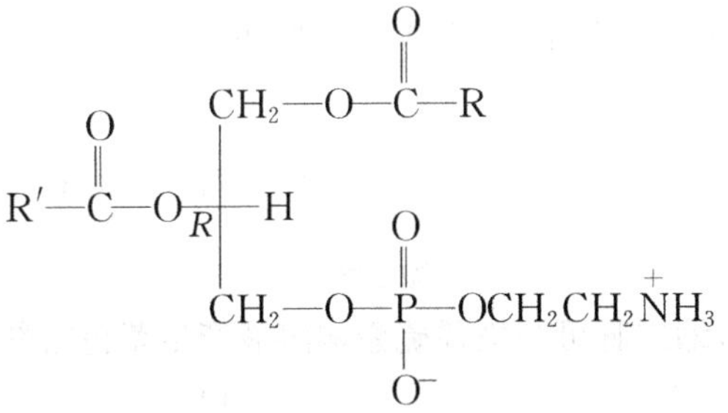

脑磷脂(cephalin) 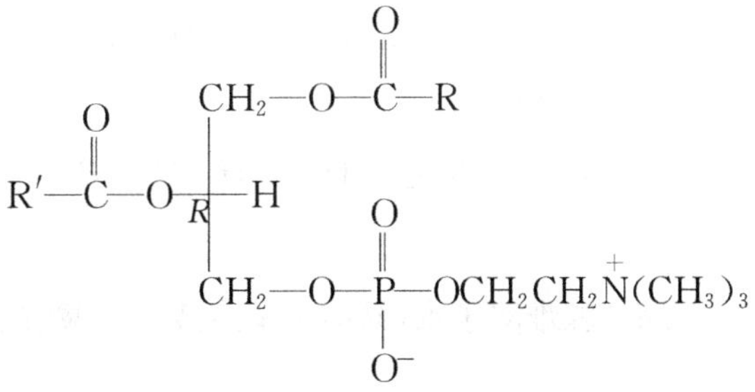　　　　　　　　卵磷脂(lecithin)

10.6 尿 素

尿素 $\left[H_2N-\overset{\overset{O}{\|}}{C}-NH_2, urea\right]$ 又称为脲(carbamide),存在于人和哺乳动物的尿中,是哺乳动物体内蛋白质代谢的最终产物,成人每天随尿可排出 25～30 g 尿素。

尿素为无色结晶形固体,熔点为 133～135 ℃,易溶于水及乙醇,不溶于乙醚。具有碳酸二酰胺的结构,因此具有酰胺的一般化学性质。尿素还可以看成氨基取代甲酰胺,所以具有弱碱性,但不能使石蕊试纸变色。

尿素能与硝酸和乙二酸生成不溶性的盐。

$$H_2NCNH_2 + HNO_3 \longrightarrow H_2N\overset{\overset{O}{\|}}{C}NH_2 \cdot HNO_3 \downarrow$$

$$2H_2NCNH_2 + \begin{array}{c} COOH \\ | \\ COOH \end{array} \longrightarrow \begin{array}{c} COOH \cdot H_2NCNH_2 \\ | \\ COOH \cdot H_2NCNH_2 \end{array} \downarrow$$

(结构式中含 $\overset{O}{\underset{\|}{C}}$)

尿素与酰胺相似,能在酸或碱催化下水解,生成二氧化碳、氨等。

$$H_2N\overset{O}{\underset{\|}{C}}NH_2 + H_2O \xrightarrow[\text{或 } OH^-]{H^+} NH_3 + CO_2$$

施在土壤中的尿素是被存在于植物及微生物中的尿素酶水解释放出氨。

尿素与亚硝酸反应能定量释放出氮气,同时生成二氧化碳和水。通过测定氮气的释放量,可以测定尿素的含量。

$$H_2N\overset{O}{\underset{\|}{C}}NH_2 + 2HNO_2 \longrightarrow 2N_2\uparrow + 2H_2O + \left[HO\overset{O}{\underset{\|}{C}}OH \right]$$
$$\downarrow$$
$$H_2O + CO_2$$

将尿素慢慢加热至熔点以上,两分子尿素之间失去一分子氨,生成缩二脲(biruet)。

$$H_2N-\overset{O}{\underset{\|}{C}}-\boxed{NH_2 + H}-NH-\overset{O}{\underset{\|}{C}}-NH_2 \xrightarrow{150\sim 160\,^\circ C} H_2N-\overset{O}{\underset{\|}{C}}-NH-\overset{O}{\underset{\|}{C}}-NH_2 + NH_3$$

缩二脲

缩二脲难溶于水,易溶于碱溶液。在碱溶液中,缩二脲可与极稀硫酸铜溶液产生紫色或紫红色的颜色反应,称为缩二脲反应。凡是分子中具有两个或两个以上酰胺键($-\overset{O}{\underset{\|}{C}}-NH-$)结构的化合物(如多肽、蛋白质等)均可发生这种颜色反应,可用于多肽和蛋白质的定性鉴定。

小 结

在羧酸分子中,羧基中的羟基被其他原子或基团取代,并经水解能生成羧酸的化合物称为羧酸衍生物。羟基被—X、—OR、—OCOR、—NH$_2$(或—NHR、—NR$_2$)取代的羧酸衍生物分别称为酰卤、酯、酸酐、酰胺。腈(RCN)是羧基被氰基(—CN)取代的羧酸衍生物,水解也生成羧酸。

羧酸衍生物可以发生水解、醇解、氨(胺)解等亲核取代反应,主要按亲核加成-消除机理进行,分别生成羧酸、酯、酰胺(或 N-取代酰胺)。亲核取代反应的活性次序为

$$R-\overset{O}{\underset{\|}{C}}-Cl > R-\overset{O}{\underset{\|}{C}}-O-\overset{O}{\underset{\|}{C}}-R > R-\overset{O}{\underset{\|}{C}}-OR > R-\overset{O}{\underset{\|}{C}}-NH_2$$

酯水解生成羧酸,可以在酸催化或碱催化条件下进行。在碱性条件下,伯醇和仲醇的酯主要按酰氧键断裂水解,经加成-消除的双分子机理进行;在酸性条件下,叔醇的酯主要按烷氧键断裂水解,经碳正离子的单分子机理进行。酰胺和腈的水解需在酸或碱催化下长时间回流才能完成。

酰卤、酯与格氏试剂反应生成酮,进一步与格氏试剂反应可生成叔醇。

腈与格氏试剂反应生成酮。

酰卤、酯和酸酐都可以被氢化铝锂还原为醇,酰卤用罗森孟德还原剂还原可以停留在醛的阶段,酰胺被氢化铝锂还原为胺。

油脂的主要成分是高级脂肪酸的甘油酯。

习 题

1. 命名下列化合物或写出相应的结构式。

   (1) 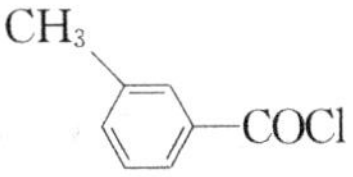 3-甲基苯甲酰氯 (间甲基苯甲酰氯结构图)

   (2) 对乙酰基苯甲酰胺结构图

   (3) 2-甲基顺丁烯二酸酐结构图

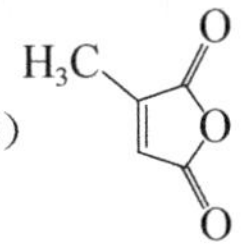

   (4)  对甲氧甲酰基苯甲酸甲酯结构图

   (5) 烯丙基丙二酰氯
   (6) 2-甲基丙烯酸甲酯
   (7) N-甲基丁二烯亚胺
   (8) 异丁腈
   (9) 乙丙酐
   (10) 丙烯酸乙烯酯

2. 写出下列反应的主要产物。

   (1)  $C_6H_5CO{-}^{18}OCH_3 \xrightarrow{H_3O^+, \triangle}$

   (2) $CH_3CH_2CH_2COCl \xrightarrow{H_2}{Pd, BaSO_4}$

   (3) 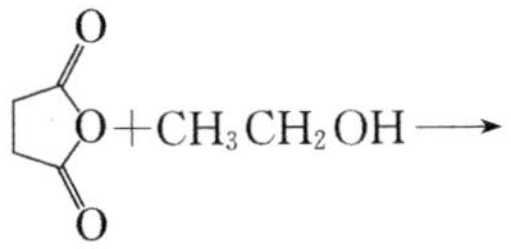 丁二酸酐 $+ CH_3CH_2OH \longrightarrow$

   (4) $CH_3CO{-}C_6H_4{-}COOC_2H_5 \xrightarrow{NaBH_4}$

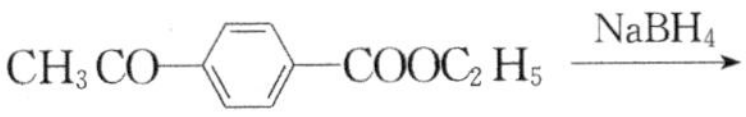

   (5) 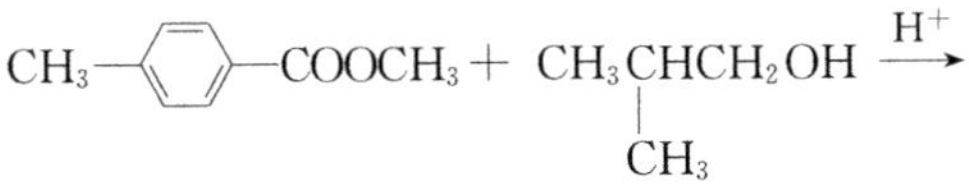 $CH_3{-}C_6H_4{-}COOCH_3 + CH_3CH(CH_3)CH_2OH \xrightarrow{H^+}$

3. 完成下列反应方程式。

   (1) 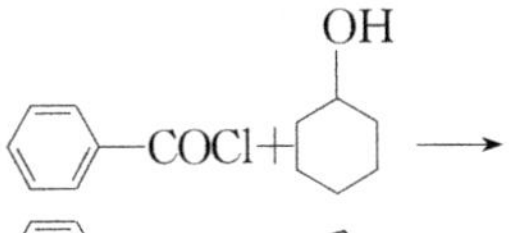 $C_6H_5COCl +$ 环己醇 $\longrightarrow$

   (2) 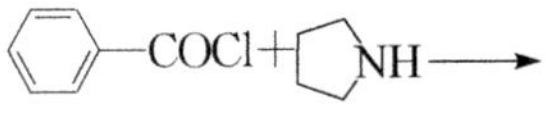 $C_6H_5COCl +$ 吡咯烷 $\longrightarrow$

   (3) 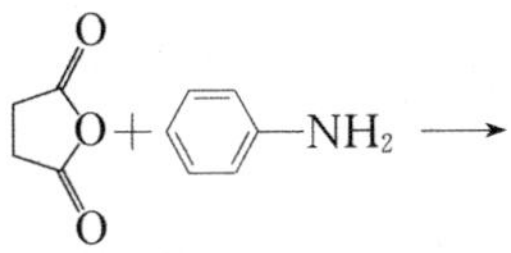 丁二酸酐 $+ C_6H_5{-}NH_2 \longrightarrow$

   (4) 己内酰胺 $\xrightarrow{NaOH, H_2O}$

   (5) 环戊基${-}C{\equiv}N + CH_3CH_2MgBr \xrightarrow{(C_2H_5)_2O} \xrightarrow{H_3O^+}$

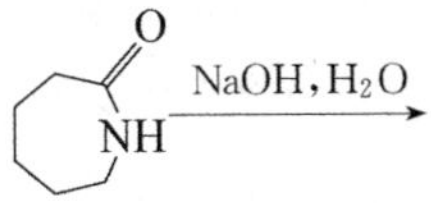

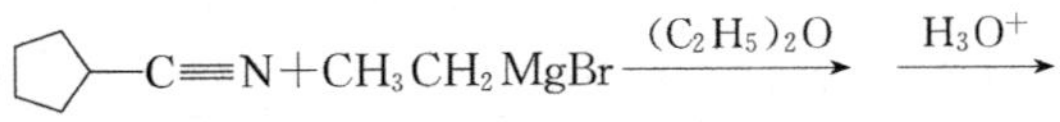

(6) 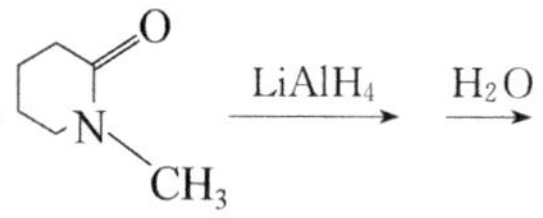 [N-甲基-2-哌啶酮] $\xrightarrow{\text{LiAlH}_4}$ $\xrightarrow{\text{H}_2\text{O}}$

(7)  $H_3C-\underset{}{\bigcirc}-COOC_2H_5$ $\xrightarrow{\text{LiAlH}_4}$ $\xrightarrow{\text{H}_2\text{O}}$

4. 推测下列结构式。

(1) 某中性化合物 A，分子式为 $C_7H_{13}O_2Br$，与 NH_2OH 或 $C_6H_5NHNH_2$ 不能生成肟或苯腙，其光谱数据如下：
IR：1740 cm^{-1} 有强峰，$2850\sim2950 \text{ cm}^{-1}$ 有吸收峰，3000 cm^{-1} 以上无吸收峰
^{1}H NMR：δ 1.0(3H,t)，1.3(6H,d)，2.1(2H,m)，4.2(1H,t)，4.6(1H,m)
试推测化合物 A 的结构式，并指出核磁共振氢谱的归属。

(2) 某化合物 A，分子式为 $C_7H_6O_3$，能溶于氢氧化钠和碳酸氢钠溶液，与 $FeCl_3$ 有颜色反应，A 与乙酐作用生成化合物 B，分子式为 $C_9H_8O_4$，A 与甲醇反应能生成具有香气的化合物 C，分子式为 $C_8H_8O_3$。B 经硝化，可得到两种一硝基取代物。试推测化合物 A~C 的结构式。

(3) 化合物 A 和 B 互为同分异构体，分子式为 $C_4H_8O_2$，其 IR 和 ^{1}H NMR 数据分别如下：
A：IR：1740 cm^{-1} 有强吸收峰，$3000\sim2900 \text{ cm}^{-1}$ 有吸收峰，3000 cm^{-1} 以上无吸收峰
^{1}H NMR：δ 1.20(3H,t)，1.94(3H,s)，4.05(2H,q)

B：IR：1725 cm^{-1} 有强吸收峰，$3000\sim2900 \text{ cm}^{-1}$ 有吸收峰，3000 cm^{-1} 以上无吸收峰
^{1}H NMR：δ 1.29(6H,d)，5.13(1H,七重峰)，8.02(1H,s)
试推测化合物 A 和 B 的结构式。

第 11 章　含氮有机化合物

主要内容

(1) 硝基化合物的结构和还原。
(2) 脂肪族胺和芳香族胺的结构,胺的命名。
(3) 胺的碱性、烃化和酰化反应,季铵盐和季铵碱,霍夫曼消除反应。
(4) 胺的亚硝化反应,芳香族重氮盐的反应,重氮基的取代和偶联。
(5) 芳香族胺芳环上的亲电取代反应。

凡在分子中含有氮元素的有机化合物统称为含氮有机化合物。含氮有机化合物的种类很多,如硝基化合物、胺、腈、异腈酸酯、重氮化合物、偶氮化合物和叠氮化合物等。本章主要讨论胺类化合物,对硝基化合物仅作简单介绍。

11.1　硝基化合物

烃基上的氢原子被硝基(—NO_2)取代的化合物称为硝基化合物。硝基化合物分为脂肪族硝基化合物和芳香族硝基化合物。硝基连在脂肪族烃基上的称为脂肪族硝基化合物,硝基直接连在芳环上的称为芳香族硝基化合物。

11.1.1　硝基化合物的结构

硝基甲烷是最简单的脂肪族硝基化合物。其结构如下:

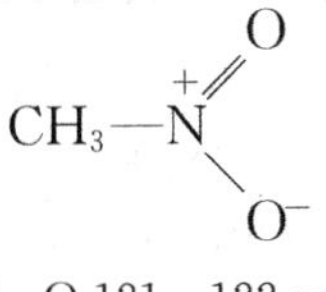

$$CH_3-\overset{+}{N}\begin{subarray}{c}O\\O^-\end{subarray}$$

C—N 147 pm,N—O 121~122 pm,∠ONO=127°

硝基中的氮原子为 sp^2 杂化,三个 sp^2 杂化轨道分别与碳原子和两个氧原子形成三个 σ 键,σ 键之间的键角接近 120°。氮原子上未参与杂化的 p 轨道与两个氧原子上的 p 轨道从侧面交盖,形成三中心四电子的共轭体系。两个 N—O 键的键长相等,所以硝基可以用共振式表示为

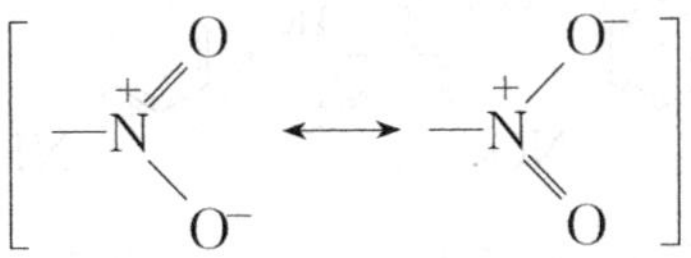

$$\left[-\overset{+}{N}\begin{subarray}{c}O\\O^-\end{subarray} \longleftrightarrow -\overset{+}{N}\begin{subarray}{c}O^-\\O\end{subarray}\right]$$

硝基甲烷的偶极矩为 3.5 deb,因此,硝基是强吸电子取代基,硝基邻位碳原子上的氢具有明显的酸性,如硝基甲烷的 pK_a 值为 10.2,能在碱作用下形成碳负离子与羰基化合物发生缩合反应。

$$CH_3(CH_2)_7CHO + CH_3NO_2 \xrightarrow[C_2H_5OH]{NaOH} CH_3(CH_2)_7\overset{OH}{\underset{|}{C}}HCH_2NO_2$$
1-硝基-2-癸醇

芳醛与硝基甲烷缩合时,生成的 β-羟基化合物容易去水,最终得到 α,β-不饱和硝基化合物。例如

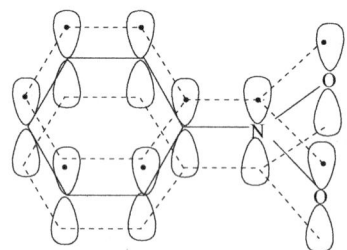
β-硝基苯乙烯

芳香族硝基化合物比脂肪族硝基化合物重要得多。在芳香族硝基化合物中,硝基氮原子和氧原子上的 p 轨道与芳环上的 p 轨道形成大的共轭体系,硝基苯的结构如图 11-1 所示。

图 11-1 硝基苯结构示意图

11.1.2 芳香族硝基化合物的还原

芳环上的硝基可以被多种还原剂还原,还原可以分步进行,得到不同的还原产物。例如

硝基苯   亚硝基苯   N-羟基苯胺   苯胺

芳香族硝基化合物的重要性主要在于它被还原为芳香族胺后,能经不同的反应转变为多种类型的有机化合物。

硝基化合物可以在用 Ni 或 Pt 催化下,加氢还原为胺。例如

在强酸(通常用稀盐酸)性条件下,用铁、锌、锡等金属还原,硝基被直接还原为胺。例如

而在中性或弱酸性条件下,硝基苯被还原为 N-羟基苯胺。在强还原剂作用下,N-羟基苯胺可以进一步被还原为苯胺。

$$\underset{\text{硝基苯}}{\text{C}_6\text{H}_5\text{NO}_2} \xrightarrow[\text{H}_2\text{O}]{\text{Zn}+\text{NH}_4\text{Cl}} \underset{N\text{-羟基苯胺}}{\text{C}_6\text{H}_5\text{NHOH}} \xrightarrow{\text{Fe}+\text{HCl}} \text{C}_6\text{H}_5\text{NH}_2$$

在适当的反应条件下,硫化钠、硫化铵、硫氢化钠、硫氢化铵及氯化亚锡-盐酸等对芳香族多硝基化合物的还原有选择性。例如

间二硝基苯 $\xrightarrow[\text{CH}_3\text{OH},\triangle]{\text{NaSH}}$ 间硝基苯胺

2,4-二硝基甲苯 $\xrightarrow{\text{NH}_4\text{SH}}$ 4-氨基-2-硝基甲苯

2,4-二硝基甲苯 $\xrightarrow{\text{SnCl}_2+\text{HCl}}$ 2-氨基-4-硝基甲苯

当硝基苯在碱性条件下还原时,由于亚硝基苯和 N-羟基苯胺被继续还原的速率很慢,因此得到双分子缩合的还原产物。例如

硝基苯 $\xrightarrow[100\ ℃]{\text{葡萄糖}+\text{NaOH}}$ 氧化偶氮苯 (Ph—N=N(→O)—Ph)

硝基苯 $\xrightarrow[\text{H}_2\text{O}]{\text{Zn}(2\ \text{mol})+\text{NaOH}}$ 偶氮苯 (Ph—N=N—Ph)

硝基苯 $\xrightarrow[\text{C}_2\text{H}_5\text{OH}]{\text{Zn}(3\ \text{mol})+\text{NaOH}}$ 氢化偶氮苯 (Ph—NH—NH—Ph)

11.2 胺化合物

氨的烃基取代物称为胺(amine),胺可以根据氮原子上所连烃基的数目分类。与一个烃基相连的称为伯胺(primary amine),与两个烃基相连的称为仲胺(secondary amine),与三个烃基连的称为叔胺(tertiary amine)。

NH_3	RNH_2	R_2NH(或 R^1R^2NH)	R_3N(或 $R^1R^2R^3N$)
氨	伯胺	仲胺	叔胺

铵盐或铵碱分子中四个氢原子都被烃基取代的产物分别称为季铵盐或季铵碱。

$\overset{+}{N}H_4\overset{-}{C}l$	$R\overset{+}{R^1R^2R^3}N\overset{-}{C}l$	$\overset{+}{N}H_4\overset{-}{O}H$	$R\overset{+}{R^1R^2R^3}N\overset{-}{O}H$
铵盐	季铵盐	铵碱	季铵碱

在胺化合物中,氨基的氮原子只直接与脂肪族烃基相连的称为脂肪族胺,直接与芳环相连

的称为芳香族胺。最简单的脂肪族胺是甲胺(CH_3NH_2),最简单的芳香族胺是苯胺,结构式为

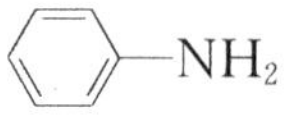

$$\text{C}_6\text{H}_5-\text{NH}_2$$

11.2.1 胺的结构和命名

1. 胺的结构

氨、甲胺和三甲胺的键长、键角数据如下:

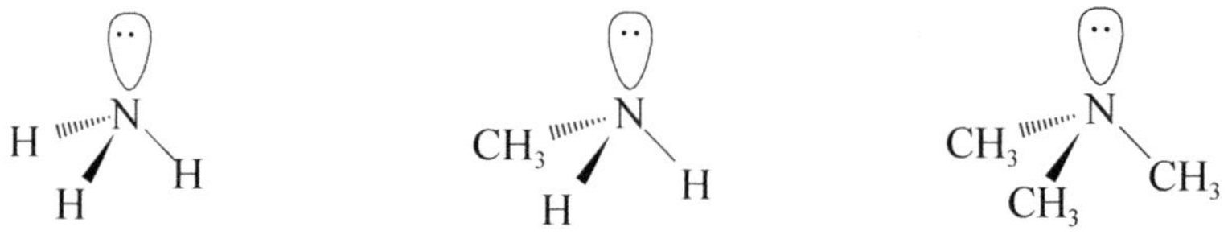

N—H 100.8 pm
∠HNH 107.3°

N—H 102.0 pm
N—C 147.4 pm
∠HNH 105.9°
∠HNC 112.9°

N—C 147.2 pm
∠CNC 108.3°

由此表明,在氨及胺分子中,氮原子为 sp^3 杂化,其中三个 sp^3 轨道分别与氢原子和碳原子生成氮氢和氮碳 σ 键,另外一个 sp^3 轨道上有一对未共用电子对,胺分子呈比较矮的三角锥形。在室温条件下就能使其构型翻转。

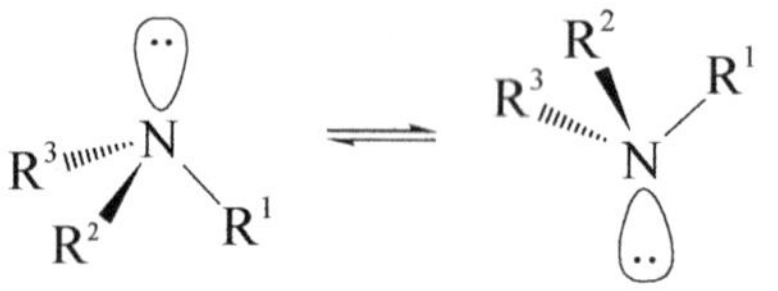

所以即使某个胺分子中的三个烃基不相同,也不能分离得到它们的对映体。但四个烃基都不相同的季铵盐则是手性分子,可以被拆分成一对对映体。

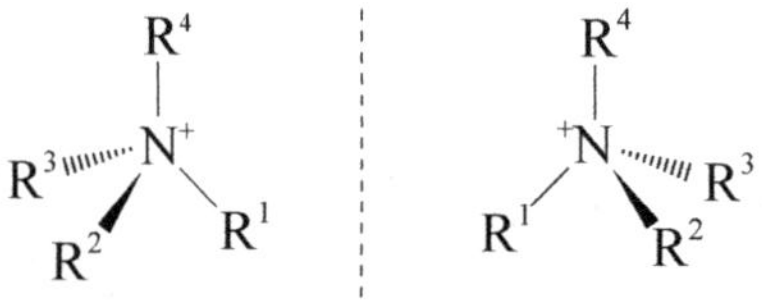

一对对映体

苯胺分子中的键长和键角数值为

N—H 105 pm, ∠HNH 113.9°
N—C 140 pm, ∠CNH 119.7°

苯环平面与 H—N—H 三个原子所在平面的交叉角为 39.4°,比甲胺中 C—N 键与 H—N—H 三个原子所在平面的交叉角(55°)小,这说明苯胺分子的三角锥形更矮,更趋于扁平。N—C_{sp^2} 键比甲胺中的 N—C 键短,即具有部分双键的性质。苯胺的键长和键角这些数据表明,苯胺中氮原子的 sp^3 杂化状态更接近 sp^2 杂化。氮原子上的一对未共用电子对所在的杂化轨道具有更多的 p 轨道成分,它可以与苯环上的 p 轨道从侧面有较多的重叠,形成更大的共轭体系。苯

胺的结构可用共振式表示如下：

$$\underset{}{\bigcirc}-\ddot{N}H_2 \longleftrightarrow \underset{}{\bigcirc}\overset{+}{=}NH_2 \longleftrightarrow \underset{}{\bigcirc}\overset{+}{=}NH_2 \longleftrightarrow \underset{}{\bigcirc}\overset{+}{=}NH_2$$

因此，芳环上的氨基表现为给电子取代基。这从下列几个化合物的偶极矩的关系也可以得到相同的结论。

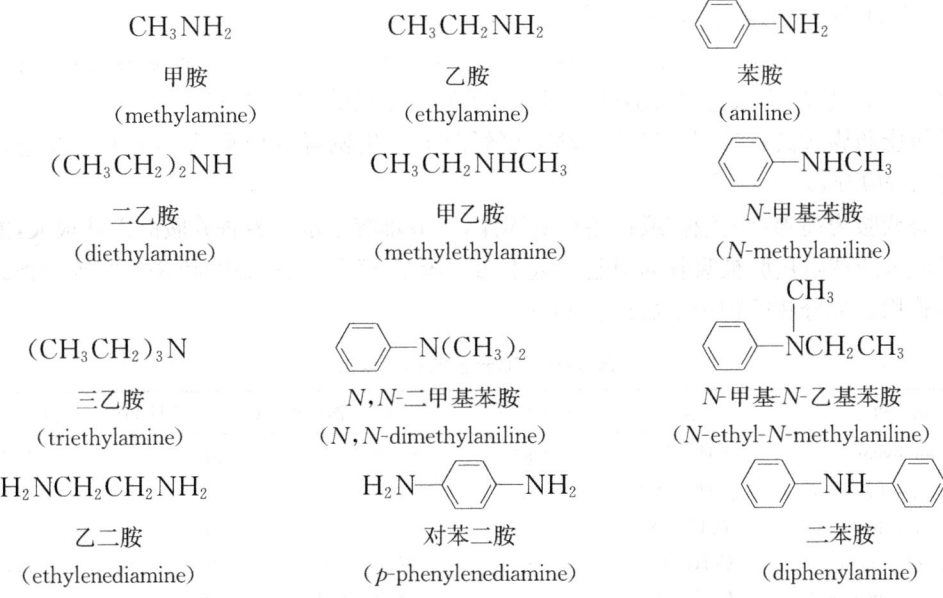

$\mu=9.7\times10^{-30}$ C·m　　$\mu=14.34\times10^{-30}$ C·m　　$\mu=4.3\times10^{-30}$ C·m

其他芳香胺也具有类似的结构。

2. **胺的命名**

氨基是胺的官能团，只含有一个氨基的胺称为一元胺，含有两个或多个氨基的胺称为二元胺或多元胺。

简单一元胺通常用普通命名法命名，即在"胺"字前面加上与氮原子相连的烃基名称和数目。例如

CH_3NH_2　　　　　　$CH_3CH_2NH_2$　　　　　　苯—NH_2
甲胺　　　　　　　　　乙胺　　　　　　　　　　苯胺
(methylamine)　　　　(ethylamine)　　　　　　(aniline)

$(CH_3CH_2)_2NH$　　　$CH_3CH_2NHCH_3$　　　　苯—$NHCH_3$
二乙胺　　　　　　　　甲乙胺　　　　　　　　N-甲基苯胺
(diethylamine)　　　(methylethylamine)　　(N-methylaniline)

$(CH_3CH_2)_3N$　　　苯—$N(CH_3)_2$　　　　　苯—$N(CH_3)(CH_2CH_3)$
三乙胺　　　　　　　N,N-二甲基苯胺　　　　N-甲基-N-乙基苯胺
(triethylamine)　　(N,N-dimethylaniline)　(N-ethyl-N-methylaniline)

$H_2NCH_2CH_2NH_2$　　H_2N—苯—NH_2　　　　苯—NH—苯
乙二胺　　　　　　　　对苯二胺　　　　　　　　二苯胺
(ethylenediamine)　(p-phenylenediamine)　(diphenylamine)

对于结构比较复杂的胺，则可按系统命名法命名，即选择含氨基的最长碳链为主链，称为某胺。然后从靠近氨基的一端开始对主碳链依次编号，把与官能团氨基相连的碳原子的编号写在"胺"字前面。例如

$(CH_3)_2CHCH_2CHCH_3$　　　　　　$CH_3CH_2CHCH_3$
　　　　　　　　$|$　　　　　　　　　　　　　　$|$
　　　　　　　NH_2　　　　　　　　　　　　$N(CH_3)_2$
4-甲基戊-2-胺　　　　　　　　　　N,N-二甲基丁-2-胺
(4-methylpentan-2-amine)　　　(N,N-dimethylbutan-2-amine)

季铵盐及季铵碱的命名则与相应的铵盐及氢氧化铵相似。例如

$(CH_3)_4\overset{+}{N}\overset{-}{Cl}$ $C_6H_5CH_2\overset{+}{N}(C_2H_5)_3\overset{-}{Cl}$ $(CH_3)_4\overset{+}{N}\overset{-}{OH}$

氯化四甲基铵　　　　　氯化三乙基苄基铵　　　　　氢氧化四甲基铵

(tetramethylammonium chloride)　(benzyltriethylammonium chloride)　(tetramethylammonium hydroxide)

问题 11-1 命名下列化合物。

(1) $(CH_3)_2CHCH_2NH_2$
(2) $CH_3NH-\bigcirc$
(3) $H_2NCH_2CH_2NHCH_3$
(4) $H_2N-\bigcirc-NH-\bigcirc$

问题 11-2 写出下列化合物的结构式。

(1) 对甲基苄胺
(2) 二甲基环戊基胺
(3) 4,4′-二甲基二苯胺
(4) 烯丙基胺
(5) 氢氧化三甲基乙铵
(6) 分子式为 $C_4H_{11}N$ 的手性伯胺

11.2.2　胺的物理性质

甲胺、乙胺、二甲胺和三甲胺在室温下为气体,其他低级脂肪胺为液体。

胺分子中氮原子上的未共用电子对能与水分子形成分子间的氢键,因此高级胺与烷烃相似,C_6 以下的低级胺能溶于水,随着烃基增大,难溶或不溶于水。

在伯胺和仲胺中,因为氮原子上还有氢原子,它们可以在分子间形成氢键,但氢键不如醇分子之间的氢键强,所以它们的沸点比相对分子质量相近的醇的沸点低。

低级脂肪族胺具有难闻的臭味。动物腐烂时能产生剧毒且极臭的 1,4-丁二胺(腐胺)和 1,5-戊二胺(尸胺)。

芳香族胺为高沸点的液体或低熔点的固体,一般难溶于水。芳香族胺的毒性很大,能通过蒸气的吸入或透过皮肤被吸收而引起严重中毒。苯胺、联苯胺、α-萘胺和 β-萘胺等芳香族胺都有致癌作用。部分胺的物理常数见表 11-1。

表 11-1　部分胺的物理常数

化合物	结构式	熔点/℃	沸点/℃	溶解度/[g·(100 g H$_2$O)$^{-1}$]	pK_b(25℃)
甲胺(methylamine)	CH_3NH_2	−93.5	−6.3	溶	3.38
二甲胺(dimethylamine)	$(CH_3)_2NH$	−93	6.9	溶	3.27
三甲胺(trimethylamine)	$(CH_3)_3N$	−117	4	91	4.21
乙胺(ethylamine)	$C_2H_5NH_2$	−81	16.6	溶	3.36
二乙胺(diethylamine)	$(C_2H_5)_2NH$	−48	56.3	溶	3.06
三乙胺(triethylamine)	$(C_2H_5)_3N$	−114.7	89.3	14	3.25
丙胺(propylamine)	$CH_3(CH_2)_2NH_2$	−83	48.7	溶	3.29
丁胺(butylamine)	$CH_3(CH_2)_3NH_2$	−49	77.8	溶	3.23
戊胺(pentylamine)	$CH_3(CH_2)_4NH_2$	−50	104	溶	—
二丙胺(dipropylamine)	$(CH_3CH_2CH_2)_2NH$	−63	110	微溶	—
三丙胺(tripropylamine)	$(CH_3CH_2CH_2)_3N$	−107	157	微溶	—
乙二胺(ethylnediamine)	$H_2NCH_2CH_2NH_2$	8.5	118	溶	—
己二胺(hexamethylenediamine)	$H_2N(CH_2)_6NH_2$	41~42	204~205	微溶	—

续表

化合物	结构式	熔点/℃	沸点/℃	溶解度/[g·(100 g H$_2$O)$^{-1}$]	pK_b(25℃)
苯胺(aniline)	C$_6$H$_5$NH$_2$	−6	184	3.7	9.37
苄胺(benzylaniline)	C$_6$H$_5$CH$_2$NH$_2$	10	185	微溶	4.66
N-甲基苯胺(N-methylaniline)	C$_6$H$_5$NHCH$_3$	−57	196	3.7	9.20
N,N-二甲基苯胺(N,N-dimethylaniline)	C$_6$H$_5$N(CH$_3$)$_2$	2.5	194	1.4	9.62
二苯胺(diphenylamine)	(C$_6$H$_5$)$_2$NH	54	302	不溶	13.2

红外光谱：伯胺的 N—H 大多有不对称和对称两个伸缩振动吸收峰，液体脂肪族伯胺分别在 3400～3300 cm^{-1} 和 3300～3200 cm^{-1}，液体芳香族伯胺则分别在 3500～3390 cm^{-1} 和 3420～3300 cm^{-1}，两峰间隔在 100 cm^{-1} 左右。而仲胺的 N—H 伸缩振动在 3500～3300 cm^{-1}，芳香族仲胺的吸收强度比脂肪族仲胺强，而且峰形尖锐。

另外，脂肪族伯胺在 1650～1590 cm^{-1} 有 N—H 的弯曲振动吸收峰，也可作为鉴定的依据。

核磁共振谱：由于氮原子有较大的电负性，因此与氮原子相连的 α-碳原子上质子的化学位移向低场移动，其 δ 值为 2.2～2.8，随着 α-碳原子上的质子数目不同而化学位移不同。

$$\text{CH}_3\text{NR}_2 \quad \text{R}'\text{CH}_2\text{NR}_2 \quad \text{R}'_2\text{CHNR}_2$$
$$\delta \quad\quad 2.2 \quad\quad\quad 2.4 \quad\quad\quad\quad 2.8$$

β-碳原子上质子的化学位移受氮原子的影响较小，其 δ 值为 1.1～1.7。

在伯胺和仲胺中，直接连在氮原子上的质子的化学位移受溶剂、溶液浓度和温度影响较大，其 δ 值为 0.5～5，且一般为宽峰，当加入 D$_2$O 后该峰消失。

11.2.3 胺的化学性质

胺的化学性质与胺的官能团氨基或取代氨基有关，氨基或取代氨基中氮原子上有未共用电子对，能与质子结合而显碱性，同时使胺分子具有亲核性，可以作为亲核试剂发生亲核取代反应；可以对醛、酮等羰基化合物发生亲核加成反应。对于芳香族胺，氮原子的未共用电子对可以与芳环上的 π 键共轭，使芳环上的电子云密度增加，更容易发生芳环上的亲电取代反应。

1. **胺的碱性**

胺与氨相似，其碱性比水强，胺的水溶液显弱碱性。在水溶液中有下列平衡：

$$\text{NH}_3 + \text{HOH} \rightleftharpoons \overset{+}{\text{NH}}_4 + \text{OH}^-$$

$$\text{RNH}_2 + \text{HOH} \rightleftharpoons \text{R}\overset{+}{\text{NH}}_3 + \text{OH}^-$$

胺的碱性强弱可用其水溶液中的碱解离常数 K_b 或 K_b 的对数的负值 pK_b 表示：

$$K_b = \frac{[\text{R}\overset{+}{\text{NH}}_3][\text{OH}^-]}{[\text{RNH}_2]} \quad\quad \text{p}K_b = -\lg K_b$$

K_b 的数值越大，pK_b 越小，碱性越强。部分胺的 pK_b 值见表 11-1。

胺的碱性强弱也可以用胺的共轭酸的解离常数 K_a 或 K_a 的对数的负值 pK_a 表示：

$$\text{R}\overset{+}{\text{NH}}_3 + \text{H}_2\text{O} \longrightarrow \text{RNH}_2 + \text{H}_3\text{O}^+$$

$$K_a = \frac{[\text{RNH}_2][\text{H}_3\text{O}^+]}{[\text{RNH}_3^+]} \qquad pK_a = -\lg K_a$$

K_a 的数值越小，pK_a 越大，碱性越强。

胺的碱性强弱次序为脂肪族胺＞氨＞芳香族胺。在脂肪族胺中，烷基的给电子诱导效应使氮原子上的电子云密度增加，有利于碱性增强，但随着烷基的增加，氮原子与质子结合的空间位阻也随之增加，结果反映出来的是碱性不但没有增强，反而有所减弱。另外，这也可以从铵盐在水溶液中的稳定性分析，随着氮原子上烷基的增加，氢原子减少，相应质子化后的铵的共轭酸（铵盐）在水中的溶剂化程度减弱，这意味着铵的共轭酸在水中稳定性减弱，解离常数增大，即相应胺的碱性减弱。所以综合各种因素的影响结果，低级脂肪族胺在水溶液中的碱性强弱次序为仲胺＞伯胺＞叔胺。

芳香族胺中，氮原子上未共用电子对所在的杂化轨道具有更多的 p 轨道成分，能与苯环的 π 轨道形成更大的共轭体系，使氮原子周围的电子云密度降低，碱性减弱。芳香族胺的碱性比氨和脂肪族胺的碱性都弱。

脂肪族胺和芳香族胺都可以与强酸（盐酸、硫酸等）作用形成盐。脂肪族胺甚至与弱酸乙酸也能成盐。

$$(\text{Ar})\text{R}-\text{NH}_2 + \text{HCl} \longrightarrow (\text{Ar})\text{R}\overset{+}{\text{NH}}_3\overset{-}{\text{Cl}}$$

胺的盐通常为无色的结晶形固体，易溶于水，而不溶于非极性的有机溶剂。医药上常将不溶于水的胺类药物制成相应的盐酸盐，用于肌肉注射针剂。例如

$$\text{H}_2\text{N}-\!\!\!\bigcirc\!\!\!-\text{COOCH}_2\text{CH}_2\text{N}(\text{C}_2\text{H}_5)_2 \xrightarrow{\text{HCl}} \text{H}_2\text{N}-\!\!\!\bigcirc\!\!\!-\text{COOCH}_2\text{CH}_2\text{N}(\text{C}_2\text{H}_5)_2 \cdot \text{HCl}$$

普鲁卡因　　　　　　　　　　　　　　　盐酸普鲁卡因

胺的盐遇强碱则能游离出有机胺，利用这一性质可以将胺与其他不溶于酸的有机化合物分离。

$$(\text{Ar})\text{R}\overset{+}{\text{NH}}_3\overset{-}{\text{Cl}} + \text{NaOH} \longrightarrow (\text{Ar})\text{RNH}_2 + \text{NaCl} + \text{H}_2\text{O}$$

问题 11-3 比较下列胺的碱性大小。
(1) 二乙胺、氨、苯胺
(2) 苯胺、对甲氧基苯胺、对硝基苯胺、对氯苯胺

---

2. 氨基的烃化和酰化

1) 烃化反应

胺作为亲核试剂可以与伯卤代烷发生 S_N2 反应，在氮原子上引入烷基的反应称为氨基的烃化。伯胺与伯卤代烷反应生成仲胺的盐。

$$\text{R}-\overset{\frown}{\text{N}}\text{H}_2 + \text{R}'\overset{\frown}{-}\text{X} \longrightarrow \text{R}-\overset{+}{\underset{\underset{\text{R}'}{|}}{\text{N}}}\text{H}_2\bar{\text{X}}$$

仲胺的盐与未反应的伯胺之间经质子转移得到仲胺。

$$\overset{+}{R-NH_2}\overset{-}{X} + R-\overset{..}{N}H_2 \rightleftharpoons R-NH + R-\overset{+}{N}H_2\overset{-}{X}$$
$$\qquad\quad |\qquad\qquad\qquad\qquad\quad|$$
$$\qquad\quad R'\qquad\qquad\qquad\qquad\ R'$$

仲胺可以继续与卤代烃反应,生成叔胺。

$$R-NH + R'-X \longrightarrow R-\overset{R'}{\underset{R'}{\overset{|+}{N}}}-H\overset{-}{X} \xrightarrow{RNH_2} R-\overset{R'}{\underset{R'}{N}}-R'$$

叔胺进一步与卤代烃反应得到季铵盐。

$$R-\overset{R'}{\underset{R'}{N}}-R' \xrightarrow{R'-X} R-\overset{R'}{\underset{R'}{\overset{|+}{N}}}-R'\overset{-}{X}$$

季铵盐

季铵盐是离子型的白色结晶固体,具有盐的性质,熔点高,能溶于水,而不溶于有机溶剂,可用作表面活性剂。当季铵盐中四个烃基不相同时,分子具有光学活性。

由于氨与卤代烃反应通常会得到伯胺、仲胺、叔胺和季铵盐的混合物,因此氨基的烃化并不是制备胺的理想方法。

季铵盐与氢氧化钠或氢氧化钾反应,生成季铵碱,反应存在下列平衡:

$$R_4\overset{+}{N}\overset{-}{X} + KOH \rightleftharpoons R_4\overset{+}{N}\overset{-}{OH} + KX$$

季铵碱

用湿的氧化银代替氢氧化钠或氢氧化钾,由于生成 AgX 沉淀,反应向右移动,可用于季铵碱的制备。

$$R_4\overset{+}{N}\overset{-}{X} + AgOH \rightleftharpoons R_4\overset{+}{N}\overset{-}{OH} + AgX\downarrow$$

季铵碱是与氢氧化钠或氢氧化钾碱性强度相当的吸湿性强碱。

2) 酰化反应

脂肪族或芳香族伯胺和仲胺中氮原子上的氢原子被酰基取代,生成 N-取代酰胺或 N,N-二取代酰胺,这称为胺的酰化反应,常用的酰化试剂有酰卤和酸酐。例如

$$C_6H_5NH_2 + (CH_3CO)_2O \longrightarrow C_6H_5NHCOCH_3 + CH_3COOH$$
伯胺　　　　　酸酐　　　　　　　N-取代酰胺

$$(CH_3CH_2CH_2CH_2)_2NH + C_6H_5COCl \longrightarrow C_6H_5CON(CH_2CH_2CH_2CH_3)_2$$
仲胺　　　　　　　　酰氯　　　　　　　　N,N-二取代酰胺

叔胺的氮原子上没有氢,不能生成酰胺。

酰胺大多具有固定的熔点,可以用于胺的定性鉴定。酰胺在酸或碱的催化下可以被水解为原来的胺,这个性质可以用于胺的提纯及在反应中对氨基进行保护。例如,从苯胺经硝化制备对硝基苯胺,为防止硝酸对苯胺的氧化,必须先将氨基用酰基保护,硝化后再水解去保护得到对硝基苯胺。

$$\underset{\text{苯胺}}{\underset{}{C_6H_5NH_2}} \xrightarrow{CH_3COCl} \underset{\text{乙酰苯胺}}{C_6H_5NHCOCH_3} \xrightarrow{HNO_3} \underset{\text{对硝基乙酰苯胺}}{p\text{-}O_2N\text{-}C_6H_4\text{-}NHCOCH_3} \xrightarrow[H_2O]{H^+} \underset{\text{对硝基苯胺}}{p\text{-}O_2N\text{-}C_6H_4\text{-}NH_2}$$

与酰氯相似，磺酰氯也可以与脂肪族或芳香族伯胺和仲胺反应，生成相应的磺酰胺，常用的磺酰氯有苯磺酰氯和对甲苯磺酰氯，反应通常在氢氧化钠或氢氧化钾溶液中进行。

$$RNH_2 + CH_3\text{-}C_6H_4\text{-}SO_2Cl \longrightarrow CH_3\text{-}C_6H_4\text{-}SO_2NHR$$
对甲苯磺酰氯　　　　　　　　N-烃基对甲苯磺酰胺

$$R_2NH + CH_3\text{-}C_6H_4\text{-}SO_2Cl \longrightarrow CH_3\text{-}C_6H_4\text{-}SO_2NR_2$$
对甲苯磺酰氯　　　　　　　　N,N-二烃基对甲苯磺酰胺

伯胺和仲叔的苯磺酰胺或对甲苯磺酰胺都是固体。磺酰基具有极强的吸电子诱导效应，由伯胺生成的磺酰胺的氮原子上的氢具有一定的酸性，所以 N-烃基对甲苯磺酰胺能溶于氢氧化钠或氢氧化钾溶液。

$$CH_3\text{-}C_6H_4\text{-}SO_2NHR + NaOH \longrightarrow CH_3\text{-}C_6H_4\text{-}SO_2\overset{-}{N}R\,\overset{+}{Na}$$

而 N,N-二烃基对甲苯磺酰胺中，因为氮原子上没有氢，所以不溶于氢氧化钠或氢氧化钾溶液。叔胺的氮原子上没有氢，所以叔胺不发生酰化反应。伯胺、仲胺和叔胺与磺酰氯的碱性溶液反应的现象不同，可以用此对其进行鉴别。这称为兴斯堡(O. Hinsberg)反应。

问题 11-4 完成下列反应方程式。

(1) $CH_3O\text{-}C_6H_4\text{-}NHCH_3 + CH_3CH_2COCl \longrightarrow$

(2) $C_6H_5\text{-}Cl \xrightarrow{?} O_2N\text{-}C_6H_4\text{-}Cl \xrightarrow[C_2H_5OH]{C_2H_5ONa} \xrightarrow{Fe+HCl} \xrightarrow{(CH_3CO)_2O}$

---

3. 与亚硝酸的反应

1) 仲胺、叔胺与亚硝酸的反应

脂肪族仲胺与芳香族仲胺与亚硝酸反应都生成 N-亚硝基胺。例如

$$(CH_3)_2NH \xrightarrow[H_2O]{NaNO_2, HCl} (CH_3)_2N\text{-}NO$$

N-亚硝基二甲胺

88%～90%

$$C_6H_5\text{-}NHCH_3 \xrightarrow[H_2O]{NaNO_2, HCl} C_6H_5\text{-}N(CH_3)\text{-}NO$$

N-亚硝基-N-甲基苯胺

87%～93%

N-亚硝基胺为黄色油状物或黄色固体，具有强烈的致癌作用。腌制食品及罐头食品中常会有

少量的亚硝酸盐或外加的用作防腐剂的少量亚硝酸钠，这些亚硝酸盐在胃酸作用下产生亚硝酸，可能会引起机体内的某些胺类化合物亚硝化而产生致癌的亚硝胺。

脂肪族叔胺与亚硝酸反应，只能生成不稳定的盐。

$$R_3N + HNO_2 \longrightarrow R_3\overset{+}{N}HNO_2^-$$

芳香族叔胺与亚硝酸反应，在芳环上发生亚硝基化反应，生成亚硝基芳香族胺。例如

$$\underset{}{C_6H_5N(CH_3)_2} + HNO_2 \longrightarrow \text{对-}ON\text{-}C_6H_4\text{-}N(CH_3)_2$$

对亚硝基-N,N-二甲基苯胺

2) 伯胺与亚硝酸的反应

脂肪族伯胺与亚硝酸反应生成极不稳定的脂肪族重氮盐，即使在低温下脂肪族重氮盐也会自动分解，定量地放出氮气，形成烃基碳正离子。然后碳正离子与反应体系中的负离子结合，或碳正离子经重排生成更稳定的碳正离子后再与负离子结合，得到相应的醇或卤代烃。碳正离子也可以消除邻位碳原子上的氢得到烯烃。例如

$$CH_3CH_2CH_2CH_2NH_2 \xrightarrow{NaNO_2, HCl} CH_3CH_2CH_2CH_2\overset{+}{N}\equiv N: \xrightarrow{-N_2} CH_3CH_2CH_2\overset{+}{C}H_2$$

$$CH_3CH_2CH_2\overset{+}{C}H_2 \longrightarrow CH_3CH_2CH_2CH_2OH + CH_3CH_2CH_2CH_2Cl + CH_3CH_2CH=CH_2$$

↓重排

$$CH_3CH_2\overset{+}{C}HCH_3 \longrightarrow CH_3CH_2CHCH_3 + CH_3CH_2CHCH_3 + CH_3CH=CHCH_3 + CH_3CH_2CH=CH_2$$
$$\qquad\qquad\qquad\qquad\quad | \qquad\qquad\qquad | \qquad\qquad\qquad (E+Z)$$
$$\qquad\qquad\qquad\qquad\quad Cl \qquad\qquad\qquad OH$$

因此，脂肪族胺与亚硝酸的反应没有制备意义。

低温（0～5 ℃）下，芳香族伯胺在强酸溶液中与亚硝酸发生重氮化(diazotization)反应，生成芳香族重氮盐。例如

$$C_6H_5\text{-}NH_2 + NaNO_2 + 2HCl \xrightarrow{0\sim5\ ℃} C_6H_5\text{-}\overset{+}{N}\equiv N\overset{-}{Cl} + NaCl + 2H_2O$$

氯化重氮苯

芳香族重氮盐在低温（0～5 ℃）的水溶液中比脂肪族重氮盐稳定，可以在低温的水溶液中保存一段时间，能用于多种芳香族化合物的合成。但当温度升高时，即使在室温下，大多数重氮盐也会缓慢分解，因此重氮盐在制备后应尽快使用。

无机酸的芳香族重氮盐一般为无色固体，大多数干燥的重氮盐极不稳定，受热或震动时极容易发生爆炸。

4. 芳香族重氮盐的反应

芳香族重氮盐的化学性质很活泼，可以发生许多反应，通过芳香族重氮盐可以制得许多芳香族化合物。反应大致可分为重氮基被取代的反应和氮保留的偶联反应。

1) 重氮基被取代的反应

(1) 被羟基取代。芳香族重氮硫酸盐在强酸溶液中加热放出氮气，得到重氮基被羟基取代的酚类化合物。例如

$$\underset{}{\underset{}{C_6H_5NH_2}} \xrightarrow{NaNO_2, H_2SO_4, H_2O} \underset{}{C_6H_5N_2^+ \cdot OSO_3H^-} \xrightarrow[\Delta]{H_3O^+} C_6H_5OH$$

$$\underset{}{3\text{-}NO_2\text{-}C_6H_4NH_2} \xrightarrow{NaNO_2, H_2SO_4, H_2O} \underset{}{3\text{-}NO_2\text{-}C_6H_4N_2^+ \cdot OSO_3H^-} \xrightarrow[\Delta]{H_3O^+} 3\text{-}NO_2\text{-}C_6H_4OH$$

81%～86%

为了避免生成的酚与未反应的重氮盐进一步反应,反应必须在强酸性条件下进行。

（2）被卤素取代。亚铜盐能催化芳香族重氮盐的分解,因此芳香族重氮盐在氯化亚铜-盐酸、溴化亚铜-氢溴酸及氰化亚铜-氰化钾溶液中分解,分别生成氯代芳烃、溴代芳烃及芳香腈。例如

$$\text{4-CH}_3\text{-C}_6\text{H}_4\text{NH}_2 \xrightarrow[H_2O, 0\ ^\circ C]{NaNO_2, HCl} \text{4-CH}_3\text{-C}_6\text{H}_4\text{N}_2^+Cl^- \xrightarrow{CuCl, HCl} \text{4-CH}_3\text{-C}_6\text{H}_4\text{Cl}$$

70%～79%

$$\text{2-Cl-C}_6\text{H}_4\text{NH}_2 \xrightarrow[H_2O, 10\ ^\circ C]{NaNO_2, HBr} \text{2-Cl-C}_6\text{H}_4\text{N}_2^+Br^- \xrightarrow{CuBr, HBr} \text{2-Cl-C}_6\text{H}_4\text{Br}$$

89%～95%

$$\text{2-CH}_3\text{-C}_6\text{H}_4\text{NH}_2 \xrightarrow[H_2O, 0\ ^\circ C]{NaNO_2, HCl} \text{2-CH}_3\text{-C}_6\text{H}_4\text{N}_2^+Cl^- \xrightarrow{CuCN, KCN} \text{2-CH}_3\text{-C}_6\text{H}_4\text{CN}$$

64%～70%

这个反应称为桑德迈耳(T. Sandmeyer)反应。如果改用铜粉催化,将重氮盐与氢卤酸共热也可以生成芳香族氯化物和芳香族溴化物,这个反应称为加特曼反应(L. Gattermann)反应。

在芳香族重氮盐的溶液中加入碘化钾或碘化钠,在室温时重氮基即被碘原子取代,生成碘代芳烃。例如

$$\text{2-Br-C}_6\text{H}_4\text{NH}_2 \xrightarrow[H_2O, 0\sim 5\ ^\circ C]{NaNO_2, HCl} \text{2-Br-C}_6\text{H}_4\text{N}_2^+Cl^- \xrightarrow[25\ ^\circ C]{KI} \text{2-Br-C}_6\text{H}_4\text{I}$$

72%～83%

芳香族重氮氟硼酸盐是比较稳定的重氮盐,可以从溶液中沉淀分离出来,将干燥后的重氮氟硼酸盐缓慢加热,即可以得到氟代芳烃。重氮氟硼酸盐可以由芳香族胺与氟硼酸和亚硝酸钠反应,或由芳香族胺重氮盐再与氟硼酸反应制得。例如

$$\underset{\underset{CH_3}{\bigcirc}}{NH_2} \xrightarrow[0\ ℃]{NaNO_2,HBF_4} \underset{\underset{CH_3}{\bigcirc}}{N_2^+BF_4^-} \xrightarrow{\triangle} \underset{\underset{CH_3}{\bigcirc}}{F} \quad 89\%$$

$$\underset{\bigcirc}{NH_2} \xrightarrow[H_2O,0\sim 5\ ℃]{NaNO_2,HCl} \underset{\bigcirc}{N_2^+Cl^-} \xrightarrow{HBF_4} \underset{\bigcirc}{N_2^+BF_4^-} \xrightarrow{\triangle} \underset{\bigcirc}{F} \quad 51\%\sim 57\%$$

这个反应称为席曼(G. R. A. Schiemann)反应。芳香族氟化物和芳香腈都难以直接取代得到，但通过重氮盐反应却可以很方便地制得。

(3) 被硝基取代。将芳香族重氮氟硼酸盐悬浮在亚硝酸钠溶液中，用铜粉处理，重氮基被硝基取代，生成芳香族硝基化合物。例如

$$\underset{\underset{NO_2}{\bigcirc}}{NH_2} \xrightarrow{NaNO_2,HBF_4} \underset{\underset{NO_2}{\bigcirc}}{N_2^+BF_4^-} \xrightarrow[Cu]{NaNO_2} \underset{\underset{NO_2}{\bigcirc}}{NO_2} \quad 67\%\sim 82\%$$

该反应也称为加特曼反应。利用该反应可以合成一些结构特殊而用一般方法难以制备的芳香族硝基化合物。

(4) 被氢原子取代。芳香族重氮盐在次磷酸(H_3PO_2)水溶液中反应，则重氮基可被氢取代。例如

$$\underset{\bigcirc}{NH_2} \xrightarrow[H_2O,0\sim 5\ ℃]{NaNO_2,HCl} \underset{\bigcirc}{N_2^+Cl^-} \xrightarrow[H_2O]{H_3PO_2} \underset{\bigcirc}{}$$

这是还原脱氨的反应。除次磷酸外，也可以用乙醇或硼氢化钠代替次磷酸作为还原剂。

利用这个反应可以借助氨基的强邻、对位定位基效应，合成一些用其他方法难以得到的芳香族化合物。例如

$$\underset{\bigcirc}{NH_2} \xrightarrow{3Br_2} \underset{\underset{Br}{\bigcirc}}{\overset{Br\ \ NH_2\ \ Br}{}} \xrightarrow[H_2O,0\sim 5\ ℃]{NaNO_2,HCl} \underset{\underset{Br}{\bigcirc}}{\overset{Br\ \ N_2^+Cl^-\ \ Br}{}} \xrightarrow[H_2O]{H_3PO_2} \underset{\underset{Br}{\bigcirc}}{\overset{Br\ \ \ \ \ \ Br}{}}$$

而用苯直接溴化是无法得到1,3,5-三溴苯的。

问题 11-5 完成下列反应方程式。

(1) $\underset{\bigcirc}{NO_2} \xrightarrow{Br_2 \atop Fe} \xrightarrow{H_2/Pt} \xrightarrow[0\sim 5\ ℃]{NaNO_2+HCl} \xrightarrow{CuCl}$

(2) 甲苯 $\xrightarrow{?}$ 对硝基甲苯 $\xrightarrow[\text{② OH}^-]{\text{① Sn, HCl}}$ $\xrightarrow{(CH_3CO)_2O}$ $\xrightarrow{Cl_2}$ $\xrightarrow{OH^-/H_2O}$ $\xrightarrow[0\sim5\ ℃]{NaNO_2+HCl}$ $\xrightarrow{H_3PO_2}$

2) 重氮盐的偶联反应

芳基重氮盐是离子型化合物，其芳基重氮正离子的结构主要可以用两个极限式的共振杂化体表示：

$$Ar-\overset{+}{N}\equiv N: \longleftrightarrow Ar-\overset{..}{N}=\overset{+}{N}:$$
$$(Ⅰ) \qquad\qquad (Ⅱ)$$

芳基重氮正离子可以作为亲电试剂与芳香族化合物发生反应。反应时，芳基重氮正离子以极限式（Ⅱ）进攻芳环，发生芳环上的亲电取代反应。但由于芳基重氮正离子的亲电性较弱，因此只有芳环上有强给电子基团、芳环被高度活化的酚类或芳香胺才能发生亲电取代反应，生成偶联化合物。重氮盐与酚的偶联需要在弱碱性(pH=8~10)条件下进行。例如

Ph-N=N: + Ph-OH $\xrightarrow[pH=8\sim10]{NaOH, 0\ ℃}$ Ph-N=N-C6H4-OH

对羟基偶氮苯

偶联主要发生在酚羟基的对位，当对位被占据时，则偶联发生在酚羟基的邻位。

重氮盐与芳香族叔胺的偶联需要在弱酸性(pH=5~7)条件下进行。例如

Ph-N=N: + Ph-N(CH₃)₂ $\xrightarrow[pH=5\sim7]{HOAc, 0\ ℃}$ Ph-N=N-C6H4-N(CH₃)₂

对二甲基氨基偶氮苯

偶联主要发生在氨基的对位，当对位被占据时，则偶联发生在氨基的邻位。

芳香族重氮盐与芳香族伯胺或仲胺反应时，先在氮原子上发生偶联反应，生成重氮氨基芳香族化合物，后者在酸性条件下再重排成氨基偶氮化合物。例如

Ph-N=N: + Ph-NH₂ $\xrightarrow[pH=5\sim7]{HOAc, 0\ ℃}$ Ph-N=N-NH-Ph

$\xrightarrow{Ph-NH_2 \cdot HCl}$ Ph-N=N-C6H4-NH₂

对氨基偶氮苯

偶氮化合物通常都有鲜明的颜色，其中许多可用作染料，称为偶氮染料。世界上偶氮染料的用量约占合成染料的 2/3，芳香族重氮盐与酚及芳胺的偶联反应是合成偶氮染料的重要反应。

大多数偶氮染料具有致癌作用，使用时要特别注意。

甲基橙是 4′-二甲氨基偶氮苯-4-磺酸钠，也是一种有色的偶氮化合物，由于颜色不稳定，且染色不牢，不能用作染料。但甲基橙能在酸、碱溶液中因发生结构的变化而显示不同的颜色，可用作酸碱指示剂。

$^-O_3S-C_6H_4-N=N-C_6H_4-N(CH_3)_2$ $\underset{OH^-}{\overset{H^+}{\rightleftharpoons}}$ $^-O_3S-C_6H_4-NH-N=C_6H_4=\overset{+}{N}(CH_3)_2$

变色范围：　　　pH>4.4, 黄色　　　　　　　　　　　　　　pH<3.1, 红色

11.2.4 季铵碱的霍夫曼消除

氢氧化四甲基铵是最简单的季铵碱,加热时分解,生成三甲胺和甲醇。

$$(CH_3)_3\overset{+}{N}-CH_3 \ \overset{-}{O}H \xrightarrow{\triangle} (CH_3)_3N + CH_3OH$$

若氢氧化四烃基铵中的烃基上有 β-氢,则加热时生成叔胺和烯烃。

$$(CH_3CH_2)_4\overset{+}{N}-\overset{-}{O}H \xrightarrow{\triangle \atop 100\sim 200\ ℃} (CH_3CH_2)_3N + CH_2=CH_2 + H_2O$$

这个反应称为霍夫曼(Hofmann)消除反应。

当有几种不同的 β-H 时,则消除时有区域选择性,其主要产物是双键上含取代基较少的烯烃,这称为霍夫曼规则。得到的双键上含取代基较少的烯烃称为霍夫曼烯烃。例如

$$CH_3CH_2\underset{\overset{|}{\overset{+}{N}(CH_3)_3\overset{-}{O}H}}{CH}CH_3 \xrightarrow{\triangle \atop 180\ ℃} CH_3CH_2CH=CH_2 + CH_3CH=CHCH_3 + (CH_3)_3N + H_2O$$
$$\qquad\qquad\qquad\qquad\qquad 95\% \qquad\qquad 5\%(E+Z)$$

$$CH_3CH_2CH_2\underset{\overset{|}{\overset{+}{N}(CH_3)_3\overset{-}{O}H}}{CH}CH_3 \xrightarrow[C_2H_5OH,\triangle]{C_2H_5ONa} CH_3CH_2CH_2CH=CH_2 + CH_3CH_2CH=CHCH_3$$
$$\qquad\qquad\qquad\qquad\qquad 98\% \qquad\qquad 2\%(E+Z)$$

但如果 β-碳原子上连有芳基、羰基等,消除产物不遵循霍夫曼消除规则。例如

$$PhCH_2CH_2-\underset{\underset{CH_3}{|}}{\overset{\overset{CH_3}{|}}{\overset{+}{N}}}-CHCH_3\ \overset{-}{O}H \xrightarrow{\triangle} PhCH=CH_2 + CH_2=CH_2$$
$$\qquad\qquad\qquad\qquad\qquad\qquad 93\% \qquad 0.4\%$$

问题 11-6 写出下列反应的产物。

(1) $CH_3CH_2\underset{\overset{|}{^+N(CH_3)_3\overset{-}{O}H}}{CH}CH(CH_3)_2 \xrightarrow{\triangle}$

(2)

11.2.5 芳香族胺芳环上的亲电取代反应

1. 卤化反应

芳环上的氨基是强活化基团,芳胺很容易与氯和溴发生芳环上的亲电取代反应,通常都得到 2,4,6-三氯代或三溴代产物。例如,在苯胺的水溶液中滴加入溴水,立即得到白色的 2,4,6-三溴苯胺沉淀。

$$\text{PhNH}_2 \xrightarrow{\text{Br}_2/\text{H}_2\text{O}} \text{2,4,6-三溴苯胺} \downarrow$$

只有把氨基转变为乙酰氨基，降低它的活化能力，然后再溴化，才能得到一取代产物，最后再把乙酰基水解除去。例如

$$\text{PhNH}_2 \xrightarrow{(\text{CH}_3\text{CO})_2\text{O}} \text{PhNHCOCH}_3 \xrightarrow[\triangle]{\text{Br}_2} \text{p-BrC}_6\text{H}_4\text{NHCOCH}_3 \xrightarrow[\text{H}_2\text{O},\triangle]{\text{H}^+ \text{或} \text{OH}^-} \text{p-BrC}_6\text{H}_4\text{NH}_2$$

2. 硝化反应

硝酸是较强的氧化剂，苯胺用硝酸直接硝化时，会伴随较多的氧化反应产物。如果先将苯胺溶于浓硫酸，用生成的硫酸氢盐硝化，则得到间位硝化产物，再用碱处理，得到间硝基苯胺。

$$\text{PhNH}_2 \xrightarrow{\text{H}_2\text{SO}_4} \text{PhNH}_3^+\text{HSO}_4^- \xrightarrow[\triangle]{\text{HNO}_3} \text{m-O}_2\text{NC}_6\text{H}_4\text{NH}_3^+\text{HSO}_4^- \xrightarrow[\text{H}_2\text{O}]{\text{OH}^-} \text{m-O}_2\text{NC}_6\text{H}_4\text{NH}_2$$

若要得到邻硝基苯胺或对硝基苯胺，则必须先将氨基用酰基保护起来，在硝化反应后再除去保护基。

$$\text{PhNH}_2 \xrightarrow{(\text{CH}_3\text{CO})_2\text{O}} \text{PhNHCOCH}_3 \xrightarrow[\triangle]{\text{HNO}_3} \text{p-O}_2\text{NC}_6\text{H}_4\text{NHCOCH}_3 \xrightarrow[\text{H}_2\text{O}]{\text{OH}^-} \text{p-O}_2\text{NC}_6\text{H}_4\text{NH}_2$$

$$\text{PhNH}_2 \xrightarrow{(\text{CH}_3\text{CO})_2\text{O}} \text{PhNHCOCH}_3 \xrightarrow[\triangle]{\text{H}_2\text{SO}_4} \text{4-HO}_3\text{SC}_6\text{H}_4\text{NHCOCH}_3 \xrightarrow{\text{HNO}_3, \text{H}_2\text{SO}_4} \text{2-NO}_2\text{-4-HO}_3\text{SC}_6\text{H}_3\text{NHCOCH}_3 \xrightarrow[\triangle]{\text{H}_2\text{O},\text{H}^+} \text{o-O}_2\text{NC}_6\text{H}_4\text{NH}_2$$

3. 磺化反应

苯胺的磺化反应实际上是苯胺的硫酸氢盐在高温时的重排反应。

$$\text{PhNH}_2 \xrightarrow{\text{浓 H}_2\text{SO}_4} \text{PhNH}_3^+\text{HSO}_4^- \xrightarrow{180\sim190\ ^\circ\text{C}} \text{p-HO}_3\text{SC}_6\text{H}_4\text{NH}_2 \longrightarrow \text{p-}^-\text{O}_3\text{SC}_6\text{H}_4\text{NH}_3^+$$

生成的对氨基苯磺酸在分子内形成内盐。

小 结

1. 烃基上的氢原子被硝基取代得到硝基化合物，硝基化合物分为脂肪族硝基化合物和芳香族硝基化合物。脂肪族硝基化合物中，硝基 α-碳原子上的氢具有酸性，在碱作用下能与羰基化合物发生缩合反应。

2. 芳环上的硝基可以被催化氢化和多种化学还原剂还原。催化氢化和在强酸性条件下用金属还原，硝基化合物直接被还原为胺。硫化钠、硫化铵、硫氢化钠、硫氢化铵及氯化亚锡-盐酸等能选择性还原芳香族多硝基化合物。在碱性条件下可还原为不同类型的偶氮苯化合物。

3. 氨和脂肪族胺中氮原子为 sp^3 杂化，一对未共用电子对占据在 sp^3 杂化轨道上，分子呈低矮的三角锥形，构型能自由翻转。芳香族胺中，未共用电子对占有的 sp^3 杂化轨道具有更多的 p 轨道成分，与芳环上的 π 轨道能部分交盖成更大的共轭体系。当季铵盐或季铵碱中四个烃基不相同时，分子有光学活性，可被拆分为一对对映体。

4. 胺具有碱性，碱性次序为脂肪族胺＞芳香族胺；对于脂肪族胺（水溶液中），仲胺＞伯胺＞叔胺。

5. 胺的氮原子上的氢可以被酰卤、酸酐、磺酰氯等酰化，生成相应的酰胺。胺的磺酰化反应可以用来鉴别伯胺、仲胺和叔胺。

6. 胺具有亲核性，能与卤代烃发生 S_N2 反应，生成氮原子上烃化的产物，最后可生成季铵盐。季铵盐与湿的氧化银反应生成季铵碱。季铵碱在加热条件下能发生霍夫曼消除反应，生成碳碳双键上取代基相对较少的霍夫曼烯烃。

7. 脂肪族伯胺与亚硝酸反应生成混合物，同时定量释放出氮气，可用于伯胺的定量测定。仲胺生成具有致癌作用的 N-亚硝基化产物。芳香族伯胺生成重氮盐，经重氮盐可以转变成酚、芳腈、芳香族硝基化合物、芳香族卤代烃等多种芳香族化合物，还可以通过偶联生成多种偶氮化合物。

习 题

1. 命名下列化合物。

　(1) CH$_3$CH$_2$CHCH$_3$
　　　　　　|
　　　　　NH$_2$

　(2) CH$_2$=CHCH$_2$NHCH$_3$

　(3) 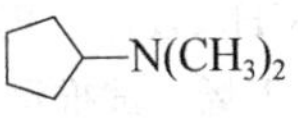 环戊基-N(CH$_3$)$_2$

　(4) 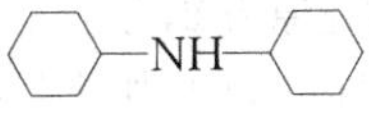 环己基-NH-环己基

　(5)  苯基-CH$_2$CH$_2$$\overset{+}{N}$(CH$_3$)$_3$$\overset{-}{O}$H

　(6) 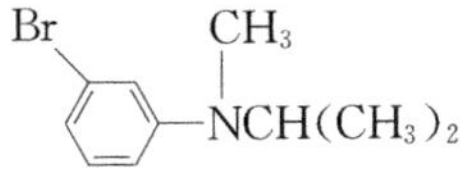 3-溴苯基-N(CH$_3$)-CH(CH$_3$)$_2$

　(7) 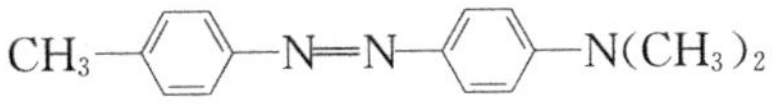 CH$_3$-苯基-N=N-苯基-N(CH$_3$)$_2$

2. 写出下列化合物的结构式。

　(1) 三乙胺
　(2) N-异丙基丁胺
　(3) N-甲基对甲苯胺
　(4) N-甲基-N-乙基环己胺

3. 比较下列胺的碱性大小。

　(1) CH$_3$CH$_2$NH$_2$、BrCH$_2$CH$_2$NH$_2$、CF$_3$CH$_2$NH$_2$

　(2) 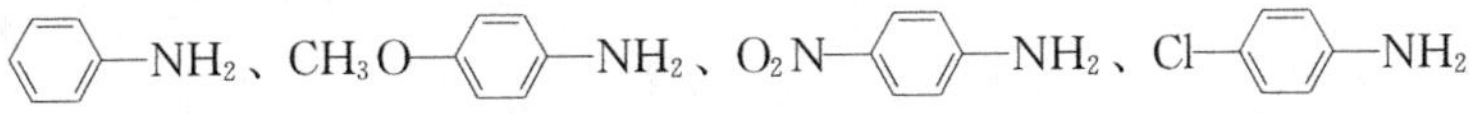 苯基-NH$_2$、CH$_3$O-苯基-NH$_2$、O$_2$N-苯基-NH$_2$、Cl-苯基-NH$_2$

　(3) 苯基-NH$_2$、苯基-NHCH$_3$、苯基-CH$_2$NH$_2$

4. 写出下列反应的主要产物。

(1) $CH_3CH_2NO_2 + CH_3CH_2CHO \xrightarrow{OH^-}$

(2) $H_3C-\langle\bigcirc\rangle-NHCH_3 \xrightarrow{CH_3CH_2COCl}$

(3) $\langle\bigcirc\rangle NH \xrightarrow{NaNO_2, HCl}$

(4) 3-硝基苯胺 $\xrightarrow{\text{① } NaNO_2, HCl}_{\text{② } H_3PO_2}$

(5) $CH_3CH_2CH_2\underset{\underset{\overset{-}{O}H}{\overset{+}{N}(CH_3)_3}}{\overset{\overset{CH_3}{|}}{C}H}CH_3 \xrightarrow{\triangle}$

5. 完成下列反应方程式。

(1) $\langle\bigcirc\rangle-CH_2Br \xrightarrow{NaCN} \xrightarrow{LiAlH_4} \xrightarrow{(CH_3CO)_2O}$

(2) 2-甲基苯胺 $\xrightarrow[0\sim 5\text{ ℃}]{NaNO_2, HCl} \xrightarrow[CuCN]{KCN} \xrightarrow{H_3O^+}$

(3) 甲苯 $\xrightarrow{?}$ 对硝基甲苯 $\xrightarrow{Fe/HCl} \xrightarrow{Br_2/H_2O} \xrightarrow[0\sim 5\text{ ℃}]{NaNO_2, HCl} \xrightarrow{CuCl}$

(4) 2-硝基氯苯 $\xrightarrow{NaNH_2} \xrightarrow[0\sim 5\text{ ℃}]{NaNO_2, HCl} \xrightarrow[pH=8\sim 10]{HO-\langle\bigcirc\rangle-CH_3}$

6. 推测下列化合物的结构式。

(1) 化合物 **A**,分子式为 $C_6H_{13}N$,先与 1 mol CH_3I 反应,然后用湿的氧化银处理,再加热得到 1,4-戊二烯和三甲胺。试推测化合物 **A** 的结构式。

(2) 化合物 **A**,分子式为 $C_6H_{15}N$,**A** 的红外光谱显示在 $3500\sim 3200 \text{ cm}^{-1}$ 无吸收。**A** 的 ^1H NMR 谱显示:$\delta\ 1.0(9H,s), 2.1(6H,s)$。试推测化合物 **A** 的结构式。

(3) 化合物 **A**,分子式为 $C_5H_{11}NO_2$,能被还原为 **B**,分子式为 $C_5H_{13}N$。**B** 与过量的 CH_3I 反应后再用湿的氧化银处理得到化合物 **C**,分子式为 $C_8H_{21}NO$,**C** 加热分解为三甲胺和 2-甲基-1-丁烯。试推测化合物 **A**~**C** 的结构式,并写出反应方程式。

第 12 章　主要官能团之间的转换

　　有机化合物中官能团的转换和引入的方法是有机反应讨论的主要内容,其最终目的是认识各类化合物的性质以及合成出具有各种不同官能团的目的分子。官能团的转换和引入涉及反应的可能性、反应的条件、反应的立体化学要求、反应产物的特征等。其涉及的反应类型有各种不同的取代、加成、消除、氧化、还原等。本章仅对有机化合物中的主要官能团之间的转换和形成作初步讨论和总结。

12.1　转变成烷基的反应

1. 碳碳不饱和键还原

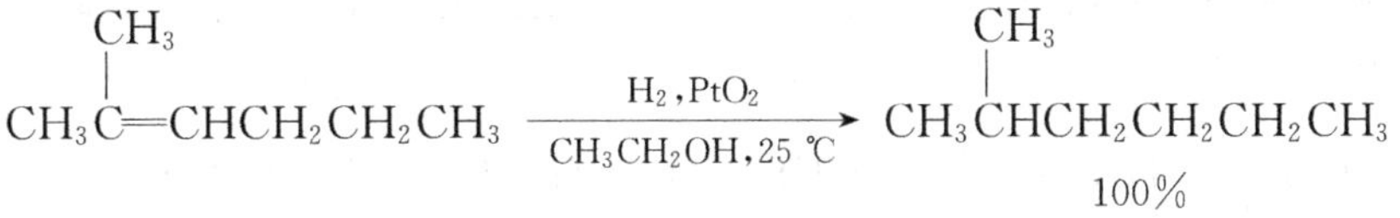

$$CH_3C(CH_3)=CHCH_2CH_2CH_3 \xrightarrow[CH_3CH_2OH, 25\ ℃]{H_2, PtO_2} CH_3CH(CH_3)CH_2CH_2CH_2CH_3 \quad 100\%$$

$$CH_3CH_2CH_2C{\equiv}CCH_2CH_3 \xrightarrow{H_2, Pt} CH_3CH_2CH_2CH_2CH_2CH_2CH_3 \quad 100\%$$

2. 羰基化合物还原

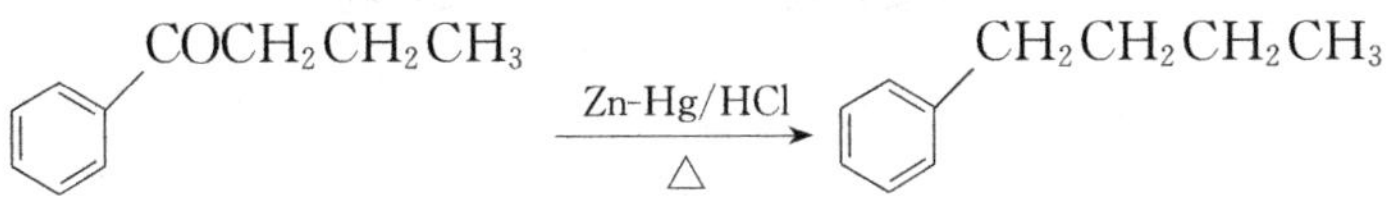

$$\text{PhCOCH}_2\text{CH}_2\text{CH}_3 \xrightarrow[\triangle]{\text{Zn-Hg/HCl}} \text{PhCH}_2\text{CH}_2\text{CH}_2\text{CH}_3 \quad \text{(克莱门森还原)}$$

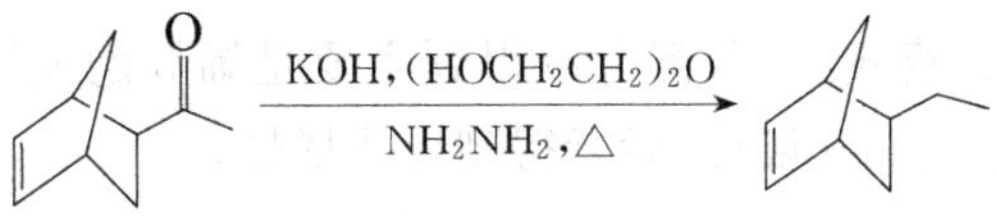

$$\text{(降冰片烯基甲酮)} \xrightarrow[\text{NH}_2\text{NH}_2, \triangle]{\text{KOH, (HOCH}_2\text{CH}_2)_2\text{O}} \text{(乙基降冰片烯)} \quad \text{(乌尔夫-凯惜纳-黄鸣龙还原)}$$

3. 芳环直接烷基化

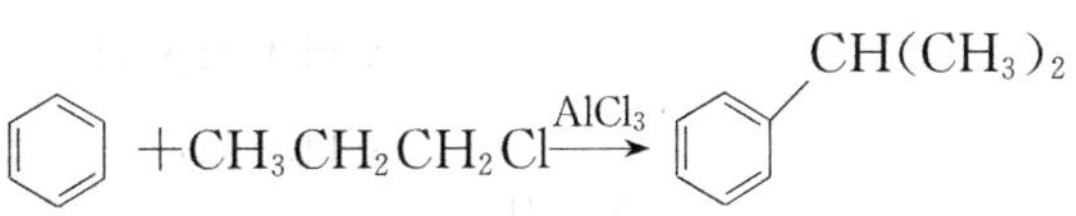

$$\text{C}_6\text{H}_6 + \text{CH}_3\text{CH}_2\text{CH}_2\text{Cl} \xrightarrow{\text{AlCl}_3} \text{C}_6\text{H}_5\text{CH(CH}_3)_2$$

4. 芳香胺重氮盐取代

$$2,4,6\text{-三溴苯胺} \xrightarrow[0{\sim}5\ ℃]{\text{NaNO}_2, \text{HCl}} \text{2,4,6-三溴重氮盐} \xrightarrow{\text{H}_3\text{PO}_2} 1,3,5\text{-三溴苯}$$

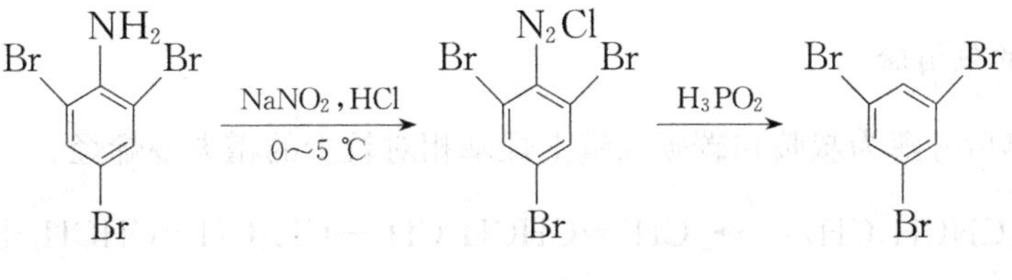

12.2 转变成碳碳双键的反应

1. 卤代烃的消除

卤代烃的消除反应在碱性条件下进行,消除的主要产物是碳碳双键上烃基相对较多的札依采夫烯烃。

$$CH_3CHCH_2CH_3 \xrightarrow{\text{碱}} CH_3CH=CHCH_3 + CH_2=CHCH_2CH_3$$
$$|80\%20\%$$
$$Br$$

$$\underset{\underset{Cl}{|}}{\overset{\overset{CH_3}{|}}{CH_3CCH_2CH_3}} \xrightarrow{\text{碱}} \underset{70\%}{\overset{\overset{CH_3}{|}}{CH_3C=CHCH_3}} + \underset{30\%}{\overset{\overset{CH_3}{|}}{CH_2=CCH_2CH_3}}$$

2. 醇的消除

醇的消除反应在酸或路易斯酸催化条件下进行,消除的主要产物也是碳碳双键上烃基相对较多的札依采夫烯烃。

$$CH_3CHCH_2CH_3 \xrightarrow{H_2SO_4} CH_3CH=CHCH_3 + CH_2=CHCH_2CH_3$$
$$|\text{主要产物}\text{次要产物}$$
$$OH$$

$$\underset{\underset{OH}{|}}{\overset{\overset{CH_3}{|}}{CH_3CCH_2CH_3}} \xrightarrow{H_2SO_4} \underset{\text{主要产物}}{\overset{\overset{CH_3}{|}}{CH_3C=CHCH_3}} + \underset{\text{次要产物}}{\overset{\overset{CH_3}{|}}{CH_2=CCH_2CH_3}}$$

3. 炔键的还原

炔键用林德拉 Pd 催化氢化或用钠加液氨还原,都可以得到主要是烯烃的还原产物。两种还原方法得到的烯烃构型不同,前者得到顺式烯烃,后者得到反式烯烃。

$$CH_3CH_2CH_2C{\equiv}CCH_2CH_3 + H_2 \xrightarrow{\text{林德拉 Pd}} \underset{CH_3CH_2CH_2}{\overset{H}{}}\!\!\!C{=}C\!\!\!\underset{CH_2CH_3}{\overset{H}{}}$$

$$CH_3CH_2C{\equiv}CCH_2CH_3 \xrightarrow{Na, NH_3(l)} \underset{H}{\overset{CH_3CH_2}{}}\!\!\!C{=}C\!\!\!\underset{CH_2CH_3}{\overset{H}{}}$$

4. 季铵碱的热消除

季铵碱加热后分解为叔胺和碳碳双键上烃基相对较少的霍夫曼烯烃。

$$\underset{\underset{(CH_3)_3N^+OH^-}{|}}{CH_3CHCH_2CH_3} \xrightarrow{\triangle} \underset{95\%}{CH_2=CHCH_2CH_3} + \underset{5\%}{CH_3CH=CHCH_3} + N(CH_3)_3$$

5. 叔胺氧化物的热消除

叔胺在过氧化氢作用下很容易生成叔胺氧化物,后者在加热条件下发生消除反应,生成碳碳双键上烃基相对较少的霍夫曼烯烃。

$$\underset{\underset{(CH_3)_3N^+-O^-}{|}}{CH_3CHCH_2CH_3} \xrightarrow{\triangle} \underset{67\%}{CH_2=CHCH_2CH_3} + \underset{33\%}{CH_3CH=CHCH_3}$$

叔胺氧化物

叔胺氧化物的热消除是立体选择性很高的顺式消除反应。

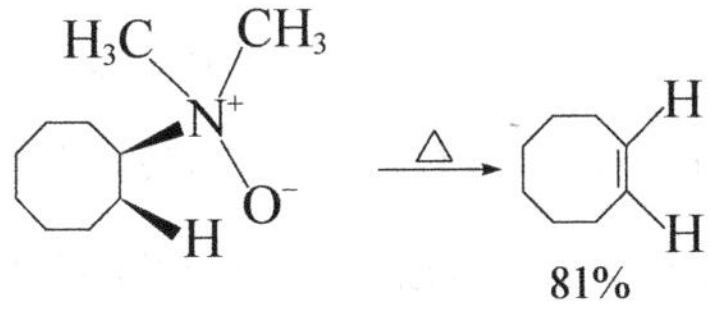

6. 醛、酮与维悌希试剂的反应

维悌希试剂与醛、酮反应,在醛、酮羰基所在的位置形成碳碳双键。与醇和卤代烃的消除相比,该反应具有位置专一性特征,没有区域选择性和重排的问题。

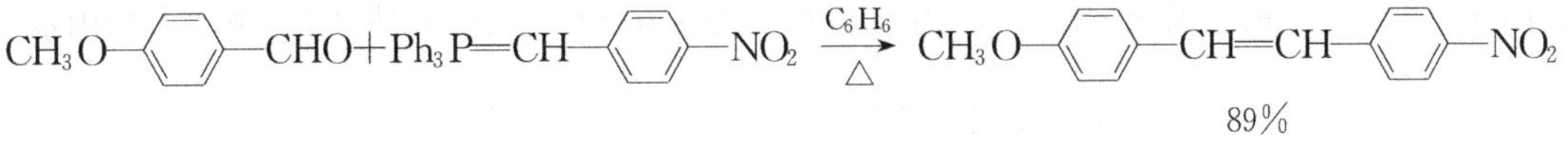

$$CH_3O-\!\!\!\!\bigcirc\!\!\!\!-CHO + Ph_3P=CH-\!\!\!\!\bigcirc\!\!\!\!-NO_2 \xrightarrow[\triangle]{C_6H_6} \underset{89\%}{CH_3O-\!\!\!\!\bigcirc\!\!\!\!-CH=CH-\!\!\!\!\bigcirc\!\!\!\!-NO_2}$$

12.3 转变成碳碳叁键的反应

1. 先引入碳碳双键,然后加卤素,再经消除卤化氢转变为碳碳叁键

$$CH_3CH_2CH=CHCH_2CH_3 + Br_2 \longrightarrow \underset{\underset{Br}{|}\;\underset{Br}{|}}{CH_3CH_2CH-CHCH_2CH_3}$$

$$\xrightarrow{NaNH_2} CH_3CH_2C\equiv CCH_2CH_3$$

2. 炔化物的烃基化

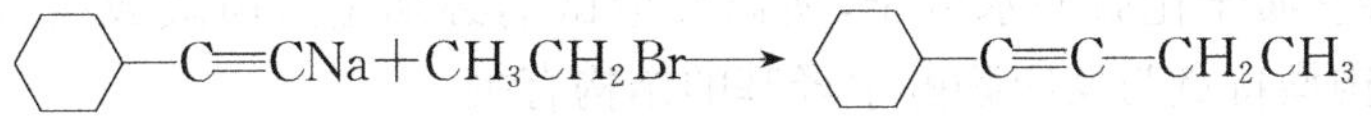

$$\bigcirc\!\!-C\equiv CNa + CH_3CH_2Br \longrightarrow \bigcirc\!\!-C\equiv C-CH_2CH_3$$

12.4 转变成卤代烃的反应

1. 烃的直接卤化

烷烃是分子中仅含碳、氢两种元素,没有官能团,对酸和碱、氧化剂和还原剂都稳定的化合物。但烷烃可以与氯和溴按自由基机理发生相应的取代反应,得到氯代烃和溴代烃。反应活性是氯>溴,叔氢>仲氢>伯氢。对伯氢、仲氢、叔氢卤化的选择性是溴>氯。例如,叔丁烷的溴化和氯化结果如下:

$$\underset{\underset{CH_3}{|}}{\overset{\overset{CH_3}{|}}{CH_3-C}}-H \xrightarrow[\triangle]{Br_2} \underset{\underset{CH_3}{|}}{\overset{\overset{CH_3}{|}}{CH_3-C}}-Br$$

$$\underset{\underset{CH_3}{|}}{\overset{\overset{CH_3}{|}}{CH_3-C-H}} \xrightarrow{\underset{\triangle}{Cl_2}} \underset{\underset{CH_3}{|}}{\overset{\overset{CH_3}{|}}{CH_3-C-Cl}} + \underset{\underset{CH_3}{|}}{\overset{\overset{CH_2Cl}{|}}{CH_3-C-H}}$$
$$(2:1)$$

溴化时得到的 2-甲基-2-溴丙烷几乎是唯一产物,而氯化时得到 2∶1 的 2-甲基-2-氯丙烷与 2-甲基-1-氯丙烷的混合物。

如果烷烃分子的氢都等价,则直接卤化制得相应的卤代烃是可以用于合成的。例如

$$\bigcirc + Cl_2 \xrightarrow{h\nu} \bigcirc-Cl$$

碳碳双键的 α-位上的氢可以与卤素发生自由基取代反应,生成烯丙式卤代烃。例如

$$CH_3CH=CH_2 + Cl_2 \xrightarrow{h\nu} ClCH_2CH=CH_2$$
$$CH_3CH=CH_2 + NBS \xrightarrow{\triangle} BrCH_2CH=CH_2$$

烷基取代苯中的 α-位上的氢可以与卤素发生类似的自由基取代反应,生成苄基卤代烃。

$$\bigcirc-CH_2CH_3 + Cl_2 \xrightarrow{h\nu} \bigcirc-\underset{\underset{Cl}{|}}{CHCH_3}$$

它们在自由基反应的链增长步骤中分别生成较稳定的有 p-π 共轭的烯丙基自由基和苄基自由基

$$\overset{\cdot}{C}H_2CH=CH_2 \qquad \bigcirc-\overset{\cdot}{C}H_2$$
烯丙基自由基 　　　　苄基自由基

芳烃直接卤化可以得到芳香族卤代烃。

$$\bigcirc + Br_2 \xrightarrow{FeBr_3} \bigcirc-Br$$

对于取代芳烃,卤化时遵循定位规则。

2. 醇的卤化

醇中的官能团是羟基,醇与氢卤酸反应,醇分子中的羟基被卤素取代,生成卤代烃。这是饱和碳原子上的亲核取代反应,亲核原子是卤素负离子,而离去基团并不是离去能力很弱的羟基负离子,而是羟基质子化后的水分子,所以反应试剂必须是氢卤酸或相应的氢卤酸盐与硫酸。反应产物的构型特点与反应物醇中烃基的结构有关。

$$CH_3CH_2CH_2CH_2CH_2OH \xrightarrow[\triangle]{HCl, ZnCl_2} CH_3CH_2CH_2CH_2CH_2Cl$$

$$\underset{\underset{CH_3}{|}}{\overset{\overset{CH_3}{|}}{CH_3CCH_2OH}} \xrightarrow{HBr} \underset{\underset{Br}{|}}{\overset{\overset{CH_3}{|}}{CH_3CCH_2CH_3}}$$

$$CH_3CH_2CH_2CH_2OH \xrightarrow[\triangle]{KBr, H_2SO_4} CH_3CH_2CH_2CH_2Br$$

3. 烯烃与卤化氢、卤素、次卤酸加成

$$CH_3CH=CHCH_3 + HBr \longrightarrow CH_3CH_2-\underset{\underset{Br}{|}}{CHCH_3}$$

$$CH_3CH=CHCH_3 + Br_2 \longrightarrow CH_3\underset{Br}{CH}-\underset{Br}{CH}CH_3$$

$$CH_3CH=CHCH_3 + HOBr \longrightarrow CH_3\underset{OH}{CH}-\underset{Br}{CH}CH_3$$

不对称烯烃与卤化氢和次卤酸的加成遵循马氏规则。

4. 醚与氢卤酸反应

醚与氢卤酸反应发生醚链断裂，实际上是饱和碳原子的亲核取代反应，断裂后的反应产物与醚中两烃基的结构有关。

$$CH_3OCH_2CH_2CH_3 \xrightarrow[\triangle]{HI} CH_3I + CH_3CH_2CH_2OH$$

$$(CH_3)_3C-OCH_3 \xrightarrow[\triangle]{HI} (CH_3)_3C-I + CH_3OH$$

$$C_6H_5-OCH_2CH_3 \xrightarrow[\triangle]{HI} C_6H_5-OH + CH_3CH_2I$$

$$C_6H_5-CH_2OCH_2CH_3 \xrightarrow[\triangle]{HI} C_6H_5-CH_2I + CH_3CH_2OH$$

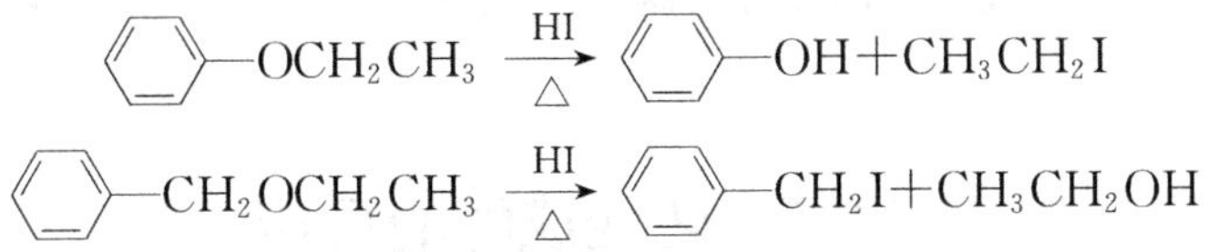

生成的醇在过量的氢卤酸的作用下也可以进一步转变为相应的卤代烃。

5. 芳胺重氮盐被卤素取代

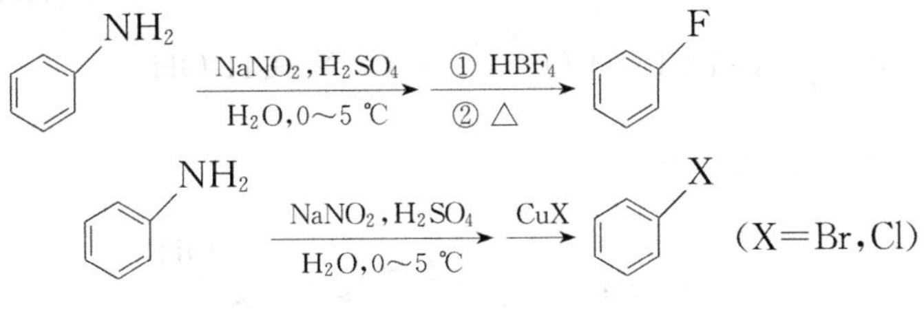

$$C_6H_5NH_2 \xrightarrow[H_2O, 0\sim5\ ℃]{NaNO_2, H_2SO_4} \xrightarrow[②\ \triangle]{①\ HBF_4} C_6H_5F$$

$$C_6H_5NH_2 \xrightarrow[H_2O, 0\sim5\ ℃]{NaNO_2, H_2SO_4} \xrightarrow{CuX} C_6H_5X \quad (X=Br, Cl)$$

6. 芳环上的氯甲基化反应

在无水氯化锌的作用下，苯与甲醛和浓盐酸反应，得到苯环上氢被氯甲基取代的反应称为氯甲基化反应。

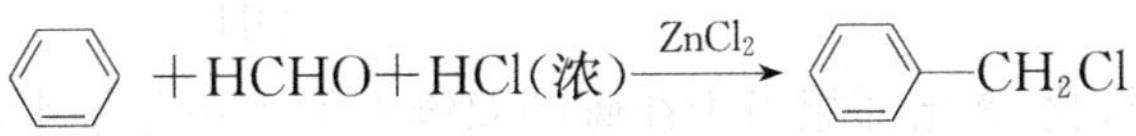

$$C_6H_6 + HCHO + HCl(浓) \xrightarrow{ZnCl_2} C_6H_5-CH_2Cl$$

其反应机理如下：

$$H_2C=O + H^+ \rightleftharpoons [H_2C=\overset{+}{O}H \longleftrightarrow H_2\overset{+}{C}-OH] \xrightarrow{C_6H_6}$$

$$\underset{CH_2OH}{\overset{H}{\underset{|}{C_6H_6^+}}} \xrightarrow{-H^+} C_6H_5-CH_2OH \xrightarrow[ZnCl_2]{HCl} C_6H_5-CH_2Cl$$

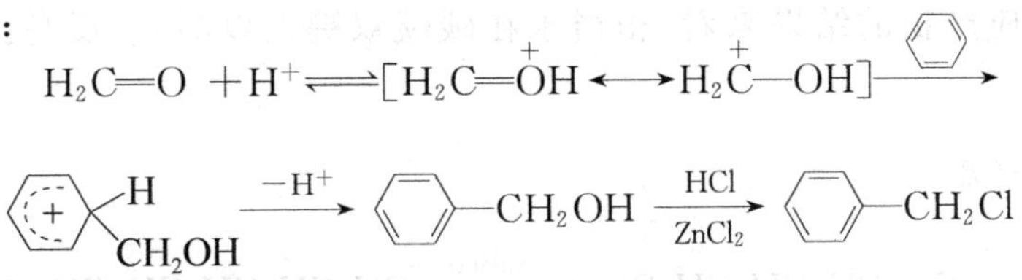

氯甲基苯也称为苄氯，十分活泼，可以与氢氧化钠、氰化钠、胺、格氏试剂等发生相应的亲核取代反应，分别得到苄醇、苯乙腈、苄胺和偶联产物。

7. 醛、酮、羧酸的α-位卤化

醛、酮在酸或碱的作用下，α-位上的氢可以被卤素取代，生成α-卤代醛或酮。在酸性条件下，卤代反应可以控制在一卤代的阶段。

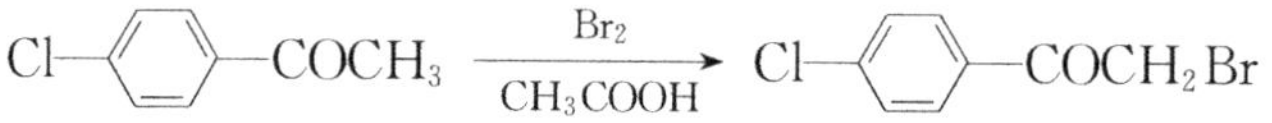

$$Cl-C_6H_4-COCH_3 \xrightarrow[CH_3COOH]{Br_2} Cl-C_6H_4-COCH_2Br$$

在三氯化磷或三溴化磷等催化下，羧酸α-位上的氢被溴取代生成α-溴代羧酸的反应称为赫尔-乌尔哈-泽林斯基反应。

$$CH_3(CH_2)_3CH_2COOH + Br_2 \xrightarrow[\triangle]{PCl_3} CH_3(CH_2)_3\underset{Br}{C}HCOOH$$

$$C_6H_5CH_2COOH + Br_2 \xrightarrow[\triangle]{PCl_3} C_6H_5\underset{Br}{C}HCOOH$$

在此反应条件下，也可以用少量的红磷代替三氯化磷，此时红磷与溴反应生成三溴化磷，具有与三氯化磷相同的催化作用。

相应的碘代酸和氟代酸不能用此方法制得。氯气与乙酸也可以在微量碘催化下反应，得到α-氯乙酸。

12.5　转变成醇的反应

1. 卤代烃的水解

$$CH_3CH_2CH_2CH_2CH_2Cl + NaOH \xrightarrow{H_2O} CH_3CH_2CH_2CH_2CH_2OH + NaCl$$

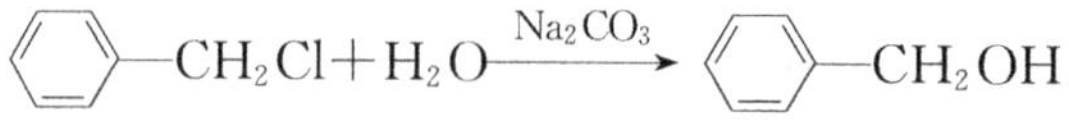

$$C_6H_5-CH_2Cl + H_2O \xrightarrow{Na_2CO_3} C_6H_5-CH_2OH$$

2. 烯烃的水合和硼氢化-氧化

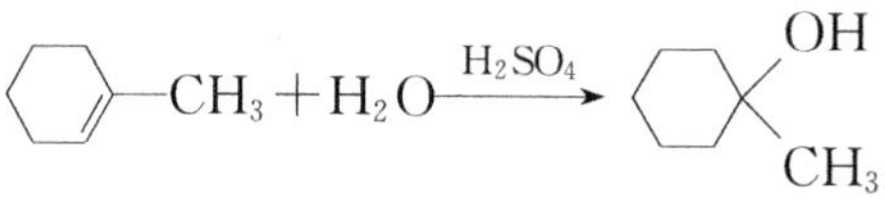

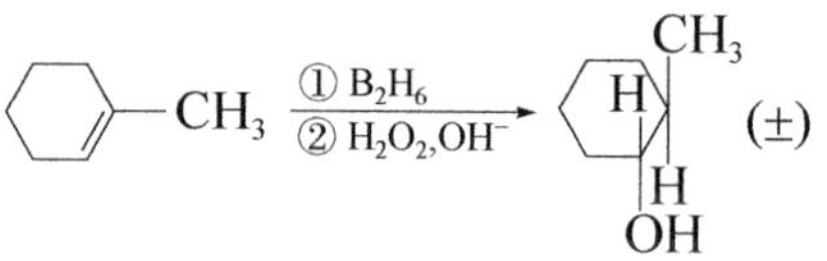

$$\text{(1-甲基环己烯)} + H_2O \xrightarrow{H_2SO_4} \text{1-甲基环己醇}$$

$$\text{(1-甲基环己烯)} \xrightarrow[\text{② }H_2O_2,OH^-]{\text{① }B_2H_6} \text{trans-2-甲基环己醇}(\pm)$$

烯烃的水合和硼氢化-氧化都相当于在碳碳双键上加上一分子水，前者产物遵循马氏规则；而后者从反应产物的结果来看，相当于在碳碳双键上以顺式、反马氏规则加上一分子水。

3. 醛、酮的还原

$$CH_3CH_2CH_2CH_2CHO \xrightarrow{NaBH_4} CH_3CH_2CH_2CH_2CH_2OH$$

$$CH_3CH=CHCH_2CHO \xrightarrow[(CH_3CH_2)_2O]{LiAlH_4} \xrightarrow{H_3O^+} CH_3CH=CHCH_2CH_2OH$$

$$(CH_3)_3C\text{-}[cyclohexanone\text{ with }H]\xrightarrow[(CH_3CH_2)_2O]{LiAlH_4}\xrightarrow{H_3O^+}(CH_3)_3C\text{-}[cyclohexanol\text{ with }H, OH]$$

$$[cyclohexenyl]\text{-}COCH_3\xrightarrow[Ni]{H_2}[cyclohexyl]\text{-}CH(OH)CH_3$$

4. 格氏试剂与醛、酮、酯和环氧乙烷的反应

$$[C_6H_{11}]\text{-}MgCl+HCHO\xrightarrow{(CH_3CH_2)_2O}\xrightarrow{H_3O^+}[C_6H_{11}]\text{-}CH_2OH$$

$$(CH_3)_2CHMgBr+CH_3CHO\xrightarrow{(CH_3CH_2)_2O}\xrightarrow{H_3O^+}(CH_3)_2CHCH(OH)CH_3$$

$$CH_3CH_2MgBr+[cyclohexanone]\xrightarrow{(CH_3CH_2)_2O}\xrightarrow{H_3O^+}[1\text{-ethylcyclohexanol}]$$

$$2C_6H_5MgBr+CH_3COOC_2H_5\xrightarrow{(CH_3CH_2)_2O}\xrightarrow{H_3O^+}CH_3\overset{OH}{\underset{C_6H_5}{C}}(C_6H_5)$$

$$CH_3CH_2CH_2CH_2MgBr+HCOOC_2H_5\xrightarrow{(CH_3CH_2)_2O}\xrightarrow{H_3O^+}CH_3(CH_2)_3\overset{OH}{\underset{}{CH}}(CH_2)_3CH_3$$

$$3C_6H_5MgBr+O=C(OC_2H_5)_2\xrightarrow{(CH_3CH_2)_2O}\xrightarrow{H_3O^+}C_6H_5\overset{C_6H_5}{\underset{C_6H_5}{C}}OH$$

$$C_6H_5MgBr+H_2C\overset{O}{\underset{}{-}}CH_2\xrightarrow{(CH_3CH_2)_2O}\xrightarrow{H_3O^+}C_6H_5CH_2CH_2OH$$

格氏试剂来自于卤代烃，通过格氏试剂可以转变为各种不同的醇。

5. 羧酸和酯的还原

$$(CH_3)_3CCOOH\xrightarrow[(CH_3CH_2)_2O]{LiAlH_4}\xrightarrow{H_3O^+}(CH_3)_3CCH_2OH$$

$$C_6H_5CH_2COOC_2H_5\xrightarrow[(CH_3CH_2)_2O]{LiAlH_4}\xrightarrow{H_3O^+}C_6H_5CH_2CH_2OH+CH_3CH_2OH$$

$$CH_3CH=CHCH_2COOCH_2CH_3\xrightarrow[\triangle]{Na/C_2H_5OH}CH_3CH=CHCH_2CH_2OH+CH_3CH_2OH$$

6. 芳醛及没有α-H的醛的歧化

$$C_6H_5CHO\xrightarrow{浓KOH}\xrightarrow{H_3O^+}C_6H_5CH_2OH+C_6H_5COOH$$

$$(CH_3)_3CCHO\xrightarrow{浓KOH}\xrightarrow{H_3O^+}(CH_3)_3CCH_2OH+(CH_3)_3CCOOH$$

$$C_6H_5CHO + HCHO \xrightarrow{\text{浓 KOH}} \xrightarrow{H_3O^+} C_6H_5CH_2OH + HCOOH$$

有甲醛参加的交叉歧化反应中,总是甲醛被氧化为甲酸。

7. 环氧化合物的开环

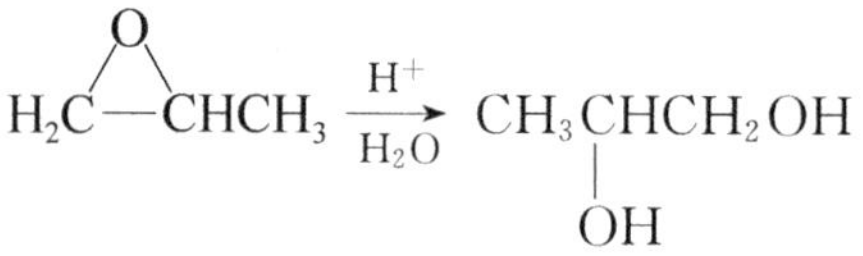

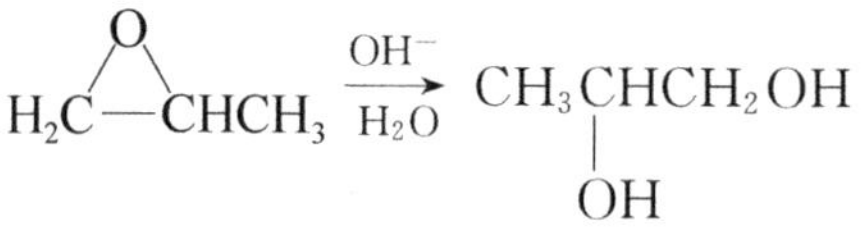

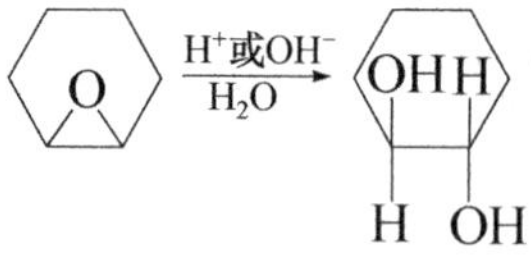

$$H_2C\underset{O}{\overset{}{-}}CHCH_3 \xrightarrow[H_2O]{H^+} CH_3CHCH_2OH$$
$$\qquad\qquad\qquad\qquad\qquad\quad |$$
$$\qquad\qquad\qquad\qquad\qquad\ OH$$

$$H_2C\underset{O}{\overset{}{-}}CHCH_3 \xrightarrow[H_2O]{OH^-} CH_3CHCH_2OH$$
$$\qquad\qquad\qquad\qquad\qquad\quad |$$
$$\qquad\qquad\qquad\qquad\qquad\ OH$$

环氧化合物在酸或碱的水溶液中都可以开环,生成反式的邻位二醇。

8. 烯烃的氧化

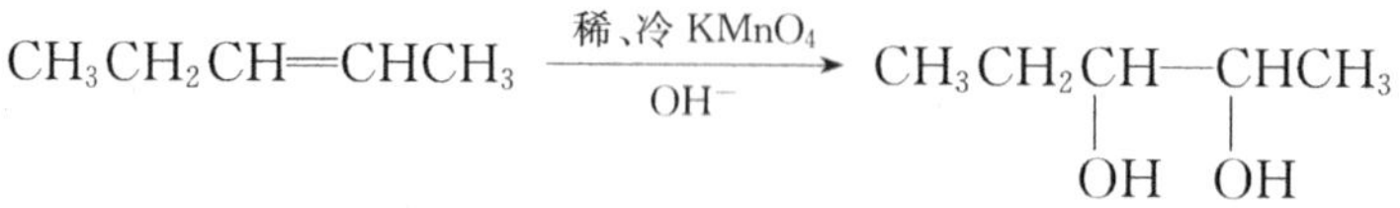

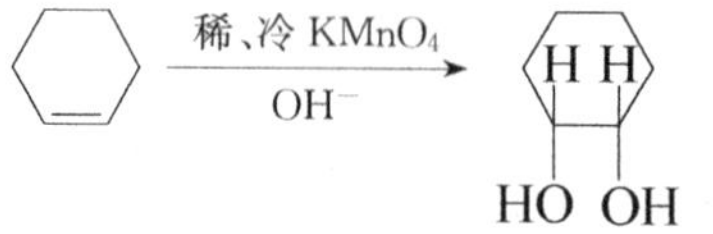

$$CH_3CH_2CH=CHCH_3 \xrightarrow[OH^-]{\text{稀、冷 KMnO}_4} CH_3CH_2CH-CHCH_3$$
$$\qquad\qquad\qquad\qquad\qquad\qquad\qquad\qquad\quad |\quad\ |$$
$$\qquad\qquad\qquad\qquad\qquad\qquad\qquad\qquad\ OH\ OH$$

烯烃经稀、冷高锰酸钾氧化得到顺式的邻位二醇。

12.6 转变成酚的反应

1. 芳环上的磺化碱熔

芳香族磺酸与氢氧化钠或氢氧化钾熔融转变为酚类化合物。

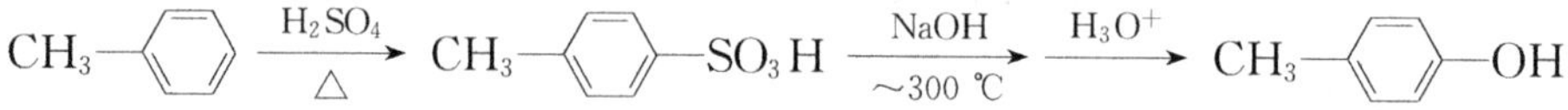

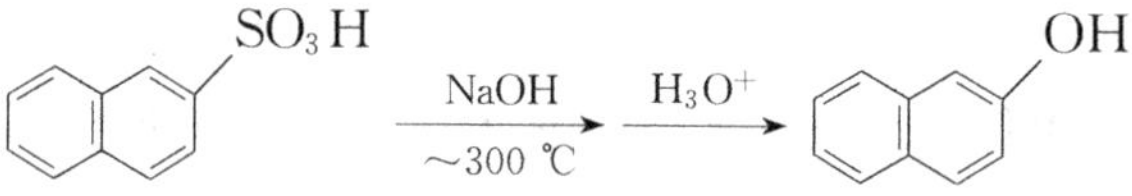

$$CH_3-\phi \xrightarrow[\triangle]{H_2SO_4} CH_3-\phi-SO_3H \xrightarrow[\sim 300\ ℃]{NaOH} \xrightarrow{H_3O^+} CH_3-\phi-OH$$

$$\text{萘-SO}_3H \xrightarrow[\sim 300\ ℃]{NaOH} \xrightarrow{H_3O^+} \text{萘-OH}$$

2. 活泼卤代芳烃的取代

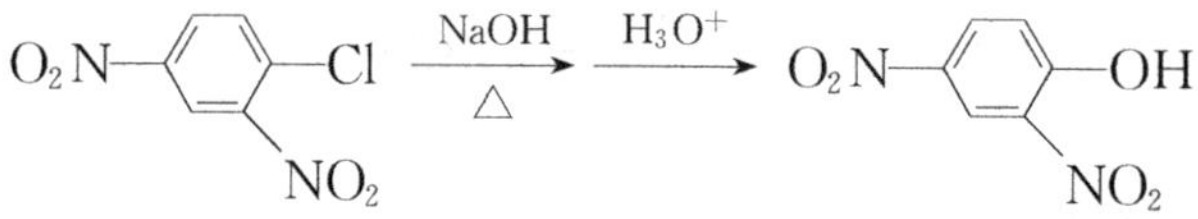

$$O_2N-\phi(Cl)(NO_2) \xrightarrow[\triangle]{NaOH} \xrightarrow{H_3O^+} O_2N-\phi(OH)(NO_2)$$

3. 芳醚的断裂

$$Cl-\phi-OCH_2CH_3 \xrightarrow[\triangle]{HI} Cl-\phi-OH$$

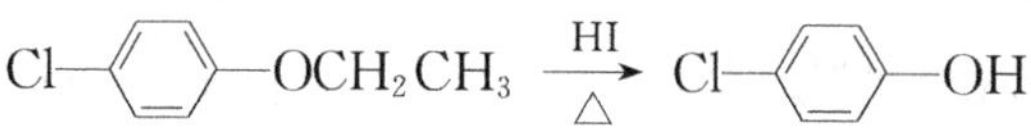

4. 芳基烯丙基醚重排

在加热条件下，芳基烯丙基醚重排成邻烯丙基酚的反应称为克莱森重排。例如

$$\text{C}_6\text{H}_5\text{—O—CH}_2\overset{2}{\text{CH}}=\overset{3}{\text{CH}}_2 \xrightarrow{\triangle} \text{邻-HOC}_6\text{H}_4\text{—}\overset{3}{\text{CH}}_2\overset{2}{\text{CH}}=\overset{1}{\text{CH}}_2$$

$$\text{C}_6\text{H}_5\text{—O—}\overset{1}{\text{CH}}_2\overset{2}{\text{CH}}=\overset{3}{\text{CH}}\overset{4}{\text{CH}}_3 \xrightarrow{\triangle} \text{邻-HOC}_6\text{H}_4\text{—}\overset{3}{\text{CH}}(\overset{4}{\text{CH}}_3)\overset{2}{\text{CH}}=\overset{1}{\text{CH}}_2$$

重排到邻位时，是烯丙基的 C_3 直接连在苯环上，而在 C_1 和 C_2 之间形成新的碳碳双键。如果在苯环上醚链的两个邻位被占据，则重排发生在醚链的对位，这时仍然是 C_1 连在苯环上。

$$2,6\text{-(CH}_3)_2\text{C}_6\text{H}_3\text{—O—}\overset{1}{\text{CH}}_2\overset{2}{\text{CH}}=\overset{3}{\text{CH}}_2 \xrightarrow{\triangle} 2,6\text{-(CH}_3)_2\text{-4-(}\overset{1}{\text{CH}}_2\overset{2}{\text{CH}}=\overset{3}{\text{CH}}_2)\text{C}_6\text{H}_2\text{OH}$$

5. 芳香族重氮盐的水解

$$\text{3-NO}_2\text{-C}_6\text{H}_4\text{-NH}_2 \xrightarrow[0\sim5\,^\circ\text{C}]{\text{NaNO}_2,\,\text{H}_2\text{SO}_4} \text{3-NO}_2\text{-C}_6\text{H}_4\text{-N}_2^+\text{HSO}_4^- \xrightarrow[\triangle]{\text{H}_2\text{SO}_4,\,\text{H}_2\text{O}} \text{3-NO}_2\text{-C}_6\text{H}_4\text{-OH}$$

$$\text{4-CH}_3\text{-2-Br-C}_6\text{H}_3\text{-NH}_2 \xrightarrow[0\sim5\,^\circ\text{C}]{\text{NaNO}_2,\,\text{H}_2\text{SO}_4} \text{4-CH}_3\text{-2-Br-C}_6\text{H}_3\text{-N}_2^+\text{HSO}_4^- \xrightarrow[\triangle]{\text{H}_2\text{SO}_4,\,\text{H}_2\text{O}} \text{4-CH}_3\text{-2-Br-C}_6\text{H}_3\text{-OH}$$

12.7 转变成醚的反应

1. 卤代烃与醇钠或酚钠的反应

脂肪族的简单醚可以通过醇分子之间脱水制得，但不能用于制备混合醚，因为得到的产物是难以分离的混合物。混合醚通常用醇钠或酚钠与卤代烃经亲核取代反应制备。这种方法称为威廉森（A. W. Williamson）合成法，反应必须在无水条件下进行。

$$\text{R—ONa} + \text{R}'\text{—X} \longrightarrow \text{R—O—R}'$$

醇钠是强碱，所以卤代烃最好选用不容易消除的伯卤代烃，这样才能尽可能避免消除产物的生成。例如

$$(\text{CH}_3)_3\text{CONa} + \text{CH}_3\text{CH}_2\text{Br} \longrightarrow (\text{CH}_3)_3\text{COCH}_2\text{CH}_3$$

如果选用叔丁基溴与乙醇钠反应，则得到的是消除产物，得不到醚。

$$(CH_3)_3CBr + CH_3CH_2ONa \longrightarrow (CH_3)_2C=CH_2 + CH_3CH_2OH + NaBr$$

因此,在威廉森合成法中不宜使用叔卤代烃和仲卤代烃。

对于烷芳混合醚,由于芳香族卤代烃不活泼,只能选用酚钠与脂肪族卤代烃反应。例如

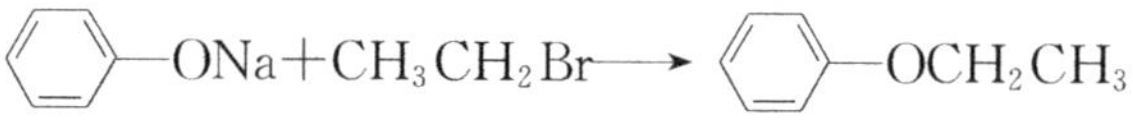

$$C_6H_5-ONa + CH_3CH_2Br \longrightarrow C_6H_5-OCH_2CH_3$$

因此在威廉森合成法中,选择哪种卤代烃和醇钠作为反应原料是必须考虑的问题。

在制备芳香甲醚和芳香乙醚时,还可以用硫酸二甲酯或硫酸二乙酯代替相应的卤代烃,它们都是常用的甲基化和乙基化试剂。例如

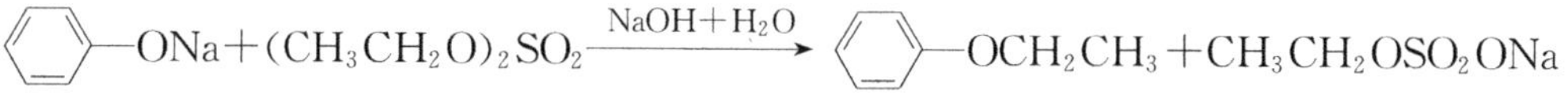

$$C_6H_5-ONa + (CH_3CH_2O)_2SO_2 \xrightarrow{NaOH+H_2O} C_6H_5-OCH_2CH_3 + CH_3CH_2OSO_2ONa$$

2. 醇羟基之间的脱水反应

$$CH_3CH_2OH \xrightarrow[\triangle]{H_2SO_4} CH_3CH_2OCH_2CH_3$$

$$HOCH_2CH_2CH_2CH_2OH \xrightarrow[\triangle]{H^+} \text{(四氢呋喃)}$$

3. 烯烃的环氧化

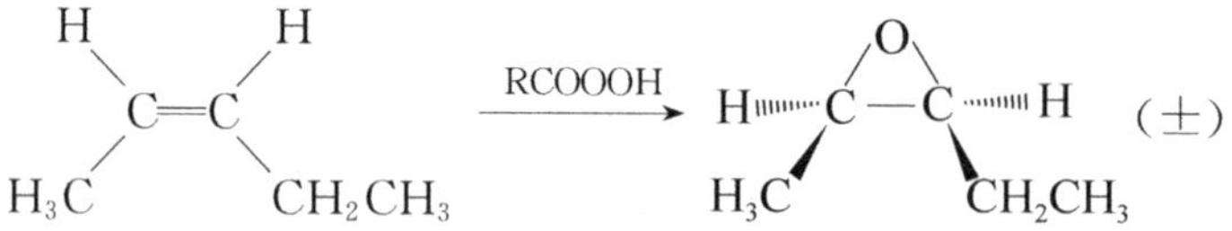

烯烃在过酸作用下的环氧化是立体专一性的顺式加成反应。

我国科学家史一安①利用过硫酸氢钾为氧化剂,以果糖衍生物(或其对映体)为手性催化剂(又称 Shi-催化剂),成功地实现了 E 构型的二取代烯烃和三取代烯烃的不对称环氧化,得到对映选择性氧化产物。这称为史氏不对称环氧化(Shi-asymmetric epoxidation)反应。例如

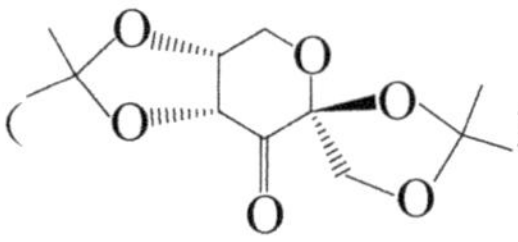

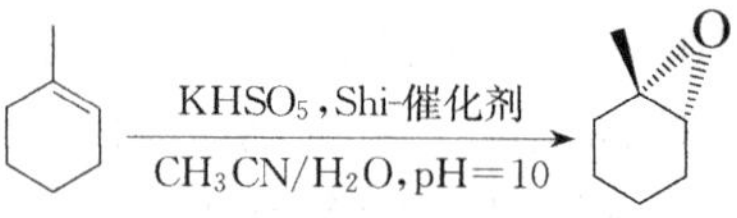

对映选择性达 91%。史氏不对称环氧化反应已成功应用于天然产物的合成。

---

① 史一安(1963—),1983 年毕业于南京大学化学系,获学士学位。1987 年获加拿大多伦多大学硕士学位。1992 年获美国斯坦福大学博士学位,同年在美国哈佛大学做博士后。1995 年任美国科罗拉多州立大学教授。现任教于南京大学化学化工学院。

12.8 转变成醛的反应

1. 伯醇的氧化

$$CH_3CH_2CH_2CH_2OH \xrightarrow[CH_2Cl_2,25\ ℃]{PCC} CH_3CH_2CH_2CHO$$

2. 烯烃的臭氧化

$$CH_3CH_2CH=CH_2 \xrightarrow{O_3} \xrightarrow{Zn,H_2O} CH_3CH_2CHO + HCHO$$

$$CH_3CH_2CH=CHCH_2CH_3 \xrightarrow{O_3} \xrightarrow{Zn,H_2O} CH_3CH_2CHO$$

3. 链端炔烃的硼氢化-氧化

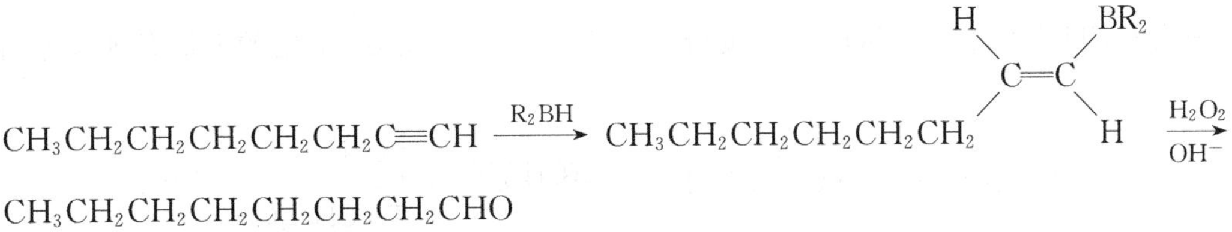

$$CH_3CH_2CH_2CH_2CH_2C\equiv CH \xrightarrow{R_2BH} CH_3CH_2CH_2CH_2CH_2\overset{H}{\underset{}{C}}=\overset{BR_2}{\underset{H}{C}} \xrightarrow[OH^-]{H_2O_2}$$

$$CH_3CH_2CH_2CH_2CH_2CH_2CHO$$

一般采用位阻较大的二取代硼烷,可以使链端的炔键只与一分子硼烷反应,经氧化水解后得到醛。

4. 罗森孟德还原

酰氯用负载在硫酸钡上的金属钯作为催化剂,加氢还原,可以得到还原产物醛,这种方法称为罗森孟德还原。

$$CH_3CH_2COCl + H_2 \xrightarrow[\triangle]{Pd,BaSO_4} CH_3CH_2CHO$$

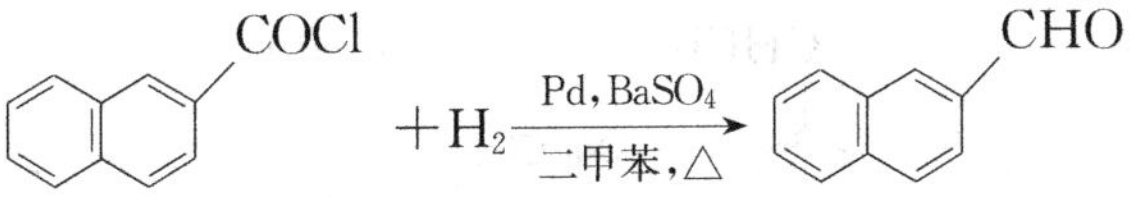

萘-2-COCl + H_2 $\xrightarrow[\text{二甲苯},\triangle]{Pd,BaSO_4}$ 萘-2-CHO

5. 芳环上的甲酰化反应

在 $AlCl_3$ 和 CuCl 的催化下,等物质的量的 CO 和 HCl 与苯反应,直接在苯环上导入甲酰基的反应称为加特曼-科赫(J. A. Koch)反应。

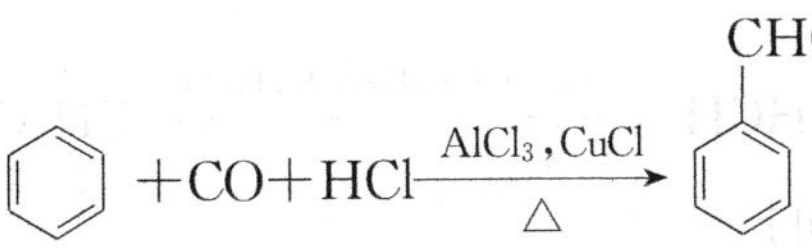

苯 + CO + HCl $\xrightarrow[\triangle]{AlCl_3, CuCl}$ 苯-CHO

这与芳环上的傅-克酰基化反应相似,只是甲酰氯极不稳定,一旦生成后立即分解为 CO 和 HCl,所以这里亲电的酰化剂可能为甲酰基正离子。

$$:C\equiv O + H^+ \longrightarrow H-C\equiv \overset{+}{O} \longleftrightarrow H-\overset{+}{C}=O$$

甲酰基正离子

$$\underset{\text{OH}}{\underset{|}{\text{间苯二酚}}} \xrightarrow{\text{Zn(CN)}_2, \text{HCl}} \xrightarrow{\text{H}_2\text{O}} \underset{\text{OH}}{\underset{|}{\text{2,4-二羟基苯甲醛}}} \text{CHO} \quad \text{(加特曼反应)}$$

$$\text{C}_6\text{H}_5\text{N(CH}_3)_2 + \text{HCON(CH}_3)_2 \xrightarrow[\text{② H}_2\text{O}]{\text{① POCl}_3} \text{4-(CH}_3)_2\text{N-C}_6\text{H}_4\text{-CHO} \quad \text{[威尔斯麦尔(A. Vilsmeier)反应]}$$

在威尔斯麦尔反应中，只有活泼芳烃（如 N,N-二甲基苯胺、酚、酚醚等）与二甲基甲酰胺和三氯氧磷反应，才能在芳环上导入甲酰基。

在这个反应中，首先是二甲基甲酰胺与三氯氧磷生成 $[\overset{+}{\text{ClCHN(CH}_3)_2}]\text{Cl}_2\text{PO}^-$，亲电试剂为 $\overset{+}{\text{ClCHN(CH}_3)_2}$。然后与活泼芳环发生亲电取代反应，生成的亚胺盐水解后生成芳醛。

$$(\text{CH}_3)_2\text{N-C}_6\text{H}_5 + \overset{+}{\text{ClCHN(CH}_3)_2} \longrightarrow (\text{CH}_3)_2\text{N-[C}_6\text{H}_5^+\text{]-CHN(CH}_3)_2\text{-Cl-H} \xrightarrow{-\text{H}^+}$$

$$(\text{CH}_3)_2\text{N-C}_6\text{H}_4\text{-CH(Cl)-N(CH}_3)_2 \rightleftharpoons (\text{CH}_3)_2\text{N-C}_6\text{H}_4\text{-CH=}\overset{+}{\text{N(CH}_3)_2}\text{Cl}^- \xrightarrow{\text{H}_2\text{O}} \rightleftharpoons$$

$$(\text{CH}_3)_2\text{N-C}_6\text{H}_4\text{-CHO} + (\text{CH}_3)_2\overset{+}{\text{NH}_2}\text{Cl}^-$$

6. α,α-二卤代芳烃的水解

$$\text{C}_6\text{H}_5\text{CHCl}_2 \xrightarrow[\text{H}_2\text{O}]{\text{Na}_2\text{CO}_3} \text{C}_6\text{H}_5\text{CHO}$$

12.9 转变成酮的反应

1. 仲醇的氧化

$$\text{CH}_3\text{CH}_2\text{CH}_2\text{CH}_2\text{CH}_2\text{CH}(\text{OH})\text{CH}_3 \xrightarrow{\text{Na}_2\text{Cr}_2\text{O}_7, \text{H}_2\text{SO}_4, \text{H}_2\text{O}} \text{CH}_3\text{CH}_2\text{CH}_2\text{CH}_2\text{CH}_2\text{C(=O)CH}_3$$

2. 烯烃的臭氧化

$$\text{CH}_3\text{CH}_2\text{C}(\text{CH}_3)=\text{CH}_2 \xrightarrow{\text{O}_3} \xrightarrow{\text{Zn, H}_2\text{O}} \text{CH}_3\text{CH}_2\text{C}(\text{CH}_3)=\text{O} + \text{HCHO}$$

3. 炔烃的硼氢化-氧化

$$CH_3CH_2C\equiv CCH_2CH_3 \xrightarrow[THF]{B_2H_6} \xrightarrow[OH^-]{H_2O_2} CH_3CH_2CH_2COCH_2CH_3$$

只有对称的炔烃才能得到单一产物。

4. 炔烃的水合

$$CH_3CH_2CH_2C\equiv CCH_2CH_3 + H_2O \xrightarrow{HgSO_4, H_2SO_4} CH_3CH_2CH_2CH_2\underset{O}{\underset{\|}{C}}CH_2CH_3$$

$$CH_3CH_2CH_2CH_2CH_2C\equiv CH + H_2O \xrightarrow{HgSO_4, H_2SO_4} CH_3CH_2CH_2CH_2CH_2CH_2\underset{O}{\underset{\|}{C}}CH_3$$

链端炔烃水合得到甲基酮,不对称的炔烃得到两个酮的混合物。

5. 腈、酰氯与格氏试剂的反应

$$C_6H_5C\equiv N + C_6H_5MgBr \xrightarrow{(C_2H_5)_2O} \xrightarrow{H_3O^+} C_6H_5\underset{O}{\underset{\|}{C}}C_6H_5$$

$$CH_3COCl + CH_3CH_2CH_2CH_2MgCl \xrightarrow[-70\ ℃]{(C_2H_5)_2O, FeCl_3} CH_3COCH_2CH_2CH_2CH_3$$

6. β-酮酸酯的烃化物成酮水解

$$CH_3COCH_2COOC_2H_5 \xrightarrow[②\ RX]{①\ OH^-} CH_3CO\underset{R}{\underset{|}{C}}HCOOC_2H_5 \xrightarrow[②\ H_3O^+]{①\ OH^-, H_2O} CH_3COCH_2R$$

RX 可以是卤代烷烃、卤代烯烃、卤代酮、卤代羧酸酯等,分别得到含甲基酮的不同产物。

7. 芳烃的酰化

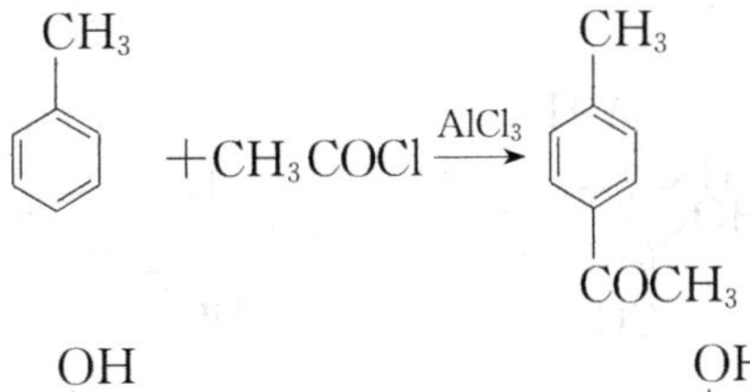

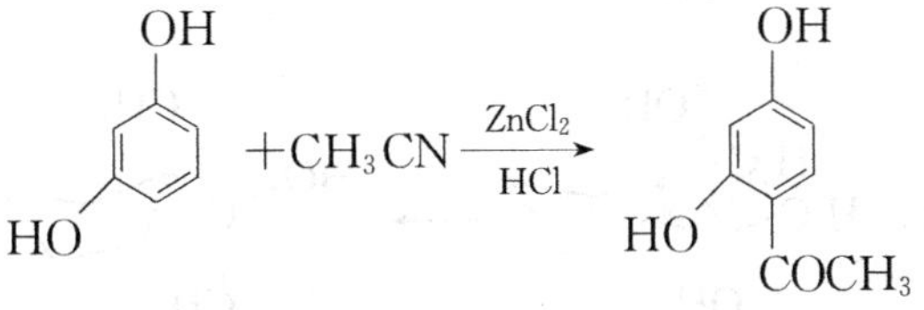

8. 频哪醇重排

邻二叔醇在酸性条件下容易发生频哪醇重排反应。

$$\underset{\underset{OH\ OH}{|\ \ \ |}}{\overset{\overset{H_3C\ CH_3}{|\ \ \ |}}{CH_3-C-C-CH_3}} \xrightarrow[(CH_3CO)_2O]{H_2SO_4} \underset{\underset{H_3C\ O}{|\ \ \ \|}}{\overset{\overset{CH_3}{|}}{CH_3-C-C-CH_3}}$$

频哪醇的重排产物称为频哪酮,其特点是酮羰基的 α-碳原子通常是一个季碳原子,这种重排产物是用一般合成方法难以制得的。

当结构不对称的频哪醇重排时,哪一个羟基先质子化,取决于质子化的羟基以水分子离去后的碳正离子的稳定性,而与迁移基团的迁移能力大小无关。例如

$$\underset{\underset{OH\ OH}{|\ \ \ |}}{\overset{\overset{C_6H_5\ CH_3}{|\ \ \ |}}{C_6H_5-C-C-CH_3}} \xrightarrow[(CH_3CO)_2O]{H_2SO_4} \begin{cases} \underset{\underset{+\ \ \ OH}{}}{\overset{\overset{C_6H_5\ CH_3}{|\ \ \ |}}{C_6H_5-C-C-CH_3}} \longrightarrow \underset{\underset{CH_3\ O}{|\ \ \ \|}}{\overset{\overset{C_6H_5}{|}}{C_6H_5-C-C-CH_3}} \\ (\text{I}) \\ \underset{\underset{OH}{}}{\overset{\overset{C_6H_5\ CH_3}{|\ \ \ |}}{C_6H_5-C-C-CH_3}} \\ (\text{II}) \end{cases}$$

因为碳正离子(Ⅰ)中的正电荷可以分散到两个苯环上,比碳正离子(Ⅱ)稳定,所以得到甲基迁移的产物。

当形成的两个碳正离子的稳定性相同时,第二步中迁移基团迁移能力的大小才对重排的主要产物起决定作用。在下面的例子中,由于苯基比烷基的迁移能力大,因此得到苯基迁移的产物。

$$\underset{\underset{OH\ OH}{|\ \ \ |}}{\overset{\overset{C_6H_5\ C_6H_5}{|\ \ \ \ \ |}}{CH_3-C-C-CH_3}} \xrightarrow{H^+} \underset{\underset{+\ \ \ OH}{}}{\overset{\overset{C_6H_5\ C_6H_5}{|\ \ \ \ \ |}}{CH_3-C-C-CH_3}} \longrightarrow \underset{\underset{CH_3\ O}{|\ \ \ \|}}{\overset{\overset{C_6H_5}{|}}{C_6H_5-C-C-CH_3}}$$

两个羟基处于 aa 键和 ae 键的环己邻二叔醇发生频哪醇重排时,分别生成不同的重排产物。例如

某些能形成与频哪醇重排中的碳正离子类似的反应物,在反应中也可以发生相似的重排。例如

$$\underset{\underset{OH}{|}}{\overset{\overset{CH_3}{|}}{CH_3-C}}-\underset{\underset{NH_2}{|}}{\overset{\overset{CH_3}{|}}{C}}-CH_3 \xrightarrow{HNO_2} \underset{\underset{OH}{|}}{\overset{\overset{CH_3}{|}}{CH_3-C}}-\underset{\underset{N_2^+}{|}}{\overset{\overset{CH_3}{|}}{C}}-CH_3 \longrightarrow \underset{\underset{:OH}{|}}{\overset{\overset{CH_3}{|}}{CH_3-C}}-\underset{}{\overset{\overset{CH_3}{|}}{\overset{+}{C}}}-CH_3 \longrightarrow$$

$$\underset{\underset{+OH}{|}}{\overset{\overset{CH_2}{|}}{CH_3-C}}-\underset{\underset{CH_3}{|}}{\overset{|}{C}}-CH_3 \xrightarrow{-H^+} \underset{\underset{O}{\|}}{CH_3-C}-\underset{\underset{CH_3}{|}}{\overset{\overset{CH_3}{|}}{C}}-CH_3$$

$$\underset{\underset{OH}{|}}{\overset{\overset{C_6H_5}{|}}{CH_3-C}}-CH_2-I \xrightarrow{HgO} \underset{\underset{+OH}{\|}}{CH_3-C}-CH_2-C_6H_5 \xrightarrow{-H^+} \underset{\underset{O}{\|}}{CH_3-C}-CH_2-C_6H_5$$

9. 己二酸和庚二酸脱羧反应

己二酸和庚二酸受热可以同时脱羧、脱水,分别生成环戊酮和环己酮。

$$\begin{matrix} CH_2CH_2COOH \\ | \\ CH_2CH_2COOH \end{matrix} \xrightarrow{300\ ℃} \bigcirc\!\!=\!\!O + CO_2 + H_2O$$

$$H_2C\begin{matrix} CH_2CH_2COOH \\ \\ CH_2CH_2COOH \end{matrix} \xrightarrow{300\ ℃} \bigcirc\!\!=\!\!O + CO_2 + H_2O$$

12.10 转变成羧酸的反应

1. 伯醇、醛和酮的氧化

$$CH_3CH_2CH_2OH \xrightarrow{K_2Cr_2O_7,H_2SO_4} CH_3CH_2COOH$$

$$(CH_3)_2CHCHO \xrightarrow[\triangle]{Ag_2O} (CH_3)_2CHCOOH$$

$$\bigcirc\!\!=\!\!O \xrightarrow[\triangle]{HNO_3} \begin{matrix} CH_2CH_2COOH \\ | \\ CH_2CH_2COOH \end{matrix}$$

只有对称的环酮氧化时才可以得到单一产物。

2. 格氏试剂与二氧化碳的反应

$$(CH_3)_3CMgBr + CO_2 \xrightarrow{(C_2H_5)_2O} \xrightarrow{H_3O^+} (CH_3)_3CCOOH$$

3. 烃的氧化

邻氯甲苯 $\xrightarrow{KMnO_4}$ 邻氯苯甲酸

292 · 有机化学

$$\underset{\triangle}{\overset{KMnO_4, OH^-}{\longrightarrow}} \begin{array}{c} CH_2CH_2COOH \\ | \\ CH_2CH_2COOH \end{array}$$

$$CH_3CH_2CH_2C\equiv CCH_2CH_3 \xrightarrow[CCl_4]{O_3} \xrightarrow{H_2O} CH_3CH_2CH_2COOH + CH_3CH_2COOH$$

$$CH_3CH_2CH_2C\equiv CCH_2CH_3 \xrightarrow[OH^-, \triangle]{KMnO_4} \xrightarrow{H_3O^+} CH_3CH_2CH_2COOH + CH_3CH_2COOH$$

4. 羧酸衍生物（含腈）的水解

$$CH_3CH_2COOR \xrightarrow[H^+ \text{或} OH^-]{H_2O} CH_3CH_2COOH$$

$$(CH_3CO)_2O \xrightarrow{H_2O} CH_3COOH$$

$$(C_6H_5)_2CHCH_2COCl \xrightarrow{H_2O, Na_2CO_3} (C_6H_5)_2CHCH_2COOH$$

$$C_6H_5CH_2CN \xrightarrow{H_2O, H_2SO_4} C_6H_5CH_2COOH$$

5. 甲基酮的卤仿反应

$$(CH_3)_3CCOCH_3 \xrightarrow[H_2O]{NaOCl} \xrightarrow{H^+} (CH_3)_3CCOOH$$

$$\text{萘-COCH}_3 \xrightarrow[H_2O]{NaOH, Cl_2} \xrightarrow{H^+} \text{萘-COOH}$$

6. 丙二酸酯的烃化水解

$$CH_2(COOC_2H_5)_2 \xrightarrow[\textcircled{2} CH_3CH_2CHCH_2Br]{\textcircled{1} C_2H_5ONa, C_2H_5OH} \underset{CH_3}{\overset{}{\longrightarrow}} CH_3CH_2\underset{CH_3}{\overset{}{CH}}CH_2CH(COOC_2H_5)_2$$

$$\xrightarrow[\textcircled{2} HCl, \triangle]{\textcircled{1} NaOH, H_2O} CH_3CH_2\underset{CH_3}{\overset{}{CH}}CH_2CH_2COOH$$

$$CH_2(COOC_2H_5)_2 \xrightarrow[\textcircled{2} BrCH_2CH_2CH_2Br]{\textcircled{1} C_2H_5ONa, C_2H_5OH} \text{环戊烷-C(COOC_2H_5)_2} \xrightarrow[\textcircled{2} H^+, \triangle]{\textcircled{1} NaOH, H_2O} \text{环戊烷-CHCOOH}$$

12.11 转变成胺的反应

1. 卤代烃的氨（胺）解

$$CH_3(CH_2)_6CH_2Br + NH_3(\text{过量}) \longrightarrow CH_3(CH_2)_6CH_2NH_2$$

（往往得到混合物）

$$\text{邻苯二甲酰亚胺-NH} \xrightarrow[\textcircled{2} C_6H_5CH_2Cl, DMF]{\textcircled{1} K_2CO_3} \text{邻苯二甲酰亚胺-NCH_2C_6H_5} \xrightarrow[C_2H_5OH]{NH_2NH_2} C_6H_5CH_2NH_2$$

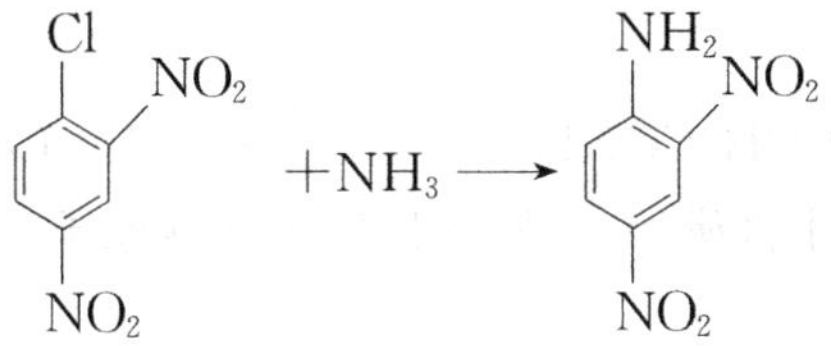

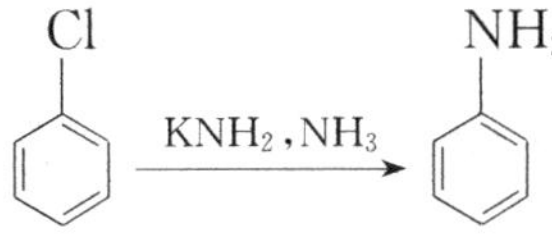

$$\text{2,4-二硝基氯苯} + NH_3 \longrightarrow \text{2,4-二硝基苯胺}$$

$$\text{C}_6\text{H}_5\text{Cl} \xrightarrow{KNH_2, NH_3} \text{C}_6\text{H}_5NH_2$$

2. 硝基化合物的还原

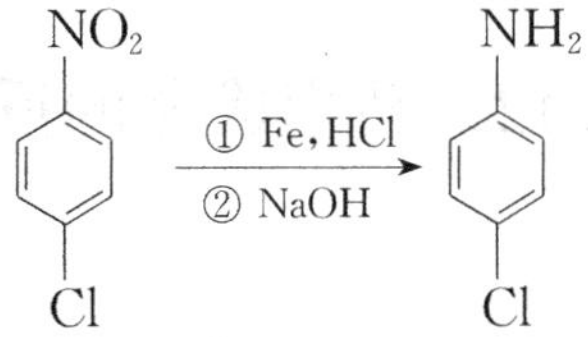

$$\text{4-氯硝基苯} \xrightarrow[\text{② NaOH}]{\text{① Fe, HCl}} \text{4-氯苯胺}$$

3. 腈和酰胺的还原

$$CH_3CH_2CH_2CN \xrightarrow{H_2, Pd/C} CH_3CH_2CH_2CH_2NH_2$$

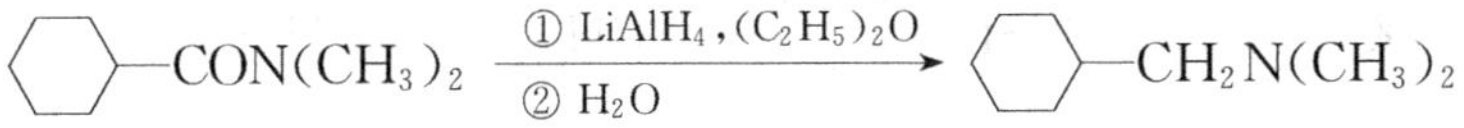

$$\text{C}_6\text{H}_{11}\text{—CON(CH}_3)_2 \xrightarrow[\text{② } H_2O]{\text{① } LiAlH_4, (C_2H_5)_2O} \text{C}_6\text{H}_{11}\text{—CH}_2\text{N(CH}_3)_2$$

4. 醛、酮的还原胺化

醛、酮在氨(胺)存在下催化加氢还原,生成伯胺、仲胺和叔胺的反应称为醛、酮的还原胺化。

$$CH_3CH_2COCH_2CH_3 + NH_3 \xrightarrow{H_2, Ni} CH_3CH_2\underset{\underset{NH_2}{|}}{C}HCH_2CH_3$$

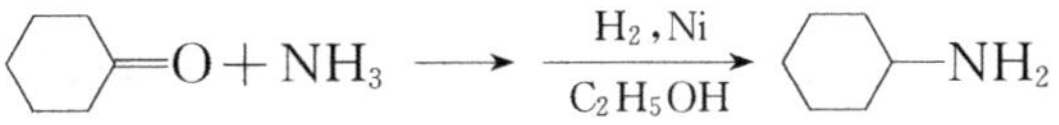

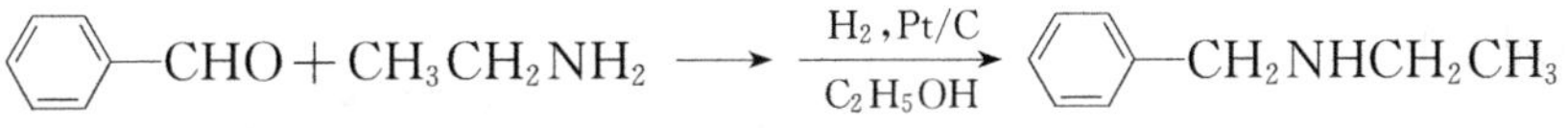

$$\text{环己酮} + NH_3 \xrightarrow[C_2H_5OH]{H_2, Ni} \text{环己胺}$$

$$\text{C}_6\text{H}_5\text{—CHO} + CH_3CH_2NH_2 \xrightarrow[C_2H_5OH]{H_2, Pt/C} \text{C}_6\text{H}_5\text{—CH}_2NHCH_2CH_3$$

反应经过加成、消除得到亚胺,亚胺再被还原得到胺化产物。

醛、酮与仲胺反应后催化加氢得到叔胺。

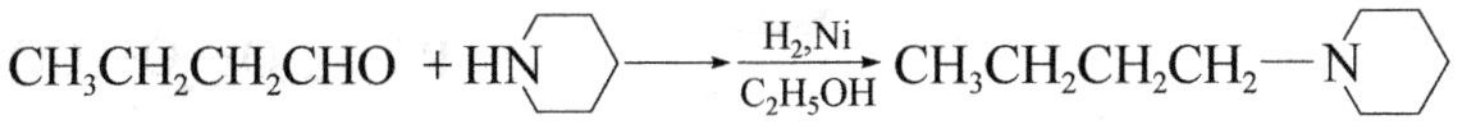

$$CH_3CH_2CH_2CHO + HN\text{(哌啶)} \xrightarrow[C_2H_5OH]{H_2, Ni} CH_3CH_2CH_2CH_2\text{—N(哌啶基)}$$

醛、酮的还原胺化是合成胺类化合物的有效方法。

5. 霍夫曼重排

酰胺与次卤酸盐的碱性溶液(或卤素的氢氧化钠溶液)反应,生成比酰胺少一个碳原子的伯胺的反应称为霍夫曼重排,也称为霍夫曼降解。

$$\text{R—}\underset{\underset{O}{\|}}{C}\text{—NH}_2 \xrightarrow{NaOH} \text{R—NH}_2 + CO_2$$

例如

$$(CH_3)_3CCH_2CONH_2 \xrightarrow{Br_2+NaOH} (CH_3)_3CCH_2NH_2$$

如果酰胺的 α-碳原子为手性碳原子,则重排后手性碳原子的构型保持不变。例如

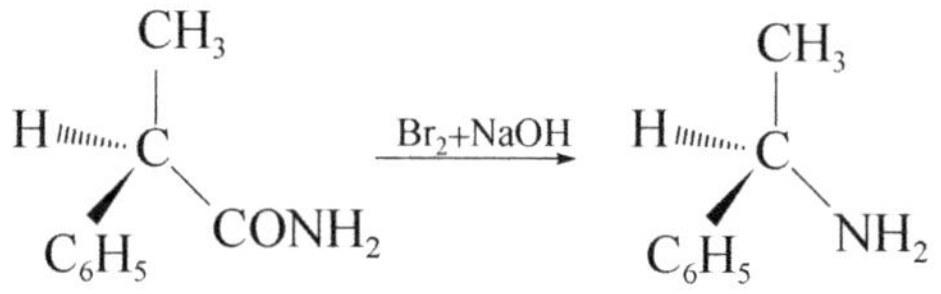

霍夫曼重排可以用于合成脂肪族或芳香族伯胺,特别是利用亲核取代反应难以制得的伯胺,用霍夫曼重排反应却可以得到比较好的结果。

12.12 转变成酯的反应

1. 羧酸的直接酯化

$$CH_3COOH + CH_3CH_2OH \xrightleftharpoons{H^+} CH_3COOCH_2CH_3$$

2. 羧酸衍生物的醇解

$$CH_3COCl + (CH_3)_3COH \xrightarrow[Et_2O]{C_6H_5N(CH_3)_2} CH_3COOC(CH_3)_3$$

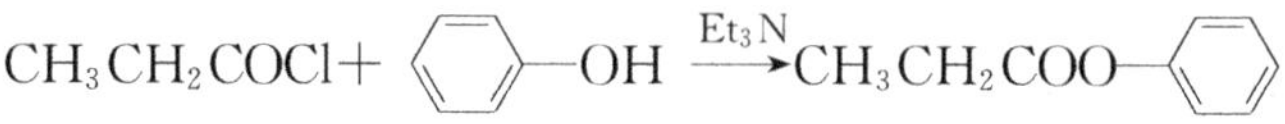

$$CH_3CH_2COCl + \text{C}_6\text{H}_5\text{—OH} \xrightarrow{Et_3N} CH_3CH_2COO\text{—C}_6\text{H}_5$$

3. 酮或醛的过氧化

酮与过酸反应,在酮羰基与烃基之间插入一个氧原子,结果是酮被氧化重排生成酯,这称为拜尔(A. Baeyer)-维立格(V. Villiger)氧化重排。

$$\underset{R'}{R-C=O} + CH_3COOOH \longrightarrow \underset{OR'}{R-C=O}$$

其反应机理如下:

$$\xrightarrow{R'迁移} R-\underset{\parallel}{\overset{O}{C}}-O-R' + CH_3COOH$$

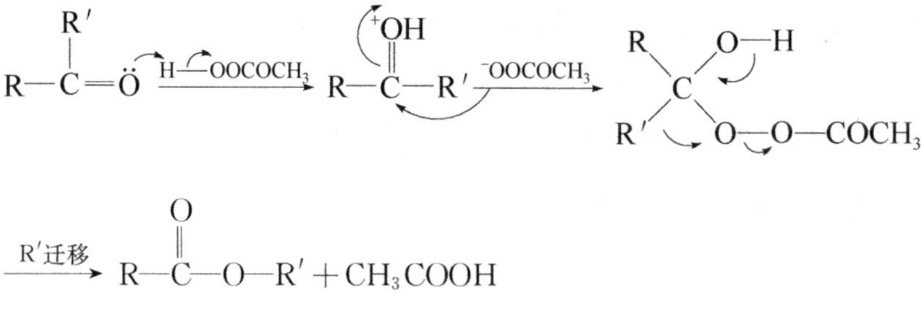

对于 R 和 R′不相同的不对称酮,可以得到两种不同的氧化重排产物,但由于 R 和 R′的迁移能力不同,结果总是氧插入羰基和迁移能力较大的烃基之间,这种酯是氧化重排的主要产物。基团迁移能力的大小次序为 H>芳基>叔烷基>仲烷基>伯烷基>甲基。例如

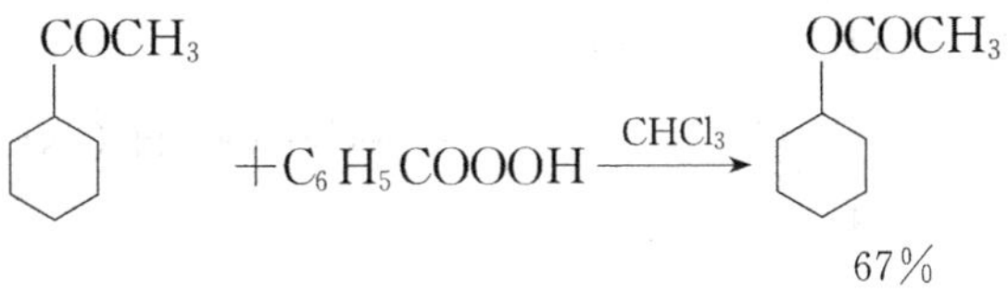

$$\text{(cyclohexyl-COCH}_3\text{)} + C_6H_5COOOH \xrightarrow{CHCl_3} \text{(cyclohexyl-OCOCH}_3\text{)} \quad 67\%$$

所以在同样的条件下,醛被氧化重排为酸。

12.13 转变成酰胺的反应

1. 羧酸衍生物的氨(胺)解

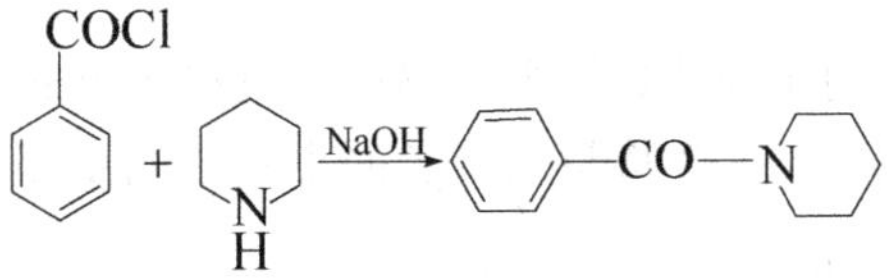

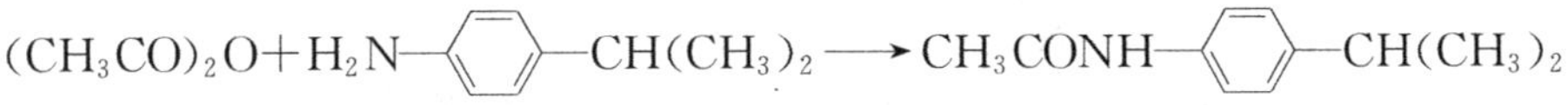

$$\text{PhCOCl} + \text{piperidine} \xrightarrow{NaOH} \text{Ph-CO-N(piperidyl)}$$

$$(CH_3CO)_2O + H_2N\text{-}\!\!\!\!\diagup\!\!\!\!\!\diagdown\!\!\!\!\text{-}CH(CH_3)_2 \longrightarrow CH_3CONH\text{-}\!\!\!\!\diagup\!\!\!\!\!\diagdown\!\!\!\!\text{-}CH(CH_3)_2$$

$$CH_3CH_2COOCH_2CH_3 + CH_3NH_2 \longrightarrow CH_3CH_2CONHCH_3$$

2. 腈的部分水解

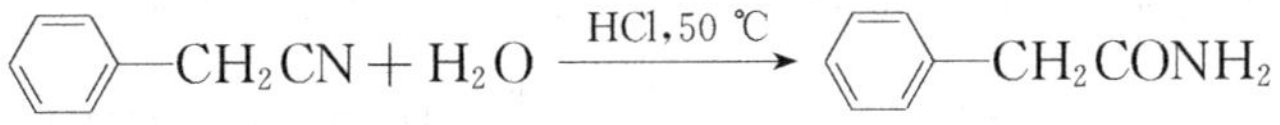

$$\text{Ph-}CH_2CN + H_2O \xrightarrow{HCl, 50\ ℃} \text{Ph-}CH_2CONH_2$$

3. 酮肟的重排

酮肟在酸性催化剂(如 H_2SO_4、$POCl_3$、PCl_5、聚磷酸等)的作用下重排生成酰胺的反应称为贝克曼(Beckmann)重排。

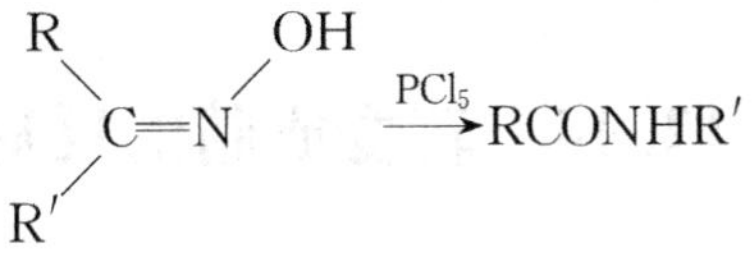

$$\underset{R'}{\overset{R}{>}}C=N\text{-}OH \xrightarrow{PCl_5} RCONHR'$$

反应机理如下:

$$\underset{R'}{\overset{R}{>}}C=N\text{-}\ddot{O}H \xrightarrow{H^+} \underset{R'}{\overset{R}{>}}C=N\text{-}\overset{+}{O}H_2 \xrightarrow{-H_2O}$$

$$[R\text{-}\overset{+}{C}=N\text{-}R' \leftrightarrow R\text{-}C\equiv \overset{+}{N}\text{-}R'] \xrightarrow{H_2\ddot{O}} \underset{R}{\overset{H_2\overset{+}{O}}{>}}C=N\text{-}R' \xrightarrow{-H^+}$$

$$\underset{R}{\overset{HO}{>}}C=N\text{-}R' \xrightarrow{互变异构} \underset{R}{\overset{O}{\parallel}}C\text{-}NHR'$$

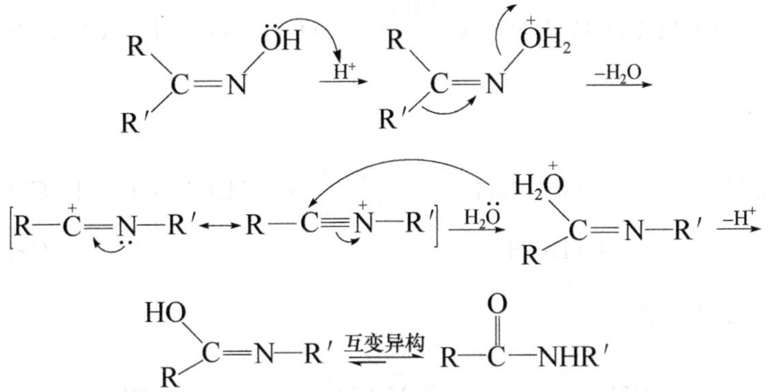

在贝克曼重排反应中,只有与羟基处于反位的烃基才能迁移,因此酮肟的两种顺反异构体经重排后的产物是不同的。例如

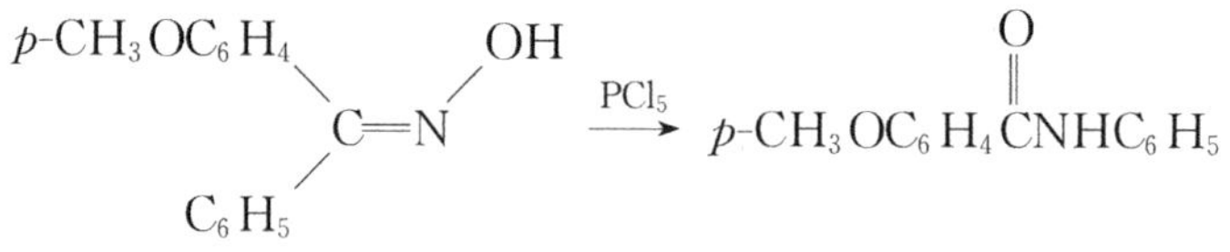

$$p\text{-}CH_3OC_6H_4\underset{C_6H_5}{\overset{}{C}}=N\text{-}OH \xrightarrow{PCl_5} p\text{-}CH_3OC_6H_4\overset{O}{\overset{\|}{C}}NHC_6H_5$$

Z 构型

$$\underset{p\text{-}CH_3OC_6H_4}{\overset{C_6H_5}{C}}=N\text{-}OH \xrightarrow{PCl_5} C_6H_5\overset{O}{\overset{\|}{C}}NHC_6H_4OCH_3\text{-}p$$

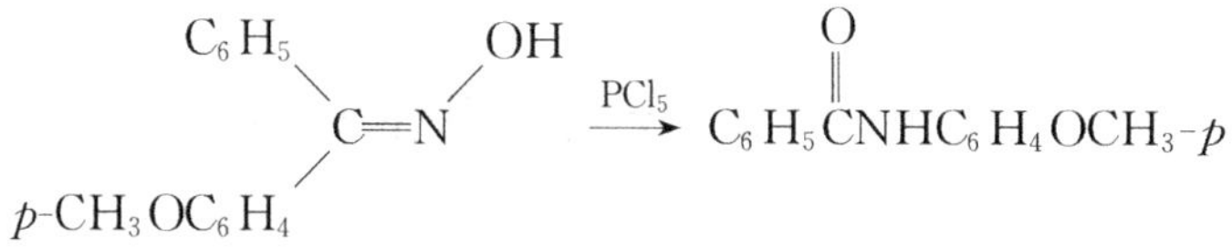

E 构型

如果迁移的碳原子是手性碳原子,则迁移后手性碳原子的构型保持不变。这说明迁移基团在迁移过程中没有离开分子,迁移与水分子的离去是同步完成的。例如

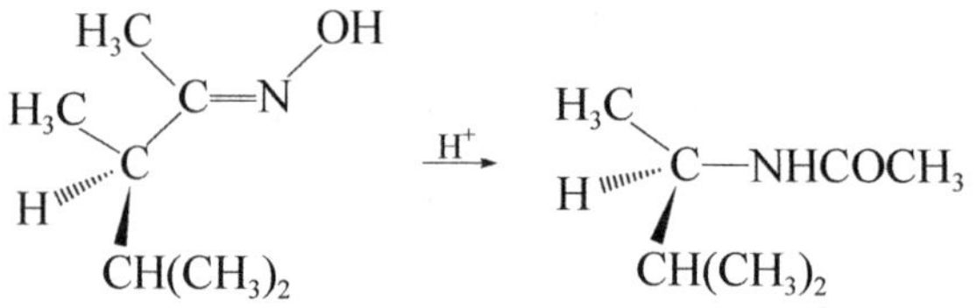

环酮肟经贝克曼重排生成内酰胺,环己酮肟经重排得到己内酰胺。

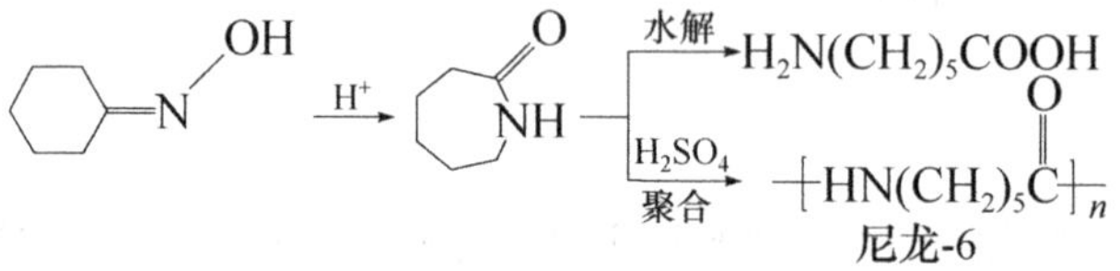

己内酰胺水解得到 6-氨基己酸,或开环聚合得到尼龙-6。

12.14 转变成腈的反应

1. 卤代烃与氰化物的反应

$$CH_3CH_2CH_2Br + NaCN \xrightarrow[\triangle]{CH_3CH_2OH} CH_3CH_2CH_2CN + NaBr$$

2. 酰胺脱水

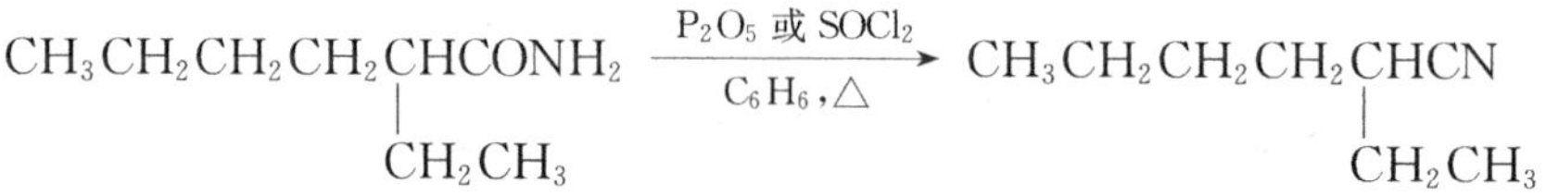

$$CH_3CH_2CH_2CH_2\underset{CH_2CH_3}{\overset{}{C}}HCONH_2 \xrightarrow[C_6H_6,\triangle]{P_2O_5 \text{ 或 } SOCl_2} CH_3CH_2CH_2CH_2\underset{CH_2CH_3}{\overset{}{C}}HCN$$

3. 芳胺重氮盐的取代

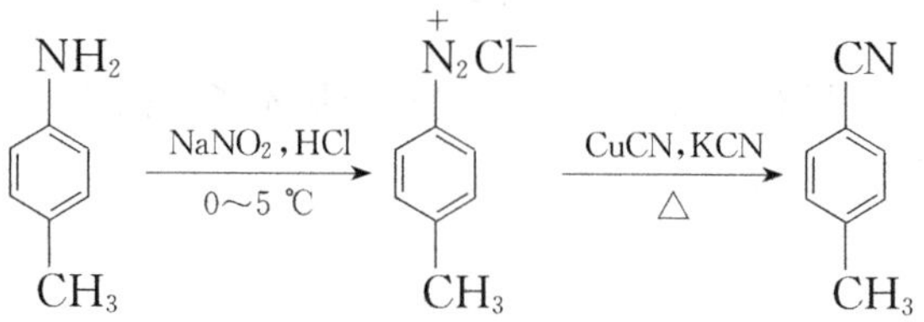

12.15 转变成酸酐的反应

1. 羧酸直接脱水

$$CH_3COOH \xrightarrow{\triangle} (CH_3CO)_2O$$

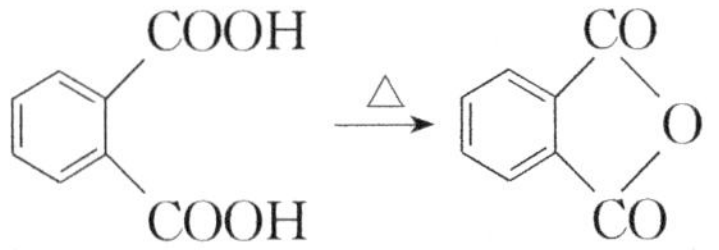

邻苯二甲酸 $\xrightarrow{\triangle}$ 邻苯二甲酸酐

2. 酰氯与羧酸或羧酸盐的反应

$$CH_3(CH_2)_5COCl + CH_3(CH_2)_5COOH \xrightarrow[\triangle]{C_5H_5N} CH_3(CH_2)_5\overset{O}{\underset{}{C}}-O-\overset{O}{\underset{}{C}}(CH_2)_5CH_3$$

$$CH_3CH_2COCl + CH_3COONa \xrightarrow{(C_2H_5)_2O} CH_3CH_2\overset{O}{\underset{}{C}}-O-\overset{O}{\underset{}{C}}CH_3$$

3. 羧酸与酸酐的交换

$$(CH_3CO)_2O + 2C_6H_5COOH \underset{\triangle}{\rightleftharpoons} (C_6H_5CO)_2O + 2CH_3COOH$$
$$72\% \sim 74\%$$

12.16 转变成多官能团的反应

1. 弗利斯重排

在 $AlCl_3$ 催化下,酚的酯类化合物重排生成酚酮的反应称为弗利斯(Fries)重排。

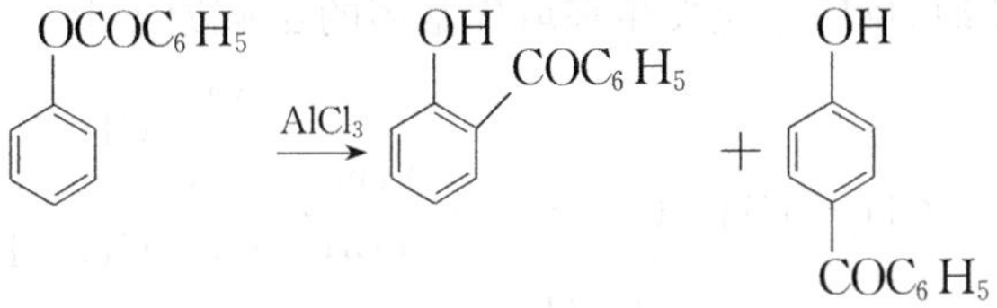

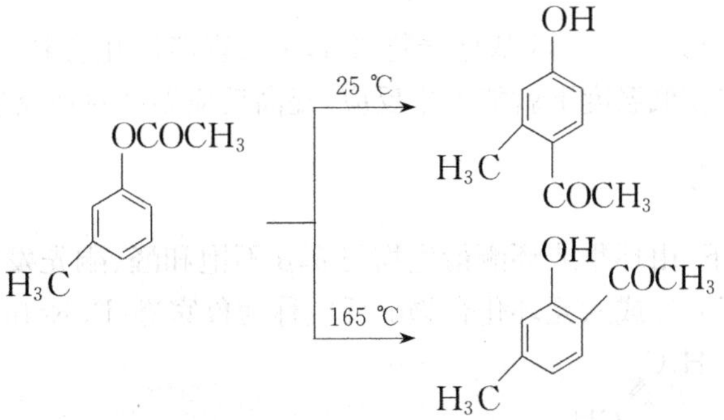

苯基乙酸酯 $\xrightarrow{AlCl_3}$ 邻羟基苯甲酰苯 + 对羟基苯甲酰苯

间甲苯基乙酸酯 在 25 ℃ 生成 对位产物(4-羟基-3-甲基苯乙酮), 在 165 ℃ 生成 邻位产物(2-羟基-4-甲基苯乙酮)

2. 雷佛马茨基反应

在锌粉作用下,α-卤代酸酯与醛、酮在惰性溶剂中反应,反应产物经水解得到 β-羟基酸酯,

这称为雷佛马茨基(S. Reformatsky)反应。例如

$$C_6H_5COCH_3 + BrCH_2COOC_2H_5 \xrightarrow[(C_2H_5)_2O]{Zn} \xrightarrow{H_2O} C_6H_5\underset{\underset{CH_3}{|}}{\overset{\overset{OH}{|}}{C}}CH_2COOC_2H_5$$

α-卤代酸酯与锌粉可能先生成有机锌试剂,由于其活性较低,只能与活性较大的醛、酮的羰基加成,而与酯羰基不发生反应。

$$BrCH_2COOC_2H_5 + Zn \xrightarrow{(C_2H_5)_2O} H_2C=\underset{\overset{|}{OZnBr}}{C}OC_2H_5$$

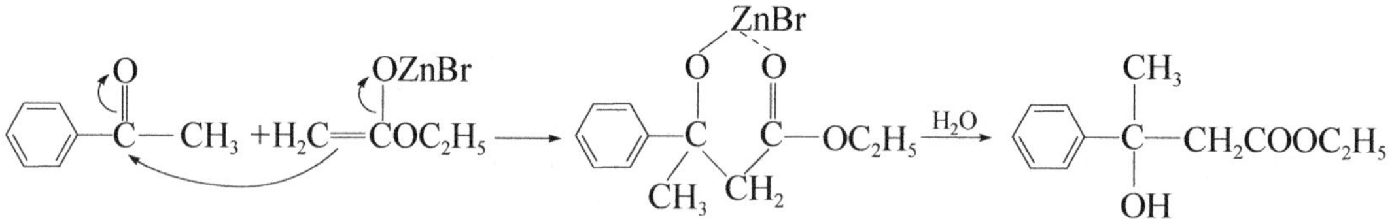

β-羟基酸酯经水解可以转变为β-羟基酸。β-羟基酸酯和β-羟基酸都可以脱水,分别生成α,β-不饱和羧酸酯和α,β-不饱和羧酸。

3. 迈克尔加成

在醇钠、六氢吡啶等碱存在下,含活泼亚甲基的化合物(如丙二酸二乙酯、乙酰乙酸乙酯、氰乙酸乙酯、乙酰丙酮等)或能提供碳负离子的化合物与α,β-不饱和醛、酮或α,β-不饱和羧酸酯及α,β-不饱和腈等发生1,4-共轭加成的反应称为迈克尔加成。例如

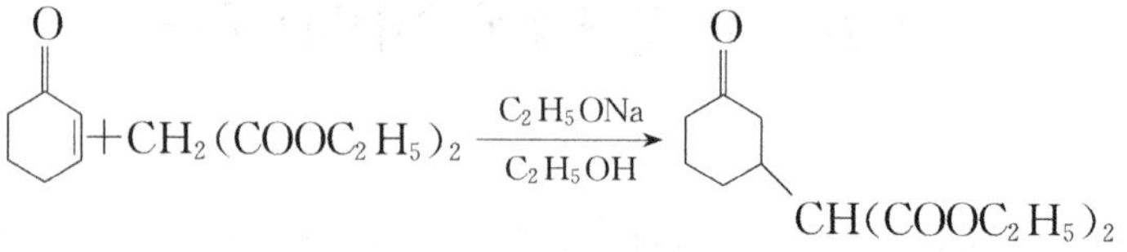

当由酮提供α-碳负离子时,反应总是发生在取代基多的α-碳原子上。例如

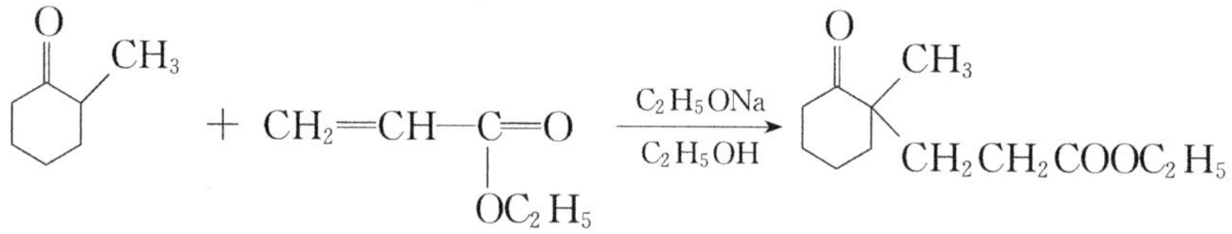

迈克尔加成主要用来合成1,5-二羰基化合物或1,5-二官能团化合物。迈克尔加成反应是可逆的放热反应,一般在较低温度下就能发生反应,提高反应温度对逆反应有利。

4. 鲁宾逊增环反应

在醇钠等碱存在下,由环酮或环酮衍生物与α,β-不饱和醛、酮先发生迈克尔加成,随后发生醇醛缩合,生成含五元环或六元环化合物的反应称为鲁宾逊(R. Robinson)增环反应。例如

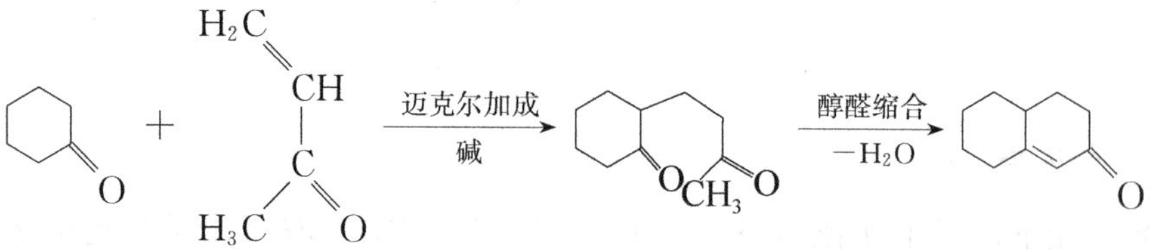

反应中可以直接用曼尼希碱的季铵盐代替 α,β-不饱和醛、酮,因为曼尼希碱的季铵盐在加热时会得到 α,β-不饱和醛、酮。例如

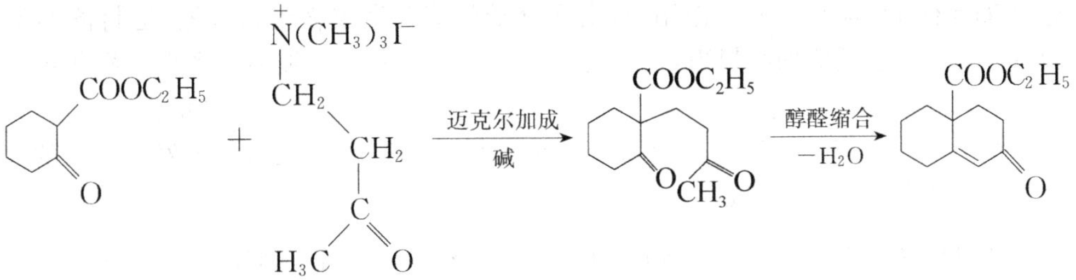

凡是六元环的 α,β-不饱和醛、酮,从双键处断开,很容易推测其前体是 1,5-二羰基化合物,可以通过迈克尔加成得到。

5. 珀金反应

在弱碱催化下,芳香醛或杂环芳香醛与酸酐发生缩合反应,生成 α,β-不饱和羧酸,这称为珀金(W. H. Perkin)反应。例如

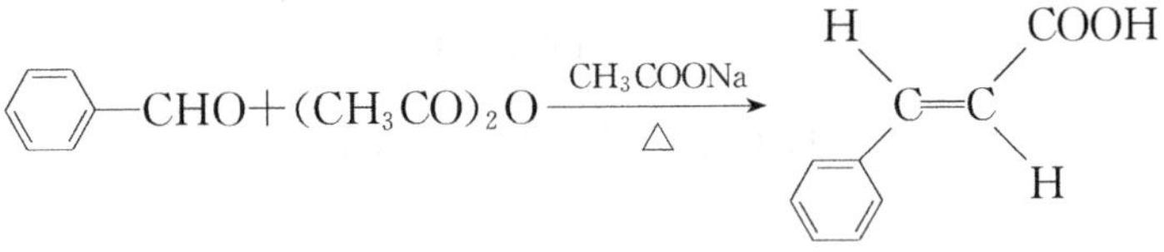

(E)-肉桂酸

常用的催化剂是与酸酐相对应的羧酸盐。缩合产物主要是 E 构型。

6. 二芳羟乙酸重排

二苯乙二酮在浓氢氧化钠作用下,重排成二苯乙醇酸的钠盐,酸化后得到二苯乙醇酸,由于具有 α-羟基乙酸的结构特征,因此也称为二芳羟乙酸重排。

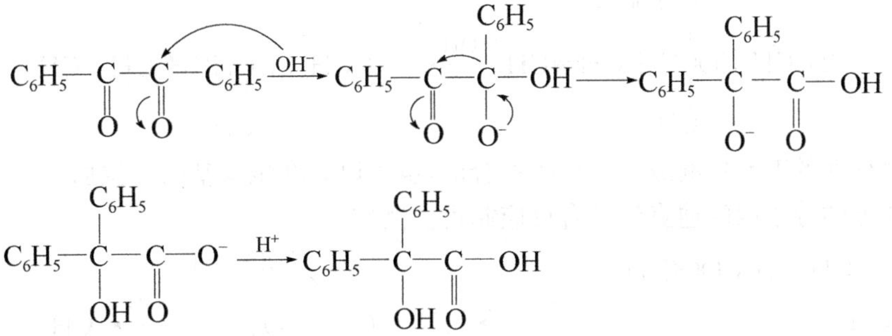

脂肪族邻二酮也能发生类似的二芳羟乙酸重排反应。例如

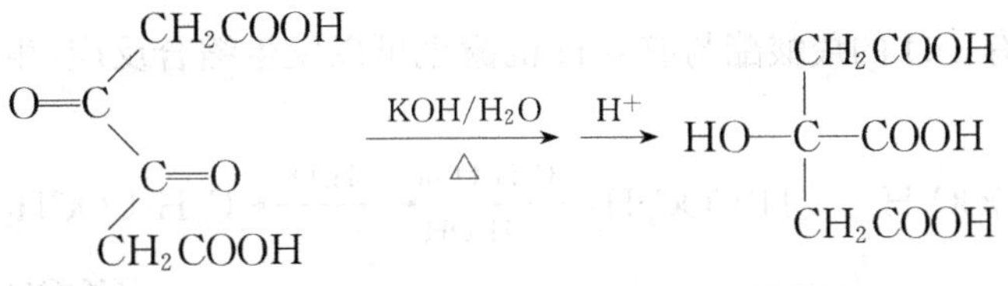

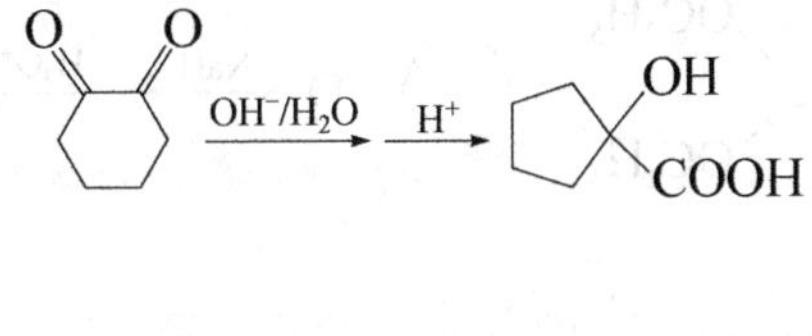

7. 克莱森酯缩合反应

克莱森酯缩合反应是在碱的作用下，由两分子酯缩合生成 β-羰基酸酯，是制备 1,3-二官能团的主要方法。从反应的结果看，是具有 α-活泼氢的酯的 α-位被另一个作为酰化剂的酯酰化。两个不同的都具有 α-活泼氢的酯在缩合时会得到四种产物难以分离的混合物，所以没有制备上的意义。只有当一个没有 α-活泼氢的酯与另一个有 α-活泼氢的酯发生交叉的克莱森酯缩合才有制备上的意义。例如

$$C_6H_5COOC_2H_5 + CH_3COOC_2H_5 \xrightarrow{C_2H_5ONa} \xrightarrow{H_2O} C_6H_5COCH_2COOC_2H_5$$

克莱森酯缩合的产物为 β-羰基酸酯，水解后得到 β-羰基酸，β-羰基酸在加热条件下很容易脱羧，最后得到酮。所以，有时在解析某些酮的合成时，如果在酮羰基的 α-位加上一个酯基（—$COOC_2H_5$），或许对合成设计有益。例如，用不超过 3 个碳原子的有机原料合成下列酮：

$$\underset{\underset{CH_3}{|}}{CH_3CH_2COCHCH_2CH=CH_2}$$

如果在酮羰基的 α-位加上一个酯基，情况就变得简单多了。

$$\underset{\underset{CH_3}{|}}{\overset{\overset{COOC_2H_5}{|}}{CH_3CH_2COCCH_2CH=CH_2}}$$

合成路线如下：

$$CH_3CH_2COOH \xrightarrow[H^+]{C_2H_5OH} CH_3CH_2COOC_2H_5$$

$$2CH_3CH_2COOC_2H_5 \xrightarrow{C_2H_5ONa} \underset{\underset{CH_3}{|}}{CH_3CH_2COCHCOOC_2H_5} \xrightarrow{C_2H_5ONa} \xrightarrow{CH_2=CHCH_2Cl}$$

$$\underset{\underset{CH_3}{|}}{\overset{\overset{COOC_2H_5}{|}}{CH_3CH_2COCCH_2CH=CH_2}} \xrightarrow[\triangle]{OH^-} \underset{\underset{CH_3}{|}}{CH_3CH_2COCHCH_2CH=CH_2}$$

对于对称性的五元环酮或六元环酮的合成，也可以先在酮羰基的 α-位加上一个酯基，然后利用二元酸酯的分子内的迪克曼缩合反应制得。例如

在碱性条件下，没有 α-H 的羧酸酯与有 α-H 的酮也可以发生缩合反应，生成 1,3-二官能团化合物。例如

$$C_6H_5COOC_2H_5 + CH_3COC_6H_5 \xrightarrow[C_2H_5OH]{C_2H_5ONa} \xrightarrow{H_3O^+} C_6H_5COCH_2COC_6H_5$$

8. 诺文葛耳反应

在有机碱的催化下，醛、酮与含有活泼亚甲基的化合物（如丙二酸酯、丙二酸、氰乙酸酯等）发生缩合反应，生成 α,β-不饱和化合物的反应称为诺文葛耳（E. Knoevenagel）反应。例如

$$C_6H_5\text{—CHO} + CH_2(COOC_2H_5)_2 \xrightarrow{\text{六氢吡啶}} C_6H_5\text{—CH=}C(COOC_2H_5)_2 \quad 91\%$$

$$\begin{array}{c}CH_3\\ \\ CH_3CH_2\end{array}\!\!\!C=O + \begin{array}{c}CN\\ |\\ CH_2COOC_2H_5\end{array} \xrightarrow{\text{吡啶}} \begin{array}{c}CH_3\\ \\ CH_3CH_2\end{array}\!\!\!C=C\begin{array}{c}CN\\ |\\ COOC_2H_5\end{array} \quad 85\%$$

诺文葛耳反应的条件比较温和，即使脂肪醛在这种有机碱催化下也不会发生羟醇缩合反应。因此，诺文葛耳反应适用于合成多种类型的 α,β-不饱和化合物。

9. 安息香缩合

在氰化钾的催化作用下，两分子苯甲醛缩合生二苯基羟乙酮的反应称为安息香缩合。

$$2C_6H_5CHO \xrightleftharpoons{CN^-} \underset{\underset{\text{安息香}}{}}{C_6H_5\underset{\underset{OH}{|}}{C}H\text{—}\underset{\underset{O}{\|}}{C}C_6H_5}$$

缩合产物的特点是具有 α-羟基酮的双官能团化合物。其反应机理如下：

$$C_6H_5\overset{\overset{H}{|}}{\underset{\underset{O}{\|}}{C}} \xrightleftharpoons{CN^-} C_6H_5\overset{\overset{CN}{|}}{\underset{\underset{O^-}{|}}{C}}H \rightleftharpoons C_6H_5\overset{\overset{CN}{|}}{\underset{\underset{OH}{|}}{C^-}} \xrightarrow{C_6H_5\overset{H}{\underset{\underset{O}{\|}}{C}}} $$

$$C_6H_5\overset{\overset{CN}{|}}{\underset{\underset{OH}{|}}{C}}\overset{\overset{H}{|}}{\underset{\underset{O^-}{|}}{C}}C_6H_5 \rightleftharpoons C_6H_5\overset{\overset{CN}{|}}{\underset{\underset{OH}{|}}{C}}\overset{\overset{H}{|}}{\underset{\underset{OH}{|}}{C}}C_6H_5 \rightleftharpoons C_6H_5\overset{\overset{}{}}{\underset{\underset{O}{\|}}{C}}\overset{\overset{H}{|}}{\underset{\underset{OH}{|}}{C}}C_6H_5$$

反应过程中，带正电荷的醛羰基碳原子在氰负离子的作用下，转变为带负电荷的碳原子，这种在反应过程中同一个原子发生电性转换的现象称为极性翻转。

10. 联苯胺重排

氢化偶氮苯在酸催化下发生分子内重排，生成 4,4'-二氨基联苯的反应称为联苯胺重排。

$$C_6H_5\text{—NH—NH—}C_6H_5 \xrightarrow[\Delta]{H^+} H_2N\text{—}C_6H_4\text{—}C_6H_4\text{—}NH_2$$

联苯胺上的两个氨基可以经过重氮盐被 H 及其他取代基（如卤素、羟基、硝基、氰基等）取代，因此可以通过联苯胺重排反应合成对称的联苯化合物。例如

$$C_6H_5\text{—}CH_3 \xrightarrow[H_2SO_4]{HNO_3} \underset{\underset{CH_3}{}}{\underset{NO_2}{C_6H_4}} \xrightarrow[NaOH]{Zn} \underset{CH_3}{C_6H_4}\text{—NH—NH—}\underset{CH_3}{C_6H_4} \xrightarrow{H^+}$$

302 · 有机化学

$$\underset{\substack{H_3C\\H_2N}}{\text{图}}\underset{\substack{CH_3\\NH_2}}{\text{图}} \xrightarrow[\text{HCl}]{\text{NaNO}_2} \xrightarrow{H_3PO_2} \underset{\substack{H_3C\\}}{\text{图}}\underset{\substack{CH_3\\}}{\text{图}}$$

$$\underset{\substack{H_3C\\H_2N}}{\text{图}}\underset{\substack{CH_3\\NH_2}}{\text{图}} \xrightarrow[\text{HBF}_4]{\text{NaNO}_2} \xrightarrow{\text{CuCN}} \underset{\substack{H_3C\\NC}}{\text{图}}\underset{\substack{CH_3\\CN}}{\text{图}}$$

$$\xrightarrow[\triangle]{H_3O^+} \underset{\substack{H_3C\\HOOC}}{\text{图}}\underset{\substack{CH_3\\COOH}}{\text{图}}$$

11. 曼尼希反应

在弱酸催化下,具有 α-活泼氢的醛、酮、酯、腈和硝基化合物等与甲醛和胺(伯胺或仲胺)缩合,生成 α-活泼氢被胺甲基或取代胺甲基取代的反应称为曼尼希反应。

$$\text{C}_6\text{H}_5\text{-CO-CH}_2\text{[H]} + \text{[O]CH}_2 + \text{[H]N(C}_2\text{H}_5)_2 \xrightarrow{H^+} \text{C}_6\text{H}_5\text{-COCH}_2\text{CH}_2\text{N(C}_2\text{H}_5)_2$$

曼尼希反应的产物称为曼尼希碱,具有 β-氨基醛、酮的结构特征。曼尼希反应是合成 β-氨基醛、酮的重要方法之一。例如,通过曼尼希反应可以制得颠茄酮和颠茄醇。

$$\underset{\text{CH}_2\text{CHO}}{\text{CH}_2\text{CHO}} + \text{CH}_3\text{NH}_2 + \underset{\text{CH}_2\text{COOH}}{\overset{\text{CH}_2\text{COOH}}{\text{C=O}}} \xrightarrow{pH=5} \text{颠茄酮} \xrightarrow{H_2/Ni} \text{颠茄醇}$$

曼尼希碱还可以为迈克尔加成反应提供反应物 α,β-不饱和醛、酮。

12. 邻二醇的氧化

邻位二醇可以被高碘酸氧化,两个羟基之间的碳碳 σ 键发生断裂,生成醛、酮或羧酸等。

$$\underset{\substack{CH_3\\CH_3}}{\overset{\substack{CH_3\\CH_3}}{\text{C-OH}}}\underset{}{\text{C-OH}} + IO_4^- \xrightarrow{\text{THF}} \text{[环状中间体]} \longrightarrow 2(CH_3)_2CO + IO_3^-$$

由于氧化过程经过环状中间体,如果邻位的两个羟基相距太远,并且由于几何原因而不能靠近,形成不了环状中间体,这种邻二醇就不能被高碘酸氧化。例如

不能被高碘酸氧化　　　　　能被高碘酸氧化

邻位多元醇及 α-羟基醇同样可以被高碘酸氧化。例如

$$\underset{OH\ OH\ OH}{\overset{1\ \ \ 2\ \ \ 3}{H_2C-CH-CH_2}} + IO_4^- \longrightarrow \overset{1}{H}CHO + \overset{2}{H}COOH + \overset{3}{H}CHO$$

$$\underset{OH\ OH\ O}{\overset{1\ \ \ 2\ \ \ 3}{H_2C-CH-C-H}} + IO_4^- \longrightarrow \overset{1}{H}CHO + \overset{2}{H}COOH + \overset{3}{H}COOH$$

$$\underset{OH\ O\ OH}{\overset{1\ \ \ 2\ \ \ 3}{H_2C-C-CH_2}} + IO_4^- \longrightarrow \overset{1}{H}CHO + \overset{2}{C}O_2 + \overset{3}{H}CHO$$

13. 酮和酯的双分子还原

酮与镁、镁汞齐或铝汞齐在非质子溶剂中反应，发生双分子还原偶联，生成频哪醇。

$$2(CH_3)_2CO + Mg \xrightarrow{C_6H_6} \begin{matrix}(CH_3)_2C-O^-\\ (CH_3)_2C-O^-\end{matrix} Mg^{2+} \xrightarrow{H_2O,H^+} \begin{matrix}(CH_3)_2C-OH\\ (CH_3)_2C-OH\end{matrix}$$

酯与金属钠作用，然后水解得到双分子的还原偶联产物，生成酮醇。

$$CH_3(CH_2)_2COOC_2H_5 \xrightarrow{2Na} \xrightarrow{H_3O^+} CH_3(CH_2)_2\overset{O}{\underset{}{C}}-\overset{OH}{\underset{}{C}}H(CH_2)_2CH_3$$

二元酸酯与金属钠作用后水解，可以得到环状的酮醇。例如

$$\begin{matrix}CH_2CH_2COOC_2H_5\\ |\\ CH_2CH_2COOC_2H_5\end{matrix} \xrightarrow{2Na} \xrightarrow{H_3O^+}$$ （环己酮醇）

习 题

1. 如何实现下列转变？

(1) 环己烷 $\twoheadrightarrow$ 1,2-环己二醇(HO OH)

(2) $CH_3CH_2C\equiv CH \twoheadrightarrow CH_3CH_2CH_2CHO$

(3) $(CH_3)_3C-Cl \twoheadrightarrow (CH_3)_3C-OCH_3$

(4) （甲基十氢萘烯）$\twoheadrightarrow$ （甲基氢茚-CHO）

(5) $CH_3COCH_3 \twoheadrightarrow CH_3-\underset{CH_3}{\overset{CH_3}{C}}-COOH$

(6) $CH_3CH_2COOC_2H_5 \longrightarrow CH_3CH_2CH(OH)CH(CH_3)COOH$

(7) (S)-2-甲基丁酸 $\longrightarrow$ (S)-2-甲基-2-氨基丁烷

$$\underset{CH_2CH_3}{\underset{|}{H\text{—}\overset{\overset{CH_3}{|}}{C}\text{—}COOH}} \longrightarrow \underset{CH_2CH_3}{\underset{|}{H\text{—}\overset{\overset{CH_3}{|}}{C}\text{—}NH_2}}$$

(8) 甲苯 $\longrightarrow$ 3-氯苯胺

(9) 环己酮 $\longrightarrow H_2N(CH_2)_5COOH$

(10) 硝基苯 $\longrightarrow$ 3-溴氯苯

2. 完成下列反应方程式。

(1) 亚甲基环戊烷 $\xrightarrow{\text{① } B_2H_6}{\text{② } H_2O_2, OH^-}$

(2) 异丙苯 $\xrightarrow{Br_2, h\nu} \xrightarrow[(C_2H_5)_2O]{Mg} \xrightarrow{\text{环氧乙烷}} \xrightarrow{H_3O^+}$

(3) 环己基—C≡C—CH$_3$ $\xrightarrow[NH_3(l)]{Na}$

(4) 甲基环己烷 $\xrightarrow{Cl_2, h\nu} \xrightarrow{NaOH}$

(5) 萘 $\xrightarrow[AlCl_3, CS_2]{CH_3COCl} \xrightarrow{NaBH_4} \xrightarrow[\triangle]{H_2SO_4} \xrightarrow{\text{① } B_2H_6, THF}{\text{② } H_2O_2, OH^-}$

(6) $CH_3COCH_2CH_3 \xrightarrow[NaOH]{Br_2}$

(7) $C_6H_5COCH_3 \xrightarrow{\text{① } Mg, C_6H_6}{\text{② } NH_4Cl, H_2O}$

(8) Br—C$_6$H$_4$—CHO + HCHO $\xrightarrow{NaOH}$

(9) $CH_3\text{—}\underset{\underset{OH}{|}}{\overset{\overset{CH_3}{|}}{C}}\text{—}\underset{\underset{Cl}{|}}{\overset{\overset{CH_3}{|}}{C}}\text{—}CH_3 \xrightarrow[H_2O]{Ag^+}$

(10) $C_6H_5\text{—}O\text{—}CH_2CH=CHC_6H_5 \xrightarrow{\triangle}$

(11) 2-羟基-5-甲基苯乙酮 + 4-氯苯甲酰氯 $\xrightarrow{C_5H_5N}$

第 13 章 芳香族杂环化合物

主要内容

(1) 五元杂环呋喃、吡咯、噻吩和六元杂环吡啶的结构特征。
(2) 芳香族杂环化合物的命名和物理性质。
(3) 杂环上的亲电取代和亲核取代反应。
(4) 典型苯并五元杂环吲哚和苯并六元杂环喹啉及异喹啉的性质。
(5) 嘧啶、嘌呤及其主要衍生物。

在环状有机化合物分子中,除碳原子外的其他成环原子称为杂原子(heteroatom),最常见的杂原子有 O、S、N。碳环上除碳原子外,含有杂原子的环状化合物称为杂环化合物(heterocyclic compound)。

杂环化合物的分布相当广泛,有机化合物的一半以上都是杂环化合物,广泛地存在于自然界的天然产物中,众多中草药的有效成分及与生命科学密切相关的叶绿素、血红素、生物酶、核酸等都是杂环化合物。现在,许多天然杂环化合物,甚至是结构极其复杂(如维生素 B_{12})的杂环分子都已实现人工合成,而且能合成许多自然界不存在的,可用作药物、杀虫剂、染料、超导材料及工程材料的杂环化合物。

杂环化合物可以分为芳香性杂环化合物和非芳香性杂环化合物,后者的性质与相应的开链化合物相似,如环醚、内酯、环状酸酐及内酰胺等,它们仅在相关章节中讨论。

本章只讨论环上 π 电子数符合 $4n+2$ 规则、具有芳香性的部分五元和六元杂环化合物的结构和性质。

13.1 五元杂环和六元杂环的结构和命名

芳香族五元杂环主要指呋喃、吡咯和噻吩,芳香族六元杂环主要指吡啶。

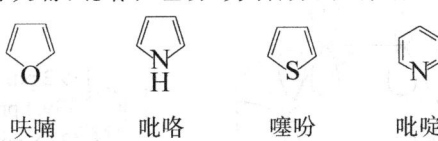

呋喃　　吡咯　　噻吩　　吡啶

13.1.1 呋喃、吡咯和噻吩的结构

呋喃、吡咯和噻吩环上的四个碳原子和一个杂原子都是 sp^2 杂化。环上相邻两原子之间都各用 sp^2 杂化轨道互相交盖形成 σ 键,环上五个原子在同一平面内,每个原子上还有一个未参与杂化的 p 轨道。碳原子的 p 轨道上各有一个未配对的 p 电子,而杂原子的 p 轨道上有一

对 p 电子,这些 p 轨道的对称轴相互平行,并从侧面相互交盖,组成 6 个 p 电子构成的、闭合的大 π 共轭体系。π 电子数符合休克尔 $4n+2$ 规则,所以呋喃、吡咯和噻吩都是具有芳香性的杂环化合物。

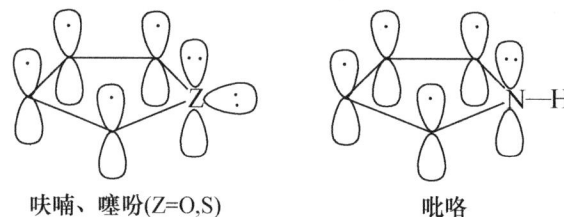

呋喃、噻吩(Z=O,S)　　　　吡咯

呋喃、吡咯和噻吩的环是"五中心六电子"的共轭体系,环上的电子密度比苯环大,所以环上的亲电取代反应也比苯容易。

呋喃、吡咯和噻吩的共振能分别为 66.9 kJ·mol^{-1}、87.8 kJ·mol^{-1} 和 121.3 kJ·mol^{-1},都比苯的共振能(150 kJ·mol^{-1})小,其稳定性和芳香性的次序为苯>噻吩>吡咯>呋喃。

由于呋喃、吡咯和噻吩的芳香性比苯小,因此它们环上的单键与双键并没有像苯环那样完全平均化,它们的键长分别为

呋喃: 143.1 pm, 136.1 pm, O 136.2 pm　　$\mu=2.34\times10^{-30}$ C·m

吡咯: 142.9 pm, 137.1 pm, N-H 138.3 pm　　$\mu=6.04\times10^{-30}$ C·m

噻吩: 142.3 pm, 137.0 pm, S 171.4 pm　　$\mu=1.70\times10^{-30}$ C·m

所以它们比苯更容易发生加成反应。而它们的 C—H 键键长为 107.5~108.1 pm,变化不大。

在呋喃、吡咯和噻吩中,杂原子各提供一对电子参与环的共轭,具有 $-C$ 的共轭效应,而杂原子都具有 $+I$ 的诱导效应,两种电子效应的方向相反。另外,O 和 S 的电负性又比 N 大,所以它们的偶极矩不仅都不大,而且方向也不完全相同。

13.1.2　吡啶的结构

吡啶环相当于苯环上的一个碳原子被一个氮原子取代。环上的五个碳原子和一个氮原子都是 sp^2 杂化。它们都各用两个 sp^2 杂化轨道在相邻两原子之间互相交盖形成 σ 键,环上六个原子在同一平面内,每个原子上还有一个未参与杂化的 p 轨道。碳原子和氮原子的 p 轨道上各有一个未配对的 p 电子,这些 p 轨道的对称轴相互平行,并从侧面相互交盖,组成 6 个 p 电子构成的、闭合的大 π 共轭体系。π 电子数符合休克尔 $4n+2$ 规则,吡啶是芳香性杂环化合物,共振能为 133.5 kJ·mol^{-1},比苯的共振能略低。氮原子上还有一对未共用电子对处在它的 sp^2 杂化轨道上,与环在同一平面上,伸向环外。

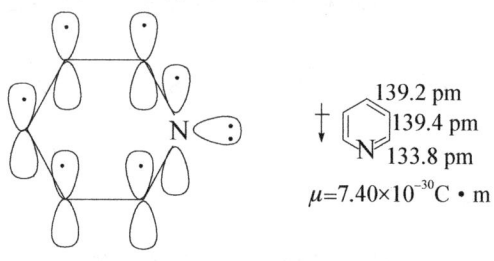

吡啶: 139.2 pm, 139.4 pm, N 133.8 pm, $\mu=7.40\times10^{-30}$ C·m

吡啶

13.1.3 五元杂环和六元杂环的命名

杂环的命名通常根据杂环的英文名的音译,在同音的汉字左边加上"口"字,如呋喃(furan)、吡咯(pyrrole)、噻吩(thiophene)及吡啶(pyridine)。

当母体环上有取代基时,则必须对环进行编号,对于单个杂原子的环,通常从杂原子开始,用阿拉伯数字或 α、β、γ 依次进行编号。例如

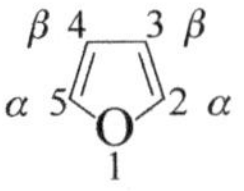

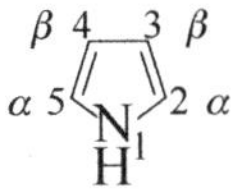

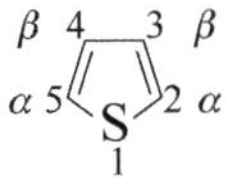

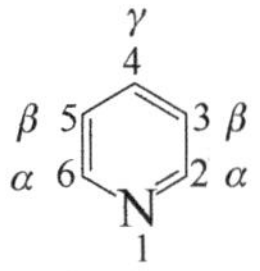

对于多个氮原子的环,编号从带氢原子的氮原子开始,使其编号为1,然后使其他氮原子的编号尽可能小。如果环上有两个以上不相同的杂原子,则按照 O、S、N 的顺序编号,分别使化合价小的、原子序数小的原子的编号尽可能小。例如

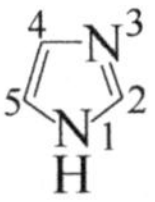

咪唑 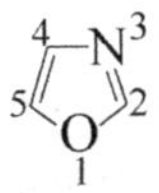　　噁唑 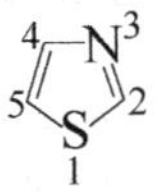　　噻唑 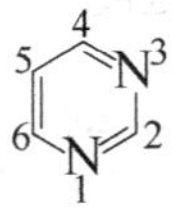　　嘧啶

有些杂环有固定的特有编号。例如

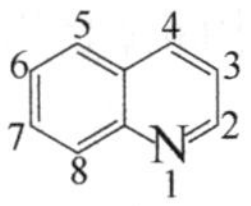

喹啉 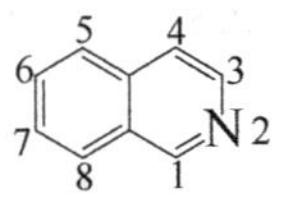　　异喹啉 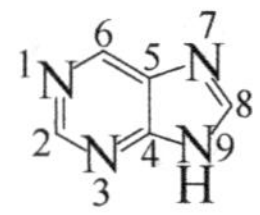　　嘌呤

问题 13-1 命名下列杂环化合物或写出相应的结构式。

(1) 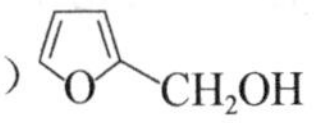 呋喃-CH₂OH (2) 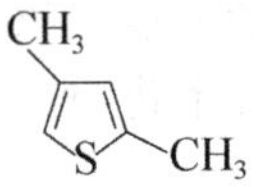 2,4-二甲基噻吩 (3) 4-氰基吡啶

(4) 4-甲基咪唑 (5) 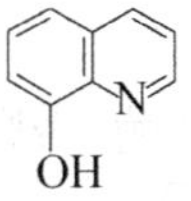 8-羟基喹啉 (6) 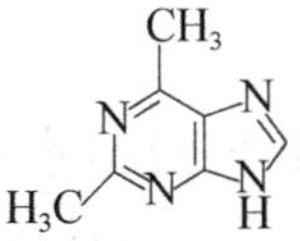 2,6-二甲基嘌呤

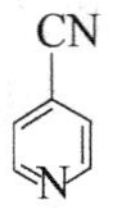

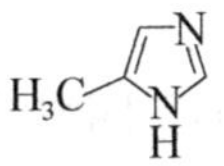

(7) 4-羟基嘧啶　(8) α-呋喃甲酸　(9) 3-甲基吡咯　(10) 四氢呋喃

13.2 杂环化合物的物理性质

呋喃存在于松木焦油中,为无色液体,具有类似氯仿的气味,难溶于水,易溶于有机溶剂。

吡咯存在于煤焦油和骨焦油中,为无色油状液体,有微弱的类似苯胺的气味,难溶于水,易溶于醇和醚,暴露在空气中会逐渐变色,颜色变深。

噻吩存在于煤焦油和页岩油中,为无色液体,不溶于水,溶于有机溶剂。石油中含有的少量噻吩不仅影响石油的质量,还会使石油加工中所用的催化剂中毒。在浓硫酸存在下,靛红与噻吩一起加热显蓝色,反应很灵敏,可用于噻吩的检验。

吡啶存在于煤焦油中,为无色具有特殊恶臭的液体,能与水和多种有机溶剂(如乙醇、乙醚等)混溶,能溶解大部分有机化合物和许多无机化合物,有的无机盐能与吡啶生成络合物,吡啶是很好的溶剂和合成的重要原料。

呋喃、吡咯、噻吩和吡啶的沸点、熔点、相对密度和 ^{1}H NMR 化学位移 δ 见表 13-1。

表 13-1 呋喃、吡咯、噻吩和吡啶的部分物理常数

化合物	沸点/℃	熔点/℃	相对密度	δ
呋喃	31.4	−85.6	0.9336	7.42(α-H), 6.37(β-H)
吡咯	131	−24	0.9691	6.68(α-H), 6.22(β-H)
噻吩	84.4	−38.3	1.0649	7.30(α-H), 7.10(β-H)
吡啶	115	−40	0.9780	8.16(α-H), 7.25(β-H), 7.64(γ-H)

13.3 杂环化合物的化学性质

13.3.1 呋喃、吡咯、噻吩环上的亲电取代反应

呋喃、吡咯、噻吩环上的电子密度都比苯大,所以它们都比苯容易发生亲电取代反应。根据环上电子密度的分析,亲电取代反应的活性次序为吡咯>呋喃>噻吩>苯。

呋喃、吡咯、噻吩环上的亲电取代反应主要发生在 α-位,这可以从反应中间体的稳定性看出。在 α-位反应时,其中间体能写出三个共振结构式,而在 β-位反应时,其中间体只能写出两个共振结构式,因此亲电试剂进攻 α-位比进攻 β-位生成的中间体稳定。

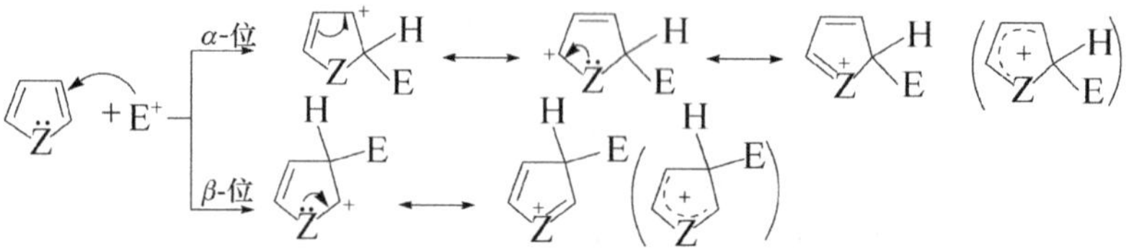

由于呋喃、吡咯、噻吩的稳定性不如苯,但环上的亲电取代反应又比苯容易,因此发生亲电取代反应时,可选用较弱的亲电试剂在比较温和的条件下进行。例如

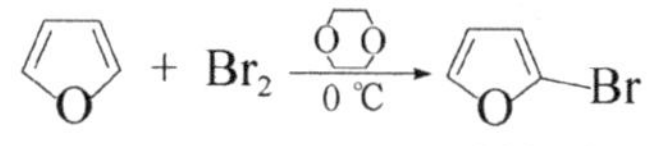

呋喃的溴化必须在稀溶液和低温下反应,才能得到 2-溴呋喃,否则得到 2,3,4,5-四溴呋喃。

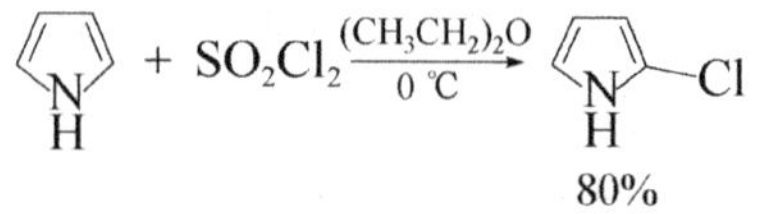

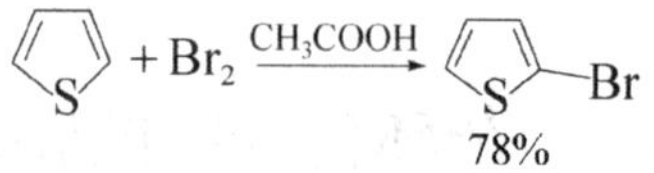

硝化反应也必须在低温下用弱的硝化试剂进行,通常用硝酸乙酰酯作为硝化试剂。

$(CH_3CO)_2O + HNO_3 \longrightarrow CH_3CONO_2 + CH_3COOH$

硝酸乙酰酯

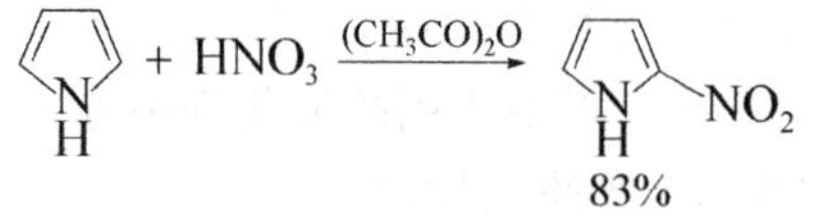

$$\text{thiophene} \xrightarrow[0\ ℃,70\%]{HNO_3,(CH_3CO)_2O,CH_3COOH} \text{2-NO}_2\text{-thiophene} + \text{3-NO}_2\text{-thiophene}$$
(6:1)

$$\text{furan} + HNO_3 \xrightarrow{(CH_3CO)_2O} \left[\begin{array}{c}\text{H}\\ \text{NO}_2\end{array}\right] \xrightarrow{CH_3COO^-} CH_3COO\text{-O-}NO_2 \xrightarrow{\text{吡啶}} \text{2-NO}_2\text{-furan}$$

磺化反应通常用温和的非质子磺化试剂,如吡啶和三氧化硫的加合物。

$$\text{pyrrole} + \text{pyridine-SO}_3 \xrightarrow{100\ ℃} \text{pyrrole-SO}_3 \cdot \text{pyridinium} \xrightarrow{HCl} \text{pyrrole-2-SO}_3H \quad 90\%$$

$$\text{furan} + \text{pyridine-SO}_3 \xrightarrow[\text{室温}]{ClCH_2CH_2Cl} \xrightarrow{HCl} \text{furan-2-SO}_3H \quad 60\%$$

$$\text{thiophene} + \text{pyridine-SO}_3 \xrightarrow[\text{室温}]{CH_2Cl_2} \xrightarrow{Ba(OH)_2} (\text{thiophene-2-SO}_3)_2Ba^{2+} \quad 86\%$$

噻吩对酸相对比较稳定,磺化反应比苯容易,在室温下用浓硫酸直接使噻吩磺化,可以得到溶于浓硫酸的 α-噻吩磺酸。

$$\text{thiophene} + H_2SO_4(\text{浓}) \xrightarrow{25\ ℃} \text{thiophene-2-SO}_3H$$
α-噻吩磺酸
69%~76%

从煤焦油得到的粗苯中往往含有少量沸点与苯相近的噻吩,难以用分馏的方法除去。若将含噻吩的苯与浓硫酸在室温下一起振荡,噻吩即被磺化而溶于浓硫酸中,从而分离除去,制得无噻吩苯。

呋喃、吡咯、噻吩能顺利进行芳环上的酰化反应,由于它们活性比苯大,因此吡咯酰化时不需要催化剂催化,噻吩用比 $AlCl_3$ 弱的催化剂 $SnCl_4$ 催化,呋喃则用更弱的 BF_3 催化。

$$\text{pyrrole} \xrightarrow[200\ ℃]{(CH_3CO)_2O} \text{pyrrole-2-COCH}_3$$

$$\text{furan} \xrightarrow{(CH_3CO)_2O} \xrightarrow{H_2O} \text{furan-2-COCH}_3$$

$$\text{thiophene} \xrightarrow{(CH_3CO)_2O} \xrightarrow{H_2O} \text{thiophene-2-COCH}_3$$

13.3.2 呋喃、吡咯、噻吩的加成反应

呋喃、吡咯和噻吩催化加氢,生成相应的饱和杂环,分别称为四氢呋喃、四氢吡咯和四氢噻吩。

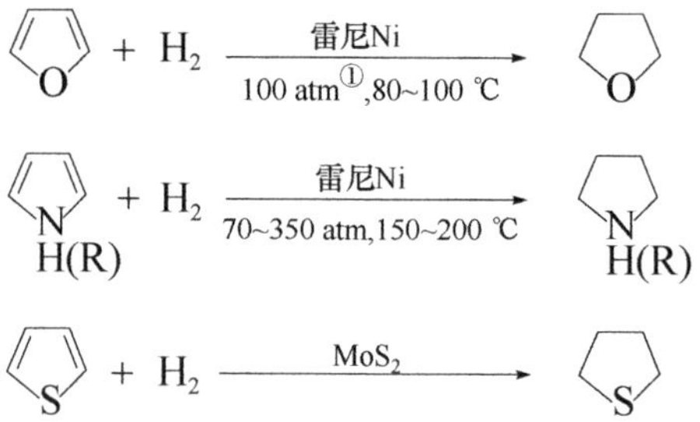

$$\text{furan} + H_2 \xrightarrow[100 \text{ atm}^{①}, 80\sim100\ ℃]{\text{雷尼Ni}} \text{tetrahydrofuran}$$

$$\text{pyrrole} + H_2 \xrightarrow[70\sim350 \text{ atm}, 150\sim200\ ℃]{\text{雷尼Ni}} \text{pyrrolidine}$$

$$\text{thiophene} + H_2 \xrightarrow{MoS_2} \text{tetrahydrothiophene}$$

呋喃、吡咯、噻吩具有共轭二烯的性质，可以与亲二烯体发生第尔斯-阿尔德反应。

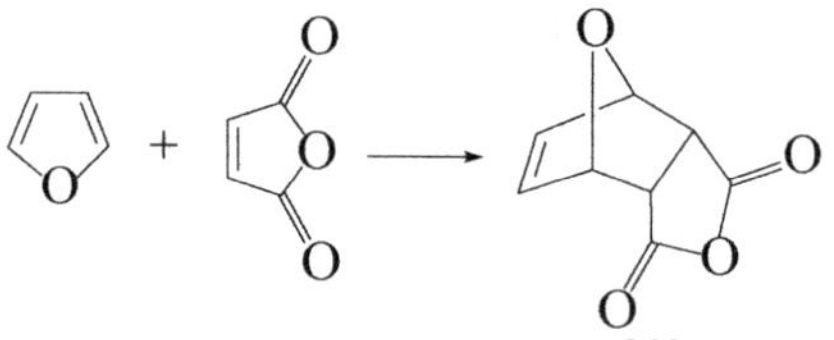

$$\text{furan} + \text{maleic anhydride} \longrightarrow \text{adduct} \quad 80\%$$

$$\text{thiophene} + \text{maleic anhydride} \xrightarrow[15 \text{ kbar}]{CH_2Cl_2, 100\ ℃} \text{adduct} \quad 42\%$$

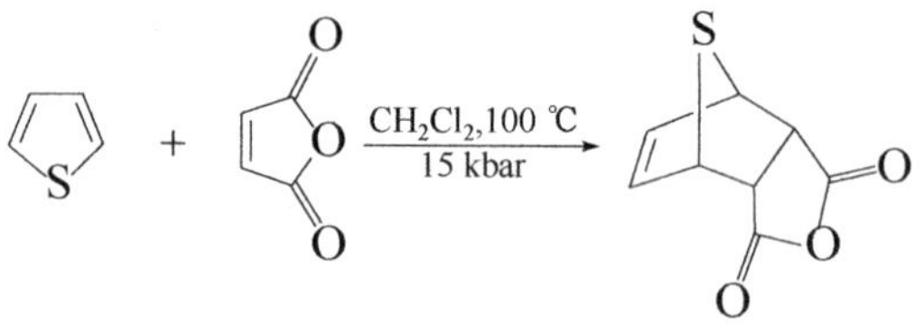

只有当吡咯的氮原子上连有较强的吸电子取代基时，才能顺利地发生第尔斯-阿尔德反应。

$$\underset{\underset{COOC_2H_5}{|}}{N}\text{-pyrrole} + \underset{COOC_2H_5}{\overset{COOC_2H_5}{|}}C\equiv C \longrightarrow \text{adduct}$$

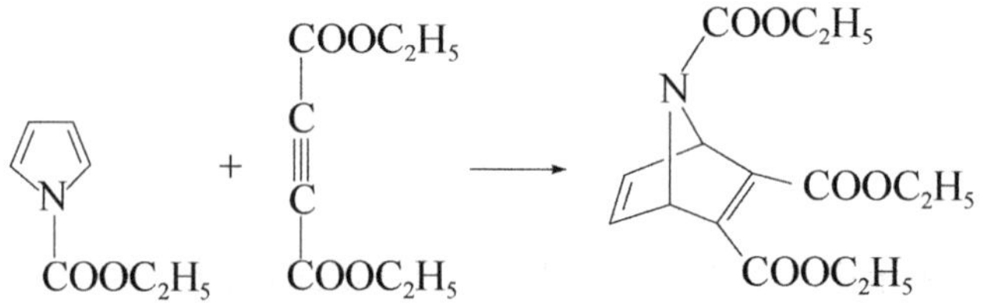

13.3.3 吡咯的某些特殊反应

吡咯在强酸介质中，α-碳原子接受质子，生成正离子。

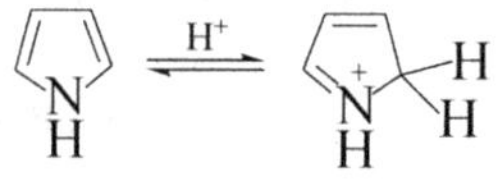

$$\text{pyrrole} \underset{}{\overset{H^+}{\rightleftharpoons}} \text{protonated pyrrole}$$

生成的正离子具有很强的亲电性，可以进攻未质子化的吡咯环，最终生成吡咯聚合物。

吡咯具有环状的仲胺结构，其共轭酸的 $pK_a = 17.5$，碱性比一般的仲胺弱，而显弱酸性，这是因为氮原子上的未共用电子对参与环的共轭后，氮氢键上的成键电子也向氮原子偏移，结果使氮原子上的氢的活性增加，酸性增强。吡咯可以与金属钾、金属钠、氢氧化钾和氢氧化钠反应，生成吡咯盐。例如

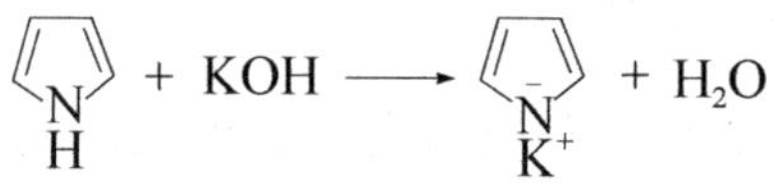

$$\text{pyrrole} + KOH \longrightarrow \text{pyrrole-K}^+ + H_2O$$

---

① atm 为非法定单位，1 atm＝1.013 25×10⁵ Pa＝1.013 25 bar。

吡咯负离子具有亲核性，与卤代烃或酰卤反应分别生成 N-烃基化或 N-酰基化产物（酰卤羰基上的亲核取代）。

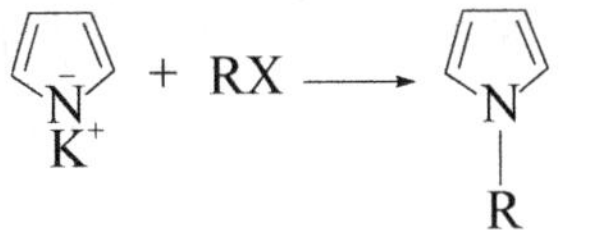

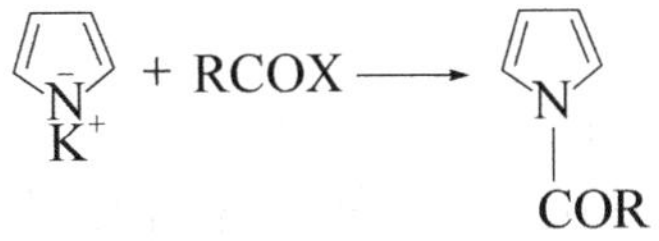

$$\text{吡咯}^-K^+ + RX \longrightarrow \text{N-R 吡咯}$$

$$\text{吡咯}^-K^+ + RCOX \longrightarrow \text{N-COR 吡咯}$$

氮原子上的氢还能分解格氏试剂，生成卤化吡咯基镁，后者与 CO_2 反应，生成相应的羧酸。

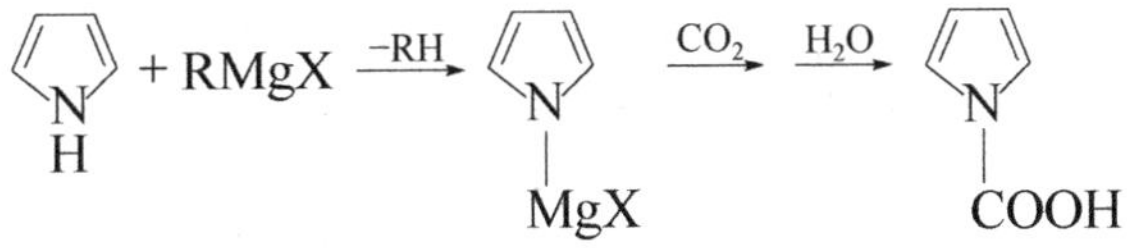

$$\text{吡咯-H} + RMgX \xrightarrow{-RH} \text{吡咯-MgX} \xrightarrow{CO_2} \xrightarrow{H_2O} \text{吡咯-COOH}$$

吡咯与 $DMF/POCl_3$ 能发生威尔斯麦尔反应。

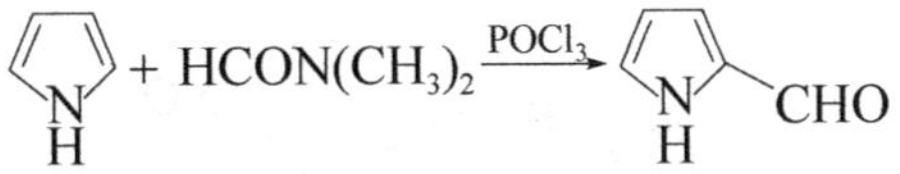

$$\text{吡咯} + HCON(CH_3)_2 \xrightarrow{POCl_3} \text{2-CHO 吡咯}$$

吡咯与 $CHCl_3/NaOH$ 能发生赖默-蒂曼（Reimer-Tiemann）反应。

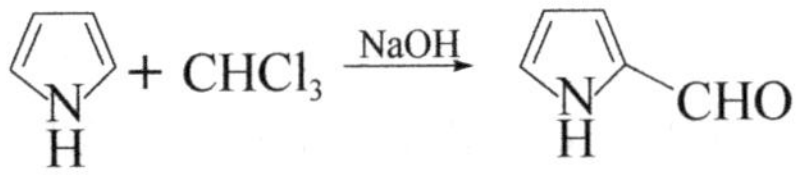

$$\text{吡咯} + CHCl_3 \xrightarrow{NaOH} \text{2-CHO 吡咯}$$

吡咯环上的电子密度较高，可以与重氮盐发生偶联反应。

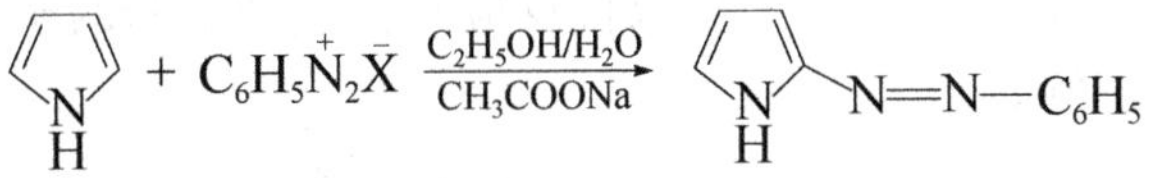

$$\text{吡咯} + C_6H_5N_2^+X^- \xrightarrow[CH_3COONa]{C_2H_5OH/H_2O} \text{2-(N=N-C}_6\text{H}_5\text{) 吡咯}$$

问题 13-2 写出下列反应的主要产物。

(1) 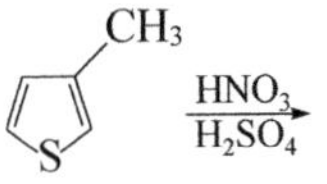 3-甲基噻吩 $\xrightarrow[H_2SO_4]{HNO_3}$

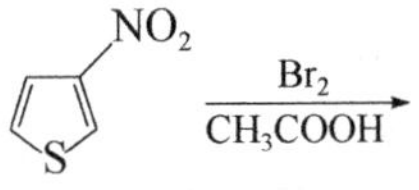

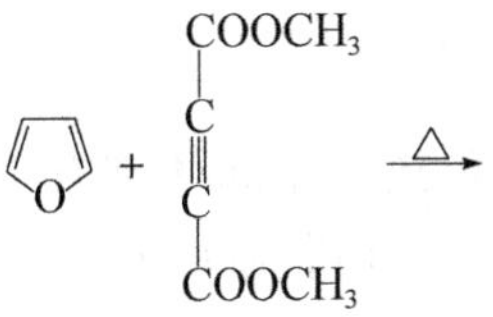

(2) 3-硝基噻吩 $\xrightarrow[CH_3COOH]{Br_2}$

(3) 呋喃 + $\underset{\text{COOCH}_3}{\overset{\text{COOCH}_3}{C\equiv C}}$ $\xrightarrow{\triangle}$

(4) 2-甲基吡咯 + HNO_3 $\xrightarrow{(CH_3CO)_2O}$

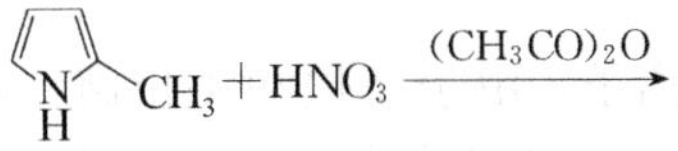

13.3.4 吡啶的碱性与亲核性

吡啶为弱碱，其共轭酸的 $pK_a=5.23$，碱性比脂肪胺弱，但比苯胺强。吡啶只能与强酸生成盐。

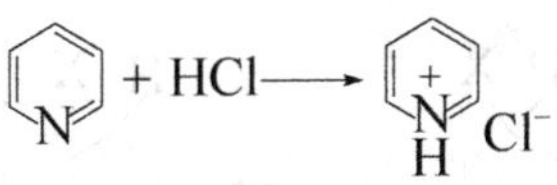

$$\text{吡啶} + HCl \longrightarrow \text{吡啶}^+H \cdot Cl^-$$

吡啶具有良好的亲核性，能作为亲核试剂与卤代烃反应，生成 N-烷基吡啶鎓盐。例如，吡啶与碘甲烷反应生成碘化 N-甲基吡啶，为水溶性结晶固体。

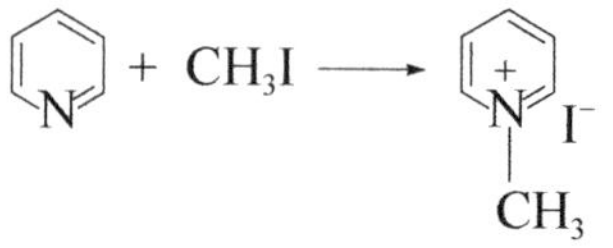

$$\text{C}_5\text{H}_5\text{N} + \text{CH}_3\text{I} \longrightarrow [\text{C}_5\text{H}_5\text{N-CH}_3]^+ \text{I}^-$$

13.3.5 吡啶环上的取代反应

（1）亲电取代反应。由于吡啶环上氮原子的 $-I$ 效应，吡啶环上的电子密度比苯环的低，吡啶环上的亲电取代反应的活性比硝基苯还低，只有在强烈的反应条件下才能发生卤化、磺化和硝化反应，主要得到 β-位取代产物。吡啶不能发生傅-克反应。

$$\text{吡啶} \xrightarrow[130\ ℃]{\text{Br}_2, \text{H}_2\text{SO}_4(\text{SO}_3)} \text{3-溴吡啶} \quad 86\%$$

$$\text{吡啶} \xrightarrow[220\ ℃]{\text{H}_2\text{SO}_4(\text{浓}), \text{HgSO}_4} \text{3-吡啶磺酸} \quad 70\%$$

$$\text{吡啶} \xrightarrow[300\ ℃, 24\ h]{\text{H}_2\text{SO}_4(\text{浓}), \text{KNO}_3} \text{3-硝基吡啶} \quad 6\%$$

问题 13-3 比较吡啶环上发生亲电取代反应的中间体的稳定性，说明为什么亲电取代反应发生在 β-位。

（2）亲核取代反应。卤代吡啶的亲核取代反应与卤代硝基苯的亲核取代反应相似，反应按加成-消除机理进行。例如

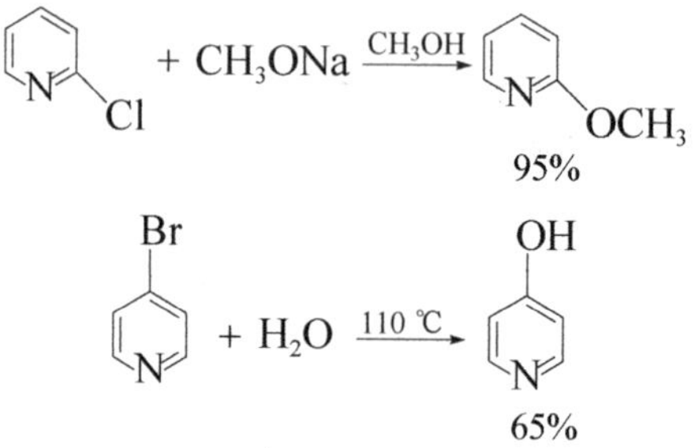

$$\text{2-氯吡啶} + \text{CH}_3\text{ONa} \xrightarrow{\text{CH}_3\text{OH}} \text{2-甲氧基吡啶} \quad 95\%$$

$$\text{4-溴吡啶} + \text{H}_2\text{O} \xrightarrow{110\ ℃} \text{4-羟基吡啶} \quad 65\%$$

反应的中间体为吡啶负离子。由于 2-位和 4-位卤代吡啶生成的负离子中间体都有一个相对比较稳定的、负电荷在电负性较大的氮原子上的共振结构式，因此 2-卤代吡啶和 4-卤代吡啶比 3-卤代吡啶更容易发生亲核取代反应。

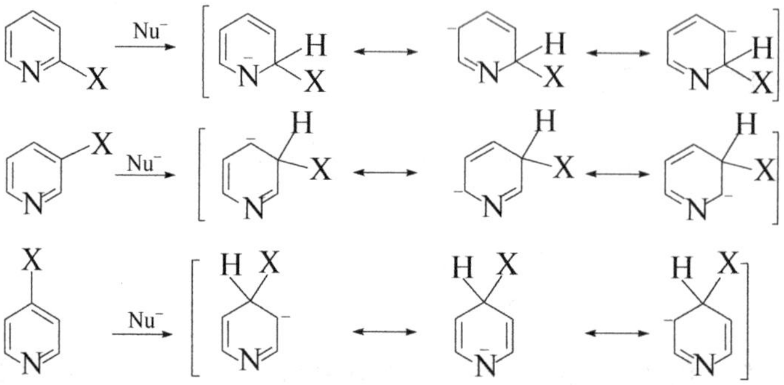

在强亲核试剂作用下,吡啶环上的氢原子也可以被亲核试剂取代,生成相应的亲核取代产物。例如,吡啶与氨基钠在 N,N-二甲基苯胺溶液中加热得到 2-氨基吡啶,称为齐齐巴宾 (A. E. Chichibabin)反应。

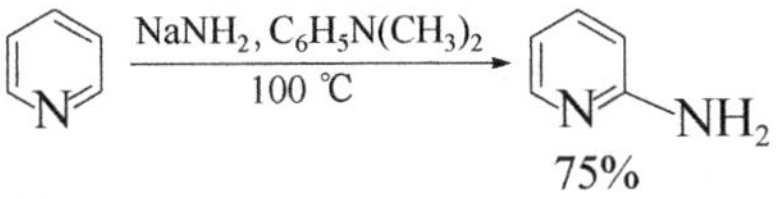

反应机理可能为

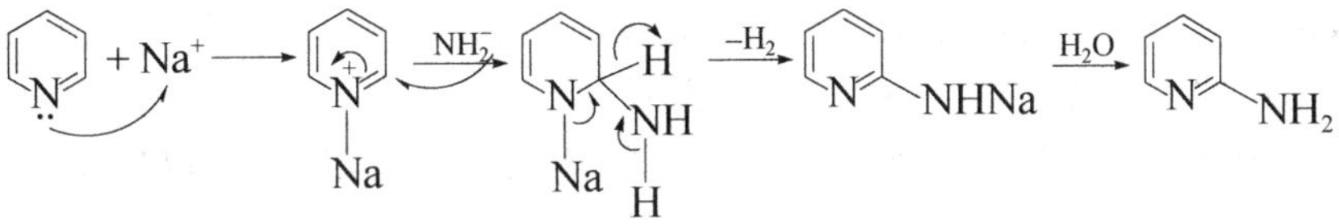

吡啶与苯基锂反应得到 2-苯基吡啶。

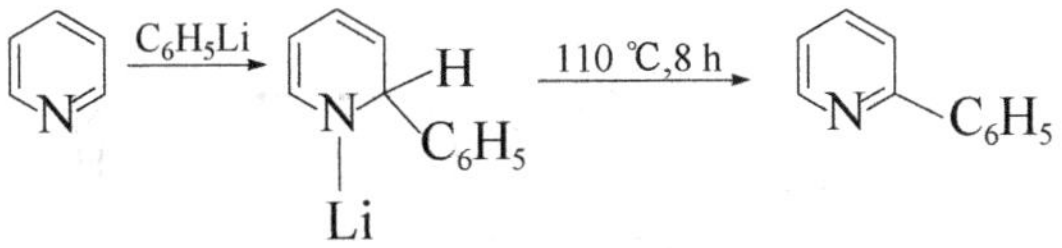

13.3.6 吡啶的氧化和还原反应

吡啶环对氧化剂比苯环还要稳定,不易被氧化剂氧化,在强氧化剂作用下,总是吡啶环上的侧链被氧化,生成相应的吡啶甲酸。例如

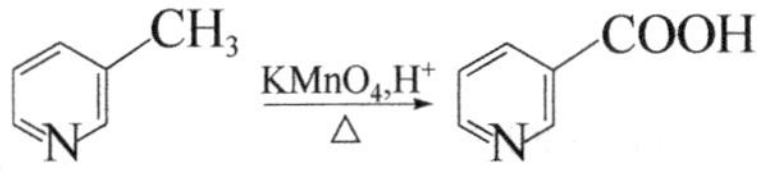

3-吡啶甲酸(烟酸)

4-苯基吡啶氧化时得到 4-吡啶甲酸,这也说明了吡啶环的稳定性。

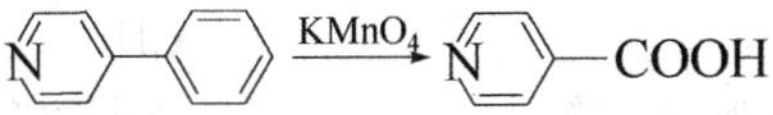

4-吡啶甲酸(异烟酸)

吡啶用过酸或 30% 的 H_2O_2/CH_3COOH 氧化,生成 N-氧化吡啶。

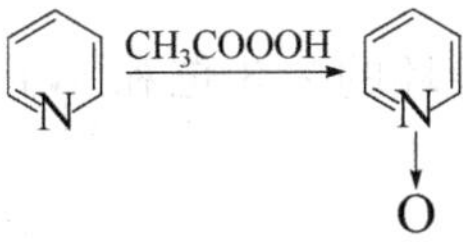

N-氧化吡啶

吡啶用催化加氢或钠加乙醇还原,生成六氢吡啶。

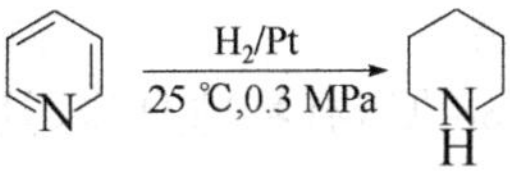

六氢吡啶

13.4 典型苯并五元杂环和苯并六元杂环及其性质

13.4.1 吲哚及其衍生物

吲哚是苯环与吡咯环的 2,3-位稠合得到的产物,是芳香性杂环化合物。其结构式为

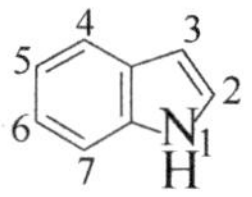

吲哚

吲哚存在于煤焦油及茉莉油中,为无色晶体,熔点为 52 ℃,有粪便臭气味,但极稀的纯吲哚溶液有令人愉快的香气,可用于香精的配制。吲哚微溶于水和氯仿,易溶于乙酸乙酯,在中性或酸性溶液中不稳定。吲哚的吡咯环上的电子密度比苯环高,亲电试剂与吲哚反应时,主要得到电子密度较高的吡咯环上的亲电取代产物。亲电试剂可以进攻 C_2 和 C_3,进攻 C_3 生成的反应中间体可以写出两个保持完整苯环结构的共振式,而进攻 C_2 生成的反应中间体只能写出一个有完整苯环结构的共振式,所以前者的反应中间体比后者稳定,亲电取代反应主要发生在 C_3 上。

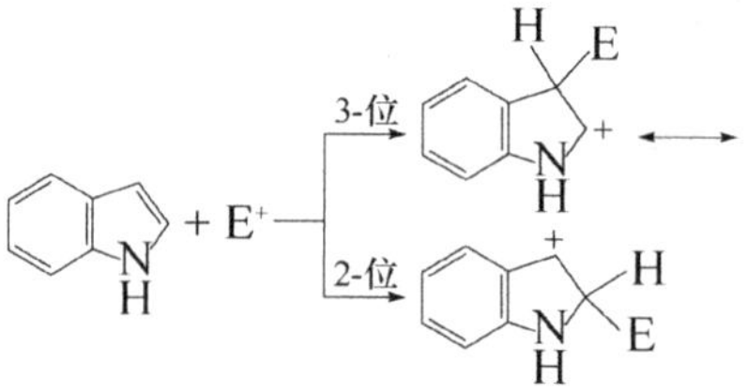

吲哚衍生物有广泛的用途,有的存在于自然界中,如 3-吲哚乙酸,是一种植物生长调节激素;有的通过人工合成,如翁达西隆(Ondansetron),临床上用于抑制癌症的化疗和放疗导致的恶心和呕吐。

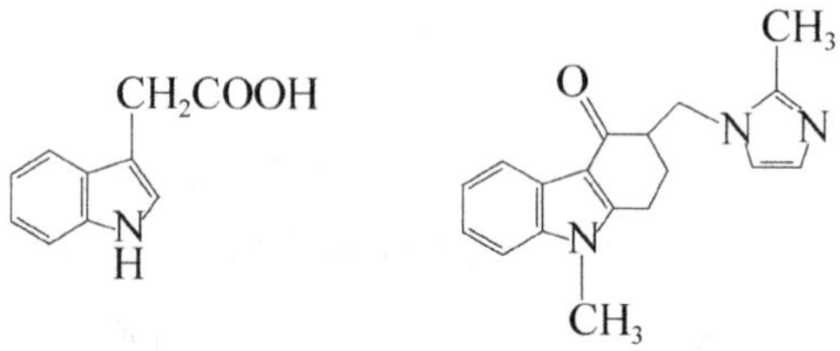

3-吲哚乙酸   翁达西隆

13.4.2 喹啉和异喹啉

喹啉和异喹啉是苯环分别与吡啶环的 2,3-位和 3,4-位稠合得到的产物,是芳香性杂环化合物。其结构式分别为

喹啉   异喹啉

喹啉为无色油状液体,沸点为 238 ℃,有特殊臭味,具有弱碱性,其共轭酸的 $pK_a = 4.94$,难溶于水,易溶于有机溶剂。

异喹啉为具有香味的低熔点固体,熔点为 25 ℃,沸点为 243 ℃,也具有弱碱性,碱性比喹啉略强,其共轭酸的 $pK_a = 5.40$,微溶于水,易溶于有机溶剂,能随水蒸气挥发。

在喹啉和异喹啉中,苯环上的电子密度比吡啶环上高,所以它们与亲电试剂反应时,亲电试剂主要进攻苯环,得到 5-位和 8-位的取代产物。例如喹啉和异喹啉的磺化、卤化等亲电取代反应也主要得到 5-位和 8-位取代产物。

喹啉和异喹啉的亲核取代反应主要发生在吡啶环上，分别得到 2-氨基喹啉和 1-氨基异喹啉。

问题 13-4　完成下列反应方程式，写出主要反应产物。

(1) 4-氯吡啶 $\xrightarrow[CH_3CH_2OH]{CH_3CH_2ONa}$

(2) 异喹啉 $\xrightarrow[OH^-]{KMnO_4}$ $\xrightarrow{H_3O^+}$

(3) 喹啉 $\xrightarrow{C_6H_5Li}$

13.5　嘧啶、嘌呤及其衍生物简介

嘧啶为无色低熔点固体，熔点为 22 ℃，沸点为 123～124 ℃，易溶于水，具有弱碱性，其共轭酸的 $pK_a = 1.23$。嘧啶衍生物广泛分布在生物体内，尿嘧啶、胸腺嘧啶和胞嘧啶是核酸的组成部分。

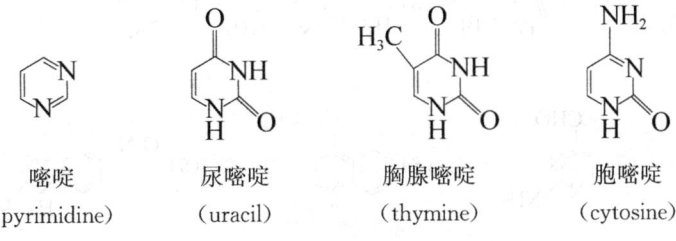

嘧啶　　　尿嘧啶　　　胸腺嘧啶　　　胞嘧啶
(pyrimidine)　(uracil)　　(thymine)　　(cytosine)

另外，在合成药物磺胺嘧啶和维生素 B_1 中都含有嘧啶环结构。

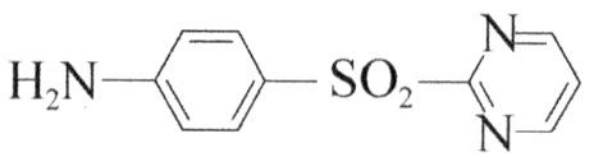

磺胺嘧啶(SD) 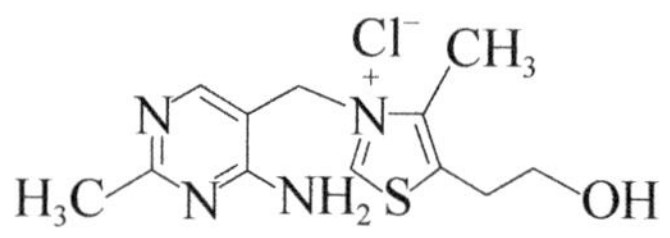　　　　维生素 B_1（硫胺素）

嘌呤由一个嘧啶环和一个咪唑环稠合而成，为无色结晶固体，熔点为 216～217 ℃，易溶于水。嘌呤既是弱碱($pK_a=2.30$)，又是弱酸($pK_a=8.97$)。嘌呤衍生物腺嘌呤和鸟嘌呤是核酸的组成部分。尿酸和咖啡因也都是嘌呤的衍生物。

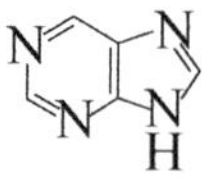

嘌呤　　　　腺嘌呤　　　　鸟嘌呤
（purine）　（adenine）　（guanine）

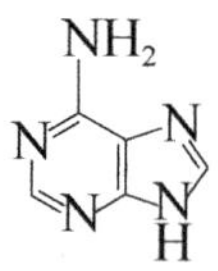

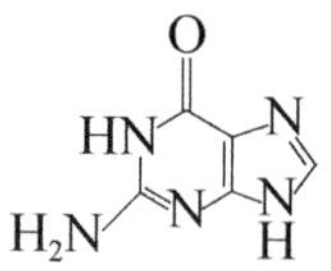

小　结

芳香杂环化合物根据环的数目可分为单杂环和稠杂环，单杂环又根据环的大小分为五元杂环、六元杂环等。

呋喃、噻吩和吡咯是"五中心六电子"的富电子芳香性杂环。从共振能判断其芳香性由强到弱的次序为苯＞噻吩＞吡咯＞呋喃。杂环上的亲电取代反应活性次序为吡咯＞呋喃＞噻吩＞苯。亲电取代反应主要发生在 α-位。呋喃、噻吩、吡咯可以发生第尔斯-阿尔德反应。吡咯氮原子上的氢具有弱酸性。

吡啶为缺电子的六元芳香杂环，具有弱碱性。吡啶环较难发生亲电取代反应，在强烈反应条件下，主要得到 β-位的取代产物。吡啶发生亲核取代反应却比较容易，主要得到 α-位和 γ-位的取代产物。吡啶环对氧化剂比苯环稳定。

嘧啶的氮原子均具有碱性，碱性比吡啶弱，化学性质与吡啶相似，亲电取代反应活性比吡啶小，较易发生亲核取代反应。嘌呤由嘧啶环和咪唑环稠合而成。嘧啶的衍生物尿嘧啶、胞嘧啶、胸腺嘧啶和嘌呤衍生物腺嘌呤和鸟嘌呤都是核酸的组成部分，在生命过程中具有非常重要的作用。

习　题

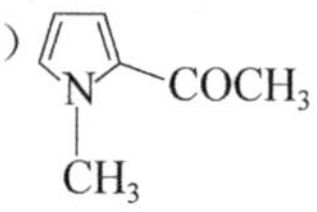

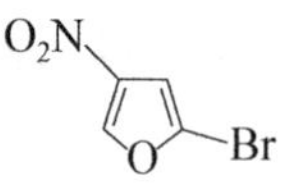

1. 命名下列化合物。

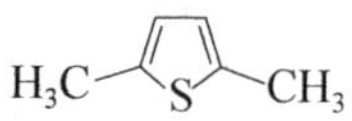

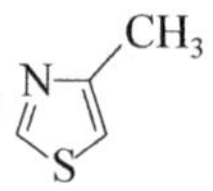

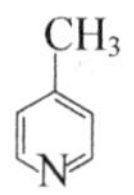

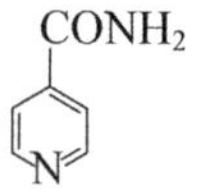

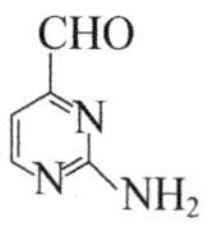

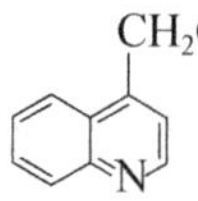

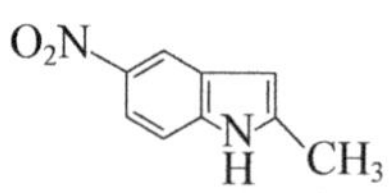

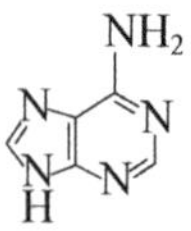

2. 写出下列反应的主要产物。

(1) 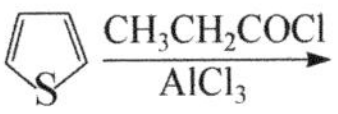 + CH₃CH₂COCl $\xrightarrow{\text{AlCl}_3}$

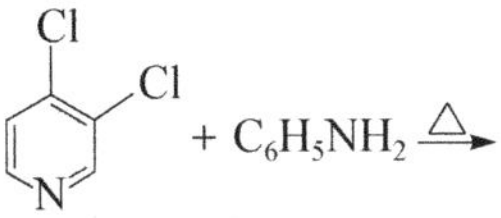

(2) 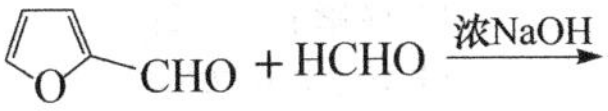 呋喃-CHO + HCHO $\xrightarrow{\text{浓NaOH}}$

(3) 3,4-二氯吡啶 + C₆H₅NH₂ $\xrightarrow{\triangle}$

(4) 呋喃-CHO + CH₃COCH₃ $\xrightarrow{\text{稀 NaOH}}$

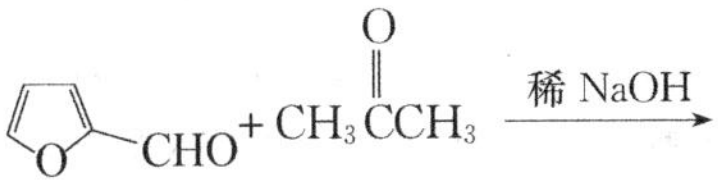

(5) 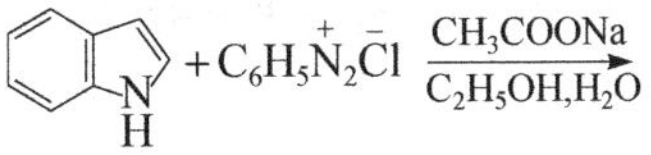 吲哚 + C₆H₅N₂⁺Cl⁻ $\xrightarrow[\text{C}_2\text{H}_5\text{OH,H}_2\text{O}]{\text{CH}_3\text{COONa}}$

(6) 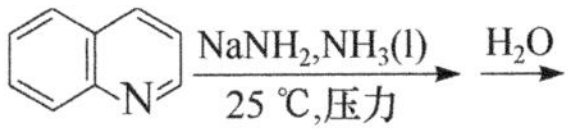 喹啉 $\xrightarrow[\text{25 °C,压力}]{\text{NaNH}_2,\text{NH}_3(l)}$ $\xrightarrow{\text{H}_2\text{O}}$

(7) 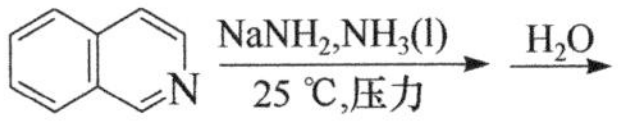 异喹啉 $\xrightarrow[\text{25 °C,压力}]{\text{NaNH}_2,\text{NH}_3(l)}$ $\xrightarrow{\text{H}_2\text{O}}$

3. 将下列各组化合物按碱性大小排序。
  (1) 吡咯、吡啶、六氢吡啶
  (2) 吡啶、4-甲基吡啶、4-氨基吡啶、4-氰基吡啶

4. 呋喃可以发生第尔斯-阿尔德反应,请解释下列三个呋喃衍生物表现出的不同反应活性。

(1) 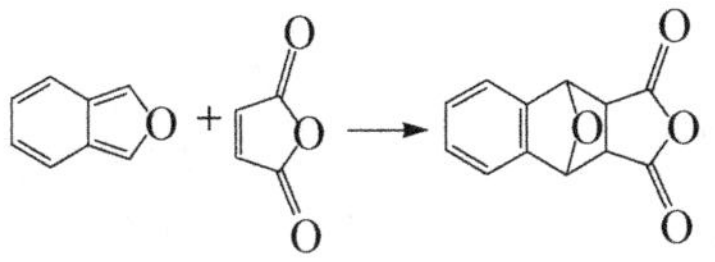 异苯并呋喃 + 马来酸酐 → 加合物 −50 °C,反应很快

(2) 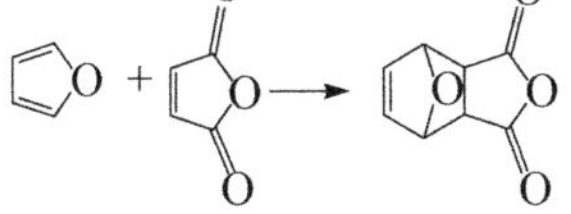 呋喃 + 马来酸酐 → 加合物 反应在室温进行

(3) 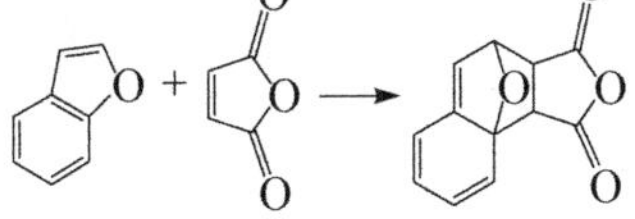 苯并呋喃 + 马来酸酐 → 加合物 加热到100 °C,不反应

阅读材料

(1) 叶绿素(chlorophyll)。叶绿素是植物进行光合作用时重要的色素。叶绿素吸收大部分红光和紫光,但反射绿光,所以叶绿素呈现绿色。叶绿素从光中吸收能量,然后利用吸收的能量将二氧化碳转变为碳水化合物。自然界中的叶绿素是由蓝绿色的叶绿素 a(分子式为 $C_{35}H_{72}O_5N_4Mg$,熔点为 117~120 °C)和黄绿色的叶绿素 b(分子式为 $C_{35}H_{70}O_6N_4Mg$,熔点为 120~130 °C)以 3:1 的比例组成。1960 年,美国化学家伍德沃德领导合成小组在实验室成功地合成了叶绿素 a。

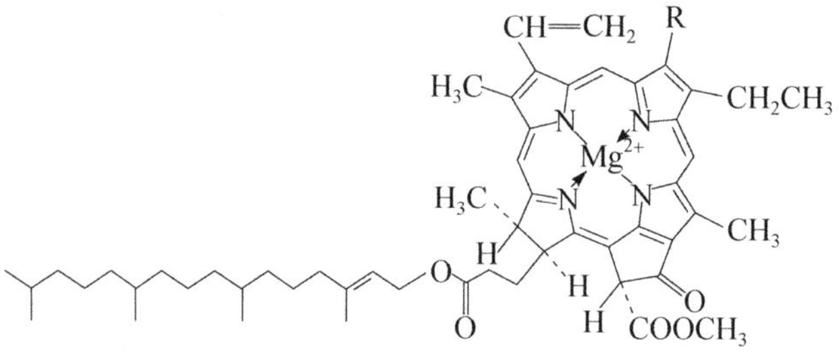

叶绿素a: R=CH₃
叶绿素b: R=CHO

叶绿素

(2) 维生素 B_{12}。1926 年维生素 B_{12} 被发现于肝脏提取液中,1948 年由动物的肝脏中分离提取得纯品,为一暗红色针状晶体,具有很强的医治恶性贫血症的功能。1954 年用 X 射线衍射方法确定了它的结构。维生素 B_{12} 是第一个被发现的含钴天然产物。其结构极为复杂,对强酸、强碱和高温不稳定。伍德沃德组织了 14 个国家的 100 多位化学家,协同研究攻关,经过 10 多年的不懈努力,终于在 1972 年完成了维生素 B_{12} 的全合成工作,这是迄今为止人工合成的最复杂、具有里程碑意义的有机化合物,在有机合成史上书写了最辉煌的一页。

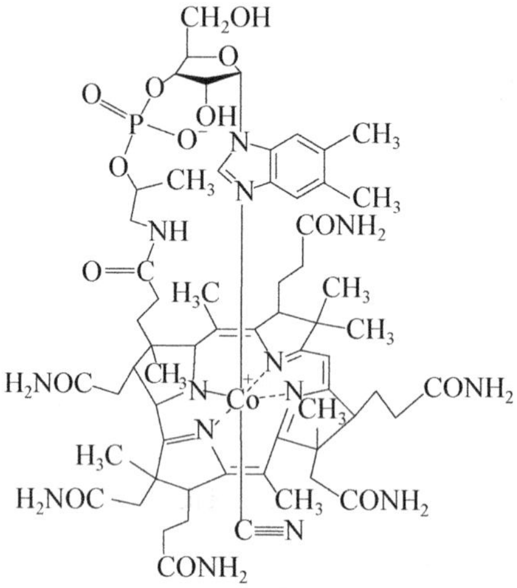

维生素B_{12}

第14章 碳水化合物

主要内容

(1) 糖的分类：单糖、低聚糖和多糖。
(2) 单糖的开链结构、构型和环状结构。开链结构用费歇尔投影式表示，相对构型通常用 D 或 L 表示，环状结构用哈沃斯结构式表示。
(3) 单糖的性质：碱催化下的异构化、糖苷的生成、氧化和还原反应及糖脎的生成。
(4) 二糖的结构：还原性二糖有乳糖、麦芽糖和纤维二糖，非还原性二糖有蔗糖。
(5) 多糖的结构：主要简单介绍淀粉和纤维素。

碳水化合物(carbohydrate)又称为糖类(saccharide)，是自然界分布最广、数量最多的一类有机化合物，葡萄糖、果糖、蔗糖、淀粉及动植物纤维等都属于碳水化合物。早年对这些化合物分析后发现，它们的经验式大多符合 $C_n(H_2O)_m$，在当时还不清楚其结构时，把它们看成碳的水合物，由此得到"碳水化合物"这个名称。后来发现有些糖类化合物的分子式并不符合 $C_n(H_2O)_m$ 中碳和水的比例，所以从化合物的本质来看，"碳水化合物"这个名词很不确切，但由于沿用已久，仍把它作为各种不同糖类化合物的总称。现在把多羟基醛、酮或水解后能生成多羟基醛、酮的糖类化合物都归在碳水化合物中。

碳水化合物是植物光合作用的产物。植物在日光照射下，通过叶绿素的催化作用，将空气中的二氧化碳和水经过复杂的变化过程转变为相对分子质量不同的碳水化合物，同时放出氧气，这个过程就是光合作用。

$$nCO_2 + mH_2O \xrightarrow[\text{叶绿素}]{\text{太阳能}} \underset{\text{碳水化合物}}{C_n(H_2O)_m} + nO_2$$

碳水化合物在生物体的代谢过程中被氧化为二氧化碳和水，同时释放出供生物体维持生命活动的能量，满足机体生长和活动的需要。

$$\underset{\text{碳水化合物}}{C_n(H_2O)_m} + nO_2 \xrightarrow{\text{生物体代谢过程}} nCO_2 + mH_2O + \text{能量}$$

从自然界的大循环看，可以认为碳水化合物是储存太阳能和维持人类及动植物生命不可缺少的物质。

根据碳水化合物的结构和水解性质可以把它分为以下三类：

(1) 单糖(monosaccharide)。不能被水解为相对分子质量更小的多羟基醛、酮称为单糖，如葡萄糖、果糖及核糖等。
(2) 低聚糖(oligosaccharide)，又称为寡糖，是由 2~10 个单糖分子缩合成的糖类化合物,如麦芽糖、乳糖及蔗糖等。水解时生成两分子单糖的称为二糖,生成三分子单糖的称为三糖。

（3）多糖(polysaccharide)。水解时能生成 10 个以上单糖分子的糖类化合物称为多糖,如淀粉、纤维素等。

14.1 单糖的结构、构型和构象

单糖是多羟基醛或多羟基酮。根据单糖分子中所含的碳原子数,分为戊糖、己糖等。分子中含有醛基的单糖称为醛糖(aldose),如葡萄糖是己醛糖;含有酮基的单糖称为酮糖(ketose),如果糖是己酮糖。自然界中以五个和六个碳原子的单糖最为普遍。在书写糖的结构时,通常将羰基写在上端,从醛基或靠近酮基的一端开始对碳链进行编号。

$$
\begin{array}{cccc}
^1\text{CHO} & ^1\text{CH}_2\text{OH} & ^1\text{CHO} & ^1\text{CH}_2\text{OH} \\
^2\text{CHOH} & ^2\text{C}=\text{O} & ^2\text{CHOH} & ^2\text{C}=\text{O} \\
^3\text{CHOH} & ^3\text{CHOH} & ^3\text{CHOH} & ^3\text{CHOH} \\
^4\text{CHOH} & ^4\text{CHOH} & ^4\text{CHOH} & ^4\text{CHOH} \\
^5\text{CH}_2\text{OH} & ^5\text{CH}_2\text{OH} & ^5\text{CHOH} & ^5\text{CHOH} \\
& & ^6\text{CH}_2\text{OH} & ^6\text{CH}_2\text{OH} \\
\text{戊醛糖} & \text{戊酮糖} & \text{己醛糖} & \text{己酮糖} \\
\text{(aldopentose)} & \text{(ketopentose)} & \text{(aldohexose)} & \text{(ketohexose)}
\end{array}
$$

14.1.1 单糖的结构

1. 单糖的构型及表示法

大多数醛糖和酮糖中都含有一个以上的不对称碳原子。最简单的单醛糖是丙醛糖,也称为甘油醛。甘油醛中有一个不对称碳原子,它有一对对映异构体,用费歇尔投影式表示为

$$
\begin{array}{cc}
\text{CHO} & \text{CHO} \\
\text{H}-\!\!\!\!-\!\!\!\!-\text{OH} & \text{HO}-\!\!\!\!-\!\!\!\!-\text{H} \\
\text{CH}_2\text{OH} & \text{CH}_2\text{OH} \\
(R)\text{-}(+)\text{-甘油醛} & (S)\text{-}(-)\text{-甘油醛} \\
\text{D-}(+)\text{-甘油醛} & \text{L-}(-)\text{-甘油醛}
\end{array}
$$

在 20 世纪初还没有能测定有机化合物的绝对构型时,人为地规定把右旋甘油醛的 OH 写在费歇尔投影式的右边,并用 D 表示其构型;而把左旋甘油醛的 OH 写在费歇尔投影式的左边,并用 L 表示其构型。20 世纪 50 年代后,经构型的测定,右旋甘油醛的绝对构型为 R 构型,正好与人为规定的 D 构型一致。

己醛糖含有 4 个不同的不对称碳原子,应该有 $2^4=16$ 个异构体,葡萄糖是己醛糖,是 16 个异构体中的一种。己酮糖含有 3 个不同的不对称碳原子,应该有 $2^3=8$ 个异构体,果糖是己酮糖,是 8 个异构体中的一种,含相同碳原子数的酮糖比醛糖的异构体少。

单糖的结构一般用费歇尔投影式表示。例如,葡萄糖的构型可表示为

$$\begin{array}{c}\text{CHO}\\ \text{H}\!\!-\!\!\text{OH}\\ \text{HO}\!\!-\!\!\text{H}\\ \text{H}\!\!-\!\!\text{OH}\\ \text{H}\!\!-\!\!\text{OH}\\ \text{CH}_2\text{OH}\\ (1)\end{array}\equiv\begin{array}{c}\text{CHO}\\ \!\!-\!\!\text{OH}\\ \text{HO}\!\!-\!\!\\ \!\!-\!\!\text{OH}\\ \!\!-\!\!\text{OH}\\ \text{CH}_2\text{OH}\\ (2)\end{array}\equiv\begin{array}{c}\text{CHO}\\ \\ \\ \\ \\ \text{CH}_2\text{OH}\\ (3)\end{array}\equiv\begin{array}{c}\triangle\\ \\ \\ \\ \\ \bigcirc\\ (4)\end{array}$$

其中，式(2)、式(3)和式(4)是式(1)的简式，在式(2)中省略 H，在式(3)中用"—"代表 OH，在式(4)中用"△"代表 CHO，用"○"代表 CH_2OH。

葡萄糖的系统命名为(2R,3S,4R,5R)-2,3,4,5,6-五羟基己醛。但由于糖大多数都有多个不对称碳原子，用系统命名法比较麻烦，也不直观，因此糖通常都使用俗名，用离羰基最远的、编号最大的一个不对称碳原子的构型与甘油醛的构型比较，若构型与 D-甘油醛相同，属于 D 型糖；若构型与 L-甘油醛相同，则属于 L 型糖。例如

D-(+)-甘油醛　　D-(+)-葡萄糖　　D-(−)-果糖

L-(−)-甘油醛　　L-(−)-葡萄糖　　L-(+)-阿拉伯糖

所以用 D 或 L 表示的构型是相对构型。己醛酮有 16 个异构体，其中 8 个为 D 型，8 个为 L 型。D 型糖的对映体一定是 L 型。旋光物质的旋光方向与构型之间没有必然的关系，D 型化合物或 L 型化合物都可以是右旋的或者是左旋的。

由甘油醛通过醛基上的反应，逐步增加碳原子的方法可以得到四碳、五碳及六碳等的醛糖，由于不涉及原甘油醛中的不对称碳原子，因此由 D-甘油醛得到的四碳、五碳及六碳的醛糖一定是 D 型醛糖；由 L-甘油醛得到的四碳、五碳及六碳的醛糖一定是 L 型醛糖。图 14-1 是 $C_3\sim C_6$ 的 D 型醛糖各异构体的费歇尔投影式和名称。

很多具有相同碳原子数的糖在结构上很相近，如 D-葡萄糖与 D-甘露糖，它们仅是第一个不对称碳原子(C_2)的构型不同。只有一个不对称碳原子的构型不同的非对映异构体称为差向异构体(epimers)。D-葡萄糖与 D-甘露糖互为 C_2 差向异构体。又如，D-半乳糖和 D-葡萄糖互为 C_4 差向异构体。

在含有相同碳原子数的酮糖和醛糖中，酮糖比醛糖少一个不对称碳原子，所以旋光异构体的数目也只有相应醛糖的一半。图 14-2 是 $C_3\sim C_6$ 的 D 型酮糖各异构体的费歇尔投影式和名称。

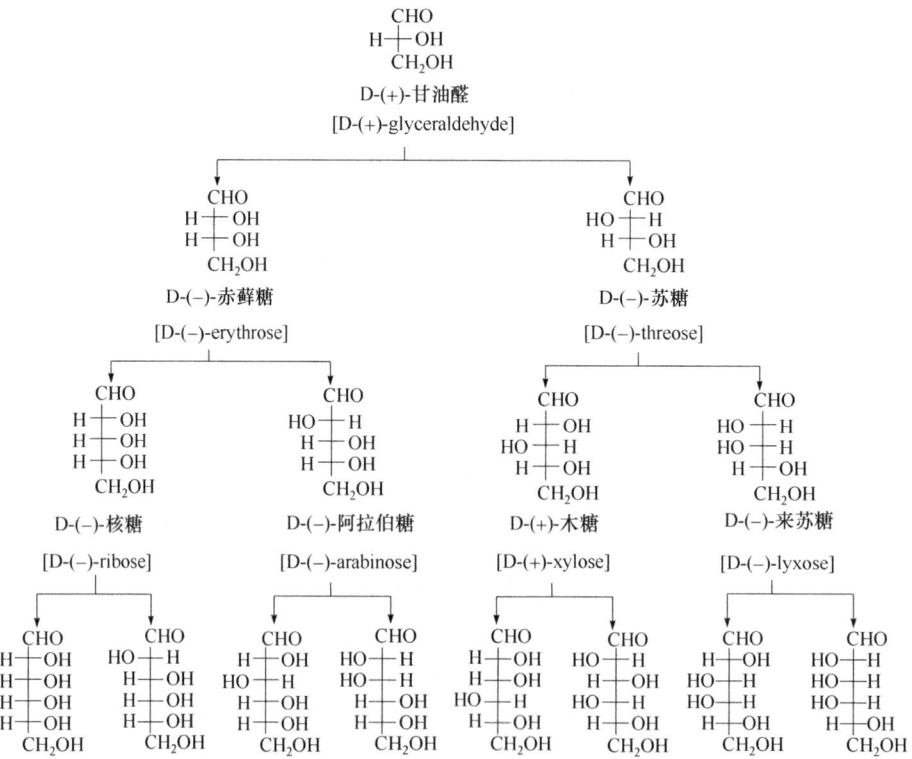

图 14-1 $C_3 \sim C_6$ D 型醛糖异构体

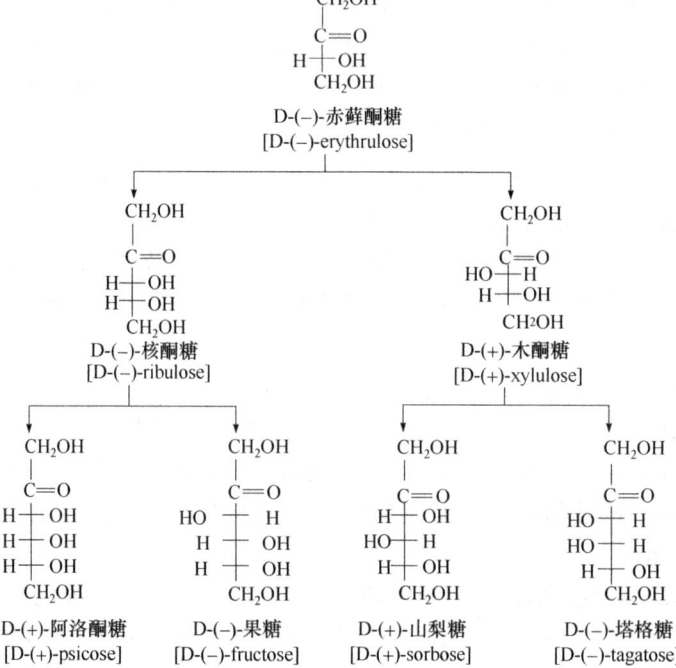

图 14-2 $C_3 \sim C_6$ D 型酮糖异构体

问题 14-1 用费歇尔投影式写出戊醛糖的所有构型异构体。

2. 单糖的环状结构

按照糖的开链结构式,单糖是多羟基醛、酮,但有些反应和现象却难以用开链结构式解释。例如

(1) 在单糖的红外光谱图中,没有观察到羰基的特征吸收峰,在醛糖的核磁共振谱中也没有观察到醛基上的质子信号。

(2) 醛糖与醛试剂饱和 $NaHSO_3$ 溶液不发生反应,得不到相应的加成产物沉淀。

(3) D-葡萄糖是己醛糖中的一种,然而,将它在不同的溶剂及温度条件下结晶,可以得到熔点及比旋光度都不同的晶体,一种晶体的熔点为 146 ℃,新配制的溶液比旋光度为 +112°;而另一种晶体的熔点为 150 ℃,新配制的溶液比旋光度为 +18.7°。但这两种新配制溶液的比旋光度都随着放置的时间增长而变化,前者逐渐下降,后者逐渐上升,最后都恒定在 +52.7°,这种现象称为变旋(mutarotation)现象。

(4) 普通的醛能与两分子的醇发生反应生成缩醛,但是 D-葡萄糖等醛糖却只能与一分子醇生成缩醛,这说明在形成缩醛前,糖分子中的醛基可能已经与自身分子中的羟基形成了半缩醛结构。

若己醛糖中的醛基与自身分子中的羟基形成半缩醛,则形成环状结构,根据环的稳定性原则,则可能与 C_5 上的羟基形成六元环结构。在形成六元环的半缩醛时,原来的羰基碳原子(C_1)转变为不对称碳原子,在形成半缩醛过程中生成的羟基对环而言就有不同的取向。一种是半缩醛中的羟基(OH)与 C_5 上的羟甲基(CH_2OH)在环的同一边,称为 β-D-葡萄糖;另一种是半缩醛中的羟基(OH)与 C_5 上的羟甲基(CH_2OH)在环的两边,称为 α-D-葡萄糖。

β-D-葡萄糖和 α-D-葡萄糖之间仅是 C_1 的构型不同,而其他不对称碳原子的构型完全相同,它们是互为非对映异构体的差向异构体,互称为正位异构体,或称为异头物(anomers)。

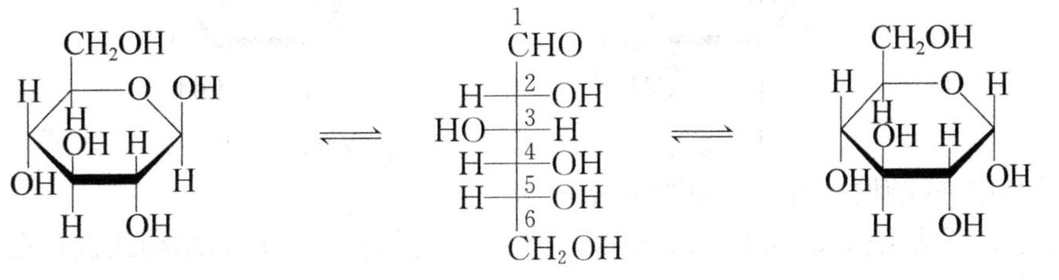

β-D-葡萄糖(~63%)　　　　　D-葡萄糖　　　　　α-D-葡萄糖(~37%)
m. p. 150 ℃,$[\alpha]_D^{25}=+18.7°$　　　　　　　　　　m. p. 146 ℃,$[\alpha]_D^{25}=+112°$
(环状结构)　　　　　　　(开链结构)　　　　　　(环状结构)

在 D-葡萄糖的水溶液中,两个环状结构 β-D-葡萄糖和 α-D-葡萄糖可以经过开链结构式而相互转换。在达到平衡时,比旋光度也达到一个恒定值 +52.7°,这时 β-D-葡萄糖约占 63%,α-D-葡萄糖约占 37%,而开链结构仅占 0.1%。醛糖都有这种变旋现象。

半缩醛的环状结构称为哈沃斯(Haworth)结构式,下面是将 D-葡萄糖的费歇尔投影式改写成哈沃斯结构式的过程。

(Ⅰ)　(Ⅱ)　(Ⅲ)

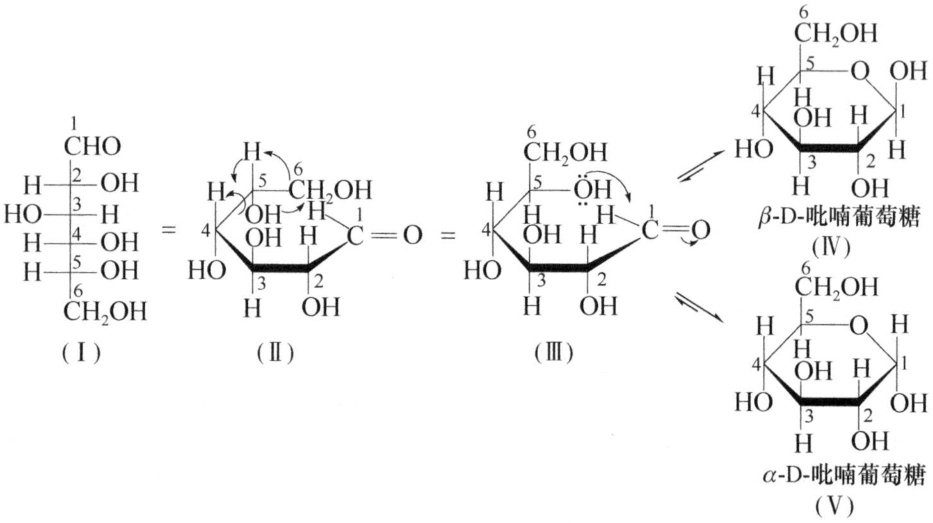

首先将开链式结构(Ⅰ)顺时针侧倒，由于 C_2～C_6 碳原子都为 sp^3 杂化，可以将糖的主碳架排列成环状结构(Ⅱ)，然后将不对称碳原子 C_5 沿 C_4—C_5 键旋转 120°，使 C_5 上在环状平面下面的羟基转到环状平面中，得到结构(Ⅲ)，使它更靠近醛基，最后 C_5 上的羟基从醛羰基所在平面的两边进行加成，从而得到 β-和 α-两种六元环的半缩醛葡萄糖(Ⅳ)和(Ⅴ)。

由于哈沃斯结构式中的氧杂环己烷与吡喃环( )相似，因此通常把具有氧杂环己烷结构的糖称为吡喃糖(pyranose)，如 β-D-吡喃葡萄糖和 α-D-吡喃葡萄糖。

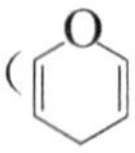

D-葡萄糖中，若 C_1 上的醛基与 C_4 上的羟基形成环状半缩醛，则形成氧杂环戊烷结构。

由于氧杂环戊烷与呋喃环( )相似，因此把具有氧杂环戊烷结构的糖称为呋喃糖(furanose)，它同样也存在正位异构体，如 β-D-呋喃葡萄糖和 α-D-呋喃葡萄糖。

α-D-呋喃葡萄糖

β-D-呋喃葡萄糖

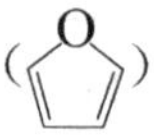

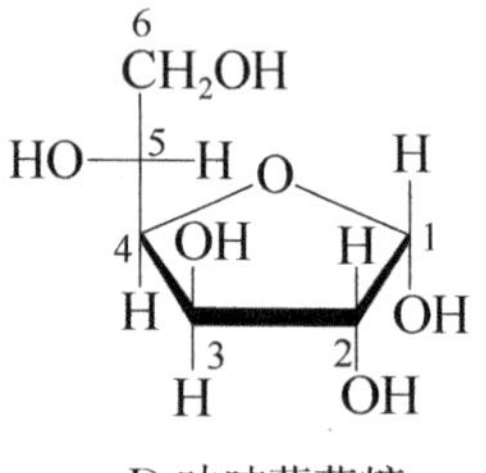

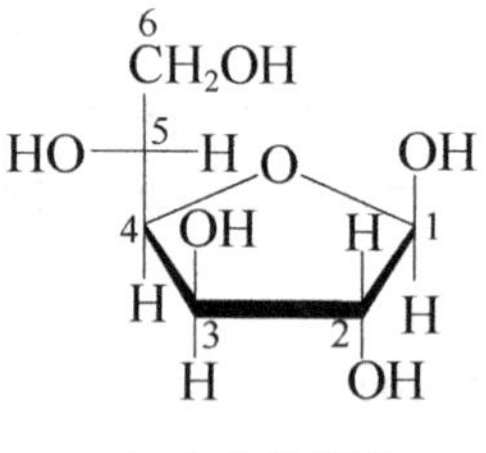

但 D-葡萄糖中，呋喃糖只占 1%，而吡喃糖占 99%。

酮糖也有环状结构式，如 D-果糖在水溶液中，开链结构式和环状结构式也存在动态平衡，也有变旋光现象。

α-D-呋喃果糖　　D-果糖　　β-D-呋喃果糖

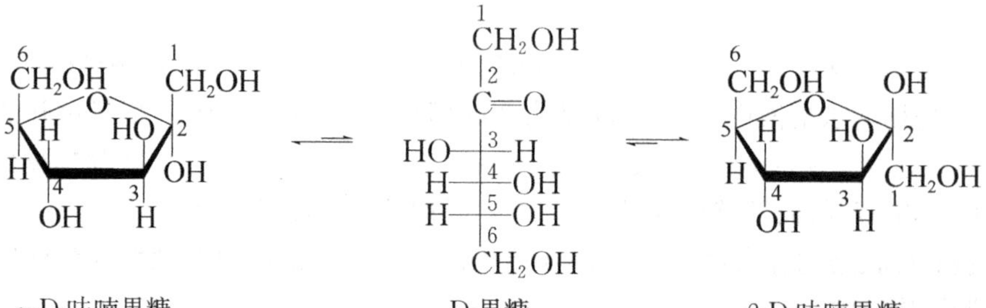

当 C_2 上的羟基与 C_5 上的羟甲基处于环的两边时称为 α-D-呋喃果糖；而当 C_2 上的羟基与 C_5 上的羟甲基处于环的同一边时称为 β-D-呋喃果糖。

3. 单糖环状结构的构象

单糖的哈沃斯结构式能清楚地反映环上各原子或原子团之间的相互关系，但由于氧杂环己烷并不在同平面上，因此它不能真实地反映分子的三维空间结构状态。氧杂环己烷与环己烷一样，以相对比较稳定的椅式构象存在。将糖的哈沃斯结构式改写成椅式构象时，通常把环上的氧原子放在椅式构象的右上角，把 C_5 上的羟甲基放在 e 键的位置，然后将羟基按其所在碳原子的构型写在 e 键或 a 键上。在 β-D-吡喃葡萄糖的优势构象中，所有体积大的取代基（羟基和羟甲基）都在 e 键的位置上；而在 α-D-吡喃葡萄糖的优势构象中，半缩醛中的羟基在 a 键位置上，所以 β-D-吡喃葡萄糖的构象比 α-D-吡喃葡萄糖的构象更稳定，在葡萄糖水溶液的动态平衡中，β-异构体比 α-异构体的含量高。

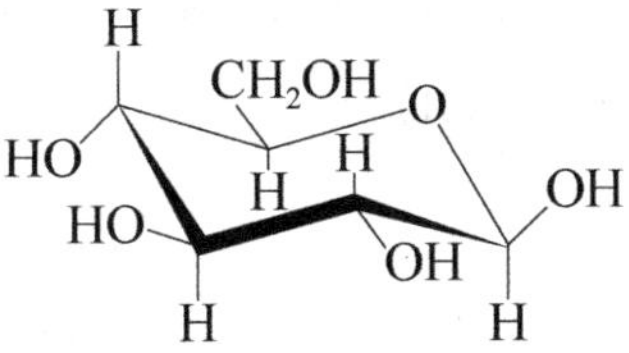

β-D-吡喃葡萄糖 α-D-吡喃葡萄糖

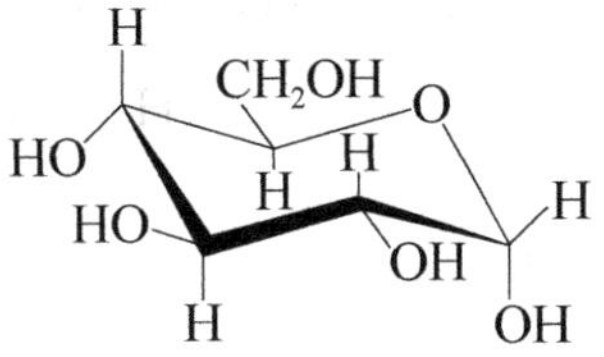

其他 D-己醛糖的构象也可以通过相应的哈沃斯结构式准确画出，或通过比较与 D-葡萄糖的各碳原子上的构型差别，直接从葡萄糖的构象式推导出。例如，由 β-D-吡喃葡萄糖的构象可以很容易推导出 β-D-吡喃甘露糖、β-D-吡喃阿洛糖和 β-D-吡喃半乳糖的构象式，因为它们与 D-葡萄糖的差别仅分别是 C_2、C_3 和 C_4 的构型不同。

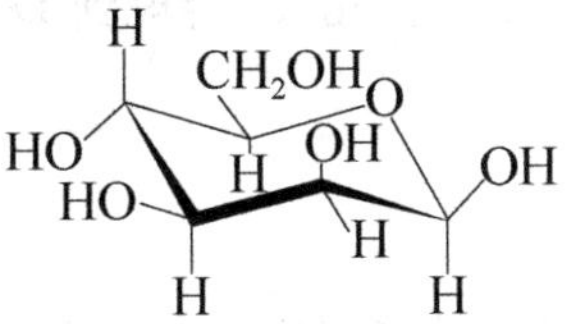

β-D-吡喃甘露糖 β-D-吡喃阿洛糖 β-D-吡喃半乳糖

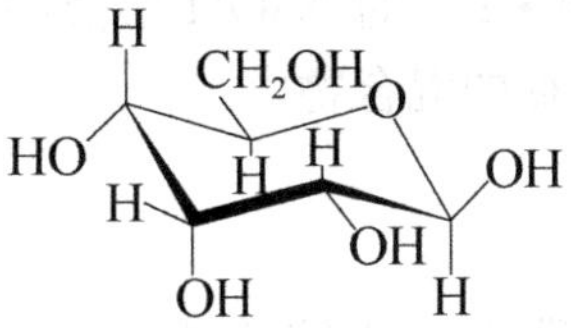

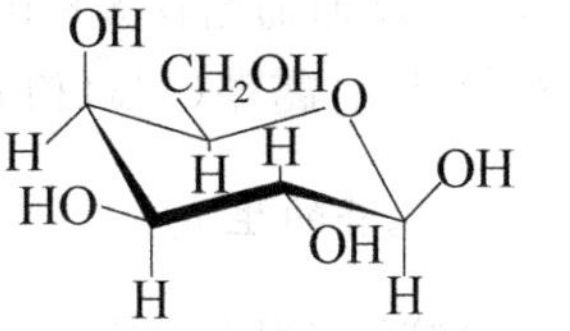

问题 14-2 写出 α-D-甘露糖和 β-D-半乳糖的哈沃斯结构式和相应的稳定构象式。

14.1.2 单糖的性质

单糖大多是具有一定熔点的固体，有不同甜味，但各自的甜度相差甚远。大多易溶于水，难溶于低极性或非极性的有机溶剂。

由于绝大多数单糖都是手性分子，因此这些单糖及其衍生物都具有旋光活性。凡在分子内能形成半缩醛的糖在水溶液中都具有变旋现象。

单糖作为多羟基醛、酮，可以发生多种化学反应。

1. 碱催化下的异构化反应

在碱性条件下，糖中羰基的 α-碳原子上的活泼氢可以通过烯二醇或烯二醇负离子，使 α-

碳原子的构型发生变化。例如

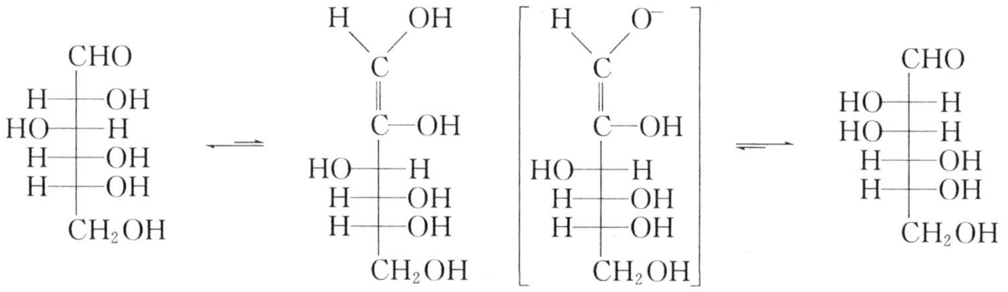

D-葡萄糖 ⇌ 烯二醇 ⇌ [烯二醇负离子] ⇌ D-甘露糖

这种使多个不对称碳原子分子中的一个不对称碳原子的构型发生转化的作用称为差向异构化（epimerization）。

在同样条件下，醛糖也可以通过烯二醇或烯二醇负离子转变成酮糖。例如

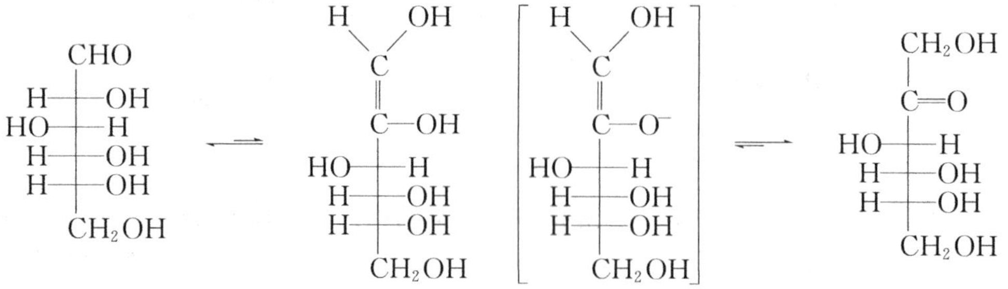

D-葡萄糖 ⇌ 烯二醇 ⇌ [烯二醇负离子] ⇌ D-果糖

所以，将 D-葡萄糖在 8×10^{-3} mol·L^{-1} 的 NaOH 溶液中，于 35 ℃ 放置几天，会得到 D-果糖（28%）、D-甘露糖（3%）和 D-葡萄糖的混合物。

2. 糖苷的生成

单糖的环状结构是一种半缩醛（酮），半缩醛（酮）中的羟基能与其他含有羟基、氨基或巯基等活泼氢的化合物发生分子间的脱水反应，其生成物称为糖苷（glycoside），糖苷中的糖部分称为糖基（glycosyl），非糖部分称为糖配基（aglycone）。糖基和非糖配基之间生成的键称为糖苷键（glycosidic bond）。

由葡萄糖生成的苷称为葡萄糖苷（glucoside）。例如，在干燥氯化氢存在下，D-(+)-葡萄糖与甲醇反应，生成甲基-D-葡萄糖苷。

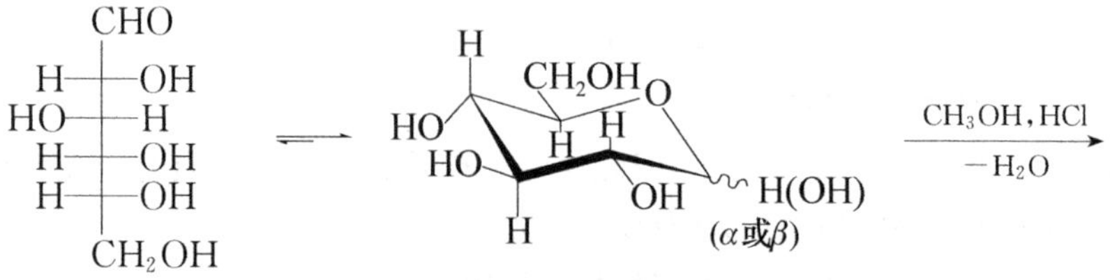

D-(+)-葡萄糖 ⇌ D-(+)吡喃葡萄糖 $\xrightarrow[-H_2O]{CH_3OH, HCl}$

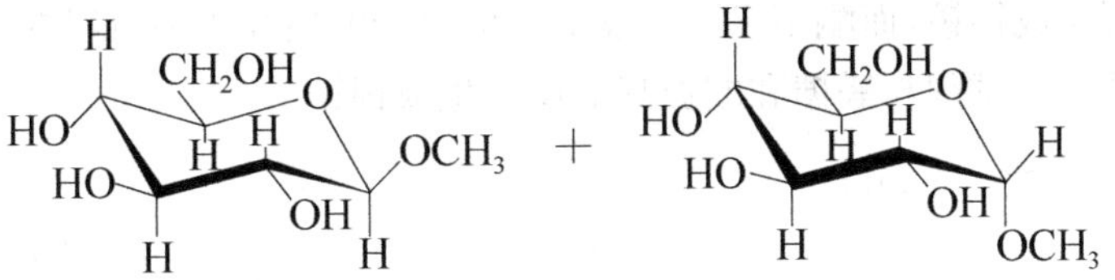

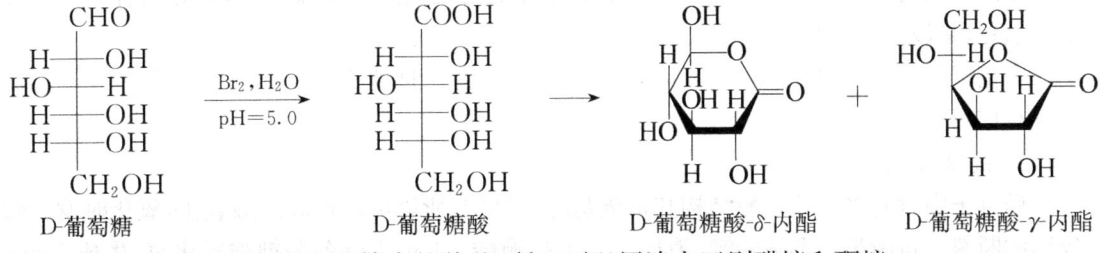

甲基-β-D-吡喃葡萄糖苷　　　甲基-α-D-吡喃葡萄糖苷
m. p. 107 ℃，$[\alpha]_D^{25}=-35°$　　m. p. 165 ℃，$[\alpha]_D^{25}=+158°$

糖苷是缩醛(酮)的结构,所以对碱稳定,但在酸性条件下容易水解,水解成相应的糖和糖配基。糖苷在水溶液中也不存在开链式结构,所以无变旋现象。

糖苷在自然界中分布相当广泛,是对生命体具有重要作用的物质。核酸中的核苷或脱氧核苷是由核糖与含氮杂环化合物形成的氮糖苷,这将在第 15 章中讨论。

3. 氧化反应

1) 溴水氧化

溴水能将醛糖中的醛基氧化成羧基,生成糖酸,氧化时溴水颜色褪去。在 pH＝5.0 时,己醛糖被氧化时直接生成醛糖酸的内酯。例如

D-葡萄糖　　D-葡萄糖酸　　D-葡萄糖酸-δ-内酯　　D-葡萄糖酸-γ-内酯

溴水不能氧化糖中的羟基和酮糖中的羰基,所以可以用溴水区别醛糖和酮糖。

问题 14-3　用简单化学方法区别下列各组糖。
(1) D-葡萄糖和 D-果糖　　(2) D-葡萄糖和甲基-D-吡喃葡萄糖苷

2) 硝酸氧化

稀硝酸的氧化作用比溴水强,能将醛糖中的醛基和末端的羟甲基氧化为羧基,生成糖二酸。糖二酸容易在分子中形成二内酯。例如

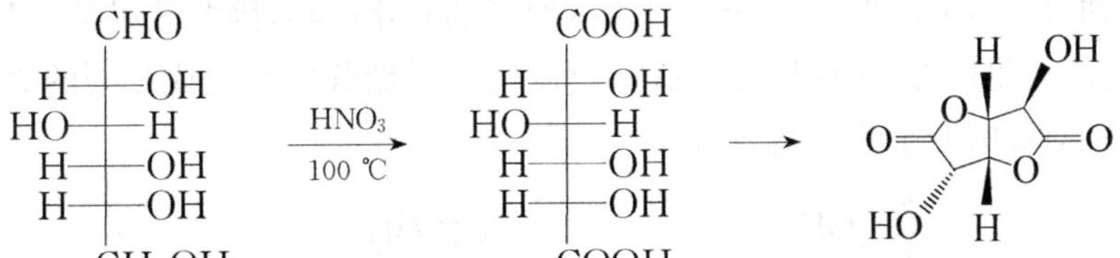

D-葡萄糖　　D-葡萄糖二酸　　D-葡萄糖二酸二内酯

利用醛糖的氧化产物糖二酸是否有旋光性可推测糖的构型。如果用浓硝酸氧化,则糖分子中的醇羟基也被氧化,同时会发生碳碳键的断裂,从而生成不同的小分子氧化产物。

3) 土伦试剂和本尼迪特试剂氧化

土伦试剂是具有弱氧化性的银氨络离子,具有碱性。它能将醛氧化成酸,同时＋1 价银离

子被还原为银,可生成银镜,而酮不发生此反应。但由于醛糖和酮糖可以在碱性条件下经烯二醇相互转换,因此土伦试剂与醛糖和酮糖都能反应生成银镜。

$$\underset{\text{酮糖}}{\begin{array}{c}CH_2OH\\|\\C=O\\|\\R\end{array}} \rightleftharpoons \underset{\text{烯二醇}}{\begin{array}{c}H\quad OH\\\diagdown\;/\\C\\\|\\C-OH\\|\\R\end{array}} \rightleftharpoons \underset{\text{醛糖}}{\begin{array}{c}CHO\\|\\H-C-OH\\|\\R\end{array}} \xrightarrow{Ag(NH_3)_2^+OH^-} \underset{\text{银镜}}{\begin{array}{c}COO^-\\|\\H-C-OH\\|\\R\end{array}} + Ag\downarrow$$

本尼迪特(Benedict)试剂(由 $CuSO_4$、Na_2CO_3 和柠檬酸配制的蓝色溶液)和费林试剂(由 $CuSO_4$ 水溶液和酒石酸钾钠-NaOH 水溶液临时混合配制)也能与醛糖和酮糖反应,糖被氧化,同时生成砖红色的氧化亚铜(Cu_2O)沉淀。

$$\text{醛糖或酮糖} + Cu^{2+} \longrightarrow \text{氧化产物} + Cu_2O\downarrow$$

凡能被土伦试剂、本尼迪特试剂和费林试剂氧化的糖称为还原糖,所有的单糖都是还原糖。由于上述试剂都呈碱性,而醛糖在碱性条件下易发生差向异构化或重排,因此上述试剂不能用于醛糖酸的合成。糖苷在碱性条件下不能转变为相应的醛糖或酮糖,因此糖苷不被上述试剂氧化,是没有还原性的非还原性糖。

土伦试剂、本尼迪特试剂和费林试剂通常都可以用于糖的检验,临床上就是用本尼迪特试剂进行尿糖检测。

4) 高碘酸氧化

糖分子中含有多个邻二醇结构和 α-羰基醇的结构,所以可以被高碘酸氧化,氧化时发生碳碳键的断裂。每断裂一个碳碳键,消耗一分子高碘酸。1 mol D-葡萄糖被氧化时,生成 5 mol 甲酸和 1 mol 甲醛。

$$\begin{array}{c}CHO\\|\\H-C-OH\\|\\HO-C-H\\|\\H-C-OH\\|\\H-C-OH\\|\\CH_2OH\end{array} \xrightarrow{5HIO_4} 5HCOOH + HCHO$$

糖苷也能被高碘酸氧化。甲基-β-D-吡喃葡萄糖苷氧化时消耗 2 mol 高碘酸,除生成 1 mol 甲酸外,还得到只含有 C_1 和 C_5 两个不对称碳原子的氧化产物,因此凡甲基-β-D-吡喃己醛糖苷都生成相同的氧化产物。同理,凡甲基-α-D-吡喃己醛糖苷也都生成相同的氧化产物,两者之间仅是 C_1 不对称碳原子的构型不同。

甲基-β-D-吡喃葡萄糖苷 $\xrightarrow{2HIO_4}$ 产物 + HCOOH

而呋喃型糖苷氧化时也消耗 2 mol 高碘酸,但生成 1 mol 甲醛。

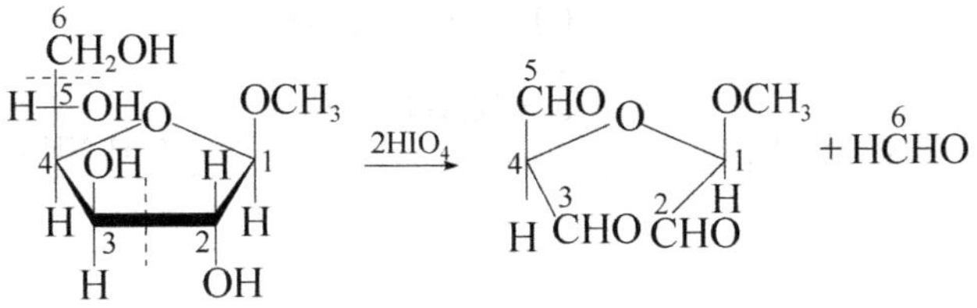

甲基-β-D-呋喃葡萄糖苷

通过对氧化产物的分析，可以推测 D-己糖苷或己糖是吡喃型糖还是呋喃型糖。

4. 还原反应

醛糖和酮糖中的羰基可以被金属氢化物或催化加氢的方法还原为相应的醇羟基。还原产物称为糖醇，糖醇可以用作食品添加剂和食糖的替代物。山梨糖醇还是合成维生素 C 的主要原料。

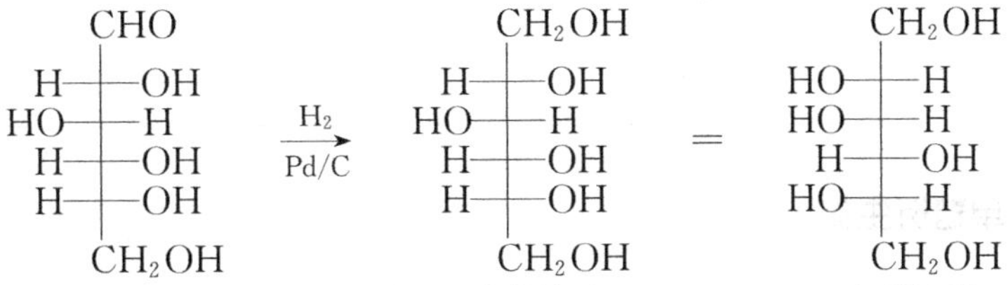

D-葡萄糖　　　　D-葡萄糖醇　　　　L-山梨糖醇

酮糖还原后得到互为 C_2 差向异构体的糖醇。

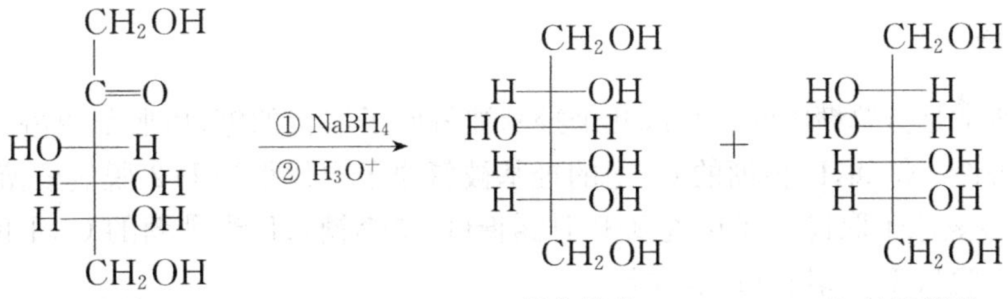

D-果糖　　　　D-葡萄糖醇　　　　D-甘露糖醇

5. 糖脎的生成

醛糖和酮糖可与 3 mol 苯肼发生反应，在 C_1 和 C_2 上分别生成苯腙，称为糖脎（osazones）。例如，D-葡萄糖与苯肼反应生成 D-葡萄糖脎。

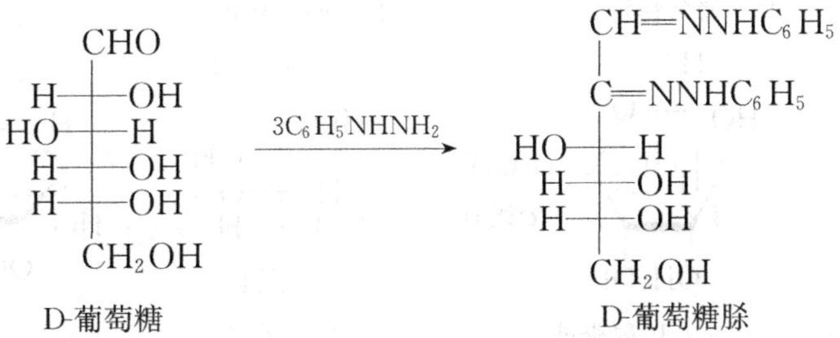

D-葡萄糖　　　　D-葡萄糖脎

醛糖生成糖脎后，C_2 不再是不对称碳原子，而其余的不对称碳原子的构型保持不变。所以 C_2 差向异构体的醛糖生成相同的糖脎。例如，D-甘露糖与 D-葡萄糖互为 C_2 差向异构体，与苯肼反应生成相同的 D-葡萄糖脎。酮糖与苯肼反应也生成在 C_1 和 C_2 上分别形成苯腙的脎。因此，C_3、C_4 和 C_5 构型相同的醛糖和酮糖与苯肼反应都会生成相同的糖脎。

· 330 · 有机化学

$$\begin{array}{c}\text{CHO}\\ \text{HO}\!-\!\text{H}\\ \text{HO}\!-\!\text{H}\\ \text{H}\!-\!\text{OH}\\ \text{H}\!-\!\text{OH}\\ \text{CH}_2\text{OH}\end{array} \xrightarrow{3C_6H_5NHNH_2} \begin{array}{c}\text{CH}\!=\!\text{NNHC}_6\text{H}_5\\ \text{C}\!=\!\text{NNHC}_6\text{H}_5\\ \text{HO}\!-\!\text{H}\\ \text{H}\!-\!\text{OH}\\ \text{H}\!-\!\text{OH}\\ \text{CH}_2\text{OH}\end{array} \xleftarrow{3C_6H_5NHNH_2} \begin{array}{c}\text{CH}_2\text{OH}\\ \text{C}\!=\!\text{O}\\ \text{HO}\!-\!\text{H}\\ \text{H}\!-\!\text{OH}\\ \text{H}\!-\!\text{OH}\\ \text{CH}_2\text{OH}\end{array}$$

D-甘露糖   D-葡萄糖脎   D-果糖

糖脎是不溶于水的黄色结晶，不同的糖脎具有不同的结晶形状和不同的熔点，生成糖脎的速度也不相同。因此，可以根据糖脎的晶形、熔点和成脎的反应时间对糖作定性鉴定。

问题 14-4 有三个单糖和过量的苯肼反应生成相同的糖脎，其中一个单糖的费歇尔投影式为

$$\begin{array}{c}\text{CHO}\\ \text{HO}\!-\!\text{H}\\ \text{H}\!-\!\text{OH}\\ \text{H}\!-\!\text{OH}\\ \text{CH}_2\text{OH}\end{array}$$，试写出其他两个单糖的费歇尔投影式。

14.1.3 重要单糖衍生物

重要的单糖衍生物(monosaccharide derivative)除糖酸内酯和糖苷外，还有脱氧糖(deoxy-sugar)和氨基糖等。

1. 脱氧糖

脱氧糖通常是指单糖中的一个或几个羟基被氢原子取代的糖，以脱氧戊醛糖和脱氧己醛糖最具有代表性。例如，D-核糖的 C_2 上的羟基被氢原子取代得到 D-2-脱氧核糖；L-甘露糖的 C_6 上的羟基被氢原子取代得到 6-脱氧-L-甘露糖(L-鼠李糖)；L-半乳糖的 C_6 上的羟基被氢原子取代得到 6-脱氧-L-半乳糖(L-岩藻糖)。

D-核糖   D-2-脱氧核糖   α-D-2-脱氧核糖   β-D-2-脱氧核糖

L-鼠李糖   L-鼠李糖   L-岩藻糖   L-岩藻糖
(6-脱氧-L-甘露糖)   (6-脱氧-L-半乳糖)

D-核糖和 D-2-脱氧核糖都是核酸的重要组成部分；L-鼠李糖是植物细胞壁的成分；L-岩藻糖是藻类糖蛋白的成分，它们是生物体内重要的代谢物质和结构物质。

2. 氨基糖

氨基糖是指糖分子中的羟基(除 C_1 上的半缩醛中的羟基外)被氨基取代的糖,通常较多的是单糖的 C_2 上的羟基被氨基或乙酰氨基取代的衍生物。氨基糖广泛存在于自然界中,是多糖蛋白和脂蛋白的组成部分。β-D-2-氨基葡萄糖和 β-D-2-氨基半乳糖及其 N-乙酰基衍生物是存在于甲壳质和糖蛋白中最常见的氨基糖。例如,N-乙酰基-β-D-2-氨基葡萄糖是甲壳质(chitin)的基本结构单位。

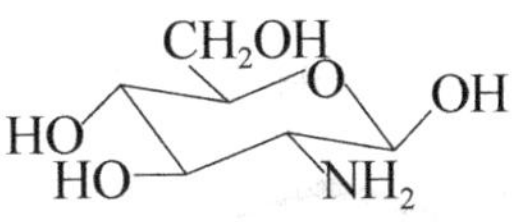

β-D-2-氨基葡萄糖 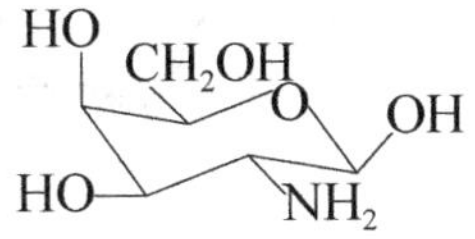　　　　β-D-2-氨基半乳糖 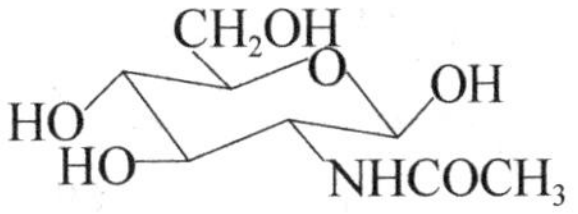　　　　N-乙酰基-β-D-2-氨基葡萄糖

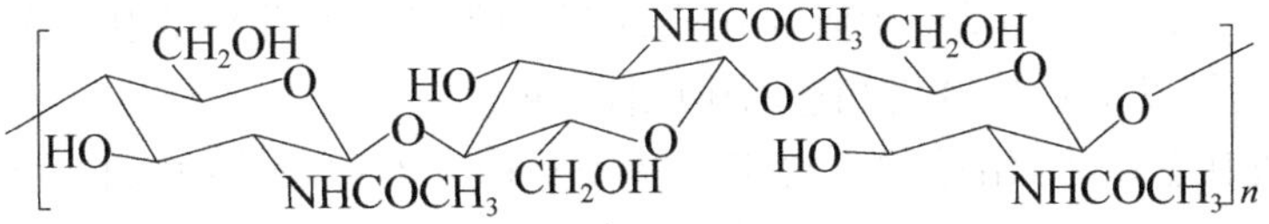

甲壳质

14.2 二　糖

二糖(disaccharide)是水解后能生成两个相同或不同单糖的低聚糖化合物。二糖分为非还原性二糖和还原性二糖。

14.2.1 还原性二糖

还原性二糖是由一分子单糖的半缩醛羟基与另一分子单糖的羟基(除 C_1 上半缩醛上的羟基外)失去一分子水而形成的。前面的单糖形成糖苷,后面的单糖保留半缩醛的羟基,所以后面的单糖可以形成开链式,有变旋现象,能与苯肼反应生成脎,可以与土伦试剂、费林试剂和本尼迪特试剂反应,因此称为还原性二糖。乳糖、麦芽糖和纤维二糖都是还原性二糖。

1. 乳糖

乳糖(lactose)有甜味,甜度约是蔗糖的 70%,存在于人及哺乳动物的乳汁中。人乳含乳糖为 7%~8%,牛、羊乳含乳糖为 4%~5%。乳糖为 4-O-(β-D-吡喃半乳糖基)-D-吡喃葡萄糖,是由 β-D-半乳糖和 D-葡萄糖以 β-1,4'-苷键相连的还原性二糖。乳糖的哈沃斯结构式和相应的构象式如下:

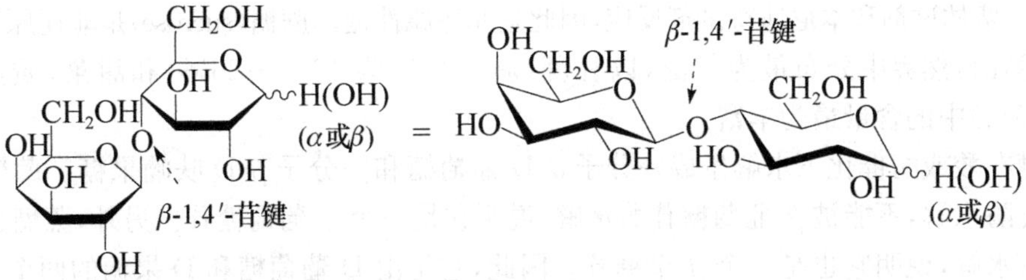

乳糖在人体内经乳糖酶水解为葡萄糖和半乳糖,被人体所吸收。乳糖在水中溶解度较小,

而且基本没有吸湿性,常用作医药和食品工业的辅料。

2. 麦芽糖

麦芽糖(maltose)是淀粉在淀粉糖化酶作用下的部分水解产物,由于麦芽中含有淀粉糖化酶,且常被用来将淀粉水解成麦芽糖,因此将水解产物取名为麦芽糖。麦芽糖为 4-O-(α-D-吡喃葡萄糖基)-D-吡喃葡萄糖。麦芽糖的哈沃斯结构式和相应的构象式如下:

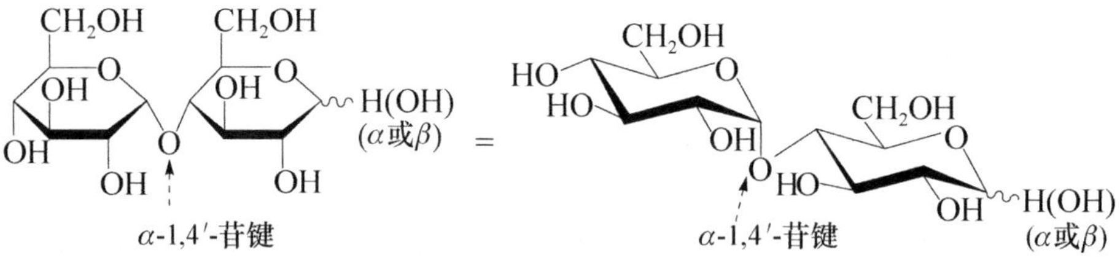

麦芽糖经 α-葡萄糖苷酶水解生成两分子 D-葡萄糖,所以麦芽糖是由一分子 α-D-葡萄糖和另一分子 D-葡萄糖以 α-1,4′-苷键相连的还原性二糖。

麦芽糖甜度比蔗糖小,饴糖的主要组分是麦芽糖。人和哺乳动物利用体内的麦芽糖酶(maltase)将麦芽糖水解为葡萄糖而被消化吸收。

3. 纤维二糖

纤维二糖(cellobiose)是纤维素在纤维素酶的作用下部分水解的产物。纤维二糖能被 β-葡萄糖苷酶水解生成两分子 D-葡萄糖,但不能被 α-葡萄糖苷酶水解,所以纤维二糖是由两分子 D-葡萄糖以 β-1,4′-苷键相连的。纤维二糖为 4-O-(β-D-吡喃葡萄糖基)-D-吡喃葡萄糖。纤维二糖的哈沃斯结构式和相应的构象式如下:

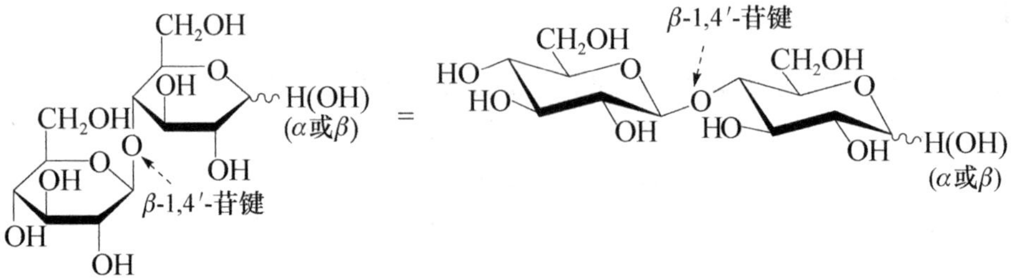

纤维二糖无甜味,也不能被人体消化吸收。

14.2.2 非还原性二糖

非还原性二糖由两分子单糖的半缩醛羟基失去一分子水而形成的,对于两个单糖都形成了糖苷,不存在半缩醛的羟基,不能形成开链式,没有变旋现象,不能与苯肼反应生成脎,也不与土伦试剂、费林试剂和本尼迪特试剂反应,因此是非还原性糖。蔗糖(sucrose)是非还原性二糖。

蔗糖在自然界中分布最为广泛,以甘蔗(质量分数为 16%~26%)和甜菜(质量分数为 12%~15%)中的含量最为丰富。

蔗糖在酸或酶催化下水解生成一分子 α-D-葡萄糖和一分子 β-D-呋喃果糖。蔗糖能被 α-葡萄糖苷酶水解,不能被 β-葡萄糖苷酶水解,说明它是一个 α-葡萄糖苷。另外,蔗糖也能被 β-果糖苷酶水解,说明它也是一个 β-果糖苷。因此,它是由 D-葡萄糖和 D-果糖的两个半缩醛羟基脱水得到的苷,蔗糖为 2-O-(α-D-吡喃葡萄糖基)-β-D-呋喃果糖。蔗糖的哈沃斯结构式和相应的构象式如下：

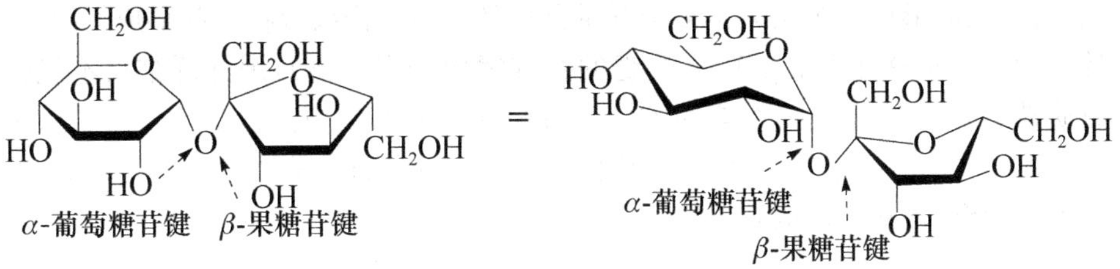

α-葡萄糖苷键　β-果糖苷键　＝　α-葡萄糖苷键　β-果糖苷键

蔗糖是右旋糖，比旋光度为＋66.5°，而 D-果糖是左旋糖，比旋光度为－92.5°，D-葡萄糖是右旋糖，比旋光度为＋52.7°。旋光数值是果糖大于葡萄糖，由于蔗糖水解后生成等量的 D-葡萄糖和 D-果糖的混合物，因此旋光方向和果糖相同，是左旋的。由于水解前后旋光方向发生了转变，因此把由蔗糖水解转化成葡萄糖和果糖的等物质的量的混合物称为转化糖。

$$C_{12}H_{22}O_{11} + H_2O \xrightarrow{水解} C_6H_{12}O_6 + C_6H_{12}O_6$$

蔗糖　　　　　　　　葡萄糖　　　　果糖
$[\alpha]_D^{25}=+66.5°$　　　$[\alpha]_D^{25}=+52.7°$　　$[\alpha]_D^{25}=-92.5°$

蔗糖是人类消耗量最大的二糖，其甜度比葡萄糖大，但略小于果糖。蜜蜂体内的转化酶可以水解蔗糖，所以蜂蜜中主要是转化糖。人类利用体内的蔗糖酶将蔗糖水解为 D-葡萄糖和 D-果糖而被消化吸收。

问题 14-5　海藻二糖是自然界分布较广的非还原性二糖，没有变旋现象，不生成糖脎，也不能被溴水氧化成糖酸，用酸水解只得到 D-葡萄糖，可以被 α-葡萄糖苷酶水解，但不能被 β-葡萄糖苷酶水解。试写出海藻二糖的哈沃斯结构式和相应的构象式。

14.3　多　糖

多糖是由众多单糖分子通过糖苷键连接的高分子化合物，是生物体储存能量和构成细胞结构的重要物质。多糖大多为不溶于水的无定形粉末，无甜味。

凡由单一类型的单糖为结构单位聚合而成的多糖称为同多糖（homopolysaccharide）。自然界中分布最为广泛、含量最丰富的重要多糖为纤维素、淀粉和糖原，它们都是同多糖，它们的最终水解产物都是 D-葡萄糖。

14.3.1　纤维素

纤维素（cellulose）是植物中最丰富、最重要的结构多糖。木材中含纤维素 40%～60%（质量分数，下同），亚麻约含纤维素 80%，棉花含纤维素 90% 以上。纤维素是重要的工业原料。

纤维素的纯品为无色、无味、无臭，不溶于水和一般有机溶剂的固体。在酸性条件下水解的最终产物是 D-葡萄糖。纤维素则是以 D-吡喃葡萄糖为结构单位，经 β-1,4′-糖苷键连接的长链聚合物。

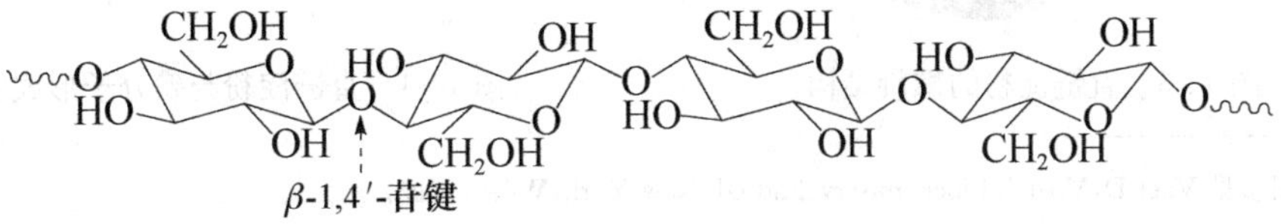

β-1,4′-苷键

纤维素分子以长链聚合物线性排列,链与链之间靠纤维素分子中的许多羟基相互之间的氢键而结合在一起,形成纤维素束。多个纤维素束像绳索一样绞合在一起形成纤维。

人体内没有能水解纤维素 β-1,4′-苷键的纤维素酶(cellulase),因此纤维素不能作为人类的营养物质被消化吸收,但是纤维素对人体有着极为重要的作用。食草动物牛、马、羊等的消化道中孳生着某些微生物群体,由它们产生的纤维素酶能使纤维素水解成葡萄糖,因此食草动物能以纤维素为食,并从中获取营养。

14.3.2 淀粉

淀粉(starch)是植物的主要能量储备库,它作为人类日常食物中糖类化合物的主要来源,具有极其重要的经济价值。小麦、大麦、水稻、玉米、豆类、土豆、山药及红薯等都是淀粉的主要来源。天然淀粉由直链淀粉(amylose)和支链淀粉(amylopectin)组成,直链淀粉占 10%～30%,而支链淀粉占 70%～90%。

直链淀粉一般含 200～2000 个 D-葡萄糖结构单位,是葡萄糖以 α-1,4′-糖苷键连接的,没有分支的多糖聚合物。其不易溶于冷水,在热水中有一定溶解度。直链淀粉呈有规则的左手螺旋状排列,螺旋的每一圈约含六个葡萄糖结构单位(图 14-3)。

直链淀粉遇到碘显蓝色,就是因为直链淀粉与恰好能钻入隧道中的碘分子之间形成蓝色的络合物(图 14-4)。

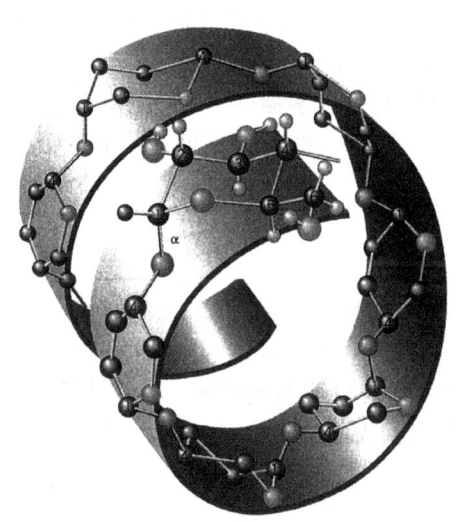
图 14-3 直链淀粉的螺旋结构①

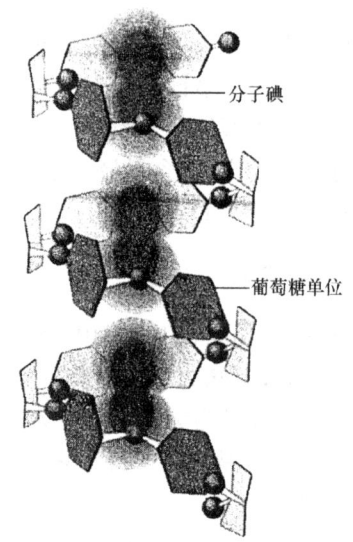
图 14-4 直链淀粉与碘分子形成络合物

① 原图参见 Voet D,Voet J. Biochemistry. 2nd ed. New York:Wiley,1995。

支链淀粉是葡萄糖以 α-1,4′-糖苷键和 α-1,6′-糖苷键连接的，带有支链的多糖聚合物。

支链淀粉遇碘显紫色或紫红色。

支链淀粉一般含 6000～40 000 个 D-葡萄糖结构单位，主链由 α-1,4′-苷键连接而成，分支处为 α-1,6′-苷键连接。每 20～25 个葡萄糖基就可能出现一个分支点。支链淀粉不溶于水，在热水中膨胀成糊状。

14.3.3 糖原

糖原（glycogen）是由多余的葡萄糖在动物体内的酶催化下转变而来的，是脊椎动物体内糖的储存形式，在肝细胞和肌肉细胞中含量最高。糖原的结构单位也是 D-葡萄糖，其结构与支链淀粉相似，但分支更多更密集，结构更复杂，平均每隔 8～12 个葡萄糖单位就出现一个分支（图 14-5）。糖原与支链淀粉相似，遇到碘呈紫红色。

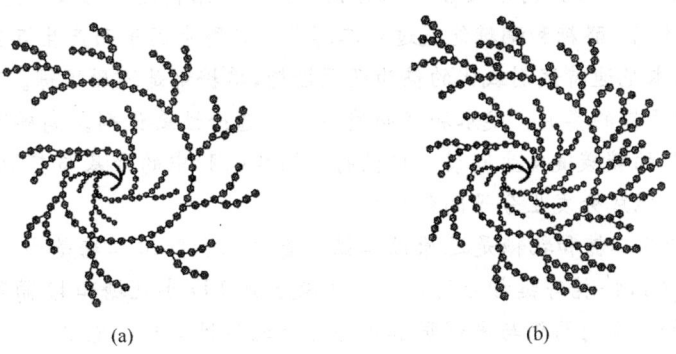

图 14-5　支链淀粉(a)和糖原(b)的分支状链示意图

14.3.4 环糊精

环糊精（cyclodextrin, CD）是由淀粉（直链淀粉或支链淀粉）在环糊精葡萄糖基转移酶作用下生成的含有 6～12 个葡萄糖结构单位，以 α-1,4′-苷键连接的闭环结构，是相对分子质量为 1200 左右的低聚糖的总称。其中含有六个、七个和八个 α-D-葡萄糖结构单位的环糊精分别称为环六糊精（α-环糊精）、环七糊精（β-环糊精）和环八糊精（γ-环糊精）。

环糊精的形状像一个略呈锥形的无底圆筒，其中伯羟基围成锥形的小口，而仲羟基围成锥形的大口（图 14-6）。因此，环糊精具有内腔疏水而外部亲水的特性。在催化、分离、食品、医药、农业化工及轻工业等不同领域中受到化学和化工研究者极大的重视，且被广泛应用。

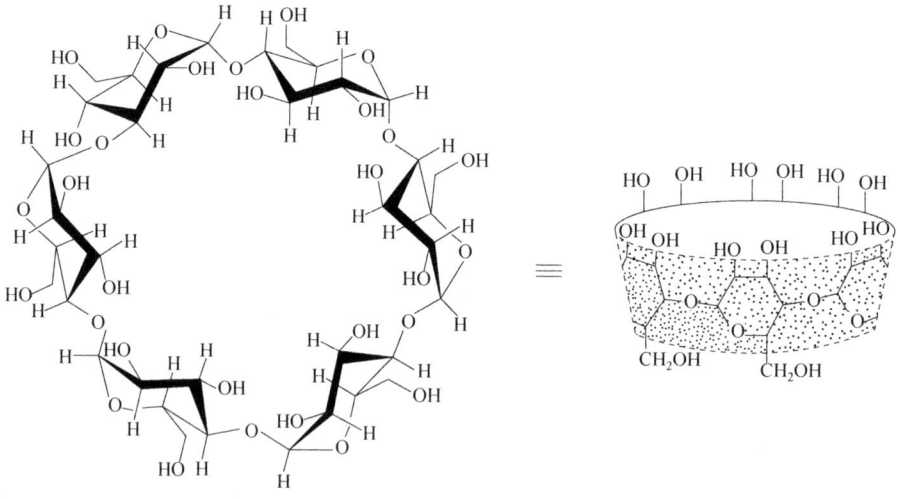

图 14-6　α-环糊精结构和模型示意图

小　结

1. 单糖是多羟基醛、酮。单糖的构型通常用相对构型 D/L 标记。单糖通常用俗名命名。重要的单糖有 D-葡萄糖、D-半乳糖、D-甘露糖、D-果糖和 D-核糖等。

2. 单糖有开链结构和环状结构，开链状结构用费歇尔投影式表示，环状结构用哈沃斯结构式（呋喃型或吡喃型）及相应的构象式表示。环状结构存在 α-正位异构体或 β-正位异构体。在糖的水溶液中其 α-正位异构体及 β-正位异构体和开链结构之间形成动态平衡。

3. 在碱性条件下，醛糖和酮糖能通过烯二醇或烯二醇负离子而产生互变异构。能被土伦试剂或费林试剂、本尼迪特试剂氧化的糖为还原性糖，单糖都是还原性糖。醛糖和酮糖与苯肼能生成糖脎，可用于糖的鉴定。溴水和稀硝酸为糖的选择性氧化剂。高碘酸氧化能使糖或糖苷分子中邻二羟基的碳碳键发生断裂。单糖的半缩醛（酮）中的羟基与其他含有羟基、氨基或巯基等活泼氢的非糖成分发生分子间脱水生成糖苷。

4. 麦芽糖、纤维二糖和乳糖是还原性二糖。麦芽糖和纤维二糖是由 D-葡萄糖分别通过 α-1,4′-糖苷键和 β-1,4′-糖苷键相连的二糖。乳糖是由 β-D-半乳糖和 D-葡萄糖以 β-1,4′-苷键相连的二糖。蔗糖是由葡萄糖与果糖脱水相连的非还原性二糖。它既是葡萄糖苷，又是果糖苷。以上二糖中的糖苷键都可以分别被专一性酶水解。

5. 淀粉、纤维素和糖原都是以 D-葡萄糖为基本结构单位的同多糖。淀粉和糖原含有 α-1,4′-糖苷键和 α-1,6′-糖苷键；纤维素含有 β-1,4′-糖苷键。它们都是生物体内的能量物质和结构物质。

习　题

1. 解释下列概念性名词，必要时可举例说明。
   (1) 醛糖和酮糖
   (2) 差向异构和正位异构
   (3) 还原性糖和非还原性糖

(4) 糖苷
(5) 糖脎
(6) 变旋现象

2. 将下列开链式糖结构改写成哈沃斯结构式(吡喃型)。

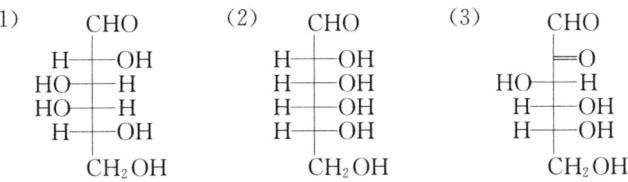

3. 写出下列糖的稳定构象式。
   (1) α-D-吡喃半乳糖　(2) β-D-吡喃甘露糖　(3) α-D-吡喃艾杜糖　(4) β-D-阿拉伯糖

4. 如何用简便的化学方法区别下列各糖？
   (1) 葡萄糖与果糖
   (2) 葡萄糖与蔗糖
   (3) 蔗糖与淀粉

5. 化合物 **A** 和 **B** 是两个都具有旋光性的丁醛糖，与苯肼反应生成相同的糖脎。用硝酸氧化都生成含四个碳原子的二元酸，但前者的氧化产物有旋光性，后者的氧化产物没有旋光性。试推测 **A** 和 **B** 的可能结构式。

6. D-核糖的开链结构式为

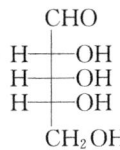

   (1) 写出 β-D-核糖的哈沃斯结构式(呋喃型)。
   (2) 写出 D-核糖与下列试剂反应的产物。
   ① 异丙醇(干燥 HCl)　② 苯肼(过量)　③ 稀硝酸　④ 溴水　⑤ H_2(Ni 为催化剂)

7. 写出 D-葡萄糖和 D-果糖用 H_2/Ni 还原的反应产物，比较产物之间有什么不同。

第15章 氨基酸、多肽、蛋白质和核酸

主要内容

(1) 氨基酸的结构、分类与命名。

氨基连在羧酸 α-碳原子上的称为 α-氨基酸。手性蛋白质氨基酸的构型都是 L 构型。氨基酸通常用俗名。氨基酸可分为中性氨基酸、酸性氨基酸和碱性氨基酸，或者按烃基不同分为脂肪族氨基酸、芳香族氨基酸和杂环氨基酸。

(2) 氨基酸的性质。

氨基酸都为熔点较高的无色结晶形固体，易溶于水，而难溶于非极性有机溶剂。氨基酸同时具有氨基和羧基的性质，其等电点和与水合茚三酮的反应可用于氨基酸的鉴别。

(3) 肽的结构、命名和序列测定。

肽是由氨基酸按照一定的排列顺序通过肽键连接起来的大分子化合物。命名时以 C-端氨基酸作为母体，其他氨基酸作为酰基取代基按顺序放在母体前面。肽的序列测定分为 N-端测定法和 C-端测定法。

(4) 蛋白质的一级结构主要是指每个肽链中所含氨基酸的数目、种类和排列顺序。最主要的二级结构包括 α 螺旋和 β 折叠。

(5) 核酸分为 RNA 和 DNA。RNA 和 DNA 的基本结构单位分别是核糖核苷酸和脱氧核糖核苷酸，它们都是通过 $3',5'$-磷酸二酯键相连的生物高分子。

氨基酸、肽、蛋白质和核酸是有机化学与生物化学研究的关于生命科学的重要领域。

α-氨基酸是组成蛋白质及生物活性肽的基本结构单位。生物体内生物活性肽、结构复杂的蛋白质和生物酶都是由 α-氨基酸组成的。

肽是由多种氨基酸按照一定的排列顺序，由一个 α-氨基酸的羧基与另一个 α-氨基酸的氨基脱水生成的酰胺类化合物。连接氨基酸之间的酰胺键称为肽键。

蛋白质是多种氨基酸通过肽键连接的、具有特定空间构象和生物功能的大分子。它和核酸、糖及脂等生物大分子共同构成了生命的物质基础。

核酸是由核苷酸连接起来的链状生物大分子，是自然界一切生命的遗传物质。

15.1 氨 基 酸

15.1.1 氨基酸的结构、分类和命名

羧酸碳链上的氢原子被氨基取代的化合物称为氨基酸(amino acid)。氨基连在羧酸 α-碳原子上的称为 α-氨基酸。在数百种已知结构的氨基酸中，有 22 种 α-氨基酸出现在蛋白质分

子中，是组成蛋白质的结构单元，而且与核酸中的遗传密码有相对应的关系，所以称为蛋白质氨基酸、编码氨基酸或标准氨基酸。在 α-氨基酸中，除甘氨酸（氨基乙酸）外，α-碳原子都为不对称碳原子，它们都具有旋光性。通常 α-氨基酸的构型也用相对构型 D/L 表示，构成蛋白质的手性蛋白质氨基酸的构型都是 L 构型。

$$\begin{array}{c} \text{COOH} \\ \text{H}_2\text{N}\text{—}\text{H} \\ \text{R} \end{array}$$

L-氨基酸

根据 α-氨基酸中 R 的不同，氨基酸可分为脂肪族氨基酸、芳香族氨基酸和杂环氨基酸。根据氨基酸中含氨基和羧基的相对数目不同，也可将氨基酸分为中性氨基酸（含有一个氨基和一个羧基）、酸性氨基酸（含有两个羧基和一个氨基）和碱性氨基酸（含有一个羧基和两个氨基）。表 15-1 列出 22 种蛋白质氨基酸，其中前 20 种是常见蛋白质氨基酸。大多数氨基酸可以在人体内合成，但另外有 10 种氨基酸是人体内必需的氨基酸，它们不能被人在体内自身合成，或者虽能被合成（如精氨酸与组氨酸），但不能满足正常的需要（特别对婴幼儿），而必须从不同的食物中摄取，如果人体缺乏这些氨基酸，则会引发某些疾病，所以称为必需氨基酸，用"*"标记。

氨基酸的系统命名法是将氨基作为羧酸的取代基来命名，但通常按其来源和性质使用俗名。22 种蛋白质 α-氨基酸的俗名、英文缩写、中英文代号及等电点(pI)见表 15-1。

表 15-1 22 种编码 α-氨基酸的俗名、英文缩写及中英文代号

氨基酸	英文缩写	代号(中文)	R 结构式	pI
甘氨酸(glycine)	Gly	G(甘)	H—	5.97
丙氨酸(alanine)	Ala	A(丙)	CH_3—	6.01
*缬氨酸(valine)	Val	V(缬)	$(CH_3)_2CH$—	5.96
*亮氨酸(leucine)	Leu	L(亮)	$(CH_3)_2CHCH_2$—	5.98
*异亮氨酸(isoleucine)	Ile	I(异亮)	$CH_3CH_2CH(CH_3)$—	6.02
*蛋氨酸(methionine)	Met	M(蛋)	$CH_3SCH_2CH_2$—	5.74
脯氨酸(proline)	Pro	P(脯)	![COOH-NH环状] (完整结构式)	6.30
*苯丙氨酸(phenylalanine)	Phe	F(苯丙)	$C_6H_5CH_2$—	5.48
酪氨酸(tyrosine)	Tyr	Y(酪)	$p\text{-}HOC_6H_4CH_2$—	5.66
*色氨酸(tryptophan)	Trp	W(色)	吲哚-CH_2—	5.89
*苏氨酸(threonine)	Thr	T(苏)	$CH_3CH(OH)$—	5.60
丝氨酸(serine)	Ser	S(丝)	$HOCH_2$—	5.68
天冬酰胺(asparagine)	Asn	N(天冬酰胺)	H_2NCOCH_2—	5.41
半胱氨酸(cysteine)	Cys	C(半胱)	$HSCH_2$—	5.07
谷氨酰胺(glutamine)	Gln	Q(谷酰胺)	$H_2NCOCH_2CH_2$—	5.65
天冬氨酸(aspartic acid)	Asp	D(天冬)	$HOCOCH_2$—	2.77
谷氨酸(glutamic acid)	Glu	E(谷)	$HOCOCH_2CH_2$—	3.22
*赖氨酸(lysine)	Lys	K(赖)	$H_2N(CH_2)_4$—	9.74

续表

氨基酸	英文缩写	代号(中文)	R结构式	pI
*精氨酸(arginine)	Arg	R(精)	$HN=C(NH_2)NH(CH_2)_3-$	10.76
*组氨酸(histidine)	His	H(组)	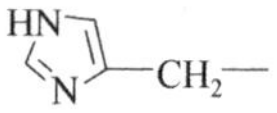 (咪唑基)CH_2-	7.59
硒代半胱氨酸(selenocystenine)	Sec	U(—)	$HSeCH_2-$	—
吡咯赖氨酸(pyrrolysine)	Pyl	O(—)	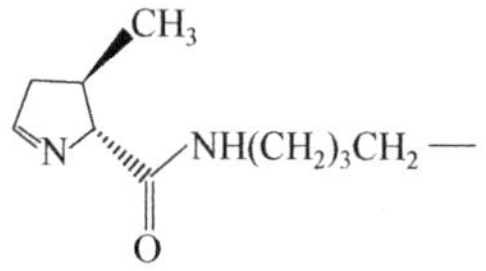 (吡咯啉结构)$NH(CH_2)_3CH_2-$	—

最后两个 α-氨基酸是被发现不久的、比较罕见的蛋白质氨基酸。硒代半胱氨酸只存在于含硒蛋白中,吡咯赖氨酸仅存在于一些真细菌和古细菌体内。

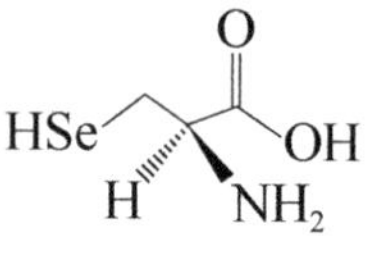

硒代半胱氨酸 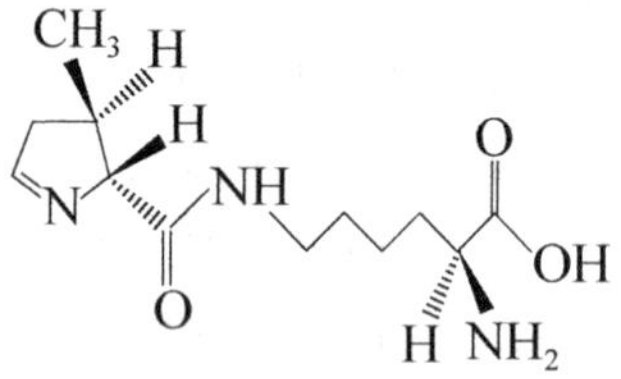　　吡咯赖氨酸

问题 15-1　L-苏氨酸(Thr)为(2S,3R)-2-氨基-3-羟基丁酸,请用费歇尔投影式写出其结构式。

问题 15-2　什么是人体必需氨基酸?为什么可以把精氨酸与组氨酸列为人体所必需的氨基酸?

15.1.2　非蛋白质氨基酸

除上述 22 种基本的蛋白质氨基酸外,还发现有众多的非蛋白质氨基酸,它们与核酸中的遗传密码没有相对应的关系,它们中有的是蛋白质的组成成分,但它们都是由蛋白质氨基酸进入多肽链后被修饰而衍生的,如胶原蛋白中的 4-羟基脯氨酸和 5-羟基赖氨酸。

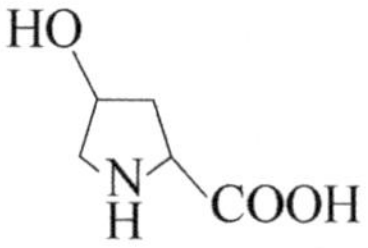

$H_2NCH_2CHCH_2CH_2CHCOOH$
　　　　　　$|$　　　　　　$|$
　　　　　　OH　　　　NH_2

4-羟基脯氨酸 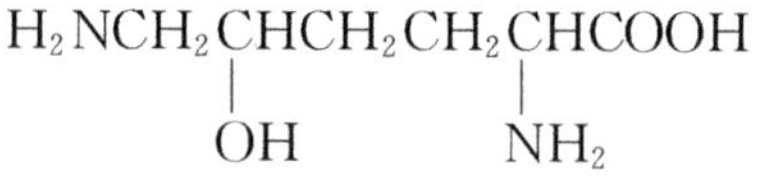　　　　5-羟基赖氨酸

有的非蛋白质氨基酸并不是蛋白质的组成成分,但它们却具有重要的生物活性或是代谢的中间产物,如动物体内重要的神经传导递质 γ-氨基丁酸(GABA),以及氨基酸代谢(尿素循环)的中间体 L-瓜氨酸(L-citruline)和 L-鸟氨酸(L-ornithine)。

$H_2NCH_2CH_2CH_2COOH$　　　$H_2NCNHCH_2CH_2CH_2CHCOOH$　　　$H_2NCH_2CH_2CH_2CHCOOH$
　　　　　　　　　　　　　　　　　　　$||$　　　　　　　　　　$|$　　　　　　　　　　　　　　　$|$
　　　　　　　　　　　　　　　　　　　O　　　　　　　　　NH_2　　　　　　　　　　　　　NH_2

γ-氨基丁酸　　　　　　　　L-瓜氨酸 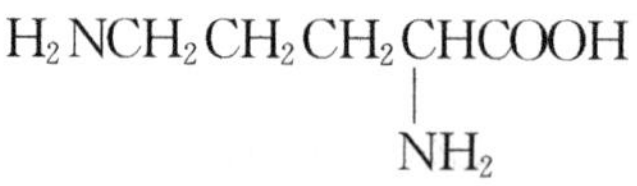　　　　　　　　　　L-鸟氨酸

由于非蛋白质氨基酸具有独特的生理活性,因此科学家们通过构效研究设计和合成出某些天然并不存在的非蛋白质氨基酸为人类服务。例如,可以用于临床治疗癌症的苯丙氨酸氮

芥就是一种非蛋白质 α-氨基酸。

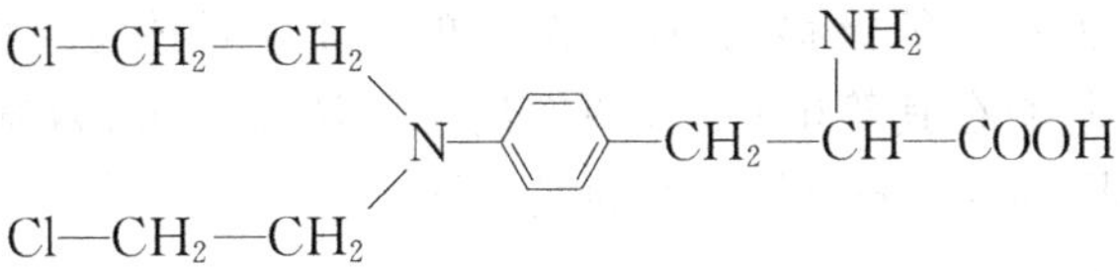

$$Cl-CH_2-CH_2 \diagdown N-C_6H_4-CH_2-CH(NH_2)-COOH$$
$$Cl-CH_2-CH_2 \diagup$$

4-[N,N-二(β-氯乙基)-氨基]苯丙氨酸（苯丙氨酸氮芥）

因为非蛋白质氨基酸结构的多样性且具有不同的生物活性，所以其构效关系引起了众多化学家、生物学家和药物学家的关注。

15.1.3 氨基酸的性质

氨基酸都为无色结晶形固体，易溶于水，而难溶于乙醚、苯等非极性有机溶剂。由于氨基酸分子具有氨基和羧基，可自身形成内盐，因此称为两性离子或偶极离子。

$$R-CH(NH_3^+)-COO^-$$

氨基酸的内盐

通常情况下，α-氨基酸在它的晶体结构和水溶液中也都以偶极离子形式存在。所以氨基酸一般都具有较高的熔点（一般在 200 ℃以上），易溶于水，而难溶于非极性有机溶剂。氨基酸在熔化时发生分解，释放出二氧化碳。

1. 氨基酸的酸碱性质与等电点 pI

α-氨基酸是两性化合物，分子中既有氨基又有羧基，所以它既可以与酸形成铵盐，又可以与碱形成羧酸盐。

$$H_3N^+-CH(R)-COO^- + HCl \longrightarrow H_3N^+-CH(R)-COOH\ Cl^-$$

$$H_3N^+-CH(R)-COO^- + NaOH \longrightarrow H_2N-CH(R)-COO^-\ Na^+$$

氨基酸的两性离子在水溶液中存在以下平衡：

$$HO^- + H_3N^+-CH(R)-COOH \underset{}{\overset{H_2O}{\rightleftharpoons}} H_3N^+-CH(R)-COO^- \underset{}{\overset{H_2O}{\rightleftharpoons}} H_2N-CH(R)-COO^- + H_3O^+$$

　　　　（Ⅰ）　　　　　　　　　　两性离子　　　　　　　　　　（Ⅱ）

但由于在氨基酸两性离子中，—COO⁻ 结合 H⁺ 的能力和 H₃N⁺— 给出 H⁺ 的能力并不完全相等，即离子（Ⅰ）和（Ⅱ）的量是不等的，所以电中性的氨基酸两性离子的水溶液的 pH 不等于 7。

在酸性溶液中，氨基酸主要以正离子（Ⅰ）的形式存在，在电场中氨基酸向负极移动。在碱性溶液中，氨基酸主要以负离子（Ⅱ）的形式存在，在电场中氨基酸向正极移动。

$$H_3N^+-CH(R)-COOH \underset{H^+}{\overset{OH^-}{\rightleftharpoons}} H_3N^+-CH(R)-COO^- \underset{H^+}{\overset{OH^-}{\rightleftharpoons}} H_2N-CH(R)-COO^-$$

　　（Ⅰ）　　　　　　　　　　　　　　　　　　　　　　　　（Ⅱ）

　酸性条件　　　　　　　　两性离子　　　　　　　　碱性条件

调节水溶液的 pH,可以使离子(Ⅰ)和(Ⅱ)的量相等,溶液中的净电荷为零,在电场中氨基酸既不向正极移动,也不向负极移动,这时溶液的 pH 就是该氨基酸的等电点(isoelectric point),用 pI 表示。氨基酸在其等电点时,两性离子的浓度最大,氨基酸在水中的溶解度最小,因此可通过调节不同的 pH 分离氨基酸的混合物。

2. α-氨基酸的反应

1) 氨基的反应

α-氨基酸中氨基具有氨基的典型反应,可以被酰化、烃化,可以与亚硝酸、甲醛等试剂反应。

A. 与亚硝酸反应

当 α-氨基酸中的氨基是伯胺时,与脂肪族伯胺相似,可以与亚硝酸反应释放出 N_2,生成 α-羟基酸。

$$R-\underset{NH_2}{\underset{|}{CH}}-COOH + HNO_2 \longrightarrow R-\underset{OH}{\underset{|}{CH}}-COOH + H_2O + N_2\uparrow$$

反应是定量完成的,通过计量释放出的氮气,可以定量地测定分子中氨基的含量。这种方法称为范斯莱克(van Slyke)氨基测定法。但脯氨酸与亚硝酸反应不放出氮气。

B. 氨基的酰化

α-氨基酸中的氨基可以被酰氯或酸酐酰化,通常用于对氨基的保护。氯甲酸苄酯是常用的酰化剂。例如

$$C_6H_5CH_2OCOCl + H_3\overset{+}{N}\underset{CH_2CH(CH_3)_2}{\underset{|}{CH}}COO^- \xrightarrow[\text{② } H_3O^+]{\text{① NaOH/H}_2O} C_6H_5CH_2OCONH\underset{CH_2CH(CH_3)_2}{\underset{|}{CH}}COOH$$

其中的 $C_6H_5CH_2OCO$— 称为苄氧羰基,简写为 Z 或 Cbz,常用作氨基的保护基团,苄氧羰基可以用催化氢解的方法除去。

$$C_6H_5CH_2OCONH\underset{R}{\underset{|}{CH}}COOH \xrightarrow{H_2, Pd} C_6H_5CH_3 + [HOCONH\underset{R}{\underset{|}{CH}}COOH]$$

$$\longrightarrow H_3\overset{+}{N}\underset{R}{\underset{|}{CH}}COO^- + CO_2$$

氯甲酸叔丁酯也是常用于保护氨基的酰化剂。例如

$$(CH_3)_3COCOCl + H_3\overset{+}{N}\underset{R}{\underset{|}{CH}}COO^- \xrightarrow[\text{② } H_3O^+]{\text{① NaOH/H}_2O} (CH_3)_3COCONH\underset{R}{\underset{|}{CH}}COOH$$

保护基 $(CH_3)_3COCO$— 称为叔丁氧羰基,简写为 Boc。叔丁氧羰基可以用无水酸处理的方法除去。

$$(CH_3)_3COCONH\underset{R}{\underset{|}{CH}}COOH \xrightarrow{CF_3COOH} [(CH_3)_3\overset{+}{CH}] + [HOCONH\underset{R}{\underset{|}{CH}}COOH]$$

$$\downarrow -H^+ \qquad\qquad\qquad \longrightarrow H_3\overset{+}{N}\underset{R}{\underset{|}{CH}}COO^- + CO_2$$
$$(CH_3)_2C=CH_2$$

在肽的合成中常用苄氧羰基和叔丁氧羰基保护氨基酸中的氨基。

C. 氨基的烃化

在弱碱性条件下，氨基酸的 α-氨基与 2,4-二硝基氟苯发生芳环上的亲核取代反应，生成 2,4-硝基苯基氨基酸（DNP-氨基酸）。

$$O_2N\text{-}C_6H_3(NO_2)\text{-}F + H_2NCHCOO^- \xrightarrow[\text{② }H_3O^+]{\text{① }pH=8\sim9} O_2N\text{-}C_6H_3(NO_2)\text{-}NHCHCOOH$$
$$\text{（R）}\qquad\qquad\qquad\qquad\text{（R）}$$

DNP-氨基酸

产物为稳定的黄色固体，用层析法可以与标准氨基酸的相应产物比较，因此可用于氨基酸的定性鉴定。

2) 羧基的反应

α-氨基酸中的羧基具有羧酸的典型反应，可以生成酯、酰卤或酰胺，可以被还原等。例如

$$C_6H_5CH_2\underset{\underset{^+NH_3}{|}}{C}HCOO^- + CH_3OH \xrightarrow{HCl} C_6H_5CH_2\underset{\underset{^+NH_3Cl^-}{|}}{C}HCOOCH_3$$
$$90\%$$

$$H_3\overset{+}{N}CH_2COO^- + C_6H_5CH_2OH \xrightarrow{C_6H_5SO_3H} H_3\overset{+}{N}CH_2COOCH_2C_6H_5 \cdot C_6H_5SO_3^-$$
$$90\%$$

氨基酸的甲酯、乙酯和苄酯可以作为多肽合成时的中间体，用于对羧基的保护。苄酯的特点是在肽生成后，通过氢解的方法可以将苄基除去。例如

$$C_6H_5CH_2OCONHCHCOOH + H_2NCH_2COOCH_2C_6H_5 \xrightarrow[\text{CHCl}_3]{\text{偶联剂}}$$
$$\quad\quad\quad\quad\quad|\quad\quad\quad\quad\quad\quad\quad\quad\quad\quad\quad\quad\quad\quad\quad\quad\quad\quad\quad\quad\quad$$
$$\quad\quad\quad\quad\quad CH_2C_6H_5$$

$$C_6H_5CH_2OCONHCHCONHCH_2COOCH_2C_6H_5 \xrightarrow{H_2,\,Pd} H_3\overset{+}{N}CHCONHCH_2COO^- + C_6H_5CH_3 + CO_2$$
$$\quad\quad\quad\quad\quad\quad\quad|\quad\quad\quad\quad\quad\quad\quad\quad\quad\quad\quad\quad\quad\quad\quad\quad\quad\quad|\quad$$
$$\quad\quad\quad\quad\quad\quad\quad CH_2C_6H_5\quad\quad\quad\quad\quad\quad\quad\quad\quad\quad\quad\quad\quad CH_2C_6H_5$$

二肽

氨基酸与无机酸酰卤（如 PCl_5 或 PCl_3）反应，可以生成相应的氨基酸酰氯，但在反应时有时需要将氨基作适当的保护，氨基酸酰氯的制备主要是为了提高羧基的酰化能力。

问题 15-3 写出下列反应的主要产物。

$$CH_3CH_2\underset{\underset{NH_2}{|}}{C}HCOOH + CH_3CH_2COCl \longrightarrow$$

问题 15-4 写出苯丙氨酸与下列试剂反应的主要产物。

(1) CH_3OH, HCl (2) $(CH_3CO)_2O$ (3) ① $PhCOCl$, $NaOH$；② H^+, H_2O

---

3) 与水合茚三酮的反应

在水溶液中，将 α-氨基酸与水合茚三酮一起加热，氨基酸失去氨，生成醛。氨再与水合茚三酮缩合，生成紫色的有机物。

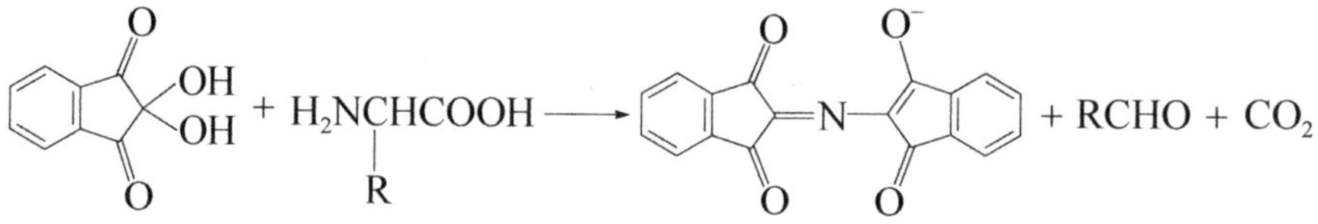

· 344 · 有机化学

[反应式图：水合茚三酮 + H₂NCHCOOH(R) → 紫色化合物 + RCHO + CO₂]

反应十分灵敏,这是 α-氨基酸的特征反应,可用于 α-氨基酸的定性和定量分析。但 α-氨基在环中的仲胺型氨基酸,如脯氨酸和羟基脯氨酸,由于不能失去氨,因此与水合茚三酮不能发生上述反应,而只生成另一种结构的黄色有机物。

4) 金属盐络合物的生成

α-氨基酸中的羧基可以与金属离子形成羧酸盐,同时 α-氨基氮原子上的未共用电子对可以与金属离子形成环状的配价键,生成稳定的金属盐络合物。例如,α-氨基酸与 Cu^{2+} 能形成蓝色络合物结晶体,可用于 α-氨基酸的分离和鉴定。

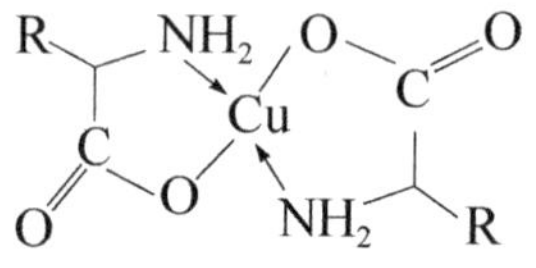

[蓝色铜络合物结构图]

15.2 肽和蛋白质

15.2.1 肽的结构和命名

肽(peptide)广泛地存在于自然界中,具有重要的生物活性。最简单的肽由两个氨基酸组成,称为二肽(dipeptide)。例如,由丙氨酸与甘氨酸形成的丙-甘肽,其中含有一个肽键(—CONH—, peptide bond)。

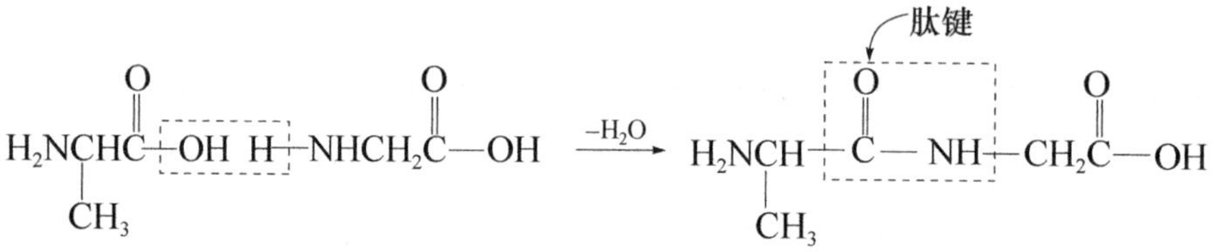

[反应式图：丙氨酸 + 甘氨酸 —H₂O→ 丙氨酰甘氨酸,丙-甘肽 Ala-Gly,丙-甘]

肽键是一种酰胺键,氮原子上的未共用电子对与羰基的 π 键形成 p-π 共轭,因此肽键中的碳氮键具有双键的性质,碳氮键不能自由旋转,且与碳、氮原子相连的原子一起处于同一平面上,即肽键具有平面结构的特点。

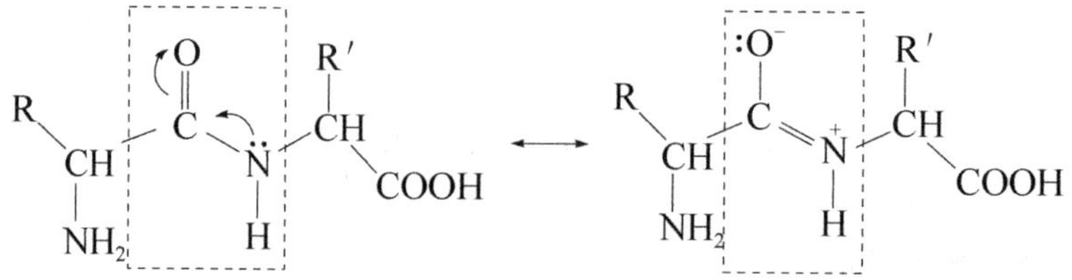

[共振结构式图]

理论上两个氨基酸组成的二肽应该有四种。例如,甘氨酸与丙氨酸可以组成甘-甘、丙-丙、甘-丙和丙-甘四种二肽。在肽链中,由于氨基酸单位相对于原来氨基酸分子已不完整,因此把肽链中的氨基酸单位称为氨基酸残基(amino acid residue)。

含有三个、四个及五个氨基酸结构单位的肽分别称为三肽(tripeptide)、四肽(tetrapeptide)及五肽(pentapeptide)。在书写多肽分子时,通常把有氨基的一端(称为N-端)写在左边,把有羧基的一端(称为C-端)写在右边。与氨基酸相似,多肽中N-端和C-端也构成两性离子。

肽的命名是以C-端的氨基酸为母体,把肽链中各氨基酸名称中的"酸"改为"酰",然后从N-端氨基酸开始,按照肽链中氨基酸的顺序依次排列在母体前面,各氨基酸残基之间都用一短横"-"隔开。例如

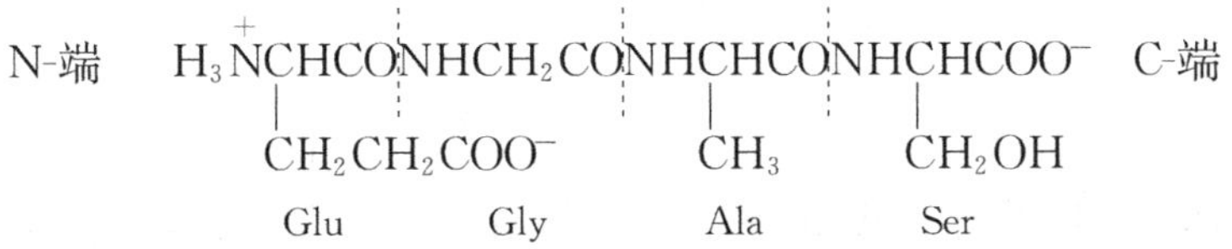

$$\underset{N\text{-端}}{} \quad \overset{+}{H_3N}CHCONHCH_2CONHCHCONHCHCOO^- \quad \underset{C\text{-端}}{}$$

$$\underset{Glu}{CH_2CH_2COO^-} \quad \underset{Gly}{} \quad \underset{Ala}{CH_3} \quad \underset{Ser}{CH_2OH}$$

谷氨酰-甘氨酰-丙氨酰-丝氨酸

当多肽分子中的N-端和C-端以肽键连接时,则构成环肽(cyclic peptide)。例如

D-Phe→L-Pro→L-Val→L-Orn→L-Leu
L-Leu←L-Orn←L-Val←L-Pro←D-Phe

箭头的指向表示由羧基去与氨基成肽键的方向。

15.2.2 多肽结构的测定

多肽的红外光谱有羰基的特征吸收峰。含有芳香环的氨基酸(Tyr,Phe)的紫外光谱在254 nm与280 nm附近有最大吸收峰。多肽的相对分子质量可用不同的质谱技术(如FAB-MS、ESI-MS、GC-MS和HPLC-MS等)进行测定。

1. 多肽分子中氨基酸的组分和相对含量

首先将多肽在稀盐酸中回流,使多肽彻底水解为游离的氨基酸,然后用层析法或氨基酸自动分析仪进行分析,从而确定多肽分子中氨基酸的组分和各氨基酸的相对含量。

2. 多肽分子中氨基酸排列顺序的确定

1) 端基分析法

无论多肽的分子多大,它都有N-端和C-端,如果选择一个适当的试剂使之与多肽的N-端或C-端氨基酸反应,然后将肽键水解,则连有反应试剂的氨基酸就是链端的氨基酸。

A. N-端氨基酸的测定

桑格(Sanger)法:2,4-二硝基氟苯(DNFB,称为桑格试剂)与多肽N-端的氨基发生芳环上的亲核取代反应,生成DNP-多肽,后者经酸水解,肽键断裂,除N-端氨基酸得到黄色的DNP-氨基酸衍生物外,其余均为游离氨基酸。然后将DNP-氨基酸衍生物的R_f值与标准、已知的DNP-氨基酸衍生物的R_f值比较,从而可鉴别N-端氨基酸。

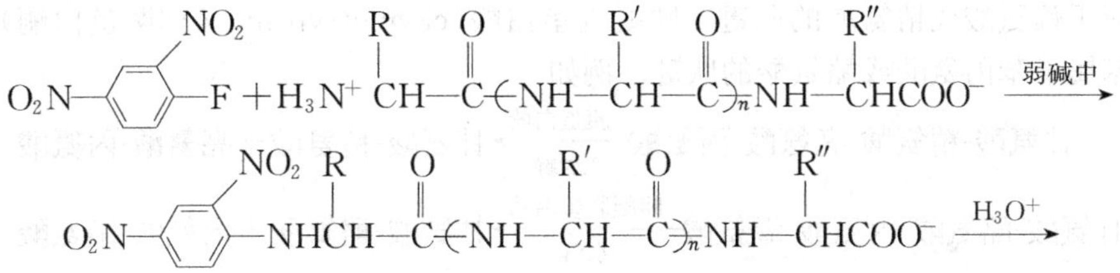

$$O_2N-\underset{\text{黄色}}{\underset{|}{\overset{NO_2}{\bigcirc}}}-NHCH(R)COOH + 混合游离氨基酸$$

环肽及 N-端没有游离氨基的多肽则不能利用上述方法鉴别。

埃德曼(Edman)法：埃德曼法是利用异硫氰酸苯酯与肽链 N-端氨基酸的氨基反应，生成苯氨基硫代甲酸衍生物。然后在有机溶剂中经无水氯化氢的作用，发生关环反应，生成苯基乙内酰硫脲的衍生物，从肽链上断裂下来，而肽链中的酰胺键不受影响。

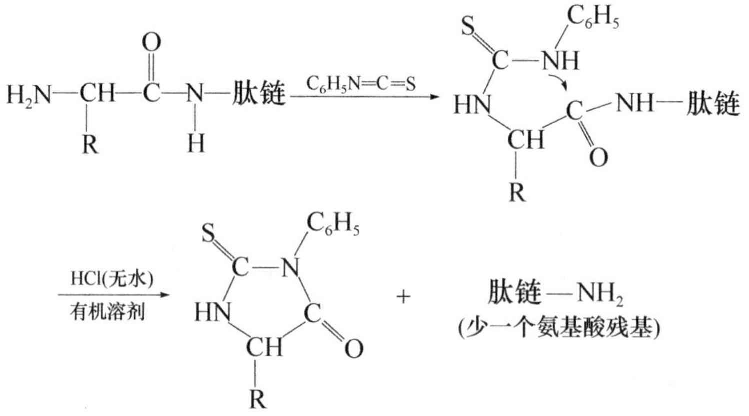

$$H_2N-\underset{R}{\overset{}{C}}H-\overset{O}{\overset{\|}{C}}-\underset{H}{\overset{}{N}}-肽链 \xrightarrow{C_6H_5N=C=S} \text{(苯氨基硫代甲酸衍生物环状结构)}-NH-肽链$$

$$\xrightarrow[\text{有机溶剂}]{HCl(无水)} \text{苯基乙内酰硫脲衍生物} + 肽链-NH_2 \text{ (少一个氨基酸残基)}$$

苯基乙内酰硫脲衍生物
（PTH 衍生物）

将苯基乙内酰硫脲的衍生物分离后，用薄层层析、气相色谱、高效液相色谱或质谱等方法鉴定，可确定多肽 N-端氨基酸是哪一种氨基酸。除去 N-端氨基酸后，剩下的肽链仍然具有 N-端和 C-端的多肽。经分离后再多次重复以上操作，可将肽链上的氨基酸逐个断裂下来进行鉴定。

B. C-端氨基酸的分析

由于羧肽酶只能使多肽 C-端的 α-氨基酸从肽链断裂下来，因此，在恒温条件下，将多肽在羧肽酶催化下水解，在溶液中首先出现的是从肽链的 C-端断裂下来的 α-氨基酸，同时得到 C-端少一个氨基酸的多肽，然后继续在酶催化下水解，又从肽链的 C-端断裂下来第二个 α-氨基酸，根据不同 α-氨基酸在水解溶液中出现的速率，可以推测出 C-端氨基酸的排列顺序。但在实际操作时，一般只可准确测定出多肽 C-端的三四个 α-氨基酸的顺序。

2) 多肽链的选择性水解

实际上多肽中氨基酸的顺序测定复杂得多，仅依靠端基分析的方法解决顺序问题是不现实的。多肽可以在某些酶的催化下，选择特定的肽键断裂，生成相应的小分子多肽片段，再结合端基分析的方法确定各片段的 N-端或 C-端的氨基酸，然后结合其他获得的信息，将相关片段拼接，从而逐步确定多肽中所有氨基酸的排列顺序。例如，胰蛋白酶(trypsin)只专一性水解羧基属于赖氨酸或精氨酸的肽键。胰凝乳蛋白酶(chymotrypsin，又称糜蛋白酶)只专一性水解羧基属于苯丙氨酸或酪氨酸的肽键。例如

甘氨酸-精氨酸-亮氨酸-丙氨酸 $\xrightarrow[\text{水解}]{\text{胰蛋白酶}}$ 甘氨酸-精氨酸 + 亮氨酸-丙氨酸

甘氨酸-酪氨酸-丙氨酸-缬氨酸 $\xrightarrow[\text{水解}]{\text{胰凝乳蛋白酶}}$ 甘氨酸-酪氨酸 + 丙氨酸-缬氨酸

上述两个四肽可被酶选择性水解为小片段的二肽,再分别对小片段二肽进行端基分析,即可以拼接成原来四肽中氨基酸的顺序。

近年来,随着质谱技术的发展,已将质谱用于生物大分子的分析,使多肽中氨基酸顺序的测定等均有了很快的发展,其特点是所需样品用量少、灵敏度高、准确性好及分析速度快。

问题 15-5 写出五肽丙-缬-苯丙-丙-丙的完整结构。

15.2.3 蛋白质

1. 蛋白质的结构

蛋白质和多肽相似,都是由氨基酸以酰胺键连接的高分子化合物。它们之间没有明确的界限,通常将相对分子质量在 10 000 以上的多肽称为蛋白质。蛋白质水解生成相对分子质量不等的肽和氨基酸,进一步水解的最终产物都是氨基酸。另外,蛋白质分子具有相对比较稳定的空间结构,而多肽却没有相对稳定的空间结构,易变而可塑。

按照化学组分,蛋白质可分为单纯蛋白质和结合蛋白质。单纯蛋白质中只含 α-氨基酸,而不含其他物质。而结合蛋白质是单纯蛋白质还结合有其他非蛋白质部分。这里的非蛋白质部分称为辅基。例如,核蛋白是结合蛋白,其辅基是核酸。

蛋白质中被发现有 22 种氨基酸,但其结构相当复杂,分有一级、二级、三级和四级结构。蛋白质的一级结构主要是指每个肽链中所含氨基酸的数目、种类和排列顺序,另外还包括含多肽链的数目和二硫键(—S—S—)的数目和位置。例如,胰岛素是胰脏分泌的一种激素,猪胰岛素有 A 和 B 两条肽链,共 51 个氨基酸单位组成。图 15-1 是猪胰岛素的一级结构示意图。

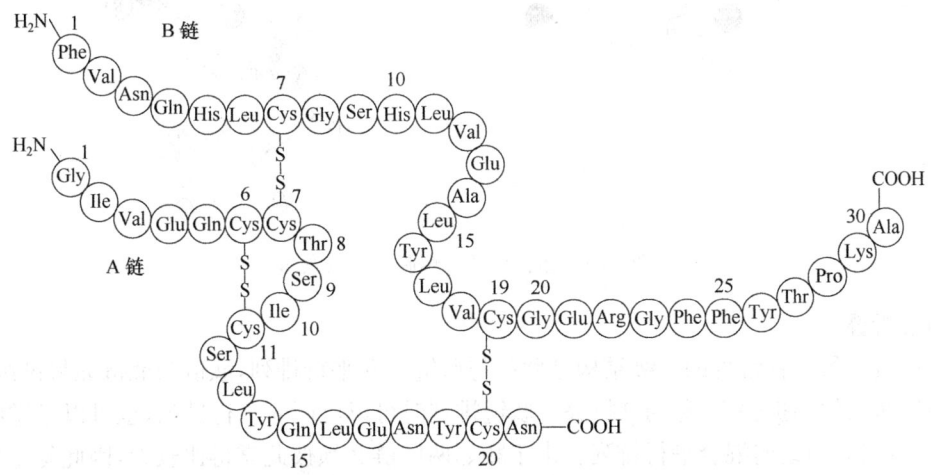

图 15-1 猪胰岛素的一级结构示意图

A 链的 N-端为甘氨酸,C-端为天冬酰胺,共有 11 种 21 个氨基酸单位;B 链的 N-端为苯丙氨酸,C-端为丙氨酸,共有 16 种 30 个氨基酸单位,A 链和 B 链之间通过两对二硫键互相连接。另外,A 链的 6-位和 11-位上的两个半胱氨酸之间也经二硫键相互连接。人胰岛素和猪胰岛素仅在 B 链第 30 位氨基酸单位上有区别,人胰岛素 B 链的 C-端为苏氨酸。

蛋白质生物功能的多样性与蛋白质的空间结构密切相关,蛋白质的二级、三级和四级结构是指不同层次上的空间结构。

蛋白质的二级结构是指在一级结构基础上,肽链通过链内或链间的氢键所维系的主链骨架在空间的构象关系。最主要的二级结构包括α螺旋和β折叠。

1) α螺旋

在蛋白质的多肽链中,每个肽键中氮原子上的氢与排列在它后面的第四个氨基酸单位的肽键上的羰基氧之间形成氢键,使肽链形成围绕中心轴而盘绕的螺旋形构象,称为α螺旋(α-helix)结构,这种结构柔软而有弹性。螺旋的每一圈含有3.6个氨基酸单位,氨基酸单位上的侧链R基团位于螺旋的外侧,绝大多数蛋白质分子中的α螺旋都是右手螺旋结构(图15-2中的两种表示)。

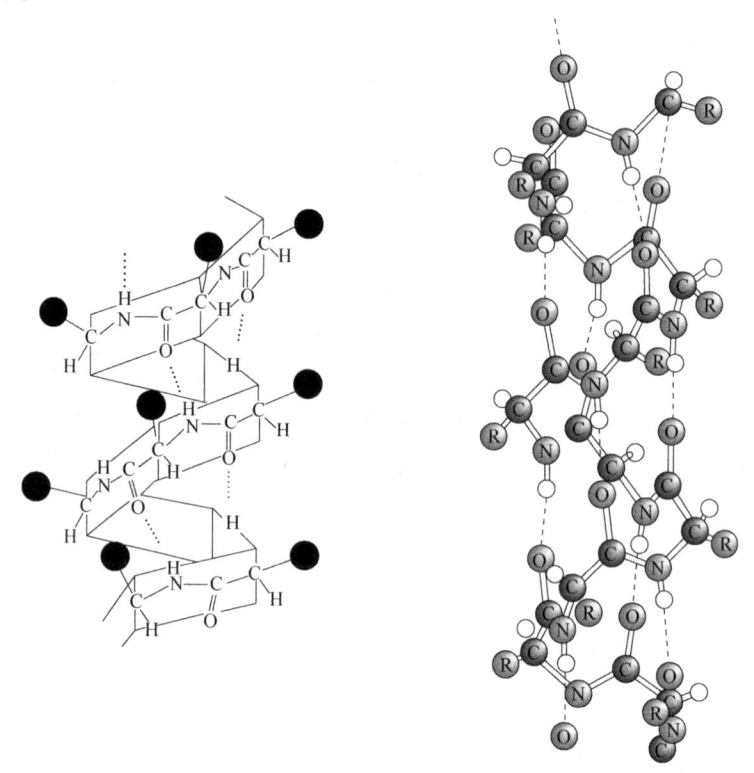

图15-2 蛋白质的α螺旋结构示意图

2) β折叠

蛋白质中另一种常见的二级结构是肽链与肽链之间平行排列,肽链与肽链靠氢键维系,排列成与扇面相似的折叠面,称为β折叠。肽链排列时可以是同向平行排列,也可以是逆向平行排列,或者同向与逆向混合平行排列。由于相邻两肽链必须彼此靠得比较近,因此氨基酸单位上的侧链R基团一般都比较小,并交替排列在折叠面的上下两边(图15-3)。

α螺旋和β折叠是蛋白质的主要二级结构,实际上蛋白质的空间形状在很大程度上与肽链的一级结构,即氨基酸的组成及排列顺序密切相关。大多数蛋白质不是仅以某种二级结构存在,而是多种二级结构共存。

蛋白质的三级结构是指蛋白质分子在二级结构的基础上,多肽链经过进一步卷曲、折叠而构成的一种不规则的、特定的、更复杂的空间结构。尽管已有不少蛋白质的三级结构经过X

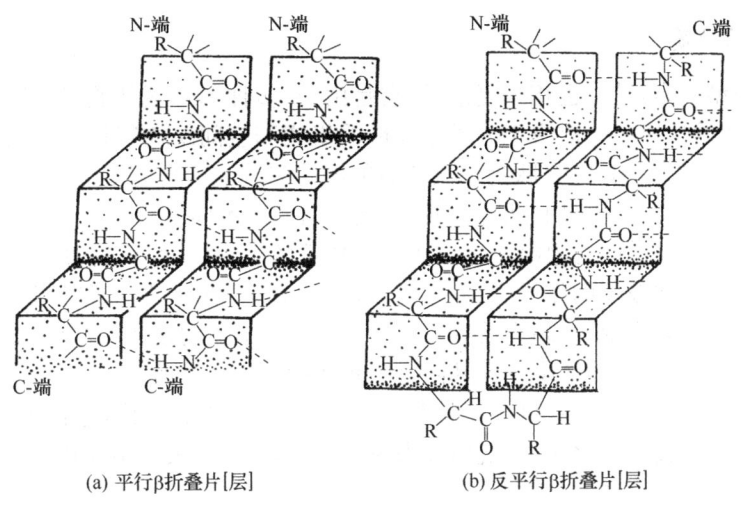

(a) 平行β折叠片[层]　　　(b) 反平行β折叠片[层]

图 15-3　蛋白质的 β 折叠片[层]结构示意图

射线单晶衍射技术和 NMR 技术等分析技术确定，但相对于自然界中众多的蛋白质而言，三级结构清楚的还为数不多。图 15-4 是肌红蛋白的三级结构示意图。

蛋白质的四级结构是指由具有三级结构的蛋白质分子的几条多肽链聚合而成的大分子蛋白质，具有特定的构象。例如，血红蛋白的四级结构已基本清楚，它是由两条 α 链和两条 β 链组成的聚合体。α 链有 141 个氨基酸单位，β 链有 146 个氨基酸单位。每条肽链的三级结构都卷曲成球状，与肌红蛋白的三级结构非常相似，都有一个空穴容纳一个血红素。图 15-5 是血红蛋白的四级结构示意图。

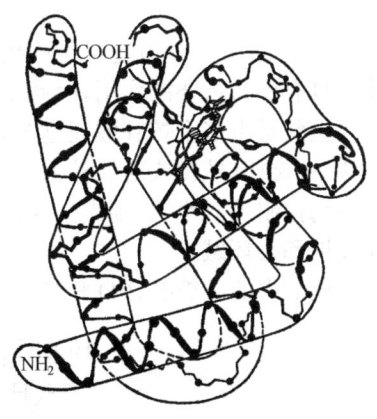

图 15-4　肌红蛋白的三级结构示意图

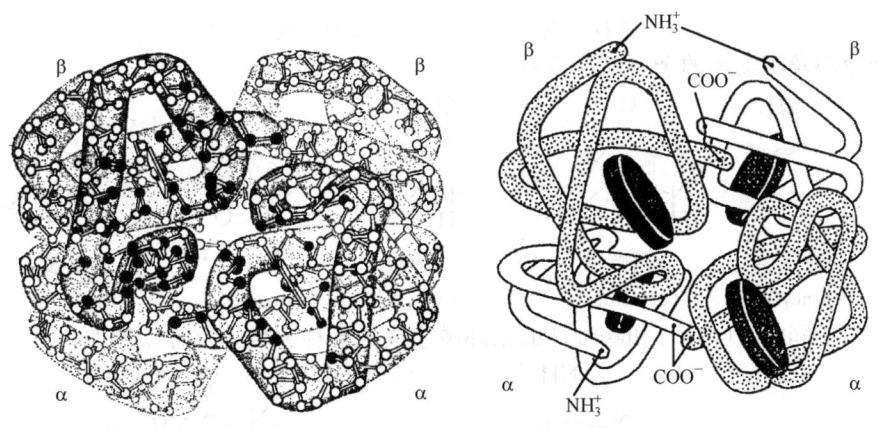

图 15-5　血红蛋白的四级结构示意图

问题 15-6　什么是蛋白质的一级结构和二级结构？

2. 蛋白质的性质

蛋白质的类型很多,结构也相当复杂,但它是由 20 多种 L-α-氨基酸(仅甘氨酸无手性碳)组成,因此蛋白质的性质主要取决于分子中肽链的组成和空间结构特征。蛋白质分子中的肽链也具有 N-端和 C-端。另外,在肽链中氨基酸单位的侧链上还含有不同数量的羧基、氨基或其他碱性基团,所以蛋白质也具有两性性质,不同蛋白质有不同的等电点。

蛋白质结构的特定空间构象赋予蛋白质某些特殊的生理活性,而这种高度有序的构象是靠肽链中不同基团之间较弱的作用力(如氢键、范德华力等)维持的。所以当活性蛋白质受到某些物理因素(如加热、光辐射、超声波等)或化学因素(如 pH 的改变、重金属盐、尿素、三氯乙酸、丙酮等试剂)的影响后,肽链中不同基团之间较弱的作用力被改变或破坏,发生了蛋白质分子结构上的变化,从而失去原来的生理活性,并引起理化性质的变化,这称为蛋白质的变性。蛋白质的变性会使酶失去催化能力,抗体失去免疫作用,激素丧失调节作用等。

15.3 核 酸

核酸是 1869 年首先从细胞核中分离得到的酸性物质,所以称为核酸。由于核酸在生命活动中具有极其重要的作用,因此受到化学家和生物学家的极大关注,取得了丰硕的研究成果。

核酸是由多个核苷酸通过 $3',5'$-磷酸二酯键相连的生物高分子。核酸用酸完全水解,生成磷酸、戊糖(核糖或脱氧核糖)和含嘌呤环及嘧啶环的杂环碱的混合物。如果用稀酸、稀碱或某些酶控制部分水解,则先生成核苷酸,核苷酸继续水解生成磷酸和核苷,核苷再继续水解生成戊糖和杂环碱。

核酸中的戊糖有 β-D-核糖和 β-D-2-脱氧核糖两种。

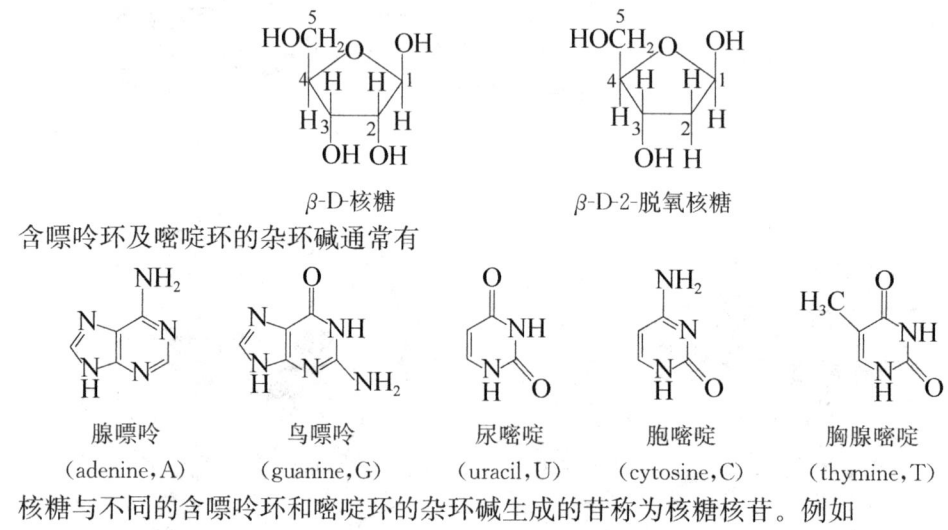

含嘌呤环及嘧啶环的杂环碱通常有

核糖与不同的含嘌呤环和嘧啶环的杂环碱生成的苷称为核糖核苷。例如

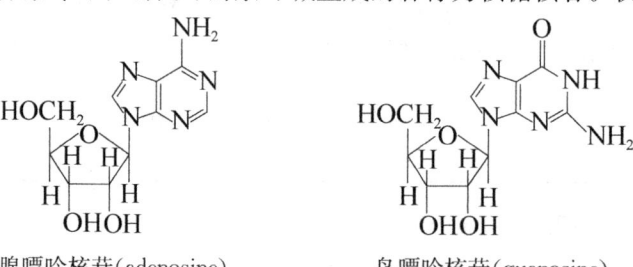

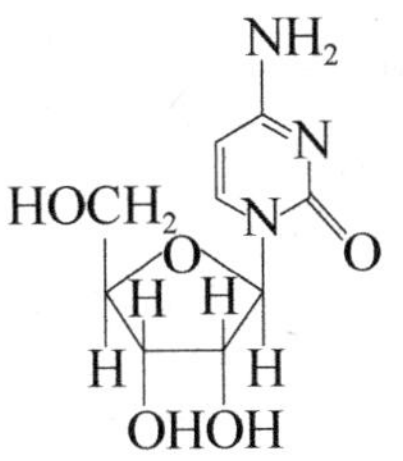

胞嘧啶核苷(cytidine) 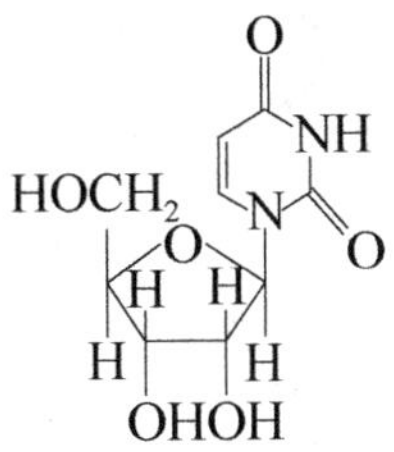 　　尿嘧啶核苷(uridine)

脱氧核糖与不同的含嘌呤环和嘧啶环的杂环碱生成的苷称为脱氧核糖核苷。例如

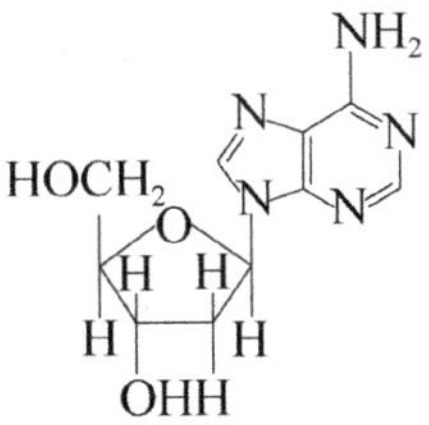

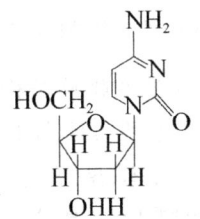
腺嘌呤脱氧核苷(deoxyadenosine)

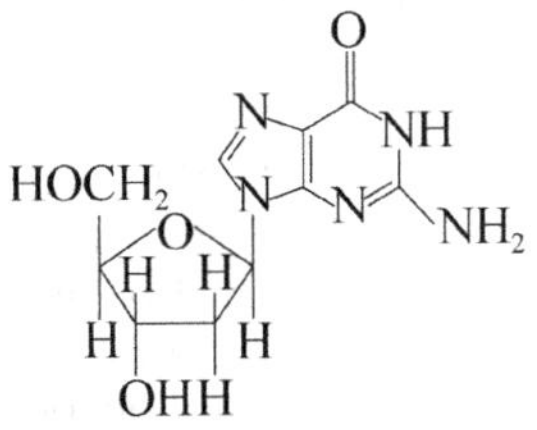

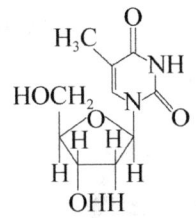
鸟嘌呤脱氧核苷(deoxyguanosine)

胞嘧啶脱氧核苷(deoxycytidine) 　　胸腺嘧啶脱氧核苷(deoxythymidine)

核糖核苷和脱氧核糖核苷中胞嘧啶、腺嘌呤和鸟嘌呤三个含氮杂环是相同的。另外,尿嘧啶只存在于核糖核苷中,而胸腺嘧啶只存在于脱氧核糖核苷中。

核糖核苷和脱氧核糖核苷的磷酸酯称为核苷酸,细胞中游离的核苷酸主要是以 $5'$-核苷酸的形式存在。例如

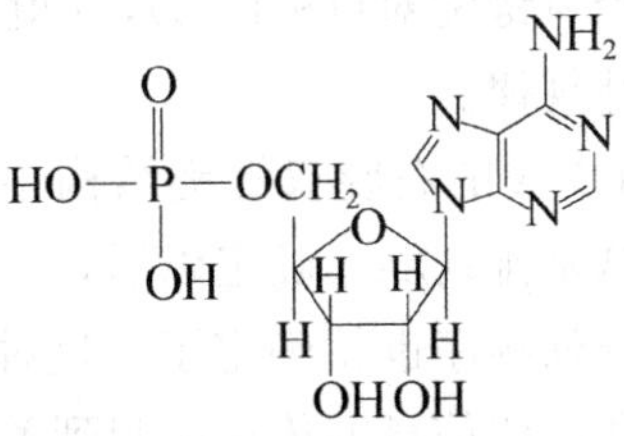

腺嘌呤核苷酸 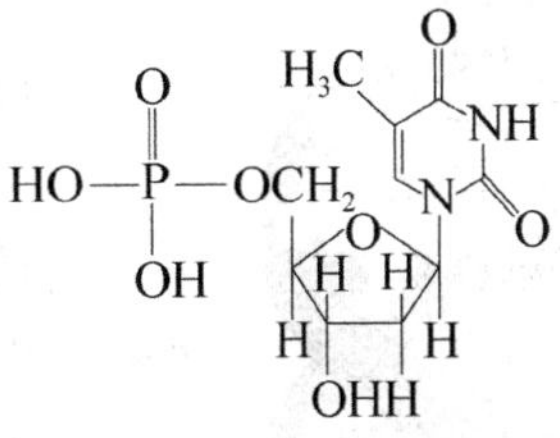 　　胸腺嘧啶脱氧核苷酸

核酸分为核糖核酸(RNA)和脱氧核糖核酸(DNA)。RNA 的基本结构单位是核糖核苷酸,是由多个核糖核苷酸通过 $3',5'$-磷酸二酯键相连的生物高分子。而 DNA 的基本结构单位是脱氧核糖核苷酸,是由多个脱氧核糖核苷酸通过 $3',5'$-磷酸二酯键相连的生物高分子。图 15-6 分别是核糖核酸和脱氧核糖核酸的部分结构。

核酸的一级结构是指含有不同杂环碱的核苷酸在核酸中的排列顺序。二级、三级结构是指核酸的空间结构,其与核苷酸链(包括链内和链与链之间)通过氢键折叠、卷曲产生的构象有关。

1. DNA 的二级结构

1953 年,沃森和克里克在前人研究的基础上,应用 DNA 晶体的 X 射线衍射图谱和分子

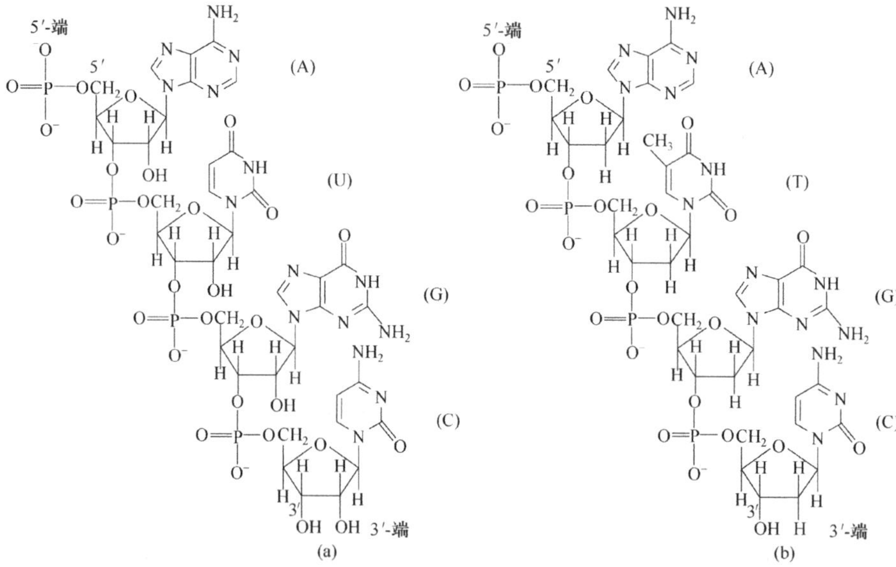

图 15-6 核糖核酸(a)(RNA)和脱氧核糖核酸(b)(DNA)的部分结构(四聚核苷酸)

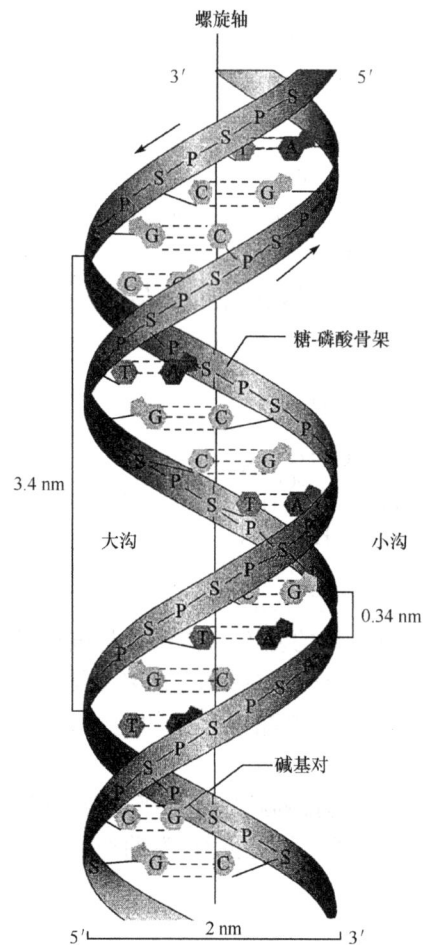

图 15-7 DNA 双螺旋结构示意图
S:核糖基,P:磷酸基

模型,提出了 DNA 的双螺旋结构模型。双螺旋结构模型认为:DNA 是由两条反向平行的脱氧核糖核苷酸链围绕一个假想的轴盘绕成右手双螺旋,两条链通过嘧啶碱基和嘌呤碱基之间形成的氢键固定(图 15-7)。

在双螺旋结构中,嘌呤碱的总数和嘧啶碱的总数相等,即 T+C=A+G,而且碱基之间的氢键配对严格遵循以下规律:A 与 T 通过两个氢键配对,G 与 C 通过三个氢键配对(图 15-8),这就是 DNA 分子中的碱基互补规律。

在 DNA 的右旋双螺旋结构中,当一条多核苷酸链中的碱基排列顺序确定以后,另一条多核苷酸链中的碱基排列顺序也就确定了。这种互补规律在 DNA 的复制和遗传信息的传递中起到关键的作用。

由于 DNA 的相对分子质量极大,其中 A、G、C 和 T 四个碱基在数量上和排列顺序上有着千差万别的变化,NDA 作为决定遗传的物质基础,携带着全部的遗传密码。DNA 具有按自身结构精确复制的功能,当细胞分裂时,组成 DNA 双螺旋结构的两条链解开成两条单链,然后分开的两条单链各自作为模板,按照碱基配对的互补规律,分别合成两条新的 DNA 双螺旋分子,并进入两个子细胞,这样两个子细胞中的 DNA 双螺旋结构中的碱基排列顺序就和母细胞中的 DNA 双螺旋结构中的碱基排列顺序完全一致

(图15-9)。这样亲代细胞DNA中的遗传信息就准确无误地传给了子代细胞。

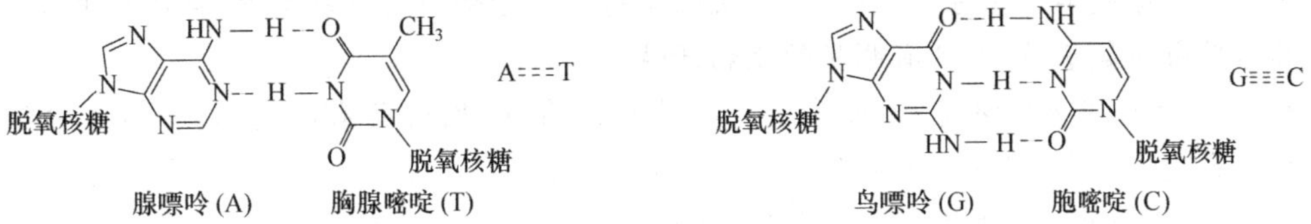

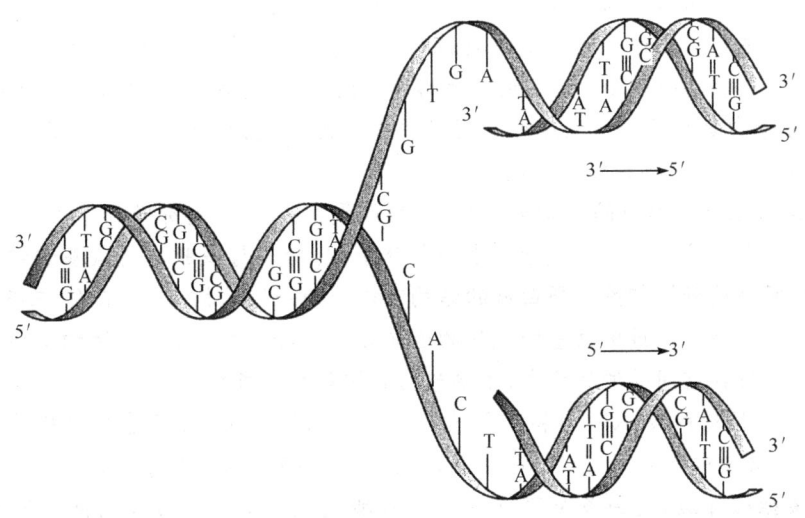

图15-8　DNA中碱基配对规律

图15-9　DNA的复制

2. RNA的结构和功能

大多数RNA是单链结构,从化学组成上看,与DNA不同的是,在RNA中,糖的组成是核糖,四个碱基分别为A、G、C和U,而没有DNA中的碱基T。在RNA分子中,嘌呤碱基和嘧啶碱基的总数也不一定相等,不遵守两种碱基完全配对的原则。RNA的主要生物功能是传递、翻译和表达DNA所携带的遗传信息,然后按照DNA的结构特征合成具有特异生命功能的蛋白质。

因此,RNA可按其生物功能不同分为信使RNA(mRNA)、转移RNA(tRNA)和核糖体RNA(rRNA)。mRNA约占细胞中RNA总量的5%,mRNA分子中的核苷酸排列顺序取决于DNA,mRNA分子链中每三个按序排列的碱基代表一个遗传密码,当mRNA形成后进入细胞质中,在蛋白质的合成基地上,按照密码决定每个氨基酸在肽链中的位置,因此mRNA是蛋白质生物合成的模板。tRNA约占细胞中RNA总量的15%,tRNA的功能是把mRNA所携带的关于蛋白质的氨基酸顺序信息翻译成氨基酸,并由tRNA将各氨基酸运送到核糖体中,按特定位置合成蛋白质。rRNA约占细胞中RNA总量的80%,蛋白质的合成就是在rRNA上进行的,它是合成蛋白质的基地。

小　结

1. α-氨基酸是组成生物活性肽及蛋白质的基本结构单位,绝大多数蛋白质由20~22种α-氨基酸组成,其中除甘氨酸外,均含有手性碳原子,具有旋光性,均为L构型。根据α-碳上取代基的性质,可将 α-氨基酸分为中性、酸性、碱性三大类型。氨基酸的缩写符号为相应英文名称的头三个字母或单个字母,一般都有中文缩写符号。除蛋白质氨基酸外,自然界中存在种类繁多的非蛋白质氨基酸,并具有明显的生物活性。

2. 由于氨基酸是偶极离子,大多数以内盐形式存在,因此具有较高的熔点(或分解点)。大多数氨基酸溶于水,溶于酸或碱的介质中,而不溶于有机溶剂。等电点 pI 是氨基酸的重要物理常数,当溶液的 pH 等于其等电点时,氨基酸以两性离子形式存在,其所带正电荷与负电荷数量相等,净电荷为零。

3. 氨基酸具有一般的氨基与羧基的反应。α-氨基酸与水合茚三酮反应产生蓝紫色(除脯氨酸和羟基脯氨酸),可用于 α-氨基酸的定性和定量分析。α-氨基酸与金属盐反应生成稳定的络合物。例如,α-氨基酸与 Cu^{2+} 能形成蓝色络合物结晶体,可用于 α-氨基酸的分离和鉴定。

4. 多肽分子中氨基酸排列顺序可以利用端基分析法(包括 N-端和 C-端氨基酸的分析测定)和多肽链的选择性水解等方法确定。

5. 生物活性肽和蛋白质的结构单位相似,都是氨基酸,仅相对分子质量大小不同,但没有明确的界限。蛋白质是结构十分复杂的生物大分子,其功能与多肽链的氨基酸组成、数目、排列顺序及其空间结构密切相关。蛋白质的结构可以分为一级结构、二级结构、三级结构和四级结构。一级结构是指多肽链中氨基酸残基的连接方式和排列顺序,二级结构是指多肽链的主链骨架中若干肽段在空间的伸展方式,主要包括 α 螺旋和 β 折叠。

6. 核酸分为核糖核酸(RNA)和脱氧核糖核酸(DNA)。RNA 的基本结构单位是核糖核苷酸,是由多个核糖核苷酸通过 3′,5′-磷酸二酯键相连的生物高分子。而 DNA 的基本结构单位是脱氧核糖核苷酸,是由多个脱氧核糖核苷酸通过 3′,5′-磷酸二酯键相连的生物高分子。核酸用酸完全水解,生成磷酸、戊糖(核糖或脱氧核糖)和含嘌呤环及嘧啶环的杂环碱的混合物。DNA 是由两条反向平行的脱氧核糖核苷酸链围绕一个假想的轴盘绕成右手双螺旋,两条链通过嘧啶碱基和嘌呤碱基之间形成的氢键固定。大多数 RNA 是单链结构,RNA 可按其生物功能的不同分为信使 RNA(mRNA)、转移 RNA(tRNA)和核糖体 RNA(rRNA)。

习 题

1. 举例解释下列名词。
   (1) α-氨基酸　　(2) 偶极离子　　(3) 等电点　　(4) 必需氨基酸
   (5) L-氨基酸　　(6) 肽键　　　　(7) N-端和 C-端　　(8) 端基分析
2. 写出下列氨基酸与过量盐酸和过量氢氧化钠水溶液反应的产物。
   (1) 脯氨酸　　(2) 酪氨酸　　(3) 谷氨酸
3. 写出下列反应的产物。
   (1) 苯丙氨酸+水合茚三酮　　　　(2) α-氨基丁酸+丙酰氯
   (3) 氯甲酸苄酯+丙氨酸　　　　　(4) 赖氨酸+过量乙酸酐
   (5) 丙氨酸+2,4-二硝基氟苯
4. 某五肽 A 由甘$_2$、丙、苯丙、缬组成,与 HNO_2 反应无 N_2 放出,经部分水解后能分离得到丙-甘和甘-丙二肽。试推测 A 中氨基酸排列的可能顺序。
5. 某环状九肽经部分水解后,可分离得到下列三肽:丝-脯-苯丙、脯-苯丙-精、甘-苯丙-丝、脯-脯-甘、精-脯-脯、苯丙-丝-脯、脯-甘-苯丙。试推测此环肽中氨基酸的排列顺序。

第 16 章 萜类和甾族化合物

主要内容

(1) 萜类化合物的结构：单萜、倍半萜、三萜及多萜，维生素 A 和 β-胡萝卜素。
(2) 甾族化合物的结构：重要的甾族化合物，胆甾醇、胆甾酸、甾族激素。

16.1 萜类化合物

萜类化合物广泛存在于自然界中，几乎所有植物的叶、花和果实中都含有萜类化合物。通过提取分离，可以从中得到不同用途的萜类化合物或萜类混合物，它们有的可用作香料和药物。例如，从花卉植物中得到的玫瑰油、橙花油及柠檬香油等香料可用于调配香精，从松脂中可得到用于治疗伤痛擦剂的松节油。有的萜类化合物具有很强的抗氧化性，能消除体内的氧自由基。由于萜类化合物的用途广泛，现在有许多萜类化合物已被人工合成出来，目前萜类化合物已经超过 2 万多种。

16.1.1 萜类化合物的结构

萜类化合物主要含碳、氢和氧三种元素，其碳原子数大多为"异戊二烯单位"的整数倍。异戊二烯的系统名称为 2-甲基-1,3-丁二烯，规定 C_1 为异戊二烯的"头"，C_4 为异戊二烯的"尾"。

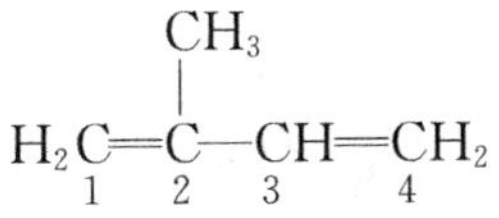

异戊二烯单位

大多数萜类化合物都是由多个异戊二烯以"头-尾"的形式相互连接的，碳架可以是开链的或环状的。萜类化合物可按分子中含"异戊二烯单位"的数目进行分类，含 2,3,4,6,8,…个异戊二烯单位的分别称为单萜、倍半萜、二萜、三萜、四萜等。

16.1.2 典型萜类化合物举例

1. 单萜类

单萜含有两个异戊二烯单位，可以分为开链单萜、单环单萜和双环单萜。
链状的单萜化合物称为开链单萜。例如

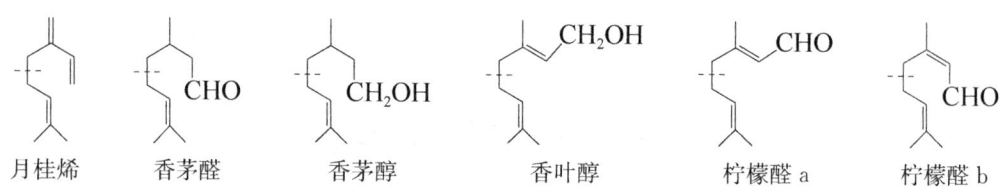

| 月桂烯 | 香茅醛 | 香茅醇 | 香叶醇 | 柠檬醛 a | 柠檬醛 b |

以上开链单萜大多来自相应的香精油中,有的可直接用作调香的原料,有的可用作香料工业或其他合成目的的合成中间体。例如,柠檬醛可以用作合成紫罗兰酮及其相应衍生物和合成维生素 A 的原料。

含一个环的单萜化合物称为单环单萜。例如

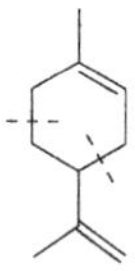

| 苧烯 | 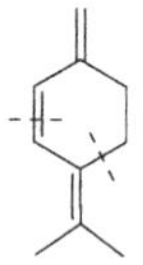 月桂烯 | 薄荷醇 | 薄荷酮 |

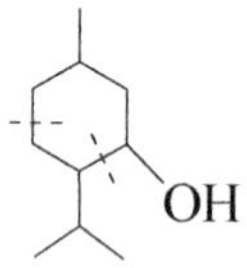

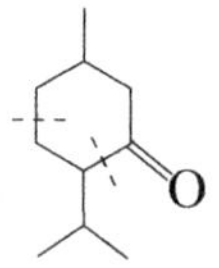

其中,薄荷醇是比较重要的单环单萜,它有 3 个不对称碳原子,应有 8 个异构体。存在于天然薄荷油中的主要是(－)-薄荷醇,其构象式为

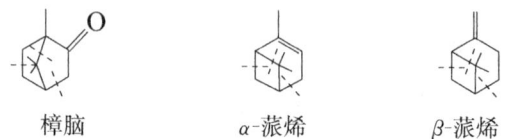

(－)-薄荷醇具有芳香清凉的香味,有杀菌和防腐作用,广泛用于医药、日用化工和食品工业中。

含两个环的单萜化合物称为双环单萜。例如

| 樟脑 | α-蒎烯 | β-蒎烯 |

樟脑有一对对映体,其构象式表示如下:

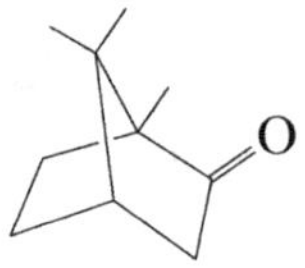

| (－)-樟脑 | (＋)-樟脑 |

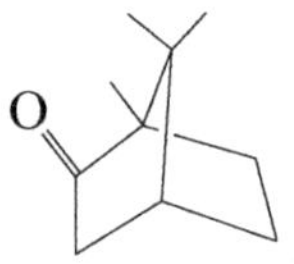

天然樟脑来自樟树的根、干和枝,经水蒸气蒸馏得到樟脑油,进一步精制纯化得到右旋体,合成樟脑为外消旋体。樟脑具有强心、兴奋中枢神经等作用,广泛用于医药工业。樟脑有强烈的樟木气味,用作防蛀剂。樟脑还可用作增塑剂和制备无烟火药的原料。

2. 倍半萜、二萜及多萜类

橙花叔醇。法呢醇、芹子烯(蛇床烯)及石竹烯都是含有 3 个异戊二烯单位的倍半萜。

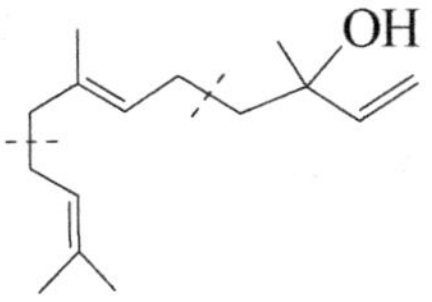

橙花叔醇 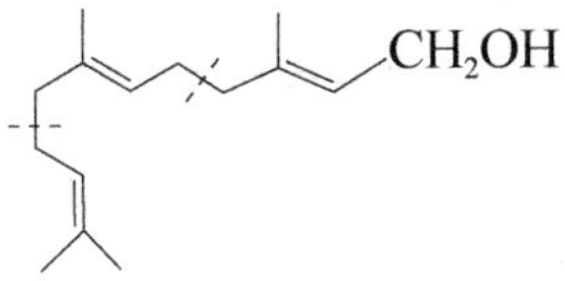　　　　法呢醇 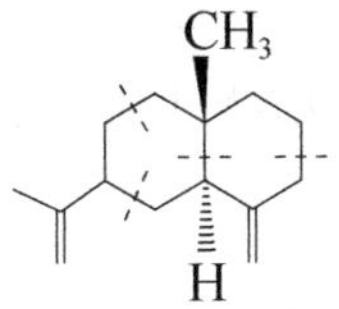　　　　芹子烯(蛇床烯) 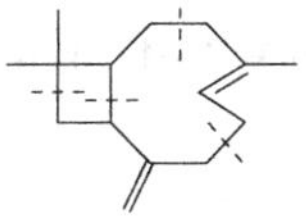　　石竹烯

橙花叔醇主要存在于苦橙花油等香精油中,具有玫瑰和苹果香气,可用作食品工业的香料。法呢醇存在于金合欢、橙叶等多种植物中,具有类似百合花的香气,但含量低,属于名贵香料,用于香精的调配。

维生素 A 有 A_1 和 A_2 两种。含有 4 个异戊二烯单位的维生素 A_1 又称视黄醇,生物活性比维生素 A_2 强。

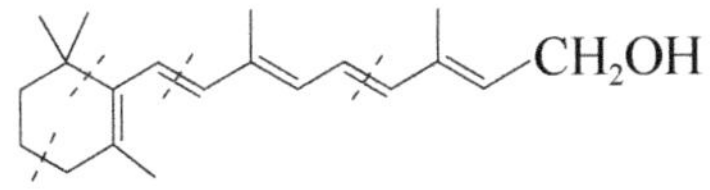

维生素 A_1(视黄醇) 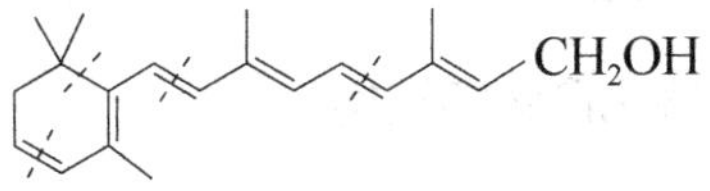　　　　维生素 A_2

维生素 A 主要存在于鱼肝油及蛋黄中。人和其他哺乳动物缺乏维生素 A 会导致暗视觉丧失而患夜盲症,特别是婴幼儿,还会影响其发育和免疫能力。

角鲨烯是含有 6 个异戊二烯单位的重要三萜,大量存在于鲨鱼的肝脏中,另外也存在于橄榄油和米糠油中。在分子中间是"尾-尾"相连的对称结构。

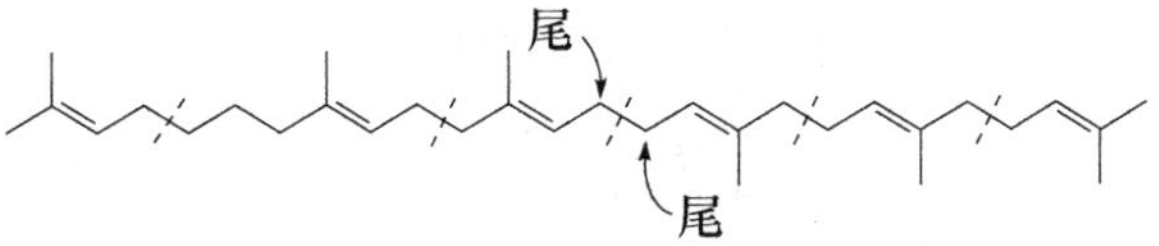

角鲨烯

角鲨烯可以作为合成药物的中间体。

番茄红素和胡萝卜素都是重要的含有 8 个异戊二烯单位的四萜。番茄红素是植物中所含的一种天然色素,主要存在于番茄和其他多种水果中。番茄红素具有非常优越的生理功能,其抗氧化性能远强于胡萝卜素和维生素 E。番茄红素分子中的碳碳双键都是 E 构型。在分子中间是"尾-尾"相连的对称结构。

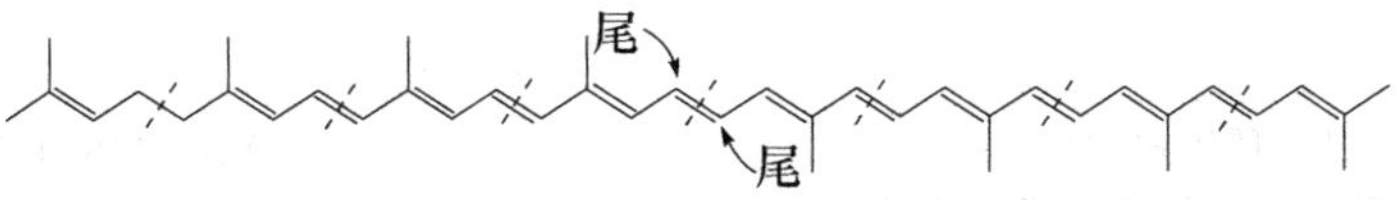

番茄红素

胡萝卜素有三种异构体,其中以 β-胡萝卜素最为重要。β-胡萝卜素不仅存在于胡萝卜中,也广泛存在于水果、多种蔬菜和动物肝脏、乳汁脂肪中。β-胡萝卜素在动物体内酶的作用下能转变为维生素 A,一分子 β-胡萝卜素能产生两分子维生素 A。

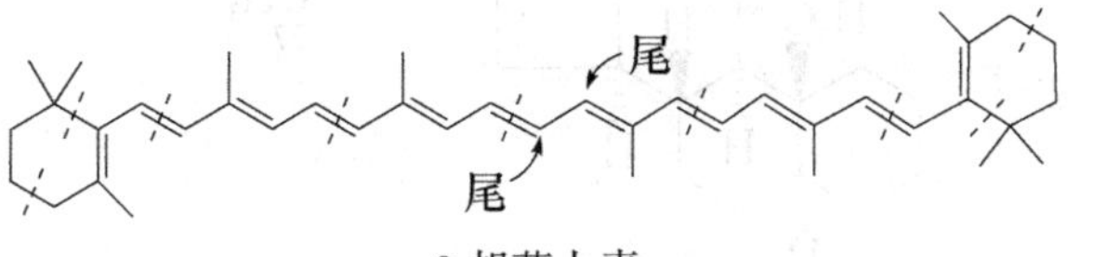

β-胡萝卜素

问题 16-1 划出下列化合物中的异戊二烯单位，并指出它们各属于几萜。

(1) 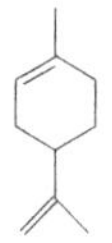 (2)  (3) 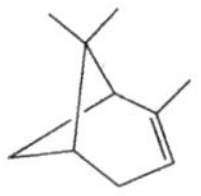 (4) 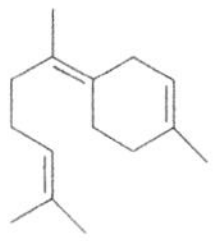 (5)

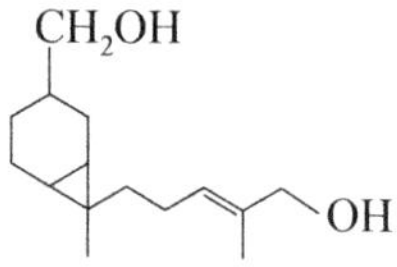

16.2 甾族化合物

甾族化合物是一类广泛存在于动植物组织内的、在生命活动中起着重要调节生理作用的天然产物，主要包括甾醇、胆甾酸、甾族激素等。

16.2.1 甾族化合物的结构

甾族化合物分子中都含有一个环戊烷并多氢或全氢菲的母核结构，四个环分别称为 A、B、C 和 D 环。一般情况下，母核的 C_{10}、C_{13} 和 C_{17} 位还含有三个支链。其碳架和碳原子的编号为

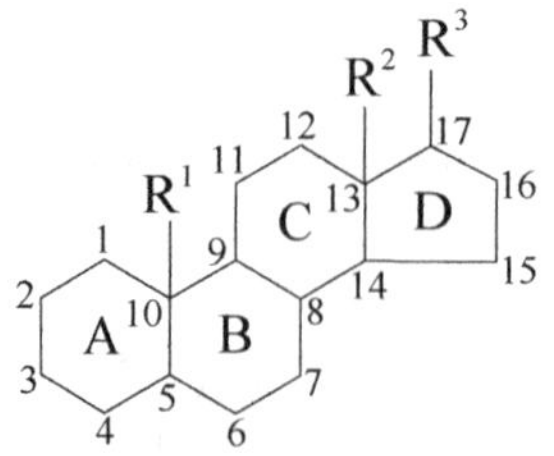

自然界存在的甾族化合物中，B 环与 C 环都是以反式稠合的，C 环与 D 环也大多以反式稠合，而 A 环与 B 环可以有顺式稠合或反式稠合，但多数为反式稠合。主要的构象式为

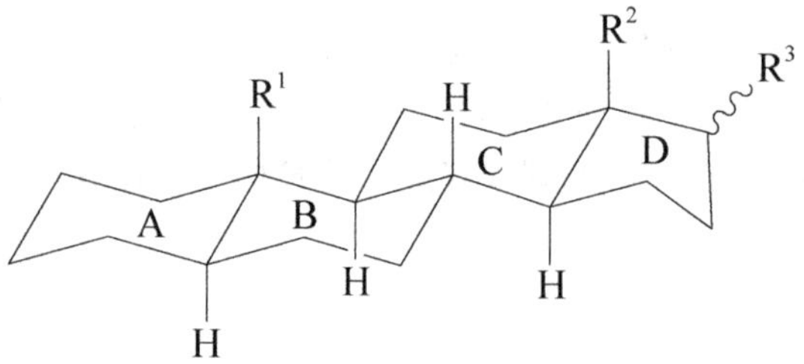

A、B 二环反式稠合 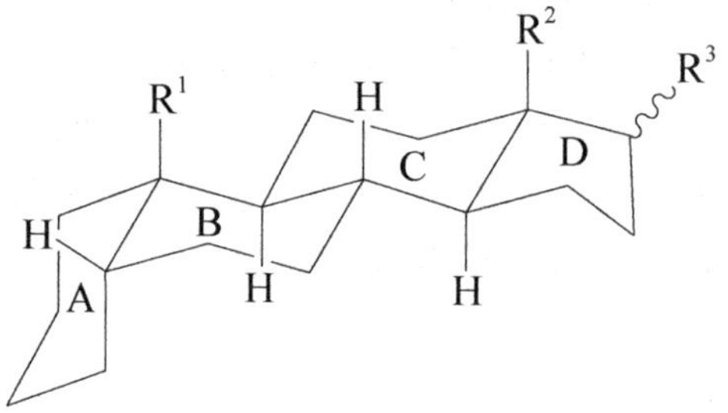　　　　　　　A、B 二环顺式稠合

C_{10} 上的 R^1 和 C_{13} 上的 R^2 通常都是—CH_3，称为角甲基，分别编为 C_{18} 和 C_{19}，C_{17} 上 R^3 为碳原子数不等的侧链或取代基团。例如，胆甾烷的结构为

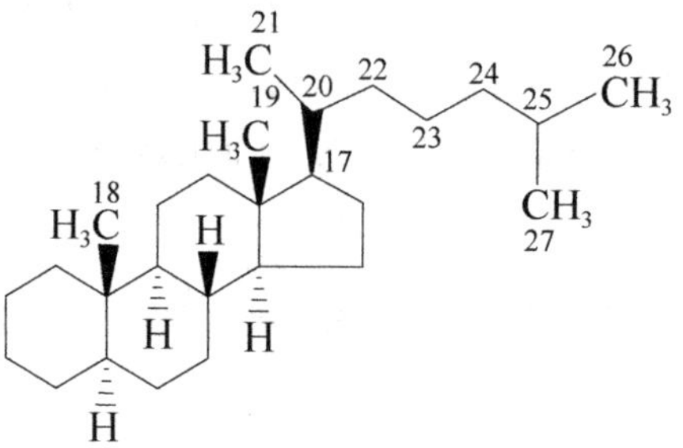

其相应的构象式可表示为

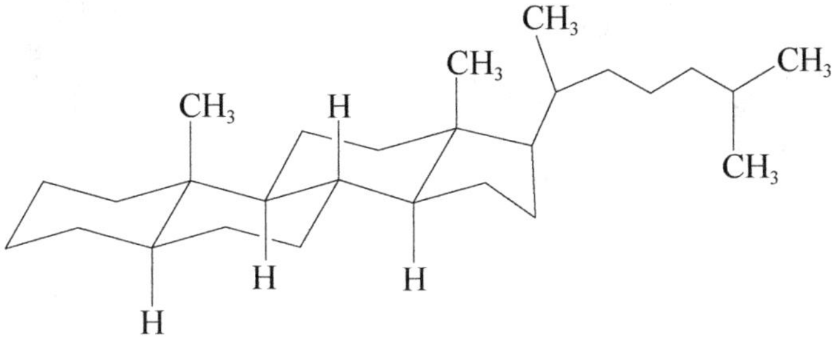

16.2.2 典型的甾族化合物

1. 胆甾醇

胆甾醇又称为胆固醇,是最早被发现的甾族化合物,为无色或微黄色结晶固体,熔点为 147~149 ℃,微溶于水,易溶于热乙醇、乙醚和氯仿等有机溶剂。其结构式为

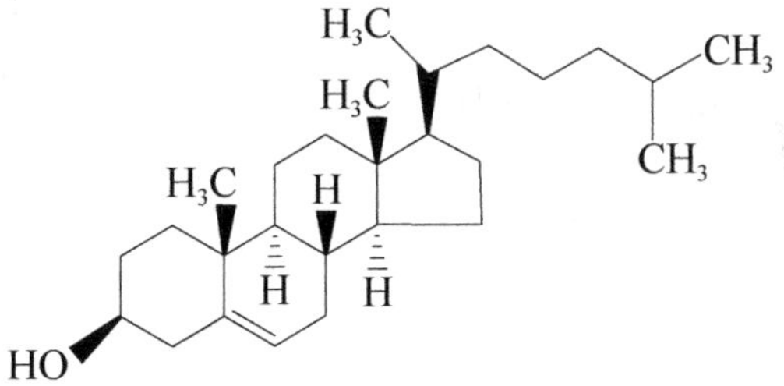

3β-羟基-5-胆甾烯(胆甾醇)

相应的构象式为

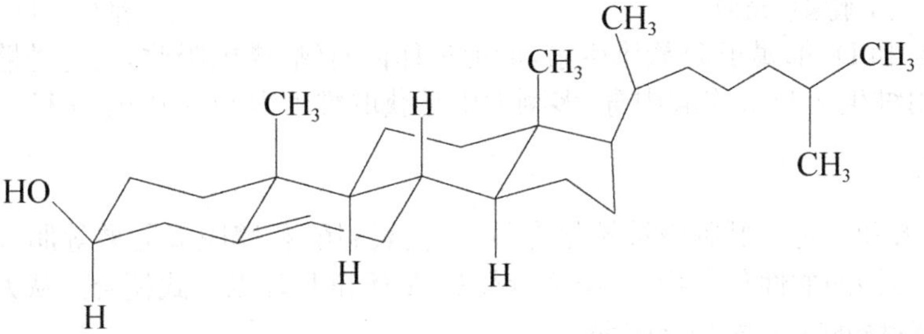

胆甾醇是一种动物甾醇,最初是在胆石中被发现的,所以也称为胆固醇。胆甾醇主要存在于人和动物的脂肪、血液、脑和脊髓中,蛋类和部分水产品中也含较丰富的胆甾醇。由于甾族化合物中的两个角甲基都在母核环平面的上方,因此可将角甲基作为参考标准,凡母核环上的取代基与角甲基在环平面同侧,用 β 表示;在环平面异面,用 α 表示。因此,胆甾醇可命名为 3β-羟基-5-胆甾烯。胆甾醇能在人体肝脏中被生物合成,进一步被生物合成转化为胆甾酸、甾体激素等。所以胆甾醇在体内有很重要的生理作用,但过高含量的胆甾醇会沉积在血管壁上,使血管变窄,血流不畅,引起血管硬化和心血管疾病。在胆汁中,过量胆甾醇的沉积可形成胆结石。

2. 麦角甾醇和 7-脱氢胆甾醇

麦角甾醇是一种植物甾醇,存在于酵母和某些植物中。麦角甾醇在紫外光照射下,B 环被打开,经过一系列变化,最后生成非甾族化合物维生素 D_2。

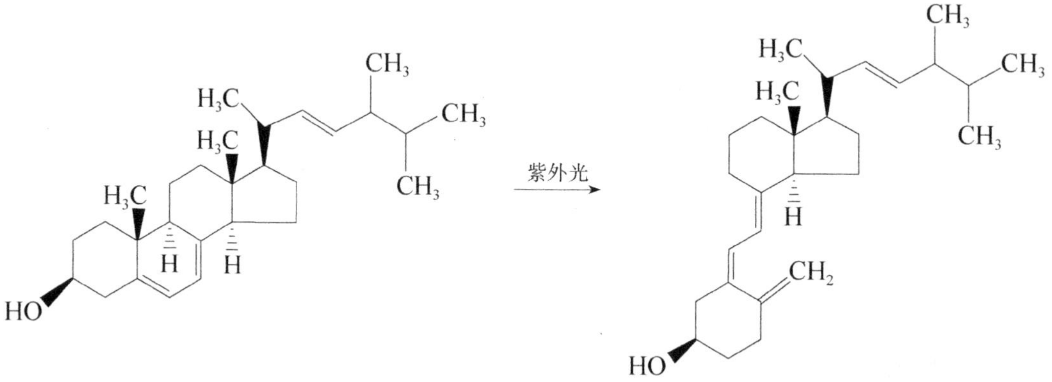

麦角甾醇 → 紫外光 → 维生素 D_2

7-脱氢胆甾醇是一种动物甾醇，存在于人体的皮肤中，B 环中存在共轭双键。胆甾醇在肠结膜细胞内在酶的作用下，生成 7-脱氢胆甾醇，然后在紫外光照射下，B 环被打开，经过一系列变化，最后生成非甾族化合物维生素 D_3。

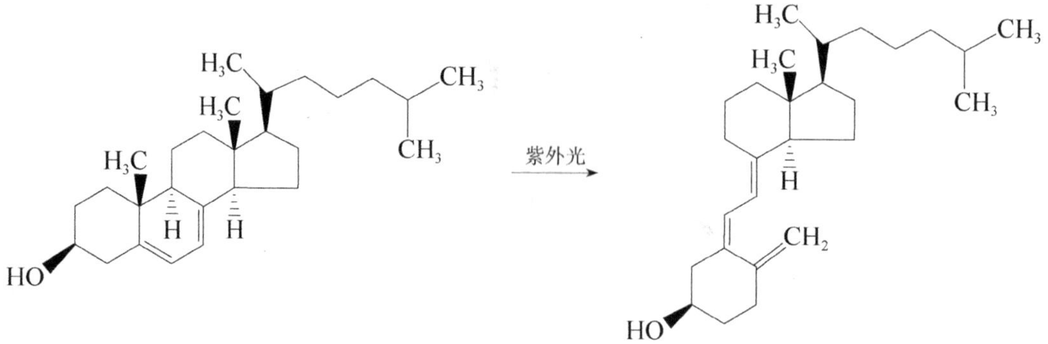

7-脱氢胆甾醇 → 紫外光 → 维生素 D_3

维生素 D_2 和 D_3 都属于 D 族维生素，能促进体内对钙、磷的吸收，促进骨骼钙化及牙齿生长，但过量服用维生素 D 会引起中毒，多晒太阳是获取维生素 D_3 的安全途径。

3. 胆汁酸

胆固醇在人和动物的肝脏中被转化为胆酸、脱氧胆酸和鹅脱氧胆酸等胆汁酸。胆汁酸是一种具有甾环结构的酸性化合物，其结构特征是 A 环和 B 环以顺式稠合。从人和牛的胆汁中分离出来的胆汁酸的主要成分是胆酸。

在胆汁中，胆酸主要以其羧基和甘氨酸或牛磺酸（$H_2NCH_2CH_2SO_3H$）中的氨基形成酰胺键，然后再形成相应的钠盐或钾盐。它们是动物体内的脂肪乳化剂，能促进脂肪在肠内的消化和吸收。

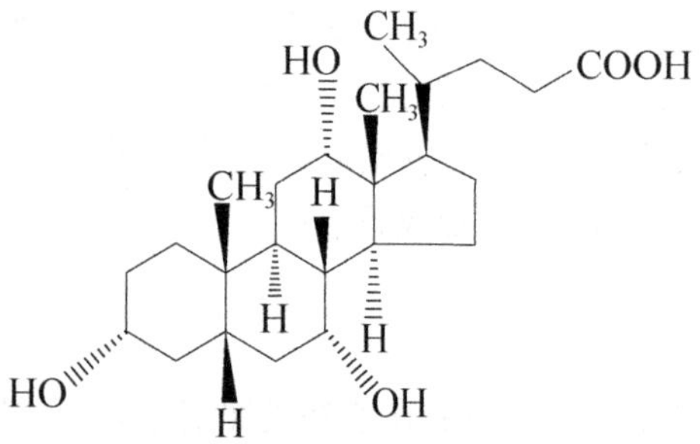

胆酸 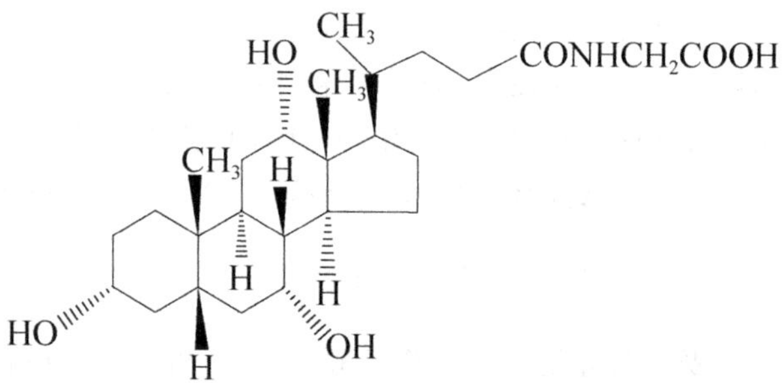　　　　　甘氨胆酸

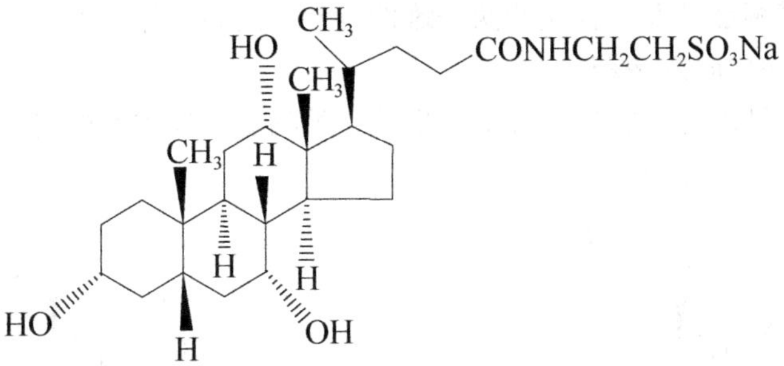

牛磺胆酸钠

4. 甾族激素

激素是由人体的各内分泌腺分泌的、能调节身体各组织和器官功能的、具有生物活性的一类有机化合物。尽管这种物质的产生是相当微量的，但却是维持代谢所必需的，它控制着生长、发育和生殖等所有代谢过程。激素按其结构可分为两类：一类是含氮激素，如胰岛素、肾上腺素和甲状腺素等；另一类是甾族激素，如性激素和肾上腺皮质激素。

性激素有雄性激素和雌性激素，它们是由性腺（睾丸或卵巢）分泌的，对动物生长发育和控制第二性征起着决定性作用。例如

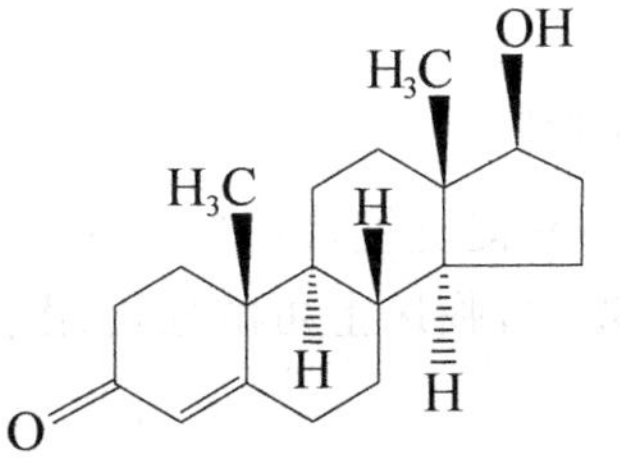

睾丸酮 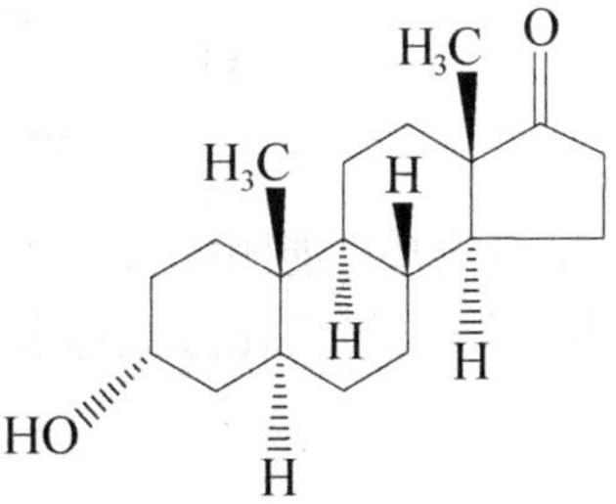　　　　　　　　　　　雄酮

睾丸酮和雄酮都是雄性激素。

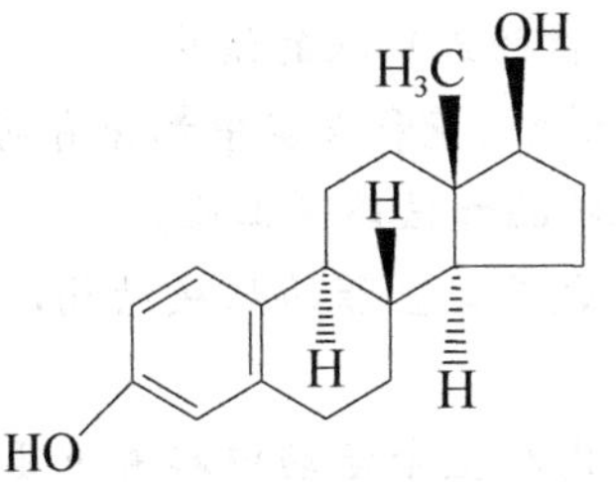

雌二醇 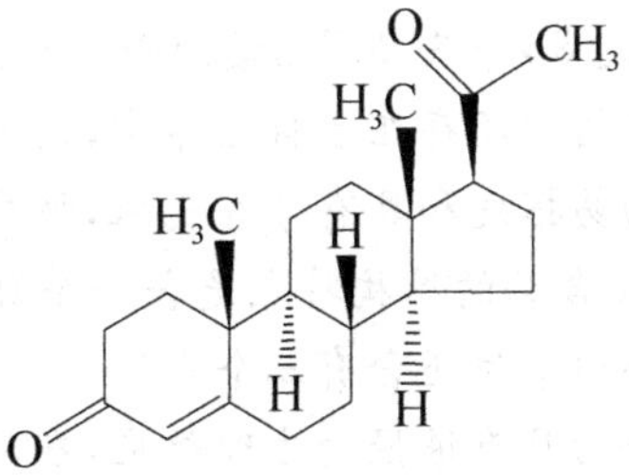　　　　　　　　　　　孕二酮（黄体酮）

雌二醇和孕二酮（黄体酮）都是雌性激素，都是由卵巢在不同时间段分泌的产物。

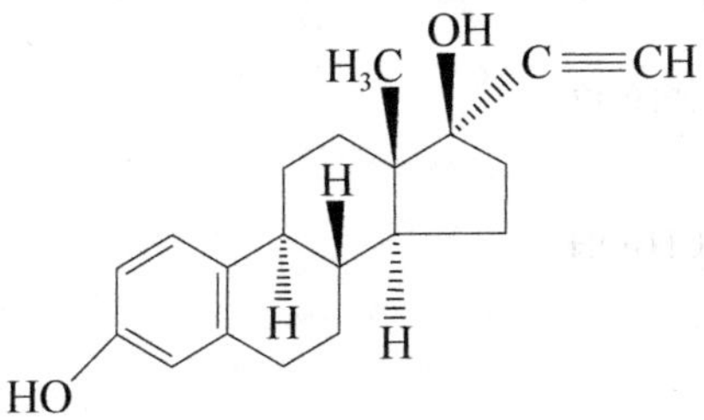

乙炔基雌二醇 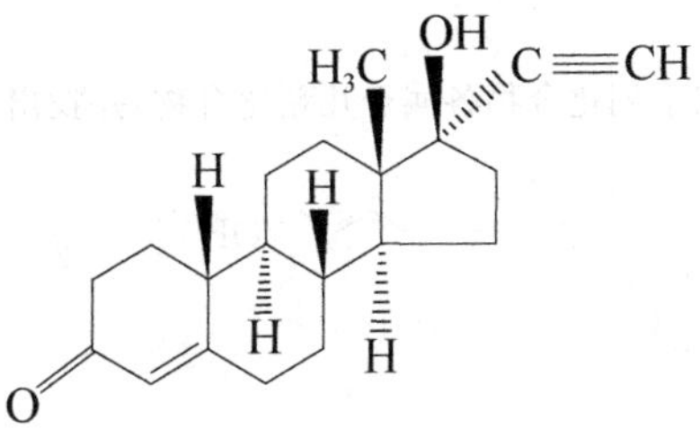　　　　　　　　　炔诺酮

乙炔基雌二醇和炔诺酮都是人工合成的两个雌性激素。乙炔基雌二醇比雌二醇具有更强的效能，炔诺酮则是女用的口服避孕药。

肾上腺皮质激素是由肾上腺皮质分泌产生的一类物质。较主要的肾上腺皮质激素有皮质酮、可的松和皮质醇（氢化可的松）。

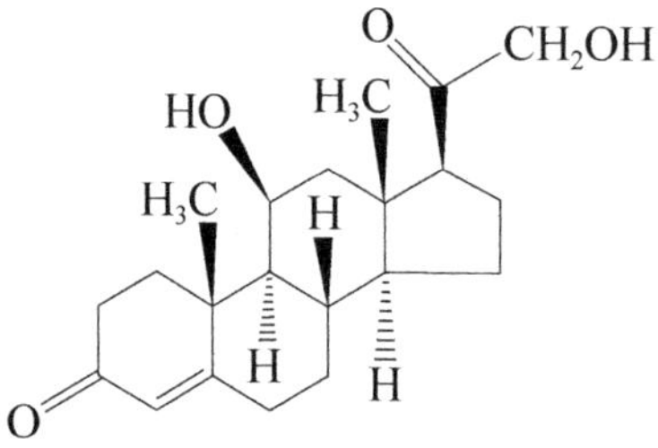

皮质酮 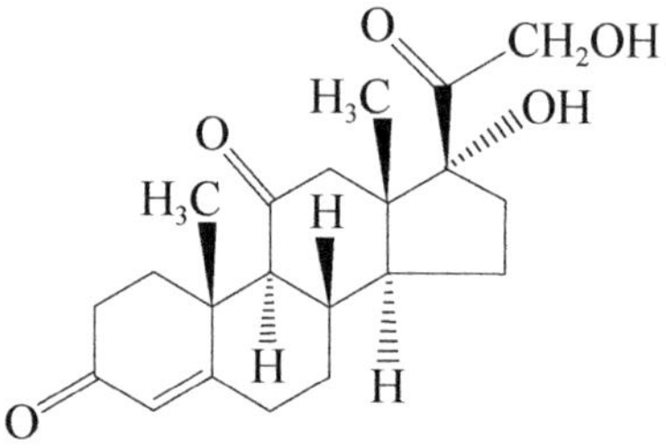　　　　　　　　　　可的松

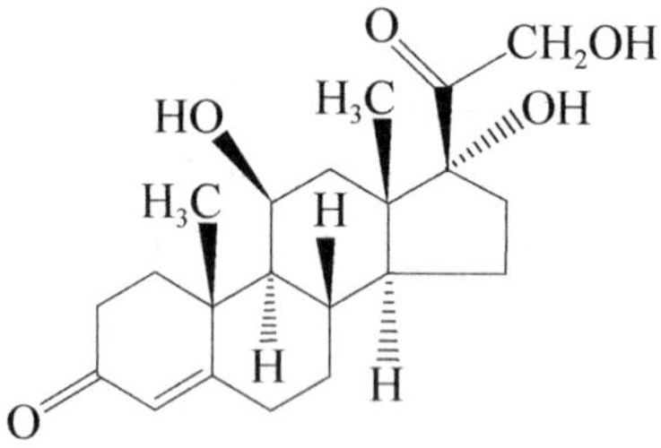

皮质醇（氢化可的松）

在 C_{11} 上含有羟基或羰基官能团的肾上腺皮质激素具有促进糖代谢的作用，对脂肪和蛋白质的代谢也具有调节作用，能促使红细胞和血小板的增生，临床上可的松可用于治疗风湿性关节炎。

小　结

1. 萜类化合物大多具有"异戊二烯单位"整数倍的碳原子数，在萜类化合物的骨架中，"异戊二烯单位"大多以"头-尾"相接的形式相互连接成开链的或环状的结构。

萜类化合物广泛存在于自然界中，几乎所有植物的叶、花和果实中都含有萜类化合物。大多萜类化合物易挥发和具有芳香气味，被广泛用于化妆品和医药等工业。

2. 甾族化合物的结构特点是含一个环戊烷并多氢或全氢菲的母核结构，一般情况下，母核的 C_{10}、C_{13} 和 C_{17} 位还含有三个支链。

甾族化合物具有很强的生理效应，在动植物组织内和生命活动中起着重要的调节生理作用。重要的甾族化合物有甾醇、胆甾酸、甾族激素等。

习　题

1. 指出下列化合物各属于几萜化合物，并找出其中的异戊二烯单位。

(1) 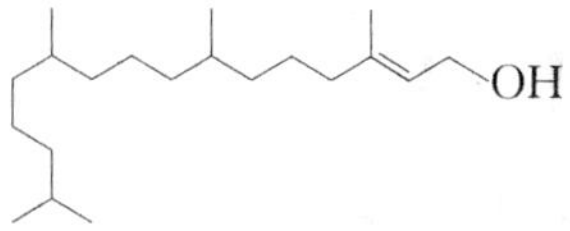　　　　　　　　　　(2)

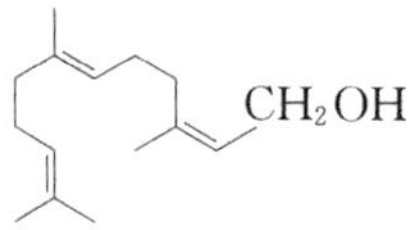

(3) 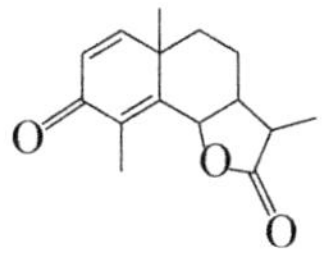 [结构式] (4) 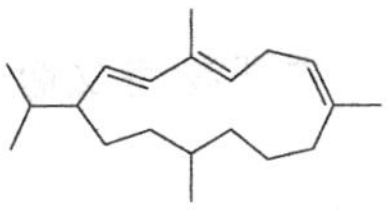 [结构式]

2. 写出下列甾族化合物的构象式。

(1) 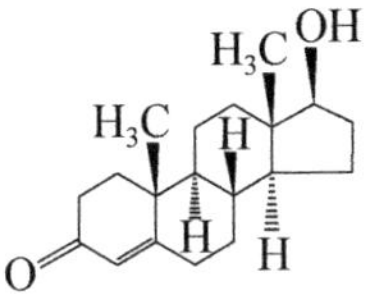 睾丸酮

(2) 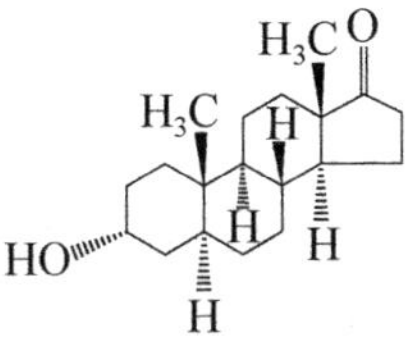 雄酮

主要参考文献

高鸿宾.2005.有机化学.4版.北京:高等教育出版社
古练权,汪波,黄志纾,等.2008.有机化学.北京:高等教育出版社
胡宏纹.2006.有机化学.3版.北京:高等教育出版社
裴伟伟.2008.有机化学核心教程.北京:科学出版社
汪小兰.2005.有机化学.4版.北京:高等教育出版社
邢其毅,裴伟伟,徐瑞秋,等.2005.基础有机化学.3版.北京:高等教育出版社
Kürti L,Czakó B.2007.有机合成中命名反应的战略性应用.北京:科学出版社
McMurry J.2004. Organic Chemistry. 6th ed. California:Brooks/Cole Publishing
McMurry J.2008. Fundamentals of Organic Chemistry. 7th ed. California:Brooks/Cole Publishing
Streiwieser A,Clayton H.1992. Introduction to Organic Chemistry. 4th ed. New York:MacMillan Publishing Co. Inc.

主要参考习题书目

冯骏材,丁景范,吴琳.2009.有机化学习题精解(上、下册).2版.北京:科学出版社
裴伟伟,冯骏材.2002.有机化学例题与习题.北京:高等教育出版社